中国煤炭工业志

● 省级志系列

吉林煤炭工业志

(1991—2010)

《吉林煤炭工业志》编纂委员会

煤炭工业出版社

·北京·

《中国煤炭工业志》
编纂委员会

顾　　　问	王森浩　韩　英　张宝明　范维唐　濮洪九
	赵铁锤　赵岸青
主　　　任	王显政
常务副主任	梁嘉琨　李延江　李万疆
副　主　任	彭建勋　姜智敏　田　会　解宏绪　刘　峰　王虹桥
	张　宏　孙守仁　吕　英　孙之鹏　吴晓煜
委　　　员	（以姓氏笔画为序）

　　　　　　于海宇　马　刚　马正兰　王世斌　王佳喜　王树东
　　　　　　王剑平　王韶辉　牛银海　邓维元　卢连宁　卢范经
　　　　　　田学起　包双林　兰海平　朱　勇　刘　健　刘国跃
　　　　　　刘海红　苏科舜　李　毛　李　伟　李　晖　李　峰
　　　　　　李　翔　李增全　杨成太　杨树勇　杨显峰　杨照乾
　　　　　　吴卫龙　何树国　邹维纲　沈少波　宋　葵　张　勇
　　　　　　张　强　张　巍　张永清　张存建　张绍强　张胜利
　　　　　　张瑞庭　陆颖蕊　陈　华　陈养才　郑　军　赵元放
　　　　　　赵永鑫　胡仲明　胡海军　胡善亭　袁　征　柴　伟
　　　　　　徐　晋　黄传富　戚玉松　崔　涛　商登莹　鲁宇清
　　　　　　曾昭和　蔡建军　廖建湘　阚　兴

总　　　纂	吴晓煜
副　总　纂	陈　昌
编纂办公室	陈　昌　刘新建　于海宏

《吉林煤炭工业志》
编纂委员会

顾　　问　董向阁　石金玉　武宝山　崔敬谦

主　　任　柴　伟　李　峰

副 主 任　马和平　卜庆安　李　明　张金峰

委　　员　（以姓氏笔画为序）

　　　　　　于树旺　尹万俊　尹昌胜　刘显林　李　兴　杨士录

　　　　　　杨文旭　连厚新　林　昊　周玉林　柴　坤

总　　纂　马和平

副 总 纂　杨永馥

编委会办公室

主　　任　孙长礼

副 主 任　杨永馥

成　　员　高振云　王主昌　由京毕　吕　艳　张国顺　赵学军
　　　　　孙　艳

编　　辑　杨永馥　由京毕　孙长礼　高振云　王主昌　吕　艳

资料提供　刘建设　谷德林　张庆宇　柳世德　刘卫国　刘国栋
　　　　　柳世友

1992年7月，煤炭工业部原部长于洪恩（左二）在通化矿务局铁厂洗煤厂考察

1996年2月，煤炭工业部副部长王显政（右三）在通化矿务局困难职工家中走访

领导关怀

吉林煤炭工业志

2002年7月，吉林省省长洪虎（前排左一）在通化矿务局砟子煤矿调研指导工作

2003年2月12日，吉林省副省长矫正中（前排左一）在省煤炭工业局领导陪同下到通化矿务局调研

2003年9月23日，国家安全生产监督管理局副局长王德学（中）在白山市检查煤矿安全工作

2004年7月3日，国家煤矿安全监察局副局长赵铁锤（前排右七）在珲春矿务局检查安全生产工作，并与工作人员合影

领导关怀

2004年11月23日，吉林省委书记王云坤（前排左一）在珲春矿务局八连城煤矿考察

2005年5月1日，全国劳动模范、珲春矿务局英安煤矿102甲队队长牛印功载誉归来

2006年5月25日,吉林省副省长矫正中在辽源矿业公司井下调研
(从左至右:石金玉、董向阁、矫正中、张义)

2007年8月31日,国家安全生产监督管理总局副局长、中国煤炭工业协会会长王显政到长春羊草煤业股份有限公司检查安全生产工作

领导关怀

吉林煤炭工业志

2007年11月26日,国家安全生产监督管理总局局长李毅中(中)在辽源矿业公司梅河煤矿检查指导工作

2008年12月26日,辽源矿业公司龙家堡煤矿投产,吉林省省长韩长赋通过电话慰问井下矿工

2009年2月19日,国家安全生产监督管理总局副局长杨元元(右二)在珲春矿业公司八连城煤矿调研

2009年5月15日,吉林省省长韩长赋(右二)在通化矿业公司八宝循环经济工业园和鸿源瓷业公司考察调研

领导关怀　　　　　　　　　　　　　　吉林煤炭工业志

2009年8月11日，国家安全生产监督管理总局副局长赵铁锤（中）在珲春矿业公司板石煤矿调研

2010年9月18日，国家安全生产监督管理总局局长骆琳（前左二）在珲春矿业公司板石煤矿调研指导工作

2010年9月17日，国家安全监管总局局长骆琳（前排左七）在吉林省副省长金振吉（前排左八）的陪同下到吉林煤矿安全监察局调研

2010年12月29日，吉林省副省长王祖继（右四）到珲春矿业公司板石煤矿调研，在井下与大学生采煤队合影留念

■ **领导关怀**   吉林煤炭工业志

1993年初春，吉林省煤田地质技术人员在现场踏勘定位

1999年，吉林省煤田地质局成立后，多次组织专家研讨地质找煤靶区问题

20世纪90年代初建成的辽源矿务局梅河矿区工业广场

2004年,辽源矿务局机关办公楼

煤矿建设

2004年6月投产的吉林省第一座现代化矿井——金宝屯煤矿

2006年12月建成投产的珲春矿业公司八连城煤矿

2007年12月竣工投产的珲春矿业公司板石煤矿

2008年建成的龙家堡煤矿工业广场

长春羊草煤业股份有限公司一矿

辽源矿业公司龙家堡煤矿井下文化长廊

2008年建成的舒兰矿业公司会议中心

2008年，辽源矿业公司龙家堡煤矿调度室

2009年，舒兰矿业公司二矿入井斜廊

2009年，舒兰矿业公司四矿井下候车室

2010年，通化矿业公司八宝工业园区全景

长春羊草煤业股份有限公司洗煤厂

煤矿建设　　　　　　　　　　　　　吉林煤炭工业志

20世纪90年代初，珲春矿务局城西煤矿矿井高档普采工作面

2004年，辽源矿务局煤机制造公司开发生产的现代化掘进机

2006年，珲春矿业公司现代化综采工作面

2009年，舒兰矿业公司四矿井下巷道

■ 煤炭生产　　　　　　　　　　　　　　　　吉林煤炭工业志

2009年竣工投产的舒兰矿业公司东富洗煤厂

2009年1月，吉煤集团海运煤炭首航，珲春矿业公司首批下水煤在鲅鱼圈港运上海

2010年1月，珲春矿业公司煤炭跨境运输，经朝鲜罗津港销往上海

2010年，通化矿业公司井下水力采煤无人工作面

■ 煤炭生产　　　　　　　　　　　　　　　　　　　　吉林煤炭工业志

1998年，通化矿务局在职工中开展安全培训活动

2004年6月，通化矿区工会举办"巾帼话安全"演讲比赛

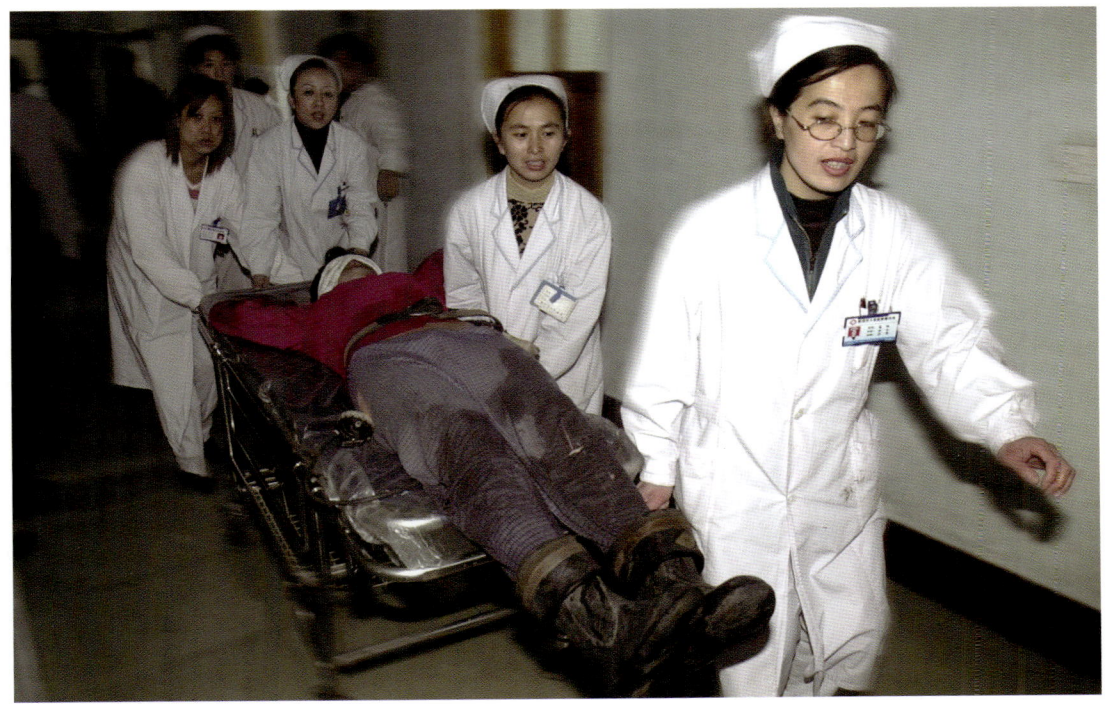

2005年4月24日，蛟河市吉安煤矿、腾达煤矿发生特别重大透水事故，被困矿工平安升井

"十一五"期间通化矿业公司装备的瓦斯监测监控系统

煤矿安全

2005年9月,吉林省煤矿矿山救护比武大会在通化矿务局安全技术培训中心举办

2007年6月,白山市安全监督管理局组织安全生产应急演练

20世纪90年代初,通化矿务局机电总厂

1992年,通化矿务局大湖煤矿特产养殖场饲养的梅花鹿

杉松岗矿业公司卓越实业公司饲料厂

吉林省煤田地质局的 ZYJ800 型桩机在打桩作业

吉林省煤田地质局为长珲高速公路十二标段进行边坡支护

吉林省煤田地质局旋挖钻机在长春龙嘉国际机场施工

2001年6月8日,吉林煤炭系统第一批实施关闭破产的通化矿务局八道江煤矿和大湖煤矿破产清算组第一次工作会议会场

2003年,杉松岗矿业公司为困难职工检查身体

2004年，杉松岗矿业公司开展捐资助学活动，确保职工子女入学

辽源矿业公司金宝屯煤矿矿工浴池

职工生活

2006年，通化矿业公司总医院

2007年，辽源矿业公司井下班中餐超市

通化矿业公司松树镇煤矿棚户区改造住宅楼

2009年，辽源矿业公司采煤沉陷区改造后新建职工住宅

职工生活

 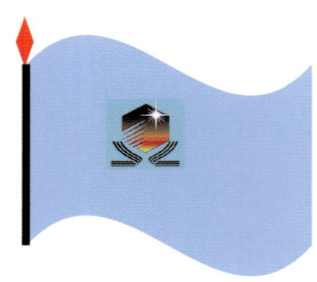 

舒兰矿业公司矿徽、矿旗和员工佩戴的胸章

2007年,辽源矿业公司春节联欢会

2010年,辽源矿业公司"六·三"矿工节全民健身活动展示表演

珲春矿业公司夜景

■ 职工生活 吉林煤炭工业志

《吉林煤炭工业志》编纂委员会办公室工作人员
（从左至右：赵学军、孙艳、张国顺、由京毕、王主昌、孙长礼、高振云、杨永馥、吕艳）

总　　序

　　志书是中华民族文化宝库中具有独特光彩的瑰宝。修志则是中华民族所特有的历史传承活动，是推动中华文明不断前进的一个重要手段，是文化建设事业中的一个重要组成部分。

　　新中国成立后，党和国家重视志书编纂工作，推动了修志事业的发展。党的十八大以后，修志工作进入新的阶段。2014年2月，习近平总书记在北京市视察时指出，要"高度重视修史修志""把历史的智慧告诉人们，激发我们的民族自豪感和自信心，坚定全体人民振兴中华、实现中国梦的信心和决心"。2014年4月，李克强总理也作出批示："地方志是传承中华文明、发掘历史智慧的重要载体，存史、育人、资政，做好编修工作十分重要。"要"秉持崇高信念，以更加饱满的热情，以求真存实的作风，进一步做好地方志编纂、管理和开发利用工作，为弘扬优秀传统文化，服务经济社会发展作出新的贡献。"

　　全国煤炭行业第一轮修志工作始于1989年。当时的能源部、中国统配煤矿总公司及后来的煤炭工业部、国家煤炭工业局持续组织了修志工作，历时十年，编纂出版了《中国煤炭志》，共30卷，凡3000万字，填补了空白，推动了全国煤矿的文化建设。

　　在国家作出第二轮修志的工作部署之后，中国煤炭工业协会根据《地方志工作条例》的法定要求，在煤炭工业管理体制发生重大变化的情况下，从改革发展的大局出发，主动担当责任，牵头组织协调全国煤炭行业的第二轮修志工作。2012年组建了煤炭工业文献工作委员会；协商组成了《中国煤炭工业志》编纂委员会和编纂办公室。2012年6月印发了《关于续修〈中国煤炭志〉有关工作的通知》，明确了第二轮修志工作的指导思想、组织领导、编纂原则、基本内容、工作方案和措施。先后于2012年10月、2013年11月、2014年12月召开全国煤炭工业文献史志工作年会，对第二轮修志工作予以部署和推动。国家安全生产监督管理总局、国家煤矿安全监察局等有关部门对煤炭行业修志工作给予了大力支持。煤炭行业修志工作得到全面、有序、有效推进。

煤炭行业在第二轮修志中,坚持与时俱进、积极探索、锐意创新,在一些方面取得了新的成果。

一是,在修志过程中认真贯彻党的十八大精神。始终坚持坚定正确的政治方向,沿着正确的轨道前进。

二是,修志规模扩大,形成《中国煤炭工业志》的志书体系。这一志书体系分为三个系列:省级《煤炭工业志》系列(含《新疆生产建设兵团煤炭工业志》);煤炭专业志系列;煤炭企事业单位志系列。这是煤炭行业第二轮修志的新突破,《中国煤炭工业志》体系更为完整,布局更为科学。

三是,在内容上,突出了改革开放以来煤炭工业的新成就和时代特点。比如,对煤炭工业体制改革、安全生产、环境保护、煤矿关闭破产、兼并重组、文化建设、相关产业等重要内容在编纂中予以重视,时代特色鲜明。这对于总结历史经验教训、促进煤炭工业发展,必将发挥重大作用。

四是,从实际出发,做了一些必要的调整与改进:

志名。第一轮修志时志名为《中国煤炭志》,这次改为《中国煤炭工业志》。省级志由各省区卷改为各省区煤炭工业志,如《中国煤炭志·山西卷》改为《山西煤炭工业志》。

上下限。省级《煤炭工业志》上限自1991年起;专业志、企事业单位志上限起于单位成立。志书下限一般止于2010年底,但可延至2011—2015年的某一年底。

编写大纲。改变了第一轮修志时各省卷一律用全国统一的编写大纲的做法。由各志编委会根据实际自行研究拟定编写大纲,并经《中国煤炭工业志》编委会办公室组织评审,以突出地方特色。

其他有关技术性问题也从实际出发,做了相应变动,有所突破。

五是,依法修志、规范编纂,坚持质量第一。把全部修志工作纳入规范化轨道,坚持依法修志,建立一套较完整的修志工作制度。先后印发了《关于煤炭行业第二轮修志工作的指导意见》《煤炭志书审稿规定》等十余份规范性文件;召开了两次研讨会,以研讨成果指导工作;多次进行培训,提高业务能力;通过评审进行交流,把有关业务资料汇编成册,印发了《修志指要》。这些对提高编纂工作水平、确保志书质量,发挥了很好的作用。

尽管修志工作遇到了较大困难,但全国煤炭行业修志的意志、决心是坚定的，态度积极向上，行动果断有力。各级煤炭管理部门、煤矿安全监察机构、煤炭社团组织、煤炭企事业单位的负责同志从煤炭工业改革发展的大局出发，从对历史负责、对子孙后代负责的高度出发，主动协调，担当责任；加强领导，组织队伍；悉心筹划，精准部署；筹措资金，保证经费；克难求进，狠抓落实。基本上做到了思想、领导、队伍、经费、工作五到位，使全行业的修志工作稳步推进，效果明显。

特别令人感动的是，修志工作人员，包括一些老同志，能够以高度的政治责任心、对煤炭事业和矿工深厚的感情，不怕苦累、甘于奉献、默默无闻、潜心做事、苦心钻研。在困难重重的情况下，心无旁骛修志，专心致志写史。他们这种精神，正是煤炭职工所特有的特别能战斗的精神，反映了煤炭行业的光荣传统与矿工本色。其精神境界令人起敬，其贡献必将载于青史，成为发展煤炭工业的正能量。在此，向所有为煤炭行业修志工作作出贡献、付出心血的同志表示衷心感谢！

修志是一项传承古今、意义深远的神圣事业，其功至伟，其用甚巨。我们坚信，在党的十八大精神指引下，举全国煤炭行业之力，通过广大煤炭史志工作者的共同奋斗，一套体系完整的高质量的《中国煤炭工业志》必将以其独特风采立于志书之林。

王显政

2015年3月6日

序

在中国煤炭工业协会的精心组织指导下，全国煤炭行业第二轮修志工作于2012年下半年开始。同年7月，中国煤炭工业协会印发了《关于续修〈中国煤炭工业志〉的通知》，修志工作开始起步。经有关单位协商，由吉林煤矿安全监察局牵头组建编纂委员会承担《吉林煤炭工业志》的具体编纂工作。从2014年5月开始，用近三年的时间，完成了《吉林煤炭工业志》的编纂工作。

盛世修志，《吉林煤炭工业志》是吉林煤炭系统广大干部职工为吉林煤炭工业呕心沥血、辛勤耕耘的结晶，将誉载史册，实为吉林煤炭人的一件幸事；以史为鉴，《吉林煤炭工业志》将为吉林煤炭工业今后的发展、再创辉煌提供宝贵经验，具有重要的现实意义。

《吉林煤炭工业志》记述了吉林煤炭工业1991—2010年20年的发展历史。20年，只是人类历史长河的一瞬，但对我们来说是值得记忆的。在这20年里，吉林煤炭工业历经煤炭管理体制的多次改革和调整，历经计划经济向社会主义市场经济的深刻转变，历经企业扭亏脱困和产业结构的深度调整，历经老矿区萎缩、资源枯竭、煤矿关闭破产和企业公司制改制等重大变革。

在这20年里，吉林煤炭工业在困境中崛起，在改革中奋进。各煤炭企事业单位坚持党的领导，强化党的思想建设、组织建设和作风建设，加强岗位培训、岗位练兵和劳动竞赛，大力弘扬积极向上的企业文化，尽心尽力为职工群众办实事办好事，打造了一支思想过硬、业务过硬、技术过硬，特别能战斗的煤炭职工队伍。同时在煤炭生产、建设、矿井技术改造、科技兴煤、非煤产业、煤田地质勘探等方面都取得了长足的发展和可喜的成果。经济的较快发展，也使煤炭企事业单位的职工生活水平和生活环境得到了较大的提高和改善。

安全是煤炭企业的"生命线"，安全发展是吉林煤炭工业发展的必由之路。吉林煤矿安全监察局成立以来，坚决贯彻执行党的安全生产方针政策和国家各项安全生产的法律法规及有关规定,认真履行职责,不断加强和改进煤矿安全监察执法工作,为吉林煤矿安全生产形势的逐年好转作出了贡献。

追溯历史,展望未来,在前进的道路上总会遇到各种困难和挑战。我们坚信,在吉林省委、省政府和国家安全生产监督管理总局、国家煤矿安全监察局的坚强领导下,煤炭企业上下团结一心、锐意进取、改革创新,就一定能够攻坚克难,取得新成就,再谱新篇章。

《吉林煤炭工业志》的完成,凝聚着吉林煤炭人的心血,也浸透着编纂人员的辛勤汗水。为此,《吉林煤炭工业志》编纂委员会向《吉林煤炭工业志》的完成表示诚挚的祝贺!向给予《吉林煤炭工业志》编纂工作精心指导、大力支持的中国煤炭工业协会、吉林煤矿安全监察局、吉林省安全生产监督管理局、吉林省能源局、吉煤集团、吉林省煤炭工业协会等有关单位和部门及所有参与编纂、审查工作的人员表示衷心的感谢!

《吉林煤炭工业志》编纂委员会
2017 年 3 月

凡 例

一、本志的编纂，以马克思列宁主义、毛泽东思想、邓小平理论、"三个代表"重要思想和科学发展观为指导，坚持中国特色社会主义和辩证唯物史观，按照国务院颁布的《地方志工作条例》，客观真实地记录吉林煤炭工业历史情况。力求科学、客观、准确。

二、时间上限为1991年1月1日，下限为2010年12月31日。根据志书内容和资料系统与完整的需要，上限可适当放宽。

三、本志根据志书体裁要求，采用篇、章、节层次横排。个别章节写到目，目不列入目录。

四、本志采用述、记、志、传、录等体裁，以志为主，附有图、表与文字互补。

五、本志记述采用规范语体文。采用第三人称。简化字、标点符号、专业名词、纪年、数字、计量名称等均执行国家现行统一规定。

六、大事记采用编年体和纪事本末体相结合体裁，纵向记述吉林煤炭系统的大事、要事。

七、2005年末前国有重点煤炭企业称××矿务局，2006年改制后称××矿业（集团）有限责任公司，简称××矿业公司。全行业称吉林煤炭系统或吉林煤矿系统；4个矿务局（矿业公司），营城、蛟河2个直属矿称吉林省国有重点煤矿。

八、本志事故入志标准：大事记中录入一次死亡5人（包括5人）以上事故，重大事故处理中记述一次死亡10人（包括10人）以上事故。

九、本志涉及资料、数字经编写人员查档、涉及单位提供，均经过核实，真实、准确。

十、本着生不立传的原则，本志书对1991—2010年期间去世的吉林煤炭系统正厅级及以上干部、老红军、英烈人物立传。生辰年代均采用公元纪年。按出生年月日排序。

十一、人物简介：记述省局正厅级，矿务局或矿业公司党政正职；人物名录：记述省级及省级以上中共党代表大会代表、人大代表、政协委员；荣誉：记述省部级及省部级以上劳动模范、先进个人、先进集体，"五一劳动奖章""五一劳动奖状"获得者。

目 录

总序 ·· I
序 ·· V
凡例 ·· VII
概述 ··· 1
大事记 ··· 13

第一篇 体制与机构

第一章 行业管理体制与机构 ········ 66
    第一节 省级管理体制与
             机构 ·············· 66
    第二节 市（州）管理体制与
             机构 ·············· 71
第二章 煤矿安全监察体制与
         机构 ·················· 76
    第一节 监察体制 ·············· 76
    第二节 监察机构 ·············· 77
    第三节 直属事业单位 ········ 81
第三章 企业管理体制与机构 ········ 82
    第一节 省属国有煤矿企业 ··· 82
    第二节 煤机制造企业 ········ 98
第四章 事业单位管理体制与
         机构 ·················· 101
    第一节 吉林省煤田地质局 ··· 101
    第二节 科研单位 ·············· 102

第二篇 煤田地质与勘测

第一章 机构和队伍 ···················· 107
    第一节 机构 ····················· 107
    第二节 队伍 ····················· 107
第二章 煤田地质 ························ 108
    第一节 成煤时代与含煤
             地层 ·············· 108
    第二节 地质构造 ·············· 109
    第三节 煤田分布及特征 ······ 111
第三章 煤炭资源 ························ 120
    第一节 煤种、煤质 ············ 120
    第二节 煤田地质勘查、测绘与
             成果 ·············· 121
    第三节 煤炭储量 ·············· 135

第三篇 煤矿建设

第一章 煤矿设计 ························ 139
    第一节 机构与队伍 ············ 139
    第二节 设计技术与成果 ······ 140
第二章 建设项目 ························ 141
    第一节 新井建设 ·············· 141
    第二节 改扩建矿井建设 ······ 145
第三章 矿建施工 ························ 150
    第一节 矿建施工技术 ········ 150
    第二节 地面生产系统施工 ··· 152
    第三节 施工管理 ·············· 153

第四篇 煤炭生产

第一章 开拓掘进和采煤……………… 157
 第一节 开拓………………………… 157
 第二节 掘进………………………… 159
 第三节 采煤………………………… 164
第二章 生产管理……………………… 178
 第一节 采掘工作面管理…………… 178
 第二节 质量标准化………………… 179
 第三节 生产调度…………………… 188
 第四节 设备管理…………………… 189
 第五节 "三个煤量"管理………… 193
第三章 矿井地质与测量……………… 194
 第一节 矿井资源勘探与水文
    地质………………………… 194
 第二节 矿井测量…………………… 199
第四章 生产辅助系统………………… 204
 第一节 提升与运输………………… 204
 第二节 通风………………………… 212
 第三节 排水………………………… 216
 第四节 动力与照明………………… 219
 第五节 矿区通信…………………… 227
 第六节 设备修配…………………… 229
 第七节 选煤………………………… 231

第五篇 企业改革

第一章 转换经营机制………………… 235
 第一节 结构调整…………………… 235
 第二节 承包经营…………………… 242
第二章 企业关闭破产与重组………… 244
 第一节 关闭破产与社会职能
    移交………………………… 244
 第二节 兼并与重组………………… 251
第三章 公司制改革与现代企业
   制度………………………… 253
 第一节 企业公司制改革…………… 253
 第二节 建立现代企业制度………… 257

第六篇 煤矿安全

第一章 安全监察……………………… 263
 第一节 监察队伍…………………… 264
 第二节 监察工作…………………… 269
 第三节 安全许可…………………… 273
 第四节 安全培训…………………… 275
 第五节 安全中介…………………… 279
 第六节 事故查处…………………… 280
第二章 安全管理……………………… 281
 第一节 机构与队伍………………… 282
 第二节 安全规章…………………… 283
 第三节 安全教育…………………… 284
 第四节 安全检查…………………… 285
 第五节 安全整顿…………………… 287
 第六节 安全投入与安全
    工程………………………… 291
第三章 灾害防治……………………… 294
 第一节 瓦斯灾害防治……………… 295
 第二节 煤尘防治…………………… 305
 第三节 顶板灾害防治……………… 307
 第四节 水害防治…………………… 307
 第五节 火灾防治…………………… 309
第四章 矿山救护……………………… 311
 第一节 救护队伍…………………… 311
 第二节 救护装备…………………… 314
 第三节 抢险与救灾………………… 315
第五章 重大事故处理………………… 317
 第一节 瓦斯与煤尘爆炸
    事故………………………… 317
 第二节 顶板事故…………………… 320
 第三节 水害事故…………………… 320
 第四节 火灾事故…………………… 322

第七篇 环境保护

第一章 污染防治 ………… 341
   第一节 机构与队伍 ………… 341
   第二节 大气污染防治 ………… 343
   第三节 水污染防治 ………… 347
   第四节 噪声治理 ………… 348
   第五节 煤矸石的治理和
          利用 ………… 351

第二章 环境治理 ………… 352
   第一节 沉陷区治理 ………… 352
   第二节 土地复用 ………… 353
   第三节 矿区绿化 ………… 354

第八篇 非煤产业

第一章 矿用产品制造业 ………… 359
   第一节 煤机制造 ………… 359
   第二节 其他矿用产品生产 ………… 372

第二章 其他产业 ………… 381
   第一节 化工 ………… 382
   第二节 建材和建筑业 ………… 385
   第三节 其他工业 ………… 389
   第四节 养殖加工业 ………… 392
   第五节 农业 ………… 396

第九篇 经营管理

第一章 物资管理 ………… 401
   第一节 供应体制与机构 ………… 401
   第二节 供应 ………… 402
   第三节 物资储备 ………… 403

第二章 煤炭销售与运输 ………… 405
   第一节 体制与机构 ………… 405
   第二节 煤炭销售 ………… 406
   第三节 煤炭价格 ………… 407
   第四节 煤炭运输 ………… 408

第三章 财务与审计 ………… 409
   第一节 财务管理体制与管理
          机构 ………… 409
   第二节 资金管理 ………… 410
   第三节 成本管理 ………… 413
   第四节 固定资产管理 ………… 415
   第五节 内部核算 ………… 417
   第六节 审计 ………… 418

第四章 人力资源管理 ………… 419
   第一节 体制与机构 ………… 419
   第二节 劳动管理 ………… 420
   第三节 工资管理 ………… 421
   第四节 人事管理 ………… 423

第十篇 科研与教育

第一章 科学研究 ………… 431
   第一节 科研管理 ………… 431
   第二节 科技成果 ………… 433
   第三节 技术推广与技术
          革新 ………… 460

第二章 教育 ………… 466
   第一节 基础教育 ………… 466
   第二节 职业技术教育 ………… 470
   第三节 成人教育 ………… 471

第十一篇 矿区文化与职工生活

第一章 矿区文化 ………… 477
   第一节 企业文化 ………… 477
   第二节 文体设施 ………… 479
   第三节 文体活动 ………… 480

第二章 生活与福利 ······ 482
第一节 职工住房 ······ 482
第二节 职工食堂、公寓与浴池 ······ 484
第三节 福利 ······ 487
第三章 医疗卫生 ······ 489
第一节 机构与队伍 ······ 489
第二节 医疗 ······ 490
第三节 职业病防治 ······ 493
第四章 社会保险 ······ 496
第一节 养老保险 ······ 496
第二节 失业保险 ······ 497
第三节 医疗保险 ······ 498
第四节 工伤保险 ······ 499

第十二篇 中共党组织、工会、共青团

第一章 中共党组织 ······ 503
第一节 组织建设 ······ 503
第二节 宣传教育 ······ 509
第三节 纪律检查 ······ 515
第四节 统一战线、民兵和保卫工作 ······ 521
第二章 工会 ······ 526
第一节 组织 ······ 526
第二节 主要活动 ······ 527
第三章 共青团 ······ 535
第一节 组织 ······ 535
第二节 主要活动 ······ 536

人物与荣誉

一、人物 ······ 543
  （一）人物传略 ······ 543
  （二）人物简介 ······ 550
  （三）人物名录 ······ 560
二、荣誉 ······ 562
  （一）劳动模范、先进个人 ······ 562
  （二）"五一劳动奖章"获得者 ······ 565
  （三）先进集体 ······ 566

单位简介

一、企业单位简介 ······ 571
二、事业单位简介 ······ 586

附录

国务院办公厅关于印发煤矿安全监察管理体制改革实施方案的通知 ······ 595

关于印发吉林煤矿安全监察局职能配置内设机构和人员编制方案的通知（煤安司办字〔2000〕第15号）······ 598

关于省级煤矿安全监察局与煤炭工业局机构分离有关问题的通知 ······ 600

吉林省人民政府办公厅关于组建吉煤矿业集团有限责任公司的通知（吉政办函〔2009〕3号）······ 600

编纂始末 ······ 602

吉林煤炭工业志

概　　述

吉林省煤炭开发已有近 200 年的历史。新中国成立后，吉林煤炭工业得到较快发展。新中国成立初期，吉林省煤炭产量占全国煤炭总产量的 7.7%，为国民经济恢复发展作出了重要贡献。中共十一届三中全会以后，吉林煤炭工业经历了由计划经济向市场经济的转变，1991—2010 年是吉林煤炭工业发展的重要历史时期，全省煤炭经济在改革中曲折发展。

1991 年，吉林省统配煤矿（国有重点煤矿）有辽源矿务局、通化矿务局、舒兰矿务局和珲春矿区建设指挥部（珲春矿务局前身），共有 28 对正规生产矿井，设计生产能力 1064 万吨/年，核定生产能力 966 万吨/年，固定资产原值 28.1 亿元，净值 19.2 亿元。国有地方煤矿 41 处，固定资产原值 5.7 亿元，乡镇煤矿 1806 处。全省煤矿职工 195062 人。同年，全省煤炭产量 2565.5 万吨。其中：统配煤矿（国有重点煤矿）煤炭产量 1586.5 万吨，百万吨死亡率 0.971；国有地方煤矿煤炭产量 440 万吨，百万吨死亡率 7.06；乡镇煤矿煤炭产量 539 万吨。

2010 年，吉林省有各类煤矿 244 处，核定生产能力 4719 万吨/年。其中：国有重点煤矿 26 处，矿井核定能力 2602 万吨/年；国有地方煤矿 22 处，矿井核定能力 496 万吨/年；乡镇煤矿 196 处，矿井核定能力 1621 万吨/年。全省煤炭工业总产值 140.3 亿元，比 2009 年增长 15.43%。其中：吉林省煤业集团有限公司（简称吉煤集团）92.65 亿元，增长 13.91%；国有地方煤矿 8 亿元，增长 10.87%；乡镇煤矿 39.65 亿元，增长 22.1%。2010 年，全省煤炭产量 4280 万吨，百万吨死亡率 1.4。其中：国有重点煤矿煤炭产量 2738 万吨，百万吨死亡率 0.44；国有地方煤矿煤炭产量 364.2 万吨，百万吨死亡率 2.47；乡镇煤矿煤炭产量 1177.8 万吨，百万吨死亡率 3.31。2010 年，全省煤矿职工 90826 人。经过 20 年的发展建设，吉林煤炭工业已形成以国有煤矿为主体，其他煤矿协调发展，勘探、设计、科研、环保、机械制造、洗选加工、非煤产业同步发展的较为完整的煤炭工业体系，成为全省国民经济发展的重要基础产业。

一

1991—2010 年，吉林煤炭工业领导体制和管理机构发生了多次改革和变化。1982 年，国务院决定撤销辽宁、吉林、黑龙江三省煤炭工业管理局，成立东北内蒙古煤炭工业联合公司（简称东煤公司，先后隶属煤炭工业部、能源部），办公地址设在长春市，统一规划、统一开发、统一领导和管理东北三省与内蒙古自治区东部的国有重点煤矿和相关企事业单位。地方国营煤矿和乡镇煤矿由吉林省煤炭工业局归口管理。1994 年初，国务院决定撤销东煤公司，辽宁、吉林、黑龙江三省分别组建煤炭工业管理局。吉林煤炭工业管理局（简称吉林煤管局）于 1994 年 5 月挂牌成立，由煤炭工业部和吉林省政府双重领导，以煤炭工业部领导为主。1998 年 7 月，国务院决定吉林省国有重点煤矿及为煤矿服务的相关事业单位下放到吉林省政府管理。同年 8 月 21 日，国家经贸委、国家煤炭工业局与吉林省政府签订了国有重点煤矿下放接收商谈纪要，完成了吉林省煤炭体制具有历史意义的转变。2000 年 4 月 11 日，根据《国务院办公厅关于印发煤矿安全监察管理体制改革实施方案的通知》文件精神，撤销吉林煤炭工业管理局成立吉林煤矿安全监察局，同时加挂吉林省煤炭工业局牌子，负责全省煤矿行业管理。2001年11月22日，根据中央要求，吉林省委、省政府决定吉林省煤炭工业局与吉林煤矿安全监察局分离，吉林省煤炭工业局保留正厅级建制，为吉林省政府主管全省煤炭工业的工作部门，负责全省煤炭行业的管理工作，直接管理省属煤炭企事业单位。2009年1月，吉林省政府改革煤炭工业管理机构，撤销吉林省煤炭工业局，原省煤炭工业局行业管理职能和煤矿安全监管职能分别划入新成立的吉林省能源局和吉林省安全生产监督管理局。

二

改革开放以后，伴随着煤炭管理体制改革、煤炭产业政策调整以及煤炭市场需求关系的变化，吉林煤炭工业经历了承包经营、改革脱困、企业改制、健康发展等时期的深刻变革，煤炭经济在改革中曲折发展。

（一）

中共十一届三中全会以后，煤炭工业开始全面推行经济责任制。从1985年开始，按照国家的统一部署，煤炭工业部决定对全国统配煤矿实行三年投入产出总承包。即包原煤产量；包基本建设投资和矿井生产能力；盈亏包干，超亏不补，减亏归己，并赋予实行承包的矿务局一定的独立经营权利。1988—1990年，实行延续三年总承包，各级煤炭管理部门与各矿务局签订"两包五定"为主要内容的"包""保"合同或责任状。吉林省各矿务局坚持以经济效益为中心，结合本企业实际，积极探索新形势下内部的改革，大力推行各种形式的经济承包，企业开始由单纯生产型向生产经营型转变，由此成为吉林煤炭工业最好时期之一。1990年，吉林省煤炭总产量达到2610.2万吨的历史最好水平。其中辽源矿务局、通化矿务局、舒兰矿务局和珲春矿区建设指挥部煤炭产量分别达到412.2万吨、538.1万吨、416.5万吨和118.5万吨。辽源矿务局、通化矿务局、舒兰矿务局、珲春矿务局和地方煤矿重点矿区已成为吉林省重要的煤炭工业基地。

"八五"至"九五"期间，吉林煤炭工业经历了新中国成立以来最为困难的时期，全省煤炭战线广大干部职工团结一致，攻坚克难，在矿井技术改造、科技兴煤、新技术推广和多种经营等方面取得了一定成果。"九五"期间，吉林省国有重点煤矿共完成技术改造项目46项，完成投资14863万元。通过技术改造，稳定矿井产量，增加矿井生产后劲，提高了生产效率。辽源矿务局梅河煤矿三井改造后，原煤产量由原来的不足45万吨/年增加到120万吨/年，成为高产高效矿井，矿井生产人员效率达到4.2吨/工。全省煤炭系统坚定不移地实施科技兴煤战略，一大批科技成果和新技术推广应用并取得良好效果。大力推广成本低且安全可靠的煤巷锚杆支护技术，"'三小'岩锚喷作业线""炮采新工艺""经济型水采技术""电牵引大功率采煤机技术""抗磨节能剂"等一些投入少、见效快的新技术也得到广泛应用。"九五"期间的科技进步贡献率由1995年的16%提高到20%。

全省煤炭企业坚持"以煤为主，多种经营，综合发展"的战略方针，面向市场，因地制宜，稳步发展。2000年，多种经营产品达500多种，涉及煤炭、发电、建材、化工、冶金、机械加工、农林牧渔等20多个行业，形成点多面广的多种经营格局。

（二）

1993—2001年，吉林省辽源矿务局、通化矿务局、舒兰矿务局、珲春矿务局由于开采历史长，部分矿井资源枯竭，以及煤炭市场疲软的制约，煤炭产量大幅度下降。2000年，4个矿务局煤炭产量跌落到不足800万吨，比1990年下降了50.9%。从1994年开始，4个矿务局的亏损补贴削减了38%，每年超亏3亿元左右。截至2000年末，4个矿务局累计超亏挂账7.3亿元。资金严重紧张，造成生产、安全和职工生活大量欠账，生产经营不能正常进行，拖欠职工工资近6亿元，职工生活十分困难。2000年，吉林省属煤炭企业在职职工12万多人，其中下岗职工4.1万人，另有离退休人员和伤残抚恤人员7万多人，有学校、医院、环卫等社会负担。4个矿务局每年亏损补贴仅能维持营业外支出。1996年，煤炭工业部对全国96个矿务局的经济状况进行综合评定，吉林省4个矿务局均在全国16个特困局之列。

在这一特殊历史时期，吉林煤炭系统各级干部和广大职工根据不同企业的实际，先后采取原煤生产、多种经营、后勤服务"三条线"管理；减人提效、下岗分流；调整产业结构，加快发展非煤产业；抓大放小、一矿一策、灵活经营等措施，缓解企业困难，维持企业生存。1998年8月21日，吉林省政府与国家经贸委、国家煤炭工业局正式签订煤炭企业下放接收商谈纪要，辽源、通化、舒兰、珲春4个矿务局，辽源、营城、蛟河3个煤机厂，长春煤炭科技中心、煤研所、环保所、设计院、煤田地质局及11个煤田地质勘探单位，职工医院、长白山煤矿温泉疗养院、信息中心、档案馆和煤管局附属单位下放到吉林省管理，下放单位共有在职职工135843人，离退休人员60550人。

煤炭企业下放后，在国家和吉林省委、省政府的支持下，省煤炭工业局和省属煤炭企业把改革脱困作为一项紧迫任务来抓。提出了2001—2003年省属煤矿三年改革脱困规划：一是对资源枯竭，扭亏无望煤矿实施关闭破产。从2001年开始，经过6年多的艰苦工作，分5批对17个资源枯竭煤矿和1个煤机制造企业实施政策性关闭破产，涉及职工9.3万人，离退休人员5.4万人。破产工作操作规范，实施平稳，进展顺利，成效显著。二是对非煤企业公司制改造、重组。按市场经济体制的要求，2001年，吉林省煤炭工业局和各局矿对70个小企业采取租赁、承包、联营、出售等形式，转换了经营机制。改制、转制企业占独立核算非煤企业的70%。杉松岗煤矿5个非煤企业全部进行了公司制改造，成为独立的经济实体。2002年，省属煤矿独立核算的国有多种经营企业已有16户改制。2003年，全省非煤企业扭亏为盈，实现利润1197万元。截至2005年底，4个矿务局国有控股和参股企业减少到33户，比2004年减少40户。三是以新上项目增量、技术改造增能、调整产业结构增效为重点，加快发展步伐。

（三）

2001—2005年，按照吉林省委、省政府关于国有企业改革攻坚的统一部署，省属11户煤炭企业进行了多种形式的改制。辽源矿务局、通化矿务局、舒兰矿务局、珲春矿务局和杉松岗煤矿整体改制为矿业（集团）有限责任公司；万宝煤矿、辽源煤矿机械厂（简称辽源煤机厂）由辽源矿业公司实行同业重组，杉松岗矿业公司兼并了靖宇龙马煤矿和东林公司；营城煤矿机械厂（简称营城煤机厂）实施依法破产；矿建公司的国有资本全部退出，改制为民营企业。市（州）、县（市、区）所属国有地方煤矿全部改为股份制企业或民营企业。省属8户煤炭企业和煤研所、环保所、设计院、直属公司的15651人参加并轨试点，领取补偿金和生活补助费22763万元。

2009年1月，吉林省政府决定整合辽源、通化、舒兰、珲春、杉松岗5个矿业公司及省内煤机制造、煤矿设计院、环境保护公司等企（事）业单位，组建吉煤集团。成立后的吉煤集团原煤总产量和工业总产值分别占全省煤炭产量和总产值的65%以上，成为吉林省煤炭行业骨干企业。

（四）

"十五"时期是吉林煤炭工业由计划经济向市场经济转变，从困境走向振兴的重要转折时期。吉林煤炭工业紧紧抓住国家政策机遇，围绕改革脱困和发展振兴的中心任务，圆满地完成了"十五"时期的各项任务，煤炭经济形势发生明显变化，开始步入良性循环健康发展的轨道。

矿井建设取得重大进展。"十五"期间，吉林省国有煤矿新建矿井12处，完成投资7.8亿元。金宝屯煤矿于2004年6月1日竣工投产，八连城煤矿于2005年6月开始恢复建设，龙家堡煤矿、板石一矿、道清煤矿南翼井相继开工建设。金宝屯煤矿、英安煤矿、羊草沟煤矿改扩建工程开工，设计新增能力225万吨/年。

原煤产量大幅度增长。2002年以后吉林省原煤产量迅速增长。2005年，全省煤炭产量达到2658万吨，比2000年增加1004万吨，增长60.7%，年均增加201万吨。

矿井技术进步和技术改造取得明显成效。"十五"时期，以提高机械化水平和支护方式改革为重点，全面推进矿井技术进步。省属煤矿累计投资6.98亿元，对19个重点矿井进行技术改造。已完成的7个项目新增生产能力267万吨/年。2005年，国有重点煤矿采掘机械化水平达到63%和82%，比2000年分别提高20%和12%。非木支护巷道11万米，占总进尺的84%。梅河煤矿三井、金宝屯煤矿达到高产高效矿井标准。国有地方煤矿和111个乡镇煤矿都不同程度地进行了技术改造，装备水平改善，安全保障和生产能力得到提高。

安全生产状况稳定好转。"十五"期间，通过煤矿安全整治，加强监管，加大投入，改善了安全生产基本条件，依法办矿的意识明显增强，煤炭生产秩序显著好转，小煤矿整体素质有了较大提高，增强了抗灾能力。2005年，全省煤矿百万吨死亡率从2000年的13下降到7.83，其中国有重点煤矿百万吨死亡率由7.6下降为2.18。小煤矿从2000年的790处减少到386处，减少51.1%。

非煤产业呈现良好发展势头。"十五"期间，省属煤炭企业在提高经济运行质量和效益的同时，企业投资向符合产业政策、技术含量高、经济效益好的项目倾斜。加大非煤项目开发建设和重点企业技术改造力度，新项目建设和技术改造总投入34339万元，共开工建设16个新项目，12个技术改造项目已全部完工。初步形成了以煤矸石综合利用、煤机制造、禽产品养殖加工、冶金、火工品为主导的产业格局。2005年，重点实施了白山焦化项目、卓越6万吨禽产品项目、靖宇还原铁项目、珲春矸石砖等项目建设，培育了新的经济增长点。加大技术改造投入，完成了对辽源方大锻造有限责任公司（简称方大公司）、辽源水泵、矸石砖、白山泵业、靖宇工业硅等项目的技术改造，提升了装备水平。

煤田地质勘探取得新进展。"十五"期间，加大了投入和勘探力度。多次组织专家对全省煤田地质状况进行论证，应用先进的技术手段找煤，为勘探提供靶区。筹措勘探资金9488万元，对16个区域进行勘探，共完成钻探工程量6.33万米，物探点1.67万个。登记探矿权21个区域，总面积1576平方千米。

职工收入提高，生活改善。2005年，吉林省属煤矿职工平均工资13497元，同比增长34%，比2000年增长117%。矿区环境明显改善。新建住宅169万平方米，8182户职工搬入新居。

"十五"期间，吉林煤矿安全监察系统从基础工作抓起，完善各项规章制度，依法监察，增强做好煤矿安全监察的责任感和使命感。创建了坚持"硬件"监察与"软件"监察相结合，经常性监察与重点监察相结合，事故查处与事故隐患追究相结合，传统监察与利用现代监察手段相结合，行政执法与服务相结合的煤矿安全监察新机制。2004年11月，国务院办公厅下发《关于完善煤矿安全监察体制的意见》，重新调整和完善了煤矿安全监察机构的工作职责。吉林煤矿安全监察局全面实施计划监察，增强了工作的计划性；不断完善协调工作机制，增强了工作的协调性；明确职责定位，认真开展"三项监察"（重点监察、专项监察和定期监察）。2005年，全省计划重点监察矿井307矿（次），实际完成重点监察580矿（次），完成计划的188.93%；计划专项监察矿井335矿（次），实际完成专项监察矿井519矿（次），完成计划的154.93%；计划定期监察矿井291矿（次），实际完成定期监察矿井499矿（次），完成计划的171.48%。并会同省煤炭工业局共同制定了《吉林省煤矿安全监察监管协调工作机制实施办法（试行）》，明确了相互通报、信息交流、联席会议、联合执法等工作制度。各监察分局（站）与各级政府开展联合执法、相互通报工作、密切配合，形成合力，逐步建立起关系协调、运转有序的监管监察协调工作机制。

"十五"期间，吉林煤矿安全监察人员累计监察矿井18990矿（次），查处事故隐患45210条，下达行政处罚决定书1647份，现场处理决定书7368份，撤出作业人员命令书593份。重点监察矿井580矿（次），专项监察矿井519矿（次），定期监察矿井499矿（次）。

三

2006年6月，吉林省人民政府下发《关于促进煤炭工业健康发展的若干意见》，确定了吉林煤炭工业"十一五"发展目标和主要任务。

吉林煤炭工业"十一五"发展的主要任务是实施"3481"工程。一是建设3个大型煤炭基地。把长春、白山、延边3个市（州）建设成为年产超千万吨的煤炭基地。二是培育4个大中型煤炭企业集团。把辽源矿业公司建设成为吉林省第一个千万吨级煤炭生产企业，把通化矿业公司建设成为年产450万吨焦煤生产企业，把珲春矿业公司和舒兰矿业公司分别建设成为年产450万吨和300万吨的煤炭生产企业。三是勘探8个重点含煤区域，争取提交8亿吨可供建井的煤炭资源。四是建成10个年销售收入超亿元的非煤项目。初步形成以机械、冶金、建材、禽产品养殖加工为主的接续和替代产业。

通过"十一五"发展，到2010年，吉林省煤炭产量达到4000万吨，比2005年增长50%，自给率达到60%。非煤接续和替代产业销售收入25亿元，比2005年翻一番。全省煤矿百万吨死亡率控制在国家下达的指标以内，并逐年下降。重特大事故的起数和死亡人数明显降低。煤炭企业职工收入每年增长10%以上。达到全国重点煤矿平均水平。职工生活、居住条件和矿区环境得到明显改善。

（一）

"十一五"期间，吉林煤炭工业主要经济指标同比均以两位数幅度增长，连续刷新历史最好水平，实现了又好又快发展。

煤矿建设取得显著成果。"十一五"期间，吉林省开工建设10处矿井，总投资41.35亿元。竣工5项，设计能力351万吨/年。规划建设白山、延边、长春3个千万吨煤炭基地，其中白山市实现了规划目标。珲春矿业公司八连城煤矿于2006年12月建成投产，比预期投产时间提前了6个月，新增生产能力90万吨/年；珲春矿业公司板石一矿投资5.59亿元，用19个月建成生产能力240万吨/年的大型矿井，创出了矿井规模、建井速度、工程质量等多项全省煤炭工业第一。2008年12月29日，年产300万吨煤炭的现代化矿井龙家堡煤矿试生产。龙家堡煤矿从2006年5月破土动工到试生产，用30个月的时间，创造了同类煤矿建设速度快、质量好、标准高等多项行业历史纪录，2008年，在全国煤炭建设工程质量大检查中，被评为上好标准，列全国煤炭建设工程之首。2010年，珲春市依力煤矿和白山市官道岭煤矿、齐欣煤矿开工建设，设计生产能力均为30万吨/年。珲春矿业公司城西煤矿恢复建设工程项目建设取得新进展。

煤炭生产实现跨越式发展。2005年，吉林省共有各类煤矿465处，原煤产量2658万吨，经过整顿关闭和资源整合，截至2010年末，吉林省保留各类煤矿244处，核定生产能力4719万吨/年，当年原煤产量4280万吨。

老矿井技术改造力度加大。"十一五"期间，省属煤矿对现有生产矿井进行了69项技术改造，完成投资11.9亿元，有36项工程竣工，新增生产能力464万吨/年。全省已经建成10个百万吨矿井。吉煤集团于2009年完成和续建矿井升级改造工程5项，洗煤厂新建和改造工程6项，年入洗能力1800万吨。通化矿业公司八宝煤矿120/180万吨/年改扩建项目，2010年12月23日通过验收正式投产。通化永安煤矿、六道江煤矿、贵州坪子煤矿等技术改造项目全部竣工投产。珲春八连城煤矿改扩建工程有序推进。

煤田地质勘探成果显现。"十一五"期间，全省投入资金1.83亿元，扩大找煤靶区，在长春龙家堡、长白、舒兰水曲柳、敦化东部、九台西部和官地等10个勘探区进行重点勘探，钻探工程量12.9万米，已探明储量3.55亿吨，其中提交勘探报告2.05亿吨。敦化东部勘探区有9个钻孔见煤，实现了吉林省敦密断陷聚煤带找煤工作的重大突破。舒兰水曲柳勘探区已探明储量1.5亿吨左右，见煤厚度11米，发热量达到5700千卡（1大卡=4.1868千焦）。

"十一五"期间，吉林省煤田地质局与各矿业集团积极争取国家政策支持，完成了舒兰矿业公司东富煤矿、丰广煤矿，辽源矿业公司西安煤矿，通化矿业公司八宝煤矿4个危机矿山接替资源找矿项目的立项工作，获得中央财政补助资金2297万元。

　　综合机械化水平和技术装备水平提高。"十一五"期间，省属煤矿大力推广应用综采综掘技术和巷道钢铁支护、锚杆（网）支护等先进技术，提高煤矿技术装备水平。截至"十一五"末，综采设备达到40套，综掘设备达到38套。2010年末，全省采煤机械化程度72.97%，其中省属煤矿机械化程度95.70%（综采机械化程度87.82%），比2005年提高10.33个百分点。省属煤矿2010年综合单产90066吨/面，是2005年的3.75倍；原煤全员效率3.64吨/工，是2005年的2.22倍。2010年，吉林省建成安全高效矿井8处，共生产原煤1217.91万吨，占当年原煤总产量的30.22%。2010年，吉煤集团采煤机械化程度96%，同比提高2.3%，其中综采机械化程度88%，高于全国重点煤矿平均水平近7个百分点；掘进机械化程度92.4%，同比提高6.9%。其中综掘机械化程度达到41.4%，高于全国重点煤矿平均水平近5个百分点。同年，吉煤集团累计投入资金1.41亿元，完成自动化控制项目43项，减少用工564人；瓦斯监测监控系统覆盖所有矿井，矿井人员定位系统在25个生产矿井使用。

　　科技兴煤、人才强企战略成效显著。"十一五"期间，吉林煤炭工业坚持科技兴煤、人才强企战略，科技成果丰硕。通化矿业公司与煤炭科学研究总院唐山分院共同完成了"采区化水力采煤工艺及设备的研究"科研课题，实现了水力采煤用水井下闭路循环。辽源矿业公司梅河煤矿四井、辽源矿业公司西安煤矿分别与煤炭科学研究总院联合，先后在水体下和建筑物下残区安全采出80万吨和近百万吨煤炭。舒兰矿业公司二矿在－130米水平右翼十五号煤层顶板含水层下安全采出煤炭80万吨。提高了煤炭资源回收率，延长了矿井服务年限。经吉林省科技厅、吉林省煤炭工业局鉴定，"大倾角综采放顶煤采煤法在梅河矿的推广和应用"等4项科研成果获得吉林省煤炭工业优秀科技成果奖、吉林省煤炭工业科技成果一等奖，"梅河煤矿含水层下综放开采"等3项科研成果获吉林省煤炭工业科技成果二等奖，"高瓦斯急倾斜特厚煤层综放开采大气压下降时瓦斯急剧涌出的防治"等4项科研成果获得吉林省煤炭工业科技成果三等奖。梅河煤矿三井应用"高瓦斯急倾斜特厚煤层综放开采大气压下降时瓦斯急剧涌出的防治"方法，每年多生产煤炭60万吨，每年多创收5570万元。在煤田地质勘探中，应用先进的三维地震勘探技术，查找煤炭资源取得成果。《吉林省九台市羊草沟煤田龙家堡矿区2~13线中间勘探报告》获国土资源部地质找矿项目一等奖。各省属煤矿实施人才强企战略，大力吸引高学历、高技能人才。吉煤集团在干部选拔、任用上实行重大改革，辽源矿业公司民主选拔董事长、煤矿和设计院民主公开选拔矿长和设计院院长，成为人才强企的重要标志。

　　巷道支护改革全面推进。省属煤矿推广应用综采综掘技术和巷道钢铁支护、锚杆（网）支护等先进技术，巷道钢铁支护、锚杆（网）支护率达到97.5%。辽源矿业公司、舒兰矿业公司、珲春矿业公司非木支护率均达到100%。长春市羊草沟、双顶山、华兴、华安、延边凉水、舒兰广源等地方煤矿矿井基本上取消了木支护。巷道支护改革，扩大了巷道断面，改善了作业环境和通风条件，井下作业条件发生了根本性改变，保证了煤炭产量的增加和安全生产形势的稳定好转。

非煤产业项目建设速度加快。"十一五"期间，杉松岗矿业公司以养殖业为主体的工业园区建成投产，实现了资源枯竭的老矿向现代化企业公司的成功转型。杉松岗矿业公司卓越公司禽产品工业园一期工程于2006年11月建成投产，项目全部投产后，实现纯销售收入9亿元，利润5000万元，提供1500个就业岗位，并带动10万农户从事养殖、种植业生产。由杉松岗矿业公司控股的吉林正方农牧股份有限公司（简称正方股份公司）与法国路斯河谷公司合作，投资1.7亿元的万吨禽产品一期工程于2006年5月开工建设，2007年4月竣工投产，项目全部投产后，年屠宰加工骡鸭1000万只，销售收入8亿元、利税8000万元，带动周边县市2000个养殖户从事骡鸭的饲养，平均每户增收3万元，解决就业岗位1600个。2010年5月，正方股份公司被农业部等八部委授予"国家级农业产业化重点龙头企业"。辽源矿业公司投资1823万元在梅河煤矿建成2个装机3500千瓦瓦斯发电站，每年发电收入800万元以上，井下瓦斯抽采量提高18%。2006年10月至2007年底，累计发电1321万千瓦时，节约电费713万元，利用瓦斯600万立方米，收到了较好的经济效益。通化矿业公司参股的白山90万吨焦化项目建成投产，截至2007年末，累计完成投资4.2亿元；化工产品系统的粗苯、硫铵产品于2007年10月末投入试生产。舒兰矿业公司与福建投资商合作建设年产6000万块煤矸石烧结空心砖厂建成投产。辽源矿业公司方大公司投资1618万元开发了汽车前轴、洗煤机滚筒等10余种新产品，新增产值1000多万元。蛟河煤矿机械厂（简称蛟河煤机厂）开发的薄煤层采煤机、综合掘进机投放市场。东北输送机公司引进德国制链机完成了大规格圆环链产品开发，成为国内第二大矿用高强度圆环链制造企业。

煤炭洗选和加工增速。2010年末，吉林省有洗煤厂31处，总入洗能力2368万吨/年。同年，入洗原煤2076万吨，入洗率50.63%，洗煤产量1287万吨。

煤炭循环经济发展。"十一五"期间，吉林省建成低浓度瓦斯发电站5座，总装机容量11500千瓦。截至2010年末，累计利用瓦斯1145.2万立方米，发电3435.5万千瓦时，与之配套的CDM碳减排资金补贴项目在联合国CDM执行理事会成功注册。与英国CAMCO公司签订二氧化碳减排量购买协议，第一次购买资金83万元已经到位。"十一五"期间煤化工年转化煤炭600万吨左右，主要产品有焦炭、煤气、煤焦油、粗苯、硫铵和氮等。

节能减排开端良好。全省有龙家堡一期、舒兰新华、珲春英安、和龙海清（3座）、营城等7处煤矸石砖厂，设计能力4.6亿标块/年。2009年，实际生产2.34亿标块，利用煤矸石84.5万吨，节约标准煤24万吨。年均产生矿井水1690万立方米，利用量1118万立方米，达标排放率100%。"十一五"期间，关闭小煤矿235处，减少电机容量25920千瓦，减少瓦斯排放1210万立方米/年；生产矿井更新、淘汰老旧杂设备9500台，电机功率14.7万千瓦。

煤炭域外合作开发、内贸外运取得重大进展。2010年，吉林省能源局与国电内蒙古电力公司分别签署煤制天然气项目合作协议，列入"气化吉林"惠民工程气源规划，获得相应煤炭资源配置，项目报国家审批。

2010年，珲春矿业公司煤炭通过朝鲜罗津港，经日本海，销往上海、宁波等地，是中国首例跨境运输煤炭，为吉林煤炭走向国际市场，开拓国际陆海联运打开了通道。

沉陷区棚户改造工程全面推进。吉林省国有重点煤矿从2006年开始实施沉陷区棚户改造工程。截至 2010 年底，4 个国有重点煤矿在辽源市、白山市、通化市、舒兰市、珲春市共建居民小区 46 个，总建筑面积 1081.78 平方米，住宅面积 933.39 平方米，安置居民 152501 户，其中棚户区居民 145333 户。

（二）

"十一五"期间，吉林煤矿安全监察系统以科学发展观为统领，推进煤矿安全监察执法工作的创新和发展。制定出台全省煤矿监察执法等一系列规范性文件。建立全省高瓦斯矿井数据库，健全瓦斯治理工作档案；研究制定防治水害的有效措施；加强对自然发火倾向和煤尘爆炸危险矿井的监察，防止了重特大事故的发生。2010 年 7 月，在吉林省发生暴雨洪水期间，煤矿安全机构成功将 2000 多人从井下安全撤离，使矿工生命财产损失降到最低限度。

面对全省煤矿安全生产的新形势，积极主动在创新监察上做文章，在科学执法上下功夫。做到"监察执法与教育服务、监察执法与总结推广典型经验、监察执法与落实监管责任"三结合。

（三）

"十一五"期间，吉林省煤炭行业坚持开展安全隐患排查治理专项行动，开展瓦斯治理和整顿关闭小煤矿两个攻坚战，全省煤矿安全生产形势稳定好转。各级煤炭行业管理、安全监管部门认真落实监管职责，始终把安全生产作为头等大事来抓。省煤炭工业局修订了部门、企业、岗位的安全生产责任制，各单位层层下达安全控制指标，实行安全一票否决，严格事故责任追究，增强了干部、职工的安全责任意识。全省 7 个产煤市（州）和 29 个产煤县（市、区）建立了安全监管机构，配备了监管人员。吉林煤矿安全监察系统认真履职，坚持对辖区内煤矿企业开展"三项监察"，加强协调配合，严格事故查处制度，促进了吉林省煤矿安全生产。坚持开展经常性的安全检查，坚持隐患排查整改制度，带班入井制度，确保 24 小时有干部在井下现场指挥安全生产。严格现场管理，推进矿井质量标准化建设，安全管理水平不断提高。"十一五"期间，认真开展隐患排查治理专项行动和"回头看"活动，查处各类安全隐患，整改率为 100%。开展安全质量标准化和安全高效型矿井建设。实行入井人员资格准入。各级煤矿安全监管部门、煤矿企业编制了事故应急救援预案。全省建立了 4 个矿山救护大队、6 个区域救护中队，提高了救护装备水平。加强抢险救灾基础训练，全面提高指战员的现场救援能力。

2006 年，吉林省政府制定了《吉林省煤矿整顿关闭三年规划》，重点关闭威胁国有大矿安全生产、布局不合理和生产能力 3 万吨/年及以下矿井。整顿关闭小煤矿促进了全省煤炭产业结构的优化和煤矿安全生产形势的稳定好转。吉林省煤矿从 2005 年初的 550 处减少到 2007 年底的 336 处。其中：2005 年规划关闭 85 处，实际关闭 85 处。2006—2008 年规划关闭 85 处（《煤炭工业发展"十一五"规划》印发前），到 2007 年底实际关闭 129 处。累计关闭煤矿 214 处，超额完成国家规划的 170 处关井目标，消灭了生产能力 3 万吨/年及以下矿井，提前完成了三个阶段的关井任务。

2010 年，全省各类煤矿共发生死亡事故 25 起，死亡 60 人，事故起数和死亡人数分别比 2005 年减少 111 起和 152 人；百万吨死亡率 1.40，比 2005 年下降 82%。截至 2010 年底，吉林省有 30 处矿井（其中吉煤集团有 17 处矿井）连续安全生产（无死亡事故）1000 天以上。

（四）

"十一五"期间，吉林煤炭系统各级党组织牢牢把握"围绕中心、服务大局、发挥作用、促进发展"的工作定位，突出抓好各级班子的思想政治建设、党组织和党员队伍建设、企业文化建设、党风建设和反腐倡廉等重点工作，为企业发展提供了坚强的思想和组织保证，为企业的安全发展、科学发展发挥了重要作用。各矿业公司领导班子把"当官不为发财，工作不带私心，办事不图回报，为民不遗余力"的承诺，落实在具体行动中，赢得了广大干部职工的信任和拥护，也成为各矿业公司带头人精神风貌的真实写照。各矿业公司领导班子团结一心，产生了巨大的凝聚力、感召力、执行力，在改革发展上进行积极大胆的探索，成为当之无愧的领导者带头人。各级纪委监察部门充分发挥保证监督作用，有力地推动了企业各项工作健康发展，确保了煤矿企业生产经营任务和国有资产保值增值的实现。各级工会组织坚持"围绕中心、服务职工、体现特色、促进发展"原则，在劳动竞赛、群众安全、扶贫帮困等方面做了大量工作。2010 年，吉煤集团各级组织和部门，坚持以人为本、关注民生，为集团职工办了 10 件实事，总投入 10 多亿元。积极承担社会责任，在拉动地方经济发展、保证吉林省实施暖房子工程等方面作出了积极贡献。

四

展望未来，吉林省正处于加快全面振兴的关键时期。吉林煤炭工业发展还面临着煤矿安全基础依然薄弱，保障能力不强；资源勘探相对滞后；优势主导产业不突出；发展方式转变任务艰巨；煤炭企业发展活力不足；职工群众的生活还不富裕等实际困难和深层次问题。克服这些困难和解决这样一些深层次的问题，还需要更加努力地工作。吉林煤炭战线的广大干部职工有决心坚持以中国共产党的路线方针为指导，紧紧依靠国家的煤炭发展政策，倍加珍惜来之不易的历史机遇，倍加珍惜来之不易的发展态势，倍加珍惜来之不易的和谐局面，团结奋斗，奋发有为，在更高起点上实现煤炭工业更好、更快和可持续发展，为吉林省国民经济快速发展提供能源支撑。

吉林煤炭工业志

大 事 记

1991 年

1月5日 东煤公司任命曹允壮为长春煤炭管理干部学院院长（兼）。

1月9日 东煤公司总经理李云峰在北京参加全国能源工作会议。

1月13日 东煤公司副总经理卓利格图出访日本，考察非金属矿产品技术。

2月2日 苏联乌斯基—依里木斯克市森林联合体木材加工厂代表团一行3人，开始对舒兰矿务局进行为期3天的访问。

2月3日 通化矿务局党委在东煤公司党委组织开展的"创先进、夺红旗"竞赛活动中被授予"矿务局级先进党委"称号。

2月9日 东煤公司任命李再清为多种经营公司经理。

3月4日 首届东北三省风筝邀请赛上，辽源矿务局梅河煤矿代表队在10个参赛队中获得4个单项第一名，并荣获团体总分第一名。

3月13—16日 东煤公司党委、纪委在沈阳矿务局召开东煤公司系统纪检工作暨先进纪检组织、优秀纪检干部表彰大会。

3月22日 东煤公司总经理李云峰赴北京参加第七届全国人民代表大会第四次会议。

同日 吉林市蛟河市奶子山镇五井发生1起透水事故，死亡5人。

3月31日 东煤公司副总经理赵清雷出访英国，参加煤炭与环境保护国际会议，并对英国煤矿进行考察。

4月1日 辽源矿务局风筝队参加东煤公司首届风筝赛，获得团体总分第一名和11个单项第一名。

4月10日至5月 辽源矿务局泰信煤矿一井开采1212采区时，在井下陆续发现1942年东北沦陷时期西安炭矿（今辽源煤矿）泰信一坑"9·23"特别重大瓦斯煤尘爆炸事故死难矿工遗骨（1212采区上方是1942年9月23日事故旧址）。该事故使当班621名（此数据引自《辽源矿务局志1911—1988》第846页）矿工全部死亡，是世界采矿史上死亡矿工最多的事故之一。

4月12日 辽源矿务局风筝队参加北京国际风筝邀请赛，在82支代表队中，获得团体总分第四名。

4月14日 营城煤矿综合公司小井发生1起顶板事故，死亡5人。

4月23—24日 东煤公司党委在通化矿务局召开"向李友杰学习活动"动员大会。大会宣读了东煤公司党委《关于开展向李友杰同志学习活动的通知》；东煤公司工会、公司团委分别作出《关于追授李友杰同志为"雷锋式好矿工"、授予李友杰生前所在班为"李友杰班"称号的决定》《关于追授李友杰同志"雷锋式的好青年"荣誉称号的决定》。并向李友杰的妻子和妹妹赠送了光荣匾，向李友杰生前所在外线班授予"李友杰班"锦旗。

4月30日 梅河煤矿三井431综采队和队长赵宏伟分别荣获中华全国总工会颁发的"五一劳动奖状"和"五一劳动奖章"。

本月 中国统配煤矿总公司在辽源矿务局召开乳化炸药研讨会。参加会议的专家学者对十四厂乳化炸药产品性能进行逐项检查测试，认定达到部颁标准，质量处于全国同行业领先水平。

本月 吉林省省长王忠禹到四平市刘房子煤矿考察调研。

5月14日 东煤公司副总经理崔敬谦出访加拿大，考察露天煤矿。

5月26日 煤炭工业部原部长高扬文，副部长孔勋到长春听取东煤公司领导工作汇报。

5月30日 吉林省委书记何竹康到长春市羊草沟煤矿调研。

6月 在中宣部、国家体改委、司法部联合召开的全国百家大企业学法用法依法治厂经验交流会上，辽源矿务局党委副书记张义作"依法治局，为企业生产经营保驾护航"经验介绍。

7月9日 吉林市永吉县前丰四社小井发生1起透水事故，死亡6人。

7月10日 东煤公司在通化矿务局温泉疗养院召开矿务局长、党委书记会议。会议围绕煤矿发展繁荣、深化改革、提高两效和克服当前经济困难，搞活企业，精简机构，整组提效，以及住房改革等问题进行座谈讨论。能源部总工程师陈明和参加会议。

同日 辽源矿务局矿山机械厂生产的QZB型系列真空防爆开关，通过能源部安全标准（工厂生产技术件）检查团验收。

7月12日 辽源矿务局梅河煤矿与东北工学院共同承担的国家"七五"科技攻关项目"软岩巷道锚喷网——弧板复合支护"通过能源部技术鉴定委员会鉴定。8月，该项目通过国家级鉴定。

7月19日 通化矿务局松树镇煤矿二井发生1起特大瓦斯爆炸事故，死亡14人。

7月20日 东煤公司总经理李云峰随同煤炭工业部副部长胡富国出访德国，参加中德煤炭年会并考察水煤浆等工程项目。

7月24日 经国家工商行政管理局批准，东煤公司本部在国家登记注册，注册资金4.67亿元人民币。

本月 通化矿务局在1991年度中国500家最大工业企业及行业50家评比中分列第451名和第33名。在吉林省50家最大经营规模工业企业列第12名。矿务局收到《管理世界》中国企业评价中心、国家统计局工业交通统计司贺信。

8月20日 辽源矿务局梅河煤矿二井青年工人梁国华篆刻作品入选第52届国际交流展，在日本东京美术馆展出，获佳作奖。

9月5日 吉林省人民政府批准，民政部颁发《革命烈士证明书》，追认通化矿务局职工李友杰为"革命烈士"。

10月6日 白山市八道江区大泉眼村煤矿王铁全井发生1起瓦斯爆炸事故，死亡5人。

10月9日 吉林煤炭系统第一座型煤厂在通化矿务局五道江煤矿建成投产。项目投资84.6万元，年产3万吨型煤。

10月20日 辽源矿务局梅河煤矿生产的"龙珠"牌高铬合金耐磨钢球，在上海中国建材新产品展评博览会上荣获金质奖。

10月24日 辽源矿务局代表队荣获1991年全国群众歌咏大赛特级奖。矿区工会和工会主席许传生分别获集体和个人先进组织奖。许传生出席在人民大会堂举行的颁奖大会。

本月 辽源煤机厂生产的"金甲"牌MGD150NW型系列采煤机被吉林省人民政府评为省级优质产品。

11月7日 东煤公司总经理李云峰出访美国，考察煤层气开发与利用等项目。

11月17日 辽源矿务局梅河煤矿三井防水煤柱开采技术研究通过东煤公司技

术鉴定。该成果在国内同类矿区防水煤柱开采技术研究中处于领先地位。

12月14日 国务院批准东煤公司为大型企业集团。

12月16日 营城煤机厂举行"公主号"自动制链机组投产剪彩仪式。"公主号"ZAC553型自动制链机组由瑞典ESAB公司制造，是生产圆环链产品的全部自动化机组，产品最大直径34毫米，年产10万米、1500吨。

12月20日 东煤公司工作会议在双鸭山矿务局召开。

12月21日 白山市三岔子区石人镇后堡子村金家沟煤矿一井发生1起瓦斯爆炸事故，死亡5人。

12月24日 中共中央决定，中央批准的55个大型企业集团中23个可以成立财务公司，可以自筹资金，可以搞房改。东煤公司是23个大型企业集团之一。

是年 长春市九台放牛沟煤矿正式投产，生产能力6万吨/年，该矿行政划归九台市东湖镇管辖，行业隶属九台市煤炭局，为地方国有企业。九台市人民政府同意放牛沟煤矿由地方国有变更为私营。经营期间总产量48万吨。

是年 吉林省副省长王云坤发表《像刘房子煤矿那样走提高企业素质内部挖潜之路，把经济搞上去》的署名文章。

1992年

1月5—10日 东煤公司总经理李云峰、副总经理崔敬谦赴京参加全国能源工作会议。

2月21日 中共东煤公司党组任命谢福田为珲春矿区指挥部党委书记。

2月23日 辽源矿务局梅河煤矿三井发生1起瓦斯爆炸事故，死亡5人。

3月10日 通化市二道江区菇园井个体矿发生1起瓦斯爆炸事故，死亡6人。

3月16日 东煤公司总经理李云峰赴北京参加第七届全国人民代表大会第五次会议。

3月22日 延边朝鲜族自治州（简称延边州）龙井市富裕乡朝东村煤矿发生1起透水事故，死亡5人。

4月1日 东煤公司副总经理崔敬谦随能源部煤炭资源管理考察团赴美国考察访问。

4月11日 辽源矿务局梅河煤矿风筝队代表全国煤矿体协参加在北京举办的中国第二届风筝大赛，在26个参赛队中荣获团体总分第二名。

4月15日 东煤公司兼并长春电影机械厂，并更名为东北内蒙古煤炭工业联合公司机电总厂。

4月16日 国家能源投资公司印发《关于辽源矿务局金宝屯矿井初步设计的批复》。8月8日，辽源矿务局成立金宝屯矿井项目管理处。9月5日，首批金宝屯矿井建设者20人进驻现场。9月21日，地面建设破土动工。

4月19日 东煤公司党委决定，成立中共东煤公司委员会党校。决定实行长春煤炭管理干部学院、长春煤炭工业学校校址、机构、教育管理三位一体的体制。

4月26日 东煤公司副总经理赵清雷率团赴加拿大，考察煤炭综合利用项目。

6月22日 杉松岗煤矿第一小学二年级三班班主任王金玲为保护学生，与暴徒搏斗，不幸牺牲。翌年5月25日，辉南县委、县政府在杉松岗煤矿召开追认王金玲为革命烈士大会，吉林省煤炭工业局副局长王永泉代表省政府宣布王金玲为革命烈士。

本月 中国企业评价中心与国家统计局工业交通统计司等单位举办的"1991

年中国 500 家最大工业企业评价"结果揭晓，通化矿务局以销售额 30253 万元榜上有名。自 1987 年开始评选活动，该局是第五次当选。

7 月 6 日 以朝鲜咸镜北道北方煤炭总局副局长金在根为团长的工业考察团一行 5 人，到通化矿务局考察，并参观道清煤矿 Ⅱ 型钢工作面。

7 月 8 日 中国地方煤矿总公司总经理韩宗顺到羊草沟煤矿调研。

7 月 12—18 日 中共中央委员、煤炭工业部原部长于洪恩到通化矿务局、珲春矿区指挥部考察。

7 月 15 日 通化矿务局机电厂 3000 吨线材轧钢厂剪彩投产。

本月 辽源矿务局引进俄罗斯 CN4 型立井测斜仪，并邀请俄罗斯专家参加立井测试工作。

8 月 25 日 长春市科学技术委员会、长春高新技术产业开发区管委会授予长春煤炭科学研究所长春科技成果暨高新技术展览会优秀科技成果一等奖。

8 月 27 日 能源部部长黄毅诚对舒兰矿务局承包经营工作作出："生产有潜力，管理也有潜力，就是现有条件也可以使成本下降。承包要细，管理要严，发动群众当家理财"的批示。

9 月 1 日 经能源部批准，珲春矿区指挥部更名为珲春矿务局。东煤公司转发能源部文件，孙凤廉任珲春矿务局局长，谢福田任珲春矿务局党委书记。

9 月 15 日 设计能力 90 万吨/年的珲春矿务局八连城煤矿立井开工剪彩。

本月 辽源矿务局梅河煤矿在含水砂层下，利用综采放顶煤技术回收矿井防水煤柱，获东煤公司 1992 年科技进步特等奖。经专家鉴定，达到国内先进水平。

10 月 1 日 通化市铁厂镇于敬之个体井发生 1 起瓦斯事故，死亡 6 人。

10 月 27 日 东煤公司总经理李云峰率团赴澳大利亚考察。

12 月 10 日 中国东北内蒙古煤炭集团成立暨庆祝东煤公司成立十周年大会在吉林省宾馆召开。能源部部长黄毅诚、总工程师秦仲一，中国统配煤矿总公司总经理王森浩、副总经理韩英，国家能源投资公司总经理王文泽、副总经理陈钝，吉林省委书记何竹康、内蒙古自治区政府主席布赫，辽宁省副省长郭廷标，黑龙江省副省长孙魁文出席会议。黄毅诚、王文泽、王森浩、布赫、郭廷标、孙魁文先后在大会上发言表示祝贺。

12 月 12 日 东煤公司工作会议在长春东煤宾馆召开。会议主要任务是贯彻落实中国共产党第十四次代表大会精神和能源部工作要求，总结东煤公司成立 10 年来的工作，部署 1993 年工作。大会由东煤公司副总经理崔敬谦主持，总经理李云峰作工作报告。能源部部长黄毅诚出席会议并讲话。陈钝、韩英、张绍峰、秦仲一等出席会议。

本月 辽源煤矿机械厂被国家六部委评为大型二档企业。

1993 年

1 月 14—15 日 东煤公司召开先进集体、劳动模范代表座谈会。通化矿务局湾沟煤矿 252 采煤队被评为先进集体，时德乐、郭金修被评为劳动模范。

2 月 6 日 中共吉林省委常委、长春市委书记王云坤到羊草沟煤矿调研。

本月 通化矿务局五道江煤矿塑料复合彩印厂建成投产。

3 月 5 日 辽源矿务局环保节能处处长、教授级高级工程师、全国"三八"红旗手、第七届全国人大代表蒋岚瑞再次当选全国人大代表，出席第八届全国人民代表大会第一次会议。

3月16日 能源部批准东北内蒙古煤炭工业联合公司更名为中国东北内蒙古煤炭集团公司。

3月25日 国务院决定东煤公司总经理李云峰任职期间，在看文件、听报告、参加会议及学习培训方面享有副部级政治待遇。

本月 通化矿务局铁厂洗煤厂甲级精煤打入国际市场，与朝鲜黑色金属商社首次签订3万吨甲级精煤供货合同。

5月11日 中共吉林省委书记何竹康、吉林省副省长刘希林等到珲春矿务局调研并看望一线工人。

5月19日 吉林省副省长魏敏学到羊草沟煤矿调研。

5月24日 中共东煤公司委员会任命徐兆龙为东煤公司纪委书记（正厅局长级）。

本月 共青团通化矿务局委员会书记李向春出席共青团中央第十三次代表大会。

6月7日 煤炭工业部总工程师赵全福等5人到辽源矿务局梅河煤矿检查安全工作，并听取梅河煤矿工作汇报。

本月 中共中央组织部处长张兆东在吉林省委组织部有关领导和辽源市委组织部部长李宝林等人陪同下到辽源煤机厂考察党建工作。

本月 煤炭工业部投资433万元，在通化矿务局中国煤矿工人通化温泉疗养院建立中国长白山温泉小针刀治疗中心。

7月24日 国家基建投资公司总经理陈钝到珲春矿务局调研。

7月29日 煤炭工业部部长王森浩到羊草沟煤矿考察。

本月 通化矿务局五道江煤矿电磁线厂发明中国首例"中线漆包机余热利用"技术。

8月14日 国家教委副主任王明达在吉林省教委副主任梁植文陪同下，到通化矿务局培训中心考察，并题词"适应企业需要，建立充满活力的职工教育培训体系"。

8月25日 吉林市蛟河市奶子山镇二井发生1起顶板事故，死亡5人。

本月 全国人大常务委员会副委员长吴阶平为中国煤矿工人通化温泉疗养院题词"发展疗养事业，造福煤矿职工"。

9月3日 中国地方煤矿总公司副总经理吴道龙到羊草沟煤矿考察调研。

10月3日 四平市刘房子煤矿发生1起火灾事故，死亡9人。

10月8日 东煤公司在舒兰矿务局召开反腐败工作会议。

10月23日 全国人大常务委员会副委员长秦基伟为中国煤矿二人通化温泉疗养院建院25周年题名并致慰问信。

10月24日 在中华全国总工会第十二次全国代表大会上，辽源矿区工会和通化矿区工会分别被授予"全国模范职工之家"称号，辽源矿区工会主席许传生被授予"全国优秀工会工作者"称号。

10月28日 东煤公司任命王金力为珲春矿务局局长。

11月13日 延边州三道煤矿发生1起运输事故，死亡5人。

是年 外交部部长钱其琛签署外事权限通知，中国东北内蒙古煤炭集团可与世界76个国家和地区进行经贸与外事往来。

是年 辽源煤矿机械厂被东煤公司评为环境优美先进单位。

1994年

2月6日 辽源矿务局多种经营公司泰信煤矿一井发生1起火灾事故，死亡7人。

3月1日 国务院决定撤销中国东北内蒙古煤炭集团暨中国东北内蒙古煤炭集团公司。

3月4日 煤炭工业部部长王森浩带领煤炭工业部工作组,到东煤公司总部,落实国务院文件,撤销东煤公司。

3月6日 辽源矿务局梅河煤矿三井发生1起瓦斯事故,死亡14人。

3月12日 煤炭工业部转发《国务院关于撤销中国东北内蒙古煤炭集团暨中国东北内蒙古煤炭集团公司的通知》,并印发《煤炭工业部关于撤销东煤集团暨东煤公司的实施意见》的通知。

4月3日 中共中央政治局委员、国务院副总理邹家华到辽源矿务局视察,为辽源矿务局题词"依靠群众,深化改革,增强活力,促进发展"。国务院有关部委领导、中共吉林省委书记何竹康、中共辽源市委书记赵永吉、辽源市市长安莉、吉林煤炭工业管理局筹备组长崔敬谦陪同视察。邹家华视察了西安煤矿地面生产设施和职工住宅,接见辽源矿务局党政工领导和西安煤矿党政主要领导,召开有局党委书记王一凡、局长李广生、矿区工会主席许传生、总会计师宋秉仁、西安煤矿党委书记滕富、泰信煤矿党委书记方景阳和4名职工、1名退休职工代表参加的座谈会。

4月23日 长春市双阳区二道煤矿一井发生1起特大瓦斯事故,死亡12人,重伤6人。

5月22日 通化矿务局砟子煤矿退休工人刘光中发明的天球仪获国家专利,刘光中被收入《国家级科技成果研制功臣名录》一书。

同日 通化矿务局总医院"二级甲等医院"挂牌。

5月28日 吉林煤炭工业管理局暨吉林省煤炭工业局在长春挂牌成立。

5月29日 吉林省煤炭工业工作会议在长春召开。

5月30日 辽源市东辽县榆田村刘显峰井发生1起瓦斯事故,死亡5人。

6月5日 通化市辉南县平安川镇平安煤矿发生透水事故,死亡6人。

6月8日 白山市三岔子湾沟田树昌井发生瓦斯事故,死亡6人。

6月18日 煤炭工业部任命崔敬谦为吉林煤炭工业管理局局长,武宝山等为副局长,石金玉为副局长兼安监局局长。

6月22日 中共吉林省委同意成立中共吉林省煤炭工业局党组。中共吉林省委任命崔敬谦为中共吉林煤炭工业管理局党组书记,武宝山为党组副书记,刘元盛等为党组成员。

6月24日 通化市二道江区五道江镇冰湖沟仁平井发生瓦斯事故,死亡7人。

6月28日 中共煤炭工业部党组任命崔敬谦为中共吉林煤炭工业管理局党组书记,武宝山为党组副书记,刘元盛等为党组成员。

8月13日 白山市湾沟军矿井发生瓦斯事故,死亡8人。

8月15日 煤炭工业部副部长范维唐率团到通化矿务局调研。

8月17日 由于连续4天暴雨,辽源矿务局梅河煤矿遭受了建矿以来从未有过的特大水灾,直接经济损失340万元。

8月24日 中共煤炭工业部党组任命曹天元为中共吉林煤炭工业管理局党组成员。

8月25日 煤炭工业部任命曹天元为吉林煤炭工业管理局总工程师。

同日 中共煤炭工业部党组任命张义为辽源矿务局党委书记,免去王一凡辽源矿务局党委书记职务,任辽源矿务局调研员。

10月6日 通化矿务局湾沟煤矿郑贵举出席吉林省劳动模范表彰大会,荣获吉林省特等劳动模范称号,湾沟煤矿一井252采煤队获模范集体奖状。

10月8日 通化矿务局多种经营公司矿办中安井发生1起瓦斯事故,死亡5人。

10月13日 中共长春市委书记王云坤率队到羊草沟煤矿调研。

10月30日 中国煤矿地质工会副主席靳广辉到羊草沟煤矿调研。

11月8日 通化矿务局苇塘煤矿多种经营公司柴煤二井发生1起瓦斯事故,死亡9人。

11月13日 辽源矿务局泰信煤矿四井发生1起特别重大瓦斯煤尘爆炸事故,死亡79人,伤129人,直接经济损失320万元。事故发生后,煤炭工业部部长王森浩、副部长张宝明、劳动部党组成员王建伦、中华全国总工会书记处书记李永安及卫生部、中国煤炭地质工会领导,中共吉林省委书记何竹康、常务副省长刘希林、副省长王国发、魏敏学及吉林煤管局、省劳动厅、省公安厅、省检察院、省总工会等部门领导,中共辽源市委、市政府领导,先后赶赴事故现场。事故发生当晚组成以副省长魏敏学为组长,张宝明、王建伦为副组长的事故调查处理领导小组。

11月14日 煤炭工业部部长王森浩、副部长张宝明、中共吉林省委书记何竹康到辽源矿务局总医院慰问"11·13"特别重大瓦斯煤尘爆炸事故中的伤员。

12月14日 中华全国总工会副主席李容光等领导到长春市羊草沟煤矿调研。

12月23日 煤炭工业部批复同意辽源矿务局金宝屯煤矿于1994年12月开工建设。

1995年

1月4日 营城煤矿机械厂厂长王玉发被授予全国煤炭工业特等劳动模范。

1月15日 通化矿务局湾沟煤矿多种经营公司个人承包井发生1起瓦斯事故,死亡6人。

1月18日 煤炭工业部副部长韩英率煤炭工业部慰问团到辽源矿务局慰问职工和家属。

2月4日 煤炭工业部副部长王显政到辽源煤机厂考察调研。

3月18日 中央人民广播电台和《人民日报》分别播报和刊登《总书记来电话》一文。

3月20日 国务院副总理邹家华根据中共中央总书记江泽民"两会"期间在辽源市市长安莉信上批示精神,听取辽源矿务局工作汇报,专题研究解决辽源矿务局部分困难问题。

3月21日 辽源市西安区松源煤矿发生1起顶板事故,死亡8人。

4月14日 煤炭工业部任命刘随生为珲春矿务局局长。

4月15日 吉林省煤矿党委书记、局(矿)长座谈会在通化矿务局召开。

同日 通化市五道江煤矿联办井发生1起瓦斯事故,死亡5人。

4月27日 营城煤机厂厂长王玉发赴京出席全国劳动模范大会。

5月8日 白山市东风煤矿二井发生1起瓦斯事故,死亡8人。

5月17日 吉林煤炭系统首届"吉煤杯"职工象棋赛在珲春矿务局举行。

5月22日 通化矿务局总医院QC(质量管理)成果发布:该院五官科QC小组开展的"现代白内障囊外摘除联合后房型人工晶体植入术"技术在吉林省

内处于领先地位，填补了白山地区医治白内障的一项空白。

5月31日 中共煤炭工业部党组任命孙长礼为中共吉林煤炭工业管理局党组成员、纪检组组长。

7月3日 吉林省副省长刘淑莹到湾沟煤矿检查环保工作。

7月5日 煤炭工业部任命崔成梁为通化矿务局局长。

7月20日 吉林煤炭工业管理局代表煤炭工业部人事司宣布通化矿务局主要领导工作变动任职决定，崔成梁任通化矿务局局长，常玉林任通化矿务局党委书记。

7月24日 全省煤炭工作会议在舒兰矿务局会议中心召开。

本月 通化矿务局遭受多年未遇的特大洪水灾害。部分矿井被淹，生产设施损坏严重，造成部分矿井停产，部分职工住宅倒塌，交通及通信中断。直接经济损失4277.5万元。

10月20日 中共吉林省委常委、组织部部长吴广才到通化矿务局调研。

11月1日 通化矿务局八道江煤矿建成吉林省第一家中型合金钢企业，一次点炉成功，生产的轴承钢填补了吉林省冶炼特种钢空白。

11月22日 通化矿务局大湖煤矿多经公司6号井发生1起瓦斯事故，死亡6人。

12月4日 煤炭工业部办公厅决定撤销东煤公司留守处。留守处（含招待所）全部人员及财务、遗留事项移交吉林煤炭工业管理局。

同日 煤炭工业部任命张玉斌为吉林煤炭工业管理局巡视员。

是年 辽源煤机厂被吉林省人民政府命名为"设备管理优秀单位"，并受到表彰。

是年 煤炭工业部及吉林煤炭工业管理局将通化矿务局列为全国105个国有重点矿区中40个重点转产局之一，在重点转产局中该局被列为重中之重的局，在转产资金投入上得到重点倾斜。通化矿务局发出号召，全面开展二次创业。

1996年

1月16日 吉林省代理省长王云坤到辽源矿务局走访慰问。

1月17日 吉林省副省长刘希林、魏敏学到珲春矿务局蛟河煤矿走访慰问劳动模范和特困职工。

1月21日 辽源市东辽县金岗乡王力井发生1起瓦斯事故，死亡5人。

1月30日 煤炭工业部副部长王显政到舒兰矿务局走访慰问困难职工。

1月31日 煤炭工业部副部长王显政到珲春矿务局蛟河煤矿走访慰问困难职工。

2月1日 由煤炭工业部副部长王显政、调运司司长洪尚清、生产司司长乌荣康组成的煤炭工业部春节慰问团，在吉林省经贸委主任郭永德、吉林煤炭工业管理局局长崔敬谦等陪同下到通化矿务局走访慰问。

2月3日 煤炭工业部副部长王显政率煤炭工业部慰问团一行3人，在吉林煤炭工业管理局局长崔敬谦等人陪同下到辽源矿务局走访慰问。

2月4日 营城煤矿机械厂召开1995年产值过亿元祝捷大会。

4月1日 白山市煤矿劳动服务公司个人井发生1起瓦斯事故，死亡5人。

4月24日 杉松岗煤矿"九五"发展规划上报，吉林省副省长魏敏学批示，要认真加以落实。

5月28日 白山市江源县湾沟镇李

明和井发生1起瓦斯事故，死亡8人。

6月6日 通化矿务局机电总厂根据清华大学水电系副教授许洪元研究的固液两相流速度比理论设计制造的中国新一代150ZD-XE型固液两相流渣浆泵，通过吉林煤管局专家鉴定委员会技术鉴定。该产品含两项国家专利，属新一代节能泵。

6月28日 德国贝希贸易公司盖特希拉、霍克斯特公司克莱蒙逊、波瑞塞、徐维尧等5人由中国煤炭物资总公司进出口部经理陈云诚陪同到舒兰矿务局化工厂考察。

7月15日 辽源矿务局多种经营泰信煤矿四井发生1起特大瓦斯事故，死亡20人。

7月31日 长春市市长宋春华到羊草沟煤矿调研。

本月 通化矿务局科研所研制成功新型节能启动器。经吉林省科委、吉林省经贸委鉴定，该产品达到国内先进水平。其中7.1赫兹频率变频启动技术属国内首创。

8月9日 日本经济团体联合会到珲春矿务局进行贸易考察。

8月20日 通化矿务局八道江煤矿通沟井发生1起瓦斯事故，死亡5人。

本月 吉林煤管局领导代表煤炭工业部向羊草沟煤矿颁发"部特级质量标准化矿井"奖牌。

9月21日 煤炭工业部副部长朱登山率煤炭工业部脱贫解困走访工作组到辽源矿务局检查指导工作，并在全局干部大会上讲话。

10月14—21日 煤炭工业部副部长朱登山到吉林省4个矿务局现场办公。

10月15日 舒兰矿务局营城煤矿胶囊厂正式竣工投产。煤炭工业部副部长朱登山和有关司局领导到矿祝贺，并对舒兰矿务局林蛙厂、建陶厂、化工厂进行考察。

10月16日 煤炭工业部副部长朱登山和有关司局领导到珲春矿务局三产开发公司建设工地及八连城煤矿立井调研。

10月18日 煤炭工业部副部长朱登山、财劳司司长萧汝喜、规划发展司副司长姜庆俊、多种经营司副司长陶凤鸣、生产司副司长成家钰、吉林煤管局局长崔敬谦、副局长刘元盛等到通化矿务局指导脱贫解困工作。

本月 营城煤矿机械厂厂长王玉发被中国煤炭工业企业管理协会命名为"优秀企业家"。

11月20日 煤炭工业部批复，辽源煤炭工业学校更名为吉林工业学校。吉林工业学校隶属煤炭工业部，学校在保留原有煤炭专业基础上，逐步开设非煤专业，面向全社会招生。

12月5日 吉林省第一条具有20世纪90年代世界先进水平的汽车综合检测线在通化矿务局汽运处落成。

12月18日 延边州和龙市福洞镇长财村联营井发生1起瓦斯燃烧事故，死亡5人。

12月24日 长春市二道区三道镇煤矿个体井发生1起瓦斯事故，死亡10人。

12月28日 通化矿务局总工会湾沟井发生1起运输事故，死亡5人。

1997年

1月24日 煤炭工业部总工程师尚海涛、多种经营司司长苏立功、规划司副司长郝玉策在吉林煤管局副局长常天明、总工程师曹天元、工会主席王永全陪同下，带着中共煤炭工业部党组、部长王森浩的慰问信到通化矿务局走访慰问部分困难劳模、退休干部和工伤死亡职工家属。

1月27日 煤炭工业部副部长张宝明率领送温暖慰问团到舒兰矿务局走访慰

问。

1月29日 煤炭工业部副部长张宝明率领送温暖慰问团到珲春矿务局蛟河煤矿走访慰问。

2月26日 煤炭工业部转发国家经贸委、计委、统计局、财政部、劳动部、人事部《关于公布1995年度全国新增大型工业企业名单的通知》。煤炭行业1995年新增大型工业企业16户，营城煤矿机械厂为新增大二型企业。

同日 白山市八道江区城西煤矿发生1起特大瓦斯爆炸事故，死亡18人。

3月6日 白山市江源县湾沟镇六井发生1起瓦斯事故，死亡13人。

3月18日 营城煤矿机械厂举行国家大型企业挂牌仪式。

4月21日 吉林市桦甸市五道沟乡天合煤矿发生1起瓦斯事故，死亡6人。

5月13日 煤炭工业部任命郑家林为通化矿务局局长。

同日 中共煤炭工业部党组任命王延平为通化矿务局党委书记。

5月14日 吉林省委常委、组织部部长吴广才和吉林省财政厅、省工商银行、省煤炭局、省城市扶贫办领导到杉松岗煤矿调研。

5月16日 辽源煤炭工业学校举行更名庆典活动。吉林煤管局、吉林省教委、辽源市委、市政府、辽源矿务局及有关单位的领导出席庆典活动。

6月3日 辽源矿务局举行建局50周年暨"辽源煤矿矿工节"庆祝活动。

7月8日 以煤炭工业部总工程师尚海涛为组长的煤炭工业部生产经营调研组一行13人，在吉林煤管局副局长常天明陪同下，到通化矿务局调研，指导脱贫解困工作。

8月5日 以煤炭工业部副部长王显政为组长，吉林煤管局局长崔敬谦、煤炭工业部总工程师尚海涛为副组长的煤炭工业部工作组第三次到通化矿务局帮助开展工作。

8月13日 煤炭工业部副部长王显政到辽源矿务局检查指导工作。

8月28日 煤炭工业部任命刘随生为吉林煤炭工业管理局局长，陈官礼为珲春矿务局局长。

同日 中共煤炭工业部党组任命武宝山为中共吉林煤炭工业管理局党组书记。

9月5日 通化矿务局于景秀、舒兰矿务局李敏被吉林省教育委员会授予"吉林省中小学特级教师"荣誉称号。

9月18日 通化矿务局松树镇煤矿二井发生1起特大瓦斯爆炸事故，死亡16人。

同日 通化矿务局大湖金属镁厂举行开工典礼仪式。该厂占地2100平方米，总投资4991万元，年生产能力2000吨。

10月25日 通化市腾达煤矿发生1起瓦斯事故，死亡5人。

10月27日 长春市二道煤矿发生1起瓦斯事故，死亡5人。

是年 辽源煤机厂生产的MG200-BW型薄煤层采煤机获河北省煤炭工业局科技成果奖。

是年 吉林省地质调查所在双阳区鹿乡镇找水，施工2个钻孔，其中1个钻孔（ZKI）见到0.9米厚的煤层，2001年5月，吉林省地质调查所对该矿井施工了TC1、TC2，均见到可采煤层，煤层平均倾角18°～23°，平均煤厚1.7米。该发现使长春市双阳区丁家煤矿获得煤炭资源储量170万吨。

1998年

1月11日 吉林市桦甸市桦郊乡三道煤矿发生1起瓦斯事故，死亡7人。

1月13日 以煤炭工业部副部长王君为团长的煤炭工业部、吉林煤管局"送温暖"慰问团,到通化矿务局砟子煤矿走访慰问。

1月14日 煤炭工业部副部长王君率慰问团到舒兰矿务局走访慰问。

1月16日 煤炭工业部副部长王君率慰问团到珲春矿务局走访慰问。

本月 通化矿务局全国劳动模范、湾沟煤矿工会副主席时德乐当选为政协吉林省第八届委员会委员。

2月23日 煤炭工业部任命王延平为通化矿务局局长。

同日 中共煤炭工业部党组任命邱金宝为通化矿务局党委书记。

2月25日 辽源市东辽县金岗镇新伍煤矿发生1起瓦斯事故,死亡9人。

3月5日 煤炭工业部任命武宝山为吉林煤炭工业管理局局长。

同日 辽源矿务局泰信煤矿四井掘进一段副段长、吉林省劳动模范刘玉林当选为第九届全国人民代表大会代表,出席第九届全国人民代表大会第一次会议。

同日 通化矿务局大湖金属镁厂32吨金属镁产品出口美国。

3月7日 延边州正兴煤矿发生1起瓦斯事故,死亡6人。

3月18日 通化矿务局砟子煤矿多种经营公司一号井发生1起特大瓦斯爆炸事故,死亡22人。

4月2日 中共吉林省委决定由武宝山任吉林省煤炭工业局党组书记。

4月8日 辽源矿务局梅河煤矿六井发生1起重大瓦斯爆炸事故,死亡8人。

4月21日 辽源市东辽县安恕煤矿发生1起火灾事故,死亡6人。

5月4日 吉林省人民政府任命武宝山为吉林省煤炭工业局局长。

5月14日 辽源矿务局矸石空心砖厂建成点火试产,一次试产成功。20日生产出第一窑煤矸石空心砖。产品经国家建材局砖瓦检测中心检验,均达到国家标准(GB 13544—1992、GB 13545—1992)。年设计生产能力6000万块(折标砖)。是国内较大规模矸石空心砖生产线之一,填补了吉林省新型墙体材料生产的空白。

5月26日 吉林省副省长刘淑莹率团到舒兰矿务局丰广煤矿三豆厂进行考察。

本月 通化矿务局苇塘生产经营公司一井221队溜子工王本华在"跨世纪青年人才工程"活动中荣获"全国百名煤炭青年岗位能手"荣誉称号。

6月2日 白山市江源县湾沟镇九井发生1起瓦斯事故,死亡7人。1998年10月7日,吉林省劳动厅批复处理意见,6名责任人中5人受到处分和处罚,1人事故中死亡,不在追究其责任。

6月10日 吉林省副省长李介车到珲春矿务局氨基酸厂考察。

同日 营城煤矿机械厂厂长王玉发被评为长春市特等劳动模范,并参加劳模大会。

7月2日 长春羊草矿业有限责任公司揭牌(隶属长春市星宇集团)。

7月20日 长春市坤山煤矿发生1起重大瓦斯爆炸事故,死亡7人。

8月4日 全国煤矿地质工会主席张绍峰在吉林省煤矿地质工会主席李景文、副主席尹玉柯陪同下,到通化矿务局检查指导工会工作。

8月21日 张宝明代表国家经贸委与吉林省副省长李介车签订吉林省国有重点煤矿下放接收商谈纪要。辽源矿务局、通化矿务局、舒兰矿务局、珲春矿务局下放到吉林省政府管理。

本月 辽源煤矿机械厂被中国煤矿工程机械装备集团公司确定为采煤机定点生

产厂。

9月25日 辽源矿务局党委书记张义主持矿务局党政全面工作。

9月30日 吉林省副省长李介车在1998年9月29日《吉林内参》题为《蛟河矿的职工和家属常年饮用被严重污染的水吃水问题已成为矿区不稳定的主要因素》参阅件上批示："请省煤管局筹备资金，年底前解决蛟河矿饮用水问题。如有困难要及时向我通报，一定要把这件关系矿工生命安全的大事抓实"。

10月 辽源煤机厂生产的MG375-W型采煤机和MG375-AW型采煤机，获吉林煤炭工业管理局、吉林省煤炭工业局科技成果奖。

12月21日 吉林省机构编制委员会办公室同意东北煤田地质局驻长春办事处更名为吉林省煤田地质局，统一管理全省煤田地质勘探单位，负责全省煤田地质勘探系统的三产开发、多种经营工作，组织实施全省煤田地质勘探单位深化改革，逐步实现转产分流工作。核定事业编制22人。

12月28日 经吉林省政府同意，吉林煤炭工业管理局决定从1999年1月1日起，营城煤矿、蛟河煤矿分别从舒兰矿务局、珲春矿务局划出，实行独立经营，由吉林煤炭工业管理局直接管理。

1999年

1月18日 吉林煤炭工业管理局任命全喜林为吉林省煤田地质局局长（保留副局级待遇）。

1月29日 白山市江源县砟子镇田喜顺井发生1起瓦斯爆炸事故，死亡9人。

2月9日 吉林省人民政府任命李凤梧为舒兰矿务局局长。

同日 吉林省人民政府任命张义为辽源矿务局局长。

2月15日 吉林省省长洪虎、副省长李介车、省政府秘书长孙耀庭及有关厅、局负责人到辽源矿务局慰问。

2月16日 吉林省省长洪虎、副省长李介车等领导到舒兰矿务局进行节日慰问。

3月29日 吉林省委书记王云坤在《辽源市一小煤矿发生瓦斯爆炸事故》信息上批示："介车同志：一定要强调安全生产。小煤矿尤其要严格检查"。

同日 吉林省省长洪虎在《辽源市一小煤矿发生瓦斯爆炸事故》信息上批示："仰轼同志：以防止小煤矿事故为契机，要加大关停小煤矿的力度，请商煤炭局尽快落实此事，并向介车同志报告"。

3月30日 吉林省委副书记陈玉杰批示："妥善处理，认真调查事故原因，严肃处理责任人"。

同日 吉林省副省长李介车批示："请煤炭局配合辽源市政府妥善处理。应认真查原团、找教训。除经常性的安全教育以外，必要的安全措施一定要到位，'安全第一'方针要真正落实"。

3月31日 吉林省副省长李介车在省委办公厅转来的信息上再次批示："请经贸委、煤炭局认真贯彻云坤书记批示，近期内应进行一次煤矿安全生产检查，严肃整改安全隐患"。

4月25日 白山市江源县煤炭综合经营处苇塘一井发生1起特大瓦斯爆炸事故，死亡12人。

5月5日 吉林省副省长李介车一行20人，到通化矿务局调研。

6月26日 舒兰矿务局舒兰街煤矿多种经营公司5号井发生1起顶板事故，死亡5人。

本月 以中纪委驻国家煤炭工业局纪

检组副组长赵岸青，国家煤炭工业局规划发展司副司长陶凤鸣为组长的全国煤炭行业关井压产督察组一行6人，到通化矿务局检查指导工作。

7月11日　国务院参事戴寅一行3人，到珲春矿务局氨基酸厂考察调研。

9月23日　杉松岗煤矿南小井发生1起瓦斯爆炸事故，死亡8人。

9月24日　营城煤矿机械厂被中共吉林省委、吉林省人民政府命名为模范集体。

本月　通化矿务局苇塘生产经营公司庞会祥在吉林省委、省政府先进集体和劳动模范表彰大会上，被命名为特等劳动模范，郑宝昌、李连春、刘坤峰、白立芳、刘俊国被命名为劳动模范。

10月31日　吉林省省长洪虎在煤炭行业关井压产工作领导小组办公室《关于进一步加强煤炭总量控制关井压产工作的通知》上批示：请耀廷同志阅。请省经贸委会同省煤管局认真贯彻落实此文件精神。

11月2日　延边州和龙土山镇张光俊煤矿发生1起一氧化碳中毒事故，死亡8人。

11月3日　吉林省委副书记陈玉杰在办公厅秘书处《延边州一小煤矿发生一氧化碳中毒事故》专报上批示：小煤窑事故率高，省煤炭局应加强管理。

11月4日　吉林省省长洪虎在办公厅秘书处《延边州一小煤矿发生一氧化碳中毒事故》专报上批示：又是一起多人死亡事故。请省劳动厅、煤管局迅速查明原因，采取更有效的措施杜绝类似事故发生。

11月23日　白山市湾沟煤矿南翼徐工春井发生1起瓦斯事故，死亡6人。

12月2日　吉林省委常委王儒林到珲春矿务局调研。

12月4日　吉林省人大常委会副主任李政文在吉林省总工会法律顾问处处长张淑敏陪同下到通化矿务局检查《中华人民共和国工会法》落实情况。

12月12日　吉林省副省长王国发到通化矿务局现场办公，专程听取元旦、春节期间职工工资及离退休人员养老金筹措情况汇报。

2000年

1月17日　吉林煤炭工业管理局批准营城煤矿机械厂在原企业性质、企业法人名称不变的基础上成立吉林省东北输送机厂。4月14日，经吉林省工商行政管理局核准注册吉林省东北输送机厂。

1月18日　吉林省煤炭工业工作会议在长春召开。

1月24日　吉林省省长洪虎到珲春矿务局走访慰问。

2月9日　九台市桐安煤矿发生1起特大瓦斯爆炸事故，死亡16人，重伤1人，经济损失200万元。吉林省委书记王云坤、副省长魏敏学到现场指挥抢险。

2月14日　吉林省煤矿安全生产紧急会议，通报九台市桐安煤矿"2·9"事故情况，布置全省煤矿安全大检查工作，副省长李介车到会讲话。

3月2—4日　全国煤炭系统纪念监察工作会议在长春召开。中纪委监察部驻国家煤炭工业局纪检组副组长、监察局局长赵岸青主持会议，组长、党组成员濮洪九传达有关会议精神，局长张宝明讲话。吉林省副省长李介车、吉林煤炭工业管理局局长武宝山致辞，吉林省纪委副书记、监察厅厅长董富田到会。共计200多人参加会议。

3月4日　白山市江源县松树镇红利二井发生1起特大瓦斯爆炸事故，死亡

21人，直接经济损失150万元。

3月6日 延边州和龙市沙金沟胡佩臣煤矿发生1起一氧化碳中毒事故，死亡6人，经济损失12万元。

3月8日 吉林省政府召开全省煤矿安全生产紧急会议，通报近期煤矿事故情况。

3月28日 国家煤矿安全监察局任命石金玉为吉林煤矿安全监察局局长，常天明、王国君为吉林煤矿安全监察局副局长，李传洲为吉林煤矿安全监察局总工程师，武宝山为吉林煤矿安全监察局巡视员，周勤克为吉林煤矿安全监察局助理巡视员。

同日 中共国家煤矿安全监察局党组任命石金玉为中共吉林煤矿安全监察局党组书记，常天明为中共吉林煤矿安全监察局党组副书记，王国君为中共吉林煤矿安全监察局党组成员，孙长礼为中共吉林煤矿安全监察局党组成员、纪检组长。

本月 在中国"世纪名家书画展"中，通化矿务局李锡尧作品入选并获奖。

4月5日 东辽县籍臣煤矿发生1起瓦斯爆炸事故，死亡7人。

4月7日 中央机构编制委员会办公室同意吉林煤矿安全监察局加挂吉林省煤炭工业局牌子。

4月11日 吉林煤矿安全监察局成立，揭牌仪式在长春举行。国家煤炭工业局办公室副主任常枋宣读国务院文件，人事培训司副司长黄玉志宣读国家煤矿安全监察局任命文件，国家煤炭工业局副局长王显政讲话，吉林省政府副省长刘淑莹到会讲话，吉林煤矿安全监察局党组书记、局长石金玉讲话，辽源矿务局局长张义代表吉林煤炭企业发言。王显政和刘淑莹共同为吉林煤矿安全监察局揭牌。

4月18日 中共吉林煤矿安全监察局党组转发国家煤矿安全监察局党组《关于石金玉等4同志任职的通知》。吉林煤矿安全监察局转发国家煤矿安全监察局《关于石金玉等6人任职的通知》。

4月20日 吉林省副省长李介车到珲春矿务局现场办公。

5月1日 在全国劳动模范和先进工作者表彰大会上，珲春矿务局英安煤矿102采煤队队长王凤岐被授予全国劳动模范称号。

5月6日 梅河口市中和镇兰堡煤矿发生1起重大瓦斯爆炸事故，死亡7人，轻伤21人，直接经济损失40万元。

5月10日 中央编办、国家煤矿安全监察局联合下发《关于各地煤矿安全监察局行政编制分配和办事处设置方案的通知》，确定吉林煤矿安全监察局总编制120人，其中局机关45人，办事处75人。明确设立辽源、白山、延吉3个煤矿安全监察办事处。

5月13日 中共吉林省委同意成立中国共产党吉林煤矿安全监察局党组。

6月5日 吉林煤矿安全监察局向吉林省各类煤矿和各市、地、州煤炭局、劳动局转发《报考国家煤矿安全监察公务员专业科目考试大纲》。

6月8日 通化矿务局砟子煤矿立井改扩建工程通过验收移交生产。改扩建总投资23689万元，核定年生产能力60万吨，采煤方法为水力采煤法，服务年限39年。

6月20日 国家煤矿安全监察局批准吉林煤矿安全监察局职能配置、内设机构和人员编制方案。

8月7日 辽源矿务局梅河煤矿二井发生1起瓦斯爆炸事故，死亡5人，伤1人，直接经济损失26.06万元。

8月8日 吉林煤矿安全监察局批准，吉林煤矿安全监察站于2000年8月成立。

8月31日 吉林煤矿安全监察局印发《关于成立煤矿安全监察办事处（站）的通知》。明确成立辽源煤矿安全监察办事处、白山煤矿安全监察办事处、延吉煤矿安全监察办事处和长春煤矿安全监察站、吉林煤矿安全监察站。并明确各煤矿安全监察办事处（站）的分管范围和主要职责。

同日 吉林煤矿安全监察局任命李祥为辽源煤矿安全监察办事处主任，白世臣为白山煤矿安全监察办事处主任，曹永金为延吉煤矿安全监察办事处主任，洪连壁为辽源煤矿安全监察办事处党总支书记；岳德发为白山煤矿安全监察办事处党总支书记，马有善为延吉煤矿安全监察办事处党总支书记。

9月4日 吉林煤矿安全监察局任命李忠江为吉林煤矿安全监察站站长（正处级），马和平为吉林煤矿安全监察站副站长（副处级）。

9月19日 中共吉林省煤炭工业局党组任命徐晓春为珲春矿务局党委书记。

同日 吉林煤矿安全监察局任命金士凯为长春煤矿安全监察站站长，王连科（正处级）、崔勇为长春煤矿安全监察站副站长。

9月21日 吉林省煤炭工业局任命随世才为珲春矿务局局长。

9月27日 中共吉林省煤炭工业局党组任命谢福田为辽源矿务局党委书记。

本月 杉松岗煤矿卓越实业公司生产的"卓别琳"牌休闲系列食品被评为"2000年中国长春国际农业·食品博览（交易）会金奖产品"。

10月16日 吉林煤矿安全监察局延吉煤矿安全监察办事处揭牌仪式在延吉市举行。

10月19日 中共吉林煤炭工业局党组任命王运启为舒兰矿务局党委书记。

10月20日 白山煤矿安全监察办事处揭牌成立。

11月1日 通化矿务局工程处荣获"1999年全国煤炭行业先进施工企业"称号。

11月5日 辽源矿务局西安煤矿四区小井发生1起特大瓦斯爆炸事故，造成31人死亡，2人重伤，直接经济损失227.2万元。

11月28日 10时28分，吉林煤矿安全监察站揭牌仪式在吉林市金桥大厦举行。吉林市副市长白恩长和吉林煤矿安全监察局纪检组长孙长礼到会并讲话。

同日 辽源市西安区德隆煤矿发生1起坠罐事故，死亡5人。

12月18日 杉松岗煤矿卓越实业公司生产的"卓别琳"牌休闲系列食品、"卓越"牌系列饲料，被评为"吉林省首届农民科技节暨农用物资展示交易会名优产品"。

12月22日 国家煤矿安全监察局人事司明确吉林煤矿安全监察局石金玉等45人为煤矿安全监察国家公务员身份。

2001年

1月21日 长春煤炭科技中心荣获"省级技术中心"称号。

本月 在"安源杯"全国煤矿安全文艺演出中，通化矿务局青年歌手张连志演唱的歌曲《升起地下的太阳》和张连友表演的快板书《血的教训》获优秀奖。

2月23日 通化矿务局吉通综合经营处吉鑫小井发生重大透水事故，死亡8人。

2月27日 国家煤矿安全监察局办公室同意吉林煤炭工业管理局离退休干部管理办公室更名为吉林煤矿安全监察局离退休干部管理处，编制22人，其中处级领导职数3人；同意吉林煤炭工业管理局机关后勤服务中心更名为吉林煤矿安全监察局机关服务中心，编制20人，其中处级领导职数3人；同意原吉林煤炭工业管理局调度信息中心更名为吉林煤矿安全监察局调度信息中心，编制10人。

3月1日 辽源矿务局金宝屯煤矿正式恢复建设。

3月2日 国家经贸委副主任石万鹏在吉林调研，听取了吉林煤矿安全监察局、吉林省煤炭工业局工作汇报。

3月8日 吉林煤矿安全监察局、吉林省煤炭工业局工作会议在长春市召开。

3月10日 吉林市蛟河煤矿新下盘井发生1起瓦斯爆炸事故，死亡5人，直接经济损失30万元。2001年6月12日，吉林煤矿安全监察局批复，13名责任人受到处分，企业罚款5万元。

3月14日 延吉煤矿安全监察办事处向延边州人民政府报告延边地区国有地方煤矿和乡镇煤矿存在的7个方面重大事故隐患，并提出从4个方面加强安全生产工作的建议。

3月15日 吉林煤炭系统党风廉政建设和反腐败工作会议在长春召开。

3月26日 吉林省通化矿务局、四平市刘房子煤矿荣获2000年度全国"安康杯"竞赛优胜企业称号。

4月17日 辽源矿务局原局长刘士吉在辽源市病逝，享年77岁。

4月29日 辽源矿务局梅河煤矿三井采煤一段荣获全国"五一劳动奖状"。

5月6日 吉林煤炭工业管理局职工医院更名为吉林煤矿安全监察局职工医院。

5月15日 吉林煤矿安全监察局发布《吉林煤矿安全监察局安全监察人员廉洁从政若干规定》。

5月16日 全省煤矿安全生产整顿会议在长春召开。

5月23日 吉林省省长洪虎到吉林煤矿安全监察局、吉林省煤炭工业局现场办公。省政府秘书长李申学、省长助理李斌、省企业工委副书记刘利华、省民政厅厅长朱克民、省劳动和社会保障厅厅长胡春周、省政府办公厅副主任肖欣、省经贸委副主任姜国钧、省财政厅副厅长王化文、省社保公司总经理藏忠生等参加。

6月1日 辽源市中级人民法院下达民事裁定书，宣告辽源矿务局泰信煤矿破产，同时发布泰信煤矿破产公告。

6月4日 吉林煤矿安全监察局、吉林省煤炭工业局局长办公会，学习张宝明的一封公开信。

6月6日 经通化市中级人民法院裁决，通化矿务局五道江煤矿关闭破产。

6月8日 经白山市中级人民法院裁决，通化矿务局八道江煤矿、大湖煤矿关闭破产。

7月1日 白山市社保公司道清小井发生1起冒顶溃水事故，死亡21人（其中女工1人），重伤1人，直接经济损失150万元。

7月14日 吉林省省长洪虎到珲春矿务局调研。

7月15日 吉林省煤炭工业局任命于庆成为舒兰矿务局党委书记，免去王运启舒兰矿务局党委书记职务；任命王宝财为舒兰矿务局局长，免去李凤梧舒兰矿务局局长职务。

8月9日 根据吉林煤矿安全监察局《关于延吉煤矿安全监察办事处党的隶属关系的函》，延边州委组织部将延吉煤矿安全监察办事处党组织隶属关系划归吉林煤矿安全监察局机关党委。

8月31日 万宝煤矿红旗二井发生1起重大瓦斯爆炸事故，死亡5人，重伤1人，经济损失30万元。同年11月12日，吉林煤矿安全监察局批复，11名责任人受到处分。

9月10日 吉林煤矿安全监察局局长办公会传达贯彻国家安全整顿会议精神。重点学习国务院总理朱镕基8月13日在贵州整顿会议上的讲话和8月31日关于乡镇煤矿验收和恢复生产的批示。

9月28日 全省关闭整顿小煤矿和煤矿安全生产工作会议在长春召开。吉林省副省长李介车出席会议并讲话。会议决定全省小煤矿关闭验收工作推迟至10月末，并制定验收标准和细则。

10月1日 通化市铁厂镇文利煤矿发生1起重大瓦斯爆炸事故，死亡8人，直接经济损失50万元。2003年1月20日，吉林煤矿安全监察局批复，2名直接责任人事故中已死亡不予追究刑事责任，3人追究刑事责任；关闭矿井，炸毁、填平井口。

10月12日 吉林省副省长李介车主持召开全省小煤矿关闭验收会议，成立吉林省煤矿关闭整顿领导小组，李介车任组长，刘仰轶、赵炳辉任副组长，办公室设在吉林煤炭工业管理局，石金玉任办公室主任。

10月22日 通化矿务局新闻中心张丽丽、王冬梅共同创作的《杏林骄子》在吉林广播电视学会举办的"吉林企业电视新闻专题节目评奖会"荣获专题类节目一等奖。

10月23日 辽源矿务局梅河煤矿七井发生1起重大顶板责任事故，死亡8人，直接经济损失86.20万元。

11月11日 杉松岗煤矿卓越实业公司生产的"卓别琳"牌酱香鸡爪、酱香鸡腿、酱香鸡翅，"卓越"牌肉鸡浓缩料111被评为"2001中国（北京）国际农业博览会名牌产品"。

11月15日 中共吉林省委常委、长春市委书记杜学芳到羊草沟煤矿调研。

11月20日 吉林省委决定石金玉任吉林省煤炭工业局党组书记，刘贵峰等任党组成员。

11月28日 国家经贸委下发《关于抓好2001年企业关闭破产新增建议项目有关工作的通知》。舒兰矿务局丰广煤矿、东富煤矿、舒兰街煤矿被列入关闭破产新增建议项目。

本月 辽源煤机厂生产的"金甲"牌采掘机械，"蝴蝶"牌液压泵、马达获吉林省质量放心产品称号。

12月6日 辽源市中级人民法院民事裁定书，宣告终结辽源矿务局泰信煤矿破产程序。

12月10日 吉林省煤炭工业局任命赵万贵为辽源矿务局安全监察局局长。

12月15日 吉林煤矿安全监察局决定，2001年12月17日起，辉南、柳河境内煤矿及杉松岗煤矿等27处矿井安全生产监察权由白山煤矿安全监察办事处划归辽源煤矿安全监察办事处。

12月18日 辽源矿务局救护大队代表队获全国煤矿第四届救护技术比武集体优秀奖。

12月25日 辽源煤机厂通过ISO9001：2000质量管理体系认证，获得ISO9001：2000质量管理体系认证书和国际认证证书。

是年 辽源煤机厂生产的EBZ120型掘进机获煤炭科学研究总院太原分院科技成果奖。

是年 辽源煤机厂被中国市场研究中心评为中国质量服务信誉AAA级企业。

2002年

1月11日 国家煤矿安全监察局下发《关于表彰2001年先进煤矿安全监察

办事处和优秀煤矿安全监察员的决定》。延吉煤矿安全监察办事处被评为全国先进煤矿安全监察办事处，赵永鑫被评为全国优秀煤矿安全监察员。

1月31日 国家煤矿安全监察局党组任命董向阁为吉林煤矿安全监察局局长，免去石金玉吉林煤矿安全监察局局长职务。

同日 中共国家煤矿安全监察局党组任命董向阁为吉林煤矿安全监察局党组成员、党组书记，免去石金玉相应职务。

2月1日 吉林省委任命石金玉为吉林省煤炭工业局党组书记，刘贵峰等为党组成员。

2月7日 国家煤矿安全监察局人事司副司长李素花宣布吉林煤矿安全监察局与吉林省煤炭工业局分离的决定，董向阁任吉林煤矿安全监察局党组书记、局长。

同日 吉林省人民政府任命石金玉为吉林省煤炭工业局局长，刘贵峰等为吉林省煤炭工业局副局长（试用期1年）。

2月22日 吉林煤矿安全监察局印发吉林煤矿安全监察局机关内设机构及职责。内设机构：办公室（财务办公室）、安全监察一处（事故调查和行政复议处）、安全监察二处、安全技术装备保障处（职业危害防治处）、人事培训处、纪检组监察室、机关党委。

2月28日 长春东北输送机厂为一汽大众有限公司2002年度定点供货商。

3月1日 吉林省煤炭工业局与吉林煤矿安全监察局正式分立。

3月7日 吉林省省长洪虎在《关于破产煤矿大集体企业职工本人享受城市居民最低生活保障待遇的请示》上作出："对破产关闭煤矿的大集体职工，凡符合享受低保条件的都把其纳入低保范围。这样做有利于推进煤矿的破产关闭工作，有利于维护社会稳定，有利于保护弱势群体的利益。建议请民政厅就此作一明确规定，并与国有企业职工享受低保的规定相协调，并进一步核实煤炭局所提供的人数。财政厅积极落实资金来源，尽快拨付到位"的批示。

3月19日 珲春矿务局板石煤矿六井正式开工建设。

3月21日 中共吉林省委组织部任命袁玉清为吉林省煤炭工业局党组成员。

3月22日 吉林煤矿安全监察工作会议在长春召开。省经贸委、安委会、监察厅、公安厅、地矿厅、煤炭局等有关部门负责人出席会议。吉林省副省长李介车出席会议并讲话，吉林煤矿安全监察局局长董向阁作题为《加强自身建设，强化依法监察，努力开创全省煤矿安全监察工作新局面》工作报告。

同日 通化市二道江区铁厂镇永全煤矿（个体）发生1起瓦斯爆炸事故，死亡5人，轻伤2人，直接经济损失35万元。

3月25日 吉林省关闭整顿小煤矿领导小组召开扩大会议，吉林省副省长李介车出席会议并作重要讲话，省煤炭工业局局长石金玉汇报2001年以来全省小煤矿关闭整顿及验收情况。吉林煤矿安全监察局局长、副局长和有关处室负责人参加会议。

同日 吉林省人民政府任命袁玉清为吉林省煤炭工业局副局长（试用期1年）。

4月11日 吉林煤矿安全监察系统党风廉政建设工作会议在长春东煤宾馆召开。传达中纪委七次全会、国务院第四次廉政建设会议、吉林省纪委六次会议精神，全文传达学习中共中央总书记江泽民重要讲话。会上，吉林煤矿安全监察局党组书记、局长董向阁就如何深入学习中共中央总书记江泽民讲话精神，深入开展反腐倡廉工作，加强机关作风建设作重要讲话。

4月19日 国家煤矿安全监察局局长张宝明，就吉林省如何贯彻国务院总理朱镕基、副总理吴邦国关于煤矿整治、关闭重要指示，深化吉林省煤矿安全整治与关闭工作，在年初基础上再关闭25%等问题，写信给吉林煤矿安全监察局局长董向阁和吉林省煤炭工业局局长石金玉。

4月23日 吉林省煤炭工业局印发《关于加强机关纪律的规定》《关于机关会议管理的暂行规定》《关于机关公务用车管理的暂行规定》和《关于机关电话管理的暂行规定》。

4月29日 因吉林煤矿安全监察局和吉林省煤炭工业局分设，中共吉林省委组织部文件通知吉林省煤炭工业局党组，免去常天明、王国君、孙长礼吉林省煤炭工业局党组相应职务。

5月10日 吉林省关闭整顿小煤矿领导小组办公室印发《吉林省深化煤矿安全专项整治实施方案》。

5月22日 延边州和龙市福洞镇广源煤矿（私营）发生1起瓦斯爆炸事故，死亡6人，直接经济损失30万元。2002年，吉林煤矿安全监察局批复处理意见，建议和龙市政府关闭该矿井。

同日 吉林省人民政府发文，免去常天明、王国君吉林省煤炭工业局副局长职务。

6月6日 吉林煤矿安全监察局煤矿顶板事故分析会在长春召开。

6月12日 吉林煤炭工业管理局职工医院更名为吉林省煤炭工业局职工医院。

6月26日 吉林煤矿安全监察局就全省煤矿安全生产有关问题，向吉林省政府报告，反映当前存在的7个方面问题，提出7点建议。

6月28日 吉林煤矿安全监察局在吉林省宾馆召开吉林省煤矿安全生产经验交流暨事故案例分析会。会上对上半年全省煤矿7起重大事故案例进行分析。吉林煤矿安全监察局局长董向阁讲话，吉林省副省长李介车出席会议并作重要讲话。

本月 辽源矿务局在梅河煤矿四井建成第一座洗煤厂，洗煤方法为螺旋滚筒式，机型为TXM1840型，单套处理能力每小时100吨，每年48万吨。

7月1日 吉林省煤炭工业局研究同意，东北煤炭建设总公司出资组建长春华煤工程技术有限公司。

7月4日 白山市江源县松树镇富强煤矿（个体）发生1起特大瓦斯煤尘爆炸事故，死亡39人，经济损失300万元。国家安全生产监督管理局（国家煤矿安全监察局）副局长赵铁锤、吉林省副省长李介车亲赴现场指挥抢险救援。

同日 吉林煤矿安全监察局以"重大安全信息专报"向国家煤矿安全监察局报告"7·4"事故。

同日 吉林省人民政府以（《吉林值班信息》第14期），将"7·4"事故向国务院汇报。

7月7日 白山市江源县松树镇李德增井发生1起突水事故，死亡7人，经济损失35万元。

本月 白山市中级人民法院依照《中华人民共和国企业破产法》，宣告终结通化矿务局大湖煤矿、八道江煤矿破产程序。

8月7日 吉林煤矿安全监察局批准辽源矿务局安全培训中心为国家煤矿安全培训三级机构。

8月8日 吉林省监察厅副厅长陈蔷签发省纪委监察厅内部明传电报，决定省监察厅和吉林煤矿安全监察局共同对2000年以来，全省煤矿伤亡事故责任追究落实情况进行全面检查。

8月13日 吉林省关闭整顿小煤矿领导小组办公室印发《吉林省深化小煤矿安全专项整治验收标准及其办法》(简称《办法》),要求迅速向各煤矿传达贯彻,并严格按《办法》验收。

8月16日 吉林煤矿安全监察局与吉林省煤炭工业局就进一步深化吉林省小煤矿安全专项整治工作,向国家煤矿安全监察局递交吉林省进一步深化小煤矿安全整治方案、深化小煤矿安全专项整治标准及验收办法和对富强煤矿采取关闭措施的报告。

8月17日 国家煤炭工业安全标志办公室对长春煤炭科技中心所属企业长春东煤高新技术开发公司的矿用安全产品MA标志进行认证。对BFDZ-2型风电瓦斯闭锁装置、KYJ-2000型遥控甲烷传感器的生产条件进行检查,认定该公司已基本具备发证条件。

8月18日 国家煤矿安全监察局局长王显政到白山煤矿安全监察办事处调研。

8月24日 吉林省机构编制委员会对吉林省安全生产委员会成员进行调整,吉林煤矿安全监察局局长董向阁为省安全生产委员会成员。

8月28日 吉林省煤炭工业局成立吉林省颁发煤炭生产许可证领导小组及办公室。

9月5日 中国煤炭工业协会授予杉松岗煤矿卓越实业公司第七届全国煤炭工业优秀企业称号。

9月9日 财政部、国家煤矿安全监察局批复,决定从2002年1月1日起,吉林煤矿安全监察局资产财务关系划转中央管理。

9月12日 杉松岗煤矿卓越实业公司被吉林省人民政府审定为"农业产业化省级重点龙头企业"。

9月16日 吉林省人大常委会副主任李政文及省人大有关常委和省民政厅领导,到通化矿务局考察有关城镇居民最低生活保障有关政策落实情况。

10月8日 吉林煤矿安全监察局、吉林省煤炭工业局、吉林省安委会办公室联合发文向国家煤矿安全监察局提出吉林省煤矿瓦斯远程监测项目申请。

10月15日 吉林省政府印发《关于做好煤矿安全生产工作的紧急通知》。

10月24—25日 吉林省省长洪虎带领省政府有关厅局负责人,到通化矿务局就安全生产、企业经营及社会稳定问题进行专题调研。

本月 通化矿务局荣获2001年度"吉林省工业企业产品销售收入百强企业"和"迈向21世纪的吉林明星企业"称号。

11月9日 白山市靖宇县赤松乡三〇九煤矿发生1起瓦斯爆炸责任事故,死亡11人,直接经济损失80万元。国家煤矿安全监察局2003年1月7日批复处理意见,移送司法机关3人,行政处分8人,关闭矿井。

11月18日 国家煤矿安全监察局印发《关于下达2002年煤矿安全监察办事处监察业务用房项目中央预算内基建投资计划的通知》。吉林煤矿安全监察局建筑面积为4161平方米,辽源煤矿安全监察办事处、白山煤矿安全监察办事处、延吉煤矿安全监察办事处各1387平方米。征地面积15.79亩(1亩=666.6平方米),其中,辽源煤矿安全监察办事处5亩,白山煤矿安全监察办事处5.5亩,延吉煤矿安全监察办事处5.29亩。概算合计1279万元,其中,辽源煤矿安全监察办事处406万元,白山煤矿安全监察办事处417万元,延吉煤矿安全监察办事处456万元。2002年计划投资614万元，其中，辽源煤矿安全监察办事处186万元，白山煤矿安全监察办事处195万元，延吉煤矿安全监察办事处233万元。

11月26日 白山市江源县砟子镇西煤山孙长东非法井发生1起瓦斯爆炸事故，死亡9人，经济损失30万元。吉林煤矿安全监察局批复白山煤矿安全监察办事处，处分相关责任人9人，经济处罚3万元。

11月30日 河北省检查团通报对白山市煤矿集中安全监察执法情况。

12月6日 白城市万宝煤矿小新井发生1起特大火灾责任事故，死亡30人，直接经济损失219.9万元。2003年12月21日，国家煤矿安全监察局印发《关于吉林省万宝煤矿小新井"12·6"特大火灾事故的处理决定》，矿长、党委书记等18名责任人受到党、政纪处分，2人移送司法机关处理。

12月19日 吉林省煤炭工业局任命杉松岗矿业（集团）有限责任公司董事会成员。

12月24日 吉林煤矿安全监察局就舒兰矿务局安全生产形势十分严峻状况向省政府专题报告。

是年 李鹏程、张国林、赵清源、何立坤、赵永鑫、马和平被国家煤矿安全监察局命名为2002年优秀煤矿安全监察员，受到表彰和奖励。

是年 吉林省省长洪虎召开珲春矿务局各类人员代表座谈会，听取意见和建议。

是年 吉林煤矿安全监察机构加大对煤矿的监察频率，监察矿井数量达3344次（个），对各类煤矿安全监察覆盖率达到100%。查出事故隐患8285条，制作现场检查笔录3995份，下达现场处理决定书911份，下达撤出作业人员命令书90份，下达行政处罚决定书103份。

2003年

1月1日 吉林省杉松岗矿业（集团）有限责任公司注册成立。

1月10日 国家安全生产监督管理局、国家煤矿安全监察局下发《关于表彰2002年安全生产监管监察先进单位和先进个人的决定》，延吉煤矿安全监察办事处被评为2002年煤矿安全监察先进办事处，赵永鑫被评为2002年优秀煤矿安全监察员。

同日 通化矿务局松树镇煤矿二井发生1起煤与瓦斯突出事故，死亡8人，直接经济损失34.2万元。

1月16日 吉林煤矿安全监察局欢送马和平、何立坤、于金桥、赵永鑫、张国林、谢广勋6人赴日本北海道钏路煤矿研修中心参加"煤矿保安技术研修班"学习。

1月20日 吉林省政府领导分工，副省长矫正中分管煤炭生产和安全工作。

同日 吉林煤矿安全监察局经评估验收，批准舒兰矿务局、珲春矿务局安全培训中心为国家煤矿安全培训三级机构。

1月24日 吉林煤矿安全监察工作会议在长春召开。吉林煤矿安全监察局副局长常天明传达国家煤矿安全监察局工作会议精神，吉林煤矿安全监察局局长董向阁作题为《学习贯彻落实十六大精神，促进全省煤矿安全生产状况明显好转》的工作报告。

2月12—13日 吉林省副省长矫正中在省政府副秘书长王葆光和省有关厅局负责人陪同下，到白山地区煤矿企业和通化矿务局进行工作调研。要求把煤矿安全生产作为全省安全工作重点坚决抓实抓好。强调要注意关闭非法小煤矿死灰复燃问题，要注意国有煤矿安全问题。并责成吉林省煤炭工业局等有关单位进一步加大安全监管力度，与各级政府共同努力，尽快扭转吉林省煤矿安全生产被动局面，坚决不要"带血的煤炭"。

2月19日 吉林省煤炭工业局印发《关于按正规井管理的小井（区）安全生产管理若干规定》。

2月21日 国家煤矿安全监察局通知吉林煤矿安全监察局，免去李传洲吉林煤矿安全监察局总工程师职务，办理退休。

同日 国家煤矿安全监察局通知吉林煤矿安全监察局为崔敬谦办理退休。

同日 吉林省委组织部任命李祥为吉林省煤炭工业局党组成员。

2月28日 吉林省煤炭工业局印发《2003年吉林省煤炭工业安全生产目标及奖罚办法》。

3月4日 吉林省关闭整顿小煤矿领导小组办公室印发《吉林省国有地方煤矿安全专项整治验收标准及其办法》。

3月21日 根据吉林省政府专题会议纪要精神，实施原营城煤矿破产有效资产重组，决定成立吉林省营城矿业有限责任公司。

3月24日 吉林煤矿安全监察局召开党组会，决定成立事故调查处，编制4人。

3月26日 延吉煤矿安全监察办事处针对延边州乡镇煤矿安全生产存在的个别煤矿未发证或拟关闭的矿井非法生产、管理混乱、验收后滑坡、多数矿井"一通三防"管理制度不落实、对事故责任人处理不落实等5个主要问题，向延边州人民政府提出4条建议。

4月13日 白山市江源县湾沟平甸煤矿发生1起重大透水事故，死亡8人，直接经济损失50万元。2003年5月19日，吉林煤矿安全监察局批复处理意见，6名直接责任人移送司法机关追究刑事责任，6人受行政处分，6人由公安机关处理，给予该矿经济处罚17万元。

4月15日 吉林煤矿安全监察局、吉林省公安厅、省民政厅、省卫生厅研究决定，建立并实行煤矿工伤死亡火化联系制度。全省所有煤矿在生产过程中发生因公死亡人员遗体火化，必须持有煤矿安全监察办事处（站）签发的《因公死亡证明》和医院办理的《死亡通知书》，方可到公安、民政部门办理户口注销手续及尸体火化手续。

4月16日 吉林市中级人民法院正式受理舒兰矿务局丰广煤矿、东富煤矿、舒兰街煤矿破产案。

4月17日 吉林煤矿安全监察系统党风廉政建设和反腐败工作会议在长春召开。会议传达上级精神和有关领导讲话，吉林煤矿安全监察局党组书记、局长董向阁在会上讲话。

4月21日 经吉林市中级人民法院裁决，舒兰矿务局丰广煤矿、东富煤矿、舒兰街煤矿破产。

本月 通化矿务局石人水泥有限责任公司生产的"石人峰"牌复合硅酸盐325号强度等级水泥荣获"吉林省名牌产品"称号。

5月20日 中共吉林省委书记王云坤到杉松岗矿业公司调研。

5月27日 以赵岸青为组长的国家安全生产监督管理局安全生产督察组到吉林省检查安全生产工作。汇报会在南湖宾馆召开，吉林省副省长矫正中主持会议，省安全生产监管局赵世伟汇报工作。省安全生产监管局、省煤炭工业局和吉林煤矿安全监察局领导参加会议。

5月28日 国家安全生产监督管理局安全生产督察组到辽源市检查工作，先后听取了辽源市副市长白恩长、辽源矿务局局长张义关于辽源市和辽源矿务局安全生产和工作情况汇报。之后，中央纪委驻国家安全生产监督管理局纪检组组长赵岸青到辽源煤矿安全监察办事处检查指导工作。

5月29日 国家安全生产监督管理局安全生产督察组到白山市检查工作，听取白山市副市长李树国和江源县工作汇报。其间，中央纪委驻国家安全生产监督管理局纪检组组长赵岸青到白山煤矿安全监察办事处检查工作。

5月30日 中央纪委驻国家安全监察局纪检组组长赵岸青任组长、国家煤矿安全监察局监察专员窦永山任副组长的国家煤矿安全专项检查组一行4人，在吉林省安全生产委员会办公室主任赵世伟、吉林省煤炭工业局局长石金玉、吉林煤矿安全监察局局长董向阁陪同下到通化矿务局督导检查安全工作。

6月2日 吉林煤矿安全监察局局长董向阁向国家安全生产监督管理局安全生产督察组汇报吉林煤矿安全监察局的工作。

6月5日 白山市委副书记林君到白山煤矿安全监察办事处调研，在听取办事处工作情况介绍后表示，煤矿安全生产工作是白山市三件大事之一，地方党委和政府将继续对煤矿安全监察工作予以大力支持，地方政府各有关部门将与煤矿安全监察办事处进一步密切配合、发挥协同作战优势，切实搞好白山地区煤矿安全生产工作。

6月12日 吉林省副省长矫正中到杉松岗矿业公司调研。

6月19日 副省长矫正中到辽源矿务局金宝屯煤矿调研，并到井下工作面检查。吉林省煤炭工业局局长石金玉、吉林煤矿安全监察局局长董向阁陪同。

6月25日 经白山市中级人民法院裁决，通化矿务局湾沟煤矿（含铁厂洗煤厂、机电总厂、电气设备厂、多种经营公司）、苇塘煤矿（含石人水泥厂、工程处、汽运处）分别宣告破产。

6月29日 中央纪委驻国家安全生产监督管理局纪检组组长赵岸青在白山考察期间，对白山煤矿安全监察办事处在队伍建设、执法力度和与地方政府关系协调等方面的成绩给予充分肯定。

本月 吉林煤矿安全监察局批准白山市煤炭安全生产技术培训中心为国家煤矿安全培训三级机构。

7月1日 延边煤矿安全监察办事处党总支被中共吉林省委直属机关委员会评为先进基层党组织，并受到表彰。

7月9日 吉林省副省长矫正中到珲春矿务局调研。

7月23日 经吉林煤矿安全监察局与内蒙古煤矿安全监察局协调，辽源矿务局金宝屯煤矿安全生产监察工作由吉林煤矿安全监察局负责。

7月30日 吉林煤矿安全监察局与吉林省公安厅建立煤矿伤亡事故查处工作联系制度。

8月20—30日 贵州煤矿安全监察局到白山地区对国有重点煤矿进行异地监察。四川煤矿安全监察局到白山地区对乡镇煤矿进行异地监察。

8月25日 全国煤炭企业关闭破产工作座谈会在吉林省延吉市召开。

本月 舒兰矿务局破产后移交到地方的5个大井，由舒兰市政府通过吉林省拍卖总行拍卖，其中，舒兰街煤矿一井、二井以55万元拍出；丰广煤矿二井、四井，吉舒煤矿三井以100万元拍出（地面以上附着物，不含井下资源）。

9月16日 中共吉林省煤炭工业局党组任命杨福君为辽源矿务局党委书记。

9月22—29日 国家煤矿安全监察局副局长王德学率国家安全生产监督管理局安全生产督察组一行6人先后到吉林省白山市、延吉市等地进行督察,并到白山煤矿安全监察办事处检查指导工作。

9月28日 吉林煤矿安全监察局局长董向阁向国家安全生产监督管理局副局长王德学作工作汇报。

10月21日 辽源矿务局梅河煤矿三井发生1起透水事故,死亡8人,直接经济损失168.9万元。12月22日,吉林煤矿安全监察局批复,处分责任人5人,经济处罚10万元。

10月28日 应吉林煤矿安全监察局邀请,日本国煤炭能源中心理事长安藤胜良带队,11名日本煤炭专家到吉林省,举办煤矿安全技术培训班。全省各市(州)、县(市、区)煤炭行业主管部门安全管理人员、部分国有煤矿安全负责人、吉林煤矿安全监察局有关处室、监察办事处监察员近百人参加培训班。培训班历时5天,11月1日结束。

10月31日 吉林市桦甸市安顺煤矿发生1起瓦斯爆炸事故,死亡5人,伤1人,经济损失40万元。吉林煤矿安全监察局批复,处分责任人10人,其中1人移送司法机关追究刑事责任,经济处罚5万元。

11月6日 吉林省政府决定对全省2001年以来发生一次死亡3人(其中交通事故为10人)以上重特大生产安全事故责任追究落实情况进行督察。

11月7日 吉林煤矿安全监察局决定成立吉林煤矿安全监察培训中心。

11月12日 通化矿务局湾沟煤矿兴湾二井发生1起特大瓦斯爆炸事故,死亡15人,轻伤1人,直接经济损失200万元。2004年2月3日,国家煤矿安全监察局批复,同意吉林煤矿安全监察局处理意见,处分17名责任人,其中3人移送司法机关追究刑事责任,经济处罚110万元。

11月21日 《工伤保险条例》于2004年1月1日施行,吉林省煤炭工业局印发的《关于因工伤死亡人员供养亲属抚恤金发放标准的通知》于2003年末废止。

11月28日 延吉煤矿安全监察办事处向延边州人民政府报告煤矿安全程度评估结果。

12月8日 根据国家关闭资源枯竭煤矿有关政策规定,辽源市中级人民法院下达民事裁定书,宣告辽源矿务局西安煤矿破产。

12月30日 中央纪委驻国家安全生产监督管理局纪检组组长赵岸青,人事培训司副司长张平远及沙丹青、李辉一行4人到长春,对吉林煤矿安全监察局领导班子进行考核,并参加局机关迎新春联欢会,赵岸青发表讲话。

是年 杉松岗矿业公司卓越股份公司被吉林省经贸委、省财政厅、省地税局、省国税局、省国土厅、省工商局评为"2002年度吉林省小巨人企业"。

是年 辽源煤矿机械厂被中共吉林省委、省政府授予精神文明建设先进单位。

是年 吉林省煤矿安全监察人员累计下井监察2272矿(次),平均每个矿井监察4~5次,下达各类执法文书6485份,查出事故隐患11932条,制作现场检查笔录2010份,下达现场处理决定书1792份、复查意见书721份、撤出作业人员命令书215份,及时消除了一大批事故隐患。

是年 吉林省各类煤矿发生死亡事故132起,死亡187人,比2002年减少9起,少死亡92人,降幅分别为6.4%和33%。百万吨死亡率8.38,同比下降56.87%。全省各类煤矿死亡人数和百万吨死亡率分别比国家下达控制指标减少23人和下降2.42，特别是3人以上重特大事故大幅下降。2003年发生3人以上重特大事故8起，死亡55人，同比减少8起，少死亡83人，降幅为50%和60.1%，"一通三防"事故，共8起，死亡36人，同比减少14起，少死亡97人，降幅达63.6%和72.9%。各类煤矿安全监察覆盖率、隐患到期复查率和事故时限结案率均达到年初制定的目标要求。

2004年

1月5日 国家安全生产监督管理局、国家煤矿安全监察局下发《关于表彰2003年安全生产监管监察先进单位和先进个人的决定》。延吉煤矿安全监察办事处被评为煤矿安全监察先进办事处。赵清源、李瑞胜、刘丰、李守江、栾德久5人被评为优秀煤矿安全监察员。

1月7日 国家人事部、国家安全生产监督管理局下发《关于表彰全国安全生产监督管理和煤矿安全监察系统先进工作者的决定》，表彰全国安全生产监督管理和煤矿安全监察系统先进工作者，吉林省延吉煤矿安全监察办事处主任曹永金被评为全国安全生产先进工作者，并受到表彰。

1月13日 吉林省煤炭工业工作会议召开。

1月17日 吉林省省长洪虎到珲春矿务局走访慰问劳动模范和特困职工。

1月17—18日 国务院召开全国安全生产工作会议。会上，国家人事部、国家安全生产监督管理局表彰39名全国安全生产监督管理和煤矿安全监察系统先进工作者，吉林煤矿安全监察局曹永金参加会议并受到表彰。

2月9—10日 吉林煤矿安全监察系统工作会议在长春召开。

3月5日 吉林省副省长矫正中到辽源矿务局调研。

3月15日 吉林省煤炭工业局党组印发《吉林省煤炭工业局党组决策重大事项议事规则》。

3月16日 吉林煤矿安全监察系统党风廉政建设和反腐败工作会议在长春召开。

3月29日 通化市二道江区五道江镇顺发二矿发生1起透水事故，死亡7人，直接经济损失60万元。6月16日，吉林煤矿安全监察局批复，处分责任人9人，建议吊销相关证照，关闭矿井。

4月3日 通化市双龙洗煤有限责任公司一井发生瓦斯爆炸事故，死亡5人，经济损失50万元。6月16日，吉林煤矿安全监察局批复，处分9名责任人，其中移送司法机关2人，7人经济处罚共12.8万元。

4月6日 吉林省政府召开全省煤矿安全生产紧急会议，副省长矫正中出席会议并讲话。

4月23日 吉林省政府调整领导工作分工，副省长牛海军分管煤炭生产及煤矿安全工作。

4月30日 吉林煤矿安全监察局批准辽源矿务局金宝屯煤矿安全设施投入使用。

5月14日 吉林煤矿安全监察局收到内蒙古煤矿安全监察局同意金宝屯煤矿安全监察工作由吉林煤矿安全监察局负责的复函。

6月1日 辽源矿务局金宝屯煤矿历时9年零6个月的建设，正式投入生产。辽源矿务局在金宝屯煤矿举行投产仪式。

6月2日 根据《中共中央办公厅国务院办公厅关于印发〈吉林省人民政府机构改革方案〉的通知》精神，组建吉林省安全生产监督管理局。吉林省安全生产监督管理局是省政府主管安全生产综合监督管理工作的直属机构。

同日 吉林省人民政府办公厅印发省安全生产监督管理局主要职责、内设机构和人员编制规定。

6月5日 吉林煤矿安全监察局成立煤矿安全生产许可证审批委员会，下设办公室，赵培勇任办公室主任。

6月8日 吉林煤矿安全监察局印发《吉林煤矿安全监察局安全生产许可证颁发管理工作方案》和《吉林省煤矿企业安全生产许可证实施细则》。

6月10日 吉林煤矿安全监察局成立吉林煤矿安全生产许可证颁发管理领导小组、审批小组和许可证办公室。

同日 万宝煤矿红旗二井发生1起特大火灾事故，死亡11人，重伤2人，直接经济损失100万元。9月8日，国家煤矿安全监察局批复，处分责任人9名，经济处罚10万元。

6月14日 吉林煤矿安全监察局制定《吉林省煤矿安全评价管理办法（试行）》。

6月18—25日 由国家安全生产监督管理局副局长孙华山带队的国家"安全生产万里行"到吉林省，并到吉林煤矿安全监察局检查工作。中华全国总工会劳动保护部部长张成富参加活动。

6月19日 受国家发展和改革委员会、能源局委托，吉林省发展和改革委员会文件批复辽源矿务局金宝屯矿井建设项目竣工验收移交生产，年生产能力120万吨，服务年限52.9年。

6月22日 吉林省安委会办公室印发《2004年吉林省深化煤矿安全生产专项整治实施方案》。

7月3日 国家煤矿安全监察局局长赵铁锤到吉林省延吉煤矿安全监察办事处考察办公基地建设情况，听取办事处工作情况汇报，并到珲春矿务局考察。

7月12日 国务院机关事务管理局到吉林煤矿安全监察局就离退休人员多，经费不足问题进行专题调研。

7月20日 白山市人民检察院（牵头单位）、白山煤矿安全监察办事处与白山市公安局等22家单位会签《关于加强工作联系建立行政执法与刑事执法相衔接的工作机制的意见》，建立起行政执法与刑事执法相衔接工作机制，并确定1名联络员负责日常工作联系。

7月28日 吉林省委书记王云坤在省委常委、秘书长李申学、省委办公厅、省煤炭局等有关部门领导和辽源市委书记赵振起、市长王兆华、市委副书记徐增力、副市长王艺新等市领导陪同下，到辽源煤矿机械厂装配分厂、一加工分厂和二加工分厂调研。

7月29日 吉林省委书记王云坤到辽源矿务局调研。省委常委、秘书长李申学、省委副秘书长、办公厅主任荀凤栖、省委财经办主任肖欣、省发展改革委主任焦海坤、省经委主任魏立昌、省煤炭工业局局长石金玉、省委办公厅副主任高福平等领导参加调研。

8月6日 吉林省经济委员会与吉林省财政厅联合发文，同意将靖宇县龙马煤矿由靖宇县安全生产监督管理局管理变更为由吉林省杉松岗矿业（集团）有限责任公司管理。

8月20日 国家煤矿安全监察局批准成立吉林煤矿矿用安全产品检测检验中心。

8月23日 国家审计署一行4人，到舒兰矿务局对关闭破产各项费用进行审计。

8月26日 吉林煤矿安全监察局局长董向阁签发就万宝煤矿存在生产安全隐患问题的专题报告。

9月3日 根据中共中央组织部《关于提高部分红军时期参加革命离休干部医疗待遇有关通知》精神，吉林煤矿安全监察局向国家煤矿安全监察局党组报请罗光泽提高为副省（部）长级医疗待遇的请示。9月21日中组部批准。国家局党组10月8日转发至吉林煤矿安全监察局党组按规定落实。

9月8日 吉林煤矿安全监察局批准和龙市煤矿安全培训机构为国家煤矿安全监察四级培训机构。

9月10日 吉林省煤炭工业局印发《吉林省开办小型煤矿的若干规定（暂行）的通知》。

9月24日 吉林煤矿安全生产许可证首发式在长春举行，吉林省政府副秘书长刘仰轶出席会议。

9月29日 通化矿务局道清煤矿李延峰、松树镇煤矿陈丽国、矿务局物业管理公司张富义被吉林省委、省政府授予劳动模范称号。

本月 全国矿山救援体系建设工作座谈会在吉林省延吉市召开。国家安全生产监督管理局副局长孙华山出席会议并讲话。

10月8日 吉林煤矿安全监察局向国家煤矿安全监察局报送《吉林煤矿安全生产"十一五"发展规划》。

10月12日 长春羊草煤业股份有限公司二井发生1起顶板事故，死亡5人，直接经济损失75万元。12人受到处分。

10月25日 国家煤矿安全监察局批准成立吉林矿山救援指挥中心。

11月3日 吉林省发展和改革委员会批准珲春矿务局板石煤矿二井立项开工。

同日 吉林省发展和改革委员会批准珲春矿务局八连城煤矿立井恢复建设。

11月16日 东北师范大学与通化矿务局一高中协作学校揭牌仪式在通化矿务局一高中举行。

11月23日 吉林省委书记王云坤到珲春矿务局考察八连城煤矿恢复建设情况。

12月16日 白山市江源县湾沟镇一非法煤矿发生1起瓦斯爆炸事故，死亡6人，直接经济损失80万元。

12月21日 吉林煤矿安全监察局印发《煤矿安全监察执法人员资格审查制度》。

是年 吉林煤矿安全监察局一处处长惠宇雷被吉林省总工会授予2004年度"吉林省职工职业道德建设十佳标兵"称号，同时被授予吉林省"五一劳动奖章"。

是年 杉松岗矿业公司董事、副总经理郑方国荣获"全国农村青年创业带头人"称号。

是年 中国企业联合会、中国企业家协会授予杉松岗矿业公司"中国知名企业"荣誉称号。

是年 吉林省人民政府审定杉松岗正方股份公司为"农业产业化省级重点龙头企业"。

是年 辽源煤矿机械厂被中共吉林省委、省政府表彰为精神文明建设先进单位。

是年 吉林煤矿安全监察人员累计下井监察1933矿（次），下达各类执法文书6711份，查出事故隐患9625条，下达现场处理决定书1590份、撤出作业人员命令书200份，实际收缴罚款314.92万元，比2003年增加161.32万元，增长105%。2004年，国有重点煤矿不仅消灭了3人以上重特大事故，各类事故起数和死亡人数同比分别下降17.6%和66.7%，百万吨死亡率同比下降72%。

2005 年

1月10日 吉林煤矿安全监察局分别向吉林省政府和国家煤矿安全监察局报告全省煤矿企业安全生产许可证颁发管理工作情况。

同日 吉林煤矿安全监察局向国家煤矿安全监察局报告《吉林省煤矿重大危险源监督管理实施方案》。同时，成立吉林煤矿安全监察局重大危险源监督管理领导小组。

1月13日 吉林煤矿安全监察局就全省煤矿企业安全生产许可证申请、受理及颁发情况，向各煤矿安全监察办事处（站）下发通报。截至2005年1月13日，共受理煤矿企业安全生产许可证申请232个，其中经审查合格颁证84个，已经受理正在审查中的申办矿井148个。

1月18日 吉林省委常委、延边州委书记邓凯到珲春矿务局八连城煤矿调研。

1月31日 吉林煤矿安全监察局工作会议在长春召开。

2月1日 吉林煤矿安全监察系统保持共产党员先进性教育活动动员大会在长春召开。吉林煤矿安全监察局局长董向阁作动员报告，省委督导组组长王庆忠出席会议并讲话。

2月2日 吉林煤矿安全监察局发出通知，从2月1日开始，由辽源煤矿安全监察办事处管辖的梅河口市、柳河县、辉南县区域内所属煤矿企业及省属杉松岗煤矿的煤矿安全监察业务划归白山煤矿安全监察办事处管辖。

2月4日 吉林省副省长牛海军带领省政府有关部门领导到辽源矿务局走访慰问职工，检查矿井安全生产工作。

2月16日 吉林省安全生产委员会召开专题会议，通报"2·14"阜新矿务局瓦斯爆炸事故。

2月18日 吉林煤矿安全监察局成立瓦斯综合治理领导小组，并以文件下发到局属各单位。

2月21日 国家安全生产监督管理局党组、国家煤矿安全监察局党组印发《关于表彰优秀人事干部的决定》，吉林煤矿安全监察局人事培训处张力被评为国家安全生产监督管理局优秀人事干部。

2月28日 吉林煤矿安全监察局印发《吉林煤矿安全监察局行政复议责任追究制度》。

3月1日 吉林煤矿安全监察局向局属各单位印发煤矿安全监察办事处更名为煤矿安全监察分局的通知。

3月7日 吉林煤矿安全监察局向各市（州）人民政府、各省属煤矿企业发出通知，辽源煤矿安全监察办事处更名为吉林煤矿安全监察局辽源监察分局，负责长春市、四平市、辽源市、白城市行政区域内各类煤矿和辽源矿务局所属煤矿企业的安全监察执法工作；白山煤矿安全监察办事处更名为吉林煤矿安全监察局白山监察分局，负责通化市、白山市行政区域内各类煤矿和通化矿务局所属煤矿企业的安全监察执法工作；延吉煤矿安全监察办事处更名为吉林煤矿安全监察局延边监察分局，负责延边州行政区域内各类煤矿和珲春矿务局所属煤矿企业的安全监察执法工作。

3月16日 吉林煤矿安全监察局与吉林省监察厅联合发出《关于全省2003、2004年以来发生的煤矿重特大责任事故责任追究落实情况执法监察通报》。

3月21日 吉林煤矿安全监察局、吉林省煤炭工业局与吉林省安全生产监督管理局联合向省政府报送《关于落实国务院安委会煤矿安全检查组意见确保煤矿安全生产的报告》。

3月22日 白山市江源县湾沟镇胜利煤矿发生1起运输事故，死亡6人，直接经济损失70万元。

3月23日 吉林煤矿安全监察局、吉林省煤炭工业局与吉林省安全生产监督管理局联合发文向省政府报送《关于贯彻落实"全国煤矿安全改造和瓦斯治理工作电视电话会议"精神的报告》。

同日 吉林省煤炭工业局、吉林省国土资源厅、吉林煤矿安全监察局联合发文，确定吉林省小煤矿生产建设最低规模为6万吨/年。

3月25日 吉林煤矿安全监察局向机关各处室和各监察分局（站）下发《吉林煤矿安全监察局煤矿安全行政执法责任的暂行规定》。

3月31日 吉林省安全生产委员会办公室印发《吉林省煤矿安全监察监管协调工作机制实施办法（试行）的通知》。

同日 吉林省煤炭工业局印发《省属国有煤炭企业深化改革实施意见》和《省属国有煤炭企业改制操作规程》。

4月3日 通化市深鑫煤矿发生1起顶板事故，死亡5人，直接经济损失160万元。

4月7日 吉林煤矿安全监察局向吉林省安全生产委员会报送全省煤矿实行安全生产许可制度的情况。

同日 吉林煤矿安全监察局函复吉林省政协委员程德龙在省政协九届三次会议上《关于建立煤矿安全生产第二救助通道的建议》的提案。

4月8日 吉林煤矿安全监察局全省煤矿事故案例分析会议在长春召开。吉林省安全生产监督管理局局长丁维东、吉林煤矿安全监察局局长董向阁出席会议并讲话。

4月11日 国家煤矿安全监察局发布2005年第2号公告，公布截至2005年3月30日，取得煤矿安全生产许可证的2685个乡镇煤矿企业名单，其中包括吉林省74个乡镇煤矿。

4月24日 16时，吉林市蛟河市吉安煤矿发生1起特别重大透水事故，造成相邻腾达煤矿被淹，69人被困井下。经抢救，39人安全升井，30人死亡，直接经济损失783万元。事故发生后，中共中央总书记胡锦涛、国务院总理温家宝、副总理黄菊作出重要批示。国家安全生产监督管理总局局长李毅中、副局长梁嘉坤，国家煤矿安全监察局副局长付建华，吉林省委书记王云坤、副省长牛海军等到现场指导事故抢险救援、慰问伤员和事故调查处理工作。2006年，国家煤矿安全监察局批复处理决定，6人移送司法机关追究刑事责任，10人受到行政处分。关闭事故井，罚款13万元。

4月30日 吉林煤矿安全监察局印发《吉林煤矿安全监察局常见违法行为行政处罚统一裁量参考标准（试行）》。

5月1日 在全国劳动模范和先进工作者表彰大会上，珲春矿务局英安煤矿102采煤甲队队长牛印功被授予"全国劳动模范"荣誉称号。

5月20日 吉林煤矿安全监察系统党风廉政建设和反腐败工作会议在长春召开。

同日 通化矿务局道清选煤厂建设工程破土动工。工程由通煤建安公司通过招标方式承担，设计年入洗能力45万吨，预定2006年初投入使用。

6月9日 吉林省人民政府印发《关于表彰全省安全生产先进集体和先进个人的决定》，吉林煤矿安全监察局延边监察分局被评为"吉林省安全生产先进集体"。

6月16日 白山市松树镇煤矿五采区二队发生1起瓦斯事故,死亡5人,直接经济损失105万元。

6月17日 吉林煤矿安全监察系统保持共产党员先进性教育活动总结大会在长春召开。

6月22日 中国煤炭工业协会命名吉林省辽源矿务局梅河煤矿三井为2004年度高产高效矿井。

6月26—30日 以王魁军为组长的国家煤矿安全技术专家组到通化矿务局,就开拓系统及开采方式、通风系统、瓦斯抽采系统、保护层开采、煤与瓦斯突出及冲击地压防治措施和防火系统等11个方面问题进行安全技术会诊。

6月29日 中国安全生产科学院院长刘铁民到吉林省作《事故宏观影响因素》讲座,提出橙色GDP是评价经济社会发展质量的指标之一。吉林省安全生产监督管理局局长丁维东、吉林煤矿安全监察局局长董向阁与中国安全生产科学院院长刘铁民座谈。

6月29日至7月7日 国家煤矿安全专家组第十组进驻通化矿务局,对所属各矿进行安全"会诊"。通化矿务局依据专家组"会诊"提出的技术改造意见,编制2005年、2006年和2007年安全改造规划。

本月 珲春矿务局八连城煤矿开工建设。

7月5日 吉林煤矿安全监察局与吉林省国土资源厅、吉林省煤炭工业局联合印发《关于办理煤炭开采相关行政许可工作程序和监督管理职责有关规定的通知》。

7月13日 辽源市西安区灯塔煤矿在维修竖井井筒时发生坍塌事故,4名矿工被埋28米深井底。吉林煤矿安全监察局、辽源监察分局与辽源市、西安区领导及时赶到现场组织抢险救援。经过6天7夜营救,4名矿工安全脱险。中央电视台《走进科学》栏目作了专题报道。

7月18日 吉林省政府确定将万宝煤矿并入辽源矿务局管理。

7月21日 中共吉林省委宣传部、吉林省总工会、吉林省经济委员会发布《关于表彰2004年全省职工职业道德建设"十佳"标兵、"十佳"单位及先进班组的决定》。吉林煤矿安全监察局副总工程师惠宇雷被授予"2004年全省职工职业道德建设十佳标兵"称号。

7月25日 吉林煤矿安全监察局批准白山市江源县煤矿安全培训中心为国家煤矿安全培训四级资质。

7月31日 国家煤矿安全监察局对截至2005年6月25日,已取得安全生产许可证的1501个国有煤矿企业及矿井进行公告。吉林省88个煤矿企业及矿井在公告中。

8月7—11日 中央纪委驻国家安全生产监督管理总局纪检组组长、国家安全生产监督管理总局党组成员赵岸青到吉林煤矿安全监察局辽源监察分局、白山监察分局调研。

8月10日 吉林省九台市人民法院依法裁定,营城煤矿机械厂破产还债。

8月19日 舒兰矿务局五井发生重大透水责任事故,死亡16人,直接经济损失490万元。

8月26—31日 全国煤矿安全监察系统纪检组长座谈会在吉林省延吉市召开。中央纪委监察部驻国家安全生产监督管理总局纪检组组长赵岸青和监察局局长王武琦主持会议。吉林煤矿安全监察局延边监察分局应邀参加会议,并介绍队伍建设情况。会后,赵岸青到延边监察分局调研,听取吉林煤矿安全监察局局长曹永金工作汇报。

8月27日 吉林煤矿安全监察局批准长春羊草煤业股份有限公司培训学校为国家煤矿安全培训四级资质。

9月1日 吉林煤矿安全监察局与中共吉林省纪委、省监察厅、省国资委、省经委、省安全监管局、省煤炭局联合印发《关于认真落实中央部署坚决清理纠正国家机关工作人员和国有企业负责人投资入股煤矿问题的紧急通知》，向各市（州）、县（市、区）纪委、监察局，国资委、经委、安全监管局，煤矿安全监管部门、煤矿安全监察机构安排部署工作。

9月2日 中国煤炭工业协会公布中国煤炭工业企业100强企业名单。辽源矿务局以2004年度销售收入（或营业收入）109831万元位列第56位。

9月14—15日 吉林省煤矿矿山救护技术比武大会在通化矿务局举行。通化矿务局代表队获团体第一名，松树镇煤矿救护队常乃明获优秀指挥员第一名，陶文江获得个人全能比赛第二名。新华社吉林分社、中国煤炭报社、中国安全生产报社和吉林工人报社等多家媒体新闻记者与会报道大会盛况。

9月15日 吉林煤矿安全监察局转发国家安全生产监督管理总局印发的《关于加强对安全生产中介活动监督管理的若干规定》（简称《若干规定》）。并提出充分认识《若干规定》重要性，全面做好对中介机构监督管理工作。

同日 吉林煤矿安全监察局党组向各直属单位部署清理纠正国家机关工作人员和国有企业负责人投资入股煤矿问题工作。

9月19日 吉林省煤炭工业局决定，将辽源煤矿机械厂划归辽源矿务局管理。厂领导班子和领导人员管理权限由省煤炭工业局党组管理下放到辽源矿务局管理。

同日 吉林煤矿安全监察局批准营城矿业有限责任公司华兴煤矿安全培训中心为国家煤矿安全培训四级资质。

9月23日 辽源矿务局龙家堡煤矿基础设施建设开工。龙家堡煤矿现场举行开工仪式。

9月28日 白山市中级人民法院下达通化矿务局苇塘煤矿、湾沟煤矿终结破产的民事裁定书。

9月30日 国家安全生产监督管理总局批复，同意吉林煤矿安全监察局成立吉林煤矿安全培训中心。

本月 珲春矿务局板石煤矿开工建设。

10月13日 杉松岗矿业公司卓越股份公司荣获"2004年度全国煤炭工业综合利用与多种经营先进企业"称号。

10月18日 吉林煤矿安全监察局下发通知，吉林煤矿安全监察培训中心更名为吉林煤矿安全培训中心。

10月20日 吉林省煤炭工业局批复，同意组建长春东北输送设备制造有限公司（简称东输公司），并按《中华人民共和国公司法》规定，成立董事会和监事会。批准营城煤机厂重组后更名为长春东北输送设备制造有限公司，国有独资企业，由吉林省煤炭工业局管理。

10月21日 国家安全生产监督管理总局矿山医疗救护中心在辽源矿务局职工总医院设立辽源分中心，负责长春市、吉林市、四平市、辽源市等地区的矿山医疗救护工作。

同日 辽源矿务局职工总医院加挂吉林矿山救援中心辽源医疗救护中心牌子，并举行揭牌仪式。吉林煤矿安全监察局董向阁、孙长礼、惠宇雷等领导出席会议。

本月 中共吉林省委书记王云坤到杉松岗矿业公司，对靖宇海绵铁工程项目调研。

11月11日 中国煤炭工业协会命名表彰第九届全国煤炭工业优秀企业、优秀企业家。辽源矿务局局长张义名列34名全国煤炭工业优秀企业家之一。辽源矿务局梅河煤矿矿长姚久成被授予2004年度全国煤炭工业优秀矿长称号。

同日 吉林煤矿安全监察局印发《关于惠宇雷同志被授予2004年全省职工职业道德建设"十佳"标兵的通报》。

11月23日 杉松岗矿业公司靖宇2×7.5万吨海绵铁项目中的180.24米长隧道窑建成。

12月6日 吉林煤矿安全监察局批准四平市煤矿安全培训中心为国家煤矿安全培训四级资质。

12月8日 长春市双阳区长岭煤炭有限责任公司长岭井发生透水事故,死亡6人,直接经济损失255万元。2006年,吉林煤矿安全监察局批复处理意见,9人受到处分、处罚,个人罚款12万元,给予该公司经济处罚100万元。

12月9日 吉林省编制委员会办公室批复同意设立吉林煤矿矿用安全产品检验中心。

12月12日 辽源市中级人民法院下达民事裁定书,宣告终结辽源矿务局西安煤矿破产程序。

12月13日 征得吉林省政府同意,吉林煤矿安全监察局局长董向阁签发《舒兰矿务局五井"8·19"特大透水事故调查处理查处报告》。

12月15日 吉林省煤炭工业局印发《省属矿业集团公司法人治理组织结构指导意见》《吉林省直属矿业集团公司法人治理结构模拟框架》《吉林省直属矿业集团公司董事会工作规则》《省属矿业集团公司监事会工作规则》《省属矿业集团公司党委常委会工作规则》《省属矿业集团公司经理层工作规则》。

12月18日 国家安全生产监督管理总局党组成员、副局长王德学一行在吉省副省长李锦斌、吉林煤矿安全监察局局长董向阁、辽源市副市长王艺新等陪同下,到吉林煤矿安全监察局辽源监察分局调研,听取了辽源监察分局局长刘剑民的工作汇报,并到辽源矿务局看望煤矿职工,对辽源矿务局安全生产工作给予了肯定。

12月20日 吉林省煤炭工业局党组任命杨福君为辽源矿业(集团)有限责任公司党委书记,任命郭绍君为舒兰矿业(集团)有限责任公司党委书记,任命邱金宝为通化矿业(集团)有限责任公司党委书记,任命徐晓春为珲春矿业(集团)有限责任公司党委书记。

同日 吉林省煤炭工业局指定辽源矿业(集团)有限责任公司董事长为张义,副董事长为杨福君、方贵祥;指定舒兰矿业(集团)有限责任公司董事长为王宝财,副董事长为郭绍君;指定通化矿业(集团)有限责任公司董事长为王延平,副董事长为邱金宝、赵显文;指定珲春矿业(集团)有限责任公司董事长为隋世才,副董事长为徐晓春、贾立明。

12月22日 辽源矿业(集团)有限责任公司举行成立暨揭牌大会。辽源矿业(集团)有限责任公司董事长张义宣布聘任总经理、副总经理的决定,辽源市委副书记、市长王兆华讲话,辽源市委、市政府、省煤炭工业局领导和董事长、党委书记为辽源矿业(集团)有限责任公司揭牌。

同日 舒兰矿务局改制为舒兰矿业(集团)有限责任公司,并举行揭牌仪式。王宝财任董事长,郭绍君、孙福安任副董事长,聘任孙福安为总经理。

12月26日 通化矿务局改制为通化矿业(集团)有限责任公司,并举行揭牌仪式。吉林省煤炭工业局、吉林煤矿安全监察局、白山市委主要领导及有关单位出席祝贺。王延平为董事长，邱金保、赵显文为副董事长。聘任赵显文为总经理，任命徐殿生、尹昌胜为监事会成员，徐殿生为监事会主席。

12月30日 珲春矿务局改制为珲春矿业（集团）有限责任公司，并举行揭牌仪式。隋世才任董事长，徐晓春、贾立明任副董事长，聘任贾立明为总经理。

是年 吉林省计划重点监察矿井307矿（次），实际完成重点监察580矿（次），对国家重点监控的辽源矿务局、通化矿务局先后开展了14矿（次）重点监察；计划专项监察矿井335矿（次），实际完成专项监察矿井519（矿）次；各分局（站）计划定期监察矿井291矿（次），实际监察矿井499矿（次）。全年煤矿安全监察人员累计监察矿井1784矿（次），查处事故隐患9991条，下达行政处罚决定书736份、现场处理决定书1595份、撤出作业人员命令书88份，实际收缴罚款数额比2004年增长近1倍。对全省101处受水害威胁矿井持续开展了防治水专项监察。

是年 吉林省有91处新建和改扩建矿井安全专篇经过审查批复，7处矿井通过竣工验收。

2006年

1月6日 吉林省煤炭工业局决定，吉林省工程高级技工学校划归吉林省煤炭工业局直接管理。

1月9日 吉林煤矿安全监察局决定成立吉林煤矿安全检测检验中心。

1月18日 吉林煤矿安全监察局就吉林省煤炭企业实施安全生产许可证制度工作情况，分别向吉林省人民政府和国家煤矿安全监察局写出书面报告。报告从10个方面总结了煤矿实施安全生产许可证制度所做的工作。吉林省共有煤矿矿井548处，应审办安全生产许可证的生产矿井463处，截至2005年10月13日，受理申请428处。经过工作，到2005年末，经审查合格，给367个煤矿企业颁发了安全生产许可证。关闭不具备安全生产条件的矿井85处。

同日 吉林煤矿安全监察局印发《关于成立吉林煤矿矿用安全产品检验中心的通知》。吉林煤矿矿用安全产品检验中心为吉林煤矿安全监察局直属事业单位，主要职责是负责全省煤矿系统在用设备检验工作，负责全省煤矿安全监察专用仪器、设备的定期测试、检修、维护和保养，承担全省煤矿事故的相关技术鉴定工作等。

1月19日 吉林煤矿安全监察局就吉林省煤矿瓦斯综合治理专项监察情况，向吉林省人民政府提交书面报告，对85处高瓦斯矿井基本情况和存在问题作了具体汇报，并提出5条建议。

同日 吉林煤矿安全监察局批准吉林省杉松岗矿业（集团）有限责任公司员工培训中心为国家煤矿安全生产培训四级资质。

1月23日 吉林省委副书记唐宪强到全国劳动模范、通化矿业公司机电厂退休职工郭绍棠家走访慰问。

1月25日 吉林省煤炭工业局批复辽源矿业公司，同意龙家堡煤矿项目开工建设。

1月26日 吉林煤矿安全监察工作会议在长春东煤宾馆召开。

2月5日 吉林煤矿安全监察局印发《关于开展矿山救护队质量标准化等级认定工作的通知》。

2月6日 吉林煤矿安全监察局经过评估验收，批准吉林省华安矿业有限公司煤矿安全培训中心为国家煤矿安全生产培训四级资质。

2月7日 吉林煤矿安全监察局白山监察分局按照吉林煤矿安全监察局委托暂扣了30处采矿许可证过期矿井的安全生产许可证。

2月9日 吉林煤矿安全监察局向国家安全生产监督管理总局报送安全生产技术支撑体系专业中心建设情况。

2月16日 国家安全生产监督管理总局办公厅副主任李淑清到吉林煤矿安全监察局检查工作，并对原东煤公司形成的档案管理问题提出分到辽宁省、内蒙古自治区和黑龙江省的处理意见。

同日 吉林省煤炭工业局党组决定，长春华煤建设有限责任公司变更为吉林省煤炭工业局直接管理的国有控股公司。

2月22日 杉松岗矿业公司龙马煤矿发生1起顶板事故，死亡5人，直接经济损失130万元。吉林煤矿安全监察局批复处理意见，给予3人行政开除移送司法机关追究刑事责任，13人受到行政处分，矿井罚款20万元。

2月26—28日 全国安全生产监管监察系统党风廉政建设工作会议在北京召开。27日，吉林煤矿安全监察局党组在会上以《从严抓班子，从严带队伍，全面推进煤矿安全监察执法工作》为题介绍了几年来的工作情况。

2月27日至3月15日 根据吉林省政府办公厅紧急通知要求，开展全省煤矿安全生产大检查。安全检查团由吉林省煤炭工业局、省安全生产监督管理局、省国土资源厅、省公安厅、省监察厅、省工商局、省总工会、吉林煤矿安全监察局等8个部门组成，下设4个检查组。

3月1日 根据国家安全生产监督管理总局、国家煤矿安全监察局文件规定，经审查，吉林煤矿安全监察局决定授予长春华煤工程技术有限责任公司和吉林省东煤安全技术有限责任公司煤矿安全评价乙级资质。

同日 辽源矿业公司龙家堡煤矿开工建设。

3月3日 吉林煤矿安全监察局、吉林省煤炭工业局共同组织召开全省煤矿瓦斯综合治理和现场管理座谈会，吉林省政府副秘书长慕海平出席会议并讲话。

3月12—15日 国务院安委会煤矿安全生产督察组一行8人，在国务院安委会办公室副主任、国家安全生产监督管理总局副局长、国家安全生产应急救援指挥中心主任王德学带领下，赴吉林省白山市、吉林市、辽源市进行督察。

3月17日 吉林煤矿安全监察局党风廉政建设及反腐败工作会议在长春召开。局党组研究决定，在吉林辖区政府有关部门和煤炭企业聘请50名党风廉政建设、公正执法特邀监督员。

3月20日 吉林省监察厅、吉林煤矿安全监察局、吉林省煤炭工业局联合发文，向全省通报2005年舒兰矿务局五井"8·19"特大透水事故调查处理情况。提出认真落实安全生产责任制，加大安全事故隐患的排查力度，加强对煤矿安全的监察监管和加大事故查处力度四点要求。

3月27日 吉林煤矿安全监察局党组会议，研究决定机关服务中心幼儿园对外租赁事宜，年租金35万元，租赁年限10年。

3月29日 吉林煤矿安全监察局和吉林省煤炭工业局联合发布《吉林省煤矿瓦斯综合治理实施细则（试行）》。

4月7日 吉林煤矿安全监察局与吉林省煤炭工业局共同发布实施《吉林省煤矿在用安全设备检测检验管理办法（暂行）》。

4月18—26日 吉林煤矿安全监察局分别在辽源监察分局、白山监察分局、延边监察分局和吉林监察站召开特邀监督员座谈会。会上，宣读了吉林煤矿安全监察局《关于聘请党风廉政建设公正执法特邀监督员的决定》，并向每位监督员颁发了聘书。

4月26日 国家安全生产监督管理总局通知吉林煤矿安全监察局，巡视员武宝山退休，从6月份计发退休费。

4月27日 吉林煤矿安全监察局授予长春煤炭设计研究院煤矿安全评价乙级资质。

本月 通化矿业公司董事长王延平列入中国煤炭工业协会公布的首批煤炭行业高级职业经理人名单。

5月8日 吉林煤矿安全监察局网络信息工作小组成立，副局长常天明任组长。

5月25日 吉林省副省长矫正中到辽源矿业公司井下调研。

同日 经评估、验收，吉林煤矿安全监察局认定白山市八道江区安全技术培训中心为国家煤矿安全培训四级资质。

5月26日 吉林煤矿安全监察局评估检查组评估检查，同意白山市煤炭安全生产技术培训中心恢复煤矿安全培训工作。

5月28日 辽源矿业（集团）有限责任公司龙家堡矿业公司奠基典礼。吉林省人大、省政府、省政协领导出席庆典仪式。吉林省及长春市领导牛海军、赵家治、祝业精等共同为龙家堡矿业公司奠基。

6月3日 中共中央党校第三调研组组长、国务院振兴东北办副主任宋晓梧率调研组到通化矿业公司，对东圣焦化公司调研。

6月27日 中共吉林省委决定，赵全洲任吉林省煤炭工业局党组书记。

6月29日 吉林煤矿安全监察局召开系统干部大会，传达贯彻全国治理商业贿赂领导小组负责人会议和北戴河会议精神。根据中共中央和国家安全生产监督管理总局党组开展治理商业贿赂专项工作要求，专项治理工作从2006年6月下旬开始到11月末结束。

6月30日 吉林煤矿安全监察局与吉林省人民检察院共同发布实施《查处煤矿伤亡事故工作暂行规定》。规定地方政府或政府授权有关部门组成事故调查组，应通知当地检察机关同步进入事故调查工作，并成为事故调查组成员单位之一。

同日 辽源矿业（集团）有限责任公司党委被中共中央组织部授予"全国先进基层党组织"称号，被中共吉林省委授予"全省先进基层党组织标兵"称号。

7月2日 监察部副部长陈昌智带队到吉林省检查执法责任追究工作。

7月14日 国家安全生产监督管理总局党组决定马和平任吉林煤矿安全监察局党组成员、纪检组组长，惠宇雷任党组成员，同时免去孙长礼党组成员、纪检组组长职务。

同日 国家安全生产监督管理总局任命孙长礼为吉林煤矿安全监察局巡视员，惠宇雷为吉林煤矿安全监察局总工程师。

8月3日 吉林煤矿安全监察局向各监察分局（站）发出《关于注销四平公主岭市平原煤矿等矿井安全生产许可证的通知》。

同日 吉林煤矿安全监察局决定从8月17—30日，对全省煤矿建设矿井安全设施"三同时"执行情况进行集中监察。

同日 吉林煤矿安全监察局就总工程师分管"一通三防"工作，向吉林省煤炭工业局发送《煤矿安全监察加强和改善安全管理建议书》，并由吉林省煤炭工业局督促有关省属煤矿企业贯彻落实。

8月4日 吉林省人民政府任命赵全洲为吉林省煤炭工业局局长。

8月8日 吉林煤矿安全监察局经评估、验收，同意延吉三道煤业有限责任公司安全培训中心为国家煤矿安全培训四级资质。

8月15日 国家煤矿安全监察局副局长王树鹤一行参加在延吉举行的全国小煤矿管理工作会议，会前到吉林煤矿安全监察局延边监察分局检查指导工作。国家煤矿安全监察局调查司副司长赵苏启、中煤劳保学会副会长邱宝灼、吉林煤矿安全监察局局长董向阁等陪同检查。

8月17日 吉林省副省长牛海军在吉林省安全生产会议上指出，吉林省缺煤，但更缺安全，不能拿生命换煤。

8月18日 长春东北输送设备制造有限公司新厂区落成仪式在长春净月经济开发区举行。

8月20日 吉林煤矿安全监察局发布《关于注销蛟河市吉安煤矿安全生产许可证的通报》。

8月30日 吉林煤矿安全监察局会同吉林省煤炭工业局印发《吉林省煤矿水害防治工作实施细则》。

9月4日 吉林煤矿安全监察局召开机关干部大会，宣布国家安全生产监督管理总局关于马和平、惠宇雷、孙长礼任免职文件。

9月5日 吉林煤矿安全监察局印发《关于提高行政事业单位职工住房公积金标准的通知》。吉林煤矿安全监察局党组办公会议决定，从2006年9月1日起，提高吉林煤矿安全监察局行政事业单位职工住房公积金缴存比例，确定缴存比例为12%。

9月8日 吉林煤矿安全监察局召开治理商业贿赂自查自纠工作动员大会。传达中央纪委驻国家安全生产监督管理总局纪检组在青岛召开的全国省级煤矿安全监察机构纪检组长座谈会议精神，并对前段治理商业贿赂工作进行总结。

9月13日 通化市五道江镇玺仁煤矿发生1起重大透水事故，死亡7人，直接经济损失263万元。2007年1月22日，吉林煤矿安全监察局批复白山监察分局，3人移送司法机关，6人给予行政处分，经济处罚69万元。

9月15—17日 中央纪委驻国家安全生产监督管理总局纪检组组长赵岸青、一室主任赵九方及李辉到吉林煤矿安全监察站调研检查工作。

9月17日 吉林省煤炭工业局召开安全生产工作会议。国家安全生产监督管理总局副局长王德学、吉林省副省长牛海军出席会议并讲话。

9月26日 吉林煤矿安全监察局召开专项会议，动员、部署搞好政府采购领域治理商业贿赂工作。

10月16日 吉林省安全生产监督管理局、吉林煤矿安全监察局、吉林省煤炭工业局联合向吉林省政府报送《关于进一步加强煤矿安全监管监察工作的专题报告》。

10月26日 白山市新宇煤矿二井发生1起特大瓦斯爆炸责任事故，死亡11人，直接经济损失255.46万元。国家煤矿安全监察局批复，3人移送司法机关，给予9人党政纪处分，1人经济处罚3万元，矿井罚款52万元。

10月27日 通化矿业公司吉林宏源瓷业有限公司举行欧式瓷业项目和宝鑫矿业项目竣工剪彩仪式。

10月31日 吉林煤矿安全监察局党组印发《关于党员领导干部报告个人有关事项的通知》，规定局机关、各监察分局（站）、各事业单位县处级以上（含县处级副职、副调研员以上非领导职务）的党员干部，每年1月31日前，都要集中向人事部门报告上年度个人重大事项情况；个人发生应报告事项，应在事后30日内填写《党员领导干部个人有关事项报告表》，报人事培训处。

本月 辽源矿业公司首批井口瓦斯发电站——梅河煤矿二井、三井井口瓦斯发电站建成并正式运行。

11月4日 延边州和龙市宏源煤矿发生1起重大瓦斯爆炸事故，死亡7人，直接经济损失300万元。吉林煤矿安全监察局批复处理意见，2人移送司法机关，2人吊销资格证，5人受到处分，矿井罚款50万元。

11月23日 经吉林省煤炭工业局和省政府批准，白城市中级人民法院下达民事裁定书，宣告万宝煤矿破产。

本月 杉松岗矿业公司董事兼卓越股份公司总经理张婧荣获"2005年度全国煤炭工业综合利用与多种经营优秀厂长（经理）"称号。卓越股份公司荣获"2005年度全国煤炭工业综合利用与多种经营先进企业"称号。

12月1日 吉林煤矿安全监察局在《吉林日报》上公告2006年确定关闭的127处矿井。

12月11日 中共吉林省煤炭工业局党组任命王永良为舒兰矿业（集团）有限责任公司党委书记。免去郭绍君党委书记职务。

12月16日 吉林煤矿安全监察局白山监察分局关闭辖区36处矿井，并根据《吉林省人民政府办公厅转发省煤炭资源整合工作领导小组办公室关于煤炭资源整合方案审查及下一步工作实施意见的通知》规定，注销这些矿井的安全生产许可证。

12月19日 吉林煤矿安全监察局认定通化矿业公司八宝煤矿安全技术培训中心、松树镇煤矿安全技术培训中心、道清煤矿安全技术培训中心，临江市永安煤业有限责任公司安全技术培训中心、白山市永安煤业有限责任公司安全技术培训中心、白山市振东煤业有限责任公司安全生产培训教育部为国家煤矿安全培训四级资质。

12月21日 经吉林省机构编制委员会审议，同意吉林省煤田地质局为副厅局级机构。

同日 吉林省煤炭工业局任命王宝才为长春煤炭科技中心主任。

12月26日 吉林煤矿安全监察局认定珲春市康泰安全科技服务中心为国家煤矿安全培训四级资质。

12月31日 吉林煤矿安全监察局在长春东煤宾馆举办全局迎新春团拜会。

本月 珲春矿务局八连城煤矿竣工投产，完成投资53603.44万元。

是年 吉林省各类煤矿累计颁发安全生产许可证41处，其中2005年通过，2006年初核准颁发安全生产许可证矿井19处；新建、改扩建经现场验收合格后，核准发证22处。

是年 吉林煤矿安全监察局共对5处矿井注销安全生产许可证，其中：安全生产许可证过期矿井1处，因发生重大事故关闭矿井1处，资源枯竭地方政府申请关闭矿井1处，没有按期取得采矿许可证矿井2处。

是年 吉林煤矿安全监察局共受理煤矿企业和矿井办理安全生产许可证申请材料32份，对43处矿井和2处煤矿企业颁发安全生产许可证，对4处矿井作出不予颁发安全生产许可证的决定，对54处煤矿企业和矿井安全生产许可证进行变更。

是年 吉林省有各类煤矿357处，产量2706万吨。全年发生各类煤矿事故128起，死亡191人，与去年同期相比减少8起，少死亡21人，分别下降5.9%和9.9%。全省煤矿发生3人以上重大事故11起，死亡55人。其中，特大事故1起，死亡11人。

是年 长春市九台新春煤矿投产，并与长春市双阳区山河煤矿进行资源整合，设计生产能力6万吨/年。

2007年

1月11日 吉林煤矿安全监察局向国家煤矿安全监察局报送《吉林煤矿安全监察局关于2007年煤矿安全监察执法工作计划的请示》。

同日 吉林煤矿安全监察局向所属各监察分局（站）转发国家安全生产监督管理总局《关于加强安全生产行政复议工作的意见》并提出具体要求，成立以局长董向阁为主任的吉林煤矿安全监察局行政复议委员会。

1月17日 吉林煤矿安全监察局在延边州和龙市召开大会，公开处理和龙市宏源煤矿"11·4"重大瓦斯爆炸事故。事故处理结果，移交司法机关2人，给予政府机关相关责任人员行政处分3人，吊销4名事故责任人员安全资格证。并依据《国务院关于预防煤矿生产安全事故的特别规定》，责令该煤矿停产整顿，处罚款50万元，对煤矿主要负责人罚款3万元。

1月19日 吉林煤矿安全监察局党组召开扩大会议，专门研究2007年继续打好瓦斯综合治理攻坚战，保证煤矿安全生产稳定的对策措施。

1月23日 吉林煤矿安全监察局印发《吉林煤矿安全监察局监察执法工作暂行规定（试行）》。

1月24日 吉林煤矿安全监察局在通化市二道江区政府会议室公开宣布对2006年9月13日通化市五道江镇玺仁煤矿死亡7人重大透水事故、2006年10月4日白山市大政煤炭有限公司顺信煤矿死亡3人重大运输事故处理意见决定。对2起事故中18名责任人进行严肃处理，其中：移送司法机关处理4人；给予政纪处分人员9人，并建议给予相应的党纪处分；行政处罚5人，并对3人吊销安全管理资格证（其中，2人为主要负责人安全资格证），对事故单位依法进行了处罚。

1月25日 针对长春华煤工程技术有限责任公司煤矿安全评价人员不足的实际，吉林煤矿安全监察局根据有关规定，决定暂停其煤矿安全评价乙级资质。

1月30日 吉林煤矿安全监察局在长春召开2007年全省煤矿安全监察工作会议。

2月5日 吉林省煤炭工业局决定对蛟河煤矿机械厂实施关闭破产。

2月6日 吉林煤矿安全监察局印发《吉林煤矿安全监察局执法文书和事故调查报告评比办法（试行）》。

2月8日 吉林煤矿安全监察局通知，注销舒兰市福源国库煤矿、和龙市庆兴煤矿二井安全生产许可证。

2月9日 吉林省安全生产工作会议召开。国家安全生产监督管理总局副局长王德学，吉林省省长韩长赋、副省长牛海军出席会议并讲话。

2月12日 吉林省副省长牛海军在省直有关部门负责人及辽源市委书记赵振起，市委副书记、市长王兆华陪同下到辽源矿业公司走访慰问。

本月 吉林省煤炭工业工作会议在长春松苑宾馆召开。

3月2日 根据国家安全生产监督管理总局《救护队资质认定管理规定》和《矿山救护队资质认定管理规定实施细则》有关规定，经救护队申请、吉林煤矿安全监察局审查验收，批准舒兰矿业公司救护大队、九台市矿山救护队、杉松岗矿业公司救护队、长春市矿山救护队、长春市双阳区矿山救护队、东辽县矿山救护队为救护队三级资质。

3月10日 吉林煤矿安全监察局、吉林省煤炭工业局研究决定即日起，在全省煤矿开展安全生产"落实年""攻坚年"宣传贯彻活动。

3月16日 吉林煤矿安全监察系统党风廉政建设工作会议在长春召开。

3月20日 吉林煤矿安全监察局、吉林省煤炭工业局"重大隐患排查治理和安全集中执法工作"联合检查组在吉林煤矿安全监察局副局长常天明带领下，开始为期4天对舒兰矿业公司和舒兰市集中监察执法。

3月21日 通化矿业公司松树镇煤矿、临江永安煤业公司2套综采设备一次试车成功，改变了通化矿业公司无综采的历史。

同日 经吉林省煤炭工业局同意，通化矿业公司批准成立八宝煤矿并举行成立大会暨揭牌仪式。

3月21—29日 吉林煤矿安全监察局总工程师惠宇雷带队，对珲春矿业公司、延边地区煤矿安全生产和煤矿关闭整顿工作开展督察。

4月17日 按照国家安全生产监督管理总局党组《关于加强煤矿安全监察分局制度建设的意见》有关要求，吉林煤矿安全监察局召开加强制度建设工作座谈会。

4月26日 吉林煤矿安全监察局注销原辽源矿务局西安煤矿及所属矿井安全生产许可证，注销柳河县太平川煤矿二井、江源县砟子汇源煤矿安全生产许可证。

同日 吉林省煤炭工业局召开"构建社会主义和谐新矿区动员大会"。会上表彰了20个先进集体、10名特等劳动模范和90名劳动模范。

本月 通化矿业公司八宝煤矿年产180万吨现代化高产矿井改扩建工程启动。

5月7日 吉林省煤炭工业局党组决定：赵显文为通化矿业（集团）有限责任公司董事长。免去王延平董事长职务。

同日 吉林省煤炭工业局党组决定：邱金宝任吉林省煤田地质局党组书记（保留正厅局长级）。免去皮世凤党组书记职务。

同日 吉林省煤炭工业局党组决定：李建国为通化矿业（集团）有限责任公司党委书记。免去邱金宝党委书记职务。

5月10日 吉林煤矿安全监察局向国家安全生产监督管理总局报送吉林煤矿安全监察局监察分局业务用房工程决算报告。

5月15日 通化矿业公司道清煤矿李连春出席中国共产党吉林省第九次代表大会。

5月21日 吉林煤矿安全监察局向国家安全生产监督管理总局报送机构编制自查情况专题报告。

5月23日 吉林省副省长牛海军到珲春矿业（集团）有限责任公司英安煤矿、八连城煤矿和建设中的板石煤矿考察。

5月31日 吉林省煤炭工业局决定吉林省煤矿设计研究院与长春煤炭设计研究院合并。

6月12日 全国煤矿事故报告和调查处理工作座谈会在长春南湖宾馆召开。

6月17日 吉林省省长韩长赋到珲春矿业（集团）有限责任公司八连城煤矿考察调研。

6月18日 吉林煤矿安全监察局批准辽源市职业技术中心、蛟河市煤矿安全技术培训站为煤矿安全培训四级资质。

6月19日 吉林煤矿安全监察局党组召开扩大会议,学习贯彻《中共中央纪委关于严格禁止利用职务上的便利谋取不正当利益的若干规定》。

同日 吉林煤矿安全监察局通知各监察分局(站),注销通化矿业(集团)有限责任公司松树镇煤矿一井安全生产许可证。

同日 吉林煤矿安全监察局就吉林省煤矿瓦斯抽采利用及安全改造资金需求情况向国家煤矿安全监察局报送专题报告。

6月21日 吉林煤矿安全监察局党风廉政建设专题会议在长春召开。会议传达了国家安全生产监督管理总局办公厅、中央纪委办公厅关于认真学习贯彻《中共中央纪委关于严格禁止利用职务上的便利谋取不正当利益的若干规定》,通报了全省煤矿安全监察系统党风廉政建设和反腐败工作情况。

同日 吉林煤矿安全监察局向国家安全生产监督管理总局报送监察队伍长效机制建立情况专题报告。

本月 吉林省煤炭工业局党组决定蛟河化工厂与长春春阳工业有限公司整合并购。

7月9日 国家安全生产应急救援指挥中心副主任、总工程师李万疆一行5人在吉林煤矿安全监察局、吉林煤矿安全监察局延边监察分局有关人员陪同下,先后到珲春矿业公司救护大队、延边州安全生产监督管理局进行应急救援专题调研和座谈。

7月10日 国家安全生产监督管理总局规划科技司副司长王浩到吉林煤矿安全监察局延边监察分局调研,听取安全生产信息化建设、固定资产管理、基础设施建设、装备配置及管理工作情况汇报。并对延边监察分局安全生产信息化建设等工作给予了肯定。

同日 吉林煤矿安全监察局在双阳区召开大会,对长春市双鑫煤矿"12·28"重大瓦斯爆炸事故进行公开处理。

7月11日 吉林煤矿安全监察站与舒兰市安全生产监督管理局、舒兰煤矿安全监察局、市公安局、市总工会、市人民检察院、市煤炭监督管理局联合召开落实国务院《生产安全事故报告和调查处理条例》联席会议,就煤矿伤亡事故报告、事故调查组组成和各自职责及事故调查报告的形成等事项达成一致意见,形成会议纪要。

7月12日 吉林煤矿安全监察局白山监察分局就梅河口市煤矿安全监管工作存在的问题,向梅河口市人民政府提出《加强和改善安全管理建议书》。

7月16日 2007年上半年吉林煤矿安全监察工作会议在长春召开。

7月18日 吉林省宇光能源股份有限责任公司注册成立。

7月31日 吉林煤矿安全监察局印发《吉林煤矿安全监察局煤矿事故应急救援预案》。

8月18日 吉林省副省长牛海军到杉松岗矿业公司青岛卓越海洋公司考察。

同日 吉林省政府任命皮世凤为吉林省煤田地质局局长(副厅级)。

同日 吉林煤矿安全监察局批准吉林煤矿矿用安全产品检验中心增加安全生产检测检验项目。

8月31日 国务院安委会办公室主任、国家安全监督管理总局副局长、国家煤炭工业协会会长王显政率国务院第十综合督察组到吉林省督察。

9月3日 国家安全生产监督管理总局副局长王显政率国务院第十综合督察组到舒兰矿业公司,进行隐患排查督察。

9月5日 国家安全生产监督管理总

局副局长王显政与吉林省政府交换综合督察意见。

同日 经吉林省编办同意，中国煤矿工人长白山温泉疗养院更名为吉林省煤矿职工长白山温泉疗养院。

9月23日 吉林省煤炭工业科技大会在辽源矿业公司召开。国家安全生产监督管理总局副局长王德学、吉林省副省长牛海军出席会议。

9月28日 吉林省省长韩长赋在辽源矿业公司梅河煤矿三井考察工业广场、调度室、班中餐超市、职工浴池，并与劳动模范座谈。

同日 通化矿业公司松树镇煤矿皮带车间主任张敏在北京举行的全国煤炭工业劳动模范表彰大会上，被授予"全国煤炭工业劳动模范"荣誉称号，并受到国务院总理温家宝的接见。

9月29日 全省煤矿安全监察工作会议在长春召开。会议深入贯彻落实9月20日全国安全生产电视电话会议精神，总结回顾前三季度煤矿安全监察工作，分析当前煤矿安全生产形势，安排部署四季度工作任务。

本月 珲春矿业公司总经理贾立明荣获全国煤炭工业劳动模范称号。英安煤矿101采煤队荣获全国煤炭工业先进集体称号。

10月24日 吉林煤矿安全监察局经过验收，同意珲春矿业（集团）有限责任公司英安煤矿安全教育培训站和八连城煤矿安全教育培训站为国家煤矿安全培训四级资质。

同日 吉林煤矿安全监察局注销九台市春发煤矿、龙井市老头沟宝利煤矿、江源县幸福煤矿安全生产许可证。

11月1日 吉林煤矿安全监察局印发《煤矿安全生产条件评价及审查意见》，同时废止《关于规范颁发煤矿安全生产许可证安全生产条件评价与现场审查的意见》。

11月4日 吉林省编办同意吉林省地质物探公司加挂吉林省煤炭地质调查总院牌子，相应增加煤炭地质勘探等相关职责。

11月16日 全省煤矿瓦斯综合治理座谈会在长春东煤宾馆召开，各产煤市（州）、部分县（市、区）煤矿安全监管、行管部门以及全省42对高瓦斯矿井的技术负责人、通风技术负责人参加会议。

11月19日 吉林煤矿安全监察局同意辽源矿业公司梅河煤矿职工培训站为国家煤矿安全培训四级资质。

11月21日 白山煤矿安全监察分局负责人和相关工作人员走进白山市广播电台直播间，向全市广大听众宣传国家煤矿安全生产方针政策，重点回答群众有关煤炭资源整合、建设矿井安全设施设计审查与竣工验收等规定和煤矿"两个攻坚战"等方面的问题。

11月24—27日 国家安全生产监督管理总局局长李毅中、国家煤矿安全监察局副局长付建华带领国务院第一隐患排查组到吉林省辽源市、松原市，检查辽源矿业公司梅河煤矿三井和大水缸煤矿隐患排查治理"回头看"专项行动开展情况；到吉林煤矿安全监察局辽源监察分局、吉林煤矿安全监察局机关检查工作并看望监察员。与吉林省政府交换意见，省长韩长赋、副省长牛海军出席会议。

11月26日 国家安全生产监督管理总局局长李毅中、国家煤矿安全监察局副局长付建华和国务院安委会隐患排查治理"回头看"专项行动督察组领导，在吉林省政府副秘书长骆德春、吉林省安全生产监督管理局局长金华陪同下到吉林煤矿安全监察局，看望吉林煤矿安全监察局机关工作人员。

11月28日 吉林煤矿安全监察局辽

源监察分局在辽源矿业公司梅河煤矿召开会议，对辽源矿业公司梅河煤矿一井"10·28"运输事故、辽源矿业公司金宝屯煤矿"11·7"机电事故和辽源矿业公司梅河煤矿一井"11·9"运输事故进行公开处理，10名责任人受到相应行政处分或经济处罚。

11月29日 吉林八宝煤业有限责任公司矿井改扩建工程开工典礼在工程现场举行。

12月11日 吉林煤矿安全监察局党组召开扩大会议，学习11月26日国家安全生产监察管理总局局长李毅中到吉林煤矿安全监察局检查指导工作时的重要讲话。

12月12日 按照吉林省省直机关党工委的统一安排，由工委宣传部部长张丽、处长刘明组成考核组，对吉林煤矿安全监察局2007年党建工作进行考核。

12月26日 吉林省编办同意吉林省煤矿设计院整建制并入长春煤炭设计研究院。

本月 珲春矿务局板石煤矿竣工投产，完成投资78705.86万元。

是年 吉林省煤矿共发生事故68起，死亡75人，同比减少60起，少死亡116人，分别下降46.88%和60.73%；百万吨死亡率2.5，下降64.6%；全年发生一次死亡3人以上事故1起，死亡4人，同比减少10起，少死亡51人，分别下降91%和93%；消灭了重大以上事故。

2008年

1月4日 吉林省省长韩长赋到杉松岗矿业公司卓越股份公司食品工业园考察调研。

1月19日 匈牙利采矿专家卡巴与煤炭科学研究总院抚顺分院总工程师刘志忠一行5人，到通化矿业公司道清煤矿对实施高压空气落煤工艺项目考察论证。

1月23日 吉林省副省长王祖继分管吉林煤矿安全监察、监管工作。

同日 吉林省安全生产委员会召开本年度第一次会议，副省长王祖继出席会议并讲话。

1月28日 吉林省省长韩长赋到辽源矿业公司检查指导工作。

2月17日 吉林省煤炭工业局党组任命徐殿生为中共通化矿业（集团）有限责任公司党委书记。免去李建国党委书记职务。

同日 吉林省煤炭工业局党组任命刘将军为杉松岗矿业（集团）有限责任公司党委书记。免去郑方银相应职务。

本月 孙富春任珲春矿业（集团）有限责任公司党委书记、董事会成员、副董事长。

3月5日 辽源市东辽县金安煤矿发生1起重大火灾事故，死亡17人，直接经济损失2176万元。吉林省委副书记王儒林、副省长王祖继赶赴现场指挥抢险救援工作。国家煤矿安全监察局批复处理意见，10人移送司法机关追究刑事责任，6人给予行政处分；关闭矿井，罚款1750万元。

3月14日 吉林省煤炭工业局党组印发《省煤炭工业局党组关于加强党风廉政建设的若干意见》。

4月2日 吉林省副省长王祖继到吉林煤矿安全监察局、吉林省煤炭工业局检查指导工作。

4月12日 农业部等八部委联合授予杉松岗矿业公司卓越股份公司"国家级农业产业化重点龙头企业"称号。

4月16日 吉林省副省长王祖继等到杉松岗矿业公司天宇海绵铁公司调研。

5月4日 10时50分，正在建设中的龙家堡煤矿主井封口盘坠落。井下作业人员受到气流冲击，10人受轻伤，已经安装完毕的井筒装备全部损毁。

5月19日 吉林省政府常务会议专题听取省煤炭工业局关于煤矿安全生产问题的汇报，并提出工作要求。吉林煤矿安全监察局局长董向阁参加会议。

5月26日 吉林省人大常委会副主任李介车、副省长牛海军到辽源矿业公司金宝屯煤矿调研。

本月 通化矿业公司董事长赵显文荣获吉林省总工会颁发的"五一劳动奖章"。

本月 吉林煤矿安全监察局全体党员，为支援汶川地震灾后重建，交纳支援抗震救灾特殊党费72900元。

6月30日 吉林省煤炭工业局党组成立惩治和预防腐败体系建设工作领导小组。

本月 通化矿业公司在地质勘探年活动中，积极在八宝外围区、松树镇煤矿和八宝矿井下进行地质补充勘探。八宝外围区经勘探后，预计提交资源储量2000万吨，松树镇煤矿北部外围区经勘探后，提交资源储量7600万吨。八宝矿井深部区经补充勘探后，增加可采储量4000万吨，延长矿井服务年限17年。道清煤矿深部区经补充勘探后，增加可采储量645万吨，延长矿井服务年限6.6年。

7月10日 吉林省政协副主席林炎志到辽源矿业公司调研。

7月18日 吉林八宝工业园区国铁改线工程宣告全线通车。投资1.67亿元、全长4.402千米国铁改线工程，解放下压煤炭资源3370万吨，增加矿井服务年限25年。吉林省政协主席王国发、省政府副秘书长慕海平参加通车剪彩仪式。

7月21日 白山市八道江区汇丰煤矿发生1起溃泥事故，死亡5人，直接经济损失178万元。吉林煤矿安全监察局批复处理意见，1人移送司法机关追究刑事责任，4人给予行政处分，矿井罚款28万元。

8月11日 国家安全生产监督管理总局副局长孙华山率国家百日督察组到吉林省督察。

本月 赵万贵任珲春矿业（集团）有限责任公司董事长、董事会成员。

9月17日 中央电视台经济频道"品牌形象"栏目组2名记者到通化矿业公司，对八宝工业园区和道清煤矿等企业专访。

9月18日 吉林省副省长王祖继到辽源矿业公司龙家堡煤矿检查指导工作。

9月30日至10月4日 中央纪委驻国家安全生产监督管理总局纪检组组长赵岸青带领国务院第六督察组到辽源矿业公司、白山市检查安全生产工作，并到辽源矿业公司梅河煤矿下井。10月4日，向吉林省政府通报检查情况，吉林省副省长王祖继出席通报会。

10月1日 舒兰矿业公司120万吨东富洗煤厂项目开工建设。

10月15日 吉林煤矿安全监察局召开"深入学习实践科学发展观活动"动员会议。吉林省委指导组组长高勇出席会议并讲话。

10月29日 华能白山煤矸石发电有限公司在白山市宾馆召开第一次股东大会。会议签署了《设立华能白山煤矸石发电有限公司协议书》。会议通过了《华能白山煤矸石发电有限公司章程》和《关于选举公司董事、监事的议案》。

11月4日 国家安全生产监督管理总局办公厅司长蔡燕莉到长春对吉林煤矿安全监察机构、体制进行调研。

11月28日 原东煤公司老领导李云峰、崔敬谦等到辽源矿业公司龙家堡煤矿参观考察。

12月16日 国务院第四督察组在督察专员孙照华带领下,到吉林省督察。22日向省政府反馈意见,吉林省副省长王祖继出席会议。

12月26日 辽源矿业公司在龙家堡煤矿举行龙家堡煤矿试生产仪式。吉林省省长韩长赋出席并宣布试生产,副省长王祖继讲话。

是年 吉林省煤炭工业局党组任命孙富春为中共珲春矿业公司党委书记。

2009年

1月6日 吉林省人民政府决定设立吉煤矿业集团有限责任公司(暂定名,后改为吉林省煤业集团有限公司),负责管理原省煤炭工业局所属的煤炭企业及部分事业单位,按现代企业制度要求理顺产权关系,行使企业经营管理职能。

同日 吉林省委组织部任命张金峰为吉煤集团党委书记。

1月20日 通化矿业公司荣获中华全国总工会、国家安全生产监督管理总局授予的2008年度全国"安康杯"竞赛优胜企业称号。

本月 吉林省人民政府授予吉林煤矿安全监察局白山监察分局"安全生产先进集体"称号。

2月12日 吉林省人民政府指定袁玉清为吉煤集团董事长。

2月17日 以国家安全生产监督管理总局副局长杨元元为组长的国务院调研督察组到吉林省督察,国家煤矿安全监察局副局长付建华陪同。国务院调研督察组检查了吉林煤矿安全监察局、延边州和珲春矿业公司安全生产工作。

2月23日 吉林省委常委、省委秘书长房俐,在省有关部门负责人陪同下到辽源矿业公司调研。

2月24日 吉林省委常委、省委秘书长房俐,到通化矿业公司东圣焦化公司和八宝煤业公司调研。

3月4日 吉林省副省长王祖继到吉煤集团调研。

4月22日 通化矿业公司白山永安公司六道江井井下水采煤泥脱水一次性试验成功。

4月24日 吉林省纪委书记李法泉到通化矿业公司八宝循环经济工业园区调研。

5月15日 吉林省省长韩长赋在吉林省政府秘书长王云岫、吉林省发展改革委党组书记曹家兴陪同下,到通化矿业公司八宝循环经济工业园区和鸿源瓷业公司调研指导工作。

6月11日 吉煤集团举行揭牌仪式。吉林省副省长王祖继出席并讲话。

6月16日 吉林省委常委、组织部部长黄燕明,吉林省副省长陈伟根,吉林省委副秘书长高福平到通化矿业公司与华能吉林发电公司合资兴建的华能白山煤矸石发电厂调研。

同日 吉林省委原书记王云坤到辽源矿业公司龙家堡煤矿参观考察。

6月19日 中国煤炭工业协会副会长赵岸青、顾问陶凤鸣、政策研究部主任张勇及有关人员,到通化矿业公司调研。

6月23日 吉林省副省长王祖继在吉林省纪委副书记高金祥、吉林省政府副秘书长常明、吉林省安全生产监督管理局局长金华、吉林煤矿安全监察局局长董向阁陪同下到通化矿业公司考察安全生产工作。

7月1日 舒兰矿业公司东富120万吨洗煤厂工程竣工投入使用。

7月4日 吉林省副省长王祖继等领导到杉松岗矿业公司卓越公司SPF卵生

产基地调研。

7月9日 吉林省能源局下发《关于龙家堡煤矿核定生产能力的批复》，同意将该矿生产能力从原 90 万吨/年核定为 300 万吨/年。

7月11日 辽源矿业公司举行龙家堡矿业公司投产庆典仪式。吉林省省长韩长赋等领导为投产仪式剪彩，并通过电话慰问井下矿工。吉林省副省长王祖继出席庆典仪式并致辞。

8月4日 农业部副部长高鸿宾到杉松岗矿业公司卓越食品工业园检查指导工作。

8月7—28日 中国煤炭学会副理事长兼秘书长、教授胡省三、中国煤炭学会副秘书长、研究员成玉琪和来自全国各地煤炭系统的专家组成鉴定组到通化矿业公司永安公司六道江井实地考察水采井下脱水工艺。

8月11日 国家安全生产监督管理总局副局长、国家煤矿安全监察局局长赵铁锤，国家煤矿安全监察局副局长、总工程师王树鹤到珲春矿业公司板石煤矿调研。

8月12—13日 全国煤矿瓦斯治理"双百工程"建设和职业健康工作会议在延吉市召开。国家安全生产监督管理总局副局长、国家煤矿安全监察局局长赵铁锤，国家煤矿安全监察局副局长、总工程师王树鹤出席会议并讲话。

8月13日 国家煤矿安全监察局局长赵铁锤到吉林煤矿安全监察局白山监察分局调研。

8月14日 国家安全监督管理总局副局长、国家煤矿安全监察局局长赵铁锤到通化矿业公司检查指导安全生产工作。

8月24日 应通化矿业公司邀请，国家安全生产监督管理总局和日本煤矿国际能源中心联合举办的煤矿安全技术培训班在通化矿业公司职工培训中心开班授课。

8月25日 吉煤集团董事会印发文件，免去张义辽源矿业公司董事长职务，任命方贵祥为辽源矿业公司董事长。

9月12日 吉煤集团在辽源矿业公司召开煤专产品推介会。吉煤集团所属五大矿业公司、长春煤炭设计研究院、吉林省蛟河煤机制造有限责任公司（简称蛟河煤机公司）的有关领导和部门负责人，各煤专产品生产单位负责人和有关工程技术人员，吉煤集团有关部委负责人，吉林省较大型地方煤矿领导，沈阳设计院、神火集团、神华集团、铁法矿业集团、淮南矿业集团、大同矿业集团、兖州矿业集团、四川川煤集团、云南东源矿业公司、龙煤集团、阜新矿业集团、枣庄矿业集团、平顶山矿业集团、开滦矿业集团、淮北矿业集团、峰峰矿业集团的领导，100 多人参加会议。

9月18—19日 吉煤集团首届矿山救援技术比武大会在通化矿业公司隆重举行。吉林日报社、吉林电视台、中国煤炭报社、吉林工人报社、长白山日报社、白山电视台等多家媒体出席并报道大会盛况。

本月 中共吉林省委、省政府命名通化矿业（集团）有限责任公司为吉林省模范集体。

9月25日 与龙家堡煤矿紧邻的新型墙体材料公司正式投产。该公司主要使用龙家堡煤矸石，生产矸石空心砖。该公司一期投资 1.2 亿元，2008 年 8 月 29 日破土动工，设计年产 1.2 亿块折标砖。生产多孔承重砖和 190 型非承重空心砖。

10月16日、23日 《中国煤炭报》《吉林日报》先后刊发题为《党旗在百旦煤海飘扬》的文章，对通化矿业公司党委开展"党员身份亮出来，作用显出来"

活动成果进行纪实报道。

10月26日 通化矿业公司举行临江选煤厂投产剪彩仪式。

本月 杨福君任珲春矿业公司董事长、总经理、董事，尹昌胜任珲春矿业公司党委副书记（主持工作）、董事。

11月12日 吉林省副省长王祖继率省政府副秘书长常明，省国资委、省国土厅负责人到舒兰矿业公司调研。

11月21日 由国家煤矿安全监察局副局长彭建勋为组长、行管司司长孙庆国等5人组成的国务院安委办安全生产第十调研督导组到通化矿业公司调研督导。

11月27日 吉林省梅河口市中和煤矿发生1起透水事故，死亡16人，直接经济损失794.176万元。2010年，国家煤矿安全监察局批复处理意见，7人被判刑，5人受到行政处分；关闭矿井，罚款120万元。

11月28日 吉林省副省长王祖继带领省委、省政府有关部门负责人到辽源矿业公司考察工作，内蒙古自治区通辽市和科左后旗的领导参加。

本月 通化矿业公司被中国煤炭工业协会命名为企业信用评价AAA级信用企业。

本月 通化矿业公司被中国煤炭工业协会、中国煤炭加工利用协会命名为中国工业节能减排先进企业。

12月14日 吉林省召开瓦斯防治工作会议，副省长王祖继出席会议并讲话。

12月21日 吉林省委领导带领省有关部门领导，到通化矿业公司八宝循环经济工业园区调研。要求通化矿业公司"把煤矿的安全生产问题放在首位，把职工生命放在第一位"。

是年 辽源矿业公司完成原煤产量1101万吨，平均日产31278吨，首次实现原煤产量超过1000万吨的目标。

2010年

1月11日 吉林市蛟河市老下盘煤矿发生1起瓦斯事故，死亡7人，直接经济损失323.44万元。3月26日，吉林煤矿安全监察局批复处理意见，该矿矿长等3人移送司法机关追究刑事责任，3人受行政处分，矿井罚款35万元。

2月5日 国家安全生产监督管理总局人事司司长黄玉治到吉林煤矿安全监察局宣布领导班子变动情况：商登莹任党组书记、局长，马和平任党组成员、副局长，刘语卓任党组成员、纪检组长，惠宇雷任党组成员、副局长，孟凡里任党组成员、总工程师。

2月19日 吉林市舒兰平安煤业有限责任公司宝源煤矿矿井正式开工建设。

本月 辽源煤矿机械制造有限责任公司（简称辽源煤机公司）研制生产的MG110/250-BWD型薄煤层电牵引采煤机，经国家知识产权局审查评定，授予专利权，颁发"实用新型专利"证书。

3月28日 通化矿业公司在中国工业报社、中共中央党校党建部等单位举办的"2009中国工业论坛"年度命名表彰会议上荣获"中国工业党建优秀单位"称号，通化矿业公司党委书记徐殿生被命名为"中国工业党建优秀人物"。

3月31日 辽源矿业公司贵州坪子煤矿经毕节地区工能委验收，正式批准联合生产试运转。

4月13日 吉林省副省长王祖继到辽源矿业公司龙家堡煤矿检查安全生产工作。

本月 辽源矿业公司梅河煤矿润滑油厂生产的ME10-5型液压支架用乳化油，获得国家矿用产品安全标志中心颁发的安全标志证书。该厂是吉林省认定的唯一生产ME10-5型液压支架用乳化油厂家。

5月5日 吉林省副省长王守臣、省政府副秘书长李福升等,到杉松岗矿业公司卓越食品工业园调研。

5月7日 印度国际友人M. lan,国际煤机部部长薛彤,四维集团副总经理杨振复,沈阳设计院二所所长樊春辉、经理胡玉强,沈阳天通公司总经理王德全等到舒兰矿业公司考察,并与舒兰矿业公司商谈印度穆迪拉煤矿工程项目及合作设备安装事宜。

本月 辽源矿业公司梅河煤矿一井机电段工人技师黄孝国出席全国劳动模范和先进工作者表彰大会,荣获全国劳动模范荣誉称号。

6月1日 吉林省副省长王祖继在吉林省政府副秘书长常明、省发展改革委副主任杨亚杰、省工信厅副厅长张伟民陪同下,到通化矿业公司八宝循环经济工业园区,就矿井改扩建工程和园区选煤厂以及华能白山煤矸石电厂等重点工程项目建设情况调研。

6月12日 吉林省省长王儒林在吉林省政府秘书长王云岫、省政府有关部门领导陪同下,到通化矿业公司八宝循环经济工业园区考察工作。

同日 通化矿业公司与辽宁工程技术大学营销管理学院合作开展的"会计从业人员素质教育培训班"开学典礼在通化矿业公司举行。

7月7日 吉林省副省长王守臣到杉松岗矿业公司调研。

7月13日 吉林省副省长王祖继、副秘书长常明到东北输送机公司调研。

7月21日 金宝屯煤矿200万吨现代化洗煤厂建成投产。辽源矿业公司在金宝屯煤矿举行洗煤厂投产仪式。

7月29日 吉林省副省长王祖继率队,到舒兰矿业公司检查防汛工作。

同日 白山遭遇百年一遇的暴雨袭击,3时40分,由于洪峰到达六道江流域造成杨树林私人小井多处塌陷,洪水从采空区连通处灌入道清煤矿北斜井,造成4人死亡,直接经济损失7973万元,间接损失约2.6亿元。

8月5日 吉林省副省长王祖继深入通化矿业公司检查洪灾情况,指导下一步抗洪救灾工作。

8月10日 通化市宏远煤矿发生1起透水事故,死亡18人,直接经济损失2363.8万元。事故处理:8人移送司法机关追究刑事责任,8人受到党政纪处分;关闭矿井,罚款150万元。

8月17日 中安之家——东煤宾馆开业庆典仪式在长春举行。

8月31日 吉林省副省长王祖继到辽源矿业公司考察调研。

9月14日 吉林省宇光能源股份有限公司九台营城矿业分公司发生1起支护倒塌事故,死亡5人,直接经济损失281.1万元。事故处理:3人移送司法机关追究刑事责任,9人经济处罚31.56万元,矿井罚款29万元。

9月14—15日 由江苏煤矿安全监察局党组成员、纪检组长刘振田带队的国家煤矿安全监察局专项检查组到通化矿业公司对安全培训工作进行专项检查。

9月16日 辽源矿业公司总医院与吉林大学中日联谊医院正式成为协作医院。挂牌仪式在辽源矿业公司总医院举行。

9月17日 国家安全生产监督管理总局党组书记、局长骆琳到吉林煤矿安全监察局调研。

10月13日 吉林省政协副主席常显玉到杉松岗矿业公司调研。

10月20日 吉林省副省长王祖继等领导,到辽源矿业公司龙家堡煤矿调研冬季煤炭生产储备工作。

本月 杉松岗矿业公司卓越股份公司

标准化养殖备案场被农业部评为"肉鸡标准化国家级示范场"。

11月16日 舒兰矿业公司举行吉林省煤炭储备基地启动仪式。吉林省副省长王祖继等为仪式剪彩。

11月26日 吉林省省长王儒林到辽源矿业公司龙家堡煤矿调研安全生产工作。陪同人员有副省长王祖继,长春市委书记高广滨、市长崔杰,省安监局、吉林煤监局、省直有关部门的领导。

本月 辽源煤矿机械制造有限责任公司自主研制生产出 ZWY－120/56.5L 型挖掘式装载机和 ZDY1900 型液压钻机两种新产品。

12月3日 国家防汛抗旱总指挥部、中华人民共和国人力资源和社会保障部、中国人民解放军总政治部联合下发《关于表彰全国防汛抗旱先进集体和先进个人的决定》,吉林煤矿安全监察局白山监察分局王敏被授予"全国防汛抗旱先进个人"荣誉称号。

12月26日 国家安全生产监督管理总局、中华全国总工会、国家煤矿安全监察局在北京召开全国煤矿班组安全建设推进会。辽源矿业公司梅河煤矿四井鲁国成班荣获"全国煤矿优秀安全班组"称号,鲁国成荣获"全国煤矿优秀班组长"称号。

本月 辽源矿业公司总医院经吉林省卫生厅批准,正式晋升为国家三级乙等综合医院。

是年 吉林煤矿安全监察局副局长马和平在年度考核中被确定为优秀等次。2011年5月,国家安全生产监督管理总局印发表彰通报,给予表彰奖励。

是年 吉煤集团任命尹昌胜为珲春矿业公司党委书记。

是年 辽源矿业公司生产原煤1203万吨,营业收入40亿元,职工平均年收入3.9万元,上缴税金6亿元,全面完成"十一五"规划的各项任务,实现了企业科学发展。

第一篇　体制与机构

1991—2010年，全国煤炭行业管理体制和机构变化频繁，吉林煤炭工业管理体制和机构也随之发生了很大变化。1982年12月9日，国务院《关于成立东北内蒙古煤炭工业联合公司的批复》，决定撤销辽宁、吉林、黑龙江三省煤炭工业管理局，组建东北内蒙古煤炭工业联合公司，统一规划管理东北三省和内蒙古自治区东部的国有重点煤矿以及煤炭工业部在这个区域所属基本建设、地质勘探、科研设计、教育等相关企事业单位。东煤公司总部机关设在长春。1988年3月前，东煤公司隶属煤炭工业部。1988年3月，东煤公司隶属能源部。1993年3月，东煤公司再次隶属煤炭工业部。

1994年3月1日，《国务院关于撤销中国东北内蒙古煤炭集团暨中国东北内蒙古煤炭集团公司的通知》决定撤销东煤公司，辽宁省、吉林省、黑龙江省、内蒙古自治区分别组建省级煤炭工业管理局。1994年5月，吉林煤炭工业管理局（吉林省煤炭工业局）成立，由煤炭工业部和吉林省政府双重领导，以煤炭工业部领导为主，负责吉林省煤炭行业管理。东煤公司撤销前，吉林省煤炭工业局负责管理吉林省地方煤矿，隶属吉林省政府管理。

1998年7月，国务院决定吉林省国有重点煤矿及煤炭相关企事业单位一并下放吉林省政府管理。1998年8月21日，国家经贸委、国家煤炭工业局与吉林省政府签订了国有重点煤矿及煤炭相关单位下放接收商谈纪要，完成了吉林省煤炭工业管理体制具有历史意义的转变。

1999年12月30日，国务院办公厅印发《煤矿安全监察管理体制改革实施方案》（简称《实施方案》），按《实施方案》要求，吉林煤炭工业管理局改组为吉林煤矿安全监察局。2000年4月11日，吉林煤矿安全监察局挂牌成立，加挂吉林省煤炭工业局牌子，两局合署办公，负责全省煤矿安全监察执法和煤炭行业管理。2002年1月，吉林煤矿安全监察局与吉林省煤炭工业局正式分离，按照各自职责分别负责煤矿安全监察执法和煤炭行业管理。

2009年1月，吉林省政府决定，撤销吉林省煤炭工业局，成立吉林省能源局。煤炭行业管理职能划给吉林省能源局，煤矿安全生产监管职责划给吉林省安全生产监督管理局。组建吉煤集团，隶属吉林省国资委，全面负责管理辽源矿业公司（含辽源煤机厂）、通化矿业公司、舒兰矿业公司、珲春矿业公司、杉松岗矿业公司、长春煤炭设计研究院、东北煤矿环境保护研究所、蛟河煤机厂、营城煤机厂9个单位。

第一章　行业管理体制与机构

第一节　省级管理体制与机构

一、东北内蒙古煤炭工业联合公司

1991年1月至1994年2月，东煤公司集中统一领导和管理吉林省统配煤矿以及煤炭工业部在吉林省的基本建设、地质勘探、科研设计、教育等相关单位，代表煤炭工业部对所属企事业单位行使管理职能。

东煤公司所属单位，在吉林省境内有辽源矿务局、通化矿务局、舒兰矿务局、珲春矿务局、东煤物资供应公司、东煤多种经营公司、东煤进出口公司、东煤财务公司、长春煤炭管理干部学院、长春科技中心、长春煤炭设计研究院、辽源煤炭工业学校、长春煤炭工业学校、辽源煤机厂、蛟河煤机厂、营城煤机厂和东煤公司煤田地质局所属吉林省境内的11个地质勘探单位。

1991—1994年东煤公司历任领导干部名单见表1-1-1。1991年、1994年东煤公司机关机构设置见表1-1-2、表1-1-3。

表1-1-1　1991—1994年东煤公司历任领导干部名单

职　务	姓　名	任　职　时　间
经理	李云峰	1991年1月至1993年2月
	崔敬谦	1993年2月至1994年2月
副经理	卓利格图	1991年1—4月
	马凤森	1991年1—4月
	韩　英	1991年1—10月
	孙秉政	1991年1—4月
	崔敬谦	1991年1月至1993年2月
	苑振铎	1991年1月至1994年2月
	赵清雷	1991年1月至1994年2月
	王殿林	1991年4月至1994年2月
	李树文	1991年4月至1994年2月
	陈志奎	1991年12月至1994年2月
	张喜武	1993年2月至1994年2月
总工程师	王友佳	1991年1月至1992年11月
	邱振先	1992年11月至1994年2月
总会计师	钱　京	1991年1月至1992年6月
	刘元盛	1992年6月至1994年2月
工会主席	张玉斌	1991年1月至1994年2月

表1-1-2　1991年东煤公司机关机构设置

部室名称		处室名称
办公厅		秘书处、综合处、企管处、行政处、接待处、机关财务处、信访处、公安处、北京联络处
生产部		生产技术处、开拓工程处、地质测量处、选煤处
机电装备部		工厂处、电力处、节能处
总调度室		综合处、调度处
安全监察局		监察处、通风处、培训处、安全管理处、小井监察处
计划部		年度计划处、长远计划处、综合处
财务部		生产财务处、建设事业财务处、资金管理处
教育培训部		教育处、培训处、督导室
干部部		干部调配处、干部管理处、老干部处
监察室		—
纪检委		办公室、检查一室、检查二室
审计局		—
劳动工资部		组织处、工资处、保险处
卫生环保福利部		卫生处、环保处、生活福利处
政治工作部		组织指导处、宣传处、新闻处
直属机关党委		办公室、组织部、统战部
群团组织	工会	办公室、生产部、组织部、生活保险部、文体部
	团委	宣传部、组织部、生产部、学少部、办公室
	咨询委	办公室、技术室、经济室

表1-1-3　1994年东煤公司机关机构设置

部室名称	处室名称
办公厅	秘书处、调研处、接待处、机关财务处、信访处、卫生处、福利处、公安处、北京联络处
生产部	生产技术处、开拓工程处、地质测量处、机电运输处、工厂电力处、调度室、综合处
安全监察局	综合处、监察处、通风处、环保处
计划部	年度计划处、长远计划处、技改节能处、综合处
财务部	生产财务处、建设事业财务处、资金管理处、国资产管理处
干部部	干部调配处、干部管理处、老干部处
劳动工资部	组织处、工资处、保险处
教育培训部	教育处、培训处、督导室
纪委（监察室）	办公室、检查室、教育室
审计局	生产审计处、基本建设事业审计处
政治工作部	组织指导处、宣传处、新闻处
直属机关党委	办公室、机关纪委、机关工会、机关团委
工会	办公室、生产部、组织部、生活部、财务部
团委	办公室、宣传部、组织部、生产部、学少部
咨询委	办公室、经济室、技术室

二、吉林煤炭工业管理局（吉林省煤炭工业局）

1994年5月28日，吉林煤炭工业管理局（吉林省煤炭工业局）在长春市挂牌成立。同年6月28日，煤炭工业部任命崔敬谦任吉林煤炭工业管理局局长，武宝山等任副局长，石金玉兼任安监局局长。吉林煤炭工业管理局（吉林省煤炭工业局）直属企事业单位20个。原东煤公司所属单位15个（吉林省境内煤田地质系统11个单位，当时归东煤公司煤田地质局管理）：辽源矿务局、通化矿务局、珲春矿务局、舒兰矿务局、辽源煤机厂、蛟河煤机厂、营城煤机厂、科技中心（煤研所）、环保所、长春煤炭设计研究院、长春煤干院（长春煤校）、辽源煤校、多种经营公司、财务公司、经贸总公司。原吉林省煤炭工业局所属企事业单位5个：杉松岗煤矿、万宝煤矿、矿建公司、省煤矿技术培训中心、省煤矿设计院。

吉林煤炭工业管理局作为煤炭工业部派出机构，其主要职责是：研究提出发展省内煤炭工业的方针、政策、行业规范和规章。提出吉林煤炭工业发展战略，编制国有重点煤矿规划和年度计划，统筹规划省内煤炭工业和煤炭资源的开发利用。对重大建设项目和限额以上技术改造项目进行审查并提出立项建议。协调煤炭建设项目的内外部关系。制定国有重点煤矿体制改革规划及配套改革措施，并推动实施，指导地方煤矿的发展。编制煤炭调运计划，协调国有重点煤矿与运输、电力等部门的关系。组织对外经济技术合作，协调省内煤炭的出口。负责省内煤炭行业科技和教育工作，组织协调重大技术攻关。管理煤炭工业技术、计量监督、专业人才培养。监督检查各类煤矿安全生产。对国有重点煤矿国有资产的保值增值实施监督、检查和评价。负责管理直属单位国有资产。管理直属企业、事业单位的领导干部。汇集发布煤炭行业国内外经济、科技、市场信息，为省内煤炭工业提供服务。承担煤炭工业部交办的其他事项。

吉林省煤炭工业局作为吉林省政府的职能部门，其主要职责是：研究提出吉林省地方煤炭工业的经济技术政策、体制改革规划措施和行业规范实施细则。提出吉林省地方煤炭工业发展战略和布局，编制国有地方煤矿、重点产煤县规划和年度计划。会同有关部门具体划分煤炭资源，加强资源管理，调解资源纠纷。对国有地方煤矿基本建设、技术改造等项目进行审查，提出立项建议，协调建设项目的内外部关系。编制地方煤矿调运计划，会同有关部门协调煤炭产、运、销关系。组织协调地方煤矿对外经济技术合作和进出口贸易。负责地方煤炭工业的科技、教育工作，对地方煤炭工业技术、计量监督、专业人才培养进行指导和协调。负责国有地方煤矿、乡镇煤矿、集体煤矿、个体煤矿的行业管理，监督检查其安全生产。对国有地方煤矿国有资产的保值增值实施监督、检查和评价。管理地方直属事业单位的国有资产。督促煤炭企业按规定完成上交的各项税费。管理省属企业、事业单位的主要领导干部。协调有关部门做好煤矿治安工作，解决省内煤矿遇到的各类社会问题，保障企业正常生产经营秩序。承担省政府交办的其他事项。

根据以上职责，经煤炭工业部核准，吉林煤炭工业管理局机关内设：办公室、规划发展处、生产协调处、煤炭调运处、财务劳资处、人事处、科技教育处、综合利用多种经营处、审计处、企管处和安全监察局 11 个职能处室及机关党委、纪检组（监察室）。设置离退休干部管理办公室、机关后勤服务中心、调度室、信息中心、质量监督中心、卫生预防中心、咨询委、档案馆 8 个事业单位。

1994—2000 年吉林煤炭工业管理局（吉林省煤炭工业局）历任领导干部名单见表 1-1-4。

表 1-1-4　1994—2000 年吉林煤炭工业管理局（吉林省煤炭工业局）历任领导干部名单

职　务	姓　名	任 职 时 间
局长	崔敬谦	1994 年 6 月至 1997 年 8 月
局长	刘随生	1997 年 8 月至 1998 年 3 月
局长	武宝山	1998 年 3 月至 1999 年 12 月
副局长	武宝山	1994 年 6 月至 1998 年 3 月
副局长	张喜武	1994 年 6 月至 1995 年 11 月
副局长	刘元盛	1994 年 6 月至 1998 年 6 月
副局长	徐兆龙	1994 年 6 月至 1997 年 8 月
副局长	石金玉	1994 年 6 月至 2000 年 3 月
副局长	常天明	1996 年 11 月至 2000 年 3 月
副局长	王国君	1997 年 8 月至 2000 年 3 月
总工程师	曹天元	1994 年 8 月至 1999 年 8 月
纪检组长	孙长礼	1995 年 5 月至 2000 年 3 月
安监局长	李传洲	1998 年 6 月至 2000 年 3 月
巡视员	张玉斌	1995 年 12 月至 1997 年 8 月
副巡视员	李雅湘	1998 年 2—6 月
副巡视员	杨超良	1998 年 2 月至 1999 年 12 月
副巡视员	周勋克	1998 年 6 月至 1999 年 12 月

三、吉林省煤炭工业公司

1986 年 1 月，吉林省煤炭工业公司更名为吉林省煤炭工业局，归吉林省政府直接领导，副厅级建制，编制 90 人。1991 年，吉林省煤炭工业局内设：办公室、人事监察处、生产技术处、机械动力处、安全监察局、计划基建处、财务处、物资供应处、企业管理处、乡镇煤矿管理处 10 个职能处（室）和机关党委、纪检组。

直属单位 5 个：杉松岗煤矿、万宝煤矿、矿建公司、吉林省煤矿设计院和吉林省煤炭工业培训中心。

1994 年 3 月，东煤公司撤销后，组建吉林煤炭工业管理局（吉林省煤炭工业局），吉林省政府决定原吉林省煤炭工业局体制撤销。

1991—1994 年吉林省煤炭工业局历任领导干部名单见表 1-1-5。

表1-1-5　1991—1994年吉林省煤炭工业局历任领导干部名单

职务	姓名	任职时间
局长	赵家治	1991年1—12月
	武宝山	1992年11月至1994年4月
副局长	何滔	1991年1月至1992年
	张岐山	1991年1月至1992年
	王永全	1991年4月至1994年4月
	石金玉	1991年4月至1994年4月

1998年7月,国务院决定,原煤炭工业部所属国有重点煤炭企业和科研、设计、教育、地质等单位下放吉林省管理。同年8月,辽源矿务局、通化矿务局、舒兰矿务局、珲春矿务局、辽源煤机厂、蛟河煤机厂、营城煤机厂、科技中心（科研所）、长春煤炭设计研究院、东北煤炭环保所、长春煤干院（长春煤校）、辽源煤校以及东北煤田地质局所属吉林省境内的112煤田地质勘探队、102煤田地质勘探队、203煤田地质勘探队、第十二勘探公司、第二物测队、煤田地质研究所、公主岭干校、公主岭机修厂、东煤房屋开发公司、东煤长春基础工程公司、驻长春办事处等单位一并下放吉林省,隶属吉林煤炭工业管理局（吉林省煤炭工业局）。

1999年12月30日,国务院决定设立国家煤矿安全监察局,承担煤矿安全监察职能,负责煤矿安全监察的行政执法工作。2000年4月,吉林煤矿安全监察局成立,加挂吉林省煤炭工业局牌子,履行煤炭行业管理职能。煤矿安全监察业务以国家煤矿安全监察局为主,煤炭行业管理业务以吉林省政府管理为主。

2000年4月,吉林省煤炭工业局职能调整为:①贯彻执行国家发展煤炭工业的方针、政策和法规,研究拟定全省煤炭工业发展战略、行业发展规划和年度计划,提出煤炭资源合理开发利用的意见,指导行业结构调整和行业合理布局;②管理煤炭直属企事业单位,并对其国有资产的保值增值实施监督、检查;③负责拟定煤炭生产建设规程、规定和技术标准,推动煤炭行业科技进步;④研究拟定全省煤炭工业体制改革的政策和措施,指导国有企业改革、改组,建立现代企业制度,组织指导国有煤炭企业兼并破产、扭亏增盈、转产分流、实施再就业工程;⑤对全省煤炭行业安全生产进行管理,依法整顿全省煤炭生产经营秩序,关停违法开办和经营的各类煤矿;⑥组织指导煤炭行业技术创新、新产品开发、新技术推广,负责煤炭行业投资项目立项的初审、认证工作;⑦指导煤炭行业生产的运行,掌握、分析和汇总全省煤炭工业生产动态,汇集、发布省内外煤炭工业经济技术和市场信息,提供信息咨询服务,组织煤炭产、运、需衔接;⑧负责管理直属企事业单位领导班子和领导干部的考核任免;⑨承办省政府交办的其他事项。

2002年1月,按中央编办要求,吉林煤矿安全监察局与吉林省煤炭工业局正式分离,董向阁任吉林煤矿安全监察局局长,石金玉任吉林省煤炭工业局局长。

2002年,吉林省煤炭工业局机关内设办公室、人事处、行业管理处、安全管理处、企事业改革处、多种经营处6个处室,机关编制40人。

2002年2月8日,吉林省政府任命石金玉为吉林省煤炭工业局局长,刘贵峰等为副局长。

2006年6月27日,任命赵全洲为吉林省煤炭工业局局长。

2008年,吉林省煤炭工业局机关内设办公室、人事处、行业管理处、安全监管一处、安全监管二处、财务审计处、企事业改革处、规划发展处、信访处、老干部处10个处室。省编办批准成立财务审计处,编制5人。吉林省煤炭工业局机构编制45人。

2009年1月,吉林省政府体制改革,撤销吉林省煤炭工业局。

2000—2008年吉林省煤炭工业局历任领导干部名单见表1-1-6。

表1-1-6　2000—2008年吉林省煤炭工业局历任领导干部名单

职　务	姓　名	任　职　时　间
局长	石金玉	2000年3月至2004年9月
	孙鸿志	2004年9月至2006年4月
	赵全洲	2006年6月至2008年12月
副局长	孙鸿志	2001年7月至2004年9月
	袁玉清	2002年3月至2008年12月
	刘贵峰	2002年2月至2008年12月
	李　祥	2003年2月至2008年7月
	张金峰	2006年3月至2008年12月
	尹玉柯	2008年3—12月
副巡视员	周勐克	2002年3月至2005年6月
	华振龙	2005年8月至2008年12月
	周士君	2006年3月至2008年12月

第二节　市（州）管理体制与机构

20世纪90年代,吉林省地方煤炭工业有了较快发展。为加强对吉林省煤炭工业的领导和管理,各市（州）相继成立了煤炭行业管理部门,负责管理各市（州）国有地方煤矿和乡镇煤矿。

1991年,全省地方煤矿1849处,其中:国有地方煤矿43处、乡镇煤矿1806处。吉林省8个产煤市（州）均设立煤炭行业管理机构,分别为长春市煤炭工业局、吉林市煤炭动力工业局、四平市煤炭建材局、辽源市煤炭工业公司、通化市燃化局、浑江市（1994年更名白山市）煤炭工业管理局、延边州煤炭工业局和白城地区矿产公司。

市（州）煤炭管理机构的职能是:根据国家、省、本市（州）的国民经济发展规划,组织编制和实施煤炭生产中、长期发展规划,年度计划及投资方向草案,参与审查煤炭行业的重大基建、技改、合资经营等项目;编制本市（州）

煤炭后续资源的勘查规划并负责组织实施；对申请开办的煤矿企业和对申请办理煤炭生产许可证煤矿的实际资源条件、生产条件和安全条件进行审查，负责煤炭生产许可证的监督管理。依法对辖区内煤炭生产、经营企业进行监督、检查、处理；参与煤矿安全事故调查处理，对煤炭流通秩序进行管理。负责市（州）内乡镇煤矿生产技术指导，协助上级煤炭行业管理部门对乡镇煤矿矿长和特殊岗位人员的培训考核，负责对煤矿班组长、安全检查人员和其他特种作业人员的培训考核以及对井下作业人员的培训教育。按照"扶持、改造、整顿、联合、提高"的方针，做好煤炭资源的合理开发规划，引导和指导乡镇煤矿走联合、改造、提高的道路。

2000年末，吉林省有煤矿1193处，其中：国有地方煤矿43处、乡镇煤矿1150处。有长春市煤炭工业局、吉林市煤炭工业局、辽源市煤炭工业局、四平市煤炭工业局、白山市煤炭工业局、延边州煤炭工业局、通化市煤炭工业局和白城地区矿产公司8个产煤市（州）煤炭行业管理机构。2005年开始，国家对能源产业政策不断进行调整，进一步强化煤矿安全生产管理和煤矿企业标准化建设，煤矿安全生产条件、标准不断提高，先后淘汰关闭大量非法和达不到安全生产条件的小煤矿，吉林省小煤矿逐年减少，各市（州）的煤炭行业管理机构随之进行改革和职能调整。

2010年末，吉林省煤矿有244处，其中：国有重点煤矿26处、国有地方煤矿22处、乡镇煤矿196处。8个产煤市（州）煤炭管理机构和体制也发生很大变化。各市（州）煤炭工业局的行业机构相继撤销，煤炭行业管理、煤矿安全监管职能分别由市（州）工业部门、经济部门或安监部门承担。

一、长春市煤炭管理体制与机构

长春市所辖9个县（市、区），其中：九台市、双阳区和郊区有煤炭工业生产。1991年，长春市属煤矿有石碑岭、新立城、羊草沟煤矿。

二、吉林市煤炭管理体制与机构

吉林市所辖7个县（市、区），其中：蛟河市、舒兰市、桦甸市和龙潭区有煤炭工业。

1991—2010年，吉林市煤炭工业管理体制、机构、主要有5次变化。

（一）吉林市煤炭动力工业管理局（1989年12月至1995年12月）

1989年12月16日，按照吉林市政府文件要求，吉林市煤炭动力工业总公司加挂吉林市煤炭动力工业管理局牌子。吉林市煤炭动力工业管理局职能：负责本系统内直属单位人、财、物、产、供、销全面管理，负责编制全地区煤炭工业长远规划及年度生产计划，对全地区地方国有煤矿、乡镇煤矿实行行业管理。核定编制43人。领导干部6人、科级干部14人。内设机构：办公室、组织科、宣传科、纪检委、团委、工会、财务科、安全监管科、人事劳资科、热电管理科、多种经营科、企业管理科、生产技术计划科、乡镇煤矿管理科。

直属企业单位4个：缸窑煤矿、红阳煤矿、西关热电厂、煤炭动力工业供销公司。4个直属企业单位职工4980人。

直属事业单位4个：煤田地质勘探队（副县级单位），煤炭工业供销公司（科级单位），市煤炭动力工业技工学校（科级单位），劳动服务就业处（科级单位）。4个事业单位职工201人。

吉林市煤炭动力工业管理局主要领导：

局党委书记：贺明新，局长：王英。

（二）吉林市煤炭工业局（1996年1月至2001年8月）

吉林市煤炭工业局受吉林市政府、市经贸委直接领导，同时接受吉林省煤炭工业局行业领导和指导，对吉林地区地方煤矿、乡镇煤矿、集体、个体煤矿行使行业管理职能。核定编制24人，内设机构：办公室、生产计划科、安全监察科、行业管理科、党委办公室。

吉林市煤炭工业局主要领导：

党组书记、局长：刘青山，1999年4月7日调离，由党委常委、副局长周文甫主持工作。

（三）吉林市建材煤炭行业管理办公室（2001年9月至2004年12月）

吉林市建材煤炭行业管理办公室加挂吉林市煤炭工业管理局牌子，隶属吉林市政府。核定行政编制10人，后调整为14人，领导职数2人，后调整为3人（增加副主任1人）。内设机构：综合处、建材行业管理处、煤炭行业管理处（煤矿安全监察处）。

吉林市建材煤炭行业管理办公室主要领导：

办公室主任、党组书记：张中彦。

（四）吉林市煤炭管理办公室（吉林市煤炭工业管理局）(2004年12月至2008年7月）

2004年12月，撤销吉林市建材煤炭行业管理办公室，成立吉林市煤炭管理办公室（吉林市煤炭工业管理局）。核定编制12人，领导干部3人。内设机构：综合处（党委办公室）、行业规划管理处、煤矿安全监察处。

吉林市煤炭管理办公室（吉林煤炭工业管理局）主要领导：

办公室（煤炭管理局）主任（局长）、党组书记：刘长木。

（五）吉林市安全生产监督管理局（2008年8月至2010年12月）

2008年，吉林市煤炭工业管理局合并到吉林市安全生产监督管理局，设立煤炭行业规划管理处、煤矿安全监管处。市安监局编制42人，领导职数：局长1人，副局长4人（1名副局长分管煤炭行业和煤矿安全）。

吉林市安全生产监督管理局主要领导：

局长、党组书记：崔志刚。

三、四平市煤炭管理体制与机构

四平市所辖6个县（市、区），其中：公主岭市、梨树县、伊通县有煤炭工业。

1991—2010年，四平市境内的煤矿主要有刘房子煤矿。截至2010年前，公主岭市和梨树县的几处小煤矿相继关闭，伊通县有1处在建煤矿。

（一）四平市冶金煤炭建材工业局（1991年8月至2006年8月）

四平市冶金煤炭建材工业局负责四平市煤炭、冶金、建材行业管理工作。下设党委办公室、秘书科、生产科、安全科、劳动人事科、供应销售科、财务审计科。

局长：贺翰生（1991—1993年），邢忠（1993—1996年），朱玉春（1996—2006年）。

（二）四平市安全生产监督管理局（2006年8月至2010年12月）

四平市安全生产监督管理局成立煤炭行业管理科，履行煤炭行业管理和煤矿安全监管职能。

局长：梁玉生（2006—2008年），沈永祥（2008—2010年）。

四、辽源市煤炭管理体制与机构

辽源市所辖4个县区，其中：东辽

县、西安区有煤炭工业。大水缸煤矿为辽源市直属煤矿。

（一）辽源市煤炭工业公司（1991—1995年）

辽源市煤炭工业公司负责辽源市大水缸煤矿和县区地方煤矿的管理，煤炭公司内设生产技术科、安全检查科。

经理：冯悦才（1991年至1992年11月），王贵德（1992年11月至1995年11月）。

（二）辽源市煤炭工业局（1995年11月至1997年12月）

以辽源市煤炭工业公司为基础，组建辽源市煤炭工业局。

局长：徐世刚（1995年11月至1997年12月）。

（三）辽源市冶金煤炭局（1997年12月至2008年8月）

1997年12月，辽源市煤炭工业局与辽源市冶金局合并为辽源市冶金煤炭局。

局长：林福魁（1997年12月至2000年8月）。

（四）辽源市机械电子局（2000年8月至2001年11月）

2008年8月，辽源市冶金煤炭局并入辽源市机械电子局。

局长：王恩惠（1999年1月至2002年12月）。

（五）辽源市机械电子国有资产公司（2001年11月至2004年8月）

2001年11月，辽源市机械电子局改为辽源市机械电子国有资产公司（行管办），负责管理辽源市地方煤矿。

经理（主任）：李国文（2002年12月至2004年8月）。

（六）辽源市安全生产监督管理局（2004年8月至2010年12月）

辽源市安全生产监督管理局内设煤矿安全管理科（煤矿安全监督检查办公室），负责辽源市地方煤矿管理。

局长：张忠（2004年8月至2008年5月），王德贵（2008年5月至2010年12月）。

五、通化市煤炭管理体制与机构

通化市所辖6个县（市、区），其中：辉南县、柳河县、梅河口市、二道江区有煤炭工业。

（一）通化市燃料化学工业局（1991—1994年）

通化市燃料化学工业局下设煤炭科，1994年成立通化市煤炭管理办公室（事业编制），承担通化市煤炭安全生产监管和煤炭行业日常管理工作。

局长：刘树栋（1991年5月至1995年8月），兰守庆（1995年8月至1996年）。

（二）通化市煤炭化学工业局（1997年至2001年10月）

局长：兰守庆（1997年至1997年11月），孙传葆（1997年12月至2001年9月）。

（三）通化市重工业办公室（2001年10月至2005年）

通化市重工业办公室下设煤炭办，承担通化市煤炭安全生产监管和行业日常管理工作。

办公室主任：许义（2001年9月至2005年4月）。

（四）通化市安全生产监督管理局（2005年4月至2009年11月）

通化市安全生产监督管理局下设通化市煤矿安全监督管理办公室（事业编制），负责通化市煤炭安全生产监管工作和行业日常管理。

局长：张绍江（2005年5月至2006年10月），高增伟（2006年11月至2010

年10月）。

2009年11月13日，通化市安全生产监督管理局将煤炭行业管理职责移交通化市发展和改革委员会，通化市安全生产监督管理局继续承担煤矿安全生产监管工作，直到2010年末。

六、白山市煤炭管理体制与机构

白山市所辖6个县（市、区）都有煤炭工业。煤矿数量、煤炭产量均居全省第一位。

（一）浑江市煤炭工业管理局（1991年1月至1995年6月）

浑江市煤炭工业管理局负责全市地方煤矿的行业管理、安全监管工作。局机关内设：党委办公室、人事保卫科、生产计划科、乡镇煤矿管理科、财务科、纪检委、安全监察科、地测科。所属单位：浑江市煤矿、东风煤矿、救护队、地质队、物资供销公司、培训班、运销处。编制25人。1993年3月，浑江市煤炭工业管理局内设机构调整为党政综合办公室、安全生产办公室、财务经营办公室、纪律检查委员会。

局长：梁希贤。

（二）白山市煤炭工业管理局（1995年6月至2001年11月）

白山市煤炭工业管理局内设生产科、安全监察科、办公室。下辖煤炭地质勘探大队、煤炭矿山救护队、地方煤炭运销处、煤炭干部培训班4个直属事业单位和白山市煤矿、东风煤矿2个直属煤矿企业。

2001年10月，白山市安全生产监督管理局加挂白山市煤炭工业管理局牌子。负责综合管理与监督全市安全生产和全市煤炭工业行业管理工作。内设办公室、综合科、监察科、煤矿安监科。所属单位3个：矿山救护队、白山市煤炭干部培训班、市直属东风煤矿。

局长：岳德发（1995年6月至2001年11月）。

2005年9月，撤销白山市煤炭工业管理局，煤炭行业管理职能划归市经济委员会管理，内设煤炭行业管理办公室。白山市安全生产监督管理局加挂白山市煤矿安全生产监督管理局牌子，内设煤矿监管科，负责全市地方煤矿安全生产监管工作。

局长：李敬远（2001年11月至2007年8月）。

2008年4月，煤炭行业管理职能由市经济委员会划归白山市安全生产监督管理局。2009年3月，吉林省政府将省属煤矿安全监管职责下放到各市（州）人民政府，白山市安全生产监督管理局增加对通化矿业公司及所属煤矿和杉松岗矿业公司龙马煤矿的安全监管职责。

局长：张习庆（2007年8月至2009年1月），黄英（2009年1月至2010年12月）。

七、延边州煤炭管理体制与机构

延边州所辖8个县（市）中，延吉市、龙井市、图们市、珲春市、和龙市、安图县、汪清县均有煤炭工业生产，仅敦化市没有煤炭工业。

延边州煤炭工业局（1991年至2001年9月）。

延边州煤炭工业局为政府职能部门，负责全州境内煤炭工业行业管理。内设机构：办公室（党委办公室）、安全技术处（生产规划处）、财务统计处。

2009年，根据自治州政府机构改革的要求，经自治州机构编制委员会会议研究决定，将原自治州煤炭工业局的煤炭规划职能划入自治州发展和改革委员会，其他职能一并划入自治州安全生产监督管理局，自治州煤炭工业局编制和人员全部划入自治州安全生产监督管理局。

1991—2010年，何瑞林、马友善、高兴峰3人先后任延边州煤炭工业局（煤炭事业管理局）局长、党委书记。

第二章　煤矿安全监察体制与机构

第一节　监察体制

1999年12月30日，《国务院办公厅关于印发煤矿安全监察体制改革实施方案的通知》提出国务院批准设立国家煤矿安全监察局，原煤炭工业部直属各产煤省（区、市）的煤炭工业管理局改组为煤矿安全监察局。省（区、市）煤矿安全监察局为国家煤矿安全监察局垂直管理的直属机构，实行国家煤矿安全监察局与所在省（区、市）政府双重领导、以国家煤矿安全监察局为主的管理体制。劳动等部门负责的煤矿安全监察职能，由煤矿安全监察局承担。煤炭行业管理任务比较重的省（区、市）可暂时加挂省（区、市）煤炭工业局牌子。省（区、市）煤矿安全监察局可在大中型矿区设立煤矿安全监察办事处，为其派出机构。

2001年7月16日，中央编办下发《关于省级煤矿安全监察局与煤炭工业局机构分离有关问题的通知》，决定撤销挂在省级煤矿安全监察局的省（区、市）煤炭工业局牌子，省级煤炭行业管理职能交由省级经贸部门承担。吉林省政府单独保留了省煤炭工业局为省政府直属机构。

2009年10月15日，中央编办批准吉林煤矿安全监察局6个事业单位，作为煤矿安全监察执法工作的保障支撑体系，根据上级要求和煤矿安全监察执法工作的实际需要，各事业单位紧紧围绕煤矿安全监察执法中心工作，依法依规，按照各自职责积极开展工作。

（1）2000年4月11日，吉林煤矿安全监察局在长春市挂牌成立，同时加挂吉林省煤炭工业局牌子，两局合署办公，履行煤矿安全监察与煤炭行业管理双重职责。按中央编办《关于省级煤矿安全监察局与煤炭工业局机构分离有关问题的通知》要求，2002年1月，吉林煤矿安全监察局与吉林省煤炭工业局正式分离。

（2）干部管理体制。2000年，吉林煤矿安全监察局成立，省局级领导干部的任免，由国家煤矿安全监察局（2005年后，国家安全生产监督管理总局）党组征求中共吉林省委意见后，由国家安全监督管理总局下文任免；吉林煤矿安全监察局管理的监察分局、机关处室和直属事业单位处级干部，要在国家安全生产监督管理总局下达的处级干部职数控制内，按照党中央、中央组织部和国家安全生产监督管理局党组，关于干部选拔任用规定的条件和有关工作程序进行。监察分局局长、书记、纪检组副组长、监察室主任、人事处处长、副处长、财务处处长，省局党组研究后，先书面征求国家安全监管总局人事司意见，书面答复后，由省局下文任免；其他正副处级干部由省局党组研究后直接下文任免，但须报国家安全生产监督管理总局人事司备案。

第二节 监察机构

按照国务院《煤矿安全监察管理体制改革实施方案》规定，2000年初，开始筹备组建吉林煤矿安全监察局，原吉林煤炭工业管理局改组为吉林煤矿安全监察局。2000年4月11日，吉林煤矿安全监察局在长春挂牌成立，加挂吉林省煤炭工业局牌子，两局合署办公，履行煤矿安全监察与煤炭行业管理双重职责。

2000—2010年吉林煤矿安全监察局历任领导干部名单见表1-2-1。

表1-2-1　2000—2010年吉林煤矿安全监察局历任领导干部名单

职　务	姓　名	任　职　时　间
局长	石金玉	2000年3月至2002年1月
局长	董向阁	2002年1月至2009年12月
局长	商登莹	2009年12月至2010年12月
副局长	常天明	2000年3月至2009年12月
副局长	王国君	2000年3月至2007年10月
副局长	马和平	2009年12月至2010年12月
副局长	惠宇雷	2009年5月至2010年12月
纪检组长	孙长礼	2000年3月至2006年7月
纪检组长	马和平	2006年7月至2009年12月
纪检组长	刘语卓	2009年12月至2010年12月
总工程师	李传州	2000年3月至2003年2月
总工程师	惠宇雷	2006年7月至2009年5月
总工程师	孟繁里	2009年5月至2010年12月
巡视员	武宝山	2000年3月至2005年3月
巡视员	孙长礼	2006年7月至2007年11月

（1）2000年6月20日，国家煤矿安全监察局《印发吉林煤矿安全监察局的职能配置、内部机构和人员编制方案》，批准吉林煤矿安全监察局主要职责。

吉林煤矿安全监察局编制120人，其中：省局机关45人，3个监察办事处75人。省局机关内设：办公室（财务处）、监察一处（事故调查和行政复议处）、监察二处、安全技术装备保障处（职业危害防治处）、人事培训处等5个职能处室，根据规定设纪检组（监察室）和机关党委，合署办公。按有关规定，另设离退休干部管理处。在辽源、白山、延吉设立3个煤矿安全监察办事处。吉林煤矿安全监察局根据吉林省煤矿分布的实际情况，在总的人员编制和干部职数控制内，在长春（负责长春市、四平市、白城市）和吉林（负责吉林市）设立相对独立的煤矿安全监察站，负责各自区域煤矿企业的安全监察执法工作。2004年9月长春煤矿安全监察站撤销，监察人员和区域监察执法职责归并辽源监察办事处。吉林煤矿安全监察站继续负责吉林地区煤矿企业的安全监察执法工作。

① 吉林煤矿安全监察局主要职责：

a）贯彻落实国家煤矿安全生产的方针、政策、法规及规章、规程。

b）按照分级管理的原则和上级授权，组织查处煤矿伤亡事故。

c）组织指导煤矿生产技术培训、职业危害防治、煤矿救护队及其应急救援工作。

d）负责煤矿使用的设备、材料、仪器、仪表的安全监察管理工作。

e）查处不符合安全生产标准的煤炭企业。

f）承办国家煤矿安全监察局交办的其他事项。

② 局机关内设机构及主要职责：

办公室（财务处）：负责机关文秘、档案、保密、信访、财务、外事和其他行政事务管理工作。

安全监察一处（事故调查和行政复议处）：负责监督检查省内重点煤矿企业贯彻执行国家有关煤矿安全生产的方针政策、法律法规、规章规程和标准的情况；查处国有重点煤矿安全违法行为；按照分级管理的原则和国家煤矿安全监察局授权，组织查处煤矿伤亡事故；负责煤矿安全执法监督和行政复议工作；负责全省煤矿安全信息报送，发布煤矿安全信息；负责煤矿事故的统计分析；指导和协调煤矿救护队及其应急救灾、救援工作。

安全监察二处：负责监督检查省内地方乡镇煤矿企业贯彻执行国家有关煤矿安全生产的方针政策、法律法规、规章规程和标准的情况；查处地方乡镇煤矿安全违法行为。

安全技术装备保障处（职业危害防治处）：负责煤矿使用的设备、材料、仪器仪表标准、认证、安全标志的管理及安全监察工作；组织煤矿建设工程安全设施的设计审查和验收；负责煤矿安全技术检验和职业危害防治技术保障工作；监督指导全省煤矿职业危害的防治工作，负责职业危害的统计分析。

人事培训处：负责机关及煤矿安全监察办事处的人事管理；组织指导煤矿企业安全生产技术培训；负责煤矿企业主要经营管理者安全资格认证工作。

根据有关规定，设纪检组（监察室）和机关党委合署办公。其主要职责是：负责机关和办事处纪检监察工作及机关党群工作。

离退休干部管理处：负责全局离退休人员的管理和服务工作；负责党和国家有关离退休人员待遇、政策的落实等相关工作。

③ 吉林煤矿安全监察局派出机构煤矿安全监察办事处的主要职责是，在吉林煤矿安全监察局的领导下，负责划定区域内煤矿安全监察执法工作。

辽源煤矿安全监察办事处：负责辽源市和通化市的梅河口市所辖行政区域内各类煤矿的安全监察和执法工作。

白山煤矿安全监察办事处：负责通化市（不含梅河口市）、白山市所辖行政区域内各类煤矿的安全监察和执法工作。

延吉煤矿安全监察办事处：负责延边州所辖行政区域内各类煤矿的安全监察和执法工作。

长春煤矿安全监察站：负责长春市、四平市、白城市所辖行政区域内各类煤矿的安全监察和执法工作。

吉林煤矿安全监察站：负责吉林市所辖行政区域内各类煤矿的安全监察执法工作。

（2）2005年7月27日，国家安全生产监督管理总局《关于印发吉林煤矿安全监察局主要职责内设机构和人员编制规定的通知》。按照国家监察、地方监管、企业负责的原则，对吉林煤矿安全监察局及内设机构职责进行调整和完善。机关增设事故调查处（执法监督处），5个职能处室调整为6个，监察一处的事故调查、行政复议、法律法规业务由事故调查处（执法监督处）承担；2005年1月21日，煤矿监察办事处更名为监察分局。吉林煤矿安全监察局及机关处室、监察分局职责变化很大，新规定的职责更细化、更具体。

① 吉林煤矿安全监察局主要职责：

a) 贯彻落实国家关于煤矿安全生产工作的方针政策、法律法规、规章规程；研究分析煤矿安全生产形势，提出煤矿安全生产发展规划和目标的建议。

b) 依法监察煤矿企业贯彻执行安全生产法律法规、规章规程、标准和安全生产条件、设备设施安全及作业场所职业卫生等情况；对煤矿安全实施重点监察、专项监察和定期监察；对煤矿安全生产违法行为作出现场处理决定或实施行政处罚，对不符合安全生产标准的煤矿企业进行查处。

c) 检查指导地方煤矿安全监督管理工作。对地方贯彻落实煤矿安全生产法律法规、标准，关闭不具备安全生产条件的矿井，煤矿安全监督监察执法，煤矿安全专项整治事故隐患整改及复查，煤矿事故责任人责任追究的落实等情况进行监督检查，并向有关地方人民政府及有关部门提出意见和建议。

d) 依法组织或参与煤矿事故调查处理，监督事故查处的落实情况；负责煤矿安全监察调度、统计信息工作，发布煤矿事故、职业危害等煤矿安全生产信息。

e) 指导煤矿安全生产科研和科技成果推广工作，研究提出煤矿安全生产科技规划建议；组织对煤矿使用的设备、材料、仪器仪表、安全标志、劳动防护用品的安全监察工作。

f) 按照职责范围，负责对从事煤矿安全生产条件和煤矿设备设施检测检验、安全评价、安全培训、安全咨询等业务的社会中介机构的资质管理工作，并进行检查。

g) 负责煤矿安全生产许可证的颁发管理；组织、指导煤矿安全程度评估工作。

h) 负责煤矿企业主要负责人和安全管理人员的安全资格、煤矿特种作业人员（含煤矿矿井使用的特种设备作业人员）的培训考核与发证工作；负责煤炭行业注册安全工程师的管理工作。

i) 按照职责范围，依法监督检查煤矿企业建设项目安全设施"三同时"情况，组织煤矿建设工程安全设施的设计审查和竣工验收；监督检查为煤矿服务的煤矿矿井建设施工、煤炭洗选企业的安全生产工作。

j) 指导协调或参与煤矿事故应急救援工作。

k) 负责机关、监察分局和直属单位干部管理及人事、劳动工资和财务管理工作。

l) 承办国家安全生产监督管理总局、国家煤矿安全监察局交办的其他事项。

② 机关内设机构及主要职责：

办公室（财务处）：组织协调机关办公，拟订并监督执行工作规则和工作制度；承担机关文秘、政务信息、保密、档案、信访、外事和行政事务等方面管理工作；负责机关、监察分局和直属单位财务、经费、国有资产管理及审计工作。

安全监察一处：依法监察国有煤矿企业贯彻执行安全生产法律法规、规章规程、标准情况；对煤矿安全生产违法行为作出现场处理决定或实施行政处罚，对不符合安全生产标准的煤矿企业进行查处；监督检查煤矿企业建设项目安全设施

"三同时"情况，组织煤矿建设工程安全设施的设计审查和竣工验收；监督检查为煤矿服务的煤矿矿井建设施工、煤炭洗选等企业的安全生产工作。对地方煤矿安全监督管理工作进行检查指导，并向有关地方人民政府及其有关部门提出意见和建议。组织、指导煤矿安全程度评估工作；指导协调或参与煤矿事故应急救援工作。

安全监察二处：依法监察国有以外煤矿企业贯彻执行安全生产法律法规、规章规程和标准情况；对煤矿安全生产违法行为作出现场处理决定或实施行政处罚，对不符合安全生产标准的煤矿企业进行查处；监督检查煤矿企业建设项目安全设施"三同时"情况，组织煤矿建设工程安全设施的实际审查和竣工验收。对地方煤矿安全监督管理工作进行检查指导，并向有关地方人民政府及其有关部门提出意见和建议；负责安全生产许可证的颁发管理。

科技装备处：组织指导煤矿安全生产科研和科技成果推广工作，研究提出煤矿安全生产科技规划建议；组织对煤矿用的设备、材料、仪器仪表、安全标志、劳动防护用品的安全监察工作；负责对从事煤矿安全生产条件和煤矿设备设施检测检验、安全评价、安全咨询等业务的社会中介机构的资质管理工作，并进行监督检查；依法监察煤矿安全生产条件、设备设施安全作业场所职业卫生等情况；负责煤矿安全监察机构的基础设施建设和装备管理工作。

事故调查处（执法监督处）：依法组织或参与煤矿事故的调查处理，并监督事故查处落实情况；参与煤矿事故应急救援工作；负责煤矿安全监察执法监督工作；承办煤矿安全监察方面的行政复议；组织研究拟订有关煤矿安全生产规章、规程和政策的实施意见。

人事培训处：负责机关、监察分局和直属单位干部管理及人事劳动工资管理工作；承办管理体制和机构编制工作；负责煤矿企业主要负责人和安全管理人员的安全资格、煤矿特种作业人员（含煤矿矿井使用的特种设备作业人员）的培训考核与发证工作；负责煤矿行业注册安全工程师的管理工作。

纪检组和监察室合署办公：负责局机关、监察分局和直属单位纪检监察工作。

机关党委：负责局机关、监察分局和直属单位党群工作。

③ 监察分局主要职责：

在吉林煤矿安全监察局的领导下，负责划定区域内煤矿安全监察执法工作。

辽源监察分局：负责辽源矿务局（矿业公司）及辽源市、四平市、白城市、长春市行政区域内各类煤矿的安全监察执法工作。

白山监察分局：负责通化矿务局（矿业公司）及白山市、通化市行政区域内各类煤矿的安全监察执法工作。

延边监察分局：负责珲春矿务局（矿业公司）及延边州行政区域内各类煤矿的安全监察执法工作。

吉林监察站：负责舒兰矿务局（矿业公司）及吉林市行政区域内各类煤矿的安全监察执法工作。

④ 2008 年 7 月 11 日，《国务院办公厅关于印发国家煤矿安全监察局主要职责内设机构和人员编制规定的通知》，对各级煤矿安全监察机构的职责作新的调整和规定。

吉林煤矿安全监察局根据国家煤矿安全监察局的要求，按新职责及职责调整规定完成了以下工作：

a）认真清理取消已由国务院公布取消的行政审批事项。

b）2010 年 1 月 29 日，将吉林煤矿安全监察局负责的煤矿矿长安全资格和特种作业人员（含煤矿矿井使用的特种设备作业人员）操作资格考核发证工作移交给吉林省安全生产监督管理局。从2010年2月1日起，该项工作由吉林省安全生产监督管理局负责。

c）按国务院和国家安全监管总局的规定要求，研究制定了吉林煤矿安全监察局加强对地方政府煤矿安全生产监督管理工作、监督检查工作的具体实施办法，并对地方政府有关部门的煤矿安全监管工作进行检查指导。

第三节　直属事业单位

吉林煤矿安全监察局所属信息调度中心、通讯信息中心、档案馆、机关服务中心，是原吉林煤炭工业管理局经原煤炭工业部批准的事业单位；安全培训中心、矿用安全产品检验中心、矿山救援指挥中心是根据上级要求和监察执法工作实际需要，于2004年组建成立并经国家安全生产监督管理总局审核批准的事业单位。

2009年10月15日，中央编办《关于国家煤矿安全监察系统事业单位机构编制的批复》，重新核定批准吉林煤矿安全监察局所属事业单位6个：统计中心（原信息调度中心）、救援指挥中心、档案馆、机关服务中心、通讯信息中心、安全技术中心（含原安全培训、矿用产品检验职责），编制87人。这6个事业单位是中央编办和财政部有户头、有经费补贴的事业单位。

2010年5月10日，国家安全生产监督管理总局《关于印发吉林煤矿安全监察局所属事业单位主要职责内设机构和人员编制规定的通知》中，规定吉林煤矿安全监察局所属6个事业单位的干部人事、财务资产等事项由吉林煤矿安全监察局负责管理。

（1）吉林煤矿安全监察局统计中心（原信息调度中心）：履行煤矿安全生产调度统计和为煤矿安全监察服务的煤炭工业相关统计职责。

负责吉林煤矿安全监察系统煤矿安全生产调度统计工作；承担煤矿安全生产应急值守、事故信息处置和煤矿安全生产隐患、事故举报信息接报工作；承担煤矿生产安全事故、安全监察执法、职业卫生统计工作，分析预测本地区煤矿安全生产形势；承担为煤矿安全监察服务的煤炭工业相关统计工作；承担上级交办的其他事项。

（2）吉林煤矿安全监察局救援指挥中心：履行煤矿安全监察应急管理和煤矿救援协调指挥职责。

承担吉林煤矿安全监察应急管理工作，参与协调指挥煤矿事故抢险救援工作；参与或承办煤矿安全监察应急救援体系建设工作，编制应急救援工作规划及应急预案；承担煤矿安全应急救援资源管理、标准化建设、救护技术培训和宣传教育工作，承办救护队伍资质管理工作；承担煤矿应急救援新技术、新装备的推广应用工作，组织、参加矿山救援比武及技术交流工作；承办上级交办的其他事项。

（3）吉林煤矿安全监察局档案馆：负责为煤矿安全监察服务的有关档案管理职责。

负责吉林煤矿安全监察系统档案管理工作，制定有关工作制度并组织实施；负责吉林煤矿安全监察局机关及所属单位各类档案的收集、立卷和日常管理工作；承担原东煤公司、东煤物资公司、多种经营公司和东煤时期形成的内蒙古东部地区煤炭系统留存档案的管理工作；指导吉林煤矿安全监察局所属监察分局、事业单位等档案管理工作；积极开发利用档案信息资源，参与史志的编修工作；承办上级交办的其他事项。

（4）吉林煤矿安全监察局机关服务中心：承担吉林煤矿安全监察局机关行政事务工作及后勤服务管理职责。

承担吉林煤矿安全监察局机关行政事务性工作；承担机关办公场所、办公设备、机关公务用车等管理和服务工作；承担机关后勤保障、综合治理、社会事务等管理和服务工作；承担吉林煤矿安全监察局所属监察分局基本建设、固定资产和后勤保障服务与管理相关工作；负责所属经营服务单位占有、使用的国有资产管理，开展经营创收，确保经营性资产保值增值；承办上级交办的其他事项。

（5）吉林煤矿安全监察局通讯信息中心：承担吉林煤矿安全监察信息化体系建设有关工作职责。

承担吉林煤矿安全监察局计算机网络、视频会议系统、电话通信系统的日常维护和运行工作；承担吉林煤矿安全监察局政府网站维护及政务信息的发布工作；承担吉林煤矿安全监察局办公场所中继线、内部电话通信服务和管理职责；承办上级交办的其他事项。

（6）吉林煤矿安全监察局安全技术中心（原安全培训中心、矿用安全产品检验中心）：承担煤矿安全科技研究与开发、安全评价、培训教育、检测检验及事故物证分析等职责。

在资质范围内承担本地区煤矿安全评价、在用设备、材料和作业场所检测检验等技术服务工作；承担本地区煤矿安全科技研究与开发等技术服务工作，负责全省煤矿安全监察仪器、设备的定期测试、检修、维护和保养，承担省级矿山安全实验室的建设、运行及管理工作；受委托承担本地区煤矿安全监察执法有关检测检验、验证分析工作，参与事故调查，为重大以下煤矿生产安全事故提供无证分析和技术鉴定工作；在资质范围内承担安全生产管理人员、煤矿安全评价、咨询、检测检验人员、注册安全工程师和煤矿安全培训机构教师等培训工作；受委托承担市、县级煤矿安全监管部门执法人员培训工作；承办上级交办的其他事项。

第三章　企业管理体制与机构

第一节　省属国有煤矿企业

一、吉林省煤业集团有限公司

2009年1月6日，《吉林省人民政府办公厅关于组建吉煤矿业集团有限责任公司的通知》，决定设立吉煤矿业集团有限责任公司（暂定名，后改为吉林省煤业集团有限公司），负责经营管理原省煤炭局所属的煤炭企业及部分事业单位，按现代企业制度要求理顺产权关系，行使企业经营管理职能。吉林省国资委代省政府履行出资人职责。

吉煤集团董事会由7人组成。董事长由吉林省政府指定任命；党委书记由省委组织部任命；总经理由吉林省政府建议人选；副经理、总工程师、总会计师、工会主席由国资委推荐人选，集团公司董事会决定任命；党委副书记、纪委书记、监事会主席由国资委任命。

吉煤集团机关管理机构设置：董事长

办公室（总经理办公室）、人力资源部、规划发展部、生产技术部、安全监管部、企业管理部、财务部、市场营销部、物资供应部。机关管理人员65人。

直属单位：辽源矿业公司、通化矿业公司、舒兰矿业公司、珲春矿业公司、杉松岗矿业公司、蛟河煤机厂、营城煤机厂（东输公司）、长春煤炭设计研究院、东北煤炭环境保护研究所。集团公司所属28处生产矿井，2010年生产原煤2808万吨，全集团公司资产总额215.4亿元，净资产42.7亿元。职工总数51765人。

2009—2010年吉煤集团领导干部名单见表1-3-1。

表1-3-1 2009—2010年吉煤集团领导干部名单

职　务	姓　名	任职时间
董事长	袁玉清	2009年2月至2010年12月
党委书记	张金峰	2009年1月至2010年12月
总经理	贾立明	2009年5月至2010年12月
副经理	郑方银	2009年2月至2010年12月
副经理	华振龙	2009年2月至2010年12月
副经理	李　旭	2009年2月至2010年12月
副经理	高玉平	2009年2月至2010年12月
副经理	徐晓东	2009年2月至2010年12月
副经理	赵万贵	2009年2月至2010年12月
监事会主席	尹玉柯	2009年2月至2010年12月
党委副书记	李申林	2009年2月至2010年12月
纪委书记	华振龙（兼）	2009年2月至2010年12月
总工程师	李　旭（兼）	2009年2月至2010年12月
总会计师	杨庆贺	2009年2月至2010年12月
工会主席	华振龙（兼）	2009年2月至2010年12月

二、辽源矿业公司

辽源矿务局原为吉林省国有重点煤矿（统配煤矿）。1991年1月至1994年2月，隶属东煤公司。1994年3月，东煤公司撤销，辽源矿务局隶属吉林煤炭工业管理局（吉林省煤炭工业局）。1998年7月，国务院决定，将原煤炭工业部所属国有重点煤炭企业下放地方管理，辽源矿务局隶属吉林煤炭工业管理局。2005年12月，辽源矿务局改制为国有独资企业——辽源矿业（集团）有限责任公司，隶属吉林省煤炭工业局。2009年1月，吉林省煤炭工业局撤销，组建吉煤集团，辽源矿业公司隶属吉煤集团，为吉煤集团成员企业。

1991年，辽源矿务局机关内设行政机构：办公室、干部处、总调度室、生产技术处、计划基建处、工程质量监督站、地测处、机电处、通风处、信息中心、安全监察局、小井管理处、设计处、劳动工资处、财务处、监察室、环保节能处、卫生处、信访处、公安处、法律事务处、科学技术研究所、技术计量监督处、培训中心、审计处、史志办、工厂管理处、退休职工管理处、人防办、技术经济咨询委员会。

党群机构：组织部、宣传部、纪委、党委办公室、统战部、矿区工会、团委、新闻中心、思想政治工作研究会、武装部、老干部处、科协。

直属单位：西安煤矿、泰信煤矿、梅河煤矿、平岗煤矿（1991年9月起划归平岗截齿厂管理，对外机构保留）、建井工程处、土木建筑工程处、机电总厂、十四厂、水泥厂、矿山机械厂、铁道器材厂、平岗截齿厂（1991年9月起含平岗煤矿）、多种经营总公司、运销处、器材供应处、生活福利处、职工培训处、教育处、职业教育中心、职工中专、职工总医院、多种经营职工中专、安全技术培训中心、党校。

2000年底，辽源矿务局机关内设行政机构：办公室、总调度室、生产技术处、计划基建处（质量监督站与其合署办公、其机构对外保留）、地质测量处、机电处、安全监察局、通风处、规划设计院、干部处、劳动工资处、财务处、社会保险处、企业管理处、监察处、环保计量监督处、工厂处、信访处、法律事务处、审计处、公安处、卫生处、人防办、金宝屯矿井项目管理处。

机关内设党群机构：组织部、宣传部、纪委、党委办公室、统战部（与宣传部合署办公）工会、团委、新闻中心、思想政治工作研究会（与宣传部合署办公）、武装部、党校（与教育处合署办公）、科协（与生产技术处合署办公，对外保留机构）、关心下一代工作委员会办公室。

直属单位23个：西安煤矿、泰信煤矿、梅河煤矿、平岗煤矿（2000年1月起划归泰信煤矿管理，机构对外保留）、建井工程处、建安工程公司、机电总厂（含2000年6月划归管理的水泵厂，其机构对外保留）、铁道器材厂、平岗截齿厂、矸石空心砖厂、十四厂、水泥厂、煤炭销售总公司、铁路运输处、金宝屯矿井项目管理处、兴达公司、教育处、职工总医院、器材供应处、生活服务总公司、离退休职工管理中心、职工再就业中心、电讯部。

2005年12月，辽源矿务局改制为辽源矿业（集团）有限责任公司，辽源矿业公司机关内设管理机构，本着精干、高效的原则，按业务职责、性质重新进行改革整合。

2010年底，辽源矿业公司机关行政部门：董事会办公室、总经理办公室（与董事会办公室合署办公）、安全监管部、生产技术部、动力部、通风部、企业管理部、法律事务部、人力资源部、财务部、规划发展部、监察审计部（与公司纪委合署办公）、规划设计院、社会保险中心、信访保卫部、煤质监管部16个部门。科学技术委员会办公室人员兼职。

机关党群部门：党委工作办公室（包括组织部、宣传部、统战部、党办、团委、思想政治工作研究会、武装部，其中所有机构均对外保留机构名称。统战部、思想政治工作研究会和武装部人员为兼职）、纪委（与监察审计部合署办公）、工会、新闻中心、科学技术协会、党校（与职工培训中心合署办公）。

直属单位22个，包括6个生产矿（西安煤业公司、梅河煤矿、金宝屯煤矿、龙家堡矿业公司、贵州省方大县百纳乡坪子煤矿、红梅煤矿），1个筹建矿（云南省富源县晶圆煤业公司），15个直属单位（建设工程有限公司、辽源煤矿机械制造有限责任公司、辽源泵业有限责任公司、辽源方大锻造有限责任公司、辽源卓力化工有限责任公司、兴达公司、煤炭销售总公司、铁路运输公司、职工培训中心、职工总医院、物资供应总公司、生活服务公司、离退休人员管理中心、供电通讯公司、九台新型墙体材料分公司）。

1991—2010年辽源矿业公司（辽源矿务局）历任领导干部名单见表1-3-2。

表1-3-2 1991—2010年辽源矿业公司（辽源矿务局）历任领导干部名单

职　　务	姓　　名	任　职　时　间
局长	李广生	1991年1月至1998年9月
	张　义	1999年2月至2005年12月
董事长	张　义	2005年12月至2009年8月
	方贵祥	2009年8月至2010年12月
党委书记	王一凡	1991年1月至1994年8月
	张　义	1994年8月至2000年9月（1998年9月至1999年2月主持行政工作）
	谢福田	2000年9月至2003年9月
	杨福君	2003年9月至2009年10月
	孙富春	2009年10月至2010年12月
总经理	方贵祥	2005年12月至2010年12月
副局长	张国昌	1991年1月至2004年10月
	田恒喜	1991年1月至1997年12月
	洪　强	1991年1月至1995年11月
	刘慕堂	1991年1月至1992年12月
	崔德文	1991年1月至1992年12月
	尹树金	1991年1月至2001年4月
	王国君	1992年12月至1995年11月
	滕　富	1995年5月至2005年12月
	王运启	1995年5月至1997年12月
	王砚春	1995年12月至2001年4月
	方贵祥	1997年12月至2005年12月
	姜启文	2001年4月至2005年12月
副总经理	姜启文	2005年12月至2009年9月
	赵万贵	2005年2月至2007年4月
	姚久成	2005年12月至2009年10月
	张志友	2005年12月至2010年12月
	初俊福	2007年5月至2010年12月
	李玉山	2007年5月至2010年12月
	李克春	2009年9月至2010年12月
	佟　利	2009年11月至2010年12月

表1-3-2（续）

职　　务	姓　　名	任　职　时　间
党委副书记	张　义	1991年1月至1994年8月
	谢福田	1991年1—4月
	罗世经	1994年11月至1997年12月
	许传生	1994年9月至2001年4月
	杨福君	2001年4月至2003年9月
纪委书记	罗世经	1991年1月至1997年12月
	姜启文	1998年8月至2001年4月
	杨福君	2001年4月至2005年2月
	李克春	2005年2月至2009年9月
	姜启文	2009年9月至2010年12月
安监局长	芦光成	1991年1月至1997年1月
	李　祥	1997年12月至2000年10月
	赵万贵	2001年12月至2005年12月
总工程师	周志钦	1991年1月至1992年3月
	刘建英	1992年3月至1996年6月
	芦光成	1997年1月至2001年4月
	贾立明	2001年4月至2005年11月
	李　旭	2005年12月至2009年2月
	朱春华	2009年2月至2010年12月
总会计师	王德勋	1991年1月至1993年5月
	宋秉仁	1993年5月至2007年3月
	迟作山	2007年3月至2010年12月
工会主席	许传生	1991年1月至1997年12月
	杨福君	1997年12月至2001年4月
	孙富春	2001年4月至2008年2月
	王文志	2008年2月至2010年12月
监事会主席	李克春	2005年12月至2009年9月
	姜启文	2009年9月至2010年12月

三、通化矿业公司

通化矿务局原为吉林省国有重点煤矿（统配煤矿）。1991年1月至1994年2月，隶属东煤公司。1994年3月，东煤公司撤销，隶属吉林煤炭工业管理局（吉林省煤炭工业局）。1998年7月，国务院决定，将原煤炭工业部所属国有重点煤炭企业下放地方管理，通化矿务局隶属吉林煤炭工业管理局。2005年12月，通化矿务局改制为国有独资企业——通化矿业（集团）有限责任公司，隶属吉林省煤炭工业局。2009年1月，吉林省煤炭工业局撤销，组建吉煤集团，通化矿业公司隶属吉煤集团，为吉煤集团成员企业。

1991—2005 年，企业内部实行局、矿、井三级管理。1991 年，通化矿务局职工总数 48196 人。2000 年，通化矿务局实施减人提效改革，全局职工总数减至 34348 人。2005 年末，依法关闭破产 6 个直属煤矿，通化矿务局改制为通化矿业（集团）有限责任公司，职工总数减少到 10523 人。

1991 年，通化矿务局机关内设管理机构：党委办公室、组织部、宣传部、纪律检查委员会、矿区工会、局团委、机关党委、干部处、办公室、行政处、林业处、信访处、教育培训处、生产调度室、机械动力处、生产技术处、运销处、选煤处、建设处、财务处、计划处、劳动工资处、物资处、卫生处、安全监察局、审计处、房产工程处、退休职工管理处、通风处、设计公司、老干部管理处、企业管理处、工程质量监督站、法律事务处、公安处、武装部、局第一高中学校、节能环保标准计量处、统战部、科学技术研究会、技术经济咨询委员会、局志编辑室。

所属单位：松树镇煤矿、湾沟煤矿、八道江煤矿、砟子煤矿、道清煤矿、五道江煤矿、大湖煤矿、苇塘生产经营公司、石人水泥厂、铁厂洗煤厂、机电总厂、基本建设工程处、地质勘探工程公司、科学技术研究所（电气设备厂、科技处）、职工培训中心、多种经营总公司、技工学校、党校、职工总医院、温泉疗养院。

1994 年，通化矿务局开始实行"三条线"管理。局机关撤销了 3 个处室，合并 6 个处室，撤销党委工作部，设立党委办公室、组织部、宣传部。4 个处室被划出机关变为局直属单位。

2000 年，通化矿务局机关机构：党委办公室、组织部、宣传部（含新闻中心、思想政治工作研究会、统战部）、纪律检查委员会（含监察处）、矿区工会、局团委、机关党委（武装部）、办公室、干部处、财务处、劳动工资处、生产调度室、生产技术和地质测量处、物资供应处（物资供销公司）、煤炭销售公司、机械动力处、审计处、教育培训处、卫生处（计划生育办公室）、安全监察局、信访处、多种经营办公室、社会统筹保险处、房地产管理处（住房制度改革办公室、住房资金管理中心）、公安处、职工离退休管理处、工程质量监督站、煤炭经销处、法律事务处（清欠办公室）、通风处、再就业服务中心、生活服务总公司、通煤宾馆、驻长春办事处、局第一高中学校。

直属矿（厂）和单位：砟子煤矿、湾沟煤矿、松树镇煤矿、八道江煤矿、道清煤矿、五道江煤矿、大湖煤矿、苇塘生产经营公司、石人水泥厂、铁厂洗煤厂、机电总厂、基本建设工程处、科研所（电气设备厂、科技处）、职工培训中心、技工学校、职工总医院、温泉疗养院、多种经营总公司、大湖镁厂、汽车运输管理处、林业处、勘探设计院等。

2005 年 12 月，通化矿务局改制为国有独资企业——通化矿业（集团）有限责任公司，董事会由 6 人组成，监事会由 2 人组成。

2006—2010 年，通化矿业（集团）有限责任公司先后隶属吉林省煤炭工业局和吉林省煤业集团公司。通化矿业公司实行董事会负责制，董事会由 6 人组成，下设董事会办公室、人力资源委员会、战略与投资委员会、薪酬与考核委员会和审计委员会。监事会设秘书处。并依据《中华人民共和国公司法》和有关法律法规制定《通化矿业（集团）有限责任公司章程》《通化矿业（集团）有限责任公司董事会工作规则》和《通化矿业（集团）

有限责任公司监事会工作规则》，使改制后的通化矿业公司有章可循、有法可依。

2010年，通化矿业公司机关管理部门13个，其中：行政管理部门9个，党群和其他部门4个。

行政管理部门：总经理办公室（与董事会办公室合署办公）、发展规划部、人力资源部、生产技术部、机械动力部、通风部、安全监管部、财务审计部、企业管理部。

党群和其他部门：党委工作部、纪检监察部、矿区工会和信访保卫部。

直属单位24个，其中：分公司（矿、厂）12个（松树镇煤矿、吉林八宝煤业有限公司、道清煤矿、永安煤矿、八宝洗煤厂、八宝工业园选煤厂、临江选煤厂、林业分公司、旅游开发分公司、煤炭营销分公司、物资供销分公司、物业管理分公司），子公司5个（永安矿业公司、白山泵业公司、道清选煤公司、吉林鸿源瓷业有限公司、东圣焦化厂），直属单位7个（职工总医院、离退休人员管理中心、温泉疗养院、职工培训中心、威海培训中心、大连办事处、长春办事处）。

1991—2010年通化矿业公司（矿务局）历任领导干部名单见表1-3-3。

表1-3-3　1991—2010年通化矿业公司（矿务局）历任领导干部名单

职　务	姓　名	任　职　时　间
局长	常玉林	1991年1月至1995年7月
	崔成梁	1995年7月至1997年5月
	郑家林	1997年5月至1998年2月
	王延平	1998年2月至2008年8月
董事长	王延平	2005年12月至2007年5月
	赵显文	2007年5月至2010年12月
党委书记	张吉魁	1991年1月至1993年3月
	常玉林	1993年3月至1997年5月
	王延平	1997年5月至1998年2月
	邱金宝	1998年2月至2007年5月
	李建国	2007年5月至2008年2月
	徐殿生	2008年2月至2010年12月
党委副书记	邱金宝	1991年1月至1998年2月
	吕佩峰	1993年7月至1998年6月
	杨树亭	1998年6月至2005年12月
总经理	赵显文	2005年12月至2008年5月
	赵万贵	2008年5—8月
	贾立明	2008年8月至2009年1月
	赵显文	2005年12月至2007年5月
副局长	鲁永凯	1991年1月至1993年10月
	王佐学	1991年1月至1995年3月
	崔成梁	1991年1月至1995年7月

表1-3-3（续）

职务	姓名	任职时间
副局长	冯国昌	1991年1月至1998年11月
	王延平	1991年1月至1997年5月
	孙孟成	1993年7月至1995年11月
	付万巨	1994年10月至1996年12月
	陈学军	1995年11月至1998年10月
	乔 琳	1997年8月至2005年12月
	李建国	1996年12月至2005年12月
	吕佩峰	1998年6月至2005年12月
	袁玉清	1999年4月至2002年2月
	赵显文	2001年9月至2005年12月
副总经理	李建国	2005年12月至2007年5月
	吕佩峰	2005年12月至2010年12月
	高玉平	2005年12月至2009年1月
	王升宇	2005年12月至2010年12月
	佟 利	2007年5月至2009年11月
	李成敏	2009年11月至2010年12月
	宁连江	2008年2月至2010年6月
	刘显林	2008年3月至2010年12月
	孙殿富	2010年1—12月
安监局长	徐权律	1991年1月至1995年11月
	孙孟成	1995年11月至2005年12月
总工程师	孙克仁	1991年1月至1995年11月
	徐权律	1995年11月至2001年3月
	徐文波	2001年4月至2005年12月
	李成敏	2005年12月至2009年11月
	邱兆臣	2009年11月至2010年6月
	宁连江	2010年6—12月
总会计师	翁思达	1991年1月至1992年10月
	秦树德	1992年10月至1997年8月
	乔光祥	1999年4月至2009年10月
	王有海	2009年10月至2010年12月
纪委书记	杨力业	1991年1月至1993年7月
	吕佩峰	1993年7月至1998年6月
	杜丽玲	1998年6月至2005年12月
	尹昌胜	2005年12月至2009年10月
	徐晓强	2009年11月至2010年12月

表1-3-3（续）

职　务	姓　名	任　职　时　间
工会主席	仇景礼	1991年1月至1992年3月
	王玉祥	1992年3月至1996年12月
	杨树亭	1996年12月至1999年4月
	徐殿生	1999年4月至2008年3月
	夏继敏	2008年3月至2010年12月

四、舒兰矿业公司

舒兰矿务局原为吉林省国有重点煤矿（统配煤矿）。1991年1月至1994年2月，隶属东煤公司。1994年3月，东煤公司撤销，隶属吉林煤炭工业管理局（吉林省煤炭工业局）。1998年7月，国务院决定将原煤炭工业部所属国有重点煤炭企业下放地方管理，舒兰矿务局隶属吉林煤炭工业管理局。2005年12月，舒兰矿务局改制为国有独资企业——舒兰矿业（集团）有限责任公司，隶属吉林省煤炭工业局。2009年1月，吉林省煤炭工业局撤销，组建吉煤集团，隶属吉煤集团，为吉煤集团成员企业。

1991年，舒兰矿务局实行局、矿、井（科）三级管理体制。矿务局机关业务部门34个，其中：党群部门7个（党委办公室、组织部、宣传部、纪检委、局工会、局团委、武装部），行政业务部门27个（办公室、安监局、通风救护处、干部处、计划处、技术处、设计处、建设处、地测处、供应处、财务处、劳资处、销售处、审计处、环保节能处、卫生处、信访处、职教处、计生办、多经局、质量监督站、信息中心、政工处、离退休管理处、机电处、调度室、监察处）。

直属单位：吉舒煤矿、丰广煤矿、东富煤矿、舒兰煤矿、营城煤矿、建安工程处、机电总厂、化工厂、多种经营公司、直属综合厂、总医院、科研所、公安局、教育处、林业处、职工大学、技工学校。

1998年，成立教育中心、离退休职工管理中心、医疗卫生中心和再就业服务中心。

1999年3月，舒兰矿务局将东富煤矿并入舒兰街煤矿管理。同年4月，组建多种经营总公司和后勤服务中心，分别统管全局多种经营和后勤服务单位。

2000年，舒兰矿务局机关处室23个：办公室、财务处、干部处、劳资处、社保处、安全监察局（包括安全监察处、安全分析处、安全培训处）、企管办、计生办、卫生处、信访处、小井办、后勤办、法律事务所、会计师事务所、审计师事务所、党委办公室、组织部、宣传部、武装部、纪检监察、局工会、局团委、机关党委。

直属单位15个：煤炭生产经营总公司（机电总厂、物资供应公司、煤炭销售公司划入煤炭生产经营总公司管理）、多种经营总公司（直属多经公司、直属综合厂、设计院、地质勘探公司、建安公司归属多经总公司管理）、后勤服务中心、教育处、教育督导室、水电公司、公安局、总医院、林业经营处、新闻中心、职工培训中心、离退休管理中心、再就业服务中心、生活服务经营公司、房地产物业管理公司。

2000年1月，撤销吉舒煤矿、丰广

煤矿、舒兰街煤矿机关，成立煤炭生产经营总公司，统管全局煤炭生产和销售。

2004年9月，原局、矿、井三级管理体制改为局、井两级管理，全局一井、二井、三井、四井、五井、六井直接隶属矿务局。撤销煤炭生产经营总公司、多种经营总公司、后勤服务中心和各单位财务部门；对全局煤炭运销、财务管理、物资供应、机电管理、非煤产业5个方面实行集中统一管理。技术处、地测处、调度室、通风救护处合并，成立生产技术部。干部处、劳动工资处、社保处合并，成立人力资源部。财务处、审计处合并成立财务审计部。党委组织部、宣传部、纪检监察、党委办公室、团委5个部门合并，成立党委工作部。企业管理办公室与房地产物业管理公司土地管理科合并，成立企业管理部。成立非煤产业开发部、机电管理处、物资供应处。成立非煤产业发展公司，全局处级机构由57个减少到35个。

2005年12月，舒兰矿务局改制为舒兰矿业（集团）有限责任公司，2006年4月，按照公司章程设置了董事会、经理层、监事会及机关管理部门、党群组织。

2010年，舒兰矿业公司机关管理机构：综合办公室、规划发展部、生产技术部（包括技术部、地测部、调度部等）、机电管理部、安全监管部、通风管理部、财务审计部、人力资源部、企业管理部、信访保卫部、党委工作部（组织部、宣传部、团委等）、纪委、工会。

直属单位：二矿、三矿、四矿、五矿、六矿、七矿、刘家渠煤矿（2008年12月组建）、煤炭销售公司、机电维修制造公司、物资供应公司、网络传媒公司、非煤产业发展公司、设计院、省煤炭储备基地、职工总医院、职工培训中心、直属多种经营公司。

1991—2010年舒兰矿业公司（矿务局）历任领导干部名单见表1-3-4。

表1-3-4　1991—2010年舒兰矿业公司（矿务局）历任领导干部名单

职　务	姓　名	任　职　时　间
局长	刘凤祥	1991年1月至1997年12月
	皮世风	1997年12月至1999年2月（代理）
	李凤悟	1999年2月至2001年7月
	王宝才	2001年7月至2005年12月
董事长	王宝才	2005年12月至2006年12月
	杨文旭	2006年12月至2009年3月
	孙福安	2009年9月至2010年12月
党委书记	郭进宝	1991年1月至2000年10月
	王运启	2000年10月至2001年7月
	于庆成	2001年7月至2003年6月
	郭绍君	2003年6月至2006年12月
	王永良	2006年12月至2010年12月
总经理	孙福安	2006年2月至2010年12月
副局长	马景山	1991年12月至1993年4月
	孙焕波	1991年1月至1995年11月

表1-3-4（续）

职务	姓名	任职时间
副局长	徐 仁	1991年1月至1995年11月
	于栋喜	1991年1月至1997年12月
	孙学峰	1992年5月至1997年12月
	陈学军	1992年5月至1995年11月
	皮世风	1994年8月至1999年2月
	李忠江	1995年11月至1997年12月
	王国君	1995年11月至1997年9月
	王宝才	1997年12月至2001年7月
	溪德文	1997年12月至2010年3月
	王运启	1997年12月至2000年10月
	宋宝山	1998年6月至2004年7月
	于庆成	2000年10月至2001年7月
	李 军	2002年9月至2005年12月
副总经理	李 军	2005年12月至2010年12月
	赵宏伟	2006年2—9月
	黄少华	2006年2月至2010年12月
	关立军	2006年9月至2009年3月
	王耀刚	2009年10月至2010年12月
	马建国	2009年11月至2010年12月
	杨士录	2010年10—12月
党委副书记	李凤祥	1991年1月至1992年10月
	马景山	1993年4月至1997年12月
	郭绍君	1996年1月至2003年6月
	王永良	2003年6月至2006年12月
纪委书记	李凤祥	1991年1月至1997年12月
	于庆成	1997年12月至2000年10月
	郭绍君	2001年至2005年12月
	周海生	2005年12月至2007年6月
	刘立君	2007年6月至2009年10月
	刘将军	2009年10月至2010年12月
工会主席	朱作林	1991年1月至1994年8月
	王永良	1994年8月至2006年12月
	周海生	2007年1月至2010年12月
安监局长	宁志民	1991年1月至1992年4月
	姜 馥	1992年5月至1995年11月
	李忠江	1995年7月至1997年12月

表1-3-4（续）

职　　务	姓　　名	任 职 时 间
安监局长	曹永金	1997年12月至2000年6月
	宋宝山	2000年7月至2002年9月
	李　军	2002年9月至2010年12月
总工程师	段庚华	1991年1月至1998年6月
	宋晓辉	2000年1月至2010年12月
总会计师	穆方俭	1991年1月至1992年5月
	李建华	1992年5月至2001年8月
	栾延彬	2001年5月至2008年2月
	杨庆贺	2008年2月至2009年3月

五、珲春矿业公司

珲春矿务局原为吉林省国有重点煤矿（统配煤矿）。1991年1月至1994年2月，隶属东煤公司。1994年3月，东煤公司撤销，隶属吉林煤炭工业管理局（吉林省煤炭工业局）。1998年7月，国务院决定将原煤炭工业部直属重点煤炭企业下发地方管理，矿务局隶属吉林煤炭工业管理局。2005年12月，改制为国有独资企业——珲春矿业（集团）有限责任公司，隶属吉林省煤炭工业局。2009年1月，吉林省煤炭工业局撤销，隶属吉煤集团公司，为吉煤集团成员企业。

1991年，珲春矿区指挥部机关管理机构：行政办公室、计划处、生产技术处、调度室、基本建设处、教育培训处、林业处、供应处、劳动工资处、卫生处、科技处、生活福利处、地质处、信访处、审计处、安全监察处。

直属单位：蛟河煤矿、英安煤矿、城西煤矿、土建工程处、劳动服务公司、职工总医院、技工学校。

1993年11月，成立珲春煤炭工贸企业集团总公司，实行了主辅分离和"三条线"管理，对非煤产业整合设立了8大公司，形成以煤为主多元经营格局。

2000年，珲春矿务局机关管理机构：生产处、调度室、安监局、通风处、地测处、审计处、企管处、财务处、多种经营综合处、多种经营项目处、多种经营管理处、行政处、教育委员会、离退休管理处、行政办公室、组干处、政策研究室、设计处、动力处、计划处、劳资处、社保处、信访处、计划生育办公室、公安处。

直属单位：蛟河煤矿、英安煤矿、城西煤矿、三道岭煤矿、小井管理处、运销公司、电力设备公司、供应处、建筑总公司、汽运总公司、多种经营总公司、服务总公司、氨基酸厂、机电总厂、蛟河化工厂、通信中心、春宝公司、供水供热处、矿务局总医院。

2000年，对地面非煤产业整合，成立8个非煤产业公司：综合实业总公司、物资供应公司、建设工程公司、电力设备公司、运销公司、多种经营公司、劳动服务公司、技术开发公司。机关处室设置：组干处、宣传部、纪委监察处、工会、团委、办公室、安监处、通风处、总调度室、生产处、地测处、动力处、计划处、设计处、基建处、合同处、财务处、劳资处、社保处、企管处、法律顾问处、计划生育办公室。

2005年12月27日，成立珲春矿业（集团）有限责任公司。设立董事会、监事会。所属各单位设立经营管理机构，实行经理负责制。按规定设立党组织和工会、共青团组织。

2010年，珲春矿业（集团）有限责任公司机关管理机构：办公室、党委工作部、工会、纪委（监察审计部）、生产技术部、安全监管部、通风部、机电装备部、规划发展部、企业管理部、财务部、人力资源部、信访保卫部、网络办公室。

直属单位：八连城煤业有限公司、板石煤业有限公司、建设工程有限公司、供水有限公司、广通网络传媒有限公司5个子公司，英安煤矿、供应分公司、供电分公司、运销分公司、机电分公司5个分公司，总医院、安全技术培训中心、矿山救护大队、长春办事处4个直属机构。

1991—2010年珲春矿业公司（矿务局）历任领导干部名单见表1-3-5。

表1-3-5 1991—2010年珲春矿业公司（矿务局）历任领导干部名单

职 务	姓 名	任 职 时 间
局长 （1992年10月前为矿区指挥）	孙凤廉	1991年1月至1993年10月
	王金力	1993年10月至1995年4月
	刘随生	1995年4月至1997年8月
	陈官礼	1997年8月至2000年9月
	隋世才	2000年9月至2005年12月
董事长	隋世才	2005年12月至2008年8月
	赵万贵	2008年8月至2009年10月
	杨福君	2009年10月至2010年12月
党委书记	董连庆	1991年1月至1992年2月
	谢福田	1992年2月至2000年9月
	徐晓春	2000年9月至2008年2月
	孙富春	2008年2月至2009年9月
	尹昌胜	2010年3—12月
总经理	贾立明	2005年12月至2008年8月
	王耀刚	2008年9月至2009年9月
副局长 （1992年10月前为矿区副指挥）	何 禄	1991年1月至1995年5月
	易识钟	1991年1月至1993年11月
	郭守平	1991年1月至2005年7月
	冯 文	1991年1月至2000年9月
	张忠青	1991年1月至1995年5月
	王金力	1992年9月至1993年10月
	陈官礼	1993年10月至1997年8月
	李凤悟	1995年5月至1999年2月
	贾 涛	2000年9月至2001年12月

表1-3-5（续）

职　　务	姓　　名	任　职　时　间
副局长 （1992年10月前为矿区副指挥）	徐炳财	1997年12月至2002年5月
	王东河	2002年5月至2005年12月
	王　延	2002年8月至2005年12月
	巩　富	2003年1月至2005年12月
	张金峰	2005年5—12月
副总经理	张金峰	2005年12月至2006年6月
	巩　富	2005年12月至2010年12月
	王东河	2005年12月至2010年12月
	朱学成	2005年12月至2010年12月
	李　兴	2005年12月至2010年12月
	李成荣	2007年2月至2010年12月
	高兴奎	2009年8月至2010年12月
	姚久成	2009年12月至2010年12月
党委副书记	谢福田	1991年3月至1992年2月
	裴金龙	1991年3月至1995年5月
	徐晓春	1994年8月至2009年8月
	于德海	2000年至2005年12月
	尹昌胜	2009年10月至2010年3月
纪委书记	于德海	1991年1月至1997年12月
	王　延	1997年12月至2002年8月
	于德海	2002年8月至2010年12月
安监局长	刘志民	1991年1月至1995年5月
总工程师	朱维刚	1991年1月至1992年8月
	杜连璧	1992年9月至1997年12月
	马维国	1997年12月至2005年12月
	徐友林	2005年12月至2009年9月
	黄敬恩	2009年9月至2010年12月
总会计师	赵恒印	1991年1月至2000年9月
	张金峰	2002年5月至2006年6月
	蒋伟良	2006年6月至2009年9月
	乔光祥	2009年9月至2010年12月
总经济师	徐炳财	1995年11月至1997年12月
工会主席	金昌俊	1992年2月至1996年9月
	于德海	1997年12月至2005年12月
	苏学山	2005年12月至2010年12月
监事会主席	于德海	2005年12月至2010年12月

六、杉松岗矿业公司

杉松岗矿业（集团）有限责任公司前身是杉松岗煤矿，为吉林省地方煤矿，隶属吉林省煤炭工业局。1994年4月，隶属吉林煤炭工业管理局（吉林省煤炭工业局）。2002年12月，改制为杉松岗矿业（集团）有限责任公司，隶属吉林省煤炭工业局。2009年1月，隶属吉煤集团，为吉煤集团成员企业。

1991年，全矿职工2298人，机关内设管理机构：办公室、计划科、劳资科、财务科、生产技术科、安全监察处、武装部、保卫科、调度室、总务科、教育科、企管科、开发办、审计办、监察室、清欠办公室、党委组织部、党委宣传部、团委。

直属单位：一井、二井、三井、七井、洗煤厂、土建队、电厂指挥部、营运科、机电厂、供应科、劳动服务公司、生产公司、医院、杉松岗煤矿中学、杉松岗煤矿小学、技工学校。

2000年，杉松岗煤矿机关内设机构：办公室、安监处、通风处、调度室、劳资科、财务处、保卫科、计划科、生产技术科、武装部、教育科、企管科、审计办公室、检察室、清欠办公室。

直属单位：杉松岗煤矿中学、杉松岗煤矿小学、技工学校、职工医院、矿山救护队、营运科、调运处、地质煤炭处、营运处、煤质处、水电管理处、仓储科、销售处、体制改革办公室、住房改革办公室。

2002年12月，杉松岗煤矿改制为杉松岗矿业公司。煤矿与集团公司一个管理体制，两块企业牌子。集团公司有8个成员企业。

2006年11月29日，吉林省通化市中级人民法院宣告，杉松岗煤矿破产还债。2008年底，杉松岗煤矿破产工作基本完成。

2009年1月，杉松岗矿业公司隶属吉煤集团。

2010年末，杉松岗矿业公司机关内设管理部门13个：综合办公室、财务部、人力资源部、生产技术部、安全监管部、企划部、信访保卫部、机电运输部、党委工作部、团委、监事会办公室、纪委纪检监察审计室、工会工作部。

直属单位6个：销售公司、物资供应中心、机关服务中心、员工培训中心、救护队、海龙销售部。

公司成员企业：靖宇县龙马煤矿、杉松岗一矿、新胜煤矿、卓越股份公司、正方股份公司、靖宇天宇海绵铁有限公司、靖宇华宇洗煤厂、卓越生物技术有限公司、青岛卓越海洋科技有限公司。

1991—2010年杉松岗矿业公司（杉松岗煤矿）历任领导干部名单见表1-3-6。

表1-3-6　1991—2010年杉松岗矿业公司（杉松岗煤矿）历任领导干部名单

职　务	姓　名	任　职　时　间
矿长	王树礼	1991年1月至1992年3月
	王有利	1992年7月至1993年3月
	王树礼	1993年3月至1998年5月
	赵清源	1998年5月至1999年10月
	郑方银	1999年10月至2003年2月
董事长	郑方银	2003年2月至2009年10月
	张　婧	2009年10月至2010年12月

表1-3-6（续）

职务	姓名	任职时间
党委书记	潘魁才	1991年1月至1992年3月
	王树礼	1992年3月至1998年2月
	颜广全	1998年2月至1999年10月
	郑方银	1999年10月至2001年12月
	张文刚	2001年12月至2003年2月
	郑方银	2003年2月至2008年2月
	刘将军	2008年2月至2009年1月
	刘立军	2009年1月至2010年12月
总经理	郑方银	2003年2月至2008年6月
	张婧	2008年6月至2010年12月
副矿长	郑国生	1991年1月至1992年3月
	马占江	1991年1月至1998年5月
	马坤	1991年1月至1993年3月
	董春拂	1992年3月至1993年3月
	邱卫明	1992年2月至1998年5月
	王有利	1993年3月至1998年5月
	张文刚	1993年3月至1998年5月
	郑连明	1993年3月至2003年3月
	周绍文	1996年10月至1998年5月
	刘春华	1998年5月至2003年3月
	刘德海	1998年5月至2003年3月
	陈福和	1998年5月至2003年3月
副经理	郑连明	2003年3月至2006年11月
	刘德海	2003年3月至2006年11月
	刘春华	2003年3月至2010年12月
	陈福和	2003年3月至2006年11月
	张婧	2003年3月至2006年4月
	郭铁珊	2003年3月至2006年4月
	郑方国	2003年3月至2006年4月
	刘将军	2003年3月至2008年2月
	霍庆祥	2006年4月至2010年12月
	刘惠斌	2006年4月至2010年12月
	郝清华	2005年1月至2010年12月
	杨福生	2009年11月至2010年12月
	李学先	2009年11月至2010年12月
	丛学良	2010年1—12月

表 1-3-6（续）

职　务	姓　名	任 职 时 间
党委副书记	李春和	1991 年 1 月至 1992 年 2 月
	颜广全	1992 年 3 月至 1998 年 2 月
	张文刚	1998 年 2 月至 2001 年 12 月
	杨儒范	2003 年 12 月至 2006 年 4 月
	李国栋	2006 年 4 月至 2009 年 10 月
纪委书记	孙盛廉	1991 年 1 月至 1992 年 2 月
	张文刚	1992 年 2 月至 1993 年 3 月
	颜广全	1993 年 3 月至 1998 年 6 月
	张文刚	1998 年 6 月至 2005 年 4 月
	李国栋	2005 年 4 月至 2006 年 4 月
	杨儒范	2006 年 4 月至 2010 年 12 月
总工程师	赵清源	1992 年至 1993 年 3 月
	刘春华	2003 年 8 月至 2005 年 5 月
	王明生	2005 年至 2006 年 4 月
	刘惠斌	2006 年 4 月至 2010 年 12 月
总会计师	周绍文	1992 年 2 月至 1998 年 8 月
	张永涛	2007 年 2 月至 2009 年 10 月
	李学先	2009 年 11 月至 2010 年 12 月
工会主席	颜广全	1991 年 4 月至 1995 年 3 月
	姜连武	1995 年 3 月至 2001 年 4 月
	陈福和	2001 年 4 月至 2003 年 8 月
	李志军	2003 年 8 月至 2010 年 12 月

第二节　煤机制造企业

一、辽源煤矿机械制造有限责任公司（辽源煤矿机械厂）

1983 年，辽源煤矿机械厂隶属东北内蒙古煤炭工业联合公司。1992 年，被国务院经贸办等六部委评定为国家大型二档企业。1994 年 3 月，东煤公司撤销，隶属吉林煤炭工业管理局。2005 年 9 月，划归辽源矿务局管理。2006 年 9 月，企业改制，更名为辽源煤矿机械制造有限责任公司，隶属辽源矿业公司。

1992 年 5 月，辽源煤矿机械厂设监察审计室、销售处、标准化办公室、CAD 工作站、工艺研究所、液压研究所、劳务市场办公室。

1994 年 10 月，设立信访法律顾问室、振源公司、医疗中心、协作办。原装配车间改名为总装分厂。同年 11 月，设审计处、公安处。1996 年 1 月，设清欠办公室。1997 年 1 月，设职教办、运输公司、水电公司。1998 年 2 月，设置再就业服务中心办公室、配件公司、物资经销公司。同年 5 月，厂办与党办合并为党政办公室。1999年7月，计量科划归质量管理检查处。2000年1月，党、政办公室分设；同年8月，铸造分厂分设为铸钢分厂和铸铁分厂。同年11月，设立接待科、亚星运输公司。

2010年12月，辽源煤矿机械制造有限责任公司生产单位包括铸造分厂、锻造分厂、铆焊分厂、热处理分厂、一加工分厂、二加工分厂、三加工分厂、液压分厂、总装分厂、水暖分厂，机关职能部门设生产管理部、质量管理部、人力资源部、财务管理部、设备管理部、经济保卫部、市场服务部、安全监察部、企业管理策划部、生活公司、销售公司、供应公司、技术中心办公室、产品研究所、工艺研究所、电气研究所、社会产品开发公司、审计监察科、公司办公室（小车班、招待所、档案室）、离退休管理办公室。

1991—2010年辽源煤矿机械制造有限责任公司（辽源煤矿机械厂）历任主要领导名单见表1-3-7。

表1-3-7　1991—2010年辽源煤矿机械制造有限责任公司（辽源煤矿机械厂）历任主要领导名单

职务	姓名	任职时间
厂长	张春阳	1991年1月至1992年4月
	李铠	1992年4月至1994年10月
	张雅森	1994年1月至1999年11月
	崔福轩	1999年11月至2005年9月
	岳连华	2005年9月至2006年9月
董事长	岳连华	2006年9月至2007年6月
	朱世宝	2007年6月至2009年12月
	崔凯	2009年12月至2010年12月
总经理	陈刚	2006年9月至2007年4月
	董久瑞	2007年4月至2009年12月
	崔凯	2009年12月至2010年12月
党委书记	张春阳	1991年1月至1994年10月
	李铠	1994年10月至1999年10月
	朱宝君	1999年11月至2005年9月
	张怀玉	2006年9月至2007年6月
	林昊	2007年6月至2009年12月
	董久瑞	2009年12月至2010年12月

二、长春东北输送设备制造有限公司（营城煤矿机械厂）

营城煤矿机械厂前身是营城煤矿机械配件厂，1979年1月1日，营城煤矿机械配件厂从营城煤矿分离出来独立经营，为营城煤矿机械厂，归吉林煤炭工业管理局直管。1983年，归东煤公司管理，

1987年，经国家机械委员会批准为全国煤炭机械行业41家重点企业之一。1994年3月，东煤公司撤销，归吉林煤炭工业管理局（吉林省煤炭工业局）管理。2005年8月，依法破产，资产重组改制更名为长春东北输送设备制造有限公司，为国有独资企业。2008年11月，东输公司被国际煤机集团公司下属的黑龙江翔坤物资经贸公司托管。10个月后，黑龙江翔坤物资经贸公司单方面弃管。2009年9月，吉林省国资委委托吉煤集团对东输公司全权管理，成为吉煤集团所属单位。

1991年1月至2005年10月，营城煤矿机械厂实行厂长负责制。2005年10月至2010年12月，为资产重组、企业改制，实行公司制体制。成立东输公司董事会和监事会，董事会由7人组成。指定赵立贵为公司董事长，李启忠为副董事长，任命陈庆伟，袁凤柱为公司监事会成员。任命陈庆伟为公司监事会主席。

2009年11月17日，吉煤集团党委任命王喜绵为长春东北输送设备制造有限公司党委书记；27日，吉煤集团董事会任命王喜绵为长春东北输送设备制造有限公司董事、董事长。

1991—2010年东输公司（营城煤机厂）历任主要领导干部名单见表1-3-8。

表1-3-8　1991—2010年东输公司（营城煤机厂）历任主要领导干部名单

职　务	姓　名	任　职　时　间
厂长	王玉发	1991年1月至2004年5月
厂长	赵立贵	2004年5月至2006年4月
董事长、总经理	赵立贵	2006年4月至2009年11月
董事长、总经理	王喜绵	2009年11月至2010年12月
党委书记	朱立江	1991年1月至1995年11月
党委书记	赵立贵	1995年11月至2006年12月
党委书记	陈庆伟	2006年11月至2009年11月
党委书记	王喜绵	2009年11月至2010年12月

三、吉林省蛟河煤机制造有限责任公司（蛟河煤矿机械厂）

1991年，蛟河煤矿机械厂隶属东煤公司设备制造公司。1994年3月，隶属吉林煤炭工业管理局（吉林省煤炭工业局）。2002年5月，吉林省煤炭工业局批准蛟河煤矿机械厂改制为吉林省蛟河煤机制造有限责任公司，隶属吉林省煤炭工业局。

2004年，蛟河煤机公司被吉林省政府列入全省首批改制并轨试点企业。原蛟河煤矿机械厂被纳入17户政策性关闭破产企业之一。2006年，吉林市中级人民法院正式宣布原蛟河煤矿机械厂关闭破产，原蛟河煤矿机械厂职工身份置换进入蛟河煤机公司。

2009年1月，蛟河煤机公司隶属吉煤集团，为吉煤集团企业。

1991—2010年吉林省蛟河煤机制造有限责任公司（蛟河煤矿机械厂）历任主要领导干部名单见表1-3-9。

表1-3-9 1991—2010年吉林省蛟河煤机制造有限责任公司（蛟河煤矿机械厂）历任主要领导干部名单

职　务	姓　名	任　职　时　间
厂长	王忠海	1991年1月至1993年4月
	时正一	1993年4月至1995年11月
	王文成	1996年11月至1998年3月
	顾乃玉	1998年3—9月
	王喜绵	1998年9月至2002年5月
董事长、总经理	王喜绵	2002年5月至2010年12月
党委书记	唐殿武	1991年1月至1993年4月
	王文成	1995年11月至1998年3月
	李明贵	1998年10月至2003年3月
	张敬海	2003年3月至2010年12月

第四章　事业单位管理体制与机构

第一节　吉林省煤田地质局

吉林省煤田地质局的前身是成立于20世纪50年代的吉林省煤田地质勘探公司。东煤公司成立后，吉林省境内的煤田地质勘探单位统一划归东煤公司煤田地质局。

1991年，由东煤公司煤田地质局统一管理的吉林省煤田地质单位有102勘探队、112勘探队、203勘探队、十二勘探公司、第二物测队、长春煤田地质研究所、公主岭干校、公主岭钻探机械厂、长春房屋建设开发公司、长春基础工程公司及长春办事处等11家单位。1994年3月，东煤公司撤销，东煤公司煤田地质局及所属东北煤田地质勘探单位一并划归中国煤田地质总局管理。

1998年7月，吉林省煤田地质系统单位下放吉林省管理。1998年12月21日，吉林省编办批准长春办事处更名为吉林省煤田地质局（处级单位），负责对吉林省煤田地质勘探单位管理。

2006年12月21日，吉林省编办《关于明确吉林省煤田地质局机构规格等事宜的批复》，同意吉林省煤田地质局相当于按副厅级规格待遇。

2010年，吉林省煤田地质局机关机构设有行政办公室、党委办公室、财务审计处、人事处、规划发展处、地质勘查处、装备管理处7个职能处室。所属县处级单位11个：102勘探公司、112勘探公司、203勘探公司、物探公司、勘察研究院、钻探机械厂、基础公司、房屋公司、岩土公司、地质调查总院、地质大厦管理中心。

1999—2010年吉林省煤田地质局历任领导干部名单见表1-4-1。

表1-4-1　1999—2010年吉林省煤田地质局历任领导干部名单

职　　务	姓　名	任　职　时　间
局长	全喜林	1999年1月至2001年4月
	皮世凤	2001年4月至2010年12月
党委书记	皮世凤	1999年3月至2001年4月 2002年5月至2007年5月
	邱金宝	2007年5月至2010年4月
副局长	张龙石	1999年1月至2001年4月
	于树旺	2001年4月至2010年12月
	姜忠英	2001年4月至2010年12月
	杨立明	2003年9月至2010年12月
党委副书记、纪委书记	王春山	2001年4月至2002年3月
	陈密生	2010年11—12月
总会计师	周绍文	2008年8月至2010年12月

第二节　科研单位

一、长春煤炭科技中心（长春煤研所）

长春煤炭科技中心前身是东煤公司科技中心，1988年10月成立，由长春煤炭科学研究所（简称长春煤研所）、东煤公司情报所、沈阳煤炭科学研究所、东煤公司科技处合并组建。

1992年，东煤公司成立节能监测中心，挂靠在科技中心。1993年1月1日起，长春煤炭科技中心管辖的长春煤炭科学研究所独立，与长春煤炭科技中心分账核算，人事、财务、后勤等部门自行管理。

1994年，东煤公司撤销后，煤炭工业部下发《关于同意东煤公司科技中心更名的通知》，东煤公司科技中心更名为长春煤炭科技中心，隶属吉林煤炭工业管理局。1997年，东煤公司环境保护研究所从长春煤炭科技中心划出独立，成为吉林煤炭工业管理局直属单位。

1998年，吉林煤炭工业管理局批准长春煤炭科技中心与长春煤炭科学研究所机构重组，一个机构、两块牌子。

2000年1月，吉林省编办印发文件，同意长春煤炭科技中心加挂吉林省煤矿安全技术中心牌子，增加煤矿安全方面的科研、开发、技术咨询与服务职责。

2000年4月，吉林省科委、财政厅、编办联合印发文件，认定长春煤炭科学研究所为省级科研机构。

2008年6月，吉林省煤炭工业局批准科技中心所属的长春东煤高技术开发公司股份制改造为长春东煤高技术股份有限公司。

2010年1月，吉林省编委同意长春煤炭科技中心（长春煤研所）划归吉林省能源局管理。

2010年，长春煤炭科技中心（长春煤研所）机关内设科技发展处、财务处、人事处、办公室等4个处室。直属企业单位有长春东煤高技术股份有限公司、长春市东煤实验工厂、吉林省东煤安全技术有限责任公司、长春龙威电子有限责任公司、长春龙威消防工程有限公司、长春广厦物业管理有限公司、吉林省东煤机械制造有限责任公司（参股企业）等7个。

1991—2010年长春煤炭科技中心（长春煤研所）历任主要领导干部名单见表1-4-2。

表1-4-2 1991—2010年长春煤炭科技中心（长春煤研所）历任主要领导干部名单

职务	姓名	任职时间
主任	张印轩	1991年1月至1996年4月
	王金力	1996年4月至1997年1月
	张印轩	1997年1月至1998年3月
	连文金	1998年3月至1999年5月
	孙鸿志	1999年5月至2001年8月
	赵 旭	2001年9月至2006年12月
	王宝才	2006年12月至2010年
党委书记	张印轩	1991年1月至1998年3月
	李德民	1998年3月至1999年5月
	孙鸿志	1999年11月至2001年8月
	陈官礼	2001年9月至2008年7月
党委副书记	何洪球	1991年1月至1992年3月
副主任	吴俊天	1991年1月至1996年2月
	唐 军	1991年1月至1994年
	程建华	1991年1月至1994年12月

二、吉林东北煤炭工业环保研究有限公司（东北煤炭工业环境保护研究所）

吉林东北煤炭工业环保研究有限公司前身是东北煤炭工业环境保护研究所，原名东煤公司环境保护监测中心站。

1986年，环境保护监测中心站成建制划归长春煤炭科学研究所。1989年，东煤公司科技中心成立后，隶属东煤公司科技中心。1990年3月，东煤公司将监测化验室更名为东煤公司环境保护研究所，职工61人。

1995年，煤炭工业部同意将东煤公司环境保护研究所更名为东北煤炭工业环境保护研究所。1997年，吉林煤炭工业管理局决定，东北煤炭工业环境保护研究所从科技中心划出独立经营，为省局直属单位。1998年8月，东北煤炭工业环境保护研究所与吉林省重点煤矿一起下放到吉林省管理。1999年，吉林省机构编制办公室为该所核发事业单位编制管理证，编制50人。2000年5月，东北煤炭工业环境保护研究所由事业单位转为国有企业，隶属吉林省煤炭工业局。同年，东北煤炭工业环境保护研究所下设环保产品研究室、环境评价室、煤炭化验室和岩土实验室。

2007年7月，东北煤炭工业环境保护研究所更名为吉林东北煤炭工业环保研究有限公司，隶属吉林省煤炭工业局。改制后的公司，机构科室改为事业部，实行董事会负责制。2009年，吉林东北煤炭工业环保研究有限公司隶属吉煤集团。

1991—2010年吉林东北煤炭工业环保研究有限公司（东北煤炭工业环境保护研究所）历任主要领导干部名单见表1-4-3。

表1-4-3　1991—2010年吉林东北煤炭工业环保研究有限公司
（东北煤炭工业环境保护研究所）历任主要领导干部名单

职　务	姓　名	任　职　时　间
所长	战兴润	1991年1月至1993年7月
所长	李秀祥	1995年2月至1998年2月
所长、董事长	齐祥	1998年2月至2010年12月
书记	李秀祥	1998年2—8月
书记	齐祥	1998年8月至2000年3月
书记	张雅森	2000年3月至2001年7月
书记	王运启	2001年7月任职

三、长春煤炭设计研究院

长春煤炭设计研究院成立于1973年，原名吉林煤矿设计研究院，是煤炭工业部属设计院，隶属吉林省煤炭工业局管理。1983年，隶属东煤公司，更名为东北内蒙古煤炭工业联合公司长春煤矿设计院。1994年，隶属吉林煤炭工业管理局，更名为长春煤炭设计研究院。2009年1月，隶属吉林省能源局。2010年3月，隶属吉煤集团。

专业设置：采矿、建井、选煤、矿山机电、机械、电力、电气自动控制、通讯、信号、建筑、结构、给水排水、暖通空调、环保、总图、公路及铁路运输、技术经济、工程测量等专业。有勘测队和出版所2个生产单位。

内设机构：办公室、生产经营办公室、技术科、财务科、资料档案室、车队。

2000年，长春煤炭设计研究院具有采矿、地下工程、岩土工程、市政、建材、环保、监控、消防、工程咨询、工程总承包等多种资质。2007年5月，吉林省煤炭工业局决定，吉林省煤矿设计院合并于长春煤炭设计研究院。

1991—2010年长春煤炭设计研究院历任主要领导干部名单见表1-4-4。

表1-4-4　1991—2010年长春煤炭设计研究院历任主要领导干部名单

职　务	姓　名	任　职　时　间
院长	程建华	1991年1月至1992年5月
院长	常忠立	1992年5月至1994年8月
院长	李成泰	1994年8月至1999年5月
院长	孙立翔	1999年5月至2010年12月
院长	宋子玉	2010年12月任职

吉林煤炭工业志

第二篇
煤田地质与勘测

第一章 机构和队伍

第一节 机构

1991年至1994年3月,吉林省煤田地质勘探工作由东北内蒙古煤炭工业联合公司煤田地质局(简称东北煤田地质局)管理。东北煤田地质局办公地点设在辽宁省沈阳市。1991年,吉林省内煤田地质勘探单位有:102勘探队、112勘探队、203勘探队、第二物测队、长春勘察院、公主岭钻探机械厂、公主岭党校(干校)、东煤长春建筑基础工程公司、长春办事处。截至1993年底,共有职工3990人。

1994年3月,东煤公司撤销,但吉林省煤田地质勘探工作仍归东北煤田地质局管理,直至1998年全国煤田地质勘探系统下放地方管理。

1998年12月21日,吉林省编办印发《关于东北煤田地质局驻长春办事处更名的批复》,同意驻长春办事处更名为吉林省煤田地质局。1999年3月12日,吉林省煤田地质局正式挂牌成立,隶属吉林省煤炭工业局。2006年12月21日,吉林省编办印发《关于明确吉林省煤田地质局机构规格等事宜的批复》,同意吉林省煤田地质局按副厅级待遇。吉林省煤田地质局内设行政办公室、党委办公室、计划财务处、人事处、生产处(地质处)。共有机关干部35人。

2009年初,吉林省煤炭工业局撤销。2009年4月,吉林省能源局成立。2009年5月,吉林省煤田地质局划归吉林省能源局管理。

依据《关于东北煤田地质局驻长春办事处更名的批复》,吉林省煤田地质局负责地勘单位的国有资产和国(省)拨地质勘查经费(专项经费)的安排和使用工作,组织实施地勘单位的改革和发展工作,统一管理全省煤田地质勘探单位。

第二节 队伍

1998年,吉林省煤田地质勘探系统下放地方管理时实有人数4632人,其中,在职职工2592人,离退休人员2040人,在职职工全部在省编办落编。勘探队和物测队分别更名为勘探公司和物探公司。截至2010年末,实有人数4570人,其中,在职职工2084人,离退休人员2486人。根据吉林省编办文件,煤田地质局事业单位确定编制数额2128人。

吉林省煤田地质局全局人员在职人员2084人。其中,管理人员298人,占14.30%;专业技术人员480人,占23.03%;工勤人员1306人,占62.67%。全局共有12个所属县处级单位,分别为吉林省煤田地质102勘探公司(驻地梅河口市)、112勘探公司(驻地延吉市)、203勘探公司(驻地四平市)、吉林省煤田地质物探公司(驻地长春市)、吉林省煤田地质勘察设计研究院(驻地长春市)、公主岭钻探机械厂(驻地公主岭市)、公主岭干校(驻地公主岭市)、吉林东煤建筑基础工程公司(驻地长春市)、长春东煤房屋建设开发公司(驻地长春市)、吉林省岩土工程公司（驻地长春市）、吉林省煤炭地质调查总院（驻地长春市）、地质大厦服务管理中心（驻地长春市）。

2010年，吉林市、四平市和辽源矿业公司各拥有一支煤田地质勘探队伍，共有职工136人，各类钻机17台。

第二章 煤 田 地 质

第一节 成煤时代与含煤地层

吉林省的含煤地层在平面分布、形成时代和沉积类型上具有多样性和复杂性。

成煤期时代：晚石炭世—早二叠世、晚三叠世、早中侏罗世、早白垩世、古近纪—新近纪，均有含煤地层发育，甚至第四纪也发育了较广泛的泥炭层。

含煤沉积盆地构造类型：滨海平原盆地、中小型内陆断陷盆地。

沉积类型：海相、海陆交互相、陆相。中生代和新生代的含煤岩系、煤层主要发育在陆相湖泊体系的湖泊相泥岩之下——湖滨三角洲边缘相带、湖泊相泥岩之上——湖泊淤浅的三角洲平原和洪泛平原。晚古生代石炭二叠纪含煤地层分布在吉林省南部，大致呈东西向分布。中、新生代含煤地层则全省均有分布，且一般多呈北东向分带。

根据煤田（盆地）分布特点将省内划分为8个赋煤带，即大兴安岭赋煤带、松辽盆地西部赋煤带、松辽盆地东部赋煤带、伊舒断陷赋煤带、吉林省中部赋煤带、敦密断陷赋煤带、吉林省东部（延边）赋煤带和吉林省南部赋煤带。

一、晚古生代含煤地层

石炭二叠纪含煤地层仅分布在吉林省南部赋煤带内。主要分布在呈北东向的浑江复向斜内和近东西向的长白县条带内，在三源浦附近有零星分布的石炭纪地层，但未发现煤层。浑江复向斜从杨木桥子起，经铁厂、八道江、苇塘、湾沟、松树镇呈断续分布。其地层自下而上可划分为石炭系的本溪组、太原组，二叠系的山西组、下石盒子组、上石盒子组和孙家沟组。其中：下石盒子组以上地层为不含煤或不具可采煤层的地层，而太原组和山西组为主要含煤地层，本溪组局部含煤层。

二、早中生代含煤地层

早中生代含煤地层主要分布在吉林省南部赋煤带内，在大兴安岭赋煤带、吉林省中部赋煤带内也有零星分布。大兴安岭赋煤带分布有下侏罗统红旗组，中侏罗统万宝组；吉林省南部赋煤带分布有上三叠统北山组（或称小营子组），下侏罗统冷家沟组、杉松岗组，中侏罗统望江楼组或侯家屯组；吉林省中部赋煤带内的双阳—盘石一带分布有上三叠统大酱缸组，下侏罗统板石顶子组和中侏罗统太阳岭组，含煤性一般较差。

三、晚中生代含煤地层

晚中生代含煤地层是吉林省最重要的含煤地层，含煤岩系分布呈北东向条带，在一系列中小型断陷盆地内。自西向东可划分5个赋煤带，分别为：松辽盆地西部赋煤带，在平安镇、镇赉—洮安、高力板、瞻榆等数个断陷盆地内，可能有晚中生代含煤地层分布，仅镇赉—洮安、巨流河、沙力好来有相当煤系地层赋存，并在巨流河、沙力好来见有可采煤层，其他仅据物探资料分析；松辽盆地东部赋煤带，在四平—长春—九台一线的广大区域内的几个中小型盆地内，赋存有下白垩统含煤地层，为沙河子组、营城组；吉林省中部赋煤带，主要含煤盆地有辽源、平岗、双阳—长岭、蛟河等，其含煤地层分别为久大组、安民组、长安组和金州岗组、二道梁子组、奶子山组和中岗组；吉林省东部（延边）赋煤带，含煤地层分布于延吉、安图、和龙、福洞、屯田营等10余个小型盆地内，其含煤地层统称下白垩统长财组；吉林省南部赋煤带，含煤盆地分布于柳河、三源浦、浑江北—三道沟及临江的烟筒沟等10余个断陷盆地中，含煤地层分别称亨通山组、三源浦组、五道沟组、苏密沟组、石人组、烟筒沟组。

晚中生代含煤地层沉积的共同特征是边缘具有冲积扇、扇三角洲沉积而以河流—湖泊体系为主体的沉积环境。

四、新生代含煤地层

新生代含煤地层的含煤性及其经济意义对吉林省来说仅次于晚中生代含煤地层，其分布具明显的分带性，主要分布在吉林省东半部。吉林省的古近纪含煤地层分布在3个条带中，即伊舒断陷赋煤带、敦密断陷赋煤带和吉林省东部（延边）赋煤带的东部。

第二节 地 质 构 造

以吉林省大地构造分区方案为基础，突出煤系赋存的区域构造控制条件，结合吉林省赋煤单元的划分方案，吉林省赋煤构造单元划分见表2-2-1。

表2-2-1 吉林省赋煤构造单元划分表

一级单元	二级单元	三级单元
华北赋煤区	吉林省南部赋煤构造带	铁岭—靖宇隆起（三棵榆树—杉松岗煤田）
		浑江隆起（浑江煤田、长白煤田）
东北赋煤区	大兴安岭赋煤构造带	万红坳陷（万红煤田）
	松辽盆地西部赋煤构造带	松辽西部断陷（瞻榆煤田）
	松辽盆地东部赋煤构造带	松辽东部隆起（双城堡—刘房子煤田、营城—羊草沟煤田、榆树煤田、四平—双辽煤田）
	吉林省中部赋煤构造带	石岭隆起（辽源煤田）
		吉林坳陷（双阳煤田、蛟河煤田）
	吉林省东部赋煤构造带	延边坳陷（延吉煤田、珲春煤田、凉水煤田、春化煤田、敬信煤田、三合煤产地）
		敦化隆起（屯田营—春阳煤田、和龙煤田、安图煤田）
	伊舒断陷赋煤构造带	伊舒断陷（伊通煤田、舒兰煤田）
	敦密断陷赋煤构造带	敦密断陷（梅河—桦甸煤田、敦化煤田）

一、浑江煤田

浑江煤田位于吉林省南部赋煤构造带内，该构造带被老岭背斜分成南北两条带煤产地：北条带为浑江复向斜，呈北东—北东东向展布，依次有杨木林子、铁厂、五道江、头道沟、六道江、八道江、砟子、苇塘、湾沟、松树镇等向斜和断块；南条带即长白区，呈东西向展布，主要有新房子、十三道沟、十八道沟等煤产地。

浑江煤田总体构造形态为两凹夹一凸，即北部的通化—浑江断陷褶断束，南部的集安—长白坳陷褶断束。盖层的构造变形极为复杂，主要构造特征表现为与断陷相平行的褶皱和推覆构造。

二、万红煤田

万红煤田位于白城地区洮南市—突泉县和科尔沁右翼前旗的相邻地区。北起俄体—白辛，东起桂林—东升，南至黑顶山—东杜尔基，西至榆树沟—复兴屯。煤田地处大兴安岭东坡，地势西部高，东部低，为仰山及丘陵地形。

煤田褶皱和断裂构造均很发育。褶皱可分为2组。第一组由侏罗系的1~3个向背斜构造。呈明显的反"S"形构造。岩层倾角一般为30°~60°，局部倒转。第二组主要由侏罗系任家沟组组成，轴向北北东。

断裂可分为4组。第一组走向与第一组褶皱轴向平行，属张性断裂。第二组、第三组走向分别相当于第一组褶皱扭裂的方位，多属正断层。具体走向随褶皱轴向的不同而变化。第四组走向与第二组褶皱平等，亦属张性断裂。

三、双阳煤田

双阳煤田位于吉黑褶皱带吉林复向斜的中部。煤田展布方向大致北西向，略呈S型坳陷盆地。三叠系上统大酱缸组及侏罗系下统板石顶子组的含煤地层由于印支晚期和燕山早期构造运动的影响、褶皱变形的作用而发生一定程度的改变，中侏罗世太阳岭组沉积之后又经燕山中期构造运动影响使之前的地层发生轻微的褶皱及断裂，部分地区的含煤地层和地层发生一定程度的倒转和推覆、滑覆，产生逆冲断层，老地层逆冲在新地层之上。到晚侏罗世晚期，至早白垩世早期经过燕山运动后期的构造运动，产生一系列的北东向及北北西向的断层并喷发出中性岩浆。早白垩世初期地壳下降沉积了很厚的白垩系。

四、和龙煤田

和龙煤田为北北西向的狭长地带，四周为古老的变质岩系，沉积岩与老地层的接触关系除西部松下坪以南及南部局部地段为不整合接触外，大多为断层接触。因而呈半地堑盆地构造。构造较为简单，有宽缓的褶皱和方向性明显的两组断裂。

煤田内为一宽缓向斜构造，其轴向北部为北北西向，由北向南渐转为南南西向，呈一弧形。地层倾角为5°~28°，本区断裂多为正断层，按方向大致可分为2组，一组为近南北向，另一组为近东西向，南北向断层应先形成，多被东西向断层所切。

五、舒兰煤田

舒兰盆地位于吉林省北部舒兰市和永吉县境内，西南起乌拉街，北东至黑龙江省与吉林省界。呈北东—南西向延伸的线型盆地。长约80千米，宽为3~7千米，面积400平方千米，舒兰盆地位于佳依地堑中南部，为一向倾斜的半地堑型断陷盆地。盆地内充填下第三系含煤地层，为东北区重要的褐煤产地之一。盆地基底由石炭—二叠系，白垩系下统登楼库组、嫩江组构成。盆地内充填第三系含煤地层，由老至新分别为古新统缸窑组，始新统新安村组、舒兰组，渐新统水曲柳组及中新统岔路河组和玄武岩层。含煤地层为舒兰组、新安村组及水曲柳组。舒兰组是盆地中的主要含煤岩组，一般含煤20~30层、局部50层（东富）。煤层总厚10~30米，可采8~12层，可采总厚9.59~19.35米。该含煤段连续性好，富煤带集中于盆地北部，且较稳定。新安村组仅含薄煤，一般为2~5层，局部可采。水曲柳组仅含薄煤层和煤线，均不可采。

六、珲春煤田

珲春煤田系新生代大型含煤盆地。其大地构造单元按传统地质学观点属兴蒙华力西褶皱带东宁—珲春褶皱系。

珲春含煤盆地总体构造方向为北东45°，盆地充填序列为古近系古、始、新世粗碎屑岩含煤建造及渐新世较细碎屑含煤建造。地层倾角小于15°。新生代沉积盆地基底为中生代晚侏罗世火山岩系及石岩二叠纪轻变质岩系。

珲春含煤盆地大致显示向南西倾伏的向斜构造，低序次构造表现为一系列北北东向和北东东向的断层。盆地内若干短轴背向斜系大断裂近似羽毛状构造，属更低序次构造。

第三节 煤田分布及特征

一、白城—万红煤田

白城—万红煤田位于吉林省西北部，东起白城市，西至吉林省与内蒙古自治区的交接处。2010年，区内有万宝煤矿红旗二井。勘查区有万宝煤矿外围普查区、白城市万宝煤田外围煤炭资源预查区。地表水系有洮儿河和那金河由西向东汇入松花江。

（一）含煤地层

本区主要含煤地层为侏罗系中统万宝组，为一套与酸性火山岩密切相关的含煤岩系，平均厚度500米。

本组平行不整合于红旗组之上或不整合于二叠系之上。

（二）构造

白城—万红煤田位于天山—兴蒙造山带（I_2）、大兴安岭弧盆系（II_2）、锡林浩特岩浆弧（III_3）、白城晚古生代残余海盆（IV_5）内，褶曲与断裂构造均发育，主要背斜（闹牛山背斜）轴向自北向南由北北西、近南北向转向南东东向，背斜两翼由两个向斜盆地（北翼为红旗盆地、南翼为万宝盆地）构成，该区仅占红旗、万宝盆地的一部分，其与闹牛山背斜轴部断陷形成了白城—万红煤田的一部分——万红矿区。

（三）岩浆岩

本区西北部松辽盆地西缘有海西期及燕山期花岗岩、玄武岩、安山岩等，煤系地层的上部及下部为火山碎屑岩系。煤系地层中火山岩侵入较少，对煤层后期破坏不大。

（四）煤层与煤质

本区含煤地层为侏罗系中统万宝组，煤系地层厚度200~800米，含煤18~24层，其中3层可采，一般厚0.7~1.5米，最厚可达4.52米。煤层发育与煤系地层沉积有着密切的关系，本区的西北部，闹牛山背斜的两翼煤系地层厚度相对较大，煤层沉积较稳定，煤层层数多，在背斜的轴部出现煤层露头，向东部发展万宝组煤系地层逐渐变薄，向盆地纵深发展倾角逐渐变缓。

区内中侏罗含煤地层的煤类以贫瘦煤为主，局部为肥煤。变质程度较高，硬度较大，灰分较高。

二、营城—羊草沟煤田

营城—羊草沟煤田位于吉林省中东部，九台市境内，北起扶余县，南至九台市放牛沟乡，西起长春市兴隆山镇，东至九台市其塔木镇。2010年，区内有辽源矿业公司龙家堡煤矿，长春羊草煤业股份有限公司（简称羊草煤业公司）一井、二井，吉林省宇光能源股份有限公司九台营城矿业分公司等矿井。勘查区有九台饮马河普查区、九台北部煤炭资源普查区、张家大院煤炭资源普查区、官地普查区、卢家—回回营普查区。

（一）含煤地层

本区主要含煤地层为白垩系下统沙河子组，该含煤地层在松辽盆地边缘向深部由薄变厚，本区厚度400~1200米，共分3段。

（二）构造

营城—羊草沟煤田位于天山—兴蒙造山带（I_2）、小兴安岭弧盆系（II_5）、放牛沟早古生代岛弧（IV_{10}）内，即松辽盆地东南隆起区，九台—长春凸起的东南边缘。

（三）岩浆岩

本区东南部松辽盆地东南缘有海西期及燕山期花岗岩、玄武岩、安山岩等火山岩体，煤系地层中火山岩体侵入较少。对煤层后期破坏不大。

（四）煤层与煤质

本区含煤地层为侏罗系上统沙河子组，含煤1~5层，可采或局部可采煤层3层。根据区内矿井资料，该区的煤类应为长焰煤。

三、舒兰煤田

舒兰煤田位于吉林省中部，吉林市区及舒兰市境内。煤田南西起于乌拉街，北东至平安镇，长为82千米，平均宽为2.8千米，面积229.6平方千米。2010年，区内有舒兰矿业公司二矿、三矿、四矿、五矿、六矿、七矿，舒兰市广源煤业有限公司一井、二井，舒兰市万泰煤矿等矿井。有水曲柳—平安找矿区、朝阳普查区、平安普查区、水曲柳二井普查区、舒兰街深部精查区等8个勘查区。该区属山间平原及低山地貌，地面标高为388.6~135.0米，高差253.6米。松花江干流从本区西侧流过，其支流遍布，水系发育。

（一）含煤地层

舒兰煤田主要煤系地层为古近系古新统新安村组及始新统舒兰组，舒兰组含煤性较好，为主要含煤地层。

本组地层划分含煤段和褐色泥岩段。

含煤段：主要岩性为灰色—灰白色砂岩、粉砂质泥岩、泥岩及褐色泥岩，含较多的炭化植物化石。含煤20~30层，其中局部可采及大部分可采的煤层8~13层，可采煤层总厚度9.59~19.35米；本段厚度123~490米。

褐色泥岩段：以含有小石英砾的厚层状褐色泥岩为主，该泥岩为块状构造、致密、均一，结构细腻，为标志层。本段含2层煤，局部可采。本段厚度95~300米。

（二）构造

舒兰煤田位于滨太平洋陆缘活动带（I_3）、松辽弧内断坳盆地（II_8）、伊舒裂陷带（IV_{24}）的东北段，整个煤田在倾向上为不对称向斜，在走向上为狭长的向斜盆地，盆地被数条北东向的走向正断层及倾向断层断开，形成地垒式断块构造。北西侧边界断层落差较大，一般为800~1000米，南东侧边界断层落差稍小，一般为400~600米。在该断裂带南东侧多处见煤层露头，呈现出完整的盆地形态。区内地层南东侧较缓，倾角一般为15°~30°，北西侧较陡，倾角一般为30°~45°，局部超过60°。

(三) 岩浆岩

区内未发现岩浆岩侵入体,断裂带外围出露大面积海西期花岗岩,为沉积古基底,对煤系地层无影响。

(四) 煤层与煤质

本区舒兰组含煤段平均厚度117.64米,共含煤8~25层,煤层总厚度5.1~59.1米,而其中层位较稳定,可对比的全区可采及大部分可采煤层7层。新安村组含煤层数多,煤层薄,多为不可采煤层,含煤性差,仅在区内局部见可采煤层。

煤田内除水曲柳镇附近为长焰煤外,其他矿井及勘查区均为褐煤。

四、辽源煤田

辽源煤田位于吉林省中南部,辽源市东辽县、东丰县、龙山区、西安区范围内。北与四平市相依,东南与吉林市和通化市毗邻,西南与辽宁省西丰县接壤。南北长62.50千米,东西宽37.50千米,总面积2343.75平方千米。2010年,区内有辽源矿业公司西安煤业公司125井、三区、六区、辽源市西安生利煤矿、德隆煤矿、双盛煤矿、大水缸煤矿等矿井。有大水缸煤矿外围煤炭资源普查、亮甲村煤炭资源普查等4个普查区。

(一) 含煤地层

辽源煤田主要含煤地层为中生代晚侏系上统的久大组、安民组及长安组。岩性均为火山碎屑岩及煤层,含煤地层顶、底界限清楚,由老到新为:久大组,厚度600~1500米;安民组,厚度30~180米;长安组,厚度100~300米。

(二) 构造

辽源煤田的大地构造处于天山—兴蒙造山带(I_2)、包尔汉图—温都尔庙弧盆系(II_4)、西保安早古生代被动陆缘(IV_7)。断裂构造发育,北东向断裂早于北西向断裂,故北西向断裂均切割北东向断裂。次级东西向断褶带与南北向横张断裂为火山喷发通道。由于坳陷盆地所处地理环境不同,靠近火山喷发较近的地方堆积了大量的火山岩系。其间沉积了煤系地层,如久大和安民2个成煤阶段,发展到长安含煤段,是由于地壳运动相对稳定,火山喷发结束,沉积幅度由中间向边缘厚度逐渐减小,变薄以致尖灭,致使坳陷沉积不对称。

区内由北东—南北向排列着3个构造级别,其中东西向构造是最古老的一级构造,北西向、北东向2组断裂构造属同沉积构造。北西向断裂构造控制含煤盆地的展布方向,属于二级构造;北东向断裂属于三级构造。盆地平面形态为等腰三角形,东西向构造(南部)与盆地演化中形成的后期构造—北东向、北西向线性构造联合控煤。

辽源盆地地层总体呈南北向和东西向展布,沉积中心厚,向两翼及边缘变薄。剖面形态为向斜构造。

(三) 岩浆岩

辽源盆地岩浆活动相对较少,有晚古生代海西期花岗岩,以及中生代、新生代中、基性侵入岩和喷发岩。新生代岩浆活动表现为超浅层基性侵入岩体。

(四) 煤层与煤质

(1) 长安组煤层:主要分布在平岗、辽源(长安、大营、新生、金州岗、大水缸)2个聚煤坳陷内。平岗坳陷共发育可采或局部可采煤层5层,其中第四层煤发育最好。辽源坳陷发育巨厚煤层沉积(5~50米)。煤层多呈单一结构。

(2) 安民组煤层:煤层沿走向比较稳定,但沿倾向方向变化很大、且不稳定,煤层结构复杂,为多个煤层组合而成的复煤层。

(3) 久大组煤层：分布范围较广，在平岗的久大、悦安、潘家窑、东方红，辽源的仙人沟、安恕、小城子、渭津、辽河源等地均有出露。该组煤层沉积厚薄不一，有尖灭现象。共有煤层 2～8 层，有 1～3 层可采，煤层不稳定，厚度变化大。煤层结构复杂。

辽源煤田的煤类多为气煤及长焰煤，局部为无烟煤、贫煤。

五、双阳煤田

双阳煤田位于吉林省长春市的双阳区、磐石市及永吉县境内，其范围南起磐石市的明城镇，北至双阳区长岭子镇的三姓店和永吉县金家镇的红旗堡一带，东到石溪乡，西至小梨河乡附近。长为 55 千米，平均宽为 47 千米，面积 2000 多平方千米。2010 年，区内有长春市双阳区八面石煤矿西井，双阳区长岭煤矿一井，吉林省华安矿业有限公司双阳煤矿，双阳区二道煤矿南山井、贾家井，双阳区太阳岭煤矿石溪一井等矿井。含有 4 个普查区和 3 个详查区。

双阳盆地处于吉林省中东部松辽平原东缘与东部山区接壤地带，区内属低山丘陵区，地势南高北低。由西向东逐渐变低。地面标高 201～666 米，高差 465 米，西部边缘分布鸡爪状的沟叉，长岭乡以东为一较开阔的平原地带，水田较多。

盆地河流属松花江水系，饮马河从盆地东缘附近流过，双阳河发源于盆地南缘高地，经盆地中部流过，在永兴农场北汇入饮马河。在德惠市靠山镇注入伊通河而后流入松花江。其他为季节性小河。

（一）含煤地层

本区发育的煤系地层为三叠系上统大酱缸组、侏罗系中统太阳岭组、侏罗系上统二道梁子组。

（二）构造

双阳煤田的大地构造处于天山—兴蒙造山带（I_2）内，横跨 2 个 II 级构造单元，即包尔汉图—温都尔庙弧盆系（II_4）、双—磐裂陷核（IV_9）和小兴安岭弧盆系（II_5）、张家屯早古生代末边缘海（IV_{13}）。

侏罗世早期，印支运动之后，吉林省进入燕山运动的陆相盆地兴衰期，东部地区上升剥蚀，西部受断裂控制（主要有佳伊断裂、西拉木伦河断裂、敦密断裂），地壳开始下降，形成了西带的红旗盆地、南带的义和盆地、北带的杉松岗盆地及双阳盆地等零星山间盆地。

侏罗世中期，双阳盆地受燕山运动第 I 幕的影响，沿断裂带发生火山喷发，盆地边下陷边沉积，轮廓向外扩展。侏罗世晚期，受燕山运动第 II 幕的影响，强烈的构造运动导致火山多次喷发，双阳盆地扩大了原有规模，叠加了新的盖层。

双阳盆地为一不对称的复向斜断陷盆地，盆地长轴方向北西—南东向，为一斜长形盆地，石炭二叠系变质岩和华力西期花岗岩构成聚煤盆地的古老沉积基底，盆地边缘均有中生代中侏罗世及早白垩世含煤地层存在，而晚三叠世含煤地层则零星分布在边缘地带。

（三）岩浆岩

盆地内岩浆活动比较频繁，种类繁多，喷出岩有安山岩、玄武岩，侵入岩有花岗岩、正长斑岩、玢岩。大体分 2 个时期，海西期花岗岩和燕山期安山岩、玢岩、辉绿岩、花岗岩。多侵入太阳岭煤系地层。侵入仙人洞大酱缸组地层中，使煤变质成石墨，形成石墨矿。

（四）煤层与煤质

本区共有 3 个含煤地层，共发育 22 层煤。其中：二道梁子组含 8 层煤，大多数可采；太阳岭组含 8 层煤，大多数可采或局部可采；大酱缸组含 6 层煤，煤层较薄，多数局部可采。

煤质情况：本区二道梁子组多为中灰分的长焰煤，太阳岭组在八面石区为无烟煤，大酱缸组为特低硫的高灰无烟煤。

六、蛟河煤田

蛟河煤田位于吉林省中部，蛟河市境内，以蛟河市为中心。蛟河煤田北起东安乐，南至黑瞎子沟，西起四合屯，东至乌林沟。南北长约 44 千米，东西宽约 14 千米，面积 616 平方千米。2010 年，区内有蛟河市腾达煤矿、三井煤矿、金海煤矿、奶子山立井煤矿、盛财煤矿、富阳煤矿、平安煤矿等矿井。煤田的西部最高，西大山形成连峰峻岭，标高为 1244 米，东部相对较低其中奶子山标高 379.77 米，北部较高标高 570 米，南部相对较低标高 292 米。本区属山间平原及低山地貌，煤田四周为花岗岩组成的高山所环绕，煤田盆地内形成极为明显的丘陵起伏呈带状地形。

（一）含煤地层

蛟河盆地主要的含煤地层为奶子山组，相当于辽源盆地的长安组地层，分布于蛟河盆地周边，厚度 0~700 米。

岩性底部为基底角砾岩、砾岩段，由坡积和残积生成，砾径 1~5 厘米，大者达 1.0 米左右。上部含煤段以灰白色中、粗砂岩为主，夹薄层砂质泥岩、灰黑色泥岩、粉砂岩与煤层组成。在乌林、奶子山矿区煤层比较发育，含有 6 个煤组。向苇塘、法河沟方向煤层逐渐变薄，直至不可采。

（二）构造

蛟河煤田的大地构造处于天山—兴蒙造山带（I_2）、小兴安岭弧盆系（II_5）、漂河川早古生代陆缘活动带（IV_{12}）。本区为同沉积断陷盆地，构造方向以北东向为主，形成地层多次重复出现；北西向断层次之，形成时间晚于北东向。断层倾角一般为 60°~80°，全部为正断层，呈阶梯状出现，形成地堑或地垒，多切割含煤地层。断距一般都在 30~350 米，平均落差 100 米左右。

区内地层整体上为向斜盆地，褶皱平缓，地层倾角 10°~20°，褶皱轴走向近东西。东部地层倾向北西；拉法区地层倾向南西，且被数条断层破坏，局部地层仍有次级褶皱。松江—乌林断层西侧为次级褶皱，轴向呈东西向和北东向。

（三）岩浆岩

本区仅在乌林中岗 1 个钻孔见到侵入岩（灰绿—深绿色玢岩，含大量斜长石成斑晶，致密坚硬），侵入奶子山组煤系地层底砾岩以下，属古生代末期岩浆活动，对煤层无影响。另外本区外围出露大面积海西期花岗岩，为本区沉积基地，对煤系地层无影响。

（四）煤层及煤质

下含煤段含 4 个煤组，其中 5 号煤组多为薄煤，仅在奶子山、乌林区较发育，为可采煤层；4 号煤组含 2~4 层煤，局部可采 2 层，煤厚变化较大；3 号煤组为主要开采煤层，在奶子山、中岗、大兴区、乌林等地发育，层厚多为 2~4 米以上；2 号煤组发育于拉法区、奶子山、苇塘、杉松、王家屯、李法河等地，主要煤层共 3 层，煤层不稳定，局部可采。

上含煤段煤层厚度变化较大，多为灰分高的劣煤，其炭质页岩增多是本层的特色，本层的上部仅在奶子山附近开采过。本层在奶子山至乌林区发育。为局部可采煤层。本区煤类为长焰煤。

七、梅河煤田

梅河煤田位于敦密断陷赋煤带南部的梅河口市。西起头八旦，东止长胜车站，呈北东南西向带状延展，长24千米，宽2千米，面积48平方千米。2010年，区内有辽源矿业公司梅河煤矿、红梅煤矿。

（一）含煤地层

梅河煤田发育古近纪古新世—始新世含煤地层，即梅河组。可划分为5个岩段，即绿色岩段、上含煤段、泥岩段、下含煤段、泥岩沙砾岩段。其中：上含煤厚度250~290米，由泥岩、粉砂岩组成，含煤9层，局部可采4层，煤层厚度1.06~1.53米，煤层结构简单；下含煤段厚度40~90米，由粉砂泥岩组成，含煤5层，可采3层，煤层厚度0.93~11.12米，结构较复杂，煤种为褐煤。

古近系主要为湖沼相沉积，形成时代较晚，煤层发育较好，也比较稳定。

（二）构造

煤田位于滨太平洋陆缘活动带（I_3）、长白山外缘弧（II_9）、辉南—敦化裂陷带（IV_{26}）南部之梅河盆地内。

区内断层较发育，其中最主要的是北东向的南北边界断层，是控制整个中、新生界地层分布的深断裂。

（三）岩浆岩

区内岩浆岩较发育，主要分布于测区南北两侧及东部色洛河一带，岩性为海西期黑云母花岗岩、燕山期肉红色花岗岩及喜马拉雅期玄武岩。

（四）煤层与煤质

（1）河洼区（河洼煤矿）：位于测区西部，属于梅河口市新合堡镇管辖。含煤地层为新生界古近系梅河组，含煤共10层。其中3层可采。透光率一般在54.75%~60.75%之间，灰分在40%以下。发热量均在29.27兆焦/千克。煤种为长焰煤。

（2）梅河煤矿：位于梅河口市红梅镇—山城镇之间，属于煤层发育最佳地带，含煤地层为新生界古近系梅河组。上含煤段含煤3层，下含煤段含煤2层，井田范围内可采煤层的煤种牌号为低变质程度的长焰煤；本井田所生产的煤具有低硫，低至中等灰分，高热值等特点。

八、和龙煤田

和龙煤田位于吉林省延边朝鲜族自治州和龙市境内，含煤面积252平方千米，含煤地层分布于北北西向与北西向2个不规则盆地中。煤田内地势属低山丘陵，一般标高为海拔600~800米；煤田四周由古老的变质岩系组成的壮年期山地围绕，海拔标高920~1440米。南部由于中性岩浆的喷发与侵入及经后期构造侵蚀作用，多形成单面山地形和穹窿状隆起地形；该区内部之沉积岩地形为近东西向的垄状丘陵地形与河床阶地冲积平原。2010年，区内有和龙煤矿松下坪井，和龙庆兴煤业有限公司南阳井、南阳二井、长才二井、达里洞井，和龙市福洞长财煤矿，和龙市沙金沟李林井等矿井。

（一）含煤地层

和龙煤田主要含煤地层为白垩系下统长财组，根据岩性及旋回分为上、下2个含煤段。

（二）构造

和龙煤田大地构造位置隶属华北陆块区（I_1）、胶东古陆块（II_1）、陈台沟—沂水陆核（III_1）、和龙原陆核（IV_3）的和龙上叠盆地。由下白垩统长财组、泉水村组、大拉子组组成，褶曲轴向近南北和北西2个向斜，延展长30千米，两翼地层出露全，岩层内倾，倾角14°~48°，为不对称的开阔向斜。区内有3组正断层，一组为平行轴的走向断层，落差大，对煤盆地起控制作用；另外两组为北西西向与北北东向横切断层，切割褶皱轴与走向断层，对煤系起破坏作用。

（三）岩浆岩

火成岩除海西期花岗岩外，在煤系沉积前后尚有中性火山岩喷发。

（四）煤层与煤质

煤田内含煤地层为长财组。和龙煤田的煤类为中高灰分、中高热值、低硫、特低磷的长焰煤。

九、凉水煤田

图们市凉水煤田位于吉林省延边朝鲜族自治州图们市凉水镇境内。南部以图们江江堤为界，东、北、西三面以老地层为界，面积约40平方千米。2010年，区内有珲春金山矿业凉水煤业有限责任公司一井。

凉水煤田是长白山系中的山间坳陷盆地，勘查区为第四纪图们江冲积平原，地势平坦，海拔标高在72~89米之间，北部为丘陵区，海拔最高238.5米。地形总体显示是西高东低，北高南低。最低侵蚀基准面在勘查区南东图们江边，海拔66.90米。

（一）含煤地层

煤田内含煤地层为古—渐新统珲春组，平均厚度235米。该含煤地层，由灰色粉砂岩、泥岩、褐色泥岩及细砂岩、中砂岩、粗砂岩、砾岩及煤组成，含煤20余层，5层可采，煤系下部有砂砾岩段。揭露的最大厚度91-1号孔557米。含煤段以灰色粉砂岩、泥岩为主，夹细砂岩薄层，含煤0~8层，3层局部可采。上含煤段底界为4号煤层底板。

（二）构造

凉水煤田呈一北陡南缓的不对称宽缓向斜产出，轴向北东60°~80°，北翼倾角8°~15°，南翼倾角5°~10°。

（三）岩浆岩

区内华力西晚期花岗闪长岩分布广泛，呈岩基产出，构成凉水煤田基底。

（四）煤层与煤质

本区含煤地层为新生界古近系珲春组，煤层赋存于珲春组中部含煤砂页岩段中，共含14个煤层，煤层总厚度7.11米。可采煤层有3号、8号、9号、10号、11号、12号、14号煤层共7层，其中3号、9号、12号、14号煤层为全区可采煤层，8号、10号、11号煤层为局部可采煤层。可采煤层总厚度4.1米，含煤岩系平均厚250米。煤层厚度较稳定，属薄—中厚煤层。

凉水煤田在含煤地层沉积前之基底，为一西部较低，东部相对较高之盆地，在盆地北西部及中部沉积了较厚的山麓相砾岩，最大厚度达200米以上。从已开采的14号、12号煤层看，煤层的厚度在向斜盆地的核部较大，以此为中心，向向斜的两翼煤层的厚度递减，在轴向上，自西向东，煤层厚度逐渐增大。煤层结构，中部多为简单类型，向两翼、向东则变为复杂类型。

本区煤属中—富灰的特低硫煤，煤类为变质程度较低之褐煤。

十、珲春煤田

珲春煤田位于吉林省东部，延边朝鲜族自治州珲春市境内、图们江畔。煤田跨越图们江延于朝鲜境内。我国境内部分约占2/3以上。西起图们江，东至庙岭、葫芦鳖，北东自理化、骆驼河子，南与俄罗斯相邻，面积460平方千米。2010年，区内有珲春矿业公司英安煤矿、八连城煤矿、板石一矿，珲春金山矿业有限公司板石煤矿、北山煤矿，珲春市鑫山煤矿等矿井。有五家子普查区，骆驼河子找矿区、庙岭找矿区。区内东北高，西南低，海拔100~450米，相对高差100~200米。

（一）含煤地层

珲春煤田主要含煤地层为古近系珲春

组，厚度大于 956 米。该含煤地层为一套灰—浅灰、绿灰、暗灰色、褐色泥岩、粉砂岩、细砂岩、中砂岩，含砾粗砂岩夹凝灰岩薄层或凝灰岩块，含煤 0~110 余层。可采或局部可采层 0~19 层。

（二）构造

珲春煤田为一宽缓稍有起伏的向斜构造，向斜由东北向西南倾伏，岩层倾角一般小于 15°。煤田内断层较少，有北北东向、北东东向和北西向 3 组，多为正断层，落差 30~60 米。

（三）岩浆岩

珲春煤田除周边海西期花岗岩、基底安山岩类外，煤系地层中少见岩浆活动迹象，仅在煤田西部八连城见有辉绿岩呈岩床产状侵入煤系地层中，对煤层的影响不大。

（四）煤层与煤质

珲春煤田含煤地层厚大于 956 米，含煤 110 余层，其煤层发育与煤系沉积有着密切关系。西部板石、八连城、城西、三道岭一带煤系厚度大，煤层多而较稳定，含可采煤层 10 余层；东部骆驼河子、庙岭一带则煤系变薄，煤层少且极不稳定，局部可采煤层只有 3~5 层，在珲春河以南含煤层位偏多，局部可采煤层在 19 号煤层之上。

珲春煤田的煤质：平面上煤田西部、南部为长焰煤，东北部、东部为长焰煤、褐煤；垂向上煤田东北部、东部在深度 400 米以上为褐煤，400 米以下为长焰煤。

十一、浑江煤田

浑江煤田位于吉林省东南部，属通化市和白山市管辖，范围西起通化市二道江区铁厂镇，经白山市、砟子、湾沟东至白山市抚松县露水河镇，全长 155.57 千米，宽 44.80 千米，面积约 6969.54 平方千米，即为老岭—龙岗山脉之间浑江流域。

本区属低－中山区，海拔 400~900 米。西端有浑江，由东而西流经本区中部，东段有汤河，由西而东横穿本区，经抚松汇入松花江。区内沟谷发育，地形起伏较大。区内有通化矿业公司松树镇煤矿二井、道清煤矿北斜井、永安煤矿、松树镇煤矿八宝井、白山道清嘉懋公司六道江井，通化市深鑫煤炭股份有限公司一井、二井，白山市新宇煤矿通沟井、二井、东风井，通化市二道江区吉祥煤矿等矿井。

（一）含煤地层

浑江煤田含煤地层的时代跨越古生代和中生代。

（1）晚古生代含煤地层为石炭系上统太原组、二叠系下统山西组。

（2）中生代含煤地层为三叠系上统北山组、侏罗系下统冷家沟组、白垩系下统石人组。

（二）构造

浑江煤田位于华北板块东北部的浑江太子河坳陷中通化浑江坳陷，由于受区域构造格局和基底构造的控制，煤田构造呈现分区/分带特征，由南东向北西方向的挤压而出现的由南至北的分带性和由达台山老岭断裂形成的东西分区性。

西区（A 区）从铁厂至苇塘，该区构造较为复杂，逆断层走向与向斜轴面方向主要为南西—北东向，后期低角度推覆体的走向也大致如此。该区含煤盆地以弧形分布，其总体走向成南西－北东向。其中大部分盆地已被断裂破坏，分割数段。

东区（B 区）从苇塘至松树，该区构造相对西区较简单，逆断层走向与向斜的轴面方向为东西向，其中几条逆断层为叠瓦扇状，由后期挤压而导致的破坏较少。含煤盆地走向近东西向，保存较西部好。且东部地区新生代喷出岩较为频繁。两个地区有明显的分区特征。从晚印支到燕山期，老岭背斜的隆起，从南东向北西方向挤压，从而对浑江坳陷地区产生了多个褶皱和断裂。

（三）岩浆岩

区内侵入岩浆活动十分频繁，从老到新可划分为阜平期、五台期、加里东期、海西期、印支期和燕山期六大旋回，其中以海西期和燕山期最为发育。岩浆侵入活动产物种类繁多，有超基性岩、基性岩、中性岩、酸性岩和碱性岩等，其中以花岗岩类最为发育，而且与贵金属、有色金属、非金属、黑色金属等矿产有着重要的关系。火山活动频繁，按其喷发时代、喷发类型、喷发产物、构造环境等特征，自太古代至新生代，共有六期构造——火山活动，这六期自老至新为阜平期、五台期、加里东期、华力西期、印支—燕山期、喜马拉雅期。

（四）煤层煤质

1. 晚古生代含煤岩系中的煤层

（1）石炭系上统太原组：是浑江煤田主要含煤地层。除松树镇一带外均含3层可采煤层，即4号、5号、6号煤层，4号煤层厚度0.14~7.56米，5号煤层厚度0.51~4.21米，6号煤层厚度0.19~8.14米。本组厚30~60米，下伏与本溪组呈整合接触。

（2）二叠系下统山西组：含煤3层，即1号、2号、3号煤层，其中3号煤层发育最好，全区可采，1号、2号煤层局部可采，以松树镇较为发育，1号煤层厚度0.50~21.92米；2号煤层厚度0.81~19.31米；3号煤层厚0~6.16米。本组厚15~46米。

2. 中生代含煤岩系中的煤层

（1）三叠系上统北山组：仅零星分布于白山市的石人北山和松树镇小营子。含3~4层薄煤层。上部为含煤段，以灰色、黄绿色厚层砂岩、粉砂岩、泥岩为主组成，下伏与二叠系呈不整合接触，上覆与上侏罗统抚松组火山岩系呈不整合接触。

（2）侏罗系下统冷家沟组：分布在浑江条带（向斜）的南部，厚数百米，岩性由灰褐色砂岩、粉砂岩、黑色页岩及薄煤层组成。为以砂岩、泥岩为主的含煤岩系，含可采煤层2层。为河流—湖泊沉积体系的含煤岩系，下伏不整合在奥陶系之上。

（3）白垩系下统石人组：分布在浑江北岸的八宝、石人、新开岭、三道沟等地。该岩段一般厚0~34米，在三道沟一带厚达420米左右，一般含煤1~2层，三道沟至榆树口一带则含上、下2个煤组。发育6个可采煤层，煤层发育较稳定。

3. 晚古生代煤层的煤质特征

灰分：灰分是煤炭中的主要有害成分，在本聚煤期的松树矿区煤的平均灰分为20.3%，湾沟矿区煤的平均灰分为20.5%，砟子矿区煤的平均灰分为17.98%，八道江矿区平均灰分为22.28%，铁厂矿区煤的平均灰分为30.58%。本聚煤期的煤田只有砟子矿区煤的灰分小于20%，属于低中灰分；铁厂矿区煤的灰分大于30%，属于中高灰分；其他矿区的煤均属于中灰分煤。

挥发分：本聚煤期多为中挥发分煤。松树矿区、湾沟矿区煤的挥发分均在31%左右，砟子矿区煤的挥发分在26.25%左右，八道江煤矿煤的挥发分在20.1%左右。

全硫：八道江矿区煤的硫分为0.21%~0.43%，属于特低硫煤，砟子矿区煤的平均硫分小于0.5%，属于特低硫煤，铁厂矿区煤的硫分为0.24%~0.80%，属于特低硫、低硫分煤，松树矿区煤的硫分稍高，属于低中硫煤。

4. 中生代（晚三叠世、早白垩世）煤层的煤质特征

灰分：煤的灰分比较高，小营子矿区（晚三叠世）煤层的上部和中部都是高灰分煤，抚松矿区（早白垩世）和浑江北岸整个矿区（早白垩世）的煤都是高灰分煤，新开矿区煤的和八宝矿区煤的灰分稍低。

硫分：一部分是中高硫分煤，硫分的变化也很大。

第三章 煤炭资源

第一节 煤种、煤质

一、地理位置与煤类分布特征

吉林省煤类分布多样，从褐煤、各级烟煤至无烟煤均有存在，少数地区还有石墨分布，同一煤田内可存在多个煤类，但煤类分布具有一定规律，在平面上大致呈北东向带状展布，自西向东可划分为8个条带。

（1）松辽盆地西部肥煤—无烟煤带。白城—万红煤田的万宝组从肥焦煤到无烟煤均有分布，红旗组的煤以贫瘦煤为主，也有少量无烟煤。

（2）松辽盆地东部长焰煤、褐煤带。松辽盆地是晚中生代聚煤区，其中东部以长焰煤为主，如营城—羊草沟煤田的沙河子组煤层以长焰煤为主，营城组（羊草沟和刘房子一带）煤层以高级褐煤（褐煤二号）为主。

（3）伊通—舒兰褐煤带。位于伊舒断陷带内的古近纪煤层均为褐煤，且变质程度较低，灰分较高。

（4）吉林中部长焰煤、无烟煤带。由辽源至蛟河一线，以晚中生代煤田为主，为气煤和长焰煤，如蛟河为长焰煤、气煤，辽源有气煤—长焰煤，局部为焦煤、贫煤和无烟煤，而双阳煤田的早中生代的煤层不仅有高变质烟煤、无烟煤，而且还有丰富的石墨。

（5）敦化—梅河褐煤带。主要分布梅河—桦甸煤田、敦化煤田，为古近纪煤田，以褐煤为主，在梅河还有长焰煤；桦甸矿区早白垩世含煤地层中煤层的煤类为长焰煤，个别还见有肥煤，如黑石、苏密沟、五道沟等地。

（6）延边西部长焰煤带。均系早白垩世煤田，如屯田营—春阳煤田、延吉煤田、和龙煤田、安图煤田均为长焰煤。

（7）延边东部褐煤带。主要为古近纪煤田或煤产地，珲春煤田、凉水煤田、敬信煤田、三合煤产地等地以褐煤为主，仅在珲春煤田的西部和东区深部为长焰煤。

（8）吉林南部烟煤、无烟煤带。本区煤类复杂，其分布主要为浑江煤田和长白煤田，有石炭二叠纪、早晚中生代多期的含煤层，一般为烟煤和无烟煤。其中：烟筒沟、三道沟、石人、新开岭等地的早白垩世煤层的煤类为气煤，晚三叠世北山组、石炭二叠纪的太原组、山西组为肥气煤、焦煤、贫瘦煤至无烟煤，三棵榆树—杉松岗煤田早侏罗世以焦煤为主。

二、成煤时代与煤类分布规律

（1）石炭二叠纪煤田的煤变质程度较高，以肥气煤、焦煤至贫瘦煤为主。

(2) 晚三叠世煤田的煤类为气煤、无烟煤及石墨。

(3) 早、中侏罗世煤类为气肥煤和焦煤，部分为贫瘦煤和无烟煤。

(4) 早白垩世的煤类以长焰煤为主，局部为褐煤及气煤。

(5) 古近纪煤田的煤类以褐煤为主，局部为长焰煤。

第二节 煤田地质勘查、测绘与成果

一、勘探设备及开发成果

2010年，吉林省煤田地质局拥有各类钻机36台，各类桩机34台，408型地震仪1套，428轻型地震仪各1套，428型地震仪2套，各类机械加工车床8套。

提交物探地震勘探报告5份，提交各类地质报告38份，房屋开发项目7个，完成各类基础工程项目58个。

二、勘探方法及成果

（一）钻探方法及成果

施工主要采用硬质合金钻探、金刚石钻进、复合片钻头和无心牙轮钻头钻进方法。通过采用不同的技术装备和工艺，解决复杂地层钻进难题，达到钻探目的，取得钻探成果。

1. 解决了复杂地层钻进难题

在舒兰地区施工中，该区位于伊通—舒兰断陷内，为第三系含煤地层，存在地层缩径、粘钻、坍塌、掉块、孔漏等严重问题。钻具结构上采用直径为114毫米的钻头或直径为113毫米的钻头 → 直径为89毫米的岩芯管 → 直径为83毫米的钻铤4组，在缩孔严重时改用直径为68毫米的钻铤4~5组 → 变径接头 → 直径为50毫米的钻杆 → 主动钻杆。在钻井液的选取上采用膨润土5%~8%+火碱0.1%+其他。调制出泥浆的漏斗黏度25~30帕·秒，含沙量小于1%，相对密度1.05~1.15。从而保证钻井液的黏度不会升高，护壁效果得到加强。由于采取的措施得当，改写了该地区成孔率不到50%的历史，创造钻月平均效率712m的历史纪录，甲级孔率达到100%。

2. 提高了硬岩钻探效率

煤田钻探地层复杂，很多地区由于上部地层松散且泥岩较多，不适合绳索取芯钻进。施工中，因地制宜，在上部采用直径为114毫米的孔径钻进，到硬岩采用直径为98毫米的孔径，优质8肋复合片钻头钻进，并把钻铤接手外径缩小到76毫米，优化了施工方法，在双阳、辽源、洮南、万宝等勘探区效率达到直径为114毫米的孔径钻进的4倍。

3. 积累了深孔钻进的经验

采用XB-2000型钻机及350/100型泥浆泵，在双辽盆地施工的H10-18钻孔设计孔深1550米，钻孔达到1576.20米终孔；在梨树西部施工的LX3-11钻孔，该孔孔深设计1800米，钻具结构上采用直径为114毫米的复合片钻头 → 卡断器 → 直径为89毫米的岩芯管 → 直径为83毫米的钻铤 → 直径为60毫米的钻杆 → 主动钻杆。钻井液采用低固相不分散双聚泥浆，在岩层稳定造浆地层采用清水加腐植酸钾作为钻井液，加入1%~2%润滑剂减阻降摩。钻进参数上用硬质合金钻进时钻压选取6~10千牛，用复合片钻进时钻压选取10~15千牛，转数上一般选取150~300转/分钟。1663.10米达到地质设计目的终孔，创吉林省煤田钻探最新勘探纪录。

4. 实现了综合找矿的突破

1997年，进入商业地质市场，与辽河油田进行通辽铀矿勘探项目合作。该项目生产井技术要求比较高，成井井底位移不超过 0.5%，岩芯采取率达到 85% 以上，岩芯直径达到 80 毫米以上。现场施工人员采用投球取芯工艺，调整钻具结构，用外径 140 毫米的钻头 → 长度为 5～6 米、直径为 108 毫米的岩芯管进行导正 → 变径投球接手 → 直径为 83 毫米的钻铤 → 直径为 50 毫米的钻杆或直径为 60 毫米的钻杆 → 主动钻杆。合理控制钻层等技术手段，使钻孔合格率达 100%。

5. 解决了井筒检查孔施工中遇到的难点

第一个难点：控制孔斜。除选择在机械安装、钻进参数上严格执行操作规程外，在钻具级配上加 φ83 毫米×25 毫米的钻铤 70 米，钻铤上下各加一个直径为 108 毫米的导正器，实行 20～30 米测斜一次，及时调整钻进压力，达到了设计的 1% 的偏斜率。

第二个难点：全孔采取工程地质样。一般胶结较好的岩层采取工程地质样时，采用单管小肋骨钻孔采取，胶结松散的含砾层采样，采用直径为 127 毫米的外管，直径为 108 毫米的内管筒状钻头的双管双动采取器，基本满足设计采样要求。

第三个难点：抽水试验。先用直径为 220 毫米的钻头扩至设计孔深，再用小一级别钻头扩至需要止水的位置，最后根据所下套管直径选取钻头扩至孔底。上部用直径为 127 毫米的套管（100～120 米根据水位和下抽水泵确定）+直径为 108 毫米的套管+套管外加自制简易止水器止水（根据设计深度焊接）+下部连接直径为 108 毫米的花管缠上所需的金属网或尼龙网做滤水网，采用外径为 95 毫米的潜水泵抽水。

钻探成果：1991—2010 年，共完成地质报告钻探任务 484 个钻孔，累计进尺 396297.39 米；完成地质项目钻探近百个钻孔，进尺近 60000 米。

（二）物探方法及成果

1. 数字测井

1991 年开始，利用测井资料，能完成以下地质任务：

（1）确定钻孔的地层岩性和构造情况，划分钻孔地质剖面。

（2）确定钻孔内的有益矿层结构、埋深及厚度。

（3）确定钻孔所揭穿地层放射性元素的赋存情况。

（4）测定钻孔的温度、倾角、方位角。

测井参数包括自然伽马、岩性密度、视电阻率、补偿中子、双侧向、自然电位、微球、声波时差、井径。

吉林省煤田地质局综合测井方法及技术条件见表 2-3-1。

表 2-3-1　吉林省煤田地质局综合测井方法及技术条件一览表

测井方法	测量范围	测量精度	提升速度（米/小时）
岩性密度	1.0～3.0 克/立方厘米	±0.03 克/立方厘米	408～800
自然伽马	50 帕/千克	±5%	408～800
视电阻率	1～10 千欧·米	±5%～15%	408～800
声波时差	105～620 微秒/米	±5 微秒/米	402～1080
补偿中子	0～85%	10%～15%	408～800
井径	60～300 毫米	±10 毫米	408～800
微球	0.2～10000 欧·米	±5%	402～1080
双侧向	1～10 千欧·米	±5%	402～1080
自然电位	−200～200 毫伏	±2 毫伏	402～1080

1991—2010年，测井钻孔480个，完成测井工程量385847.42米。

2. 地震勘查

地震勘查是通过人工方式向地下发射地震波，由安置在地面的传感器（又称检波器）接收来自地下的震动回波，确定地下地层的埋藏形态。地震勘查手段分为二维地震勘查和三维地震勘查。地震勘查方法理论成熟，勘查效果好，精度高，广泛应用于石油、天然气、油页岩、煤炭、铀等沉积矿产的勘查与开发。

1991—2010年吉林省煤田地质局地震勘查主要成果见表2-3-2。

表2-3-2　1991—2010年吉林省煤田地质局地震勘查主要成果一览表

年份	项 目 名 称	勘查方法	勘查目标	勘查面积（平方千米）	工程量（物理点数）
1991	大庆市肇州县古恰—拉林河口地区二维地震勘探	二维反射法	石油	408.3	11528
	吉林省舒兰县东富煤矿（深部）地震勘探	二维反射法	煤	1.4	189
1992	大庆市肇源县长春岭—三站地区二维地震勘探	二维反射法	石油	160.5	6493
	吉林省白城地区洮南—套保地震概查勘探	二维反射法	煤	406	5233
1993	黑龙江省勃利地区山区二维地震勘探	二维反射法	石油	1700	3189
	吉林省九台市苇子沟—城子街地震概查	二维反射法	煤	360	2216
1994	大庆市肇源县茂兴地区二维地震勘探	二维反射法	石油	90.0	3000
	吉林省双辽—架马吐地区地震概查	二维反射法	煤	3000	3021
1995	大庆市P47井采油区块开发地震	二维反射法	石油	92.1	11808
	吉林省双阳县双顶子地区地震找矿勘探	二维反射法	煤	8.9	3032
	辽源矿务局金宝屯煤矿立井达产采区地震补充勘探	二维反射法	煤	12.26	6850
1996	大庆市肇源县T105采油区块开发地震解释工程	二维反射法	石油	98.8	14187
	高分辨率开发地震采集方法攻关	二维反射法	石油科研		500
1997	大庆市D401井~G651井采油区块开发地震解释工程	二维反射法	石油	304.3	7607
1998	黑龙江省鸡西盆地山区二维地震勘探	二维反射法	石油	405.0	6450
	大庆市榆树林油田D162采油区开发地震勘探	二维反射法	石油	27.0	4542
	吉林省长春市外围地震概查	二维反射法	煤	117.0	3736
1999	内蒙古自治区大杨树盆地南部二维地震勘探	二维反射法	石油	1867.2	3387
2000	大庆市红岗区W18井采油区开发地震勘探	二维反射法	石油	46.8	7333
	吉林省江源县大蚊子沟地震路线普查	二维反射法	煤	5.28	125
2001	吉林省延吉市城区三维地震勘探	三维反射法	石油	58.0	4990
2002	吉林省梅河口市长胜—东腰堡地震普查找煤	二维反射法	煤	20.7	662
2003	吉林省松树煤矿外围煤炭地震普查	二维反射法	煤	23.2	1228

表 2-3-2（续）

年份	项目名称	勘查方法	勘查目标	勘查面积（平方千米）	工程量（物理点数）
2004	大庆头台油田源 141—源 201 区块二维高分辨率开发地震采集	二维反射法	石油		4830
	吉林省长春市龙家堡南部（北区）煤田地质普查	二维反射法	煤	24	1497
	吉林省白山市六道江四区煤炭资源地震普查	二维反射法	煤	9.3	1226
	吉林省敦化市自安区煤炭资源地震详查	二维反射法	煤	9	1108
2005	吉林省长春市龙家堡南部煤田三维地震勘探	三维反射法	煤	6.4	4632
	内蒙古自治区东乌珠沁旗呼热图诺尔煤田地震预查	二维反射法	煤	206.93	1811
	吉林省九台市九台立井西部煤炭地震普查	二维反射法	煤	49.81	1078
	吉林省羊草沟煤田龙家堡矿区深部煤炭二维地震详查	二维反射法	煤	78	2510
	吉林省九台市舍岭煤田煤炭地震普查	二维反射法	煤	6	409
	吉林省长白煤田十八道沟煤矿外围煤炭二维地震普查	二维反射法	煤	10.85	1084
	吉林省双阳煤田马家沟区煤炭地震详查	二维反射法	煤	3	538
	吉林省九台市卢家—回回营地区煤炭资源普查	二维反射法	煤	110	206
	吉林省九台北部煤田煤炭资源地震普查	二维反射法	煤	59.15	87
	吉林省九台市营城矿区外围煤炭资源预查	二维反射法	煤	150	405
	吉林省长春市兴隆山煤田二维地震普查	二维反射法	煤	22	149
2006	大庆头台油田茂 508 区块二维高分辨率开发地震采集工程	二维反射法	石油		3420
	吉林省辽源市北柳—大水缸煤炭地震普查	二维反射法	煤	66.46	2394
	吉林省九台市营城煤田沉陷区三维地震调查	二维反射法、三维反射法	采空区调查	1.32	二维反射法 408、三维反射法 1033
	吉林省长春市兴隆山地震普查	二维反射法	煤	15.84	149
2007	吉林省长春市活断层地震勘查	二维反射法	煤	1156	1489
	吉林省九台市官地煤炭地震普查	二维反射法	煤	151.4	6004
	吉林省图们市凉水煤矿接替区二维地震普查	二维反射法	煤	18.8	986
	吉林省九台市西部煤炭地震普查	二维反射法	煤	40.34	1735
	吉林省长春市双阳区南部煤炭地震普查	二维反射法	煤	16.2	1292
	吉林省九台市九台北部和张家大院区煤炭地震普查	二维反射法	煤	156.5	3749
2008	吉林省舒兰市水曲柳—平安地震普查	二维反射法	煤	60	2875
	吉林省通化矿业公司八宝煤矿深部三维地震勘探	三维反射法	煤	2.425	1573
	吉林省九台市饮马河区（南部）煤炭地震普查	二维反射法	煤	34	2765
	吉林省通化矿业公司松树煤矿外围地震普查	二维反射法	煤	13.5	1489

表2-3-2（续）

年份	项目名称	勘查方法	勘查目标	勘查面积（平方千米）	工程量（物理点数）
2008	长春羊草沟煤矿接替资源勘查二维地震普查	二维反射法	煤	8	1412
	吉林省舒兰市东富煤矿接替资源勘查地震普查	二维反射法	煤	70	9833
	吉林省舒兰煤田水曲柳—平安普查区地震普查	二维反射法	煤	43.5	2875
	吉林省珲春矿业集团八连城（七线以西）深部区和板石一矿深部三地震勘探	三维反射法	煤	15.4	8799
2009	吉林省白城市万宝煤矿外围地震预查	二维反射法	煤	90	3019
	吉林省敦化市黑石—塔拉站煤炭资源地震勘查	二维反射法	煤	143	3050
	吉林省长春市双阳区烟筒山煤炭资源地震勘查	二维反射法	煤	529.7	2576
2010	九台市卢家—回回营煤炭资源预查	二维反射法	煤	113.88	5060
	辉南县清河屯—南台子煤炭预查	二维反射法	煤	54.82	2061
	吉林省通榆县瞻榆盆地煤炭资源地震预查	二维反射法	煤	630	2801
	双辽市红旗盆地煤炭资源预查	二维反射法	煤	149.74	3030

3. 电法勘查

（1）直流电测深法。简称电测深法，又名电阻率垂向测深法，是利用岩（矿）石的导电性差异为基础，分析电性不同的岩层沿垂向分布情况的一种电阻率方法。

（2）高密度电阻率法。高密度电阻率法集中了电剖面法和电测深法。

（3）瞬变电磁测深法。简称TEM，是一种时间域电磁法。

1991—2010年吉林省煤田地质局电法勘查主要成果见表2-3-3。

表2-3-3 1991—2010年吉林省煤田地质局电法勘查主要成果一览表

年份	项目名称	勘查方法	勘查目标	勘查面积（平方千米）	工程量（物理点数）
1991	吉林省舒兰县水曲柳永安屯—范家屯频率测深勘查	交流电法	煤	14.4	71
1992	吉林省通榆县瞻榆—内蒙古自治区科左中旗腰力毛都电法普查	直流电法	煤	2650	772
1994	吉林省抚松县松树镇—马鞍山测区交流电法普查	交流电法	煤	1320	863
1998	内蒙古自治区、霍林河扎哈淖尔露天矿ⅢA煤层露头电法勘探	电法	煤	0.6	1000
1999	吉林市江湾大桥电法勘察（3.3千米）	瞬变电磁、高密度电法	桥墩基础		385、1421
	吉林市红旗大桥电法勘察（1.9千米）	瞬变电磁	桥墩基础		248
2000	吉林省白山市小营子区物探勘探	磁法、高密度电阻率法	煤	14	886、4968

表 2-3-3（续）

年份	项 目 名 称	勘查方法	勘查目标	勘查面积（平方千米）	工程量（物理点数）
2001	吉林省盘石市烟筒山—蚂蚁腰电法勘查	直流电法、高密度电阻率法	煤	3.5	36、2760
2002	长春市阳光城地热物探勘察（0.4千米）	大地电磁	地热水		12
	靖宇—辉南地方铁路新建工程老岭隧道工程物探勘察	电法	铁路隧道	0.2	1500
2003	吉林市过江污水管线物探勘察（0.3千米）	高密度电阻率法	管线基础		912
	吉林省长白县十三道沟—十九道沟瞬变电磁勘查（64千米）	瞬变电磁	煤		700
2004	吉林省公主岭西部煤炭资源电法勘查	瞬变电磁	煤	65	115
	吉林省白山市永安村物探勘查	瞬变电磁、高密度电阻率法	煤	9	184、1791
	吉林省通化矿务局松树煤矿外围煤炭资源普查	瞬变电磁	煤	12	81
2005	吉林省白山市靖宇燕平煤田物探勘查	瞬变电磁	煤	5.5	196
	东北东边道白河至河龙段新建铁路隧道工程物探勘察（23.2千米）	瞬变电磁、高密度电阻率法	铁路隧道		335、1586
2006	吉林省汪清县百草沟测区电法普查	瞬变电磁	煤	25.8	586
	通化至灌水新建铁路工程物探勘查（26千米）	瞬变电磁、高密度电阻率法	铁路隧道		1063、3317
	内蒙古自治区乌拉特后旗宝音图煤炭资源预查	直流电法	煤	40	120
	内蒙古自治区通辽盆地查日苏区煤炭资源预查	直流电法	煤	72	134
2007	靖宇至松江河段新建铁路工程物探（26.8千米）	瞬变电磁、高密度电阻率法	铁路隧道		353、1860
	吉林省汪清县杜荒子瞬变电磁普查	瞬变电磁	煤	9.15	456
	吉林省江源区八宝外围瞬变电磁普查	瞬变电磁	煤	5.65	303
2008	白山市八道江区杨树林煤矿物探	瞬变电磁、高密度电阻率法	煤	0.02	100、124
	汪清县四方台子测区瞬变勘查	瞬变电磁	煤	9.8	140
	靖宇—松江河，和龙—南坪铁路勘察（50.8千米）	瞬变电磁、高密度电阻率法	铁路隧道		415、4410
	汪清县和盛测区瞬变勘查	瞬变电磁	煤	27.6	251
2009	和龙至南坪段新建铁路工程（改线）物探勘查（17.2千米）	瞬变电磁、高密度电阻率法	铁路隧道		312、924
	吉林省和龙风山洞物探普查	瞬变电磁	煤	19.5	908
	吉林省白山市长白煤田马鞍山区物探普查	瞬变电磁	煤	44	491
	黑龙江鸡西鹤大高速公路塌陷区勘察（3.5千米）	高密度电阻率法	煤矿采空区		364

表2-3-3（续）

年份	项 目 名 称	勘查方法	勘查目标	勘查面积（平方千米）	工程量（物理点数）
2010	珲春煤田里化物探普查	瞬变电磁	煤	8.8	213
	吉林省舒兰市白旗—天德煤炭资源普查	瞬变电磁	煤	214	4116
	吉林省辽源至长春铁路新建工程勘察（5.2千米）	高密度电阻率法	铁路隧道		607
	通化矿业（集团）松树煤矿外围煤炭资源物探普查	瞬变电磁	煤	13.3	1306

4. 重磁勘查

（1）重力勘查。是测量与围岩有密度差异的地质体在其周围引起的重力异常，研究重力加速度的变化与地壳内部物质密度变化的关系，以确定这些地质体存在的空间位置、大小和形状，从而对工作地区的地质构造和矿产分布情况作出判断的一种地球物理勘探方法。

（2）磁法勘查。通过观测和分析由岩（矿）石磁性差异所引起的磁异常，进而研究地质构造和矿产资源的分布规律的一种地球物理勘探方法。

1991—2002年吉林省煤田地质局主要年份重磁勘查成果见表2-3-4。

表2-3-4　1991—2002年吉林省煤田地质局主要年份重磁勘查成果一览表

年份	项 目 名 称	勘查方法	勘查目标	勘查面积（平方千米）	工程量（物理点数）
1991	吉林省敦化黑石—额穆盆地重力勘探	重力勘查	石油	1450	1337
1992	黑龙江省松辽盆地北部西北湖来地区重力勘查	重力勘查	石油	255.5	2470
	黑龙江省松辽盆地北部昌五地区重力勘查	重力勘查	石油	35	407
	黑龙江省松辽盆地北部大安北部地区重力、磁法力勘查	重力勘查、磁法勘查	石油	184.375	3375
1993	黑龙江省松辽盆地北部长春岭—三站西八里地区重力、磁法勘查	重力勘查、磁法勘查	石油		
1994	吉林省白山市长白朝鲜族自治县长白测区重力、磁法普查	重力勘查、磁法勘查	煤	3000	6045
1995	内蒙古自治区新巴尔虎左旗呼和湖西测区重力、磁法普查	重力勘查、磁法勘查	煤	900	18362
1996	黑龙江省松辽盆地北部泰康地区高精度重力、磁法勘查	重力勘查、磁法勘查	石油	160.5	2700
1997	吉林省敦化地区黑石—镜泊盆地重力、磁法普查勘查	重力勘查、磁法勘查	石油	2000	8696
2000	吉林省白山市小营子区物探勘探	磁法勘查、高密度电阻率法	煤	14	886、4968
2002	吉林省白山市长白县重力勘探	重力勘查	煤	45	411

三、地质找矿成果

吉林省煤田地质勘查工作在创新中求发展，经过不断努力，实现了从"无煤可找"到"煤源初涌"的跨越，地质找矿成果丰富。1991—2010年，共编制预查、普查、详查煤炭地质报告33件。其中：详查（含小井勘探）13件、普查9件、预查9件、1∶5万地质测量2件。共施工钻孔484个，完成钻探工程量396297.39米。获煤炭资源储量约49945.29万吨，其中：122b（基础储量）1414.97万吨，333（推断资源量）10885.85万吨，334（预测资源量）37644.47万吨。

1991—2010年吉林省煤田地质系统找矿成果见表2-3-5。

表2-3-5　1991—2010年吉林省煤田地质系统找矿成果一览表

序号	年份	找矿成果	备注
1	1991	吉林省珲春煤田板石Ⅰ区精查报告	—
2	1991	梅河煤田外围找矿地质报告	—
3	1991	吉林省珲春煤田英安煤矿斜井补充勘探报告	—
4	1992	吉林省珲春煤田板石Ⅱ区精查勘探报告	—
5	1993	吉林省珲春矿区第二水源地勘探报告	获国家储委一等奖
6	1998	吉林省珲春市水资源及环境地质综合评价报告	获中国煤田地质总局优质地质报告二等奖
7	2003—2008	吉林省九台市龙家堡煤炭资源勘察	获国土资源部一等奖
8	2006	吉林省敦化煤田雁鸣湖区勘探资源普查	—
9	2006—2009	吉林省舒兰水曲柳—平安煤炭资源勘探	—
10	2007—2008	吉林省九台市西部煤炭资源勘探	—
11	2008	吉林省汪清县和盛煤炭资源普查报告	—
12	2008	吉林省汪清县四方台煤炭资源普查报告	—
13	2008	吉林省珲春煤田八连成西部煤炭资源勘探报告	—
14	2008—2010	吉林省长春市羊草沟煤矿深部找矿	—
15	2009	吉林省和龙长财深部煤炭资源详查报告	—
16	2009	吉林省九台市东部官地煤炭资源普查	—
17	2009	吉林省龙井市金佛寺煤炭资源普查	—
18	2009—2010	吉林省延边地区煤炭资源潜力评价	—
19	2009—2010	吉林省图们市凉水南部煤炭资源详查	—
20	2010	吉林省敦化煤田黑石—额穆煤炭资源普查	—
21	2010	吉林省珲春煤田里化煤炭资源普查	—
22	2010	吉林省和龙煤田凤山洞煤炭资源普查报告	—
23	2010	吉林省安图县永庆煤炭资源普查	—
24	2010	吉林省汪清县春阳煤炭资源普查	—
25	2010	吉林省汪清县百草沟煤炭资源普查	—
26	2010	吉林省延边地区煤炭资源现状利用调查（核查）	—

1991—2010年，完成矿权转让项目4个：

（1）"吉林省桦甸市常山方解石详查"项目。2000年立项，完成工程量299.7米，槽探工程量3700.26立方米，样品测试159件，提交了详查地质报告，获方解石工业储量100.6万吨。项目于2002年5月进行探矿权转让，转让价款39万元，是吉林省第一个探矿权转让的项目，取得了良好的社会效益和经济效益。

（2）"浑江煤田官道岭—大蚊子沟详查"项目。吉林省国土资源厅分别于2001年和2003年度下达给省煤田地质局矿产资源补偿费项目，共下拨经费25万元，其中：2001年度10万元，2003年度15万元。项目于2001年7月开工，2003年10月结束。共施工二维地震剖面2条，物理点150个；钻孔2个，工程量385.6米，获得煤炭储量319万吨。该矿权于2004年经国土资源厅（吉）探转〔2004〕20号通知书批准转让，转让价款110万元。

（3）"吉林省白山市江源县小石人西山瓷石详查"项目。该项目吉林省计委投入8万元，省煤田地质局投入22万元。2002年8—11月，进行野外地质详查工作，完成槽探工程量1305.37立方米，钻探工程量200.51米，化学分析16件，差热分析2件，岩矿鉴定25件，小体重测定30件，获得瓷石资源储量194.32万吨。项目于2008年7月20日经省煤田地质局协调转让，转让价款100万元。

（4）"吉林省浑江煤田头道沟外围普查"项目。该项目由吉林省国土资源厅、省财政厅以吉财建文件下达。下拨勘查经费15万元。完成槽探工程量2000立方米，瞬变电磁勘查剖面8条，约长10000米，200个物理点。估算煤炭资源量697万吨。截至2006年底，勘查经费总支出50.95万元，省煤田地质勘察设计研究院自筹资金35.95万元。2006年底，经省国土资源厅批准，探矿权有偿转让给头道沟煤矿，转让价款170万元。

四、地质科研成果

1991—2010年，吉林省煤田地质勘探系统坚持把地勘工作放在首要位置，共完成科研（生产）项目41项，见表2-3-6。

表2-3-6　1991—2010年吉林省煤田地质局科研（生产）成果一览表

序号	项目	时间	备注
1	杉松岗煤矿找煤综合研究	1991年3月	—
2	松树镇—抚松区找煤研究	1991年3月	—
3	华北中生代找聚煤与找煤规律科研报告	1991年11月	—
4	华北中生代找聚煤与找煤规律	1991年11月	—
5	铁法—四平盆地分析与找煤研究	1991年12月	—
6	扎旗—龙江县早中侏罗卉含煤盆地找煤研究	1991年12月	—
7	本溪外矿区外围找煤研究报告	1992年3月	—
8	沈阳外围找煤研究	1992年3月	—
9	大雁三矿供水水源遥感综合解释报告	1992年6月	—
10	佳伊、敦密断裂带控矿规律研究	1992年6月	—

表 2-3-6（续）

序号	项　　目	时间	备注
11	长春外围地区煤成气基础地质初步研究	1992 年 11 月	—
12	喀左—建昌盆地石油地质基础研究	1993 年 1 月	—
13	吉林省硅藻土资源评价与开发利用研究报告	1993 年 5 月	—
14	昆都—白音布统石油地质基础研究	1993 年 7 月	—
15	长春市羊草沟煤矿地震报告	1993 年 9 月	—
16	北栗三宝—和尚沟找煤研究	1993 年 12 月	—
17	大尖矿大成岩石隔成因及分布规律研究	1993 年 12 月	—
18	杨树沟—铁杖子及其外围找煤研究	1994 年 3 月	—
19	新宾—桓仁中生代盆地石油地质基础调查	1994 年 12 月	—
20	辽宁省西部主要煤盆地伴生矿产地质经济评价	1994 年 12 月	—
21	吉林省东部伴生矿产地质经济评价	1994 年 12 月	—
22	危急矿床（阜新矿区）外围煤炭资源综合信息统计预测研究	1994 年 12 月	—
23	敦化盆地聚煤规律及玄武岩下找煤研究	1994 年 12 月	—
24	吉林省硅藻土资源评价与开发应用研究	1995 年 4 月至 1995 年 12 月	—
25	沙力好来—长胜中生代盆地石油地质基础调查	1995 年 11 月	—
26	双阳盆地找煤研究	1995 年 12 月	东煤地科鉴字（1996）第 11 号
27	铁法矿区煤层气资源评价	1996 年 3 月	—
28	陆家堡坳陷周缘地区电法综合地质解释	1996 年 12 月	—
29	东北地区（辽吉部分）第三系研究及煤炭资源评价	1997 年 4 月	煤炭工业科技进步奖（三等奖）
30	吉林省江源县大石人瓷石矿勘探报告	1997 年 8 月	—
31	辽西黑城子—于寺区中生界石油地质基础调查	1997 年 12 月	—
32	东北东部山区遥感地质综合找煤（伴生矿产）应用研究	1998 年	—
33	东北晚中生代盆地聚煤规律与资源预测专家系统研究	1999 年 1 月	煤炭工业科技进步奖（三等奖）
34	JMD-15 一体化净水器研制和试验报告	2001 年	—
35	吉林省江源县小石人西山瓷石矿详查报告	2003 年	—
36	吉林省江源县官道岭煤矿详查报告	2006 年 2 月	—
37	浑江煤田浑江南部区普查瞬变电磁法勘查报告	2007 年 7 月	—
38	梅河煤田矿区深部找矿工作总结	2007 年 12 月	—
39	吉林省集安市高地方解石矿详查报告	2007 年 12 月	—
40	吉林省舒兰煤田水曲柳勘查区勘探报告	2009 年 12 月	吉林省人民政府优秀找矿项目
41	吉林省浑江煤田推覆构造找煤研究	2009 年 12 月	吉林省科技成果（2010）267 号

主要项目概况：

（1）"吉林省舒兰煤田水曲柳—平安普查"项目。吉林省重点项目。项目普查面积50.70平方千米，煤系地层为第三系中下统舒兰组，发育煤层25层，可采7层，储量1.17亿吨。项目完成后，2010年5月探矿权证申报办理完毕。

（2）"东北地区（辽吉部分）第三系研究及煤炭资源评价"项目。建立了老第三系古新统的存在，发现了新三系上新统层位在2个地堑中的沉积，建立起辽宁、吉林两省第三纪相对时期5个孢粉组合节。辽宁、吉林两省共预测出19个含煤预测区，总储量约106299万吨。

（3）"东北晚中生代盆地聚煤规律与资源预测专家系统研究"项目。该系统功能齐全，方便实用，便于移扩，在煤炭系统中有广泛的应用前景。在东北地区工作程度低的新区，可用该系统对晚中生代盆地进行煤炭资源预测。在东北晚中生代煤田已开采矿区的周围，特别是接近闭坑的老矿区外围，可帮助寻找有希望的聚煤区段。该系统在沉积矿区预测或其他经验性、描述性的知识工程中可以比较容易地移扩和应用。

（4）"吉林省浑江煤田推覆构造找煤研究"项目。通过对推覆构造的研究，建立了浑江煤田推覆构造控煤样式，提出7个预测区，预测煤炭资源储量3亿多吨。对扩大吉林省煤炭生产基地，缓解煤炭资源紧张状况起到积极作用。

（5）"吉林省第四次煤田预测"项目（吉林省中部区）。国土资源部公益调查项目，项目共划分为12个预测区，预测资源量102204万吨。其中：334-1级资储量1363万吨，面积8.39平方千米；334-2级资储量76679万吨，面积574.73平方千米；334-3级资源量24162万吨，面积137.08平方千米。

（6）"吉林省浑江煤田湾沟矿外围资源预查"项目。吉林省国土资源厅和吉林省财政厅联合下达的2010年吉林省地质勘查基金项目。项目资金492万元。工作区面积35.58平方千米，探求的预测煤炭资源量4630万吨。

（7）"吉林省舒兰市丰广煤矿接替资源勘查"项目。全国危机矿山接替资源找矿项目。2008年度资金匹配原则为中央财政1501万元。资源量/储量估算（333）合计20235万吨。

五、重大公益地质项目

（一）"吉林省煤炭资源潜力评价"项目

项目总体目标任务：通过新一轮吉林省煤炭资源潜力评价，在摸清全省煤炭资源现状的基础上，充分应用现代矿产资源预测评价的理论方法和以GIS评价为核心的多种技术手段、多种地学信息集成研究方法，以聚煤规律和构造控煤作用研究为切入点，对全省煤炭资源潜力开展科学预测，对其勘查开发前景作出综合评价，提出煤炭资源勘查近期及中长期部署建议及方案；建立全省煤炭资源潜力评价信息系统，实现煤炭资源管理的信息化，为吉林省煤炭工业乃至能源工业、国民经济的可持续发展宏观决策提供动态的资源数据和科学的依据。工作周期为5年。

《吉林省煤炭资源潜力评价报告》取得如下主要成果：

（1）完成的主要工作量：收集吉林省地质图1份，航磁、重力成果各1份，科研专题及煤炭勘查报告100份，360个生产矿井资料；编写课题总体设计1份、年度设计3份、省级潜力评价报告1份、煤田级报告4份；编制各类图纸324张，各类附表8份。

（2）通过进一步研究，明确了吉林

省内主要含煤地层的分布、划分和对比。首次从层序地层学角度研究含煤地层的沉积相、岩相古地理特征及聚煤规律、成煤模式和富煤带的空间展布规律；以地球动力学的理论和方法，研究吉林省所处大地构造区位特征，划分控煤构造带，总结控煤构造样式及煤炭赋存规律。为煤炭资源潜力评价提供地质依据。

（3）系统收集历年的煤炭勘查、开发资料，总结了吉林省截至2007年底累计探获资源储量29亿吨。全省保有资源储量22亿吨，已利用的资源储量中保有资源储量17亿吨，尚未利用的资源储量5亿吨，其中，勘探资源储量1.2亿吨，详查资源储量1.1亿吨，普查资源储量1.3亿吨，预查资源储量1.4亿吨。

（4）对吉林省煤炭资源进行了预测。全省划分为28个煤田（煤产地）57个矿区，对其中44个矿区进行了预测，全省预测2000米以浅面积6292.49平方千米，预测潜在资源量共计69.49亿吨。对预测潜在资源量进行分级、分类、分等及煤类研究与划分。

（5）预测潜在资源量分布在全省区域（除松辽盆地深部）的煤田内。从现在的经济意义，综合分析吉林省能源形势和煤炭资源供需状况，在埋深1000米以浅的预测区块中，选取部分最为有利预测区块部署近期地质勘查工作。

（6）利用GIS技术、数据库技术等，按照统一的技术要求，建立了包括基础数据、属性和图形数据在内的吉林省煤炭预测资源数据库。汇总建立吉林省煤炭资源潜力预测评价信息系统，为各级管理部门以及其他用户提供实时、高度有序的资源数据及辅助决策支持，为全国煤炭资源数据库汇总提供基础。

（二）"吉林省第四次煤田预测"项目

该项目为2008年吉林省国土资源厅下达的吉林省地质勘查基金煤炭勘查项目。项目主要任务是在1991年吉林省第三次煤田预测成果的基础上，采用控煤构造理论、沉积环境分析、聚煤规律研究等方法，对全省所有的预测区和预测资源量进行重新厘定和概略性评价，并提出新的预测区，重点是老矿区外围及深部、松辽盆地东缘、玄武岩下、推覆体下、白垩系红层下全掩盖区的预测工作，全面、客观地反映吉林省的煤炭资源潜力情况；对于煤质好、埋藏浅、有一定资源量规模的预测区，投入必要的物探、钻探工程量进行验证，以保证预测的可靠性，提高预测级别；筛选、确定全省重点勘探靶区，科学指导公益性和商业性勘探投入，争取在较短时间内有所突破，为煤炭资源枯竭矿山提供接续资源。

2008年，在25个预测区中完成钻探工程量28990.38米（32个钻孔），测井工程量28800.20米，二维地震1557个物理点，可控源音频大地电磁测深1656个物理点，音频大地电磁测深466个物理点。完成文字报告1份（26万字），附图185张，其中，煤田（含煤区、含煤盆地）预测图24张，剖面图117张，验证钻孔柱状图32张，省级综合图件12张。

《吉林省第四次煤田预测报告》取得如下主要成果：

（1）报告进行了全省区域地层区划和含煤地层区划。描述了四大成煤期主要含煤地层单位的岩性特征，并依据地层界面、标志层、岩性组合等属性对全省含煤地层进行了系统划分和区域对比，归纳总结了主要成煤期地层的含煤性、可采性以及煤层（组）的横向变化规律。

（2）对全省各成煤期含煤岩系沉积特征进行了深入分析，划分了沉积相类型，提出了含煤岩系的沉积模式；建立了含煤岩系层序地层格架，合理地划分出三级层序及相应的体系域；进行了基于三级层序的岩相古地理分析，归纳总结了沉积环境演化及聚煤规律。

（3）研究了区域构造格局和构造演化对煤田构造发育的控制作用，结合大地构造单元区划及赋煤单元区划，合理地划分了全省赋煤构造单元，系统总结了各赋煤构造带和主要煤田的构造特征和煤系赋存特征，剖析了主要控煤断裂和主要控煤褶皱的展布规律。

（4）分时代阐述了主要成煤期煤层的煤岩特征、煤化学特征与工艺性能，分析了煤的综合利用途径，阐述了煤类分布与煤变质因素。

（5）分析了煤炭资源勘查开发现状。截至2007年底，全省共有勘查区112处，生产矿井360处，全省累计探获资源量29亿吨，保有资源量22亿吨，其中已利用资源储量17亿吨，尚未利用资源量5亿吨。

（6）采用多元信息复合方法进行煤炭资源预测，圈定预测区56个，面积6831平方千米，预测资源量71.19亿吨，并进行了分级、分类评价，其中：埋深0～600米，预测资源量18.42亿吨；埋深600～1000米，预测资源量31.32亿吨；埋深1000～1500米，预测资源量15.29亿吨，埋深1500～2000米，预测资源量6.16亿吨。预测可靠的（334-1）资源量9.38亿吨，可能的（334-2）资源量32.72亿吨，推断的（334-3）资源量29.09亿吨。

（三）吉林省煤炭资源矿业权设置方案

受吉林省国土资源厅委托，吉林省煤炭地质调查总院（长春煤炭设计研究院）负责编制《吉林省煤炭资源矿业权设置方案》(简称《方案》)。编制工作以矿产资源法律法规及相关规范性文件、矿产资源规划等为依据，充分利用矿产资源潜力评价、"吉林省第四次煤田预测"研究成果、储量利用调查、矿山生产勘探成果和矿业权实地核查成果等资料，坚持整装勘查、集约开发的原则，优化煤炭资源勘查开采布局。取得如下成果：

（1）完成的主要工作量：文字部分1本、各类图件46张、附表1本。

（2）详细介绍了吉林省的自然地理、社会经济概况、煤炭成矿地质条件、煤炭资源概况，总结了吉林省煤炭地质勘查开发利用情况及煤炭矿业权设置现状及其存在的问题。

（3）确定了本次矿业权设置的总体思路，指明了吉林省煤炭找矿的方向和重点找矿区域，指明了吉林省煤炭开发利用的方向和重点区域，确定了探矿权、采矿权设置的基本原则。

（4）根据吉林省煤炭成矿地质条件和以往勘查、开采成果，结合《吉林省煤炭资源潜力评价》《吉林省第四次煤田预测》研究成果，对8个赋煤带内的22个煤田（或含煤区、含煤盆地）进行了拟设探矿权、采矿权设置。

（5）煤炭矿业权设置情况：全省拟设煤炭探矿权和勘查后备区126个，其中：拟设煤炭探矿权55个（空白区新设煤炭探矿权29个，已设煤炭探矿权保留22个，已设煤炭探矿权调整4个）；拟设煤炭勘查后备区71个（设置省地质勘查基金项目勘查后备区32个，设置第四次煤田预测勘查后备区39个）。

采矿权设置：全省拟设煤炭采矿权199个，其中：空白区新设煤炭采矿权1个，探矿权转采矿权4个，已设煤炭采矿权调整29个，已设煤炭采矿权整合1个，已设采矿权保留164个。

六、煤田测绘及成果

1991—2010年吉林省煤田地质局主要测量成果见表2-3-7。

表2-3-7 1991—2010年吉林省煤田地质局主要测量成果一览表

年份	项目名称	测量面积（平方千米）	工程量（千米）
1991	大庆市肇州县古恰—拉林河口地区二维地震勘探	409	46
	吉林省舒兰县东富煤矿（深部）地震勘探	2	4
	吉林省敦化黑石—额穆盆地重力勘探	1450	133
1992	大庆市肇源县长春岭—三站地区二维地震勘探	161	259
	吉林省白城地区洮南—套保地震概查勘探	406	104
	黑龙江省松辽盆地北部西北湖来地区重力勘查	256	247
	黑龙江省松辽盆地北部昌五地区重力勘查	35	40
	黑龙江省松辽盆地北部大安北部地区重力、磁法力勘查	185	337
1993	黑龙江省勃利地区山区二维地震勘探	没有	127
	吉林省九台市苇子沟—城子街地震概查	360	44
1994	大庆市肇源县茂兴地区二维地震勘探	90	120
	吉林省双辽—架马吐地区地震概查	3000	60
	吉林省白山市长白朝鲜族自治县长白测区重力、磁法普查	3000	302
1995	大庆市P47井采油区块开发地震	93	472
	吉林省双阳县双顶子地区地震找矿勘探	9	60
	内蒙古自治区新巴尔虎左旗呼和湖西测区重力、磁法普查	900	918
	黑龙江省松辽盆地北部泰康地区高精度重力、磁法勘查	161	270
	吉林省敦化地区黑石—镜泊盆地重力、磁法普查勘查	2000	434
1998	黑龙江省鸡西盆地山区二维地震勘探	406	258
	大庆市榆树林油田D162采油区开发地震勘探	27	181
	吉林省长春市外围地震概查	117	74
1999	内蒙古自治区大杨树盆地南部二维地震勘探	1868	135
2000	大庆市红岗区W18井采油区开发地震勘探	47	293
2001	吉林省延吉市城区三维地震勘探（4990个工程点）	58	
2002	吉林省梅河口市长胜—东腰堡地震普查找煤	21	13
2003	吉林省松树煤矿外围煤炭地震普查	24	24
2004	吉林省长春市龙家堡南部（北区）煤田地震普查	24	30
	吉林省白山市六道江四区煤炭资源地震普查	10	24
	吉林省敦化市自安区煤炭资源地震详查	9	22
2005	吉林省长春市龙家堡南部煤田三维地震勘探（4632个工程点）	7	
	内蒙古自治区东乌珠沁旗诺呼热图诺尔煤田地震预查	207	36
	吉林省九台市九台立井西部煤炭地震普查	5	21
	吉林省羊草沟煤田龙家堡矿区深部煤炭二维地震详查	78	50
	吉林省长白煤田十八道沟煤矿外围煤炭二维地震普查	11	21

表 2-3-7（续）

年份	项 目 名 称	测量面积（平方千米）	工程量（千米）
2007	吉林省长春市活断层地震勘查	1156	3
	吉林省九台市官地煤炭地震普查	152	120
	吉林省图们市凉水煤矿接替区二维地震普查	19	19
	吉林省九台市西部煤炭地震普查	41	35
	吉林省长春市双阳区南部煤炭地震普查	17	26
	吉林省九台市九台北部和张家大院区煤炭地震普查	157	75
2008	吉林省舒兰市水曲柳—平安地震普查	60	57
	吉林省通化矿业公司八宝煤矿深部三维地震勘探（1573 个工程点）	3	
	吉林省九台市饮马河区（南部）煤炭地震普查	34	55
	吉林省通化矿业公司松树煤矿外围地震普查	13.5	29
	长春羊草沟煤矿接替资源勘查二维地震普查	8	28
	吉林省舒兰市东富煤矿接替资源勘查地震普查	70	196
	吉林省舒兰煤田水曲柳—平安普查区地震普查	44	57
	吉林省珲春矿业集团八连城（七线以西）深部和板石一矿深部三维地震勘探（8799 个工程点）	16	
2009	吉林省白城市万宝煤矿外围地震预查	90	60
	吉林省敦化市黑石—塔拉站煤炭资源地震勘查	143	61
	吉林省长春市双阳区烟筒山煤炭资源地震勘查	530	51
2010	九台市卢家—回回营煤炭资源预查	114	101
	辉南县清河屯—南台子煤炭预查	55	41
	吉林省通榆县瞻榆盆地煤炭资源地震预查	630	56
	双辽市红旗盆地煤炭资源预查	150	60

第三节 煤 炭 储 量

一、1990 年底煤炭资源储量

截至 1990 年底，吉林省累计探明储量 27.94 亿吨、保有储量 21.87 亿吨，其中表外保有储量 3.91 亿吨；在累计探明储量中尚未利用保有储量中精查储量 5.1 亿吨、详查储量 0.52 亿吨、普查储量 4.42 亿吨。在累计探明储量中分煤类储量：炼焦用煤 9.06 亿吨、非炼焦用煤 18.88 亿吨。

二、2010 年底煤炭资源储量

截至 2010 年底，吉林省探获煤炭资源储量 31.47 亿吨，探获保有资源储量 25.19 亿吨。

探获的煤炭资源储量中，生产矿井占用资源储量 24.09 亿吨，探获保有资源储量中，生产矿井保有（已利用）资源储量 18.87 亿吨，勘查区保有（未利用）资源储量 6.32 亿吨。

吉林省尚未利用资源储量 6.32 亿吨，按勘查阶段可分为精查（勘探）阶段 2.48 亿吨，详查阶段 1.11 亿吨，普查

1.29亿吨，预查1.44亿吨；按可利用程度分为可供建井的（勘探、详查）资源储量3.59亿吨，需进一步勘查的（普查、预查）资源量2.73亿吨。

1991—2010年，新增探获煤炭资源储量3.53亿吨，新增保有煤炭资源储量3.32亿吨；已利用煤炭资源储量增加7.04亿吨；尚未利用煤炭资源储量减少3.72亿吨，其中精查（勘探）阶段减少2.62亿吨、详查阶段增加0.59亿吨、普查阶段减少3.13亿吨、预测阶段没有变化，见表2-3-8。

2007—2009年吉林省煤田地质局提交煤炭资源储量见表2-3-9。

表2-3-8　1991年与2010年吉林省新增探明煤炭资源储量对比表　　　　亿吨

截止日期	探获资源储量	保有资源储量	已利用资源储量	尚未利用资源储量				
				合计	精查	详查	普查	预查
1991年初	27.94	21.87	11.83	10.04	5.10	0.52	4.42	0
2010年末	31.47	25.19	18.87	6.32	2.48	1.11	1.29	1.44
新增	3.53	3.32	7.04	-3.72	-2.62	0.59	-3.13	1.44

表2-3-9　2007—2009年吉林省煤田地质局提交煤炭资源储量一览表

序号	项目	年份	勘探单位	程度	提交储量
1	龙家堡勘探	2007	203、112、102、物探	勘探	1.8亿吨
2	水曲柳勘探	2007	勘院、203、112、102、物探	勘探	1.2亿吨
3	长白勘探	2008	102勘探公司	勘探	1800万吨
4	八宝深部	2007	102勘探公司		2265万吨
5	敦化黑石预查	2008	112勘探公司	预查	3500万吨
6	万宝外围	2008	102勘探公司	普查	621万吨
7	图们凉水南部	2009	102勘探公司	详查	1127万吨
8	双阳朱家街	2006	102勘探公司	详查	814万吨
9	双阳南部	2008	102勘探公司	普查	542万吨
10	和龙长财	2009	112勘探公司	详查	865万吨
11	珲春八连城	2009	112勘探公司	勘探	5332万吨
12	凉水南部河东	2009	112勘探公司	详查	1000万吨
13	珲春横道河子	2009	112勘探公司	详查	1400万吨
14	白山南山	—	102勘探公司	详查	1280万吨
15	珲春里化	—	112勘探公司	详查	556万吨
合计					5.1471亿吨

吉林煤炭工业志

第三篇
煤矿建设

1991—1993年，吉林省国有重点煤矿基本建设工程由东煤公司基本建设局管理，地方煤矿基本建设工程由吉林省煤炭工业局管理。1994年东煤公司撤销后，先后由吉林煤炭工业管理局、吉林省能源局、吉煤集团管理。1991—2010年，吉林煤矿基本建设规模有了一定的增长，国有重点煤矿先后开发了珲春矿业公司（矿务局）八连城煤矿、板石煤矿，辽源矿业公司（矿务局）金宝屯煤矿、龙家堡煤矿。地方煤矿在吉林省煤炭工业局的组织下陆续开始建设。吉林省煤矿基本建设工程实行"包投资、包建设工程、包达产时间，保投资、保材料、保劳动力"的"三包三保"政策，保证了矿井建设工程质量。

1991—2010年20年间，吉林省煤矿新井建设投资45.12亿元。其中：国有重点煤矿投资35.51亿元，占总投资额的78.70%；地方煤矿投资9.61亿元，占总投资额的21.30%。全省新建矿井27处。其中：国有重点煤矿6处，国有地方煤矿及乡镇煤矿21处，设计生产能力756万吨/年。国有重点煤矿共有改扩建矿井15处，净增生产能力698万吨/年。地方煤矿改扩建矿井30处，净增生产能力350万吨/年。全省改扩建矿井总投资29.20亿元。其中：国有重点煤矿投资18.43亿元，国有地方煤矿投资10.77亿元。全省新井建设、改扩建矿井建设总投资74.32亿元。

为适应矿区生产建设发展需要，同时还建成机械制造、机电修配、矿区内外输变电、火工品生产、铁路（公路）运输等配套工程，形成了辽源、通化、舒兰、珲春四大矿区为主体，市、县、乡（镇）和个体煤矿多层次的煤炭工业格局。

第一章 煤 矿 设 计

1991—2010年，吉林省年产90万吨煤矿由长春煤炭设计研究院设计完成（煤炭工业部属设计院），年产30万吨以下煤矿设计由吉林省煤矿设计院设计完成（省属事业单位），各矿业公司（矿务局）也都设有煤矿设计院、处、室机构。

第一节 机构与队伍

一、长春煤炭设计研究院

长春煤炭设计研究院成立于1973年，原名吉林煤矿设计研究院，是原煤炭工业部属设计院。1994年，东煤公司撤销后归属吉林煤炭工业管理局，更名为长春煤炭设计研究院。长春煤炭设计研究院是一所多专业、多部门的综合设计单位。1991年底，全院有职工157人，其中工程技术人员141人（高级工程师28人，工程师61人，初级技术员52人）。1991—2010年，长春煤炭设计研究院完成煤矿矿区总体规划设计9部；完成新建和改扩建设计的煤矿64个；完成工程项目方案设计223项，可行性研究报告229项，初步设计313项，施工图设计3269项。长春煤炭设计研究院完成的工程设计，获得省部级以上奖励28次。其中：优秀设计软件奖国家级1项、部级奖2项，优秀设计获国家铜奖2项、部级奖5项、省级奖15项，技术进步奖部级1项、省级2项。2010年末，设有采矿、建井、选煤、矿山机电、机械、电力、电气自动控制、通信、信号、建筑、结构、给排水、暖通空调、环保、总图、公路及铁路运输、技术经济、工程测量等多种专业。全院有职工113人，其中工程技术人员91人（高级工程师28人，工程师24人，初级技术人员39人）。

二、吉林省煤矿设计院

吉林省煤矿设计院的前身是吉林省地方煤炭工业公司设计室。承担全省年生产能力30万吨以下的地方煤矿设计工作。设计室成立之初，从长春煤矿设计院和沈阳煤矿设计院借来设计人员，以后逐年有大学毕业生分配到设计室。1988年，设计人员发展到近30人。在国家大力发展小煤矿的方针指导下，吉林省地方小煤矿设计工作任务较多。同年6月，设计室从吉林省地方煤炭工业公司分离出来，改称为吉林省煤矿设计院，为省煤炭局直属事业单位。1991年，吉林省煤矿设计院人员编制40人。吉林省煤矿设计院主行业为煤炭（矿井）设计资质，主要以煤矿生产工艺为主，配备有采矿室、机械室、电气室、土建室、水暖室及办公室、财务室等科室。主要专业有采矿、机械、电气、土建、采暖、给排水、总图、经济等专业。全院有高级工程师23人，工程师6人，助理工程师6人。后勤人员中有财务人员2人（均为中级职称），工人2人。吉林省煤矿设计院成立后，院内的建设和设计工作得到较快发展，年产3万吨、6万吨和9万吨的小煤矿以及吉林省较大的地方煤矿羊草沟煤矿一井、二井（设计规模分别为年生产能力15万吨）都由该煤矿设计院设计。2004年，先后完成了100余项（次）省内煤矿矿井项目的设计任务。2007年5月，与长春煤炭设计研究院合并。

第二节 设计技术与成果

一、设计技术

设计技术人员根据吉林省内煤层赋存和地形地貌等条件，在设计过程中进行综合分析、反复论证、确定优选方案。矿井设计分别采用阶段片盘斜井石门分区开拓、片盘斜井开拓、平硐立斜井混合及立井单水平开拓等方式。减少了工程量和生产过程中的费用，矿井获得较大经济效益。舒兰煤田煤层埋藏较浅，顶底板流砂较大，倾角较缓，设计采用片盘斜井开拓方式；通化煤田高山地形起伏大，则采用平硐和斜井混合开拓方式，辽源矿业公司金宝屯煤矿、龙家堡煤矿，珲春矿业公司八连城煤矿煤层埋藏较深，地质条件复杂，分别采用立井开拓方式。

二、设计成果

1991—2010年，吉林煤炭系统根据各时期的国家政策和具体条件，共编制4部煤矿矿区设计总体规划。1988年11月，珲春矿区建设指挥部计划处编制《1985—2015年长远规划》上报东煤公司。1990年3月，东煤公司《关于珲春矿区总体设计的通知》，批准修订后的矿区规模为405万吨/年。1991年8月，东煤公司长春煤矿设计院编写了《珲春矿区总体发展简要说明书》。

辽源矿务局金宝屯煤矿总体规划由长春煤矿设计院承担，年设计生产能力90万吨。铁路专用线及金宝屯火车站改造的设计由锦州铁路设计院承担。1992年4月，国家能源投资公司批准了辽源矿务局金宝屯煤矿的初步设计。

2005年，辽源矿务局龙家堡煤矿由长春煤炭设计研究院设计，年设计生产能力90万吨。同年9月6日，国家开发银行吉林省分行同意给龙家堡煤矿项目贷款。

辽源矿务局梅河煤矿七井由辽源矿务局设计处设计，经东煤公司审批，设计年生产能力9万吨。通化矿业公司道清煤矿南翼井由白山市蓝图设计院设计，设计年生产能力15万吨。地方煤矿在此期间，仅有3万吨/年、6万吨/年、9万吨/年、15万吨/年小煤矿设计。2009年以后，私营个体煤矿有30万吨/年能力设计。

1991—2010年吉林省煤炭工业基本建设总体设计成果见表3-1-1。

表3-1-1 1991—2010年吉林省煤炭工业基本建设总体设计成果一览表

设计矿区总体项目	设计生产能力（万吨/年）	开竣工时间	设计单位	设计主任工程师
全省合计	384	—	—	—
辽源矿务局梅河煤矿七井	9	1990—1992年	辽源矿务局设计处	龙万江、孙修占
珲春矿区八连城煤矿恢复建设	90	1992—2006年	长春煤炭设计研究院	张忠祥
辽源矿务局金宝屯矿区总体设计	90	1992年4月至2004年6月	长春煤炭设计研究院	常恕实
通化矿业公司道清煤矿南翼井	15	2005—2006年	白山市蓝图设计院	徐春明
珲春矿区板石煤矿	90	2005年9月至2007年12月	长春煤炭设计研究院	张忠祥
辽源矿业公司龙家堡矿区总体设计	90	2006年3月至2008年12月	长春煤炭设计研究院	常恕实

第二章 建 设 项 目

第一节 新井建设

1991—2010年，吉林省国有重点煤矿新建矿井6处，设计生产能力384万吨/年，见表3-2-1；地方煤矿新建矿井21处，设计生产能力372万吨/年，见表3-2-2。全省新建矿井总投入资金451166万元。其中：国有重点煤矿投资355064万元，地方煤矿投资96102万元。

表3-2-1 1991—2010年吉林省国有重点煤矿新建矿井一览表

矿井名称	设计生产能力（万吨/年）	煤种牌号	开工日期	竣工日期	投资额（万元）
辽源矿务局梅河煤矿七井	9	长焰煤	1990年	1992年	2000
珲春矿务局八连城煤矿立井	90	长焰煤	1992年9月	2006年12月	53603

表 3-2-1（续）

矿井名称	设计生产能力（万吨/年）	煤种牌号	开工日期	竣工日期	投资额（万元）
辽源矿务局金宝屯煤矿	90	长焰煤	1994年12月	2004年6月	65711
通化矿业公司道清煤矿南翼井	15	焦煤	2005年1月	2006年6月	1745
珲春矿业公司板石煤矿	90	长焰煤	2005年9月	2007年12月	78706
辽源矿业公司龙家堡煤矿	90	长焰煤	2006年3月	2008年12月	153299

表 3-2-2 1991—2010年吉林省地方、乡镇煤矿新建矿井一览表

矿井名称	设计生产能力（万吨/年）	煤种牌号	开工日期	竣工日期	投资额（万元）
长春双顶子煤矿	30	长焰煤	1990年11月	—	8000
伊通县煤矿	15	褐煤	1991年		2335
桦甸公朗头二井	21	长焰煤	1992年		4199
和龙庆兴煤业	15	长焰煤	1995年11月	1998年7月	2500
延边煤矿达里洞井	9	长焰煤	1997年3月	2003年6月	1800
白山城西联谊煤矿	18	瘦煤	1996年	1998年8月	2888
新宇煤矿马当井	21	气煤	1996年9月	1999年10月	4800
临江市通宝煤矿	9	气煤	1997年1月	1998年3月	125
长春八面石煤矿三井	9	无烟煤	1997年		1100
万宝煤矿团结二井	15	无烟煤	1998年		2937
浑江区胜利煤矿	15	—	1998年1月	2002年1月	3396
华安矿业有限公司	15	长焰煤	1998年	2003年	2900
延边青道沟井	9	长焰煤	—		1556
辉南汇丰煤矿	9	焦煤	2002年	2003年	2000
道清嘉懋六道江井	21	—	2003年	2009年1月	11624
白山市吉盛矿业一井	21	1/3焦煤	2004年10月	2005年5月	2679
浑江区南翼井	15	焦煤	2005年	2010年	2581
长春市双阳区太平矿	15	长焰煤	2006年	2010年	300
珲春瑞丰矿业伊力煤矿	30	褐煤	2009年9月	未竣工	14213
白山市江源区诚真装饰装潢有限公司齐欣煤矿	30	无烟煤	2010年6月	未竣工	12000
白山市江源区官道岭煤矿	30	无烟煤	2010年11月	未竣工	12169

注：此表只记载9万吨/年以上的矿井。

一、"七五"时期末开工建设，"八五"时期投产的矿井

辽源矿务局梅河煤矿七井由东煤公司审批，辽源矿务局设计处设计。设计年生产能力9万吨，服务年限18.8年，地质储量405.7万吨，可采储量238.8万吨。片盘斜井开拓方式，布置一对斜井井筒，主井负责全井提升及入风，副井负责管线铺设及排风，采煤方法为单一走向长壁开采。投资总额2000万元。1990年建井，1992年投产。

二、"八五"时期开工建设,"十五"时期投产的矿井

辽源矿务局金宝屯煤矿位于内蒙古自治区通辽市科尔沁左翼后旗境内,交通便利。井田倾斜长7.5千米,走向长5千米,面积37.5平方千米。工业储量10632万吨,可采储量8254万吨。1992年4月,国家能源投资公司批准金宝屯矿井初步设计。同年开始进行前期准备,即"五通一平"(通路、通电、通水、通信设备、通网络,施工现场地平)。1994年10月,煤炭工业部批准金宝屯矿井项目开工建设。矿井设计由长春煤炭设计研究院承担,铁路专用线及金宝屯火车站改造的设计由锦州铁路设计院承担。矿井设计开拓方式为立井单水平开拓,地面标高+132.5米。井筒布置2条,主井深为862.9米,井底标高-730.4米,副井井深806.5米,井底标高-674.0米。主井为提煤井兼回风井,副井作为升降人员、提升矸石、运输材料,并兼作进风井。年设计生产能力90万吨,服务年限53年。矿井通风方式为中央并列式通风,通风方法为抽出式负压通风,实行分区全负压通风。提升运输方式为主井井筒内装备13.7吨箕斗作提煤用,副井井筒内装备1个1.0吨矿车双层四车罐笼和1个加宽罐笼。-650米水平南、北两侧煤炭运输采用SSJ-1000/2×160型带式输送机运输。-650米水平运输大巷使用CCG6/600YFB型防爆柴油普轨机车,负责运输矸石、材料等。斜巷多采用SQ-120/132B型无极绳绞车、JD(2.5)-40型绞车、JD(1.6)-25型绞车、JBSD-15型缓速绞车,负责运输矸石、材料等。-650米水平运送人员采用RJHZ90型架空乘人装置。矿井电源采用三回路供电,其中两回路来自双辽电厂一次变不同母线段,线路名称为双金甲、乙两条输电线路,电压等级为66千伏,架空线为LGJ-120型钢芯铝绞线,长度为49.5千米;第三回路引自甘查线,电压等级为66千伏,架空线为LGJ-120型钢芯铝绞线,长度为116千米。正常时两回工作,一回备用。井下供电由矿井地面变电所引入井下三回ZQDS-6kV-3×120型铠装电缆,沿副井井筒敷设至-650米水平井下中央变电所,每回电缆长为1060米,正常时三回电缆同时供电,当一回电缆故障时,另两回电缆仍能担负井下供电全部负荷。矿井工作制300天/年,每天提升时间14小时,项目总投资65711万元。参加项目建设的施工单位,以辽源矿务局建井工程处、建筑安装工程公司为主,中煤邯郸特凿处、鸡西矿务局建井处、浙江华东矿山建筑有限公司、中铁十九局四处等单位参加部分工程建设。同年,国家投资体制改革,重新对项目进行评估,金宝屯矿井项目停工1年。1995年7月,正式开工凿井。1998年8月,国家调整产业结构,矿井处于停建中。2000年以后开始建设,2004年6月正式投产。工作面布置采用走向长壁式开采,采煤方法为综合机械化回采工艺,机械化程度100%。

三、"八五"时期开工建设,"十一五"时期投产的矿井

珲春矿务局八连城煤矿立井由长春煤矿设计院设计,珲春矿务局建井工程处、沈阳矿务局矿建处和鸡西矿务局建井工程处施工。生产能力一期为90万吨/年,达产后改扩建为150万吨/年。1992年开始兴建。在地面工程"四通一平"基本完成情况下,同年9月正式开工。1993年9月末,主、副井贯通,副井改装完成。由于行业政策调整,1994年5月,八连城

煤矿立井停缓建。停缓建时已完成基本建设投资 8802 万元，完成巷道进尺 1091 米，井下硐室基本完成；土建工程竣工面积 23085 平方米。主、副井井塔、地面配套设施等基本完成。2005 年恢复建设，2006 年 12 月投产。矿井采取立井单水平开采，全井田划分为 18 个采区，工作面布置采用走向长壁式开采，采煤方法为综合机械化采煤，机械化程度 100%。通风方式为混合式。煤矿井下运输设备有电机车、带式输送机。提升方式：箕斗一段提升，垂高 517 米。矿井电源：双回路，入井电压 6.3 千伏。

四、"十五"时期开工建设，"十一五"时期投产的矿井

通化矿业公司道清煤矿南翼井由白山市蓝图设计院设计，道清煤矿施工。设计生产能力 15 万吨/年，2005 年 3 月开工，2006 年 8 月竣工，矿井服务年限 26 年。井田走向长平均 1.05 千米、倾斜宽 0.69 千米、面积 0.72 平方千米，地质储量 692.2 万吨，可采储量 516.5 万吨，矿井工程量 2635 米，开拓方式双井筒多段斜井，第一水平 +100 米高，第二水平 ±0 米标高，采煤方法为巷柱式；矿井通风方式为中央并列抽出式通风，主井入风，副井回风。矿井提升为两段提升，一段由地表至 +100 米标高，二段 +100 ~ ±0 米标高，主井、暗主井均为提煤井，副井、暗副井均为辅助提升井。矿井供电两回电源均由道清煤矿西风井两回供电线路上"T"接，电压等级为 6 千伏，距离约 1.0 米，架设两回 LGJ-35 型钢芯铝绞线路至井口，井口设地面变电所。地面配套建筑设施有办公室、更衣室；生产配套建筑有绞车房、配电系统、主要通风机房、爆炸材料库等、新投入设备 36 台（套）。

五、"十一五"时期开工建设，"十一五"时期投产的矿井

（一）珲春矿业公司板石煤矿

珲春矿业公司板石煤矿位于吉林省珲春市板石镇湖龙村，矿井井田面积 22.5 平方千米，工业储量 1.1 亿吨，可采储量 7838.4 万吨，可采煤层 11 层，煤种为中灰特低硫特低磷含油长焰煤，原煤热值 3300 大卡/千克，精煤热值 5000 大卡/千克。2006 年 5 月 28 日开工建设，2008 年 1 月建成投产，设计年生产能力 90 万吨。开拓方式斜井分水平开拓。2008 年 2 月，经吉林省煤炭工业局核定，年生产能力 240 万吨。综采和掘进机械化程度 100%。通风方式为中央并列式。煤矿井下运输设备为带式输送机。提升方式：斜井带式输送机一段提升，垂高 534 米。矿井电源：双回路，入井电压 6.3 千伏。

（二）辽源矿业公司龙家堡煤矿

辽源矿业公司龙家堡矿区位于吉林省长春市所辖九台市境内，勘探区面积 46.93 平方千米。井田范围北起 2 号煤层可采边界线，南至羊草沟煤矿的井田边界线；东以东湖镇至龙家堡镇的公路为界，西到煤层可采边界线。资源储量面积 16.71 平方千米。探明储量 1.8 亿吨，可采储量 1.2 亿吨，煤层埋藏深度 780 ~ 1300 米，平均厚度 7.5 米，2006 年 3 月开工建设，2008 年 12 月建成投产，设计年生产能力 90 万吨。服务年限 52.9 年，2010 年核定生产能力 300 万吨/年。针对井田面积大，煤层埋藏深，在矿井开拓方式设计上，确定立井和下山多水平布置大巷的开拓方式。主立井深度 846.4 米，副立井深度 806.5 米。主井为主提升井，箕斗提升，主要用于提升煤炭兼作排风和安全出口；副井为罐笼提升，用于提升矸石、材料、设备和升降人员，兼作入风井

和安全出口。矿井生产后期在西部布置1个立风井。井筒及下山巷道设计大断面施工，皮带下山巷道设计净断面积24.5平方米，施工断面积28.4平方米；轨道下山巷道设计净断面积20.8平方米，施工断面积24.6平方米；回风下山巷道设计净断面积26.2平方米，施工断面积30.3平方米，3条下山巷道支护，采用锚网锚索U型钢棚联合支护，保证了矿井安全生产。矿井通风方式为中央并列式，通风方法为抽出式。提升运输方式主井主提升为JKM-4×4.5(Ⅲ)E-(LJB)型塔式多绳摩擦提升机，提升容器选用22吨钢罐道四绳箕斗1对。副井提升机为JKMD-4×4(Ⅲ)E-(LJB)型落地多绳摩擦提升机，提升容器选用1.5吨矿车、双层四车GDG1.5/9型罐笼一宽一窄各1个。井下主运输设备为带式输送机。煤炭经运输巷通过溜煤眼转载到皮带上山带式输送机，由皮带上山带式输送机通过转载煤仓经带式输送机斜巷运到井底煤仓，煤炭通过装载硐室中两条带式输送机装入主井箕斗。井下辅助运输采用柴油机车牵引1.5吨矿车及平巷人车。矿井地面变电所，由双电网双电源向其供电，一条为九矿线，为主电源，另一条为东九乙线，为备用电源。矿井变电所设置66千伏/10千伏变配点装置，户外装有2台66千伏安主变压器。井下中央变电所位于副立井井底车场，有KY-HRGC-Z型高压开关柜26台，KY-HRDZ-1型，低压开关柜11

台，负责井下所有用电设备的正常供电。工作面布置采用走向长壁式开采，采煤方法为综合机械化放顶煤回采工艺，机械化程度100%。

截至2010年，吉林省新建煤矿辽源矿业公司金宝屯煤矿、龙家堡煤矿、珲春矿业公司八连城煤矿、板石煤矿采煤综合机械化程度均达到100%。辽源矿业公司龙家堡矿业公司使用的组态软件有组态王、ifix和力控。综合自动化控制平台的建成，标志着龙家堡煤矿及吉林省其他几座新建矿井现代化水平又达到一个新的高度。

第二节 改扩建矿井建设

1991—2010年，吉林省各煤矿对有潜力的矿井均进行了技术改造和改扩建工程，形成新的生产能力（表3-2-3）。20年间，吉林省国有重点煤矿改扩建矿井15处，净增生产能力698万吨/年。地方煤矿改扩建矿井30处，净增生产能力350万吨/年。全省改扩建矿井总投资292027万元。其中：国有重点煤矿投资184299万元，国有地方煤矿投资107728万元。改扩建后的通化矿业公司八宝煤矿、舒兰矿业公司二矿，计算机在煤矿综合自动化、信息化和无纸化办公等领域得到广泛应用；井上下主要设备如主要通风机、绞车、风门、带式输送机、水泵房、锅炉、变电所和新建选煤厂等，基本实现了计算机管理和远程实时监控。

表3-2-3 1991—2010年吉林省煤矿主要改扩建矿井一览表

改扩建项目名称	改扩建矿井（万吨/年）	改扩建日期		投资（万元）
		开工	竣工	
舒兰矿务局丰广煤矿五井	45/70	1985年	1991年12月	1750
舒兰矿务局东富煤矿皮带井	21/75	1985年	1991年12月	2478
通化矿务局松树煤矿二井	75/120	1987年1月	1991年9月	6610

表 3-2-3（续）

改扩建项目名称	改扩建矿井（万吨/年）	改扩建日期 开工	改扩建日期 竣工	投资（万元）
吉舒煤矿二井改造工程	15/35	1989 年	1991 年	471
通化矿务局砟子煤矿	45/120	1989 年 12 月	2000 年 6 月	25386
舒兰矿务局舒兰街煤矿一井改扩建	30/75	1990 年	1993 年	7355
延边和龙青道沟井	9/15	1998 年	1999 年	3700
通化矿业公司松树煤矿二井	120/150	2007 年	2008 年	5878
通化矿业公司八宝煤矿	120/180	2007 年 12 月	2010 年 12 月	99696
通化矿业公司永安煤矿	45/100	2008 年 1 月	2008 年 12 月	1928
舒兰矿业公司二矿	120/210	2008 年	2010 年	20707
通化矿业公司永安矿业公司六道江井	21/75	2010 年	未竣工	6686
杉松岗矿业公司龙马煤矿	15/42	2005 年 10 月	2007 年 11 月	4573
杉松岗矿业公司新盛煤矿	15/21	2005 年 10 月	2007 年 2 月	5066
杉松岗矿业公司一井煤矿	21/30	2009 年 4 月	2010 年 2 月	60
长春市羊草沟煤矿一井、二井	30/60	1994 年	1995 年 12 月	4649
长春市羊草沟煤矿二井	20/50	2002 年	2006 年	7606
舒兰市广源煤业公司一井	6/12	2003 年 8 月	2006 年 2 月	1800
舒兰市广源煤业公司二井	6/12	2003 年 8 月	2006 年 2 月	1800
九台市放牛沟煤矿	9/15	2004 年 2 月	2005 年 11 月	400
靖宇县大地煤业有限公司	30	2005 年 7 月	—	6000
吉林省春谊煤矿	6/18	2005 年	2006 年	600
长春市双阳区八面石煤矿	9/15	2005 年	2006 年	300
辽源矿业公司西安煤业 125 井一区、二区	90/165	—	2007 年	3921
辽源矿业公司梅河煤矿二井、三井	90/235	—	2007 年	1433
长春市羊草沟煤矿一井	33/60	2009 年	2010 年	14315
华兴煤矿（原九台立井）	75/100	—	2006 年	12000
蛟河市平安煤矿	6/15	2009 年 6 月	2010 年 9 月	538
白山市江源区富源煤矿	6/9	2006 年 10 月	2007 年 8 月	758
白山市大政公司弘宝煤矿	6/9	2006 年 10 月	2008 年 2 月	962
临江市通宝煤矿	6/15	2007 年	未竣工	1850
白山市鑫达煤矿	6/9	2007 年 2 月	2010 年 10 月	768
白山市江源区苇塘综合经营处一井	3/15	2007 年 8 月	2009 年 4 月	1424
白山市江源区元盛煤矿	6/9	2006 年 11 月	—	564
湾沟镇枫叶扶残处松树井	6/15	2006 年 10 月	2008 年 12 月	1287

表 3-2-3（续）

改扩建项目名称	改扩建矿井（万吨/年）	改扩建日期 开工	改扩建日期 竣工	投资（万元）
通化市佳和矿业有限公司	6/15	2009年10月	未竣工	3000
临江市大湖村煤矿	3/9	2009年	未竣工	1200
延边凉水煤矿	60/90	2009年5月	2010年10月	27784
长春市双阳区长岭煤炭有限公司二道南山井	7/15	2009年	2010年	200
长春市双阳区丁家煤矿	4/9	2010年5月	未竣工	200
白山市育林孤儿院煤矿	6/9	2010年11月	未竣工	1024
白山市靖宇县那尔轰镇小营子煤矿	3/9	—	未竣工	1600
白山市靖宇县那尔轰镇富安煤矿	3/9	—	未竣工	1700

一、改扩建矿井

（一）舒兰矿业公司舒兰街煤矿一井

舒兰街煤矿一井扩建工程是吉林省"七五"时期重点工程之一。1990年开工建设，1995年8月竣工。由舒兰矿务局设计处负责设计，舒兰街煤矿负责施工。井田位于舒兰市南西侧。井田走向长度3.2千米，倾斜长度2.4千米，面积7.68平方千米。改扩建后生产能力由30万吨/年增到75万吨/年，矿井服务年限50.6年。项目建设总投资7354.8万元，1990年至1993年末，累计完成投资3321万元，其中完成矿建工程6071米，完成工作量1555.5万元。采煤工作面配有YY-150型机组，平均采高2.3米，工作面长150米。工业建筑面积1980平方米，民用建筑面积20405平方米，铁路专用线4千米，公路4.5千米。

（二）通化矿业公司砟子煤矿立井

砟子煤矿立井改扩建工程于1989年12月开工，由于受国家停建缓建要求，1990—1991年停工。1992年恢复施工，2000年6月8日正式投产。生产能力由45万吨/年增加到120万吨/年。主要矿井工程量16548米，新建东风立井排水系统、排矸系统，井巷、硐室等及地面配套设施井塔、配电系统等。总投资25386万元。

（三）通化矿业公司松树镇煤矿二井

1987年1月，松树镇煤矿二井进行第二次改扩建。工程于1991年竣工投产，生产能力由75万吨/年增加到120万吨/年，增加生产能力45万吨/年。该井改建前是一皮带斜井为主井，装有1台GDS-1000G型钢丝牵引带式输送机，担负全矿的提升任务，副井（1对）担负运人，排矸、运料任务。东、西风井担负全矿排风任务，采用东西两翼分区式通风，生产水平在+400米以上。改造后在+400米水平开凿3条暗斜井至+206米水平：1条井筒安设带式输送机，担负煤的提升任务；1条用于升降人员及运料、排矸；1条用于排风。扩建后矿井产量增加，通风系统不能满足需要，重新开凿东立风井，废除原来东、西翼风井。第二次改扩建主要工程是扩建和装备一个综采工作面，井巷掘进2356米，主建工程36287平方米。松树镇煤矿二井扩建后，是吉林省建成投产的第二对大型矿井。

（四）舒兰矿业公司二矿

二矿原为东富煤矿二井，井田位于舒兰市东富村境内，走向长3.75千米，倾斜长1.68千米，面积6.88平方千米。始建于1968年，1973年11月建成投产。原设计能力21万吨/年，2005年核定能力35万吨/年。2008年，对该矿井进行改扩建，在保证生产的前提下，组织人力对矿井开拓延深，巷道维修、通风、运输、供电、排水、供热各系统以及地面设施进行全面升级改造，配套新建选煤厂，构建现代化矿井生产大格局，生产能力大幅度提高。2008年核定能力达到120万吨/年，2009年核定能力提高到210万吨/年，总投资20707万元。

（五）通化矿业公司八宝煤业有限责任公司

2007年1月，长春煤炭设计研究院作吉林省八宝煤业有限责任公司矿井改扩建工程可行性研究报告，生产能力由120万吨/年提高到180万吨/年。批准预算总投资82848万元。工程于2008年1月开工，2010年12月，通过吉林省能源局竣工验收。提升系统改造。补掘1对立井井筒，解决提升系统不合理的问题。运输系统改造。原主要运输系统为3吨底卸式矿车改为带式输送机运输。采煤方法改革。将水力采煤改造为综合机械化采煤。改造后开拓方式为3条立井开拓。主井提煤，采用塔式多绳摩擦提升绞车、设20吨箕斗。副井设塔式多强摩擦提升绞车，设1对罐笼。原东风井内装梯子间，兼作回风井和安全出口。通风方式采用中央并列式通风，主、副井进风，风井（原东风井）回风。该井有66千伏双回路电源，一回路电源接自浑江电厂至三岔子输电线路（三浑南线），另一路电源接砟子至韦塘供电线路（砟韦线），均采用LGJ－3×120型钢芯铝绞线，混凝土电杆架设。

（六）通化矿业公司永安矿业公司六道江井

永安矿业公司于2010年5月开工建设，2011年7月竣工。通过对永安矿业公司六道江井改扩建工程，提高了矿井的生产技术水平和生产能力。新掘：一段皮带井，井筒长度1200米；二段皮带井，井筒长度390米。井筒坡度25°，净断面积15.2平方米作为入风。新掘回风道1230米，断面积为7.0平方米，新掘脱水硐室500米，平均断面积15.0平方米。新掘转载皮带巷1000米。矿井生产能力由21万吨/年提升到75万吨/年，并实现了井下脱水，井下闭路循环使用。

（七）长春市羊草沟煤矿一井、二井改扩建

1991年以前，羊草沟煤矿建成两对矿井，生产能力30万吨/年。1994年，羊草沟煤矿进行矿井扩建工程，设计生产能力60万吨/年，增产30万吨/年，1995年竣工达产，投资4649万元。2002年，羊草沟煤矿二井进行第二次改扩建，2006年竣工，生产能力由20万吨/年提高到50万吨/年，投资7606.03万元。2009年，羊草沟煤矿一井进行第二次改扩建，2010年竣工，生产能力由33万吨/年提高到60万吨/年，投资14315.11万元。

（八）龙马煤矿

靖宇县龙马煤矿坐落于靖宇县三道湖镇，1997年建矿，1999年验收后投产使用。地质储量1096万吨，工业储量1088万吨。煤种为气煤二号，矿井设计能力15万吨/年，服务年限为34年。

2004年8月，龙马煤矿由靖宇县属国有地方煤矿改为吉林省属国有煤矿——杉松岗煤矿管理。2006年，杉松岗矿业公司对龙马煤矿进行矿井技术改造，一期工程投资726.6万元，二期工程投资963.71万元，采煤方法实现了综采，原

煤产量由过去的 10 万吨/年提高到 45 万吨/年。

（九）凉水煤矿

1990 年 12 月，凉水煤矿进行矿井改扩建，设计生产能力达到 45 万吨/年。凉水煤矿生产系统不断进行改造，矿井生产能力逐年提高，2006 年核定生产能力 60 万吨/年。2009 年 5 月，矿井生产能力达到 120 万吨/年。吉林省延边凉水煤业有限责任公司通过委托相关设计研究单位编制完成了《吉林省延边凉水煤业有限责任公司一井技术改造初步设计》和《吉林省延边凉水煤业有限责任公司一井技术改造初步设计安全专篇》，设计生产能力 90 万吨/年。吉林省延边凉水煤业有限责任公司改扩建投资 27784 万元，采煤方法实现综采综掘。

（十）营城矿业有限责任公司

2003 年，营城煤矿破产改制成立营城矿业有限责任公司，通过改革生产工艺和管理体制，先后投入 12000 多万元进行技术改造，推广应用新技术、新工艺 40 多项，煤炭年均产量由破产前 22.7 万吨上升到 65 万吨，实现了扭亏为盈。

二、其他矿井改扩建项目

（一）辽源矿业公司梅河煤矿

1. 矿井提升能力改造

从 1992 年 9 月开始，辽源矿务局陆续将梅河煤矿原有串车提升或普通带式输送机提升改造为强力带式输送机提升。

1992 年 9 月，梅河煤矿三井首例将地面副井改为大倾角带式输送机提升；井下 +180 米水平安设 1 台强力带式输送机，使三井原煤产量大幅度提高。

1993 年 10 月，梅河煤矿二井皮带斜井由原来的 TD-62 型普通带式输送机改造为 STJ-800 型强力带式输送机；1998 年 9 月，井下第二台强力带式输送机安装使用。

2000 年 8 月，梅河煤矿四井地面主井改为大倾角带式输送机提升；2005 年 11 月，井下第二台大倾角带式输送机安装使用。

改造前矿井提升能力为 1100 吨/小时，改造后矿井提升能力达到 2100 吨/小时，提高提升能力近 1 倍。

2. 矿井通风系统改造

1991 年 5 月开始，辽源矿务局先后在梅河煤矿三井新增排风井，对二井、四井、六井通风立井和斜井进行技术改造；更新改造主要通风机和局部通风机，彻底解决了梅河煤矿矿井回风阻力大的问题。2010 年，辽源矿业公司在用主要通风机 30 台，局部通风机 174 台，风量 51576 立方米/分钟。

3. 洗选系统改造工程

2009 年开始，辽源矿业公司投资 30853 万元，先后对先期建设的梅河煤矿四井洗煤厂、金宝屯煤矿洗煤厂、梅河矿二井洗煤厂和西安煤矿皮带斜井洗煤厂进行大规模的升级改造，淘汰落后的滚筒洗煤工艺，引进先进的重介洗煤工艺，实现产品优化，工艺升级。升级改造后 4 座洗煤厂，设计入洗能力由改造前的 420 万吨/年提高到 590 万吨/年。对龙家堡洗煤厂进行多项系统的技术改造，使之更加完善。

（二）舒兰矿业公司

（1）舒兰矿业公司三矿运输系统改造，完成巷道翻修工程量 120 米，铺设落地带式输送机 260 米，建地面储煤仓 1 座，解决了制约生产的运输难题，改造后生产能力由原来的 500 吨/天提高到 800 吨/天以上，全员效率提高 0.75 吨/工，吨煤成本下降 26 元。

（2）2010 年初，四矿进行副井绞车自动化改造，投入 20 余万元更换绞车电控系统，实现绞车自动化，保证安全生产。

（3）为解决东翼区煤炭运输问题，五矿在－138米水平开拓1条通往东翼区的机轨合一集中运输大巷，总长度1300米，铺设2台落地带式输送机，总长度1220米，简化了生产系统，每年可多运输煤炭12万吨，全员效率提高0.5吨/工，吨煤成本下降12元，年净增效益700余万元。

（4）六矿运输系统改造，完成巷道翻修工程量220米，铺设大倾角带式输送机450米，建地面储煤仓1座，生产能力由原来的500吨/天，提高到1000吨/天，实现产量翻番，全员效率提高1.2吨/工，吨煤成本下降36元。

（5）七矿将原有的五井和六井合并集中生产，在产能没有下降的情况下，缩减了120名原煤生产人员。

第三章 矿建施工

第一节 矿建施工技术

1991年初，吉林煤炭系统施工队伍有12000多人。全省有辽源矿务局、通化矿务局和珲春矿区建设指挥部的3个建井工程处、舒兰矿务局建筑安装公司及各地方煤矿的基建工程队，承担全省煤矿建井施工任务。随着全省煤矿新矿井建设和矿井改扩建任务的完成，吉林省煤矿矿井施工队伍技术不断提高。矿井施工特殊凿井、地面注浆、地面疏干和板（管）桩法施工，沉井法、软岩锚喷支护等施工技术都得到应用。

1991—2010年，吉林省煤矿矿建井筒施工的主要方法有冻结法凿井、沉井法、地面设疏干井、锚网索、多机打眼、中深孔爆破、正规循环作业、综合掘进机械化等。

一、冻结法凿井

辽源矿业公司金宝屯煤矿设计年生产能力90万吨，服务年限53年。矿井为双立井单水平开拓方式，井筒地面水平标高132.5米，主塔高度52.9米，深度862.5米；副井塔高39.2米，深度806.5米。根据金宝屯煤矿主井检查孔提供的地质资料，该井筒穿过第四系砂层。其中：第四系深度为72.5米，72.5米以下为白垩系下统和侏罗系上统地层，第四系界面以下20米之内岩层破碎，80米之内为强风化带，基岩段厚度785米。根据以上地质条件，建设单位确定第四系地层采用冻结法施工，设计冻结深度100.5米。地面建立冷冻站，一次冻全深。冷冻站的低温盐水（－30摄氏度左右）经去路盐水干管—配液圈到供液管底部形成盐水循环。随着盐水循环的进行，冻结壁厚度逐渐增大直至达到设计厚度和强度。井筒的开挖和衬砌，在掘砌期间进行维护冻结，直到井筒永久结构完成。主井地面标高＋132.5米，井底标高－729米，井筒深度861.5米，净直径5.5米，净断面积23.6平方米。其中：井颈部分123米，采用滑模套壁方法施工。井筒外壁采用金属活动模板，采用每一循环进尺2.52米，循环时间44小时，每月进尺75.27米，最高月进尺97米。基岩段（井深100.5米以下部分）采用立井混合作业方式，钻爆法施工，凿岩采用人抱钻，多台 YT-27 型手持式风钻同时凿岩。中深孔爆破，装岩采用 0.6 立方米长绳悬吊抓岩机，布置 2 台单钩提升绞车，分别提升 1 个 2.0 立方米吊桶，井筒施工期间的矸石用汽车运至场外临时排矸场。凿井利用 TV 型临时井架，井筒支护为 C30 现浇混凝土井壁，利用 5 米段高金属活动模板砌壁，溜面管下料。井筒施工期间基岩段的 3 个含水层，主要采取工作面预留岩帽法注浆或壁后注浆的方法治水，另外配合截、导、排的综合治水措施。

凿井时采用 2 台提升绞车，东西对称布置。主提绞车选用 2JK-3.5/15.5 型绞车，布置在井筒的西侧；副提绞车采用 JK-2.5/20 型绞车，布置在井筒东部。凿井稳车采用四面对称布置，并尽可能考虑井架受力均衡，共使用稳车 17 台。1997 年 3 月 21 日，主、副井筒竣工。

二、沉井法

珲春矿业公司八连城煤矿西风井建设工程由辽宁东煤基本建设有限责任公司矿建二处珲春项目部承建。项目施工建设中，井下围岩涌水量最大时达 280 立方米/小时，含砂介质密度大，给施工造成了较大影响。该项目除采用沉井法施工，还采取了地面设疏干井、工作面预注浆、壁后注浆、安装截水槽等方法，有效地控制了涌水对施工造成的影响。

三、疏降水立井井筒施工

辽源矿业公司龙家堡煤矿采用双井筒设计，其中主井筒深 792.6 米，副井筒深 818 米（表 3-3-1）。主、副井净直径均为 7.5 米，掘进施工直径 8.5 米，净断面 44.2 平方米，掘进断面 56.7 平方米；井壁由 0.5 米厚度的混凝土构成，主井装备箕斗提煤出矸，副井装备罐笼用于上下人员和材料。根据井检孔资料，井筒涌水量主要集中在 0~160 米，涌水量为每小时 97.4 立方米，给井筒施工带来一定难度。为保证立井井筒施工质量及进度，龙家堡煤矿建设指挥部组织工程技术人员经过研究论证，选择疏降水方法治水。在主、副井井筒外侧施工 13 眼深 160 米的疏干井进行降水，控制井筒内涌水量在每小时 10 立方米以下，从而保证了施工进度。2007 年 8 月，主井单钩提升实现 102 米；9 月，副井提升创出 141.7 米的成绩。疏降水立井井筒施工成本低，施工工艺简单，工期短，效果显著，与冷冻法对比，总费用可以节约 3387 万元。

表 3-3-1 龙家堡煤矿井筒特征表

序号	井筒特征		井筒名称	
			主井	副井
1	井筒坐标	经距（y）	42471647.486	42471713.000
		纬距（x）	4874102.198	4874131.000
2	提升方位角（°）		91	271
3	井筒倾角（°）		90	90
4	井口标高（米）		+212.6	+213
5	水平标高（米）		-580	-580
6	井筒深度（米）		792.6	818

表3-3-1（续）

序号	井筒特征		井筒名称	
			主井	副井
7	井筒直径（米）	净直径	7.5	7.5
		掘进施工直径	8.5	8.5
8	井筒净断面积（平方米）		44.2	44.2
9	井筒装备		箕斗	罐笼

由于龙家堡煤矿位于龙嘉国际机场附近，为保证飞机飞行安全，没有按照常规做法将立井井塔完全立在地表面，而是将井塔缩进地表 -33.5米。因此，增加了主、副井井塔工程地下外筒结构施工项目，在全国立井施工中极为罕见。主、副井井塔工程地下外筒结构，由中煤第一建筑公司第一工程处施工，于2008年4月10日开工，2008年7月10日竣工。施工内容为地下筒体结构和地下井筒锁口盘。

四、锚网索支护

2010年，八连城煤矿掘进区施工12303改造巷，该巷道工程量540米，采用锚网索支护。为保证矿井接续，对该巷道采用综掘施工，引进三一重工EBZ-160型综掘机施工。施工期间，克服了巷道顶板淋水量大、下山施工排水、小绞车群运输等困难。2010年3月，创造出综掘进尺掘送502米的好成绩。

五、软岩支护

辽源矿业公司金宝屯煤矿、龙家堡煤矿井下大巷，掘进方式以综掘为主，炮掘为辅。支护施工全部采用光爆锚喷网技术，锚杆长度2.5米，排距、行距均为0.8米，挂金属网，喷射混凝土300毫米，遇到软岩，采用锚喷网加U型钢联合支护。

第二节 地面生产系统施工

一、煤炭洗选厂

（一）舒兰矿业公司东富洗煤厂

2008年，舒兰矿业公司配合二矿升级改造工程，在东富兴建洗煤厂。工程由公司设计院自主承担，设备安装由公司下属的机电维修制造公司承担，主体土建工程招标委托辽源矿业公司建安二工区办理。2008年10月正式开工，11月底完成受煤系统、主厂房、锅炉房、筛分破碎车间、干燥车间、浓缩车间等基础工程。2009年3月，建筑施工队伍正式进场，6月全部建成投产。东富洗煤厂设计能力为年选煤120万吨，全厂建筑面积18000平方米，设有运转、主选、干燥3个车间，有各类洗选设备65台（套），完成项目总投资3720万元。选煤生产系统采用国内新型的16平方米数字控制跳汰机为主机，由30余台设备组成选煤分级系统；并配套建设煤泥水浓缩和干燥系统，设备集中控制室。达到工艺合理、系统完善、运行可靠、褐煤成功入选要求。整个工程设计施工安装只用5个多月，节省投资1580万元。

（二）辽源矿务局梅河煤矿四井洗煤厂

2002年，辽源矿务局自行设计施工

矿务局历史上第一座洗煤厂——梅河煤矿四井滚筒式洗煤厂，设计生产能力60万吨/年。新技术的应用在东北地区为首家，梅河煤矿及其四井的原煤，由原来不受欢迎的品种成为畅销产品。工程总投资680万元，8~18个月间收回投资额。

二、通化矿务局砟子煤矿东风井井塔施工

1998年，通化矿务局砟子煤矿东风井井塔施工，按滑横设计尺寸为13米×13米×42.5米，按施工方案，需要专业施工队伍施工，费用多、工期长。经过反复论证、方案对比后，把滑横改为悬挂式钢倒横施工工艺，由矿务局工程处施工。该施工工艺提前40天完工，节省投资180万元，工程质量被评为甲级优等，并获得矿务局3个科技奖项。

第三节 施 工 管 理

1991—2010年，吉林省各煤矿矿井继续实行包建合同制，层层落实责任，保证了工程项目建设顺利进行。

辽源矿务局在金宝屯煤矿项目建设管理方面实行"四制"（项目法人责任制、工程监理制、合同制和招投标制）管理。辽源矿务局成立项目管理委员会，是项目建设最高决策机构，对项目建设全过程（资金筹措、施工建设、验收移交）全面负责。矿井项目管理处是辽源矿务局派驻现场的指挥机构，在项目管理委员会领导下负责现场全面指挥、管理和协调工作。1992年，辽源矿务局制定《金宝屯矿井项目建设管理方案》，详细对建设期间各专业、各部门分工、工作内容及责任进行规范。1995年初，金宝屯矿井建设开工前，在吉林煤炭工业管理局组织下，对矿井主、副井筒的施工进行招标。同年7月，金宝屯矿井建设项目正式开工，辽源矿务局根据国家和煤炭工业部有关文件，发出《建设监理委托书》，委托辽宁诚信建设监理有限责任公司承担矿井项目施工及保修阶段监理工作。1997年初，铁路专用线开工前，吉林煤炭工业管理局组织对专用线的施工招标，中铁十九局四处中标。1998年初，辽源矿务局委托沈阳铁路局建设监理公司对铁路专用线建设工程进行监理，并签订《工程建设监理合同书》。1995—1998年，矿井大型机电设备采购，由煤炭工业部成套设备局组织招标，大大降低了建设投资。参加龙家堡煤矿项目建设的施工队伍主要有沈煤集团基建公司、中煤一建第十工程处、辽源矿业公司建设工程公司、辽源矿业公司梅河煤矿机电设备修造总厂、辽源矿业公司泵业有限责任公司、温州建峰公司、温州第二井巷公司、中遂公司、华东公司、长春市昊呈装饰公司、沈阳北方装饰股份公司、吉林省浩昌装饰公司、长春市龙威消防有限公司、江苏建设装饰公司、中煤三建机电安装处、吉林省永鑫绿化工程有限公司、吉林省铁道建设有限公司、衡水天鹰科技有限公司、中国铁通集团有限公司吉林通信段、沈阳铁路局吉林供电段、九台市住宅建筑公司、九台市隆源电力安装公司等22家单位。龙家堡煤矿所建的主、副井，办公楼，单身宿舍楼，联合建筑，场地绿化，以及场区硬覆盖等所有工程均通过招投标方式进行。

通化矿务局在施工管理工作中，由建设处和驻矿区工程质量监督站对工程质量进行检查和监督。1991—2005年，通化矿务局采取改革用工制度、改革分配方案、调整队伍结构、实行内部银行和独立经济核算、引进风险机制、缴纳承包抵押金、推行效益工资和设备租赁制等一系列改革措施，从施工设计、计划、技术、组

织、安全、现场管理、经营管理和工程质量等方面形成一整套的施工管理制度。2006年，通化矿业公司体制改革，计划处更名为发展规划部，煤矿建设施工由发展规划部、生产技术部、机械动力部共同实施监督管理，发展规划部下设工程科、预算科、质量监督站。工程科负责工程的报批，工程前期手续的办理；预算科负责施工预算的审批，质量监督站负责对工程质量进行检查和监督。

1991年以后，舒兰矿务局施工管理部门分别为局建设处、计划处（企管办）、规划发展部。施工管理严格遵守基本建设程序，实行工程项目招投标，严格概、预算审批，重点工程强化现场管理，专人负责监督，保证了工程质量和工程进度。

1992年开始，珲春矿务局基本建设处每月由总调度室召开一次生产建设平衡会议，各施工单位提出问题，矿务局研究解决办法，同时建立了各项规章制度，矿务局成立质量监督站，对各项工程每旬一检查，每月一验收。

2010年末，吉林省各矿业公司对煤矿建设项目严格执行合同制管理，坚持工程项目招投标，重点工程强化现场管理，专人负责监督，保证工程质量和工程进度，全省煤矿建设工作得到全面加强。

吉林煤炭工业志

第四篇
煤炭生产

"八五"时期,吉林省煤炭年均产量2427万吨,吉林省国有重点煤矿采煤机械化有了一定的发展和提高,1991年,国有重点煤矿采煤机械化程度为60.49%。

"九五"时期,由于国家政策调整,逐年抽回补贴,煤炭工业进入困难时期。其间,吉林省煤炭年均产量2118万吨,比"八五"时期平均减少309万吨,下降12.73%。

"十五"时期,辽源矿务局泰信煤矿、西安煤矿,通化矿务局五道江煤矿、八道江煤矿、大湖煤矿,舒兰矿务局舒兰街煤矿、东富煤矿、丰广煤矿、营城煤矿和蛟河煤矿等15座煤矿,因为矿井资源枯竭关闭破产,全省煤炭产量继续下滑,年均产量2082万吨,比"八五"时期减少345万吨,下降14.22%。

"十一五"时期,吉林省煤矿加快调整,优化生产布局,推进安全高效矿井建设,迎来了吉林省煤矿发展黄金时期。2010年,吉林省煤炭年均产量3527万吨,比"八五"时期增加1100万吨,提高45%,国有重点煤矿采煤机械化程度96.32%。

第一章　开拓掘进和采煤

1991—2010年,吉林省辽源、通化、舒兰、珲春4个矿业公司所属各煤矿矿井,根据煤层埋藏条件不同,在矿井开拓方式上,分别采用阶段片盘斜井石门分区开拓、片盘斜井开拓及矿立井单水平开拓等方式。1995年开始,辽源矿务局梅河煤矿四井、西安煤矿二区采用连续开采,逐步取消区间煤柱的布置方式,并取得了较好的效果。随着掘进机械化的开展,提高了掘进效率,进一步降低了工人的劳动强度。

第一节　开　拓

一、机构与队伍

1991—2010年,吉林省国有重点煤矿为保证采场接续,辽源、通化、舒兰、珲春各矿业公司专门有1名副局长(副经理)分管煤矿掘进工作。在职能机构设置上,各矿业公司(矿务局)生产技术处(生产部)均设有开拓科,负责煤矿生产掘进和延深工程的管理工作。

各生产矿、井均设有独立(专门)的掘进管理机构和施工队伍,在职能机构设置上,煤矿设生产技术科,配有1名副矿长(或副总工程师)主抓开拓区工作,实行矿、区二级管理或矿、井、段(队)三级管理。

二、矿井开拓方式

(一)辽源矿业公司

1991—2010年,辽源矿业公司生产矿井开拓布置根据各矿井的地质条件、煤层赋存、采煤方法和生产建设的需要而定。西安煤矿开拓方式为斜井阶段开拓,采用综采放顶煤和单一长壁扒顶煤采煤方法回采。梅河煤矿各井开拓方式为阶段片盘斜井石门分区开拓，采用综采放顶煤方法回采。金宝屯煤矿开拓方式为立井单水平开拓，采用综合机械化采煤方法采煤。龙家堡煤矿矿井为立井开拓，采用综合机械化放顶煤采煤法采煤。

（二）通化矿业公司

1991年，通化矿务局矿井开拓方式分为斜井片盘开拓6处，立井开拓2处，斜井平硐联合开拓4处，各原煤生产矿井平均核定生产能力28.5万吨/年，具有井型小、生产能力低、矿井分散等特点。2000年，通化矿务局有8处原煤生产矿，17处原煤生产井口。其中：斜井开拓10处，斜井平硐联合开拓5处，立井开拓2处。各原煤生产矿井平均核定生产能力22.41万吨/年。2010年，通化矿业公司有正规矿井5处，矿井生产能力640万吨。矿井开拓布置方式有斜井片盘开拓、立井开拓、斜井平硐联合开拓。

（三）舒兰矿业公司

舒兰矿区开采的是第三系褐煤田。在地质条件和煤层结构上的显著特点是：煤层围岩松散，有含水砂层。煤层厚度在0.8～3.5米之间，是由薄煤层（0.2～0.8米）以及薄的夹石层组成的薄煤层。矿井开拓方式均为片盘斜井开拓，井田倾斜长1000～1600千米，下部以不整合为界。

（四）珲春矿业公司

珲春煤田是吉林省煤炭资源储量最多的，地质构造较复杂，但煤层赋存较稳定。三道岭斜井从20世纪90年代开始，在单层开拓基础上将累煤层改为斜井阶段式集中大巷石门开拓。这种方式首先在英安煤矿斜井采用，逐步推广到城西立井和八连城煤矿立井，或以断层切割的块段划分采区，用集中上下山的方式开拓，八连城矿井采用采区式准备，上下山布置在采区中央，开采－420米

水平，两翼回采。板石煤矿开拓方式为斜井分水平开拓。

三、矿井巷道布置

1991—2010年，吉林省国有煤矿为适应矿井集中生产的需要，根据矿井的特点不断改革煤矿的巷道布置方式。

（一）辽源矿业公司

辽源矿务局金宝屯矿区属立井开拓，井筒布置2条，由地表的＋132.5米水平标高布置到－650米水平标高，开拓整个井田。梅河煤矿各井开拓井巷是以两段斜井的布置方式，开拓整个井田。西安煤矿开拓井巷是以两段斜井及主要运输大巷的布置方式，构成生产系统。龙家堡煤矿水平划分矿井煤层倾角一般为5°～15°，瓦斯含量低，涌水量不大。按照《煤炭工业矿井设计规范》中"倾角16°及以下煤层应采用上下山开采相结合的方式"的规定，制定了－630米、－950米两个水平标高的水平划分方案。开拓巷道布置井筒开凿到－630米水平标高以后，布置井底车场及主要硐室，然后通过－630米主要运输大巷与采区下山进行连接，将井底车场及主要运输大巷布置在煤层底板砾岩层中，便于巷道维护。由于矿井风量较大，又是单一采区集中生产，造成巷道断面较大，给巷道支护带来一定的困难。因此，－630米水平主要运输大巷布置2条，其目的是缓解断面太大的矛盾，满足通风的需求。该水平运输方式采用12吨防爆柴油普轨机车。

（二）通化矿业公司

1991年开始，通化矿务局根据煤炭工业部颁布的"井巷开拓技术规定"煤层群的巷道布置逐步改为分组集中方式，克服采区上山分层布置方式的缺点。但由于工程量大，每一组都要打岩石巷道，每一分组之间是一个生产系统，生产分散且

仍然是矿车进入采区，装车点多，生产能力受限。

1995年，根据通化矿务局地质条件特点，在合理延长采区走向长度的基础上，把矿车进入采区的办法改为底板岩石运输集中巷，以石门联系各煤层，石门间距100米，采区中央设一条轨道上山（运料和排矸），在其相邻位置设一采区集中煤仓。这种采区集中煤仓底板岩石中巷道布置方式，合理地增加了阶段高度，实现了运输系统连续化，生产集中化。

2010年开拓布置：松树镇煤矿二井井口标高+724米，开拓方式为斜井多水平分区式开拓。每个采区布置有1条底板岩石回风上山和2条煤层集中上山，煤层集中上山两侧布置综采工作面。道清北斜井井筒地面标高+440米，矿井开拓方式为斜井开拓，矿井划分3个开拓水平，三段斜井提升。永安公司六道江井开拓方式为阶段斜井开拓。布置有3条井筒（皮带井、主井、副井）。其中：皮带井为主提升井，采用带式输送机提升。主井为辅助提升，主要用于提矸、运料等，副井用于专门回风。八宝煤业矿井井筒地面标高+526米，开拓方式为立井、暗斜井多水平分区石门开拓。

（三）舒兰矿业公司

1991年开始，舒兰矿务局巷道布置采用阶段式布置和集中联合布置方式。阶段式布置将2~3个水平划为一个阶段，以走向长400米划为一个采区，从井田边界向井筒方向后退式回采，每个阶段按煤层分组，设置100吨左右煤仓，集中运输巷道开拓在底板以下岩层内，这种巷道布置为片盘斜井合理集中生产创出了一条新路。各矿井为适应集中生产需要，充分发挥矿井生产能力，在巷道布置上，又从1号煤层的片盘分层布置方式改变为多煤层集中联合布置方式：

（1）利用溜煤眼和顺槽直接连通采煤工作面运输巷道，另掘进风道、行车道。

（2）利用上下山连通主要运输巷道或集中煤仓。

（3）利用集中石门和分层运输道连通采煤工作面与集中运输巷道或集中煤仓。

上述3种巷道布置方式均为各矿井所采用，使矿井生产能力得到充分发挥。

（四）珲春矿业公司

珲春矿务局英安煤矿斜井在单层开拓的基础上，将累煤层改为斜井石门开拓，并逐步推广到城西煤矿立井、八连城煤矿立井，采用单一片盘开拓，分煤层布置巷道，对近距离累煤层矿井或采区，由单一煤层布置改为多煤层联合布置。集中平巷和上下山均掘送在煤层的底板岩石中。英安煤矿有2条进风井、1条回风井，开采-350米水平。八连城矿井采用4条井筒开拓，即主立井、副立井、中央风井、西部区回风立井，开采-420米水平。板石煤矿为斜井分水平开拓，分别为主斜井、副斜井、风斜井、开采水平为-585米。城西煤矿为混合式开拓，分别为主立井、副立井、回风斜井、轨道斜井，开采水平为-300米。

第二节 掘　　进

一、掘进工艺

1991年，辽源矿务局全局矿井开拓掘进技术、装备还比较落后，主要以炮掘，刮板输送机运输为主，有的矿井还采用人工装车、推矿车运输，掘进效率低，单进水平低，掘进机械化程度低，综合单进仅在130米/（个·月）左右，经常造成采区接续紧张局面，严重制约了煤炭生产。1998年，在梅河煤矿三井煤巷试用综掘机掘进，但由于种种原因没有成功。2004年6月，在新投产的金宝屯煤矿使用综掘机掘进，获得成功，单进水平和劳动效率明显提高。

2007年，辽源矿业公司购置引进8台综掘机在西安煤业公司、梅河煤矿、金宝屯煤矿煤巷推广使用。金宝屯煤矿单孔月进保持在300米以上的水平。西安煤矿在当年实现煤巷单孔最高日进21米，最高月进297米。全公司综合单进突破200米/（个·月），综掘进尺完成8134米，占总进尺的15.3%，实现历史性的突破。2008年，综掘进尺达10873米，占总进尺的23.7%。2010年，全公司掘进机械化程度达到100%，综掘程度达到33.2%，并成功地在岩石巷道中使用综掘机。

1991年，通化矿务局岩巷掘进大力推广应用光爆锚喷技术，采用气腿式凿岩机打炮眼，耙斗机装货；水采矿井煤巷炮掘水运，旱采煤巷采用炮掘刮板输送机出货的方式。2006—2010年，为了加快岩巷、煤巷掘进速度，通化矿业公司永安煤矿先后引进2台辽源机械厂和沈阳三一重工生产的EBJ-160型掘进机，永安煤矿成立了综掘队，松树煤矿引进3台煤巷综合机械化掘进机，全局掘进机械化程度达到100%。

1991—2006年，舒兰矿业公司（矿务局）掘进工艺分炮掘工艺和机掘工艺2种。炮掘工艺由打眼、爆破、装运、支护、铺轨5个工序组成。机掘工艺由进刀、截割、装运、支护、铺轨（铺溜子）5个工序组成。在掘进巷道施工中，根据施工条件分别使用过佳木斯煤机厂制造的EBZ-120S型、EBZ-55（S55）型和EBZ-160型掘进机。

1991—2005年，珲春矿务局掘进工艺为炮掘施工，耙斗机扒货，采用刮板输送机、带式输送机运输。耙斗机型号为ZYP-17型，煤电钻型号为MZ-1.2型，调度绞车型号为JD-11.4型或JD-25型，刮板输送机型号为SGW-40型或SGW-150T型。2006—2010年，掘进工艺为综掘施工，采用带式输送机运输。常用掘进机型号为EBZ-120型、EBZ-160型、EBZ-200型，侧卸式装岩机型号为ZWC-30型。常用带式输送机型号为SDJ-80型，SDJ-150型，刮板输送机机型号为SGB620-40T型，耙斗机型号为P-60B型。

二、支护

（一）一般巷道支护

1991—2010年，吉林省煤矿加快巷道支护改革，由金属支护向锚杆支护、锚网支护、联合支护（利用锚喷、砌碹和U型钢可缩支架）转变，逐渐取代木支护。新型支护技术解决岩体强度低、软岩变形问题，减少生产事故和巷道大修量，提高井巷（硐室）工程的稳定时间与服务年限，单产单进水平得到提高，从根本上改变矿井生产技术面貌。

辽源矿业公司各矿井根据煤炭生产的要求、矿井巷道所处围岩条件、煤层状况和巷道用途，不断摒弃原有落后的支护材料和支护形式，选用新型支护材料，改进支护形式，实现了矿井巷道支得牢，不坍塌，少维护，效率高，成本低，安全有保证的目标。巷道支护形式，大体可以归纳为木支护、料石券体支护、钢铁支护、铁木混合支护、锚喷锚索锚网支护、软岩巷道喷锚网—弧板复合支护等多种形式。1992年开始，辽源矿务局平均每年投入U型钢5600吨左右，实现矿井支护钢铁化，消灭低矮和爬行巷道。2000年，辽源矿务局制定出矿井支护原则,即能用裸体光爆支护的就不用锚杆支护,能用锚杆支护的就不用U型钢支护,能用U型钢支护的就不用木支架支护,100%实现了矿井巷道支护钢铁化,原煤年产量稳定在330万吨左右。为降低支护成本,2003年初,开始在全局推广锚喷支护。锚杆采用直径22毫米、长2.4米的螺纹钢锚杆,配树脂药卷。施工时锚杆间距0.5~0.7米,在压力大、顶板破碎的巷道加打锚索,锚索长5~8米、间距1~2米。挂网采用菱形网,喷射混凝土厚50~100毫米。为全面推广这一支护新工艺,从局到矿,采取硬性措施,推广使用锚喷、锚网支护技术。遵循"应锚尽锚"和"支得住、少维护、不翻修"的原则,制定了《巷道锚杆支护管理规定》,强制性地确定适用范围、使用地点,并严格限定型钢支护的适用范围,在软岩巷道、残采煤巷和大修理巷道中锚喷、锚网支护进尺所占比例逐年增加。在普遍推广应用锚喷支护新技术的同时,辽源矿务局不断扩大锚喷支护使用范围。在梅河煤矿、金宝屯煤矿开展特殊条件巷道、软岩巷道应用锚喷、锚网支护技术攻关,大修巷道中采用锚喷、锚网支护试验,均获得成功。2010年,辽源矿业公司与中国矿业大学合作,进行锚杆、锚索、挂网、架棚加喷浆联合支护的研究和试验(锚网锚喷架棚联合支护)。总结分析软岩回采巷道变形破坏特征以及发生强烈变形破坏的原因,通过采用锚网锚喷架棚联合支护技术最大限度地发挥U型钢棚和锚网、锚喷的支护特性,使U型钢棚和锚网、锚喷支护分别在承载力和支护工艺上实现优势互补,达到共同承载以及提高围岩强度的目的,形成一个高效稳定的围岩承载体系。

1991年,通化矿务局巷道支护已由过去单一使用木支护,逐步发展到使用料石砌碹、钢筋预应力支架、金属支架、锚杆、锚喷等多种支护方式。根据地质条件和掘进巷道的岩石物理力学性质,分别在松树镇煤矿、砟子煤矿、湾沟煤矿的岩巷、半煤岩巷、煤巷中试用了锚杆(木锚杆、金属锚杆、钢丝绳锚杆、金属管缝式锚杆)与喷射水泥砂浆相结合支护方式。当年,岩巷进尺21794米,锚喷进尺7416米。1995年开始,从单一的锚喷支护发展到锚喷锚网联合支护,从小断面锚喷支护巷道发展到大断面锚喷支护巷道,煤巷部分采用锚网支护,服务时间较长的岩石破碎巷道和半煤岩巷道采用料石砌碹或发碹支护,半煤岩和煤巷使用U型钢和矿工钢支护。2006—2010年,通化矿业公司积极推行支护改革,巷道支护方式煤巷由木支护向锚杆、锚索、金属网、钢筋梯、喷混凝土联合支护转变,断面积由原来的6平方米变为10平方米左右。为提高光爆锚喷进尺,各矿开拓队按作业规程参数制作了模具,保证了巷道的光爆率。各矿为提高煤巷锚网的质量,保证锚杆成排成线,配备了专职技术人员现场跟班指导,技术科配备了专职矿压人员对锚杆进行拉拔试验,保证了锚网巷道的施工质量。

1991—2010年,舒兰矿业公司所属各矿井支护形式,大致经历了木支护和砌碹—水泥支护—金属支护—锚喷支护—联合支护几个阶段。

1991—2005年,珲春矿务局掘进施工巷道主要支护为11号工字钢梯形棚支护,工字钢梁常用规格为2.4米、2.7米、3.0米、3.2米、3.6米、4.0米,工字钢腿常用规格为2.4米、2.7米,部分巷道有25号、29号、36号U型钢支护,常用巷道支护规格有3.2米、3.6米、4.0米、4.4米等规格U型钢棚。

2006—2010年，珲春矿业公司掘进巷道支护主要为锚网索支护，锚网索巷道喷浆支护。

1991—2010年，吉林省地方煤矿积极推行巷道支护改革。锚杆支护技术、以钢代木技术得到广泛应用和推广。凉水煤业有限公司采用光爆锚喷、锚杆支护技术，全部实现支护钢铁化。延边煤矿每年投资100万元，购入单体液压支柱，70%的采煤工作面取消了木支护。和龙煤矿于1998年购入1000根单体液压支柱，改革了2个采煤工作面。延边煤矿于1998年单体液压支柱达到4500根。

（二）软岩巷道支护

吉林省煤矿新生界第三系成煤的矿区所占比例重较大，有舒兰、梅河、珲春、红阳矿区，煤层顶、底板岩层松软，遇水膨胀，矿井支护困难。软岩矿井分为一类（极难支护）、二类（难支护）和三类（较难支护）矿井。

辽源矿务局梅河矿区是比较典型的软岩矿区，属一类难支护的煤田。梅河煤矿三井巷道软岩性质尤为突出。辽源矿务局对该矿井巷道支护进行多次科技攻关。1991年4月，辽源矿务局在梅河煤矿三井+140米中巷进行"软岩巷道喷/锚/网—弧板复合支护"（国家"七五"期间软岩科技攻关项目）现场实验，取得安全、经济、合理的效果并通过国家级鉴定。1992年8月，东煤公司召开软岩矿井井巷支护和巷道布置改革研讨和工作会议，辽源矿务局梅河煤矿在会上交流了软岩巷道和回采巷道应用光爆锚喷支护的经验，在全公司范围内推广。2000年，辽源矿务局梅河煤矿投入U型钢可缩性装配支架17500架，支护长度8043米。2010年，辽源矿业公司通过采用锚网喷架棚联合支护技术，有效地解决了金宝屯煤矿开采深，矿压大，巷道变形严重，支护与维护难度大的支护难题，极大地改善了作业环境，降低了工人的劳动强度，减少了巷道维护量，降低了维护成本。

舒兰矿务局矿区岩体强度只有50~70千克/平方厘米，巷道支护是开采和掘进施工中的主要问题。矿务局采用多层联合支护（利用锚喷、砌碹加软壁充填和U型钢可缩支架）以适应软岩变形的特点，提高井巷（硐室）工程的稳定时间与服务年限。吉舒煤矿一井水仓、丰广煤矿四井水仓均保持10年以上不变形。但联合支护造价高，只在个别要求稳定时间较长的井下硐室（水仓、变电所）、主要集中大巷和暗绞等处有选择地使用。1997年4月，吉林煤炭工业管理局在舒兰矿务局召开全省国有重点和地方煤矿锚杆支护现场会议，进一步加大推广使用锚杆支护力度。针对开采深度不断增加，矿压不断加大的矿区软岩支护难题，从2006年开始，舒兰矿业公司组织在各矿井所有巷道推广使用U型钢、锚杆、锚网、锚索、锚钢和锚喷等多种支护方式，非木支护达到100%。矿井巷道失修大幅度下降，2008—2010年，合计少维修巷道7876米。

2010年末，吉林省国有重点煤矿通过推广使用U型钢、锚杆、锚网、锚索、锚钢和锚喷等多种支护方式，有效地解决了支护与维护难度大的支护难题，极大地改善了作业环境。通过推广和购置引进综掘机掘进，极大地降低了工人的劳动强度，全省掘进机械化程度达到98.42%。1991—2010年吉林省国有重点煤矿掘进机械化程度与掘进总进尺统计见表4-1-1和表4-1-2。

表4-1-1 1991—2010年吉林省国有重点煤矿掘进机械化程度统计表

年份	国有重点煤矿（合计）		辽源矿业公司		通化矿业公司		舒兰矿业公司		珲春矿业公司	
	掘进机械化尺（米）	机械化程度（％）	掘进机械化尺（米）	机械化程度（％）	掘进机械化尺（米）	机械化程度（％）	掘进机械化尺（米）	机械化程度（％）	掘进机械化尺（米）	机械化程度（％）
1991	165886	68.46	51571	72.06	37869	48.9	44243	72.36	32203	83.44
1992	151498	74.10	41734	72.18	40649	60.6	35762	77.36	33353	90.93
1993	135889	78.66	35472	76.29	35383	66.4	35500	82.48	29534	86.52
1994	99151	72.60	29812	76.39	27002	60.8	22685	67.83	19652	98.51
1995	91155	65.64	31889	71.96	22924	55	21100	56.13	15242	92.63
1996	86711	61.78	29264	66.63	11952	47.8	22821	65.52	22674	94.62
1997	89597	69.99	27284	70.09	23719	55.7	17681	69.07	20913	96.64
1998	81647	71.84	23031	69.09	24775	63.7	13175	63.8	20666	90.84
1999	69838	65.45	22505	63.87	26826	70.6	4751	17.32	15756	88.32
2000	75545	72.96	24075	76.15	28849	73.8	96	0.93	22525	85.74
2001	76735	70.73	27238	74.53	27055	75.83	—	—	22442	83.40
2002	87299	76.56	36422	86.48	29868	81.25	—	—	21009	70.67
2003	81246	76.89	34407	86.47	31451	85.81	—	—	15388	83.20
2004	85962	80.39	36931	91.06	27785	83.64	6171	34.15	15075	83.79
2005	104685	82.32	46341	91.35	33705	84.46	6957	36.91	17682	88.56
2006	123294	87.83	58102	91.79	42322	95.9	8854	46.77	14016	85.16
2007	122750	89.06	51182	96.56	35195	98.14	10358	45.16	26015	99.18
2008	127957	90.12	44309	96.50	38031	100	9223	42.61	36394	99.02
2009	145717	92.11	54374	98.80	36491	100	12315	51.03	42537	98.94
2010	153224	98.42	47882	100.00	39295	100	20827	89.44	45220	99.01

表4-1-2 1991—2010年吉林省国有重点煤矿掘进总进尺统计表　　　　　　米

年份	合计	辽源矿业公司	通化矿业公司	舒兰矿业公司	珲春矿业公司
1991	242313	71567	77398	61145	32203
1992	204451	57817	67050	46231	33353
1993	172750	46848	53328	43040	29534
1994	136579	39036	44445	33446	19652
1995	138861	44316	41714	37589	15242
1996	140351	43918	41730	36891	17812
1997	128017	38927	42578	25599	20913
1998	113655	33333	39004	20652	20666
1999	106707	35234	37998	17719	15756

表4-1-2（续） 米

年份	合计	辽源矿业公司	通化矿业公司	舒兰矿业公司	珲春矿业公司
2000	103548	31617	39092	10314	22525
2001	108495	36547	35679	11827	24442
2002	114029	42117	36761	14142	21009
2003	105667	39789	36652	13838	15388
2004	106930	40557	33228	18070	15075
2005	127165	50729	39907	18847	17682
2006	140381	63302	44132	18931	14016
2007	137822	53008	35862	22937	26015
2008	141986	45916	38031	21645	36394
2009	158193	55034	36491	24131	42537
2010	155683	47882	39295	23286	45220

第三节 采 煤

1991—2010年，吉林省国有重点煤矿坚持采用和推广先进的采煤方法，根据本企业煤层特点，因地制宜采用综合机械化放顶煤开采（综采）、高档普采、Ⅱ型钢放顶煤、水力采煤等采煤方法，挖掘生产潜力，提高矿井生产能力，提高煤炭资源回收率。随着吉林省煤炭资源减少，一些面临资源枯竭的矿井，不得不设法开采矿井的残留煤柱和矿井在设计中未列入储量的边角煤柱。这部分煤量不适于正规法开采，因此，全省非正规采煤法比例有所增加，特别是地方煤矿非正规采煤法还占有一定比例。

一、井工开采

（一）采煤方法

1991—2010年，辽源矿业公司先后采用滑移顶梁液压支架放顶煤、巷道长壁采煤、单一长壁采煤、刀柱采煤、送道出煤采煤、金属网放顶采煤、综采放顶煤和综合机械化采煤等采煤方法，使采煤方法不断革新，提高了经济效益和安全生产水平。

通化矿务局煤层地质构造复杂、煤层厚度、倾角变化大，大多数矿井为近距离煤层开采，非正规开采占有较大比例。1991年，通化矿务局采煤工作面在籍个数18个，其中非正规采煤工作面13个，水力采煤工作面5个，非正规开采产量占总产量的55.52%，水采产量占总产量的44.48%。通化矿务局为提高矿井回采率，增加产量，延长矿井服务年限，在部分矿井实施了水力采煤。2005年，通化矿务局采煤工作面平均个数10个，其中非正规采煤工作面4个，占40%。通化矿务局先后推广综采、高档普采、Ⅱ型钢放顶煤机械化采煤，收到效果，但受煤层赋存地质条件限制，适应范围小，不能全面推广。2005年，通化矿务局10个采煤工作面中有6个机采工作面，其中，高档回采工作面1个（松树镇煤矿二井），水采工作面5个（八宝采区2个、松树镇煤矿1个、道清煤矿2个），机采产量占总产量的88.9%。随着八道江煤矿二井、立井、湾沟煤矿平硐、松树煤矿二井、道清煤矿北斜井水采技术改造的竣工，有5个水采工作面投入生产。

1991年以后，舒兰矿务局所属煤矿多数采用炮采、高档普采。2006年开始，舒兰矿业公司实现综合机械化采煤。

1991—2005年，珲春矿务局所属煤矿采煤方法有高档普采采煤，非正规采煤方法。2006年，珲春矿业公司实现综合机械化采煤。

长壁后退式采煤法。回采工艺：打眼—装药—爆破—窜梁（临时支护）—攉煤—移刮板输送机—打永久柱—回柱放顶。工作面人工爆破后，由人工将放落的煤装入刮板输送机，由刮板输送机运出，运输巷采用带式输送机运煤。舒兰矿务5221采煤队，回采27－13层工作面，走向长240米，倾斜长145米，循环进度0.8米，单体Π型钢支护，采高2.0米，采用"三八制"作业方式，工作面顶板破碎，全部垮落法管理顶板，在册人数135人，2001年3月16日至9月7日共生产原煤12.46万吨，当年平均单产达到22654吨/月。

金属网人工顶板采煤法。采用单体支柱与铰接顶梁配套支护顶板，刮板输送机运煤。回采工艺：移刮板输送机—打眼—装药—爆破—"敲帮问顶"—抽梁—临时支护—出货—回柱放顶—扶棚—扫浮煤。

2000年，辽源矿务局红梅煤矿开采0108区上段第9分层，采煤段在册人数72人，工作面长35米，采高2.0米，落煤方式为爆破落煤，循环进度1米，小班1个循环，月推进90米，月产量8820吨，年产量10.58万吨，回采效率4.1吨/工。

水力采煤。落煤采用高压泵输出的高压水通过水枪射出，形成高压射流，直接破落煤体，并利用水力完成运煤和提煤的方法。

通化矿务局道清煤矿采煤一队是矿主力采煤队，2003年开始，采用水采，坚持科学谋划，周密安排，实施"一枪两面"作业方式，不断加大生产力度，平均年生产原煤40万吨，均完成生产计划。该采煤队在册员工116人，回采效率达到13.3吨/工。

高档普采采煤法。由单体液压支柱、采煤机、输送机等组合的采煤方法。适当选择一些顶底板条件较好的工作面使用，具有效率高、产量高、成本低的特点。高档普采采煤工艺流程：采煤机端头斜切进刀—割煤—挂梁—清煤—移刮板输送机—支柱—回柱—放顶。

舒兰矿务局东富煤矿5312采煤队从1992年开始采用高档普采，工作面全长260米，采高2.2米，全年完成500253吨，在册人数175人，回采效率达10.28吨工。

综采放顶煤采煤法。采用综采液压支架支护顶板，煤帮和砂帮各有一部输送机运煤。回采工艺：机组割煤—煤帮输送机运煤—推移支架—放顶煤。适用条件：煤层倾角小于45°、煤厚大于4米的倾斜煤层（采用倾斜布置）或煤层倾角大于50°，煤厚大于10米的急倾斜煤层。

1993年辽源矿务局梅河煤矿基本实现综采工作面低放顶煤开采。当年，辽源矿务局采煤机械化程度42.79%。1994年，梅河煤矿三井2110区采用倾斜综采放顶煤技术，即工作面巷道沿煤层底板面布置，一次采全厚。工作面最大倾角达32°，并通过开采试验，解决了生产过程中架子、机组防滑问题，单产由3万吨/月提高到4.5万吨/月，是中国煤矿第一个采用放顶煤采煤方法的矿井。

2009年9月1日，龙家堡煤矿综采放顶煤开采201工作面，采煤段在册人数190人，工作面长162米，采煤机型号

MG400/940-WD 型，采用 ZF7000/18/35 型支撑掩护式液压支架，循环进度 0.8 米，原班 2 个循环，月推进 43.2 米，月产 10.15 万吨，年产量 121.8 万吨，回采效率 19.5 吨/工。

综合机械化采煤法。采用大功率采煤机割煤，一次采全高。采用大功率刮板输送机和带式输送机运输，比综采放顶煤采煤法更为先进。

2009 年，珲春矿业公司板石煤矿 301 采煤队在册人员 97 人，采用"三八制"作业方式，回采日产量达到 6000 吨、月产量 18.0 万吨、年产量 198 万吨，回采效率 68.72 吨/工。

1991—2010 年辽源矿业公司、通化矿业公司、舒兰矿业公司、珲春矿业公司采煤工作面主要指标见表 4-1-3 至表 4-1-6。

表 4-1-3　1991—2010 年辽源矿业公司采煤工作面主要指标统计表

年份	采煤工作面平均个数（个）	工作面总长度（米）	煤层每平方米生产能力（吨）	平均月进度（米/个）	平均月产量（吨/个）	回采工效（吨/工）	原煤生产人员效率（吨/工）
1991	15.38	1129	6.135	37.04	16672	4.061	0.866
1992	12.88	860	6.740	36.74	16540	4.099	0.891
1993	10.54	707	6.783	41.34	18795	4.571	0.933
1994	10.76	797	6.004	41.49	18442	5.098	1.103
1995	10.60	702	6.223	41.28	17002	4.868	1.152
1996	13.66	812	6.829	40.81	16561	5.604	1.219
1997	14.22	843	7.125	38.77	16380	5.726	1.283
1998	13.52	760	7.647	34.37	14774	5.642	1.361
1999	15.70	852	7.172	33.49	13037	5.613	1.373
2000	14.50	772	8.524	31.65	14364	5.500	1.389
2001	14.11	798	8.894	32.95	16572	6.086	1.398
2002	15.81	825	8.937	37.30	17384	6.144	1.416
2003	15.52	817	9.980	37.84	19861	5.954	1.431
2004	15.69	914	12.499	33.92	24699	7.175	1.495
2005	16.24	997	11.145	45.00	30782	7.598	1.645
2006	17.33	960	11.035	49.93	30547	8.578	1.664
2007	15.12	1048	9.681	53.91	36166	9.502	2.020
2008	13.11	1232	10.595	46.64	46465	10.375	2.141
2009	11.60	1181	12.340	54.99	69077	14.200	3.055
2010	11.65	1425	11.252	52.53	72303	15.570	3.100

表4-1-4 1991—2010年通化矿业公司采煤工作面主要指标统计表

年份	采煤工作面平均个数（个）	工作面总长度（米）	煤层每平方米生产能力（吨）	平均月进度（米/个）	平均月产量（吨/个）	回采工效（吨/工）	原煤生产人员效率（吨/工）
1991	17.02	387	5.434	108.96	13460	4.451	0.783
1992	15.29	473	4.865	95.83	14413	5.063	0.817
1993	11.04	331	4.454	113.69	15168	5.29	0.81
1994	9.48	313	5.128	90.7	15364	5.011	0.901
1995	9.12	229	4.797	109.72	13216	4.51	0.997
1996	8.16	253	4.404	89.12	12176	4.026	0.85
1997	8.45	214	4.426	104.8	11690	4.589	1.05
1998	7.36	136	4.753	145.31	12778	5.592	1.151
1999	7.36	130	4.67	167.32	13795	5.606	1.228
2000	7.46	128	4.447	202.64	15519	5.869	1.289
2001	6.99	121	4.905	192.88	16360	6.02	1.273
2002	6.98	111	5.052	200.79	16123	5.258	1.365
2003	7.5	123	4.744	200.91	15632	6.887	1.508
2004	5.08	125	4.664	232.72	26725	8.302	1.625
2005	10.92	306	5.428	107.04	16289	8.027	1.693
2006	7	148	5.689	232.81	28030	9.56	1.784
2007	6.53	359	6.311	93.96	32620	9.538	1.786
2008	5.86	269	7.675	125.42	44131	11.245	2.41
2009	6.44	367	7.672	112.6	49149	14.045	2.767
2010	6.16	256	7.208	123.11	52616	12.37	3.131

表4-1-5 1991—2010年舒兰矿业公司采煤工作面主要指标统计表

年份	采煤工作面平均个数（个）	工作面总长度（米）	煤层每平方米生产能力（吨）	平均月进度（米/个）	平均月产量（吨/个）	回采工效（吨/工）	原煤生产人员效率（吨/工）
1991	14	2525	2.915	32.1	16851	5.083	0.881
1992	14.1	2259	2.853	38.98	17902	5.83	1.011
1993	13	2290	2.761	38.53	18811	5.638	1.110
1994	10.6	1779	2.624	37.3	16459	6.003	1.188
1995	12.4	1774	2.832	35.5	14405	5.981	1.352
1996	11.6	1524	2.766	38.52	15335	5.676	1.459
1997	11.6	1762	3.219	33.78	16571	6.167	1.490
1998	11.4	1670	3.814	24.56	13689	5.016	1.253
1999	8.67	1419	3.374	26.32	14602	5.773	1.350

表 4-1-5（续）

年份	采煤工作面平均个数（个）	工作面总长度（米）	煤层每平方米生产能力（吨）	平均月进度（米/个）	平均月产量（吨/个）	回采工效（吨/工）	原煤生产人员效率（吨/工）
2000	7.72	1325	3.372	21.34	12343	4.66	1.367
2001	7.89	1597	3.403	21.63	14906	5.442	1.388
2002	8.32	1704	3.463	19.74	13997	5.425	1.464
2003	4.55	808	3.616	32.86	20547	5.782	1.757
2004	6.99	1106	3.046	39.09	16668	6.1	1.403
2005	6.45	940	3.419	39.62	19750	5.506	1.404
2006	5.35	614	3.177	48.54	17668	6.721	1.141
2007	6.48	792	2.530	48.15	21915	9.644	1.565
2008	7.11	1192	3.933	38.38	27064	10.55	2.020
2009	6.41	1181	5.044	47.39	44044	19.6	3.492
2010	5.34	984	5.615	50.5	52226	14.795	3.743

表 4-1-6　1991—2010 年珲春矿业公司回采工作面主要指标统计表

年份	采煤工作面平均个数（个）	工作面总长度（米）	煤层每平方米生产能力（吨）	平均月进度（米/个）	平均月产量（吨/个）	回采工效（吨/工）	原煤生产人员效率（吨/工）
1991	9.42	1071	2.788	28.77	9116	2.88	0.79
1992	8.47	919	2.711	37.38	10995	3.868	0.91
1993	7.29	746	2.838	31.90	9249	3.05	0.908
1994	4.62	654	2.833	39.15	15498	4.471	1.184
1995	4.01	494	2.757	54.94	18656	4.941	1.289
1996	4.84	620	3.20	55.10	22612	5.384	1.489
1997	4.66	630	2.888	55.74	21734	5.599	1.548
1998	4.50	563	2.776	52.35	18194	4.681	1.309
1999	4.03	444	2.711	56.70	16945	5.468	1.407
2000	4.58	500	2.638	61.00	17486	5.817	1.453
2001	4.46	410	2.526	81.00	15521	6.10	1.45
2002	3.51	304	2.207	90.00	17838	5.688	1.441
2003	2.44	217	2.345	126.64	26407	6.303	1.622
2004	2.49	246	2.443	112.23	27118	8.66	1.879
2005	2.92	256	2.465	112.38	24293	8.392	1.936
2006	2.49	212	3.196	132.96	36152	14.782	2.366
2007	2.28	390	3.25	140.54	78024	23.861	4.659
2008	3.30	499	3.057	183.41	112426	31.539	6.242
2009	3.46	504	4.124	205.20	123178	35.699	8.488
2010	3.42	613	3.635	200.84	130717	43.912	8.417

吉林省国有重点煤矿部分年份回采工效、原煤生产人员效率指标统计见表4-1-7。

（二）采煤机械化

1991年，吉林省国有重点煤矿采煤机械化程度达到60.49%，辽源矿务局、通化矿务局、舒兰矿务局和珲春矿区建设指挥部分别为56.84%、44.48%、70.52%和79.54%（表4-1-8）。同年，通化矿务局机械化产量约122.3万吨，见表4-1-9。

表4-1-7 吉林省国有重点煤矿部分年份回采工效、原煤生产人员效率指标统计表　　　　吨/工

年份	回采工效	原煤生产人员效率	年份	回采工效	原煤生产人员效率
1991	4.142	0.832	2005	7.343	1.693
1995	5.068	1.164	2010	17.289	3.741
2000	5.454	1.363	—	—	—

表4-1-8 1991—2010年吉林省国有重点煤矿采煤机械化程度统计表　　　%

年份	国有重点煤矿		辽源矿业公司		通化矿业公司		舒兰矿业公司		珲春矿业公司	
	合计	其中综采	合计	其中综采	合计	其中综采	合计	其中综采	合计	其中综采
1991	60.49	17.38	56.84	44.5	44.48	—	70.52	—	79.54	—
1992	67.13	16.87	64.23	55.8	53.43	—	72.50	—	85.29	—
1993	64.94	17.94	65.53	57.5	51.70	—	71.60	—	69.11	—
1994	63.74	15.97	57.64	51.4	50.67	—	70.15	—	82.11	—
1995	51.05	17.59	56.91	49.5	47.34	—	44.93	—	80.80	—
1996	46.12	18.16	53.04	53.0	29.61	—	25.56	—	66.42	—
1997	55.92	16.86	50.34	49.5	53.30	—	44.65	—	72.48	—
1998	55.85	17.40	55.12	52.5	60.02	—	36.24	—	60.09	—
1999	47.17	19.51	51.02	50.1	62.77	—	27.93	—	47.66	—
2000	44.13	20.10	51.46	51.5	59.84	—	11.27	—	42.26	—
2001	47.81	24.77	58.58	60.1	65.09	—	11.43	—	44.1	—
2002	48.75	25.18	54.65	54.7	81.25	—	13.67	—	44.34	—
2003	54.52	28.18	55.63	55.6	84.38	—	8.25	—	59.89	—
2004	62.28	32.75	63.05	63.1	99.26	—	13.37	—	68.4	—
2005	63.33	37.10	66.57	66.6	88.90	—	2.19	—	81.05	—
2006	73.18	40.40	70.80	70.8	96.90	—	14.28	—	88.58	—
2007	83.66	70.16	86.14	86.1	99.50	28.4	21.3	15.94	100	100
2008	92.19	82.25	96.5	96.5	100	43.1	40.68	40.68	100	100
2009	94.42	85.75	99.7	99.7	100	47.9	62.43	62.43	100	100
2010	96.32	88.46	100	100	100	52.7	74.33	74.33	100	100

表 4-1-9　1991—2010 年吉林省国有重点煤矿采煤机械化产量统计表　　　吨

年份	合计	辽源矿业公司	通化矿业公司	舒兰矿业公司	珲春矿业公司
1991	6089675	1749275	1222647	1998994	1118759
1992	6531430	1641357	1413157	2186228	1290688
1993	5636618	1557448	1038482	2092498	948190
1994	5478274	1372780	886137	2090713	1128644
1995	3571202	1230556	685018	960996	694632
1996	3712488	1461588	352967	568208	1329725
1997	4669717	1407431	631629	1026646	1604011
1998	4239601	1320803	923082	679910	1315806
1999	3029877	1253358	764611	422254	589654
2000	2824122	1286192	830992	128977	577961
2001	3171547	1643327	905834	161216	461170
2002	3491371	1802950	1003476	191003	493942
2003	3981782	2058270	1187123	92471	643918
2004	5575201	2931531	1618246	194845	830579
2005	6814493	3992838	1896527	33442	891686
2006	8145187	4496150	2281822	225715	1141500
2007	11581529	5651154	2545871	362616	3021888
2008	16362955	7308008	3102391	950548	5002008
2009	21548255	9618969	3799236	2115050	6015000
2010	22536147	10105810	3890964	2489373	6050000

1993 年，辽源矿务局梅河煤矿一井为提高开采上限，在流砂层水柱以下 3 米，用金属网分层提高开采上限获得成功，原设计 +290 米水平以上为防水煤柱，实际上限开采标高提高到 +315 米。梅河煤矿三井、四井采用 MGD-150 型采煤机、GEFS-4000-16/26 型支撑掩护式低位放顶煤液压支架、SGD-90/630 型工作面刮板输送机实行采煤作业，单产和回采率分别提高 20% 以上和 10% 以上。梅河煤矿二井采用放顶煤综采提高开采上限，流砂层水柱 3 米以下开采获得成功。

1995 年，通化矿务局采煤机化程度 47.34%，比 1991 年提高 2.86%。

2000 年，根据煤炭市场售价及对煤炭质量的要求，大湖煤矿煤质差、售价低的水力采煤暂时停止作业，通化矿务局水采工作面由原来的 7 个调整到 5 个，采煤机械化程度 59.84%。

2003 年，辽源矿务局梅河煤矿通过技改，煤炭产量达到 270 万吨，比 2000 年提高 70 万吨。通化矿务局道清煤矿生产系统改造后，煤炭产量从 26 万吨增加到 52 万吨。在抓矿井技改的同时，努力提高采掘机械化水平，当年国有重点煤矿机械化程度 54.52%，掘进机械化程度 76.89%，工作面单产平均达到 2.1 万吨，同比增加 5300 吨，增长 33.8%。辽源矿务局梅河煤矿三井、六井大倾角综放开采获得成功，万宝煤矿由仓储式改为水平分层采煤，煤炭产量稳步提高。

2004年6月，辽源矿务局金宝屯煤矿投产，全部实现综合机械化采煤。投产后原煤产量逐年提高，产能由设计时的年产90万吨，改造成年产200万吨。

2005年10月，杉松岗矿业公司对新胜煤矿进行矿井技术改造，至2007年2月，完成井巷工程2118米，最低生产水平由+100米延至+50米，形成生产系统，采掘工艺由传统的炮采炮掘改变为综采综掘，实现了矿业公司综合机械化矿井零的突破，煤炭产量达到21万吨/年。龙马煤矿进行矿井技术改造后，2006年采煤方式实现了综采，原煤生产能力由10万吨/年达到42万吨/年。同年，吉林省国有重点煤矿采掘机械化水平达到63.33%和82.32%，比2000年分别提高19.20个百分点和9.36个百分点。非木支护巷道11万米，占总进尺的84%。梅河煤矿三井、金宝屯煤矿达到高产高效矿井标准。2005年底，通化矿务局采煤工作面个数10个，机械化采煤工作面6个（全是水力采煤），占总工作面个数的60%，机械化采煤工作面产量189.7万吨，机械化程度达到88.90%，比2000年提高29.06%。2005年，国有地方煤矿和乡镇煤矿都不同程度地进行技术改造，华兴煤矿采掘机械化程度达到80%，凉水煤矿采掘机械化程度达到100%。

2006年，辽源矿业公司西安煤矿一区、二区和六区分别上综采，总计投入资金3921万元。对西安煤矿原有的走向长壁人工分层顶板全陷落采煤法、巷柱式采煤法进行改革，使用综采放顶煤采煤法之前，全矿原煤总产量大多年份在80万～100万吨之间，少数年份超过100万吨。采用综采放顶煤采煤法后，2006年完成原煤总产量175万吨，2007年完成原煤总产量188.79万吨，2008年、2009年和2010年分别完成原煤总产量217万吨、213万吨和228.5万吨。2006年，通化矿业公司有1个综采工作面、1个综放工作面和3个水力采煤工作面。在回采工艺方面达到了先进水平，实现了集约生产和规模生产，原煤产量逐年递增，采煤机械化程度达到100%。同年，舒兰矿业公司组织开展在舒兰矿区软岩条件下综合机械化开采的科技实践活动，选择四矿上综采获得成功，实现了采煤工艺从炮采到综采的飞跃。

2007年，吉林省煤矿新增10套综合机械化采煤机，20套综合掘进机，综采设备达到28套，综掘设备达到36台（套）。采煤机械化程度和掘进机械化程度分别为83.66%和89.06%。

2009年，舒兰矿业公司四矿通过上综采，煤炭产量突破150万吨大关。回采职工人数由原来124人减到81人。全局综采工作面3个，采煤机械化程度达到70%以上。同年，珲春矿业公司八连城煤矿201采煤队在册人员90人，回采日产达到5400吨，月产量16.2万吨，年产量178.2万吨，回采效率66.66吨/工。

2010年，吉林省国有重点煤矿采煤机械化程度96.32%（其中综采机械化程度88.46%，回采产量约2340万吨（表4-1-10）。

表4-1-10　1991—2010年吉林省国有重点煤矿回采产量统计表　　　吨

年份	合计	辽源矿业公司	通化矿业公司	舒兰矿业公司	珲春矿业公司
1991	10066977	3077362	2748609	2834469	1406537
1992	9728736	2555369	2644720	3015353	1513294
1993	8680185	2376872	2008834	2922477	1372002

表 4-1-10（续） 单位：吨

年份	合计	辽源矿业公司	通化矿业公司	舒兰矿业公司	珲春矿业公司
1994	8594945	2381842	1748726	3089825	1374552
1995	6995164	2162359	1446921	2139012	1246872
1996	8048875	2715477	1191907	2139525	2001966
1997	8350084	2795648	1185083	2299127	2070226
1998	7590972	2396342	1128585	1876319	2189726
1999	6423548	2456391	1218083	1511864	1237210
2000	6399576	2499240	1388663	1144041	1367632
2001	6634122	2805268	1372728	1410387	1045739
2002	7161373	3298985	1351097	1397303	1113988
2003	7303045	3700161	1406867	1120849	1075168
2004	8951218	4649286	1630234	1457400	1214298
2005	10760948	5998193	2133574	1529013	1100168
2006	11129441	6350762	2354519	1135494	1288666
2007	13842687	6560593	2557424	1702782	3021888
2008	17749292	7308008	3102391	2336885	5002008
2009	22821085	9618969	3799236	3387880	6015000
2010	23396047	10105810	3890964	3349273	6050000

二、"三下"采煤

吉林省煤矿"三下"（建筑物下、水体下、铁路下）压煤储量占有一定比例。部分煤矿多次与煤炭科学研究总院、阜新矿业学院开展合作，经过多年的研究实践，在"三下"采煤方面取得了一定经验和较好的开采效果。

1991 年至 2010 年末，吉林省"三下"采煤累计采出煤炭 4314.74 万吨。其中：辽源矿业公司建筑物下采煤 2704 万吨、水体下采煤 1358.6 万吨、铁路下采煤 10.8 万吨。通化矿业公司建筑物下采煤 13.15 万吨、铁路下采煤 3 万吨。舒兰矿业公司建筑物下采煤 205.49 万吨。珲春矿业公司水体下采煤 19.7 万吨。

（一）水体下采煤

1. 辽源矿业公司

1991 年至 1992 年 12 月，辽源矿务局在梅河煤矿三井 1107 区进行"两带"（垮落带和导水裂隙带）高度观测。在阜新矿业学院的协助下，通过钻孔观测数据整理与分析，掌握了综放开采采区的覆岩破坏形态基本呈拱形分布的规律，确定出垮落带和导水裂隙带高度计算公式，为在梅河矿区含水砂砾层下进行综放开采，提供了可靠的科学依据。

1993 年，辽源矿务局在梅河煤矿四井 2105 区获得了准确的"两带"高度观测数值后，指导该区在高水位砂层下直接综放采煤，并获得成功。在此基础上又成功地开采了 2105^{-4} 采区和 2105^{-5} 采区，共计采出煤炭 18.7 万吨。

2005 年 1 月至 2007 年 10 月，辽源矿业公司与煤炭科学研究总院特采所合作，在梅河煤矿四井的 6101^{-2} 采区、6101^{-3} 采区和 7101^{-1} 采区进行了水体（泥砂流）下的试采和研究工作，解决了对工作面安全生产和人员构成重大威胁的问题，采出煤量 728000 吨，直接经济效益 8736 万元。

2. 舒兰矿业公司

舒兰矿业公司坚持汛期不采，地表移动下沉时不采，地表下沉稳定时开采的原则，1997 年在具备河床下部煤层避开露头带，上部有大于 12 倍采高的隔水层，地表有 5 米以上的表土层条件下进行回采，河下开采取得成功。同年，在煤炭科学研究总院开采所指导下，对舒兰街煤矿二井右部煤层地表 247 户民用建筑拆除迁移，成功进行建筑物下采煤。

2006—2009 年，舒兰矿业公司先后组织对东富村六社村庄下 –130 米水平的五号、九号、十五号、十九号煤层煤炭资源进行回采，累计采煤 87.21 吨。对吉舒镇爱国二社民房下 –140 米水平的十三号煤层、–210 米水平的十五号、十六号煤层煤炭资源进行回采，共安全回采 118.27 万吨。

（二）建筑物和矿区专用铁路下采煤

1. 辽源矿业公司

2006 年，辽源矿业公司为解决西安煤业公司村庄下压煤开采问题，与煤炭科学研究总院特采所合作，在经过一系列的探测和计算分析后，由煤炭科学研究总院特采所编制了《西安矿 7、12 采区建筑物下压煤开采可行性论证》的报告，确定了开采方案。采取在矿区专用铁路线上设置移动观测站的措施，对铁路移动状态进行适时的监测，及时通报了铁路的沉陷情况。对采区采取限制采放高度，限制开采顺序及相关安全技术措施的方案。在确保地面受护建筑物不搬迁、铁路经调整后达到安全运行的情况下，井下综采放顶煤实现顺利开采。截至 2007 年末，7 采区和 12 采区共安全采出煤炭 85.65 万吨。

2007 年 12 月，辽源矿业公司对西安煤业公司六区 16 采区村庄下压煤实施了安全开采。

2. 通化矿业公司

通化矿业公司湾沟煤矿开采北翼三号煤层时，针对煤层上部地表有矿区公路、专用线及民用住宅等情况，进行严密的科学论证，在保证地面建筑设施正常使用的情况下，解放可采储量 6.1 万吨。砟子煤矿三井，在导水裂隙带最大高度为煤层采出厚度的 32.9 倍和重复开采导水裂隙带最大高度为煤层采出厚度 26.9 倍的情况下，采出气煤 71482 吨。

2007 年，对江源煤业铁路下 3 万多吨煤炭，实现了国铁改线后安全采出。

3. 珲春矿业公司

1996 年，珲春矿务局与吉林煤炭工业管理局、阜新矿业学院共同研究出对城西煤矿立井村庄稻田下采用条带开采的"多煤层不对称条带开采法"，合理采出煤炭。铁路专用线下开采留设煤柱，专用线均匀下沉，未影响正常行驶。城西煤矿与煤炭科学研究总院联合，在首采工作面区域做村庄下条带采煤科学试验项目，开采 16 号、19 号、21 号煤层，采出煤炭 19.7 万吨。

三、资源回收

1991—2010 年，吉林省各煤矿严格执行《生产矿井储量管理规定》《关于合理开采煤炭资源提高回采率的若干规定》等有关煤炭工业政策及规定，在抓好正规矿井生产的同时，采取严格管理，残煤查找、开采煤柱、矿井技术改造等有效措施，增加煤炭回收。

（一）辽源矿业公司

辽源矿务局认真贯彻落实《中华人民共和国矿产资源法》《中华人民共和国煤炭法》《生产矿井煤炭资源回采率暂行管理办法》《关于合理开采煤炭资源，提高资源回采率的若干规定（试行）》《矿产资源开发监督管理制度》和《吉林省矿产资源储量管理条例》等法律法规，局、矿、井（区）均配备专（兼）职储量管理人员，并建立一套较完整的管理制度。坚持做好储量管理月报和年末储量全面核实等基础工作，根据有关规定和实际需要，建立必备的储量管理台账和图纸资料，保证了煤炭资源底数清、账目明，为矿井长远接续和合理开采利用提供了储量依据。

2003年，辽源矿务局根据有关规定结合全局矿井实际，制定并印发《辽源矿务局煤炭资源管理与提高回采率实施办法》，进一步明确了管理职责、标准、监督考核与奖惩等规定。矿井在采区设计上，坚持搭配开采，合理留设各类煤柱。采区巷道一般沿底板布置，尽量减少丢底煤，特厚煤层采用分层开采，降低采区损失率，最大限度多回收资源。在开采过程中，针对煤层实际赋存条件，严格执行煤、矸分采、分装、分运等措施，做到精采细拿，提高了采区回采率，同时保证了原煤质量。在开采矿井正规原始储量块段时，采区设计尽量减少采掘工作面，实施集中生产。在保证安全的前提下，采面见底板，采空区见矸石，人工顶板网下不压煤，采面和巷道不丢浮煤。综放采煤工作面尽最大可能减少放煤倾角和边角煤柱。综合机械化采煤尽量延长工作面长度，减少区间煤柱，一次采全高，不丢顶煤和底煤。

针对泰信煤矿全部进入残煤复采阶段；西安煤矿原始储量块段日渐减少，井区绝大部分进入残煤复采阶段；梅河煤矿一井和三井于2002年和2006年分别进入残煤复采阶段的实际，辽源矿业公司将提高残煤复采煤炭资源回收率，列入重要议事日程，采取科学有效的技术措施，保证了残煤开采的安全进行。2004年起，辽源矿务局将残煤开采的回采率列入矿井考核指标，规定一般不低于80%。2005—2007年，辽源矿业公司残煤回采率均在80%以上。

1991—2010年辽源矿业公司矿井回采率见表4-1-11。

表4-1-11 1991—2010年辽源矿业公司矿井回采率统计表

年份	动用储量（万吨）	采出量（万吨）	损失量（万吨）	回采率（%）	年份	动用储量（万吨）	采出量（万吨）	损失量（万吨）	回采率（%）
1991	421.4	323.2	98.2	76.7	2001	334.9	288.8	46.1	86.2
1992	391.8	301.9	89.9	77.1	2002	411.2	335.8	75.4	81.7
1993	299.7	233.1	66.6	77.8	2003	482.1	390.5	91.6	81.0
1994	296.5	226.1	70.4	76.3	2004	511.0	413.5	97.5	80.9
1995	342.1	259.7	82.4	75.9	2005	446.0	378.1	67.9	84.8
1996	392.4	293.7	98.7	74.8	2006	588.3	487.3	101.0	82.8
1997	319.9	255.1	64.8	79.7	2007	569.6	494.6	75.1	86.8
1998	274.2	230.8	43.4	84.2	2008	850.6	729.8	120.8	85.8
1999	286.2	237.2	49.0	82.9	2009	1057.0	907.0	150.0	85.8
2000	298.3	242.4	55.9	81.3	2010	1123.4	935.2	188.2	83.2

（二）通化矿业公司

1991年，通化矿务局有26处矿井，12个正规井。为迅速改变生产滑坡问题，通化矿务局采取对砟子煤矿立井、八道江煤矿立井、湾沟煤矿平硐、松树镇煤矿二井、大湖煤矿平硐和道清煤矿北斜井进行改扩建和技术改造，挖掘矿井潜力，提高矿井生产能力。对全局报废的12个矿井转交多种经营公司开采，减少煤炭损失，提高资源回收率，延长矿井服务年限。

2000年末，通化矿务局有23处矿井。其中：非正规矿井18对，均为小井开采，煤炭产量占总产量的19.4%；正规井5对，煤炭产量占总产量的80.6%。

2005年，通化矿务局有8处矿井。其中：正规井4对，生产原煤222.03万吨，占总产量的92.5%，非正规井4对，生产原煤18.1万吨，占总产量的7.5%。改革巷道布置，加大阶段高度和采区走向长度，推广沿空送巷、沿空留巷。2005年松树镇煤矿二井在+206米水平东大巷高档普采工作面沿空送巷360米，沿空留巷210米，多回收煤炭42450吨。

1991—2010年通化矿业公司矿井回采率见表4-1-12。

表4-1-12　1991—2010年通化矿业公司矿井回采率统计表

年份	动用储量（万吨）	采出量（万吨）	损失量（万吨）	回采率（%）	年份	动用储量（万吨）	采出量（万吨）	损失量（万吨）	回采率（%）
1991	402.5	203.5	199.0	50.6	2001	236.3	132.4	103.9	56.0
1992	380.9	198.2	182.7	52.0	2002	226.1	130.8	95.3	57.9
1993	350.8	185.7	165.1	52.9	2003	213.7	127.4	86.3	59.6
1994	280.3	151.1	129.2	53.9	2004	274.7	170.6	104.1	62.1
1995	49.7	26.3	23.4	52.9	2005	339.3	217.8	121.5	64.2
1996	177.7	97.5	80.2	54.9	2006	410.8	271.7	139.1	66.1
1997	210.5	121.4	89.1	57.7	2007	388.7	283.2	105.6	72.9
1998	189.1	101.9	87.2	53.9	2008	455.8	325.8	130.0	71.5
1999	197.2	110.7	86.5	56.1	2009	374.3	309.4	64.9	82.7
2000	245.3	135.0	110.3	55.0	2010	499.4	403.3	96.1	80.8

（三）舒兰矿业公司

1991年，舒兰矿务局复采总量119万吨，"八五"期间组织残采复采，5年累计出煤490多万吨。

1997年，组织对舒兰街煤矿二井右部-100米水平回采，共回采煤炭39.52万吨。

1999—2006年，先后对吉舒煤矿二井-40米水平右十五号、十三号煤层、十六号煤层，-80米水平左十五号、左十三号、右十三号煤层等9个工作面进行回采，回采煤炭145.2万吨。

1991—2010年舒兰矿业公司矿井回采率见表4-1-13。

（四）珲春矿业公司

1991—2010年，珲春矿业公司严格执行《生产矿井储量管理规定》，在储量管理上采取严格管理、残煤查找，在保证安全与效益的前提下，合理留设煤柱，尽量减少丢煤，最大限度地多回收资源。进入2000年，矿井回收率呈上升趋势。20年间矿业公司累计回收煤量3410.4万吨（表4-1-14）。

表4-1-13 1991—2010年舒兰矿业公司矿井回采率统计表

年份	动用储量（万吨）	采出量（万吨）	损失量（万吨）	回采率（%）	年份	动用量（万吨）	采出量（万吨）	损失量（万吨）	回采率（%）
1991	303.9	252.2	51.7	83	2001	105.4	89.6	15.8	85
1992	278.9	242.6	36.3	87	2002	105.8	88.9	16.9	84
1993	275.1	228.3	46.8	83	2003	92.5	74.9	17.6	81
1994	248.9	211.6	37.3	85	2004	119.3	97.8	21.5	82
1995	232.7	204.8	27.9	88	2005	115.4	95.8	19.6	83
1996	291.9	236.4	55.5	81	2006	90.4	75	15.4	83
1997	238.6	207.6	31	87	2007	130.2	113.3	16.9	87
1998	196.4	165	31.4	84	2008	190.9	154.6	36.3	81
1999	138.1	121.5	16.6	88	2009	253.9	208.2	45.7	82
2000	102.4	89.1	13.3	87	2010	302.2	244.8	57.4	81

表4-1-14 1991—2010年珲春矿业公司矿井回采率统计表

年份	动用储量（万吨）	采出量（万吨）	损失量（万吨）	回采率（%）	年份	动用储量（万吨）	采出量（万吨）	损失量（万吨）	回采率（%）
1991	179	130.3	48.7	72.8	2001	153.7	96.2	57.5	62.6
1992	176.2	131.2	45	74.5	2002	134.7	89.8	44.9	66.7
1993	168.1	120.6	47.5	71.7	2003	264.7	187.6	77.1	70.9
1994	224.1	124.3	99.8	55.5	2004	110.1	82.9	27.2	75.3
1995	169.1	115.6	53.5	68.4	2005	160.3	97.5	62.8	60.8
1996	248.7	141.8	106.9	57.0	2006	184.9	112.3	72.6	60.7
1997	165.6	121.5	44.1	73.4	2007	327.2	223.6	103.6	68.3
1998	183.6	122.8	60.8	66.9	2008	560.8	401.8	159	71.6
1999	149.7	90.7	59	60.6	2009	623.7	452.9	170.8	72.6
2000	175.1	104.6	70.5	59.7	2010	612	462.4	149.6	75.6

四、煤炭产量

1991年底，吉林省有各类煤矿1875处。其中：国有重点煤矿28处，设计生产能力1064万吨/年，核定生产能力966万吨/年；国有地方煤矿41处；乡镇煤矿1806处。当年，全省煤炭产量2565.5万吨，其中：国有重点煤矿产量1586.5万吨，约占总产量的61.84%，国有地方煤矿产量440万吨，约占总产量的17.15%，乡镇煤矿产量539万吨，约占总产量的21.01%。

1991—2010年，吉林省政府和煤矿安全监察、监管部门，不断加大整治关闭不具备安全生产条件的小煤矿力度，全省小煤矿由1991年的1806处减少到2010年的196处，全省煤矿安全生产秩序逐步稳定好转。

2010年，吉林省有各类煤矿244处，核定生产能力4719万吨/年。其中：吉煤集团所属煤矿26处,核定生产能力2602万吨/年;国有地方煤矿22处,核定生产能力496万吨/年;乡镇煤矿196处,核定生产能力1621万吨/年。同年,吉林省煤炭产量4280万吨(表4-1-15),地方、乡镇(个体)煤矿煤炭产量1542万吨(表4-1-16)。

表4-1-15 1991—2010年吉林省煤炭产量统计表　　　　　万吨

年份	全省合计	辽源矿业公司	通化矿业公司	舒兰矿业公司	珲春矿业公司	地方、乡镇(个体)煤矿合计
1991	2565.5	450.4	550.5	423.9	161.7	979.0
1992	2444.1	371.6	486.4	404.3	171.7	1010.1
1993	2368.51	342.31	381.0	380.5	161.0	1103.7
1994	2424.0	384.4	354.8	352.6	159.3	1172.9
1995	2379.29	335.89	314.0	341.3	124.7	1263.4
1996	2575.6	395.7	310.0	394.0	200.2	1275.7
1997	2410.0	391.0	230.0	346.1	207.0	1235.9
1998	2122.5	346.9	249.0	274.9	219.0	1032.7
1999	1825.5	321.0	233.0	202.6	123.7	945.2
2000	1654.5	312.1	237.0	148.5	136.8	820.1
2001	1532.52	349.62	196.13	166.44	117.07	678.69
2002	1415.15	408.1	210.6	148.16	111.4	533.32
2003	2230.00	508.21	212.77	124.8	107.52	1276.73
2004	2576.66	630.1	231.6	162.66	121.4	1430.9
2005	2658.0	686.2	240.1	159.7	110.0	1462.0
2006	2706.1	720.6	280.3	125.0	128.9	1451.3
2007	3001.3	767.7	295.2	214.2	302.2	1422.0
2008	3618.89	855.6	350.0	280.89	500.0	1632.4
2009	4030.4	1101.0	422.0	401.0	601.5	1504.9
2010	4280.0	1203.0	522.0	408.0	605.0	1542.0

注:营城煤矿、蛟河煤矿煤炭产量(1999—2002年)计入国有重点煤矿产量。
　　1999年,吉林省煤炭产量包括营城煤矿35.0万吨,蛟河煤矿28.9万吨。
　　2000年,吉林省煤炭产量包括营城煤矿29.7万吨,蛟河煤矿21.9万吨。
　　2001年,吉林省煤炭产量包括营城煤矿21.42万吨,蛟河煤矿3.15万吨。
　　2002年,吉林省煤炭产量包括营城煤矿3.57万吨,蛟河煤矿没有产量。

表4-1-16 2001—2010年吉林省地方、乡镇(个体)煤矿煤炭产量统计表　　万吨

年份	全省合计	长春市	吉林市	四平市	辽源市	通化市	白山市	延边州	杉松煤矿	万宝煤矿
2001	678.92	115.29	86.93	47.18	19.70	21.14	177.88	155.57	23.51	29.00
2002	533.32	121.66	54.04	44.99	39.26	8.63	98.69	119.60	18.96	27.49
2003	1276.79	152.48	123.37	51.11	165.92	113.73	443.21	138.29	40.93	35.10
2004	1430.84	205.81	212.22	52.04	149.48	140.35	392.67	157.91	39.33	31.54

表 4 - 1 - 16（续） 万吨

年份	全省合计	长春市	吉林市	四平市	辽源市	通化市	白山市	延边州	杉松煤矿	万宝煤矿
2005	1461.96	288.41	134.52	60.39	135.88	116.24	451.54	169.21	51.32	25.00
2006	1451.32	310.23	156.10	28.00	130.01	115.05	471.76	190.00	50.18	—
2007	1422.00	260.8	65.41	37.00	107.67	117.68	589.00	194.26	50.00	—
2008	1632.00	293.4	120.00	40.20	35.50	47.40	785.10	240.30	70.20	—
2009	1504.26	286.06	120.60	40.20	106.6	47.30	617.50	205.70	80.30	—
2010	1542.00	327.67	114.84	36.60	33.53	13.70	708.94	236.72	70.00	—

注：2001 年，新胜煤矿煤炭产量 2.72 万吨计入省属煤矿产量。

2003—2005 年，双阳煤矿煤炭产量计入省属煤矿产量。2003 年，煤炭产量 12.65 万吨；2004 年，煤炭产量 49.49 万吨；2005 年，煤炭产量 29.45 万吨。

第二章 生 产 管 理

第一节 采掘工作面管理

一、作业规程编制

20 世纪 90 年代，吉林省各煤矿根据煤炭工业部颁发的《关于加强设计方案、采掘作业规程技术管理规定》和东煤公司的《采掘作业规程编制管理细则》制定本企业实施细则。辽源矿务局编制《矿井技术暂行规定》，对采掘工作面作业规程内容进行规范。1992 年，辽源矿务局颁发《辽源矿务局技术管理规定》，从设计、作业规程、技术管理（顶板控制、地测防治水管理、"一通三防"管理、机电运输管理）制定规定及实施细则，保证采掘工作面的安全生产。并采取三项措施：一是抓好质量标准化达标工作，矿务局每季度、矿每月进行一次质量标准化达标验收。二是技术上保证，严格按照《辽源矿务局技术管理规定》的有关要求，检查落实情况。三是总结推广先进经验，对采掘工作面推广先进技术方面或质量标准化突出的，及时召开现场会，推动全局采掘工作面的发展。1994 年，通化矿务局印发《生产技术管理十项规定》明确作业规程编制和实施由井（区）工程师组织采煤、掘进、机电、通风、运输等部门编制，报总工程师批准，审批后，由采掘队贯彻实施。同年，舒兰矿务局、珲春矿务局分别制定并印发《采掘工作面管理规定和实施细则》，以保证采掘工作面的安全生产。

2004 年，辽源矿务局重新修订颁布《辽源矿务局技术管理规定》，使矿井技术工作进一步规范。

2010 年末，吉林省辽源、通化、舒兰、珲春 4 个矿业公司所属各煤矿采掘工作面作业规程的编制、审批、贯彻已在本企业规范化、制度化。

二、正规循环作业

1991—2010 年，吉林省各煤矿采煤掘进机械化速度发展较快。采煤工作面应用机组割煤，用单体液压和液压掩护支架支护顶板。水采工作面、普采工作面、高档普采工作面、综采工作面、掘进工作面开拓等各种工序平行作业，循环作业方式发生了变化。

（一）辽源矿业公司

1992—2010年，辽源矿业公司对各类开采煤层作顶板分类，确定相应的采煤方法、顶板控制方法、支护形式及支护参数。采煤工作面开采初次放顶、结束收尾回撤以及过旧采迹、过局部破碎带、过断层、过网边、过煤柱等区域时，都制定了安全措施，保证了正规循环作业的实施。

（二）通化矿业公司

1991年开始，通化矿务局采掘工作面实行正规循环并列入生产日程。制定了采掘工作面正规循环作业"上纲要创水平"标准。即采掘工作面必须实行正规循环作业，月循环率采煤工作面达到70%以上，掘进工作面达到85%以上，完成作业计划产量、进尺和各项经济指标，安全生产无重大事故，工程质量达到合格品，消除等外品等。对达到标准的正规循环作业采掘工作面给予奖励，达不到的给予处罚。组织正规循环作业成为提高单产、单进、实现均衡生产、提高效率、降低材料消耗、实现安全生产、建立正常生产秩序，实行综合性科学管理的有效方法。

（三）舒兰矿业公司

1992—2010年，舒兰矿业公司在工作面管理上不断完善，出台技术管理规定，加强采掘工作面管理的办法和制度，针对不同情况，采取有效应对的方法，底板松软的采煤工作面尽量沿底送巷、沿底回采，不留底煤，综采工作面支架推广使用初撑力保证阀，预留压力表插口，机采工作面建立设备运转及维修制度，炮采工作面推广应用毫秒爆破新工艺与抗炮崩单体液压支柱，双速或大功率刮板输送机采煤技术，采煤工作面达到"三直两平两畅通"的要求。

（四）珲春矿业公司

1992—2010年，珲春矿业公司对采掘工作面管理出台相应措施，保证正规循环作业的实施。

第二节 质量标准化

20世纪80年代后期，煤炭工业部决定在全国国有重点煤矿开展"质量标准化，安全创水平"活动，制定并下发《生产矿井质量标准化标准》。吉林省各煤矿认真贯彻煤炭工业部党组文件精神，全面落实质量达标工作。

一、质量标准化矿井建设

1991年，辽源矿务局继续按照煤炭工业部党组提出的抓好安全、效率、建设现代化矿井"三件大事"开展"质量抓达标，安全创水平"活动。并把开展质量标准化活动与国家经贸委、全国总工会等上级部门开展的安全生产活动紧密结合，组织开展"远学大雁（原东煤公司所属内蒙古自治区的一个标准化矿务局），近学梅河三井"活动，抓典型经验推广，促后进单位转变。同年，在东煤公司通风质量上等级检查评比中，通化矿务局8个煤矿的通风质量全部上了等级。其中：大湖煤矿平硐井达到国家特级优胜矿井标准，八道江煤矿二井达到国家特级优胜矿井标准，湾沟煤矿平硐井达到国家一级通风矿井标准，苇塘生产经营公司一井、道清煤矿一井、五道江煤矿一井达到国家二级通风矿井标准，砟子煤矿立井、八道江煤矿立井达到省级通风矿井标准。

舒兰矿务局每个季度都按照质量标准

化标准对各矿井口检查验收，收到明显效果。1991—1994年，矿务局连续4年被东煤公司评为质量标准化优胜矿务局。

1991—1993年东煤公司质量标准化安全创水平先进局矿见表4－2－1。1992年，东煤公司制定《东煤公司生产局、矿"质量标准化、安全创水平"标准及考核评级与奖励办法》。辽源矿务局按要求，组织开展"安康杯"竞赛活动，分矿、厂组和井区进行竞赛。经东煤公司检查验收，辽源矿务局达到"安康杯"标准，被评为争创安全生产年矿务局。

表4－2－1　1991—1993年东煤公司质量标准化安全创水平先进局矿一览表

年份	质量标准化矿务局	特优级质量标准化先进矿	特级质量标准化先进矿	一级质量标准化先进矿	二级质量标准化先进矿	三级质量标准化先进矿
1991	舒兰矿务局	—	通化矿务局大湖煤矿，舒兰矿务局吉舒煤矿、东富煤矿、舒兰街煤矿	辽源矿务局梅河煤矿，通化矿务局湾沟煤矿	辽源矿务局西安煤矿，舒兰矿务局丰广煤矿，珲春矿务局蛟河煤矿	通化矿务局道清煤矿、五道江煤矿、苇塘矿，舒兰矿务局营城煤矿，珲春矿务局英安煤矿、城西矿
1992	舒兰矿务局	舒兰局舒兰街煤矿	舒兰矿务局吉舒煤矿、丰广煤矿	—	辽源矿务局西安煤矿，珲春矿务局蛟河煤矿、英安煤矿	通化矿务局湾沟煤矿、大湖煤矿、道清煤矿、苇塘矿，舒兰矿务局营城煤矿
1993	辽源矿务局、舒兰矿务局（特优）	舒兰矿务局吉舒煤矿、舒兰街煤矿	辽源矿务局梅河煤矿，舒兰矿务局丰广煤矿、东富煤矿	通化矿务局松树煤矿、道清煤矿	通化矿务局湾沟煤矿、苇塘矿，珲春矿务局蛟河煤矿、英安煤矿	通化矿务局砟子煤矿，舒兰矿务局营城煤矿

注：1994年东煤公司解体。

1994年，辽源矿务局提出重点解决质量标准化低标准问题，采取矿务局月抽季检、矿旬抽月检、井区五日一检的办法，以及对等外品挂黄牌、退坡的挂白牌的处理措施，推动质量标准化工作。

1995年，通化矿务局为进一步落实煤炭工业部和吉林煤炭工业管理局关于加强煤矿质量标准化的指示精神，印发《关于1995年开展质量标准化、安全创水平活动的通知》。同年3月，成立了由局长任组长，局总工程师、安监局长、工会主席、宣传部长和有关处室主要领导为组员的质量标准化工作领导小组，全面负责质量标准化工作。

1995年开始，舒兰矿务局受企业困难因素影响，质量标准化工作基本处于停顿状态。关闭破产后，随着企业经济形势的好转和上级对质量标准化要求，质量标准化工作开始恢复。

1999年，国家煤炭工业局下发《关于命名1998年行业级质量标准化局、矿、厂、处的通知》，辽源矿务局被命名为行业级质量标准化矿务局。梅河煤矿一井、三井、四井被命名为行业级质量标准化井，矿务局机电总厂、水泥厂、铁道器材厂、十四厂、矿山机械厂、平岗截齿厂被命名为国有重点煤矿行业级质量标准化机械厂（表4－2－2）。

表4-2-2 1995—1999年部分年份吉林省部级质量标准化单位一览表

年份	国有重点煤矿部级质量标准化矿务局	地方国有煤矿部特级质量标准化矿井（执行国有重点煤矿部级标准）	地方国有煤矿部级质量标准化矿井	国有重点煤矿部级质量标准化矿井	部级质量标准化矿务局机（修）厂
1995	—	长春市羊草沟煤矿一井、二井	四平市刘房子煤矿一井	舒兰矿务局舒兰街煤矿、丰广煤矿、吉舒煤矿	辽源煤矿水泵厂、平岗截齿厂
1997	舒兰矿务局	—	辽源市大水缸煤矿，长春市羊草沟煤矿一井	辽源矿务局梅河煤矿一井、三井、四井，舒兰矿务局丰广煤矿、吉舒煤矿、舒兰街煤矿	辽源矿务局机电总厂、矿山机械厂、水泵厂、铁道器材厂、平岗截齿厂、十四厂、通化矿务局电气设备厂
1998	—	—	—	辽源矿务局梅河煤矿一井、三井、四井，舒兰矿务局丰广煤矿	辽源矿务局机电总厂、平岗截齿厂、铁道器材厂、十四厂、通化矿务局电气设备厂、舒兰矿务局水电公司、珲春矿务局电力公司、运输部
1999	—	—	辽源市大水缸煤矿	辽源矿务局梅河煤矿一井、三井、四井	辽源矿务局机电总厂、水泵厂、平岗截齿厂、铁道器材厂、十四厂、水泥厂、通化矿务局机电总厂、电气设备厂、舒兰矿务局水电公司、珲春矿务局电力公司、运输部

2000年，辽源矿务局提出了巩固质量标准化局的目标，要求梅河煤矿一井、二井、三井、四井达到行业一级，西安煤矿一区、二区达到省级，其他井（区）达到局级，各集体公司小井、矿管小井均实现达标，地面生产服务单位达到规划标准。突出抓通风系统达标，印发了《辽源矿务局通风质量标准化检查评比细则》，开展了以"一通三防"为重点的春季安全大检查活动和下半年安全生产质量会战，印发了《加大"一化两战"竞赛活动平时检查和抽查力度的规定》，确保质量标准化做到经常化、制度化、实效化。

2003年，辽源矿务局开展抓质量保安全、靠达标变面貌的活动。实行"三丢"，即质量不达标要丢面子、丢票子、丢位置。质量标准化在继续开展"一化两战"的同时，突出"四个重点"（巷修达标、井筒和主要运输巷轨道达标、电机车达标和带式输送机达标），促进全局井上下面貌发生了新的变化。

2004年，辽源矿务局按照省煤炭行业"筑强安全生产基石，全面推进安全质量标准化建设"的要求，重新研究制定了《质量标准化检查验收补充实施细则》，实行等级检查验收制，梅河煤矿六井取得在年度内连续4个季度荣获质量标准化等级检查验收第一名的优异成绩，做到了井上达标花园化，井下达标创新化，成为全局的亮点之一。

2005年，吉林省属煤矿在提高经济运行质量和效益的同时，加大了安全生产投入，"十五"期间，全省各类煤矿安全生产投入达11亿元，严格安全生产管理，省属煤矿全部达到安全质量标准化二级以上。

2006年，舒兰矿业公司提出"亮、平、齐、直、全、严、净"的质量标准化管理七字方针和"四化"标准，组织竞赛评比，不断推进质量标准化工作。

珲春矿业公司标准化领导小组每月对所属矿井进行安全质量标准化验收，对质量标准化达标单位进行奖励，对不达标单位进行处罚。珲春矿业公司组织生产部门不定期对各矿进行抽检，发现安全质量标准化不达标单位，督促整改，隐患整改好后方可作业。2007年，经珲春矿业公司验收，英安煤矿质量标准化综合得分94.18分，评定为一级；八连城煤矿质量标准化综合得分94.4分，评定为一级。板石煤矿矿土、安装建设工程经珲春矿业公司各季自检验收，达到了设计和安全专篇标准，工程质量消灭了不合格品，优良品率达到75%以上。

2007年，吉林省煤炭工业局进一步加强矿井质量标准化建设工作，检查和验收矿井63处全部达标（表4-2-3）。其中：核定一级安全质量标准化23处（国有重点煤矿21处，国有地方煤矿2处），核定二级安全质量标准化矿井14处（国有重点煤矿2处，国有地方煤矿3处，乡镇煤矿9处），核定三级安全质量标准化矿井26处（国有重点煤矿1处，乡镇煤矿25处）。

表4-2-3 2007年吉林省煤矿质量标准化矿井一览表

省属煤矿企业名称	省一级质量标准化矿井	省二级质量标准化矿井	省三级质量标准化矿井
辽源矿业公司	梅河煤矿一井	—	省属杉松岗煤矿一井
辽源矿业公司	梅河煤矿二井	—	市县属煤矿企业
辽源矿业公司	梅河煤矿三井	—	延吉市宗强煤矿一井
辽源矿业公司	梅河煤矿四井	—	和龙市清道沟井
辽源矿业公司	梅河煤矿六井	—	长白县长白煤矿
辽源矿业公司	梅河煤矿中安井	—	八道江区胜利煤矿
辽源矿业公司	金宝屯煤矿	—	鼎元煤业靖宇煤矿
辽源矿业公司	西安煤矿125区	辽源矿业公司西安煤矿六区	江源区大成煤矿
辽源矿业公司	西安煤矿三区		江源区吉盛煤矿二井
通化矿业公司	八宝煤矿		新宇煤矿七井
通化矿业公司	松树煤矿		江源区新盛煤矿
通化矿业公司	道清煤矿		江源区吉盛煤矿一井
通化矿业公司	永安煤矿		八道江区杨树林矿
舒兰矿业公司	二矿		八道江区东晋煤矿
舒兰矿业公司	三矿		八道江区泰安煤矿
舒兰矿业公司	四矿	—	八道江区宏兴煤矿
舒兰矿业公司	五矿	舒兰矿业公司六矿	八道江区缸窑煤矿
珲春矿业公司	英安煤矿		八道江区城西煤矿
珲春矿业公司	八连城煤矿		江源区金盛煤矿
珲春矿业公司	板石煤矿	—	新宇煤矿东风井

表4-2-3（续）

省属煤矿企业名称	省一级质量标准化矿井	省二级质量标准化矿井	省三级质量标准化矿井
杉松岗矿业公司	龙马煤矿	—	江源区永发煤矿
市县属煤矿企业	—	—	蛟河市腾达煤矿
长春羊草煤业公司	一矿	—	舒兰市万泰煤矿
长春羊草煤业公司	二矿	双顶山煤矿一井	桦甸市永鑫煤矿
—	—	双阳区华安煤矿	桦甸市兴和煤矿
—	—	吉林省春谊煤矿	桦甸市富源煤矿
—	—	珲春市恒达煤矿	—
—	—	珲春市延吉煤矿	—
—	—	图们市凉水煤矿	—
—	—	临江市盛海煤矿	—
—	—	蛟河市鑫源煤矿	—
—	—	舒兰广源煤业一矿	—
—	—	舒兰广源煤业二矿	—
—	—	营城矿业华兴煤矿	—
—	—	双顶山煤矿二井	—

2008年，经珲春矿业公司验收，英安、八连城、板石3个矿井均达到一级安全质量标准化矿井标准。

2010年，通化矿务局所属矿井全部达到了国家通风质量标准化矿井。同年，舒兰矿业公司所属各矿均达到一级标准。

二、高产高效矿井建设

1994年7月5日，煤炭工业部颁发《建设高产、高效矿（井）暂行管理办法》，吉林省各矿务局积极组织开展了建设高产高效矿井活动。1995年，煤炭工业部下发《关于加快高产高效矿井建设的决定》，提出要进一步提高对建设高产高效矿井重要性的认识，保证建设高产高效矿井规划按期实现；从基础工作抓起，坚持循序渐进、因地制宜的原则；把提高经济效益作为建设高产高效矿井的最终目标；按照高产高效模式，把发展采煤机械化作为实现高产高效矿井的主要手段，同时进行老井改造和新井建设。

吉林煤炭工业管理局按文件要求提出：减人提效、优化巷道布置、完善系统、合理集中生产是实现高产高效矿井建设的重要手段。首先要在减人减面（工作面）上下功夫，实现一井两个工作面。提出1995年末，辽源矿务局梅河煤矿达部级标准，舒兰矿务局丰广煤矿、通化矿务局砟子煤矿、珲春矿务局英安煤矿实现全员效率2吨/工的要求。并对所属国有煤矿生产矿井上报的"上纲要，创水平"采煤队进行审查验收，按部颁竞赛标准评比。1994年，吉林省国有煤矿共有17个采煤队分别获得甲级采煤队、乙级采煤队和丙级采煤队称号；1995年，吉林省国有煤矿共有47个采煤队分别获得甲级采煤队、乙级采煤队和丙级采煤队称号。1998年，吉林省获煤炭行业级创水平炮掘队2个，辽源矿务局梅河煤矿311队、西安煤矿开拓3队分别取得全煤创水平炮掘队第三、四名的好成绩（表4-2-4）。

1999年，甲级纲要采煤队8个，乙级纲要采煤队3个，丙级纲要采煤队2个；甲、乙、丙级纲要炮掘队分别是6个、5个和2个（表4-2-5）。辽源矿务局梅河煤矿301队取得煤炭行业级创水平炮掘队第一名的好成绩。

表4-2-4 1998—1999年吉林煤炭行业级创水平炮掘队一览表　　　　　米

年份	炮掘队名称	煤岩类别	实进尺	折算进尺
1998	辽源矿务局梅河煤矿311队	岩	2888	10397
	辽源矿务局西安煤矿开拓3队	岩	2853	10357
1999	辽源矿务局梅河煤矿301队	岩、煤	6150	11220

表4-2-5 1994—1999年部分年份吉林省"上纲要，创水平"采掘队统计表

年份	名 称		
1994	甲级采煤队： 舒兰矿务局丰广煤矿5151队、舒兰矿务局丰广煤矿5122队、舒兰矿务局丰广煤矿5222队、舒兰矿务局东富煤矿5312队、舒兰矿务局东富煤矿5322队、舒兰矿务局舒兰街煤矿5421队、珲春矿务局英安煤矿102队	乙级采煤队： 辽源矿务局梅河煤矿422队、辽源矿务局梅河煤矿413队、舒兰矿务局丰广煤矿5152队、舒兰矿务局吉舒煤矿5212队、舒兰矿务局吉舒煤矿5232队、舒兰矿务局舒兰街煤矿5412队、长春市羊草沟煤矿611队、长春市羊草沟煤矿621队、四平市刘房子煤矿202队	丙级采煤队： 通化矿务局湾沟煤矿252队
1995	甲级采煤队/掘进队： 辽源矿务局梅河煤矿431队、辽源矿务局梅河煤矿432队、辽源矿务局梅河煤矿441队、辽源矿务局梅河煤矿422队、辽源矿务局梅河煤矿413队、通化矿务局道清煤矿277队、通化矿务局大湖煤矿292队、舒兰矿务局丰广煤矿5151队、舒兰矿务局丰广煤矿5221队、舒兰矿务局东富煤矿5312队、舒兰矿务局东富煤矿5322队、舒兰矿务局舒兰街煤矿5421队、珲春矿务局英安煤矿102队、长春市羊草沟煤矿611队、辽源矿务局梅河煤矿301掘进队、（创水平）珲春矿务局英安煤矿113掘进队、（创水平）辽源矿务局梅河煤矿311掘进队、辽源矿务局梅河煤矿101掘进队、辽源矿务局梅河煤矿403掘进队、辽源矿务局梅河煤矿202掘进队、通化矿务局砟子煤矿456掘进队、通化矿务局湾沟煤矿17掘进队、通化矿务局湾沟煤矿25掘进队、舒兰矿务局舒兰街煤矿201掘进队、珲春矿务局城西煤矿211掘进队、珲春矿务局城西煤矿215掘进队	乙级采煤队/掘进队： 舒兰矿务局丰广煤矿5122采煤队、舒兰矿务局吉舒煤矿5212采煤队、舒兰矿务局吉舒煤矿5232采煤队、舒兰矿务局舒兰街煤矿5412采煤队、长春市羊草沟煤矿621采煤队、通化矿务局砟子煤矿148掘进队	丙级采煤队/掘进队： 辽源矿务局梅河煤矿421采煤队、通化矿务局砟子煤矿212采煤队、通化矿务局道清煤矿217采煤队、通化矿务局湾沟煤矿252采煤队、舒兰矿务局丰广煤矿5152采煤队、舒兰矿务局丰广煤矿5141采煤队、舒兰矿务局吉舒煤矿5222采煤队、通化矿务局大湖煤矿615掘进队、通化矿务局砟子煤矿146掘进队、通化矿务局道清煤矿24掘进队、舒兰矿务局吉舒煤矿301掘进队、舒兰矿务局丰广煤矿503掘进队、舒兰矿务局丰广煤矿201掘进队、舒兰矿务局丰广煤矿403掘进队、珲春矿务局英安煤矿114掘进队

表4-2-5（续）

年份	名　　称		
1998	甲级纲要采煤队： 辽源矿务局梅河煤矿432综放队、辽源矿务局梅河煤矿431综放队、辽源矿务局梅河煤矿441综放队、舒兰矿务局丰广煤矿5152炮采队、舒兰矿务局丰广煤矿5141炮采队、舒兰矿务局舒兰街煤矿5421炮采队	乙级纲要采煤队： 舒兰矿务局丰广煤矿5151高普队、舒兰矿务局东富煤矿5322炮采队、珲春矿务局城西煤矿201高普队、营城煤矿5501炮采队、营城煤矿5501炮采队	丙级纲要采煤队： 舒兰矿务局吉舒煤矿5232高普队
	甲级纲要炮掘队： 珲春矿务局英安煤矿113队、辽源矿务局梅河煤矿301、通化矿务局松树煤矿掘1队、珲春矿务局城西煤矿212队、珲春矿务局城西煤矿213队、通化矿务局松树煤矿掘2队	乙级纲要炮掘队： 营城煤矿101队、营城煤矿206队、舒兰矿务局舒兰街煤矿101队、舒兰矿务局吉舒煤矿202队	丙级纲要炮掘队： 舒兰矿务局吉舒煤矿301队、舒兰矿务局丰广煤矿501队、舒兰矿务局东富煤矿203队、通化矿务局砟子煤矿掘3队
1999	甲级纲要采煤队： 辽源矿务局梅河煤矿431综放队、辽源矿务局梅河煤矿432综放队、辽源矿务局梅河煤矿441综放队、珲春矿务局英安煤矿102机采队、舒兰矿务局吉舒煤矿5221炮采队、舒兰矿务局丰广煤矿5141炮采队、舒兰矿务局丰广煤矿5151炮采队、舒兰矿务局舒兰街煤矿5421炮采队	乙级纲要采煤队： 舒兰矿务局吉舒煤矿5232机采队、舒兰矿务局丰广煤矿5152炮采队、舒兰矿务局东富煤矿5322炮采队	丙级纲要采煤队： 舒兰矿务局舒兰街煤矿5412炮采队、营城煤矿5501炮采队
	甲级纲要炮掘队： 珲春矿务局英安煤矿113队、珲春矿务局城西煤矿211队、辽源矿务局西安煤矿211队、辽源矿务局梅河煤矿202队、辽源矿务局梅河煤矿601队、辽源矿务局梅河煤矿101队	乙级纲要炮掘队： 营城煤矿101队、营城煤矿206队、舒兰矿务局吉舒煤矿202队、珲春矿务局英安煤矿115队、舒兰矿务局舒兰街煤矿201队	丙级纲要炮掘队： 舒兰矿务局舒兰街煤矿101队、通化矿务局砟子煤矿掘3队

辽源矿务局坚持开展高产高效矿井建设，对梅河煤矿三井传统的采煤技术进行改造，采用新的采煤工艺和技术装备，达到安全好，产量、效率和效益高的效果。1998年和1999年，梅河煤矿三井连续被国家煤炭工业局命名为行业级高产高效矿井（表4-2-6）。2000年，梅河煤矿三井完成产量102.4万吨，占全局总产量的32.8%，单产40681吨，效率3.932吨/工，成本54.86元。

表4-2-6 1998—2010年吉林省高产高效矿井一览表

年份	矿业公司（矿务局）名称	获得荣誉称号的矿井名称			命名单位
		部（行业）特级高产高效矿井	部（行业）级高产高效矿井	省级高产高效矿井	
1998	辽源矿务局	—	梅河煤矿三井	—	国家煤炭工业局
1999	辽源矿务局	—	梅河煤矿三井	—	国家煤炭工业局
2004	辽源矿务局		梅河煤矿三井		中国煤炭工业协会
	舒兰矿务局	—	舒兰矿务局一井		中国煤炭工业协会
	羊草沟煤矿	—	一井、二井		中国煤炭工业协会
2006	辽源矿业公司	—	梅河煤矿三井（一级）		中国煤炭工业协会
	辽源矿业公司	—	梅河煤矿二井（二级）		中国煤炭工业协会
2007	辽源矿业公司		梅河煤矿三井（一级）		中国煤炭工业协会
	辽源矿业公司		梅河煤矿二井（二级）		中国煤炭工业协会
	辽源矿业公司		梅河煤矿四井（二级）		中国煤炭工业协会
	珲春矿业公司		英安煤矿（二级）		中国煤炭工业协会
	珲春矿业公司		八连城煤矿（二级）		中国煤炭工业协会
	辽源矿业公司	—	—	梅河煤矿六井（一级）	省煤炭工业局
	辽源矿业公司	—	—	金宝屯煤矿（一级）	省煤炭工业局
	辽源矿业公司	—	—	西安煤矿一区（二级）	省煤炭工业局
	辽源矿业公司	—	—	西安煤矿二区（二级）	省煤炭工业局
	舒兰矿业公司	—	—	六矿（二级）	省煤炭工业局
2008	辽源矿业公司		金宝屯煤矿（一级）、梅河煤矿二井（二级）	—	中国煤炭工业协会
	辽源矿业公司		梅河煤矿三井（一级）、梅河煤矿四井（二级）		中国煤炭工业协会
	珲春矿业公司	—	英安煤矿（一级）	—	中国煤炭工业协会
	珲春矿业公司		八连城煤矿（一级）	—	中国煤炭工业协会
	珲春矿业公司	—	板石煤矿（一级）		中国煤炭工业协会
	舒兰矿业公司	—	四矿（二级）	—	中国煤炭工业协会
2009	辽源矿业公司		梅河煤矿三井（一级）、梅河煤矿二井（二级）、梅河煤矿四井（二级）		中国煤炭工业协会
	珲春矿业公司		英安煤矿（一级）、板石城煤矿（二级）、八连城煤矿（二级）		中国煤炭工业协会
	舒兰矿业公司		四矿（一级）		中国煤炭工业协会

表4-2-6（续）

年份	矿业公司（矿务局）名称	获得荣誉称号的矿井名称			命 名 单 位
		部(行业)特级高产高效矿井	部(行业)级高产高效矿井	省级高产高效矿井	
2010	辽源矿业公司	金宝屯煤矿(特级)、龙家堡煤矿(特级)	梅河煤矿三井(一级)、梅河煤矿二井(二级)、梅河煤矿四井(二级)、西安煤矿125井(二级)	—	中国煤炭工业协会
	舒兰矿业公司	二矿(特级)	四矿(一级)	—	中国煤炭工业协会
	珲春矿业公司	—	英安煤矿(一级)、板石城煤矿(一级)、八连城煤矿(一级)	—	中国煤炭工业协会

继1991年之后，2004年是吉林省煤炭生产第二个高产年，全省煤炭产量达到2577万吨。省属国有重点煤矿对有生产能力的正规矿井继续进行改扩建和技术改造，筹资10590万元，对9个重点矿井技术改造，辽源矿务局、通化矿务局、舒兰矿务局、珲春矿务局采煤机械化程度达到62%，掘进机械化程度达到80%，辽源矿务局金宝屯煤矿于2004年6月1日正式投产。全局全年煤炭产量达630万吨，比2000年翻一番。珲春矿务局英安煤矿通过技术改造原煤产量达到91万吨。舒兰矿务局一井和羊草沟煤矿一井、二井被中国煤炭工业协会授予行业级高产高效矿井称号，有5对矿井达到行业级标准。

2005年，通化矿务局在生产矿井比2000年减少15处的情况下，加快高产高效矿井建设，改变生产被动局面。对松树镇煤矿二井、道清煤矿斜井进行技术改造，改革采煤方法，采用"机、水、炮"相结合开采方法，提高单产和经济效益。

2007年，经中国煤炭工业协会组织评审和现场检查验收，辽源矿业公司梅河煤矿三井达到国家行业一级安全高效矿井；辽源矿业公司梅河煤矿二井、四井，以及珲春矿业公司英安煤矿、八连城煤矿达到国家行业二级安全高效矿井标准。经吉林省煤炭工业局组织评审和现场检查验收，辽源矿业公司梅河煤矿六井、金宝屯煤矿达到了省一级安全高效矿井标准；西安煤业公司一区、二区，以及舒兰矿业公司六矿达到了省二级安全高效矿井标准。珲春矿业公司英安煤矿建成"一矿一面"高效生产模式，减少井下作业人员1600人，煤炭产量翻一番。长春市羊草沟煤矿二井综采工作面投产，建成地方煤矿第一处百万吨矿井。延边凉水煤矿基本实现采掘机械化。

2008年，经中国煤炭工业协会组织评审和现场检查验收，辽源矿业公司梅河煤矿三井、金宝屯煤矿，珲春矿业公司英安煤矿、八连城煤矿、板石煤矿达到国家行业一级安全高效矿井。辽源矿业公司梅河煤矿二井、四井，舒兰矿业公司四矿达到国家行业二级安全高效矿井标准。

2009年，辽源矿业公司梅河煤矿三井，珲春矿业公司英安煤矿，舒兰矿业公司四矿达到国家行业一级安全高效矿井标准。辽源矿业公司梅河煤矿二井、四井，舒兰矿业公司四矿，珲春矿业公司八连城、板石煤矿达到国家行业二级安全高效矿井标准。通过合理布局，积极准备，全年吉煤集团共准备新采区128个，获得回采煤量2760万吨，综采产量1956万吨。辽源矿业公司、珲春矿业公司综采率达到100%，吉煤集团13个国家级安全高效矿井产量占总产量的75%。辽源矿业公司龙家堡煤矿正式投产，珲春矿业公司实现产量601万吨、提前两年实现"十一五"规划目标。

2010年末，辽源矿业公司龙家堡煤矿、金宝屯煤矿、舒兰矿业公司二矿达到国家行业特级安全高效矿井标准。辽源矿业公司梅河煤矿三井、舒兰矿业公司四矿，珲春矿业公司英安煤矿、八连城煤矿、板石煤矿达到国家行业一级安全高效矿井。辽源矿业公司梅河煤矿二井、四井，西安煤矿125区达到国家行业二级安全高效矿井。全省煤矿企业通过高产高效矿井建设，生产矿井升级改造，生产能力结构明显变化。全省大型矿井生产原煤1856万吨，占原煤总产量的43.36%；中型矿井生产原煤1166万吨，占原煤总产量的27.24%；小型矿井生产原煤1258万吨，占原煤总产量的29.39%。

第三节 生产调度

一、机构与制度

1991年，吉林省国有煤炭企业认真贯彻执行煤炭工业部《煤炭工业生产调度工作条例》，充分发挥各煤炭企业调度在组织矿井实现安全生产和煤炭销售等工作中的重要作用。各矿务局矿井均设立独立的调度室，配置室主任、副主任（或主任工程师）、值班调度员、专职综合分析调度骨干人员，实行严格的24小时专人值班的工作制度。

矿业公司（矿务局）调度室主要工作职责：组织指挥协调煤矿安全生产，及时掌握生产矿井（区）安全生产各薄弱环节和生产进度，对各生产单位每日生产指标进行汇总形成每日的调度日志和报表，按业务范畴的要求及时交换信息，并承担煤矿生产安全事故处理跟踪等信息编撰情况报告等工作。各矿业公司（矿务局）调度部门在当好领导参谋的同时，坚持综合调度、综合分析。坚持调度例会制度，调度例会由调度室召集，主管局、矿长主持，机关处、科室和有关业务单位负责人参加。会上由调度室通报旬、月及年初以来全局、矿煤炭生产、安全情况等；对各处、各科室、各单位认为有必要提请协调或通报的事项，在会上进行平衡协调。总结前期工作，部署本旬、月乃至一段时间的主要工作。在电力紧张的情况下，调度部门紧密配合电力部门，开展调负限电工作；在铁路运输车皮紧张时，各局调度室采取加快卸车、加快车辆周转、增加地贮能力等措施，解决车皮不足给生产带来的影响。

1994年，达到东煤公司级标准化调度室的矿务局特级调度室4个、矿11个，局、矿一级标准化调度室分别为4个和17个，局、矿二级标准化调度室分别为2个和12个。同年，新组建的吉林煤炭工业管理局十分重视生产调度工作，1995年12月初，在珲春矿务局组织召开了全省调度工作会议，进一步规范了生产调度工作。

2000年，吉林省各矿务局把矿井调度工作纳入矿井质量标准化检查范围，进一步规范调度工作必备的各种资料，健全和完善各种岗位责任制和工作制度。辽源矿务局根据本局实际，增加了生产平衡会制度和调度专业会制度。规定局、矿、井（区）每月至少召开一次生产平衡会议，总结上一个月生产完成情况，安排落实下一个月的生产计划。局、矿坚持每月安全生产例会，井（区）坚持每日大班生产会和由当班调度员主持的小班生产会制度。矿务局每年召开一次调度专业会议，矿半年召开一次，井（区）每季度召开一次，不断提高调度工作水平。坚持调度室当班逐级汇报制度。当班安全生产情况汇报井（区）级不超过30分钟，矿级不超过1小时。坚持事故汇报制度，重伤及生产事故必须按事故等级汇报程序逐级汇报，并在1小时内报告到局调度室。各级调度室根据领导指示和安全需要，有权调动人力、物力以及车辆和设备，有权检查生产计划、安全措施和领导指示落实情况。

二、调度信息化建设

从2003年开始，辽源矿务局加大矿井信息化建设的投入、提高安全生产的监测监控手段。逐步淘汰落后的供电调度交换机，采用数字程控交换机和智能交换机，完善了调度通信联络系统。先后在梅河煤矿、金宝屯煤矿、西安煤矿、龙家堡煤矿、坪子煤矿和红梅煤矿11个矿井井上下主要场所安设监控探头，各矿井调度室安装大屏幕工业电视，并将主要工业视频上传到局调度指挥中心。根据安全生产需要，建立、更新和完善矿井安全监测监控系统和井下人员定位系统，实现全公司联网。

从2004年开始，舒兰矿务局调度通信设备得到明显改善，先后更换了4台HTS-200/A型设备，新购了微型计算机、传真机、打字机。

2005—2007年，舒兰矿业公司分期对五矿、六矿、公司、四矿、二矿调度机进行升级改造，将供电式调度机全部更换成程控式交换机。

2006年，通化矿业公司各级调度室陆续建设矿用通信系统（瓦斯监控系统、人员定位系统、工业视频系统、金蝶EAS报表系统）并投入使用。

2007年，辽源矿业公司投资240万元，更新改造了生产监控指挥系统，采用大屏幕工业电视监控指挥井上下生产，保证调度迅速及时，生产指挥有力。同年，辽源矿业公司调度室和金宝屯煤矿调度室被吉林省煤炭工业局评为调度标准化建设达标调度室。从2007年开始，珲春矿业公司及各煤矿调度室全部更新采用DDK-6型程控调度指挥系统，在调度、安全监测监控、生产经营、井下人员定位及考勤方面，均实现了计算机网络化管理，井上下电话通信及主要生产系统的工业电视监控，通过传真机及局域网与吉煤集团及各个单位之间实现实时通信联系。

2009年，舒兰矿业公司进一步对二矿的调度机进行升级换代，将黑龙江旭达电子公司生产的HD-08型调度机更换成江西联创KTJ-113型数字程控调度机。舒兰矿业公司调度系统先后增加了生产视频监控系统、瓦斯监控系统和地面运销监控系统。

2010年，随着生产和科技装备的发展，吉林省各煤矿企业的调度信息建设更加完善，局矿一级生产调度快捷的通信网络已经形成，充分发挥了其在煤矿安全生产中的作用。

同年，辽源矿业公司对公司调度指挥中心进行改造，并将原有的LED屏更换为液晶显示屏，进一步改进完善了矿井安全监测监控系统和井下人员定位系统。同年1月，通化矿业公司与吉煤集团联网投入使用。

第四节 设备管理

1991—2010年，吉林省各矿业公司（矿务局）针对企业内生产设备管理的实际情况，分别制定出严格的管理制度和采取了行之有效的管理措施。

1991年开始，辽源矿务局实行矿井设备租赁制度，设备产权一律归矿务局，基层单位以租赁的方式对设备有偿使用。矿务局在局机电处设立设备租赁站，担负机电设备租赁管理工作。局财务处设立设备租赁科，统一管理固定资产卡片，负责与设备租赁有关的财务工作。各矿成立二级租赁站，负责全矿的机电设备管理。并负责对矿直属井（区）、矿管井口设备调剂和租赁，严禁设备外借、转租和转让。

2005年后，辽源矿业公司为加强设备检修集中管理和设备的维护保养，规定所有机电设备检修必须经矿业公司同意。设备的外委检修除经矿业公司同意外，还须将外委检修的原因以文字形式上报矿业公司。内部能检修的严禁外委，擅自外委的按违纪论处。租赁设备的中修必须到矿业公司指定厂点。各单位在送检设备前，须首先到矿业公司办理送检票，再送设备入厂检修，无送检票、出门证，未经验收不予结算中修费。送检设备必须有设备号，严禁拆套，对无号及拆套设备，矿业公司不支付中修费，由本单位成本解决且加收10倍该设备租金。对由于设备维修不及时造成设备损坏的，矿业公司不再承担检修费。对大型设备损坏严重的要追究有关人员责任。各单位严格按周期对租赁设备进行检修，对没有达到检修周期而进行检修的费用，由本单位承担。大型设备及电动机必须达到台台完好，起到备用作用。如因维护不及时、超负荷、误操作或检修质量不合格而造成损坏，由矿组织有关人员调查原因组织讨论，分清责任，并附处理意见上报矿业公司。

1991—2010年部分年份辽源矿业公司设备状况统计见表4-2-7。

表4-2-7　1991—2010年部分年份辽源矿业公司设备状况统计表

年份	设备在籍台数（台）	设备使用台数（台）	设备使用率（%）	设备完好台数（台）	设备完好率（%）	设备事故率（%）
1991	10228	9156	89.51	9028	88.27	0.96
1996	9433	8347	88.5	8421	89.2	0.92
2000	9205	8151	90.5	8266	89.8	0.85
2005	7398	6717	90.8	6746	91.2	0.83
2007	9154	8390	91.6	8427	92.1	0.7
2010	11321	10819	95.6	10752	95.0	0.78

1991—2010年，通化矿业公司制定一整套设备管理制度和办法，并不断改进。公司设立设备科，各矿、厂设立设备组。各井口设立专职设备管理员，采掘队设立兼职设备管理工。设备管理做到数量清、状态明，账、卡、物、板四对口。公司、矿（厂）、井口建立设备库和设备棚，所有待修、备用、闲置的设备都入库保管，入库率达80%，设备保管合格率达80%，入库设备完好率达50%。入井的机电设备必须取得入井合格证。各单位使用的设备做到有计划检修和定期保养，超过使用年限或无修复价值的设备，向公司提出申请，主管部门鉴定后上交公司。1991—2010年部分年份通化矿业公司设备状况统计见表4-2-8。

表4－2－8　1991—2010年部分年份通化矿业公司设备状况统计表

年份	设备在籍台数（台）	设备使用台数（台）	设备使用率（%）	设备完好台数（台）	设备完好率（%）	设备事故率（%）
1991	5500	4950	90	4208	85	0.97
1996	4800	4416	92	3886	88	0.95
2000	5200	4420	85	3801	86	0.87
2005	6210	5652	91	5200	92	0.86
2010	8367	7949	95	7393	93	0.83

1991—1999年，舒兰矿务局对生产设备实行局、矿、井三级管理。矿务局机电处负责全局生产设备的统一调拨，建章建制，建卡建账，规范生产设备的购置、入库、出库、使用、管理、租赁、大修、报废等全过程。机电处机械科负责设备业务管理；各矿设机电科，由专业工程技术人员负责设备的维修和维护；各矿由机电井长领导下的机电段、机电工程师负责设备的维护和使用。矿务局每季组织一次设备系统专业检查，各矿每月组织一次，各井每旬组织一次。各矿井设备的大型改造或更新，每年由各矿提出可行性改造或更新设计与报告，报矿务局机电处审批。1999—2010年，舒兰矿业公司实行公司、井（矿）二级管理。机电处设置设备科、电气科、机械科、水暖科、运输科，负责全公司各矿井机电和运输，各井由机电井长领导下的机电段、运输段负责本矿井的机电与运输。公司每月组织一次设备管理系统专业检查，各井每旬组织一次设备管理系统业务自检，设备大型改造或更新由公司机电处组织落实和实施。通过实行设备租赁，有偿占用，解决了设备调拨难问题。1991—2010年舒兰矿业公司设备状况统计见表4－2－9。

表4－2－9　1991—2010年舒兰矿业公司设备状况统计表

年份	设备在籍台数（台）	设备使用台数（台）	设备使用率（%）	设备完好台数（台）	设备完好率（%）	设备事故率（%）
1991	4100	3075	75	3137	77	1.0
1992	4210	3200	76	3264	78	0.8
1993	4240	3222	76	3287	78	0.9
1994	4050	2997	74	3057	75	0.8
1995	3980	2985	75	3045	77	0.9
1996	3850	2965	77	3024	79	0.9
1997	3760	2895	77	2953	79	0.7
1998	3870	3019	78	3079	80	0.9
1999	3760	2933	78	2991	80	0.9
2000	3780	2835	75	2892	77	0.8
2001	3820	2636	69	2689	70	0.7
2002	3880	2794	72	2849	73	0.9

表 4-2-9（续）

年份	设备在籍台数（台）	设备使用台数（台）	设备使用率（%）	设备完好台数（台）	设备完好率（%）	设备事故率（%）
2003	3910	2972	76	3031	78	0.9
2004	4130	3056	74	3117	75	0.8
2005	4480	3046	68	3107	69	0.7
2006	4510	2796	62	2852	63	0.7
2007	4560	2964	65	3023	66	0.8
2008	4620	2772	60	2827	61	0.9
2009	4680	2761	59	2816	60	0.9
2010	4710	2732	58	2786	59	0.9

1992年，珲春矿区建设指挥部成立设备租赁站，各矿成立租赁分站。机电设备由无偿占用变为有偿使用。租赁站实行内部独立核算，租赁费由基本折旧费、大修理费、中修理费构成。2005年，成立矿务局设备租赁站，分公司的设备类固定资产由矿业公司机电装备部设备租赁站管理，财务部会计服务中心核算，其他固定资产由使用单位核算及日常管理；子公司的固定资产由本单位核算和管理。增加固定资产由矿业公司统一安排。固定资产的处置由矿业公司企业管理部（负责矿业公司房屋、土地类固定资产管理）、机电装备部、财务部认证，矿业公司统一处置。2009年，设备租赁站管理的固定资产划拨到基层单位，由使用单位负责管理及核算。新购置的设备由物资供应分公司负责采购，到货后机电装备部与使用单位共同验收及清点。公司内部单位之间的设备调拨必须经公司同意。设备维修由机电分公司负责，维修好的设备由企管部、财务部、规划发展部、人力资源部、机电装备部、使用单位及机电分公司共同验收，公司统一分配使用。报废设备由使用单位提出申请，公司组织有关人员进行鉴定，经矿业公司决定后方可报废。1991—2010年部分年份珲春矿业公司设备状况统计见表4-2-10。

表 4-2-10　1991—2010年部分年份珲春矿业公司设备状况统计表

年份	设备在籍台数（台）	设备使用台数（台）	设备使用率（%）	设备完好台数（台）	设备完好率（%）	设备事故率（%）
1991	1723	1539	0.893	1580	0.92	0.92
1996	2356	2118	0.90	2155	0.91	0.96
2000	2504	2157	0.86	2256	0.90	0.91
2005	3607	3368	0.93	3342	0.93	0.91
2007	4535	4108	0.91	4124	0.91	0.93
2010	5191	4700	0.91	4714	0.91	0.94

2010年，吉林省各矿业公司生产设备基本实行租赁制度，做到对设备科学管理，合理使用，安全运行。

第五节 "三个煤量"管理

1991年，东煤公司把矿井的"三个煤量"（开拓煤量、准备煤量和回采煤量）列入考核矿务局的一个重要指标，实行定期检查考核。

1991年末，辽源矿务局开拓煤量1213.7万吨，可采期3.4年；准备煤量445.5万吨，可采期15.1个月；回采煤量97.1万吨，可采期3.9个月。通化矿务局开拓煤量1690.2万吨，可采期4.16年；准备煤量409.49万吨，可采期12.38个月；回采煤量127.62万吨，可采期6.05个月。舒兰矿务局开拓煤量1411.29万吨，可采期4.59年；准备煤量447.95万吨，可采期17.48个月；回采煤量267.81万吨，可采期14.41个月。珲春矿区建设指挥部开拓煤量336.2万吨，可采期3.2年；准备煤量150.3万吨，可采期17.2个月；回采煤量46.8万吨，可采期7.1个月（表4-2-11）。

表4-2-11 1991—2010年部分年份吉林省国有重点煤矿"三个煤量"统计表

单位名称	年份	开拓煤量		准备煤量		回采煤量	
		数量（万吨）	可采期（年）	数量（万吨）	可采期（月）	数量（万吨）	可采期（月）
辽源矿业公司	1991	1213.7	3.4	445.5	15.1	97.1	3.9
	1995	1166.7	4.1	438.4	17.8	113.6	4.9
	2000	1534.1	5.2	318.4	13.0	107.1	5.2
	2005	2379.2	4.7	677.2	16.1	242.7	6.4
	2010	3405.1	3.7	1388.1	18.0	813.1	11.9
通化矿业公司	1991	1690.2	4.16	409.49	12.38	127.62	6.05
	1995	1424.08	3.99	269.52	9.04	90.70	5.19
	2000	694.73	2.86	194.81	9.62	68.15	6.13
	2005	870.27	4.46	313.45	19.8	93.09	6.67
	2010	1876.05	4.22	579.52	15.63	260.76	7.64
舒兰矿业公司	1991	1411.29	4.59	447.95	17.48	267.81	14.41
	1995	1319.73	5.04	464.94	21.83	310.7	16.24
	2000	877.56	5.32	283.99	20.65	187.78	18.7
	2005	683.7	4.1	170.3	12.4	70.8	5.1
	2010	1697.1	3.5	526.8	13.2	166.8	4.2
珲春矿业公司	1991	336.2	3.2	150.3	17.2	46.8	7.1
	1995	483.4	3.2	210.4	16.8	52.4	5.6
	2000	566.5	3.4	138.4	10.4	43.7	4.4
	2005	579.1	7.7	69.8	11.2	27.3	5.8
	2010	2132.8	3.5	731.7	14.5	184.8	4.3

2010年，辽源矿业公司开拓煤量3405.1万吨，可采期3.7年；准备煤量1388.1万吨，可采期18.0个月；回采煤量813.1万吨，可采期11.9个月。通化

矿业公司开拓煤量 1876.05 万吨，可采期 4.22 年；准备煤量 579.52 万吨，可采期 15.63 个月；回采煤量 260.76 万吨，可采期 7.64 个月。舒兰矿业公司开拓煤量 1697.1 万吨，可采期 3.5 年；准备煤量 526.8 万吨，可采期 13.2 个月；回采煤量 166.8 万吨，可采期 4.2 个月。珲春矿业公司开拓煤量 2132.8 万吨，可采期 3.5 年；准备煤量 731.7 万吨，可采期 14.5 个月；回采煤量 184.8 万吨，可采期 4.3 个月（表 4-2-11）。

2010 年末，随着采煤机械化水平的提高，吉林省煤矿采煤工作面的推进速度和单产都有较大幅度的提高，由此掘进工作成为薄弱环节，加之部分矿井资源衰老和减少，致使部分煤矿"三量"指标不足。

第三章　矿井地质与测量

第一节　矿井资源勘探与水文地质

一、矿井资源勘探

1991—2010 年，吉林省各矿业公司（矿务局）不断巩固加强矿井地质工作，以满足煤炭生产的需求。随着矿井资源储量逐年枯竭，煤矿地质工作重点转向矿井资源的补充勘探上。在完成生产所需地质资料的基础上，加大矿区内的资源摸边、探底、找盲力度，积极查找残煤，扩大地质储量，在各井田区域内分别进行地质补充勘探工作，解决了部分煤矿的矿井接续问题，延长了矿井的服务年限。

（一）辽源矿业公司

从 1991 年开始，辽源矿务局注重矿井地质勘探和老矿挖潜工作，在完成生产所需地质资料的基础上，积极查找残煤，扩大地质储量。

1992 年，在梅河煤矿四井生产补勘钻孔 5 个，解决梅河煤矿四井开拓延深问题。在金宝屯煤矿施工副井井筒检查孔 820 米，为金宝屯煤矿建井工作打下了工程地质、水文地质工作基础。

1993 年，辽源矿务局着重进行梅河煤矿三井延深水平生产补充勘探工作，完成工程量 3200 米，探清了南翼 12 号煤层下层煤标高 +180 米水平以下的赋存情况，为综采放顶煤开采提供了可靠的地质资料。系统整理了梅河煤矿三井勘探及开采地质资料，完成了梅河矿区的第四个生产阶段地质报告的编修工作。

从 2000 年开始，西安煤矿组织矿井工程技术人员在西安煤矿一区开展残煤查找攻坚战，经过 3 个月的资料分析整理，在标高 -200 米、-290 米、-319 米 3 个水平共查获残煤资源 270 万吨，并在较短的时间内完成新区准备工作。2000—2004 年，在西安煤矿围绕查找残煤开展地质工作，努力保证采面接续，稳定矿井生产能力。开采的残煤以各种煤柱为主，残煤产量达到总产量的 80% 以上，基本达到矿井储量动态平衡。2004—2007 年，在西安煤矿开展了 4 个阶段查找残煤会战，累计查找储量 1700 万吨。2005 年，西安煤矿经过半年的工作，先后完成了二区十二采和一区七采残煤资料的整理和设计工作。经过分析论证，二区十二采规划残煤综采块段6个，可采储量270万吨。

2003年，辽源矿务局配合金宝屯煤矿建成投产，编制了整套的《金宝屯煤矿矿井建井地质报告》的文字说明和编制整理了地质图件。

新矿区龙家堡勘探区从2003年7月4日开始，到2006年12月15日第65号钻孔结束，历经了三年半的时间。完成钻探工程量：62个钻孔/71526.73米，1个水文钻孔/1251米，其中52个钻孔见煤，岩芯采取率超过75%，煤芯采取率超过95%，特、甲级孔率达到100%。最深钻孔为XK3号钻孔1490.6米，平均孔深1153.65米。XK64号钻孔单机钻月效率最高达到1010米，全区钻孔平均钻月效率375米。完成物探工程量：二维地震物理点4218个，三维地震6平方千米。提交《吉林省九台羊草沟煤田龙家堡矿区魏家窝堡井田三维地震勘探报告》《吉林省九台羊草沟煤田龙家堡矿区二维地震勘探报告》。探明煤炭资源/储量：《吉林省九台市羊草沟煤田龙家堡矿区2-13线中间勘探报告》获煤炭资源/储量1.0967亿吨，西部区获煤炭资源/储量7000万吨，全区合计探明煤炭资源/储量1.8亿吨。煤种为长焰煤，原煤平均发热量28.76大卡/千克，灰分小于15%，硫分小于1%。煤层最厚为21.9米，平均为7.67米。累计发生勘探费用8126.19万元，吨煤勘探成本仅为0.45元/吨。

（二）通化矿业公司

1991—1992年，通化矿务局在湾沟南翼施工补充地质钻孔5个，总工程量1100米，勘探工程由矿务局地质勘探公司完成。编制了《湾沟南翼补充地质报告》，获得地质储量670万吨，可采储量400万吨。在大湖共施工钻孔10个，其中：浅部区域6个，深部区域4个。总工程量8700米，勘探工程由矿务局地质勘探公司完成。编制了《大湖平硐矿井地质报告》，共获得地质储量2340万吨，可采储量约1400万吨。

通化矿业公司在八宝煤矿深部区地质补充勘探包括-600米水平标高以下地面钻探和三维地震勘探。地面钻探：2007年施工钻孔1个，设计工程量1300米，该孔于2008年3月竣工，完成工程量1296.35米，完成资金127.40万元。地面三维地震勘探：与吉林省煤田地质物探公司签订了三维地震勘探合同，地震费用205万元。道清煤矿深部区井下勘探，井下施工准备巷道基本完成，施工08-5号孔，完成进尺48.0米。在-200/-400米水平西翼采区打地质钻孔141个，进尺5205.5米；东翼采区打地质钻孔194个，进尺5714.3米。八宝外围区（新开岭）验证钻孔6-1号孔，钻进260米，钻进地层为白垩系红层。

2008—2010年，通化矿业公司在松树镇煤矿官道岭区施工钻孔10个，总工程量6700米，勘探工程由梅河口市102地质队、四平市203地质队和矿业公司地质勘探公司共同完成。编制了《松树镇煤矿官道岭区普查—精查地质报告》，获得地质储量701万吨，可采储量420万吨。

1991—2010年，通化矿业公司在各井田区域内分别进行了地质补充勘探工作，获得地质储量3711万吨，可采储量2220万吨，使煤矿生产接续紧张状况得到缓解。

（三）舒兰矿业公司

2007年，为寻找舒兰煤田深部大断层另一侧煤，舒兰矿业公司投资委托吉林省煤田地质二〇三勘探公司在吉舒爱国二社打了两个钻孔。第一个钻孔深460米，见基底；第二个钻孔深1230米，见基底，均没有找到煤。2010年2月，根据吉林省煤田地质物探公司在舒兰市平安镇获得的地震成果资料，在平安布设了1个勘探验证孔，该孔设计600米，实际孔深680米，在目的层没有见到煤层。

2010年5—12月，为寻找白垩系营城组煤，在平安及亮甲山－莲花分别打探煤钻孔6个，证实了该区为白垩纪地层，见到了多层煤线，但没有可采煤层。

（四）珲春矿业公司

珲春煤田地理坐标为东经130°10′~130°40′，北纬42°40′~43°10′。煤田共含煤80余层，全区可采为9层，局部可采4~5层，可采煤层分布在煤系的中下部，均属薄至中厚煤层。个别钻孔可见20个可采层（板石11-04号），煤层总厚约25米，含煤系数5%，可采煤层总厚约12米，可采含煤系数2.4%，主要可采层分布在煤田西部的城西、英安、八连城及板石一带。珲春煤田的煤类分布特点：平面上煤田西部、南部为长焰煤，东北部、东部为长焰煤、褐煤；垂向上煤田东北部、东部在深度400米以上为褐煤，400米以下为长焰煤。

（五）延边州煤田地质勘探队

1996—1999年，由和龙、延边、图们市3个煤矿出资共钻探2233.7米，提交煤炭储量50多万吨。

（六）白山市煤炭地质勘察大队

1993年，提交靖宇煤田精查地质报告，获地质储量2476.5万吨。

经过扩大勘探范围，截至2000年，白山市已探明煤炭地质储量2.1亿吨，可采储量1.2亿吨。其中生产矿井已利用煤炭地质储量1.3亿吨，可采储量0.6亿吨，可供建井地质储量0.3亿吨。经多年地质勘探、生产补充勘探和储量核实，全市生产矿井保有地质储量4亿吨，可采储量2.1亿吨，占全省煤炭保有储量的18.9%、可采储量的19.6%。其中，通化矿业公司2.9亿吨，可采储量1.5亿吨；地方煤矿1.1亿吨，可采储量0.6亿吨。

（七）吉林市煤田地质勘探队

"八五"期间，吉林市煤田地质勘探队在矿区外围和新区进行了找煤和地质普查勘探工作，先后在磐石市烟筒山煤矿、蛟河市煤矿和桦甸煤矿勘探出可供建井的煤田储量838万吨，并分别建设了烟筒山煤矿三井、蛟河煤矿一井和桦甸煤矿二井，这些矿井建成投产后增加产量30万吨。

（八）四平市煤田地质勘探队

1992—1995年，四平市煤田地质勘探队在吉林省辉南县杉松岗煤矿二井区进行补充勘探，查明二井区外围煤炭赋存情况。

1998年，四平市煤田地质勘探队提交杉松岗煤矿二井区补充勘探报告，获得煤炭地质储量76万吨，延长了杉松岗煤矿二井区的服务年限。

1994—1998年，四平市煤田地质勘探队在吉林省公主岭市二十家子找煤，采用钻探与井探相结合方法进行勘探，工作面积1.2平方千米，发现煤系地层及煤层，时代为中晚侏罗系，煤种为长焰煤，1998年提交勘探报告，获得煤炭地质储量267万吨。

（九）延边凉水煤业有限责任公司

2006年，延边凉水煤业有限责任公司对井田深部5.04平方千米的范围开展补充勘探，投入钻探工程量4000米，获新增资源储量3000万吨。

二、水文地质

吉林省辽源、通化、舒兰、珲春4个矿业公司中水文地质复杂的煤田有梅河矿区、舒兰矿区、通化矿区。珲春矿区属简单—复杂型，辽源矿业公司金宝屯煤矿、龙家堡煤矿属简单型。由于资源赋存条件不同，水文地质状况不一。

（一）辽源矿业公司

1. 西安煤矿

西安煤矿地表无较大水系，仅有两条季节性小河从矿区边缘流过。矿区煤层上覆岩层没有良好的含水层，只有第四系松散沉积物，孔隙中具有一定含水性。主要以潜水形式存在，水位埋深5～8米，属弱富水性含水层。在原始状态下，矿井水文地质条件属简单类型。

2. 梅河煤田

梅河煤田被第四系冲积砂层覆盖，砂砾层含水丰富，厚度10～22米，含水系数0.2，渗透系数14.7～21.2米/日，单位涌水量2.5～4.9升/（秒·米），地面水系有张油房小河等5条河流和季节性水渠1条。经过多年的开采，地面形成多个塌陷坑，汛期积水较多。矿井水来源及水害类型：

（1）季节性降雨造成的地面塌陷坑积水，通过裂隙导入第四系流砂层，再经过流砂层渗入井下。

（2）第四系流砂层水通过采动裂隙和断层带导入采空区及旧巷。边界F3大断层与第四系砂层连通，形成导水通道对开采构成威胁。零阶段防水煤柱开采易溃水、溃砂。

（3）邻近小井报废后旧采迹、旧巷积水。

（4）矿井消防火、充填灌浆积水。

3. 金宝屯煤矿

金宝屯煤矿水文地质条件比较简单，属2类1型。区内有2个含水层，自上而下为第四系孔隙含水层和基岩孔隙裂隙含水层。第四系孔隙含水层分布广泛，厚度较大，平均厚度74.25米，单位涌水量2.518升/（秒·米），大气降水及区域径流为补给来源。基岩孔隙裂隙含水层主要埋藏于白垩系地层中、下部及煤系地层砂砾岩之中，以孔隙式含水为主，次为裂隙水。其中：白垩系地层中部砂砾岩含水层段由灰色—灰绿色含砂砾岩，间夹粗砂岩薄层组成，厚250～300米。北部较厚，南部分岔变薄，单位涌水量0.0487升/（秒·米）。白垩系地层底部砾岩段及侏罗系砂砾岩段，在全区发育比较普遍，厚度稳定，平均厚度26.85米。北部单位涌水量0.0070升/（秒·米），南部单位涌水量0.000058升/（秒·米），少于北部。地下水的补给来源差，但是，由于它是直接充水含水层，对矿井开采有直接影响。煤层底板砂砾岩孔隙裂隙含水层，主要由灰白色—灰绿色粗砂岩及砾岩所组成，其岩石成分以花岗片麻岩、片岩、石英砾岩为主，平均厚度47.92米。单位涌水量0.00118升/（秒·米），属弱含水层，具有承压性质，水量小、补给来源差，且埋藏较深，对矿井开采没有直接影响。地下水的补给来源于康平一带，距离较远，补给、排泄、径流条件差。

金宝屯煤矿有2个隔水层，岩性均为白垩纪粉砂岩、细砂岩、泥岩。其中下白垩纪上部隔水层岩性为泥岩、粉砂岩、细砂岩，平均厚度238米，全区发育，厚度变化不大，较稳定，隔水性能较好。煤层上部直接顶板隔水层，全区发育，厚度比较稳定，平均厚度122.04米。岩性为白垩纪泥岩、粉砂岩、细砂岩，隔水性能较好。

4. 龙家堡煤矿

龙家堡煤矿有4个含水层。第四系全新统冲积砂砾石孔隙含水层，岩性为亚砂土、中粗砂和砂砾石，含水层由中粗砂及砂砾石组成，分布在腰占河、雾开河两侧漫滩地及沟谷低洼处。上部为亚砂土，厚2～11米，平均6米，单位涌水量0.11升/（秒·米）。下部为中粗砂及砂砾石，含水层厚4.52米，水位埋深2～6米，单位涌水量 0.1～0.64 升/(秒·米)，渗透系数 1.19～13.09 米/日。

龙家堡煤矿隔水层有 3 个。煤层底板隔水层由泥岩、粉砂岩或凝灰岩组成，厚 0.1～6 米，为隔水岩层。煤层顶板泥岩、粉砂岩和凝灰岩为稳定的隔水层，全区发育，厚 21～169 米，凝灰岩致密块状。泉头组中的泥岩、粉砂岩，以及埋藏在营城组地层之上的泥岩粉砂岩，胶结好，孔裂隙不发育。

矿区南部基岩裸露，易接受大气降水渗入补给，是地下水的主要补给来源。同时区域地下水径流，由南向北运移，在移动过程中被泉和河流所排泄。土垂直蒸发也是矿区地下水的另一种排泄途径。

(二) 通化矿业公司

通化矿区范围内地下水较丰富，孔隙水、裂隙水、岩溶水均有赋存。

1991—2000 年，通化矿区矿井主要水文地质工作成果：建立防治水水文观测站 18 处，施工防治水闸门（墙）6 处，提交水害预报 185 份。

2001—2005 年，通化矿区矿井主要水文地质工作成果：建立防治水水文观测站 25 处，施工防治水闸门（墙）2 处，提交水害预报 125 份，井下探放水工程 27 个孔，工程量 1850 米。

2006—2010 年，通化矿区矿井主要水文地质工作成果：建立防治水水文观测站 36 个，施工防水闸门（墙）27 个，地面防治水工程 5931 米，提交水情水害预报 188 次，井下探放水工程 284 个孔，工程量 13613 米。

(三) 舒兰矿业公司

舒兰矿区煤田是第三纪褐煤煤田，属陆相碎屑岩含煤建造。河床—沼泽相沉积，煤系地层为单斜构造，岩层倾角在 15°～20°之间。露头部分被 2～20 米厚的黏土、亚黏土及砂砾层覆盖，煤系接受大气降水补给较弱，深部被一不透水的断层截割，排泄条件不好。地下水类型为层间承压孔隙水，水砂不易分离，在砂层揭露有一定压力时，砂粒会随水一起涌出，在矿井水文地质类型划分中，列为较复杂类型。由于以上特性，虽然有时涌出水量不大，但都很快淤满水仓，水泵发挥不了作用，造成淹井停产。舒兰矿务局科研人员经过试验研究出地面深井疏干法，在全矿务局推广。通过地面深井疏干，加快矿井建设速度，杜绝淹井事故的发生。东富地区水文地质条件比较特殊，矿井涌水量不大，但水砂不易分离，水砂混流，常造成突水溃砂，淹没井巷和采煤工作面。在矿井水文地质分类的划分中，属于水文地质条件特殊复杂型矿井。煤系地层中各含水层间大部分有隔水层间隔，层间水力联系较弱。所以，砂岩层含水是以静储量水为主的矿床，含水类型为层间承压孔隙水。影响该矿井开采的主要含水层是 15 号煤层顶板砂岩层，砂岩层总厚 80～100 米。自 1995 年底，为疏干 15 号煤层顶板砂层水，舒兰矿务局在地面共施工了 8 个钻孔，总进尺 3283.42 米，其中观测孔 1 个，进尺 342.29 米。共排出水量 519.14 万立方米。舒兰矿业公司成立后，为开发二矿深部煤炭资源，又在该区施工了 6 眼深井疏水孔。从 6 号观测孔观测，疏水效果较好，水位降至 -71 米。截至 2009 年 3 月，共疏出水量 150.3 万立方米。通过井下打钻，钻孔水无压。地面深井疏水降压，为井下开拓送道、井下疏放水提供了基础条件。为了开采 -60 米水平以下 15 号煤层 -130 米水平第一个工作面，做好该工作面的疏放水工作，公司专门编制了《二矿 -130 米水平右部十五层工作面疏放水方案》，通过了中国煤炭学会组织的专家评审。2008 年 9 月 25 日，开始工作面打钻放水，截至 2009 年 7 月 9 日开采前,共打钻 119 个钻孔,放出水量 58.9 万立方米,总进尺 7667.7 米,工作面涌水量 144.5 立方米/小时。2009 年 7 月 11 日正式开采。

(四) 珲春矿业公司

珲春煤田为水文地质条件简单—较复杂地区,由于水文地质条件的变化,各区复杂程度不同,煤田内发育有第四系冲洪积含水层,厚 5~10 米,钻孔单位涌水量 1~10 升/(秒·米),渗透系数 50~100 米/日,富水性较好。第三系风化裂隙含水带,深 60 米,钻孔单位涌水量 0.2~0.4 升/(秒·米),渗透系数 0.06~0.6 米/日,富水性较差,煤系层间承压含水层,一般厚 80~100 米,钻孔单位涌水量 0.007~0.014 升/(秒·米),渗透系数 0.006~0.05 米/日,富水性极弱。

第二节 矿井测量

一、矿区地面控制与矿井测量

吉林省各矿区的地质测量工作,由各矿务局地测部门根据本区域内国家布设的三角网、水准网点,分别测绘出区域内各矿井平面坐标和高程,为矿井开采提供可靠的测量依据。

(一) 辽源矿业公司

辽源矿业公司围绕生产建设,不断健全完善测量网络,引进先进的测量仪器设备和技术,努力提高测量效率和测量精度,通过数以万计的测点和数十个观测站,使用航测、井下防爆红外测距仪、GPS、经纬仪、水准仪、陀螺定向仪、全站仪、计算机绘图和工程打印机等先进的仪器设备,开展了矿区地貌、地形、地籍、地表岩移、两带观测、采场覆岩破坏和矿井井下 30″测量导线等测量工作,整理提供了大量的测绘资料,绘制了大量的地形图、矿图、地籍图、井田区域地形图、井上下对照图及其电子版图。每年有近百份地测资料得到利用,为全公司的生产与安全、科技研究、项目申报、长远规划、相邻矿井的纠纷及诉讼等工作提供了宝贵的地测资料,为煤炭生产建设和企业经营提供重要测量依据。

1991—2009 年部分年份辽源矿业公司测量成果统计见表 4-3-1。

表 4-3-1　1991—2009 年部分年份辽源矿业公司测量成果统计表

年份	主要完成的工作
1991	航测辽源矿区、梅河矿区 240 平方千米 1:2000 地形图(240 幅)的调绘和绘制工作。施测"两带"观测孔 1107^{-2}综放区 1 个、1107^{-3}综放区 4 个,新绘制矿图 40 幅
1992	航测辽源矿区、梅河矿区 240 平方千米 1:2000 地形图(240 幅)的调绘和绘制工作。施测 1107^{-4}综放区"两带"观测孔 3 个(共计在 1107 综放区施工钻孔 11 个、总量 699.46 米),对该区观测结果进行了技术总结,提交了《梅河三井 1107 综放区覆岩破坏观测总结》的技术研究报告,通过了辽源矿务局组织的鉴定。梅河煤矿四井 2105^{-1}综放区"两带"观测孔 3 个。对太信煤矿四井主要通风机下沉、梅河煤矿一井主井天轮偏斜等工程进行了监测。梅河煤矿三井大倾角强力带式输送机的安装测量工程。金宝屯矿区三、四等测量控制网的设计编制和设点造标工作,新绘制矿图 17 幅
1993	航测 240 平方千米 1:2000 地形图通过省级验收。完成金宝屯矿区三、四等测量控制网的实测。利用原东北内蒙古煤炭工业联合公司引进的俄罗斯竖井测斜仪,对西安竖井罐道进行了变形观测。施测梅河煤矿四井 2105^{-2}综放区和 2105^{-3}综放区"两带"观测孔 9 个。编制及审批变形预计报告 9 份。建立梅河煤矿三井 1107 综放区和地表岩移观测站 2 个。测设了金宝屯煤矿主、副井竖井井筒十字中线点 30 个,新绘制矿图 15 幅

表4-3-1（续）

年份	主 要 完 成 的 工 作
1994	编绘完成辽源矿区、梅河矿区240平方千米1:5000航测地形图60幅。正式提交金宝屯矿区三、四等测量控制网内业计算精度评定成果。各矿井开始更新1:2000井田区域地形图和井上下对照图的工作。施测梅河煤矿四井2105^{-5}综放区"两带"观测孔4个（共计在2105综放区施工钻孔16个、总量1489.7米），辽源矿务局组织对2105综放区的观测结果进行了综合性的技术总结，提交了《梅河四井2105区高水位砂层下综放采煤的技术研究之一2105区采场覆岩破坏的观测与研究》的报告，通过了辽源矿务局组织的鉴定，西安煤矿工业广场进行了搬迁，进行了地籍图测量，新绘制矿图8幅
1995	各矿井完成更新1:2000和1:5000井田区域地形图和井上下对照图的工作。地籍测量完成确权5平方千米，丈量1平方千米。新绘制矿图18幅
1996	各矿井全部完成更新1:2000井田区域地形图和井上下对照图的工作，新绘制矿图24幅
2002	完成金宝屯铁路路基12平方千米工程测量，完成金宝屯矿区地面一级（5″）加密控制导线测量，导线总长53.45千米，测点数量78个
2006—2009	组织完成龙家堡矿区测量控制网的测量和面积29平方千米1:2000区域地形图测绘工作

（二）通化矿业公司

通化矿区地面控制测量三角网的布设，全部采用1954年北京坐标系、1956年黄海高程系，中央子午线6°带为129°、3°带为126°，用国家测绘总局二等网成果为起始数据，矿区坐标与国家坐标统一。

1988年，通化矿务局委托中国人民解放军总参部测绘总局测绘信息技术总站（37652部队）测绘通化矿务局地形图，1992年6月25日结束。成图比例尺1:2000，总面积311平方千米，52幅图。内业依据：采用1954年北京坐标系，1985年国家高程基准，等高距比例尺1:2000为2米，比例尺1:10000为5米。投影方式高斯-克吕格投影，按3°带计算平面直角坐标

2007—2010年通化矿业公司测量成果统计见表4-3-2。

表4-3-2 2007—2010年通化矿业公司测量成果统计表

年份	主 要 完 成 的 工 作
2007	八宝煤业地测科通过使用KDZ1114-6A30型矿井地质探测仪测煤层赋存情况，增加储量40万吨
2008	道清煤矿地测科通过使用KDZ1114-6A30型矿井地质探测仪测煤层赋存情况，增加储量30万吨
2008	永安煤矿地测科通过使用KDZ1114-6A30型矿井地质探测仪测煤层赋存情况，增加储量20万吨
2008	松树煤矿地测科通过使用KDZ1114-6A30型矿井地质探测仪测煤层赋存情况，增加储量20万吨
2009	八宝煤业地测科通过使用YCS40（A）型矿用瞬便电磁仪，对采空区、奥灰岩巷道探测，经分析再进行钻探，确保该矿未发生突水事故
2009	八宝煤业地测科通过使用KJ402型矿井水文监测系统，能实现对矿井涌水量实时监测，为矿井安全生产提供准确数据
2010	道清煤矿地测科通过使用KJ11型矿井水文监测系统，能实现对矿井涌水量实时监测，为矿井安全生产提供准确数据
2010	永安煤矿地测科通过使用YD400（A）型矿井全方位探测仪对采空区、含水层探测，经分析再进行钻探，确保该矿未发生突水事故

（三）舒兰矿业公司

1991年，舒兰矿务局对整个矿区地形进行了全面测量。同年6月，由解放军总参西安航测大队对地面进行了航测；10月，由解放军总参大连测绘大队进行野外调绘。1993年5月，全能法成图，平面采用1954年北京坐标系，高程采用1985年国家高程基准。

1991—2010年部分年份舒兰矿业公司测量成果统计见表4-3-3。

表4-3-3　1991—2010年部分年份舒兰矿业公司测量成果统计表

年份	主要完成的工作
1991	对整个矿区地形进行全面测量
1993	全能法成图，平面采用1954年北京坐标系，高程采用1985年国家高程基准
2010	在平安布设了1个勘探验证孔，设计600米，实际孔深680米。 在平安及亮甲山—莲花分别打探煤钻孔6个

（四）珲春矿业公司

珲春矿区地面控制网为20世纪80年代在三等三角网的基础上加密的四等三角网，高程为四等水准网。

1994—1998年，地质测量部门为八连城煤矿立井进行陀螺定向。

二、井下测量

截至2010年，随着中国测绘事业科技的发展，全球定位系统（GPS）技术应用的普及，吉林省各国有重点煤矿相应采用了GPS技术，该技术在矿区大地控制测量、地形测量、工程测量得到了较好的应用。特别是全站仪、激光指向仪、陀螺经纬仪在井下测量等工程中的使用，为后续的测量工作提供了良好保障。

（一）辽源矿业公司

辽源矿业公司对井下测量十分重视，1991—2007年连续对矿井主要巷道进行精准测量，主要巷道贯通精度统计见表4-3-4。

表4-3-4　1991—2007年辽源矿业公司主要巷道贯通精度统计表

年份	贯通总数（个）	重点贯通工程	贯通总距离（米）	最小精度值与最大精度值				
				f_β(″)	f_x（毫米）	f_y（毫米）	f_z（毫米）	f/L
1991	340	梅河煤矿三井+180米水平东翼贯通	56139	94 152	0.058 0.173	0.027 0.167	0.016 0.114	1/2185 1/9863
1992	386	梅河煤矿三井+180~+100米水平总排贯通	59332	76 260	0.001 0.089	0.120 0.377	0.098 0.216	1/4848 1/8324
1993	459	梅河煤矿三井+180米水平东一石门贯通	66847	49 180	0.018 0.188	0.064 0.170	0.039 0.201	1/5008 1/10248
1994	423	梅河煤矿二井+65米水平西翼七石门贯通	57415	59 422	0.028 0.164	0.075 0.194	0.036 0.215	1/2345 1/13700
1995	491	梅河煤矿三井南翼+100~+180米水平、梅河煤矿副井+180米水平皮带道贯通	68595	208 266	0.035 0.115	0.096 0.248	0.087 0.153	1/6846 1/14821
1996	456	梅河煤矿六井4401区风道贯通	59617	83 329	0.080 0.166	0.072 0.116	0.026 0.089	1/4528 1/15220
1997	489	梅河煤矿三井+30米水平至0102区贯通	65851	59 254	0.080 0.235	0.054 0.167	0.025 0.161	1/6698 1/9852

表 4-3-4（续）

年份	贯通总数（个）	重点贯通工程	贯通总距离（米）	f_β(")	f_x（毫米）	f_y（毫米）	f_z（毫米）	f/L
1998	502	梅河煤矿三井 +300～+180 米水平石门贯通	56788	40 239	0.053 0.245	0.036 0.147	0.034 0.112	1/3786 1/24433
1999	435	梅河煤矿一、二井两井间特大型贯通（82356 米）	133778	104 286	0.051 0.152	0.036 0.134	0.042 0.107	1/6000 1/23958
2000	333	梅河煤矿二井 5102 区一层贯通	62180	55 263	0.088 0.203	0.003 0.181	0.044 0.117	1/3393 1/7210
2001	278	梅河煤矿一井 6202 区贯通	55135	186 244	0.051 0.155	0.125 0.236	0.024 0.327	1/5604 1/8230
2002	221	梅河煤矿二井 -65～±0 米水平东翼石门贯通	55244	20 59	0.087 0.339	0.136 0.282	0.090 0.138	1/2046 1/6000
2003	246	梅河煤矿三井～八井车场贯通	61913	95 259	0.053 0.135	0.032 0.146	0.046 0.130	1/2863 1/8945
2004	224	梅河煤矿三井 +100 米水平东～+45 米水平皮带贯通	59772	129 272	0.055 0.142	0.060 0.125	0.025 0.140	1/3278 1/10449
2005	182	梅河煤矿二井 5103 区排气贯通	53896	32 139	0.032 0.129	0.036 0.234	0.076 0.189	1/2100 1/6208
2006	179	梅河煤矿二井 5103 上段贯通	50083	104 259	0.072 0.258	0.104 0.363	0.056 0.150	1/3658 1/5820
2007	108	梅河煤矿二井 6101 区贯通	64675	114 329	0.006 0.237	0.062 0.224	0.070 0.153	1/3491 1/6000

（二）通化矿业公司

2008 年，通化矿业公司先后对江源煤业、松树煤矿、道清煤矿、永安煤矿进行"龙软数字化矿图"与"矿山基础数据"数字化。建立测量数据库、地质数据库，完成 4 个矿的矿图数字化，并在 2010 年完成地测信息系统建设。为解决煤矿生产建设中出现的各种测绘问题，做到平面测量控制严密，确保井下测量工作顺利完成，满足矿井生产、建设的需要。高程点和经纬仪导线点的高程，在主要水平巷道中，应用水准测量方法确定；在其他巷道中，根据具体情况采用水准测量或三角高程测量，通化矿务局一级导线测量或二级导线测量均按《煤矿测量规程》规定执行。

2001—2005 年通化矿务局井下导线控制测量统计见表 4-3-5。

表 4-3-5 2001—2005 年通化矿务局井下导线控制测量统计表

单位名称	全站仪导线长度（米）	陀螺经纬仪定向次数（次）	光电测距仪导线长度（米）	一级导线长度（米）	二级导线长度（米）	采区经纬仪导线长度（米）
砟子煤矿	—	—	8345	10786	—	459000
松树煤矿	20043	4648	9234	23504		
道清煤矿	45042	8806	7463	30432		

（三）舒兰矿业公司

矿井近井点根据矿区控制网测量到各矿井，井下基本控制由各矿近井点采用15″级导线导入井下，其导线形式多半是主、副井形成闭合环，再由主、副井向两翼石门或下山形成闭合环。采区控制在基本控制导线基础上，沿采区（工作面）布设30″级支导线。

2000年，矿井测量的矿图分三级保存，井一级是1∶1000工程平面图，矿一级是1∶2000工程平面图，均为纸质原图，矿一级制成0.1毫米的聚酯薄膜底图，局一级是蓝晒图。

从2001年开始，由于矿机关撤销，矿图由三级管理变为井、局两级管理。

2007年，根据建设数字化矿图需要，购买了北京龙软公司开发的矿山地测信息化系统软件，设计院购买了出图设备，供全公司各单位使用，公司各矿井实现了矿图数字化。

2000—2010年舒兰矿业公司井下15″级导线测量统计见表4-3-6。

表4-3-6　2000—2010年舒兰矿业公司井下15″级导线测量统计表

年份	导线长度（米）			导线点数（个）			贯通次数（个）		
	合计	二矿	五矿	合计	二矿	五矿	合计	二矿	五矿
2000	4110	2752	1358	105	71	34	3	2	1
2001	4327	2895	1432	113	76	37	5	3	2
2002	5146	2643	2503	133	69	64	3	2	1
2003	3674	2486	1188	96	65	31	3	2	1
2004	4902	3156	1746	124	82	42	5	3	2
2005	3986	2977	1009	104	77	27	4	3	1
2006	3025	3025	0	79	79	0	3	3	0
2007	8432	4658	3774	197	122	75	8	4	4
2008	9641	8006	1635	245	209	36	9	7	2
2009	8280	6485	1795	209	169	40	7	5	2
2010	12627	7749	4878	303	202	101	9	6	3

（四）珲春矿业公司

珲春矿业公司矿井测量使用水准仪、激光指向仪、地面使用GPS全球卫星定位系统、陀螺经纬仪、工程彩色打印机等仪器和设备。

1991—2010年珲春矿业公司井下导线测量统计见表4-3-7。

表4-3-7　1991—2010年珲春矿业公司井下导线测量统计表

年份	30″		15″		新绘制矿图（幅）
	完成（米）	测点（个）	完成（米）	测点（个）	
1991	3200	67	1120	12	8
1992	33153	691	11604	129	3
1993	29334	611	10267	114	4

表 4-3-7（续）

年份	30″		15″		新绘制矿图（幅）
	完成（米）	测点（个）	完成（米）	测点（个）	
1994	19452	405	6808	76	3
1995	19042	397	6665	74	5
1996	17612	367	6164	68	6
1997	20713	432	7250	81	5
1998	20462	426	7162	80	4
1999	15526	323	5434	60	2
2000	22320	465	7812	87	3
2001	24241	505	8484	94	4
2002	20890	435	7312	81	4
2003	15188	316	5316	59	5
2004	15002	313	5251	58	2
2005	17682	236	6189	52	1
2006	13816	184	4836	40	5
2007	25800	344	9030	75	10
2008	36194	483	12668	106	14
2009	42337	564	14818	123	6
2010	45120	602	15792	132	8

第四章 生产辅助系统

第一节 提升与运输

一、提升

（一）绞车提升和带式输送机提升

1. 辽源矿业公司

矿井提升大体上可以分为绞车牵引串车提升、大倾角带式输送机提升和立井绞车箕斗提升3种类型。

1991年，辽源矿务局使用提升绞车42台，总容量12778千瓦。提升绞车类型分为单滚筒单绳缠绕式绞车、双滚筒单绳缠绕式绞车和双滚筒双串钩绞车3种类型。西安煤矿各井区共有带式输送机11台。

1992年9月，梅河煤矿三井将地面副井改为大倾角带式输送机提升，在井下+180米水平安设1台强力带式输送机，适应了梅河煤矿三井原煤产量大幅度提高的需要。

2000年，辽源矿务局在用300马力（1马力＝735瓦）以上的提升绞车有29台，其中苏式4台、日式10台、国产15

台。

2001年10月，金宝屯煤矿主井装备开始安装，2002年10月交付使用。主井提升类型为多绳摩擦轮提升，提升容器为12吨箕斗；副井提升容器为罐笼双层四车。

2005年，金宝屯煤矿新增加2台提升绞车，该设备科技含量高、各种保护齐全、电控系统为西门子PCL配合直流调速装置。主井绞车型号为JKM-3.25×4（Ⅲ）E型，副井提升绞车型号为JKM-3.25×4（Ⅰ）C型。同年，西安煤矿-390米水平大巷报废，取消了4号绞车。2005年底，辽源矿务局在用提升绞车达到30台，其中苏式4台、日式10台、国产16台。

2007年，龙家堡煤矿安装了主、副井提升绞车，主井采用塔式，副井采用落地式。主轴装置采用了焊接式整体摩擦轮，闸盘为两半结构，可拆卸、性能好。主井提升机型号为JKMD4×4（Ⅲ）E-（LJB）型，电动机功率1250千瓦，提升类别为立井。提升容器22吨箕斗，提升高度846.5米。液压站型号为E149A型。副井提升机型号为JKMD4×4（Ⅲ）E-（LJB）型。电动机功率1250千瓦。提升容器（双层四车，矿车型号为MGC11.7-9型）。

2010年末，辽源矿业公司有主提升绞车28台（表4-4-1）。

表4-4-1 2010年辽源矿业公司主要提升机统计表

煤矿名称	主井绞车型号	副井绞车型号	2米以上提升机（台）
金宝屯煤矿	JKM-3.25×4（Ⅲ）E	JKM-3.25×4（Ⅰ）C	28
龙家堡煤矿	JKMD4×4（Ⅲ）E-（LJB）	JKMD4×4（Ⅲ）E-（LJB）	
西安煤矿一区	JK-2.5×2.0	—	
西安煤矿三区	JK-2.5×2.0	—	
西安煤矿六区	2JK-3×1.5A	2SM300/1500-2A	
梅河煤矿一井	JK2.5×2A-20	SD-NPH-300HP	
梅河煤矿二井	KJ1×2.5×2	—	
梅河煤矿三井	2JK2.5-20A	—	
梅河煤矿四井	—	JK2.5-2/20	
梅河煤矿六井	JK2.5-2	JK2×1.5-20	

2. 通化矿业公司

1991年，通化矿务局有2米以上提升机39台，担负着各矿井提升原煤、矸石、升降人员、物料等任务。

2000年，通化矿务局新建大湖煤矿三采区箕斗井、砟子煤矿东风井及八宝暗副井、道清煤矿一井箕斗井、砟子煤矿立井东翼暗副井，共安装5台提升机，其中：摩擦提升机1台，斜井双滚筒2.5米绞车2台。

2001—2005年，通化矿务局砟子煤矿八宝采区延深工程，在-200米水平标高新安装了1台2.5米提升机和1台1.6米提升绞车，道清煤矿箕斗井新安装了1台3.5米双滚筒提升机。

2010年末，通化矿业公司共有2米以上提升机28台（表4-4-2）。

3. 舒兰矿业公司

表 4-4-2 2010 年通化矿业公司主要提升机统计表

煤矿名称	主井绞车型号	副井绞车型号	2 米以上提升机（台）
八宝煤矿	JKM-4.5×4(Ⅲ)-(TH)	JKM-4×4(Ⅲ)	28
道清煤矿	JK1×2.5×2/20	JK-2.5×2A/20	
道清南翼井	JK-2.5×2/20	JK-2×1.8A	
松树煤矿	JK-3×2.2/20E	JK1×2.5×2/20	
永安煤矿	JK-2.5×2/20	JK2.5×2/20	

舒兰矿业公司各矿井的提升方式除营城煤矿九台立井，其他各矿均为斜井提升，提升坡度为 11°～28°，斜长 400～1600 米，其中东富煤矿二井、吉舒煤矿二井、丰广煤矿五井为钢带提升机提升。各矿井多为主井提煤，副井升降人员、提矸、提料。提升设备各矿主井绞车型号多数为 M2500/2020 型，提升斜长 1000 米，主井钢带提升机型号多数为 ZL-130 型和 GD-800 型，提升斜长 1300 米。

1993 年起，舒兰矿务局为主提升绞车装备后备保护，使提升装置安全运行，事故率下降。

2010 年末，舒兰矿业公司有主要提升机 8 台（表 4-4-3）、带式输送机 5 台。

表 4-4-3 2010 年舒兰矿业公司主要提升机统计表

煤矿名称	主井绞车型号	副井绞车型号	2 米以上提升机（台）
东富煤矿二井、吉舒煤矿二井、丰广煤矿五井	M2500/2020	—	8
二矿	—	JK-3×2.5/500 kW	
	—	暗斜井 JTPB-1.6×1.5/132 kW	

4. 珲春矿业公司

英安煤矿提升方式为斜井一段提升。风井采用 JK7.5-2/20 型绞车，功率 300 千瓦。电动机功率 2×400 千瓦，长度 1530 米。皮带井用 GD-1000 型钢丝绳带式输送机提升煤炭。2008 年 2 月，对电控系统进行改造，主机使用工业计算机（PLC）控制，具有运行稳定可靠，故障率低、耗能少、可维护性好等优点。

板石煤矿主提升采用斜井带式输送机提升，主斜井提升由 DTL120/405/3×560 型大倾角带式输送机完成，大倾角带式输送机带宽 1.2 米，全长 1260 米，提煤速度 3.15 米/秒，倾角 25°；辅助提升采用斜井串车提升，副井、新副井 2 条井筒，井筒全长 1260 米，倾角 25°，提升机均为 JK-3.5×2.65/30E 型绞车，电动机功率 400 千瓦。副井以提升人员为主，新副井以提升材料和矸石为主，2 条井筒各设 1 台 XRC-15 型安全人车。

八连城煤矿主提升采用立井箕斗提升，主提升设 1 台 JKM2.8×(Ⅰ)型多绳摩擦式提升机，主井井筒内装备 1 对 9 吨箕斗提升煤炭，提升能力 180 万吨/年；辅助提升采用立井罐笼，辅助提升设 1 台 JKM2.8×(Ⅰ)型多绳摩擦式提升机，井筒内装备 1 对双层双矿车罐笼，用于提升人员、物料和矸石。

2010 年末，珲春矿业公司有主要提升机 7 台（表 4-4-4）。

表4-4-4　2010年珲春矿业公司主要提升机统计表

煤矿名称	主井绞车型号	副井绞车型号	2米以上提升机(台)
英安煤矿	—	JK7.5－2/20	7
板石煤矿	—	JK－3.5×2.65/30E	
八连城煤矿	JKM 2.8×(Ⅰ)	JKM 2.8×(Ⅰ)	

（二）水力提升

通化矿务局砟子煤矿立井和松树镇煤矿二井于1993年和1996年分别在矿井+150米水平东翼设煤水提升站和+400米水平标高设立联合硐室，进行水力提升。砟子煤矿立井在煤水站安装4台DN300－60×8型煤水泵，将煤水排到+150米水平煤水仓。松树镇煤矿二井在+400米水平联合硐室安装4台煤水泵，在+281米水平和+206米水平设煤水提升站，将煤水排到+400米水平联合硐室煤水仓，再由煤水泵将煤水排到地面煤水沉淀池，煤水管路总长4500米。

2001—2005年，砟子煤矿、八道江煤矿、湾沟煤矿、大湖煤矿相继关闭破产，水力采煤停止。

2005年末，通化矿务局共有煤水泵37台，煤水管路长8650米；道清煤矿共有煤水泵7台，煤水管路长6700米。

2010年末，道清煤矿煤水提升依靠采区煤水泵排至-200米水平转排站，再转排到+160米水平转排站排往地面选煤厂。

二、运输

（一）井下运输

1991—2010年，吉林省各矿业公司（矿务局）井下运输机械经过不断改造和更新，由小型刮板输送机、带式输送机、卡轨车、内燃柴油机车牵引矿车等逐步向大功率、大倾角带式输送机，大运输能力的运输机械方向发展，减少了安全隐患，提高了运输能力，节省了物力、人力、财力。

2010年吉林省国有重点煤矿矿井运输设备统计见表4-4-5。

表4-4-5　2010年吉林省国有重点煤矿矿井运输设备统计表

单位名称	设备名称、型号	单位	数量
辽源矿业公司	一、刮板输送机	台	208
	40T	台	156
	630	台	42
	630以上	台	10
	二、带式输送机	台	129
	钢丝绳带式输送机	台	2
	可伸缩带式输送机	台	37
	吊挂式带式输送机	台	90
	三、电机车	台	77
	架线电机车	台	25
	蓄电电机车	台	35

表 4-4-5（续）

单位名称	设备名称、型号	单位	数量
辽源矿业公司	内燃电机车	台	17
	四、矿车	台	2206
	五、人车	列（节）	81
	六、窄轨铁路	千米	127
通化矿业公司	一、刮板输送机	台	61
	二、带式输送机	台	61
	钢丝绳带式输送机	台	2
	可伸缩带式输送机	台	55
	吊挂式带式输送机	台	4
	三、电机车	台	72
	四、矿车	台	1069
	五、人车	列（节）	78
	六、窄轨铁路	千米	76.35
舒兰矿业公司	一、刮板输送机	台	31
	二、带式输送机	台	24
	钢丝绳带式输送机	台	2
	可伸缩带式输送机	台	18
	吊挂式带式输送机	台	4
	三、电机车	台	16
	四、矿车	台	410
	五、人车	列（节）	22
	六、窄轨铁路	千米	无
珲春矿业公司	一、刮板输送机	台	41
	二、带式输送机	台	2
	钢丝绳带式输送机	台	14
	可伸缩带式输送机	台	94
	三、电机车	台	22
	四、矿车	台	1058
	五、人车	列（节）	12
	六、窄轨铁路	千米	23.7

1. 辽源矿业公司

辽源矿业公司运输机械以 SGW-30T 型刮板输送机、SGW-40T 型刮板输送机、DGD-630/180 型双链刮板输送机和中单链刮板输送机、SGD630/180 刮板输送机和 SGD630/180 型中双链刮板输送机、SPJ-800 型带式输送机、SPS-800 带式输送机为主。

西安煤矿各采区的采煤工作面大多使用运输能力为 150 吨/小时的 SGW-40T

型刮板输送机和能够形成较长运输线路的SPJ-800型带式输送机。

梅河煤矿三井率先使用SGD630/180型刮板输送机配合机组割煤，在各井口采煤工作面推广使用大功率、大运力的刮板输送机和带式输送机。截至2007年，梅河煤矿5个井口综采工作面全部使用了SGD630/180型刮板输送机，其中二井和三井还引进了SGS630/180型中双链刮板输送机。新型运输设备的使用，使全矿运输能力得到大幅度提升，事故率明显下降。

金宝屯煤矿采煤工作面采用刮板输送机和转载机运输煤炭。其中：N107区刮板输送机型号为SGZ764/630型，长度260米，运输能力900吨/小时，电机功率2×315千瓦；转载机型号为SZZ764/200型，长度36米，运输能力900吨/小时，爬坡角度12°，电机功率200千瓦。N119区刮板输送机型号为SGZ764/320型，长度200米，运输能力900吨/小时，电机功率200×2千瓦；转载机型号为SZZ764/160型，长度36米，运输能力900吨/小时，电机功率160千瓦。2007年，为了适应工作面增长的需要，对采煤工作面SGZ764/320型和SGZ764/630型刮板输送机进行改造。SGZ764/320型刮板输送机的160千瓦电机改为200千瓦双速电机（2台），液力偶合器改为弹性盘联轴器，增加长度40米、中部框架30块、C形槽30块。SGZ764/630型刮板输送机增长了60米，增加中部柜架40块、C形槽40块。

龙家堡矿井采煤工作面安装SGZ1000/2×700型中双链牵引刮板输送机、SZZ1200/400型中双链刮板转载机运煤。

红梅煤矿中兴井采煤工作面主要输送机型号为SGW-40T型（1台，运输能力150吨/小时）、SGW-30T型（6台），集中溜子道主要输送机型号为SGW-40T型（1台）。全井采掘工作面总计最多时使用刮板输送机12台。

辽源矿业公司井下平巷运输，以无极绳绞车、调度绞车、电机车和带式输送机为主。少量使用蓄电池电机车、架线电机车、吊挂带式输送机和特殊防爆电机车。

西安煤矿以电机车为主，一区和六区有无极绳绞车。2004年开始，六区使用调度绞车，2007年使用吊挂带式输送机。机运区作为专职的平巷运输单位，使用蓄电池机车、架线电机车和特殊防爆型电机车。

金宝屯煤矿井下平巷运输方式有2种。一种为平巷机车运输，主要运送物料排放矸石；另一种为带式输送机运输煤炭。带式输送机输送带宽1000毫米，带速2.5米/分钟，电动机功率160千瓦，运输能力930吨/小时。2007年淘汰井下蓄电池机车，平巷运输使用内燃柴油机车。

龙家堡煤矿井下平巷运输方式有2种。一种为平巷机车运输，使用内燃柴油机车牵引矿车，运送物料和排放矸石；另一种为带式输送机运输煤炭。煤炭从采区工作面经刮板输送机和转载机，进入采区带式输送机，再由水平带式输送机（也有经过采区煤仓后，再转入水平带式输送机的）转运到-630米水平井底煤仓，由井底煤仓装载带式输送机装进提升箕斗提升至地面。

2. 通化矿业公司

1991—2005年，通化矿务局各矿井井下大巷运输方式主要采用600毫米轨距窄轨轨道，由电机车牵引1吨U形矿车和3吨底卸式矿车运输，其中：4个矿井增加了带式输送机运输，采煤工作面和煤巷掘进工作面采用刮板输送机运输，岩巷掘进工作面采用电机车或小绞车牵引 1 吨矿车运输，水采工作面采用无压水沿溜煤槽运输。

2006—2010 年，通化矿业公司各矿井井下大巷运输方式主要采用 600 毫米轨距窄轨轨道，由电机车牵引 1~1.5 吨 U 形矿车和 3 吨底卸式矿车运输，其中：有 4 个矿井增加了带式输送机，采煤工作面和煤巷掘进工作面采用刮板输送机运输，岩巷掘进工作面采用电机车或绞车牵引 1 吨矿车运输，水采工作面采用无压水沿溜煤槽运输。2010 年，全公司拥有运输绞车 79 台、带式输送机 61 台、矿车 1069 台、刮板输送机 61 台、窄轨电机车 76.35 千米，满足了矿区井下运输需要。

3. 舒兰矿业公司

20 世纪 90 年代中期，舒兰矿务局在推广使用的 SGW－40T 型、150C 型刮板输送机的基础上，又大力推广应用 DSJ－800 型可伸缩落地带式输送机。带式输送机软启动器解决了长距离启动困难的问题。东富煤矿二井、吉舒煤矿三井、吉舒煤矿二井等井口先后使用过软启动器，效果良好。平巷运输有带式输送机运输、刮板输送机运输、轨道运输。采煤工作面主要运输设备是 SGZ830/800 型刮板输送机，工作面运输巷主要运输设备是 SZZ764/200 型转载机、可伸缩带式输送机。大巷主要运输设备为普通带式输送机、大倾角带式输送机、钢丝绳芯带式输送机。辅助提升设备为矿用电机车、架线式电机车、蓄电池电机车。绞车运输为内齿轮绞车和无极绳绞车。

2005 年，丰广煤矿五井＋20 米水平投用 1 台 JTB－1×0.8 型绞车作为辅助提升，平巷运输除推广使用落地带式输送机外，主要使用 5 吨、2.5 吨蓄电池电机车。

4. 珲春矿业公司

英安煤矿使用的 TSB－1000 型钢丝绳牵引不等距带式输送机，是在"七五"时期投入使用的。2008 年 2 月，对电控系统进行改造，更换为洛阳源创生产的新型电控系统。英安煤矿副井绞车使用 JK－2.5－20 型单滚筒缠绕式提升绞车，也是在"七五"时期投入使用的。2009 年 10 月，对电控系统进行改造，更换为洛阳源创生产的新型电控系统。

板石煤矿采用带式输送机提升煤炭；采用带式输送机和轨道运输相结合的运输方式提升矸石；采用轨道运输方式运输设备、材料，运具为特型材料车、平板车、矿车；采用架空乘人装置运输人员。

提升（运输）设备：煤流运输设备，工作面内的中双链刮板输送机，工作面巷道的中双链转载机和 DSJ100/63 型带式输送机，主煤流的 DSJ100/63 型带式输送机。轨道运输设备，－480 米水平车场使用防爆蓄电池机车运输，主运输巷使用无极绳绞车或卡轨车运输，工作面巷道使用无极绳绞车、调度绞车或双速绞车运输。使用架空乘人装置进行人员运输。

八连城煤矿采用带式输送机提升煤炭；采用带式输送机和轨道运输相结合的运输方式提升矸石；采用轨道运输方式运输设备、材料，运具为特型材料车、平板车、矿车；采用架空乘人装置运输人员。

提升（运输）设备：煤流运输设备，工作面内的中双链刮板输送机，工作面巷道的中双链转载机和 DSJ100/63 型带式输送机，主煤流的 DSJ100/63 型带式输送机。轨道运输设备，井底车场和南北大巷使用防爆蓄电池机车运输，中央采区轨道上山使用液压绞车运输，主运输巷使用无极绳绞车或卡轨车运输，工作面巷道使用无极绳绞车、调度绞车或双速绞车运输。使用架空乘人装置进行人员运输。

（二）地面运输

2010年末，吉林省4个矿业公司铁路线总长197.13千米，其中：辽源矿业公司铁路专用线总长123.01千米，通化矿业公司地面准轨铁路专用线14.19千米，舒兰矿业公司地面准轨铁路专用线9.63千米，珲春矿业公司地面准轨铁路专用线50.3千米。

1. 辽源矿业公司

1991年，辽源矿务局运销处担负辽源矿区煤炭运输任务，梅河煤矿运输科负责梅河矿区的煤炭运输任务。全局铁路专用线总长93.76千米，拥有13台"上游"牌机车和"解放"牌蒸汽机车，自备车89辆。2003年，淘汰蒸汽机车更换成内燃机车。

2004年6月，金宝屯煤矿建成投产，辽源矿务局成立金宝屯铁路运输科，负责管理金宝屯矿区铁路专用线和金宝屯煤矿煤炭外运工作。

2008年12月，龙家堡煤矿建成投产，辽源矿业公司成立龙家堡铁路运输科，负责管理龙家堡矿区铁路专用线和龙家堡煤矿煤炭外运工作。

2009年11月，龙家堡铁路运输科划归龙家堡矿业公司管理。辽源矿业公司形成了辽源矿区铁路专用线、梅河矿区铁路专用线、金宝屯矿区铁路专用线和龙家堡矿区4条铁路专用线，与国铁接轨。

截至2010年底，辽源矿业公司铁路专用线总长123.01千米，轨道采用43千克/米、45千克/米和50千克/米轨型。有内燃机车14台，自备车122辆。

2. 通化矿业公司

1991—2000年，通化矿务局煤炭地面运输一是从井口至选煤厂用矿车运到装车仓，二是煤炭外运主要靠准轨铁路火车运输，三是五道江煤矿露天区由汽车运输。从井口至选煤厂装车仓运输，采用600毫米轨距窄轨铁路由架线电机车牵引1吨矿车运输。窄轨铁路架线电机车全部采用ZK10－6/250型电机车，轨道采用18千克/米轨型。

1993年，砟子煤矿西三采区地面窄轨铁路运输停止使用，煤炭由井下＋150米水平运输大巷运到立井煤仓。

2005年，上述各矿全部关闭破产，从井口到选煤厂装车仓的地面窄轨铁路运输停止使用。煤炭外运全部采用准轨铁路专用线装火车外运。通化矿务局拥有铁路专用线47.68千米，其中砟子煤矿5.45千米、八道江煤矿4.2千米、湾沟煤矿5.2千米、松树镇煤矿6.24千米、大湖煤矿11.59千米、五道江煤矿2.6千米、道清煤矿2.5千米、苇塘生产经营公司4.2千米、铁厂洗煤厂5.7千米。通化矿务局只有五道江煤矿1个露天采煤区，煤炭运输采用8吨、5吨自卸式汽车运输。从露天区运到五道江煤矿选煤厂，公路运输距离2千米，有汽车20辆。

2006—2010年，通化矿业公司煤炭地面运输一是从井口至选煤厂用矿车运到装车仓，二是煤炭外运主要靠准轨铁路火车运输。从井口至选煤厂装车仓运输，采用600毫米轨距轨道由架线电机车牵引1吨矿车运输。架线电机车全部采用ZK10－6/250型电机车，轨道采用24千克/米轨型。

2010年末，通化矿业公司拥有地面准轨铁路专用线14.19千米，其中八宝采区5.45千米、松树镇煤矿6.24千米、道清煤矿2.5千米。准轨铁路运输能力250万吨/年，其中八宝采区98万吨/年、松树镇煤矿76万吨/年、道清煤矿76万吨/年。

3. 舒兰矿业公司

1999年以前，营城矿区归舒兰矿务局管辖，有2条铁路专用线（全长11.54千米，其中南线4.395千米、北线7.145

千米),道岔33组,自备机车2台,自备货车5节,代用客车13节,轨距1.435米,轨型有38千克/米和43千克/米等。

2005年底,舒兰矿务局拥有铁路专用线8.9千米,道岔9组,道口2处。吉舒煤矿、丰广煤矿、东富煤矿、舒兰街煤矿轨距为标准轨距1.435米,轨型为43千克/米,轨枕为水泥枕。

截至2010年,舒兰矿业公司拥有铁路专用线9.63千米。

4. 珲春矿业公司

珲春矿务局英安煤矿投产后,先是靠汽车运输。1992年9月,珲春矿务局成立后,珲春矿铁路运输部更名为珲春矿务局运销公司,主管矿务局煤炭运输和外销。

2010年,珲春矿业公司拥有铁路专用线50.3千米。

第二节 通 风

1991—2010年,吉林省国有重点煤矿矿井全部为抽出式(负压)通风。根据开拓方式不同,矿井的具体通风方式主要有中央边界式、中央并列式、两翼对角式和混合式。2010年末,吉林省国有重点煤矿通风系统更加适应采掘机械化的提高和建设高产高效矿井的需要。优化的通风系统,既提升了矿井通风质量标准化建设水平,又有效地提高了矿井防灾抗灾能力。2010年吉林省国有重点煤矿通风机使用情况见表4-4-6。

表4-4-6 2010年吉林省国有重点煤矿通风机使用情况一览表

设备名称及规格		合计	辽源矿业公司	通化矿业公司	舒兰矿业公司	珲春矿业公司
一、主要通风机		59	30	16	8	5
轴流式	直径2.4米及以上	—	10	6	—	5
	直径1.8~2.4米以下	—	12	6	4	—
	直径1.2~1.8米以下	—	6	4	4	—
离心式	直径2.4米及以上	—	—	—	—	—
	直径1.8~2.4米以下	—	—	—	—	—
	直径1.2~1.8米以下	—	2	—	—	—
二、局部通风机		422	174	190	41	17

一、辽源矿业公司

辽源矿业公司各矿井通风方式大多采用中央抽出式,普遍以主、副井筒作为入风、排风的井筒。西安煤矿,泰信煤矿一井,梅河煤矿二井、三井等少数井口开通了专门的通风井筒。各矿井采用大功率主要通风机抽压风,向矿井下送风,用风门调节风量,通过井下巷道构成通风网络。同时,各矿井均建立了独立的反风系统,保证了矿井的抗灾能力。对掘进巷道和部分需要特殊用风的地方,采用局部通风机连接风筒送风。

1991年,辽源矿务局有主要通风机40台(其中备用20台),局部通风机76台。随时掌握矿井通风现状,对矿井通风系统及风量实行动态平衡管理。

1998年,辽源矿务局开始引进使用风量、负压、节电、安装、维护等各方面效能优越、技术先进的节能型对旋式主要通风机，在梅河煤矿六井安装使用之后开始大范围引进改造。

截至2007年底，辽源矿业公司主要通风机改造共投入4000多万元（包括国债资金、局专项资金、矿井生产成本）。13个井（区）全部换成节能型对旋式主要通风机（共26台），其中有6个井（区）易地新建主要通风机，同时报废2台主要通风机。全公司增加风量8000立方米/分钟（不包括报废井），节约电量1200千瓦时，彻底解决了矿井通风能力不足的问题。梅河煤矿报废一井东翼主要通风机和二井西翼主要通风机；将二井原两翼排风改为中央总排系统；三井东翼总排系统改为西翼总排系统；改造三井南翼深部通风系统；四井中央排风改为东翼砂井排风，从风硐到井下总排系统改为并联排风；六井回收矿内漏风。西安煤矿中央立主井报废封闭后，西安煤矿二区总排系统改为南北两翼排风，后又将二区总排系统及主要通风机从中央改到西翼。二区立副井报废封闭，建立全区斜井入风系统。一区井下总排系统改一翼总排系统为双总排系统，系统通风能力增加。三区南翼报废回撤关闭，三区与二区入排风系统隔离。一区、二区、五区原总排系统相互连通改为分区独立排风。六区（原泰信煤矿四井）减风从5100立方米/分钟降到2650立方米/分钟。同年底，辽源矿业公司所有局部通风机通风（包括岩巷掘进）全部实现"双风机、双电源、自动换扇"的系列化管理和"三专两闭锁"（局部通风机的专用开关、专用变压器、专用线路，瓦斯电闭锁）。全公司所有风门和密闭实现了"三化"（临时风门永久化、永久风门钢铁化、风门连锁化）管理。所有矿井都建立了独立的反风系统，提高了矿井的抗灾能力。辽源矿业公司多次组织各矿井进行全井反风、局部反风、局部改变入排风系统的反风避灾试验。2007年，通车自动风门、行人风门实现了规格化（尺寸统一）、钢铁化、标准化。

2010年，辽源矿业公司有主要通风机32台，其中备用16台，总功率24472千瓦；局部通风机90台，总功率2700千瓦。

1991—2010年辽源矿业公司矿井通风设备一览表见表4-4-7。

表4-4-7 1991—2010年辽源矿业公司矿井通风设备一览表

年 份	矿 井	通风方式	通风设备型号	功率（千瓦）
1991—1999	梅河煤矿一井	中央侧翼式	4-72-11No. 20B	—
2000—2010		中央并列式	BDK-6-No. 18	2×90
1991—1999	梅河煤矿二井	两翼对角式	2BY-26	200
2003—2010		中央并列式	BDK-8-No. 26	2×400
1991—2010	梅河煤矿三井	两翼对角式	70B2-21No. 24	400
1991—2002	梅河煤矿四井	中央并列式	70B2-11No. 18	150
2003—2010			BDK-8-No. 25	2×400
1991—1998	梅河煤矿六井	中央并列式	70B2-11No. 12	38.2
1999—2010			BDK-6-No. 18	132+110
1991—1999	西安煤矿一区	混合式	Б-ЛЧД-28	370
2000—2010			BDK-6No. 20	110+132

表 4-4-7（续）

年份	矿井	通风方式	通风设备型号	功率（千瓦）
1991—1999	西安煤矿二区	混合式	2K60-18	310
2000—2010	西安煤矿二区	混合式	BD-6No.20	2×250
1991—1999	西安煤矿三区	中央并列式	日立-18	91~99
2000—2010	西安煤矿三区	中央并列式	BDK-6-No.15	2×30
1991—2004	西安煤矿五区	混合式	JLY-12	15
2000—2010	西安煤矿五区	混合式	BD-Ⅱ-6-15	2×37
2000—2010	西安煤矿六区	中央并列式	BK-28	—
1991—1998	泰信煤矿一井	中央式	日2.9	112
1991—2003	泰信煤矿二井	中央式	4-72-16B	38
2001—2010	金宝屯煤矿	中央并列式	BD-Ⅱ-8-No.28	850
2008—2010	龙家堡煤矿	中央并列式	FBCDZ-10-No.36	2×900

二、通化矿业公司

1991—2010 年，通化矿业公司矿井的通风方式主要有中央边界式、中央并列式、对角式和混合抽出式通风。

2000 年，总入风量 16666 立方米/分钟，井下人均风量 9 立方米/分钟，瓦斯排放量 38.80 立方米/分钟。年核定通风能力 256 万吨。

2005 年，总入风量 18820 立方米/分钟，井下人均风量 7.56 立方米/分钟，瓦斯排放量 51.7 立方米/分钟，年核定通风能力 365 万吨。矿井反风方式采用主要通风机反转反风。

2006—2010 年，通化矿业公司共更新改造高效节能型对旋式主要通风机 18 台，矿井主要通风机和备用通风机的配备符合《煤矿安全规程》的规定，实现双回路供电，每年进行一次矿井反风演习，反风效果符合《煤矿安全规程》的规定。八宝煤矿、道清煤矿、永安煤矿、永安矿业公司矿井主要通风机按照规定完成了性能测定。八宝煤矿八宝井新设置的 BD-Ⅱ-10-No.35 型主要通风机实现了变频自动调风，装备了通风机在线监测装置、自动倒扇风门装置，松树镇煤矿东风井装备了通风机在线监测装置，道清煤矿西风井装备了自动倒扇风门装置，提高了矿井主要通风机装备的科技水平。

2003—2010 年部分年份通化矿业公司矿井通风设备一览表见表 4-4-8。

表 4-4-8 2003—2010 年部分年份通化矿业公司矿井通风设备一览表

年份	矿井	通风方式	通风设备型号	功率（千瓦）
2003	八宝煤矿立井主井	两翼对角混合式	BD-Ⅱ-8-No.22	2×160
2004	松树镇煤矿二井东风井	两翼对角式	BD-Ⅱ-6-No.20	2×250
2006	永安煤矿	中央边界式	BD-Ⅱ-6-No.21	2×250
2006	永安公司六道江井	中央并列式	BD-Ⅱ-6-No.17	2×90
2006	道清煤矿箕斗井	两翼对角混合式	BD-Ⅱ-6-No.17	2×132

表4-4-8（续）

年份	矿 井	通 风 方 式	通风设备型号	功率（千瓦）
2008	松树镇煤矿二井西风井	两翼对角式	BD-Ⅱ-8-No.24	2×315
2009	道清煤矿西风井	两翼对角混合式	BD-Ⅱ-6-No.18	2×160
2010	八宝煤矿东风井	两翼对角混合式	BD-Ⅱ-10-No.35	2×900

三、舒兰矿业公司

舒兰矿业公司各矿井的通风方式主要是中央并列抽出式通风。2002—2010年，全公司累计投入"一通三防"国债资金4.49亿元，新增项目40个，重点对公司所属各矿井通风设备设施进行更新改造，完善通风、防火、防尘、瓦斯检测监控系统，取得明显效果。二矿将45千瓦主要通风机改造为2×250千瓦高效节能主要通风机，翻修扩面通风巷道1.2万米，将原来不足3.8平方米巷道扩大到9.27平方米，并建立KJ19N型瓦斯监测监控系统和瓦斯巡检系统，使矿井生产能力由原来的30万吨/年、45万吨/年一跃达到210万吨/年，安全和抗灾能力有很大提高。

1997—2010年舒兰矿业公司矿井通风设备一览表见表4-4-9。

表4-4-9 1997—2010年舒兰矿业公司矿井通风设备一览表

年份	矿 井	通 风 方 式	通风设备型号	功率（千瓦）
1997—1998	吉舒煤矿一井	中央并列式	4-72-11No.16B	95
	吉舒煤矿二井	中央并列式	4-72-11No.16B	95
	吉舒煤矿三井	中央并列式	4-72-11No.16B	95
	吉舒煤矿四井	中央并列式	4-72-11No.16B	95
	丰广煤矿二井	中央并列式	4-72-11No.16B	95
	丰广煤矿三井	中央并列式	CTπ-57B-16B	95
	丰广煤矿四井	中央并列式	4-72-11No.16B	95
	丰广煤矿五井	中央并列式	4-72-11No.20B	95
		分区联合通风	4-72-11No.16	200
	东富煤矿一井	中央并列式	CTπ-57B-16B	95
	东富煤矿二井	中央并列式	4-72-11No.16B	95
	舒兰街煤矿一井	中央并列式	4-72-11No.16B	95
	舒兰街煤矿二井	中央并列式	4-72-11No.20B	110
1999—2006	吉舒煤矿二井	中央并列式	4-72-11No.16B	95
	吉舒煤矿三井	中央并列式	BD-Ⅱ-6-No.15	90
	丰广煤矿五井	中央并列式	4-72-11No.16B	95
			4-72-11No.20B	200
	东富煤矿二井	中央并列式	KBZ-13-45	45
2007—2010	丰广煤矿五井	中央并列式	4-72-11No.20B	200
		分区联合通风	KBZ-11.2-22	22
	四矿	中央并列式	BD-Ⅱ-6-No.15	90
	二矿	中央并列式	FBCDZ-54-6-No.21	2×250

四、珲春矿业公司

珲春矿业公司各矿井的通风方式：英安煤矿为中央并列式、八连城煤矿为混合式、板石煤矿为中央并列式、富强煤矿为中央分列式。

1992—1997年，各矿井使用的局部通风机均为 JBT 型，这些型号的风机工作过一段时间后，各种技术指标和性能都有所降低，电耗大，增加成本。

1998年，珲春矿务局开始推广使用新型节能型 2BKJ 型对旋式通风机。

2003年，英安煤矿达产后，更换高效节能型 DB-Ⅱ-8No.24 型对旋轴流式通风机，一台正式投入使用，另一台安装完毕，作为备用通风机。该矿的通风阻力由原来的近3000帕下降到2670帕，矿井有效风量得到提高。

2006—2010年，珲春矿业公司加大抽采设备投入，抽放泵由小流量变为大流量，抽放管路由小管径变为大管径，钻机由小功率变为大功率。各矿井采煤工作面回风瓦斯浓度在0.3%以下，上隅角瓦斯浓度在1.0%以下，尾巷瓦斯浓度在1.5%以下，有效地保证了矿井的安全生产。

2003—2007年部分年份珲春矿业公司矿井通风设备一览表见表4-4-10。

表4-4-10　2003—2007年部分年份珲春矿业公司矿井通风设备一览表

年份	矿井	通风方式	通风设备型号	功率（千瓦）
2003	英安煤矿	中央并列式	BD-Ⅱ-8-No.24	2×250
2006	八连城煤矿	混合式	BDK-10-No.25	2×250
2007	板石煤矿	中央并列式	BDK-10-No.25	2×250

第三节　排　水

1991年，吉林省国有重点煤矿共有主排水泵582台，总排水管路36700米。主要水泵全部采用无底阀排水。

2010年末，随着安全高效现代化建设的推进，吉林省部分国有重点煤矿井下大泵房实现了远程自动排水，并通过地面远程实时监控、数据存储及报表分析等功能最终实现了井下泵房无人值守。当年，国有重点煤矿共有主排水泵157台，总排水管路108440米（表4-4-11）。其中：辽源矿业公司有主排水泵77台，总排水管路28250米；通化矿业公司有主排水泵58台，总排水管路54000米；舒兰矿业公司有主水泵12台，总排水管路20050米；珲春矿业公司有主排水泵10台，总排水管路6140米。

表4-4-11　2010年吉林省国有重点煤矿排水设备、管路统计表

单位名称	水泵型号	台数（台）	管路总长（米）
合计		157	108440
辽源矿业公司	MD155-30×10	77	28250
	MD280-43		
	MD85-45×3		
	MD280-80×11		

表 4-4-11（续）

单位名称	水泵型号	台数（台）	管路总长（米）
通化矿业公司	DN300-60-6	58	54000
	200D-65×9		
	MD		
	MDZ		
舒兰矿业公司	MD280-43×9	12	20050
	IS125-100-315		
	IS125-100-315		
	—		
珲春矿业公司	MD420-93×7	10	6140
	MD280-65×8		
	D280-65×8		

一、辽源矿业公司

辽源矿业公司各矿井涌水量较大，特别是梅河煤矿由于煤层在流砂层以下，矿井涌水量尤为突出。1991—2010 年，全公司各矿主要排水方式为阶段式排水。

西安煤矿主排水方式为阶段式排水。1993 年进行了主排水改造，将全矿 200D 型主排水泵改造为新型高效节能型 MD280 型水泵，共计 17 台。其中：-200 米水平水泵房 4 台，-290 米水平水泵房 5 台，五七采区水泵房 3 台，-390 米水平水泵房 3 台，三区上八路水泵房 2 台。水泵的排水效率由原来的 65% 提高到 77%。2007 年 9 月，西安煤矿六区投资 110 万元，进行两段排水改造。±0 米水平水泵房安装 3 台 MD155-30×10 型水泵，运行、备用、检修各 1 台，排水管路为 4 英寸（1 英寸 = 0.0254 米）无缝钢管。±0 米水平以下的水排至 -200 米水平水仓。-200 米水平水泵房安装 3 台 MD155-30×8 型水泵，排水管路为 4 英寸无缝钢管。井下水一段从 ±0 米水平直接排至井上水池，一段从 -200 米水平排至 ±0 米水平，再从 ±0 米水平排至井上水池。

梅河煤矿主排水系统均为阶段式排水。全矿主排水泵全部采用局（公司）水泵厂（泵业公司）生产的 MD 型系列离心式水泵。主要类型为 MD280-43 型及 155-30 型矿用耐磨离心水泵。

金宝屯煤矿排水方式有 2 种：一种是水泵排水，另一种是巷道内水沟自流到水仓。主、副井井筒淋水和设备冷却水通过巷道水沟，流入 -730 米水平主井底水仓。主井底水仓设 2 台 MD85-45×3 型水泵，功率 55 千瓦，负责将井底水仓的水倒入 -650 米水平主水仓。-650 米水平主水仓设 3 台 MD280-80×11 型水泵，功率 1250 千瓦，扬程 880 米，每台泵排水能力每小时 280 立方米，排水管路为 2 条直径为 219 毫米的无缝钢管，一条使用，另一条备用，通过主排水泵将井下水直接排至地面水库。

龙家堡煤矿排水方式有2种：一种是水泵排水，由采区内水泵将冷却水排至水平排水泵房，然后由水平排水泵房排至－630米水平沉淀池，经巷道内水沟自流到水仓。另一种是巷道内水沟自流到水仓。设备冷却水由设备排水口接管流入巷道水沟内，后流入水仓。主井井筒淋水全部汇入主井井底水仓内，后用水泵倒入主水仓，再由耐磨卧式主排水泵排至地面。

二、通化矿业公司

通化矿业公司各矿井排水设备选用D型多级多段式离心水泵，水泵效率达到68%～80%，排水方式采取集中排水，在井底设2个集中水仓，矿井较深时采用分段排水，运输平巷采用水沟自流到集中水仓，不能自流的地方采用小水泵将水排到集中水仓。吸水管直径在150毫米以上的D型主排水泵全部采用高压电机车拖动，双电源供电并全部采用无底阀排水。

砟子煤矿立井。1991—1995年，随着矿井的延深和采煤方法的改革，砟子煤矿立井由旱采改为水采，＋300米水平中央泵房3台主排水泵更换成高压泵（型号为MD280－65×10型，电机功率1000千瓦，电压6千伏），作为水力采煤动力源。在±0米水平设煤水提升站，安装煤水泵3台（型号为DN300－60－6型，电机功率440千瓦），将煤水排到＋150米水平东翼煤水提升站。＋150米水平东翼煤水提升站安装煤水泵4台（型号为DN300－60－8型，电机功率710千瓦，电压6千伏），将煤水排到地面洗煤厂。1995—2000年东风井投产，八宝采区开始生产，在风井＋100米水平标高安装了高压泵和煤水泵。在立井－200米水平水泵房安装了4台水泵，将－200米水平标高水排到＋150米水平水仓，再由＋150米水平水泵排到地面。

随着水采能力的加大，在江边又建立了排水站，以向井下供水，形成水采矿井的主排水能力大于矿井核定排水能力的局面。

松树镇煤矿。一段排水设在＋550米水平，到1990年停止使用。二段排水泵房设在＋400米水平，安装200D－43×9型水泵3台，电机功率440千瓦，电压6千伏，扬程387米，流量288立方米/小时，水仓总容量1624立方米，排水管路ϕ245毫米2趟，矿井正常涌水量100.4立方米/小时，最大涌水量400.7立方米/小时，＋400米水平运输大巷的涌水经水沟自流到泵房水仓。1992年，＋206米水平排水系统完工，安装200D－43×6型水泵3台，电机功率300千瓦，电压6千伏，排水管路ϕ219毫米2趟，将水排到＋400米水平中央水泵房。1995年8月，该水泵房被水淹没，1997年恢复正常排水。1996年，松树镇煤矿二井改为水力采煤，将D型水泵更换为MD型和MDZ型水泵，矿井涌水不能满足水采用水，从地面向井下补水。

道清煤矿北斜井。一段排水设在＋160米水平，安装150D－30×11型水泵3台，电机功率230千瓦，电压300伏，流量155立方米/小时，扬程330米，排水管路ϕ159毫米2趟，水仓总容量1000立方米。矿井正常涌水量75立方米/小时，最大涌水量150立方米/小时。1996年，－50米水平标高新建一个水泵房，安装200D－65×9型水泵3台，电机功率850千瓦，电压600伏，流量288立方米/小时，扬程554米，排水管路ϕ245毫米2趟，从－50米水平标高沿箕斗井直接排到地面，排水能力223.6万吨/年。

八宝煤矿。采区排水＋300米水平标高以上和＋150米水平标高以上至＋300米水平标高的涌水量分别由＋300米水平水泵和+150米水平水泵直接排往地面；±0米水平标高的涌水量分别由±0米水平水泵和-200米水平水泵排至+150米水平水仓，再由+150米水平水泵排往地面，排水能力141.2万吨/年。

松树镇煤矿二井排水。+206米水平标高排至+400米水平标高，再由+400米水平标高排至地面，排水能力113.6万吨/年。

三、舒兰矿业公司

舒兰矿业公司各矿井基本完善一段排水的主水仓设置，能容纳8小时以上的正常涌水量。一段排水主排水泵的型号主要有150D30×7型、150D30×10型、150D3×11型、200D43×9型、200D65×7型水泵；二段排水基本为辅助式排水，即临时水仓和不固定式辅助水泵配置。辅助式排水设备将下水平涌水排到一段中央泵房，再由中央泵房主排水泵排到地面。二段排水的设备主要有100D45×3型、100D45×4型、150D30×7型、IS50型、IS80型等水泵及不同型号的潜水泵。2003年，东富煤矿二井-60米右部中央主排泵房及水仓被压垮，2004年被搬迁至-60米井底车场。2004年，吉舒煤矿二井-90米中央泵房及水仓被压垮，2005年被搬迁至-40米井底车场。按照《煤矿安全规程》对排水系统要求，舒兰矿务局在每年开春前对各水仓进行清仓。同时，成立防汛排水组织机构，落实责任、制定措施，备好防汛排水设备、物品，在每年开春前对主排设备进行全面检修，并进行联合排水实验，发现问题及时处理，保证排水系统正常运行。

四、珲春矿业公司

珲春矿业公司各矿井大多是一段排水。

英安煤矿井下设水仓，主水仓容积1780立方米，建矿时使用的主排水泵为D280-65×8型多级段泵，水泵为早期产品，效率低、故障率高。2009年，主排水泵更换为MD280-65×8型耐磨多级段泵。

板石煤矿为阶段式排水，生产废水和巷道涌水先通过水泵排入-480米水平中央水仓，再通过主排水泵经副井井筒排往地面污水处理站。主排水设备：采用MD420-93×7型离心式水泵3台，一用一备一检修，扬程651米，流量420立方米/小时；采区排水设备有风动潜水泵、电动潜水泵、MD85-45×2型耐磨离心水泵。

八连城煤矿为阶段式排水，生产废水和巷道涌水先通过水泵排入中央水仓，再通过主排水泵经井筒排往地面污水处理站。主排水设备：采用MD280-65×8型耐磨离心水泵3台，一用一备一检修，扬程520米，流量280立方米/小时；采区排水设备采用风动潜水泵、MD85-45×2型耐磨离心水泵。

第四节 动力与照明

一、压风

1991年，吉林省国有重点煤矿共有空气压缩机（简称空压机）213台。其中：辽源矿务局73台，通化矿务局84台，舒兰矿务局18台，蛟河煤矿27台，珲春矿务局11台。2010年末，吉林省4个矿业公司共有空压机68台（表4-4-12）。其中：辽源矿业公司23台，通化矿业公司28台，舒兰矿业公司9台，珲春矿业公司8台。

（一）辽源矿业公司

1991年，辽源矿务局西安煤矿对压

表4-4-12　2010年吉林省国有重点煤矿空压机统计表　　　　　　　台

单位名称	设备数量	设备名称	设备型号
辽源矿业公司	15	空压机	JN250-8
	6	空压机	ML250-2S
	1	空压机	AED250A-0.7
	1	空压机	MLGF17.1/7.5-90G
	小计：23	—	—
通化矿业公司	1	空压机	3L-10/8
	12	空压机	4L-20
	3	螺杆式空压机	ML/MM/MHl10SE
	8	空压机	ZV-6/8
	4	空压机	其他
	小计：28	—	—
舒兰矿业公司	2	空压机	MLGF178/8.5
	2	空压机	MLGF10.0/7.0
	3	空压机	MLGF10.1/7.5
	1	空压机	MLGF6.8/7
	1	空压机	MLGF6.1/7.5
	小计：9	—	—
珲春矿业公司	2	空压机	DLG-250
	2	空压机	DLG-250
	2	空压机	MLGF-12.5/7
	2	空压机	DLG-250
	小计：8	—	—
合计	68		

风系统进行改造。根据西安煤矿分水平开采，压风使用地点分散，工业广场搬迁后主要工业厂房在一区、二斜井的实际情况，改造后的压风系统选用分散安装空压机的设计方案。井下生产用风选用14台VY-10/7型移动式空压机，风量每分钟10立方米。地面压风选用2台BZL-35-20/7型水冷无基础式空压机，风量每分钟20立方米。梅河煤矿井下采用HPY-18-10/7型水冷式移动风泵直接向作业地点供风。2005年，改用VFY-12/7-KB型、MWF-15/7G型、MLGF20/7.5-110G型等新型风冷式移动风泵，逐步淘汰水冷式移动风泵。同时，全部取消了由地面向井下供风。

2006年，金宝屯煤矿将原来52-40/8型空压机拆除，新安装1台ML250型空压机。

2007年，根据国家煤矿安全监察局指令，辽源矿业公司各矿井建立完善了压风自救系统，地面安设压风自救移动风泵5台，由地面向井下作业地点铺设压风自救管路17000米。金宝屯煤矿采用地面集中供风方式。地面压风机房设备为北京生产的 255-40/8 型空压机、无锡生产的 52-40/8 型空压机和山东潍坊生产的 42-20/8 型空压机。配套电控为 KGLF11-300XING3 型可控硅励磁装置，250 千瓦同步电动机拖动。电源来自地面变电所，低压控制电源为 380/220 伏，由泵房户外 560 千伏安/6 变压器提供。整个系统设置了断水、断油保护，装设了安全阀、释压阀、止回阀、超温报警等保护。地面管路、井筒、井底大巷采用 D159 毫米无缝管，直接向井下各工作面供风。-650 米水平总回风大巷设 1 台油水分离器。

龙家堡煤矿于 2008 年 12 月投产，使用 4 台 MM250-25 型空压机和 1 台 AED250A-0.7 型空压机作业，压风管线长 4100 米。截至 2010 年底，龙家堡煤矿压风管线长 4600 米。

（二）通化矿业公司

1991 年，通化矿务局各矿井下使用的空压机全部为 L 型双缸往复水冷式空压机。当年，道清煤矿一井将 2 台 4L-20/8 型空压机移设到井下±0 米水平。

1993 年，砟子煤矿立井、松树镇煤矿二井相继将 4L-20/8 型空压机移设到井下，缩短了供风距离，提高了供风质量。

1995 年，通化矿务局各矿开始使用防爆型移动空压机，使空压机距掘进工作面更近，供风效率更高。

2000 年末，因停产或关闭的矿井增多，全局仅有 58 台空压机。

2005 年，通化矿务局矿井使用的空压机全部安装在井下，总排气量 423 立方米/分钟。其中：八宝采区有 4L-20/g 型空压机 7 台、ML/MM/MH110SE 型螺杆式空压机 3 台、ZV-6/8 型空压机 2 台，总排气量 212 立方米/分钟；松树镇煤矿有 MLGF28/7.5 型空压机 2 台、4L-20/8 型空压机 2 台、3L-10/8 型空压机 1 台、VF-10/7 型空压机 1 台，总排气量 119 立方米/分钟；道清煤矿有 4L-20/8 型空压机 4 台、ZV-6/8 型空压机 4 台、ZV-6/8 型空压机 2 台，总排气量 92 立方米/分钟。

2010 年，通化矿业公司使用的空压机仍然是 L 型双缸往复水冷式空压机。同年底，通化矿业公司各矿井有 28 台空压机，全部安装在井下，总排气量 423 立方米/分钟。其中：八宝采区有 4L-20/g 型空压机 7 台、ML/MM/MH110SE 型螺杆式空压机 3 台、ZV-6/8 型空压机 2 台，总排气量 212 立方米/分钟；松树镇煤矿有 MLGF28/7.5 型空压机 2 台、4L-20/8 型空压机 2 台、3L-10/8 型空压机 1 台、VF-10/7 型空压机 1 台，总排气量 119 立方米/分钟；道清煤矿有 4L-20/8 型空压机 4 台、ZV-6/8 型空压机 4 台、ZV-6/8 型空压机 2 台，总排气量 92 立方米/分钟。

二、供电

（一）地面供电

1991 年，吉林省国有重点煤矿有变电所 35 座、主变压器（简称主变）84 台，变电总容量 34.16 万千伏安，拥有供电线路 33 条，总长 286.6 千米。2010 年末，吉林省国有重点煤矿有变电所 29 座，主变压器 67 台，变电总容量 44.08 万千伏安，拥有供电线路 29 条，总长 394 千米。

1. 辽源矿业公司

1991 年末，辽源矿务局共有 66 千伏高压送电线路 5 条，长 84 千米，35 千伏高压送电线路 12 条，长 52.15 千米。全局共有变电所 16 座，主变压器 38 台（22 台运行，16 台备用），总容量 142700 千伏安。

辽源矿区的供电网路由辽矿线和七矿

线（2004年改为国矿线）2条66千伏送电线路，矿区总变电所35千伏馈出线路以及矿区各变电所间35千伏送电线路组成。有总变、大城、钢铁、西安、东城、泰信、白泉、集贤、平岗煤矿、截齿厂10座变电所，主变压器26台（运行16台，容量95000千伏安，备用10台，容量19100千伏安），3~10千伏配电线路98条，配电变压器891台。其中总变电所设置电压比为66千伏/38.5千伏的主变压器3台，1号主变容量20000千伏安、2号主变容量8000千伏安、3号主变容量16000千伏安，2台运行，1台备用。运行方式：辽矿线、七矿线2条66千伏高压送电线路送到矿区一次总变电所，主变压器带38千伏南北母线2条，38千伏南北母线以放射线方式馈出6个回路送至矿区二次大城、西安、东城、集贤和泰信（泰信变电所送两回路）5座变电所，总变电所还设置电压比为38.5千伏/3.3千伏、容量为1800千伏安的主变压器1台，3千伏配出线5条，供道岔厂、采砂厂、空心砖厂及道岔厂、采砂厂周边地区居民转供电。钢铁、截齿厂、水泥厂变电所由35千伏联络线进行送电。

1993年，西安变电所由原址搬迁到西安二区北100米处，3号主变由1台1800千伏安变压器变为2台1800千伏安变压器，总容量3600千伏安；钢铁变电所2号主变由3200千伏安变压器更换为5600千伏安变压器；大城变电所2号主变由8000千伏安变压器更换为12500千伏安变压器。由总变电所至西安变电所的连竖线长度变为3.58千米，由钢铁变电所至西安变电所的钢竖线长度变为1.18千米，由东城变电所至西安变电所的东竖线长度变为2.31千米。同年，金宝屯煤矿变电所开始建设，1995年投入运行，设置临时变压器2台（电压比为66千伏/6.3千伏，容量为1800千伏安和2000千伏安，1台运行，1台备用），6千伏配出线6条，配电变压器6台，供打井及建设期间用电。

1994年，白泉井停产，白泉变电所报撤，东白线撤销，东城变电所至东白线分支点3.9千米线路和东白支线2.7千米线路变为东集线，长6.6千米。

1996年，由连东线上支接至水泥厂变电所的连东支线建成投入运行，长0.64千米。

1997年，金宝屯煤矿变电所通过验收。2002年，金宝屯煤矿增加双金乙线并投入运行。同年，金宝屯煤矿变电所临时设施1800千伏安、2000千伏安变压器拆除，1号主变10000千伏安变压器投入至运行，又安装了2号主变电压比为66千伏/6.3千伏、容量为10000千伏安的变压器作备用。6千伏配出线16条，配电变压器12台，供金宝屯煤矿生产及生活用电。

2003年，平岗煤矿变电所归地方农电后报撤。

2004年，截齿厂2号主变由1800千伏安变压器更换为电压比为35千伏/6.3千伏、容量为4000千伏安的变压器；2005年，1号主变由3200千伏安变压器更换为6300千伏安变压器。

2005年12月，龙家堡煤矿变电所建成，建筑面积588平方米。2006年2月投入运行，设置主变压器2台，电压比为66千伏/10千伏（1号主变运行，容量25000千伏安，2号主变备用，容量25000千伏安），10千伏配出线22条，配电变压器5台，供本矿生产生活用电。地面变电所由双电源向矿井供电，其中一回路引自九台一次变电所66千伏电源线路至九矿线，另一回路接于东九乙线66千伏电源线路至东九线。由2台变压器，采用分列运行方式，直接向主井提升机、副井提升机、主要通风机、压风机房变电室、选煤厂变电室、锅炉房变电室、机修厂（1号）、日用消防泵房（2号）、联合建筑（3号）、办公楼（4号）箱式变电站供10千伏电源。由变电所10千伏不同母线侧馈出4条电力电缆引向井下中央变电所，分两回路供电。每回路两条电缆并联使用，电缆长度分别为1310米和1280米。2006年，东城变电所2号主变由1000千伏安×4台变压器更换为电压比为38.5千伏/3.3千伏、容量为6300千伏安的变压器；西安变电所3号主变1800千伏安×2台变压器调整为1台运行，1台备用。连集线更换LGJ－120型钢芯铝绞线，长8.6千米；集平线更换LGJ－120型钢芯铝绞线，长14千米。2007年，东集线更换LGJ－70型钢芯铝绞线，长6.6千米。随煤机厂一并划归辽源矿业公司煤机厂变电所，设置主变压器2台，电压比为66千伏/10千伏（1号主变运行，容量6300千伏安，2号主变备用，容量4000千伏安），10千伏配出线9条，配电变压器20台。

2010年，辽源矿业公司共有17座变电所，主变压器40台，总容量259900千伏安，运行26台，备用14台。拥有供电线路9条，总长216千米。

2. 通化矿业公司

1991年，通化矿务局矿区建成地面变电所9座，装机容量127500千伏安，变压器运行容量70700千伏安。拥有输变电线路19条，输变电线路92千米。输电线路采用LGJ型。

1993年，砟子煤矿新建洗煤厂及水采设备增加容量，将2台主变压器容量由7500千伏安、5600千伏安更换为12500千伏安、10000千伏安，并进行改压工程，二次电压入井电压均改为6千伏。

1997年，松树镇煤矿二井对变电所变压器进行更换，安装2台10000千伏安变压器，总容量达20000千伏安，以解决水力采煤投入生产后矿井负荷增加的问题。

2005年末，通化矿务局地面变电所只有八宝采区、松树镇煤矿和道清煤矿3座变电所。

2010年末，通化矿业公司建成地面变电所5座，当年，全公司供电线路10条，总长55.6千米。其中：66千伏6条，长33.4千米，10千伏4条，长22.2千米，装机容量12.75万千伏安，变压器运行容量6.35万千伏安。

3. 舒兰矿业公司

1991年，舒兰矿务局全局设有吉舒、丰广、东富、舒兰街、水曲柳、营城九台立井、营城本部、营城上家8座变电所，18台变压器，总容量78250千伏安，承担着为矿区各矿井生产、当地居民照明和转供电的任务。其中运行10台，容量44100千伏安。吉舒变电所主变压器为SLF7－8000/60型，备用主变压器为SJF7－7500/63型。丰广变电所主变压器为SJ－6300/60型，备用主变压器为SJ－3200/63型。东富变电所主变压器为SJ－6300/60型，备用主变压器为SJ－3150/63型。舒兰街变电所主变压器为SJ－5000/60型，备用主变压器为SJ－5000/63型。水曲柳变电所主变压器为TM－1800/60型，备用主变压器为SJ－1000/60型，主要为水曲柳井供电。营城九台立井变电所主变压器为SJF－8000/60型（共2台，1台运行，1台备用）。营城本部变电所有3台日本生产的单相2000千伏安主变和1台SJ－3150/60型主变，为九井、十井、煤机厂及营城镇居民生活供电。营城上家变电所主变压器为SJ－3200/60型和SJ－3150/60型各1台，为上家一井、二井供电。

1992年8月，为解决吉舒变电所主变过负荷，主变增容，由原来的8000千伏安增至16000千伏安，备用主变容量为10000千伏安。同年9月，营城本部变电所将3台单相2000千伏安主变更换为1台三相6000千伏安主变，并对66千伏开关场地的设备进行改造。

1997年7月，为满足生产和居民生活用电需要，丰广变电所主变由原来的6300千伏安增加到8000千伏安。

1999年，营城煤矿划归吉林煤炭工业管理局管理后，营城3座变电所随之划归吉林煤炭工业管理局。

2001年8月，东富变电所的6300千伏安主变调到丰广变电所作为备用主变，丰广变电所的3200千伏安备用主变调到东富变电所作为主变运行。

2003年，舒兰矿务局部分矿井关闭破产后，舒兰街变电所移交，水曲柳变电所拆除。2004年5月，地面负荷全部移交给舒兰市农电有限公司，舒兰矿务局只保留6处矿井的矿井生产用电负荷。

2010年，舒兰矿业公司共有东富、吉舒、丰广3座变电所，6台主变压器，总容量33400千伏安。其中：运行3台，容量13950千伏安；备用3台，容量19450千伏安。

4. 珲春矿业公司

1991年，珲春矿区建设指挥部建成地面变电所2座，有4台变压器，总容量为11300千伏安。拥有输变电线路5条，线路长61千米。

2002年，英安煤矿变电所一次电压为66千伏，二次电压为6千伏，双回路供电。主变压器减容，减至6300千伏安，变压器型号为S7-6300/60型，1台运行，1台备用。变电所二次电压6千伏，单母线分段式（二段）运行方式，6千伏共有28面开关柜，6个架空出线，14个电缆馈出线。英安煤矿变电所为矿区供电系统主受变电所，计量点设在英安煤矿变电所。城西煤矿变电所电源线路为两回，取自于英安煤矿变电所60千伏母线的南母线和北母线。变电所一次侧由4组SW2-60G型开关、2组电压互感器、4组电流互感器及刀闸开关组成，主变压器2台，1台运行，1台备用。变电所投运时，主变压器为2台8000千伏安变压器（由长春煤矿设计院设计），受原煤生产用电负荷及附属企业用电负荷的约束，变压器的负荷始终没有达到设计要求。电力设备公司对变压器进行改造后，变压器容量为5000千伏安，型号为S7-5000/60型。变电所二次电压为6千伏，单母线分段式运行方式，6千伏共有30面开关柜，3个架空出线，12个电缆馈出线。矿务局本部、板石小井群、八连城矿井建设的电源均取自城西煤矿变电所。八连城煤矿地面变电所6千伏母线段入井电缆3趟，3×185平方毫米电缆供电至中央变电所、采区变电所，由变电所供至移变，由移变供至用户，低压动力电全部升级为1140伏供电。地面负荷由6千伏母线段供至主井、副井、西风井、地面动力等。板石煤矿地面变电所6千伏母线段入井电缆2趟，3×185平方毫米电缆供电至-420米水平中央变电所，由变电所6千伏电缆供至各移变，至采区负荷。地面6千伏母线段，供主井、副绞、风绞、新副绞、主要通风机、瓦斯抽放泵站等地面动力负荷。

2010年末，珲春矿业公司有66千伏变电所4座（板石煤矿变电所主变压器、八连城煤矿变电所主变压器、英安煤矿变电所主变压器、城西煤矿变电所主变压器），主变压器8台（板石煤矿变电所主变压器2×5000千伏安、八连城煤矿变电所主变压器2×5000千伏安、英安煤矿变电所主变压器 2×5000 千伏安、城西煤矿变电所主变压器 2×5000 千伏安），主变总容量 20000 千伏安。其中：运行 4 台主变压器，容量 10000 千伏安；备用 4 台主变压器，容量 10000 千伏安。拥有输变电线路 8 条，线路长 91 千米。

（二）井下供电

2010 年，吉林省国有重点煤矿各矿井供电均由地面高压变电所供电，供电一次电压多为 6600 伏或 10000 伏（表 4-4-13）。变电所有 2 台以上变压器，以满足矿井供电双回路要求。井下供电二次输出电压为 3300 伏、1140 伏、660 伏、380 伏、127 伏。

表 4-4-13　2010 年吉林省国有重点煤矿井下供电情况一览表

单　位	井下变电所（座）	一次供电电压等级（伏）	二次供电电压等级（伏）	变压器数量（台）
辽源矿业公司	51	6000/10000	3300/1140/660/380	251
通化矿业公司	11	6000	1140/660/380/127	31
舒兰矿业公司	10	6000	1140/660	20
珲春矿业公司	7	6000	1140/660	48

1. 辽源矿业公司

辽源矿业公司井下供电的基本模式大致相同，都是井上输电线送电到井下中央变电所，经过中央变电所变压后，再输送到采区变电所或者变电柜，最后输送到水泵房、绞车、综采机、综掘机等用电地点。2007 年，金宝屯煤矿为适应井下生产需要，将 MG770-WD 型机组更新，机组电压等级提高到 3000 伏。同年 7 月，新增设 KBSGZY-1600/12 型移动变电站，电缆型号为 MCP3×95+4×6-3300 型，长度 1800 米。

2. 通化矿业公司

通化矿业公司各煤矿井下供电采用钢带铠装高压电缆和钢丝铠装高压电缆作为入井电源供电，电缆型号为 ZQ20 型、ZL20 型。各矿使用电源电压等级不同，入井电源分为 3 千伏和 6 千伏。入井高压电缆沿井筒敷设至井下中央变电所，由高压隔爆开关控制，分别配送到高压用电场所及采区变电所。各采区变电所经 KSJ 型矿用变压器将 6 千伏或 3 千伏电压变为 660 伏或 380 伏电压，经 DW 型馈电总开关送到各用电设备的控制开关，由井下低压电动机 QC 型系列启动器控制。井下低压供电线路全部采用不延燃矿用橡套电缆，并安设漏电继电器，井下局部通风机实行专用变压器、专用电缆、专用开关供电方式，并实现风电闭锁、瓦斯电闭锁，接地保护和过电流保护装置齐全。井下照明供电采用 KSG 型干式变压器将 660 伏或 380 伏电压变为 127 伏电压供照明或信号。煤电钻全部使用综合保护装置供电。

3. 舒兰矿业公司

2010 年，舒兰矿业公司 5 处矿井由地面 3 个变电所分别供电，入井甲乙线电压均为 6 千伏。井下共设有 7 个中央变电所、15 台移动变电站，总容量为 5435 千伏安。吉舒变电所分别为四矿和三矿供电，其中：四矿井下 -20 米水平有 1 个中央变电所，设 2 台移动变电站，容量分别为 315 千伏安和 500 千伏安；三矿井下 -60 米水平有 1 个中央变电所，设 2 台移动变电站，容量均为 315 千伏安。丰广变电所主要为五矿供电。五矿井下共有2个变电所：一是在-185米水平设有1个中央变电所，设2台移动变电站，容量分别为315千伏安和500千伏安；二是在-60米水平设有1个中央变电所，设有1台移动变电站，容量为500千伏安。东富变电所分别为二矿和六矿供电。其中：二矿井下有2个变电所。一是在-60米水平有1个中央变电所，设4台移动变电站，容量分别为500千伏安（2台）、315千伏安（1台）、100千伏安（1台）；二是在-130米水平有1个变电所，设置2台移动变电站，容量均为315千伏安。六矿井下+100米水平有1个中央变电所，设2台移动变电站，容量均为315千伏安。

4. 珲春矿业公司

珲春矿业公司英安煤矿入井电缆改为YJV29-6KV3×185型和YJV29-6KV3×150型2趟电缆，地压95%升级为1140伏。八连城煤矿地面变电所6千伏母线段入井电缆3趟，3×185平方毫米电缆供电，供至中央变电所和采区变电所，由变电所供至移变，由移变供至用户，低压动力电全部升级为1140伏。板石煤矿地面变电所6千伏母线段入井电缆2趟，3×185平方毫米电缆供电至-420米水平中央变电所，由变电所6千伏电缆供至各移变，至采区负荷。

三、照明

（一）矿灯照明

1991年，吉林省各煤矿多数选用天津煤矿专用设备厂生产的KJ-11型、KJ-12型碱性矿灯和抚顺矿灯厂生产的KS-7型及KS-8型矿灯。

1. 辽源矿业公司

1991—2001年，辽源矿务局所属各矿井使用KJ-11型碱性矿灯及杭州珊瑚电器厂生产的硅整流充电机。2003—2005年，使用津贝KJTM（F）型镍氢免维护矿灯及安颖矿灯自动恒流充电架。2005—2007年，使用劲贝KL4LM（C）型锂电免维护矿灯及安颖矿灯自动恒流充电架。2007—2008年，使用顺驰KS4LM（A）型铅酸免维护矿灯及顺驰矿灯厂改进的开关电源自动保护充电机（开关电源型）。

2005年12月，金宝屯煤矿将原来使用的酸式蓄电池矿灯改为锂电池矿灯。2007年9月，将锂电池矿灯改为新型酸式免维护的环保矿灯，消除了锂电池遇高温易爆炸的隐患。

2. 通化矿业公司

2010年，通化矿业公司井下工人全部使用抚顺矿灯厂生产的KS-8型矿灯。

3. 舒兰矿业公司

2010年，舒兰矿业公司各煤矿井下工人使用的矿灯，均为辽宁抚顺矿灯制造总厂生产的KL4LM（C）型矿灯。

4. 珲春矿业公司

2010年，珲春矿业公司各煤矿均使用抚顺矿灯制造总厂生产的KL4LM（A）型矿灯。

（二）井下照明

1991年，吉林省各煤矿井下主要运输大巷、绞车房、水泵房、压风机房、爆炸材料库等局部照明普遍使用KB-60型、KB-100型矿用防爆型白炽灯和KBY-20型矿用防爆型隔爆荧光灯。井下使用蓄电池机车架线式电机车照明，电机车依靠自身装有25~40瓦的专用灯具，供运输牵引照明。

1. 辽源矿业公司

2010年，辽源矿业公司各矿井主要巷道、硐室照明为DGS20/127伏矿用隔爆型荧光灯、KBB-60/127伏矿用防爆型白炽灯或日光灯。平巷运输使用内燃柴油机车、电机车为载荷照明，均为防爆型。

2. 通化矿业公司

2005年末，通化矿务局各矿井下照明逐步被KZC－4.0型、Z×Z8－2.5－Ⅱ型或Z×Z8－4－Ⅱ型信号照明综合保护装置所代替，具有电源控制及短路、漏电保护等综合防爆功能。

3. 舒兰矿业公司

2010年，舒兰矿业公司井下巷道、硐室、电机车使用的照明，均为防爆型。巷道和硐室照明采用DGS20/127伏矿用隔爆型荧光灯、KBB－60/127伏矿用防爆型白炽灯，2.5吨和4.0吨电机车照明使用DGY35/24B型矿用隔爆电机车照明灯和ZBE型矿用隔爆照明信号综保。

4. 珲春矿业公司

2010年，珲春矿业公司井下照明使用华夏防爆电器圆形照明灯具，井下机车照明使用DGY3/127LX型防爆灯。

第五节 矿区通信

1991—2010年，吉林省国有重点煤矿通信设备随着载波、特高频、光纤、数字程控交换和ADSL（宽带上网业务）技术的应用，日趋更新。老式纵横交换机升级为程控交换机，人工交换作业发展到自动化联网程序操作，减少管理成本，提高了效率。形成了以矿业公司调度室指挥中心为枢纽，终端用户遍布各矿、井区多方位方便快捷的现代化通信网络。

一、辽源矿业公司

1991年，辽源矿务局有HJD－921型纵横交换机2000门，主要安装于办公室、生产单位及局属单位。对本局以外的呼出和呼入，由局至西安邮电局10条中继线完成。局内电话1385台，线路长度212.51千米。1995年，通讯科改为通信公司，独立经营，将原纵横交换机更新为HJD－04型数字程控交换机2000门。2002年，与铁通公司联网，电话号码由原来的6位数升至7位数，首次实现全国直拨电话。2003年10月，开通ADSL（宽带上网业务）32路，后增至352路。2006年1月，建立矿业公司门户网站，全矿业公司办公通信实现了网络化、信息化。

（一）西安煤矿

1991年至1993年5月，西安煤矿共有通信交换机HJ－905型纵横交换机400门1台，开通中继线4条，使用电话单机276台；JGF－10型人工供电复式交换机400门（共5套），开通中继线5条，使用电话单机286台。全矿共有通信电缆16.5千米。1993年6月，正式启用了HJ－905型纵横交换机200门1台、HJD－256型程控交换机256门1台和JGF－11型人工供电复式交换机300门3套设备，开通中继线14条，使用程控电话单机212台、纵横电话机136台、供电电话180台。停止使用HJ－905型交换机400门和JGF－10型人工供电复式交换机200门。保留使用三区、五区、煤质科、太平井原有的JGF－10型人工供电交换机200门。供电电话136台，作为本单位的调度台。

1999年4月，泰信煤矿一井、二井、三井合并到西安煤矿，增加JGF－10型人工供电交换机200门1台，人工调度台50门1台，电话单机146台，通信电缆4.5千米。2001年6月，西安煤矿通信系统进行网式通信改造，利用局主交换机联网，实现全矿各井区通信联通。取消矿主交换机（HJD－256型程控交换机、JGF－11型人工供电复式交换机、HJ－905型纵横交换机）。为西安煤矿一区、二区配备了通信调度用TLD－895型程控调度台

2台，共120门。增设矿务局交换机房至矿的通信电缆（200×2-0.5型）1000米。改接矿务局交换机电话168台，撤销电话140台。2002年，西安煤矿七区（原泰信煤矿二井）停止生产，撤除JGF-10型人工供电交换机50门1台，通信电缆1.1千米，电话单机28台。2003年4月，根据西安煤矿二区需要，TLD-895型程控调度台80门增容换型为CDS-DH型程控调度台120门，全矿共增加电话80台。2004年5月，更换西安煤矿五区、太平井JGF-10型人工供电交换机为TLD-895型程控调度台。2005年8月，矿调度室更换调度台为TLD-895E型数字程控调度台，用于会议专用和调度联系。同年10月，将西安煤矿六区人工调度台50门和JGF-10型人工供电交换机100门撤下，更换为TLD-895型程控调度台40门，减少电话单机80台。2007年5月，全矿更换矿用MA型通信电缆MHYV。同年12月，西安煤矿一区增容为TLD-895E型数字程控调度台120门，增加用户40台。

（二）梅河煤矿

1991年，梅河煤矿使用价值为130万元的HJ921型纵横制自动交换机1000门、1600门配线架、蓄电池组、故障测试台等全套设备，线路长度约为172千米。1991年，对梅河煤矿本部至二井、三井的通信线进行了改造，更换通信电缆18千米，投资72万元，同年底全矿电话786台。2000年，对梅河煤矿至黑山头车站架设光缆5.2千米，局矿光缆通信正式开通。2000年3月，辽源矿务局拨给梅河煤矿1台ISDX型程控自动交换机1028门，投入使用。2005年，与铁通公司联合建立梅河煤矿通信虚拟网络，10月21日正式开通，实现全国电话直拨。

（三）金宝屯煤矿

2004年，新建的金宝屯煤矿投产时，使用1台HJD-256型程序数字交换机供地面通信用。井下使用LDT-200D型数字程控交换机80门。井上电话69台，井下电话23台，通信电缆7100米，电话线24900米。2005年，地面增加电话机16台，增加通信电缆800米、电话线700米，井下增加电话机13台，增加通信电缆1500米。2006年，地面增加电话机15台，增加通信电缆800米、电话线700米，井下增加电话机15台，增加通信电缆2000米。2007年，更换交换机，使用新型HJD-256型数字程控交换机，地面电话增加41台，电话线增加2000米，井下电话增加7台，电话线增加2200米，通信电缆增加2400米。2010年，有通信交换机2台，其中1台用于井下通信联络，另1台用于地面通信联络。井下通信系统与中国电信网并网，可以实现井下与地面通信互通。

（四）龙家堡煤矿

2006年12月，龙家堡煤矿在矿区设1500门程控交换机。2007年5月，龙家堡煤矿调度室设30门临时交换机对井下、各机房及矿建施工队布线通话。2009年投产时，使用FYD-2000A型数字交换机，线路长3000米，电话70台。2010年，投入5万元，将数字键盘改为触摸式电子屏。增设1条中继线，可以从露天向井下拨打电话，线路7000米，电话150台。

（五）其他单位

矿务局建井工程处、矿山机械厂、铁道器材厂、十四厂、平岗截齿厂、职工总医院等单位，1991年分别使用磁石交换机、人工供电交换机等通信设备，1992年起相继改用50～100门之间的数字程控交换机，作为本单位内部通话工具并通过中继线与外部联通。1998年，矿山机械厂合并到局机电总厂，通信设施拆除。集贤井、白泉井和生活公司暖水科的全套通信设备，随着泰信煤矿的破产和暖水科移交社会而交给矿业公司（矿务局）外单位。煤机公司使用电信网通信。

二、通化矿业公司

1991—2010年，通化矿务局矿区通信系统逐步完善。局本部应用HJ-01型纵横制自动交换机2000门，局属各矿设置HJ-01型纵横制自动交换机500门，湾沟煤矿设置HJ-01型纵横制自动交换机1000门，五道江煤矿设置HJ-01型纵横制自动交换机500门，苇塘生产经营公司设置HJ-976型纵横制自动交换机400门，石人化工厂设置HJ-976型纵横制自动交换机400门。1992年，八道江煤矿设置HJ-01型纵横制自动交换机1000门。

2001年5月3日，通化矿务局与铁通公司签订矿区通信协议，将原使用的纵横制自动交换机全部拆除，更换ZXJ10型程控交换机，各矿、厂采用光缆通信线路。同年10月1日正式开通，局本部3000门、砟子煤矿1000门、苇塘生产经营公司1000门、石人化工厂1000门、湾沟煤矿1000门、松树镇煤矿2000门、道清煤矿1000门。2003年，局本部增加3000门，调度通信由明线改成光缆，使通信更清晰、快捷。同年，湾沟煤矿、苇塘生产经营公司、石人化工厂关闭破产后，通信移交给铁通。2006—2010年，继续沿用ZXJ10型程控交换机，各矿、厂采用光缆通信线路。

三、舒兰矿业公司

1991—2009年，舒兰矿业公司矿区通信使用的交换机为西安产HJ-01型2500门纵横制自动交换机，保留原HJ-905型纵横制自动交换机200门，共计2700门。舒兰街煤矿、东富煤矿由供电式交换机更换成HJ-905型纵横制自动交换机，容量各为500门，与局本部通话需二次拨号。1993年，通信科成立传呼台，设备容量200线。同年，施工完成特高频传输系统，解决了局本部与舒兰市电信局的中继线、营城矿区、舒兰街煤矿、东富煤矿的通信传输。2005年7月，与铁通公司协议，对东富矿区交换机进行改造，由铁通公司在东富矿区投放512线华为CC08型程控交换机，替代原来交换机，并与局本部正式并网，取消与东富矿区通话时需二次拨号的限制，矿区电话通信全部实现等位拨号。同年10月，采用当时先进的PCM终端设备，通过光缆把矿区电话号段放到缸窑矿区，解决了矿务局重组缸窑煤矿后的跨区通信难题。2006年9月，铁通公司在丰广矿区投放HJD-04型程控交换机1000门，矿区通信交换机容量达到7000线。同月，矿区通信与中国电信合作，在公司本部和东富通信机房设置中兴网络交换机，容量达到1000线。2009年，与铁通公司再度合作，把天合HJD-04型程控交换机更换成512线的华为08型程控交换机模块，提高了通信质量。

四、珲春矿业公司

2010年，珲春矿业公司全矿区设4个电话站。矿区全网以矿业公司本部电话站为中心汇接局，以数字中继与下属各矿电话站连接。

第六节 设备修配

1991—2010年，吉林省各矿业公司相继建成相应规模的机修厂，形成局、矿、井三级维修体系，对机械设备做到大中修不出局。2010年末，吉林省4个矿业公司共有13个机修厂，职工1856人，工程技术人员203人。其中：辽源矿业公司有7个机修厂，职工560人，其中工程技术人员28人。通化矿业公司有1个修配厂，技术人员47人，职工381人。舒兰矿业公司有1个机电维修制造公司，职工275人，管理人员42人，技术人员18人，技术工人188人，其他人员27人。珲春矿业公司有机电总厂、英安煤矿机电厂、八连城煤矿机电厂、板石煤矿机电厂4个机修厂，职工总数近640人，技术人员110人。

一、辽源矿业公司

辽源矿业公司负责全公司设备维修的单位有局机电厂机修车间、电修车间，西安煤矿机电科机修车间，梅河煤矿机电修配厂4个基层维修单位。有技术人员9人，维修技术工人204人，专供维修机加设备89台，年修配能力445台。主要维修项目有绞车、水泵、通风机、空气压缩机、单体液压支柱、矿用防爆电机、大型电力变压器、耙斗装岩机、混凝土喷射机等。2000年，辽源矿务局负责全局设备维修的基层单位6个，技术人员11人，维修技术工人472人，专供维修机加设备194台，年修配能力1050台。2004—2010年，先后增加金宝屯煤矿、龙家堡煤矿2个机修车间，负责全矿设备修配。主要修理项目为调度绞车、回柱绞车、喷浆机、各类减速机、综掘机、刮板输送机、液压支架、带式输送机、90千瓦以下电动机、转载机、对旋式局部通风机等。

二、通化矿业公司

通化矿务局机电总厂承担全局机电设备大修任务，设有铸造、加工、铁铆、机械大修、电气大修车间。机械设备大修种类包括矿井提升机、矿用绞车、提升装备、刮板输送机、减速机、电机车、人车、洗选设备等煤矿机械和主变压器、矿用变压器、户外变压器、高压开关柜、高压电动机、高压防爆开关等矿用电气设备。矿务局各矿、厂以机电科为单位，设立机电设备维修车间及维修班组，承担设备的中修、小修和计划性检修，各井口承担设备的日常维修、保养工作。1998年，通化矿务局投入设备大修资金883.41万元，大修设备321台，达建局以来最高纪录。截至2000年，通化矿务局累计投入设备大修资金6333.52万元，平均每年投入422.23万元，共大修理设备2883台。

三、舒兰矿业公司

舒兰矿业公司矿区设备修配主要由机电总厂和各矿下属的机电科机修车间分别承担。机电总厂主要承担设备的大修、中修、配件加工和支护用品的维修，以及每年节假日期间大型设备的检修任务。设备的小修任务则由各矿机电科机修车间负责。

1996年，舒兰矿务局成立液压支柱维修车间，年维修支柱9000根，产值230万元左右。

2000年，舒兰矿务局撤销各矿机关，成立煤炭生产经营总公司，保留丰广和东富2个机电维修车间，主要负责设备的中修和小修。机电总厂保留50人的矿修车间，以保证生产设备大修任务。

2004年9月，舒兰矿务局机构改革，将原机电总厂、煤炭生产经营总公司的东富、丰广2个机电维修车间、支护维修车间，以及原水电公司未移交的生产供电系统集中到机电管理处统一管理，2006年后划归机电公司统一管理。

截至2010年，舒兰矿业公司设备完

好率由租赁前的 84% 提高到 91% 以上，待修率由 8.2% 下降到 4% 以下，使用率由 81.5% 上升到 89.85%。

四、珲春矿业公司

1993—2003 年，珲春矿务局机电总厂有各种设备近 50 台，主要服务项目有矿山机电设备大修，支护产品生产维修，各种零配件的生产加工，各种铸钢件、铸铁件生产加工，钢结构体制作安装，兼有少量的社会产品、来料加工等。各矿另设机电厂，担负机电设备的中修、小修、零部件加工制造等。

第七节 选 煤

1991 年，吉林省国有重点煤矿有筛选厂 25 座，各筛选厂选矸的工艺多是将原煤翻入罐笼或由井口原煤带式输送机运到筛选厂原煤给煤机，经过皮带斜廊，进行人工选矸。当年有 4 座洗煤厂，全部建在通化矿务局，分别是铁厂洗煤厂、八道江煤矿洗煤厂、湾沟煤矿洗煤厂和大湖煤矿洗煤厂，分别主洗焦煤、瘦煤、1/3 焦煤和产品动力煤，年入洗能力 420 万吨。为提高手选效率，各矿务局先后对手选进行创新，对设备进行技术改造。2010 年末，吉林省国有重点煤矿洗煤厂 12 座，入洗能力 1320 万吨/年。其中：辽源矿业公司国有重点洗煤厂 6 座，入洗能力 700 万吨/年；通化矿业公司国有重点洗煤厂 5 座，入洗能力 500 万吨/年；舒兰矿业公司国有重点洗煤厂 1 座，入洗能力 120 万吨/年。

一、辽源矿业公司

1991 年，辽源矿务局有筛选厂 10 座（其中，梅河煤矿 5 座、西安煤矿 2 座、泰信煤矿 2 座、平岗煤矿 1 座），设计生产能力 535 万吨/年。主要使用 2KD2065 型直线振动筛和 2YA154 型圆振动筛等筛分设备以及带式输送机等运输设备，所产原煤全部经过筛选处理后销售。筛选品种主要有大于 50 毫米或者大于 70 毫米的大块煤、50～13 毫米的混中块煤和小于 13 毫米的粒煤（有时或有的单位也将小于 25 毫米的煤称为粒煤）。

2000 年，泰信煤矿破产关闭，原有的泰信煤矿一井筛选厂拆除，泰信煤矿四井筛选厂随井口一并划归西安煤矿，平岗煤矿集泉井筛选厂随井口一并转卖，全局原煤筛选能力略有下降，但是仍然可以满足生产需要。

2001 年，投资 200 万元，在梅河煤矿二井建成了全局第一座年处理能力 35 万吨煤风选厂，用于风选二井的混中块，风选的效果不理想。2001—2003 年，每年仅生产风选中块煤 10 万吨左右。

2002 年 6 月，在梅河煤矿四井建成矿务局第一座洗煤厂。螺旋滚筒式洗煤方法，设备型号 TXM1840 型，单套处理能力每小时 100 吨，每年 48 万吨。其配套设施有 2KD2065 型直线振动脱水筛、GPS1837 型高频脱水筛、ZKB922 型矸石脱水筛。该洗煤方法投资少，见效快，工艺流程和维护操作简单，但也存在设备本身占地面积大，处理能力低，洗煤分选效果欠佳，设备故障率较高等不足。2004 年 7 月 15 日，在金宝屯煤矿建成投产第二座同种洗煤方式双系统的洗煤厂，投资 1200 万元。同年 9 月 30 日，在梅河煤矿二井建成投产同种洗煤工艺的第三座洗煤厂，总投资近 1509 万元。2005 年 9 月 15 日，在西安煤矿斜井建成矿务局第四座洗煤厂，投资 2130 万元。2008 年 12 月 26 日，龙家堡矿业公司洗煤厂与龙家堡矿业公司同步调试生产，设计入洗能力 300 万吨/年。2009 年，在西安煤矿六区建成第六座洗煤厂，入洗能力 717 万吨/年。

二、通化矿业公司

1991 年，通化矿务局有 8 座拣矸厂和 6 个筛分厂。筛分厂建在五道江煤矿，生产块煤与混煤 2 个品种。全局煤炭入选率占总产量的 91%，基本取消了直销毛煤，全局每年选出矸石 20 万吨以下，原煤含矸率 8%，通过手选降到 0.6 以下，灰分降到 3.5%。在全局范围内开展手选矸石小指标竞赛，推广迎面拣矸法，手选效率达到 89.5%。

2010 年，通化矿业公司有 5 座选煤厂，总入选能力为 501 万吨/年。其中：八宝选煤厂（原砟子选煤厂）入选能力 90 万吨/年，道清选煤公司入选能力 75 万吨/年，松树选煤厂入选能力 21 万吨/年，八宝工业园选煤厂入选能力 240 万吨/年，临江选煤厂入选能力 75 万吨。当年入选煤炭 420 万吨，占总产量的 80.5%。

三、舒兰矿业公司

1991—1998 年，营城煤矿归舒兰矿务局管辖，营城煤矿有 2 座筛选厂，年筛选能力 162 万吨。

1993 年末，舒兰矿务局生产的煤炭品种有大块、混中块、混块、粒煤、混末煤、末煤和粉煤、原煤等 8 个品种。

2008 年设计建设东富洗煤厂，2009 年 6 月投产，年设计入洗能力 120 万吨，洗煤工艺采用国内先进的跳汰式洗煤技术。

2010 年，舒兰矿业公司有吉舒筛选厂、丰广筛选厂、东富洗煤厂 3 座，年入选能力 390 万吨。

四、珲春矿业公司

珲春矿业公司英安煤矿筛选厂，最初筛分使用最原始的静态算条式筛子，筛分大于 75 毫米块煤，块煤以手选选矸，要求选后含矸在 5% 以内，小于 75 毫米混煤。后来改造为电动分级振动筛，筛分大于 50 毫米块煤，块煤以手选选矸，要求选后含矸在 5% 以内，小于 50 毫米混煤。

2007—2009 年，珲春矿业公司分别对八连城煤矿、英安煤矿、板石煤矿筛选厂设备更新换代，筛分产品品种分别为大于 50 毫米块煤、50 毫米混煤、50~13 毫米混中块、小于 13 毫米末煤。

2007 年，八连城煤矿增建洗煤厂，由煤炭科学研究总院唐山研究院设计，年处理量 90 万吨。同年 10 月正式投入使用，洗煤工艺采用国内先进的跳汰式洗煤技术。

吉林煤炭工业志

第五篇
企业改革

1991—2010 年，吉林煤炭工业在曲折中发展。20 年间，吉林煤炭战线广大干部职工经历了承包经营、产业结构调整，企业破产重组等一系列变革，在困境中走出了一条自强、自力、自我完善、自我发展的道路。

1991—1992 年，吉林省国有重点煤矿通过两轮承包（1985—1987 年三年投入产出总承包，1988—1990 年延续三年总承包）经营，生产秩序明显好转，煤炭产量增加。

1993—1995 年，国家决定国有重点煤矿全部进入市场，煤价放开，同时实行煤矿扭亏增盈，并分三年抽回国家给予煤矿的政策性亏损补贴。这对仍然实行双轨制的煤炭企业无疑造成巨大压力。

从 1994 年开始，吉林省国有重点煤炭企业生产经营和煤矿职工生活遇到前所未有的困难，亏损补贴严重不足、资金极度紧张、增亏因素大幅度增加、煤炭经济从困难走向低谷，生产难以维持，拖欠职工工资，由此引发不稳定因素增加。在这一特殊历史时期，吉林煤炭工业战线各级干部和广大职工按照中共中央关于实行企业改革的指示精神，不断加大改革力度，转换经营机制。吉林省国有重点煤炭企业，先后采取原煤生产、多种经营、后勤服务"三条线"管理；减人提效、下岗分流；调整产业结构，加快发展非煤产业；抓大放小，一矿一策、灵活经营等措施，缓解企业困难，维持企业生存。在用工制度上，实行全员合同制；在干部管理上，实行聘任制；在工资分配上，打破"大锅饭"，实行"一酬多挂"；在资金管理上，建立内部银行，划小核算单位，实行成本倒算法，开展内部审计等一系列改革措施。吉林煤炭战线广大干部职工改革的实践，为煤矿企业由单纯的计划经济转向有计划的商品经济从而进入市场经济积累了宝贵的经验，为煤矿企业早日走出困境，以及吉林煤炭工业再度繁荣奠定了基础。

2000 年，国家实施对资源枯竭、扭亏无望煤矿关闭破产，移交企业办社会职能等政策，煤矿经济开始逐步好转。2002 年开始，吉林省国有重点煤矿企业经济开始走上良性发展、繁荣发展阶段。

第一章 转换经营机制

第一节 结构调整

一、"三项制度"改革和"三条线"管理

（一）"三项制度"改革

1992 年，辽源矿务局开始着手进行劳动人事、分配、用工"三项制度"改革和实行煤炭生产、多种经营、后勤服务"三条线"管理。工人择优上岗，干部择优聘任，打破干部终身制和"铁交椅"。坚持责权利相统一，形成能上能下新型动态用人管理体制。1993 年开始推行全员合同化管理，1995 年实行全员劳动合同制，1996 年矿务局制定出台《以产定人、

减人提效实施方案》《人才交流中心管理条例》和《富余人员安置的若干规定》等文件。1996年8月24日,矿务局召开动员大会。在矿务局所属各单位推广泰信煤矿治理整顿、深化改革的做法,实行全员下岗,重新聘任,未被聘任人员无论工人和干部,一律进入矿务局人才交流中心待岗,发放基本生活费。精简分流的同时,充实井下生产一线,顶替季节性临时工。通过以产定人,减人提效,裁减企业冗员,实现企业用人动态化管理,矿务局全员效率大幅度提高。2005年底,矿务局实行整体改制后,按照现代企业制度要求,重新签订劳动合同,实行全员合同制管理。在分配制度改革上,实行"一酬多挂"等多种分配方式,积极推进岗位效益工资,岗变薪变,收入能多能少。2007年,辽源矿业公司职工总人数由1991年的45156人减少至23409人,减少21747人,减少幅度48.16%,原煤全员效率由1991年的0.822吨/工,提高到2.02吨/工,提高幅度145.7%。企业经济效益由亏损6520.3万元变为盈利1369.6万元。公司职工年人均收入从1991年的2450元,提高到25107元。其中采掘工人年人均收入从3840.84元提高到39927元。职工年人均收入和采掘工人年人均收入均增长了10倍,职工生活水平大幅度提高。

舒兰矿务局在"三项制度"改革中,打破干部"铁交椅",做到能上能下。经过多次调整压缩,局机关由1990年的432人减到1995年的130人,行政管理部门减到一局、两处、五办。5个生产煤矿机关由1990年的540人减到1995年的205人。通过深化"三项制度"改革,选拔优秀工人到领导和管理岗位,做到能干能工,能工能干。机电总厂、舒兰街煤矿、职工大学等单位招标选聘经营者,实行标准公开、标底公开、程序公开、评审公开。对5个生产煤矿和林业处领导班子进行调整,择优选聘,打破论资排辈,破除干部和工人界限,实行民主推荐、民主评议、民主决策。新任职处级干部实行试用期制度、述职报告制度、一年黄牌警告制度和厂矿长离任经济责任审计制度。截至1992年,全局先后对23个矿处级班子、32个机关处室、211个科级班子、339个科室、252名处级干部、1328名科级干部进行了考评。其中:处级干部免职32人,退二线29人;科级干部免职329人;52人走上处级领导岗位,287人走上科级领导岗位;88人由干部转为工人,从工人岗位中选聘127人到干部和管理岗位。2000年开始,对副处级以上干部进行定期目标考核,主要负责人完不成目标,半年黄牌警告、一年免职。对基层班子和机关处长实行末位淘汰,每半年进行一次测评,连续两次末位给予免职,充分调动了干部、工人的积极性。

珲春矿务局从1991年开始实行干部能上能下、工人能进能出,打破管理干部与工人、固定工与合同工的界线,择优录用、择优上岗的用人制度改革。打破"三铁"制度,实行竞争上岗,在企业内部逐步推行全员合同制。1992年,精减分流2500人,干部定编比东煤公司核定指标减少296人。2004年5月,成立珲春矿务局"三项制度"改革工作领导小组,印发珲春矿务局实施"三项制度"改革工作方案,明确了改革目标和任务。用工实行合同制,依法签订劳动合同,实行劳动力动态管理,建立单位内部待岗机制。打破干部终身制和工人、干部界限,实现能者上、庸者下的聘用制度。工资实行分配制度多元化,充分考虑资本、技术、管理等要素参与分配,科学、合理、公正地进行岗位评价,确定岗位系数,干什么活,领取什么样报酬的岗位技能工资。

(二)"三条线"管理

辽源矿务局根据煤炭工业部关于"三条线"分离精神,提出凡有量可计的生产辅助、生产服务部门要逐步实现企业化管理,实行生产、生产服务和生活服务"三条线"分离,不吃煤的大锅饭。把一些生产辅助部门和矿、厂内部生活福利网点推向社会,由单纯费用型变为对外创收效益型。1993 年,分离 867 名各类人员,工资奖金全部自负或部分自负。1994 年,划小生产辅助、生活服务核算单位,切块经营,招待所、食堂、浴池、托儿所等一律包死费用,自负盈亏。生产辅助部门与生产系统相对分离,实行对内有偿服务和对外创收,尽可能不吃或少吃原煤费用。1995 年,辽源矿务局将局属通讯科、电务科分别改制为通讯公司和供电公司;新闻中心、房地产处等实行企业化管理;供应、销售、开发公司、经贸公司、运输部、供电、通信、计量、设计院、印刷厂等全部成为经济实体,自主经营、自负盈亏。总医院实行社会创收,职工工资和奖金由医院自行解决。同年,局属集体企业二级公司与主管单位分离后合并,成立兴达公司,实行自主经营、自负盈亏;亏损经营的开发公司和第二招待所解体,人员进入待岗站。调整产业产品,水泵厂划归机电总厂,实现生产技术优势互补。通过结构调整,促使矿务局地面工厂和多种经营厂点经营效果显现。1998 年,补充、完善"三条线"核算办法,制定内部结算价格,管理体制向"三条线"管理并拢。2000 年,辽源矿务局印发《财务管理有关规定和意见的通知》,制定全局"三条线"管理过程中实行工资倒算法的几点意见。

通化矿务局为缓解经济困难形势,于 1993 年制定了分灶吃饭,减员提效,三线分离,减亏降成,模拟二级法人运转和转换经营机制、结构调整等一系列改革措施,对煤炭生产、多种经营和后勤服务实行主、辅分离"三条线"管理。1997 年,通化矿务局印发《实行"以产定人"和"三条线"管理的实施方案》,进一步明确了"三条线"工作重点和目标。通化矿务局成立离退休、医疗卫生、普教 3 个管理中心,使基层矿(厂)从承担部分社会职能中分离出来,通过管理中心实行直接管理,减轻矿(厂)社会负担。同时,在矿务局内实行模拟市场化管理:"三条线"经营目标保证矿务局属各矿(厂)经营目标,不留缺口;各条线占用资产实行有偿服务;完善内部价格体系。1999 年初,通化矿务局印发《深化改革实施办法》,"三条线"管理由矿(厂)向科(井)级单位延伸。将松树镇煤矿、砟子煤矿、道清煤矿、苇塘生产经营公司和铁厂洗煤厂下属科(井)级单位划分为生产经营、再就业和资产管理、后勤服务三条线。运营中的井口、地面厂点均划归生产经营线;停止运营的资产、下岗人员以及全矿债权债务,划归再就业和资产管理线;其他单位一律划归后勤服务线。

舒兰矿务局分步实施"三条线"管理体制改革,由以块为主逐步向以线为主过渡,整合资源,实行系统统一管理。1999 年 3 月,舒兰矿务局实行集中管理煤矿生产,将局属东富煤矿并入舒兰街煤矿管理。同年 4 月,组建多种经营总公司和后勤服务中心,管理全局多种经营和后勤服务单位,搭建"三条线"管理格局框架。1999 年,撤销局属各矿机关,成立煤炭生产经营总公司,将各井口和销售公司纳入煤炭生产经营总公司统一管理,主要负责煤炭生产和销售。2000 年 1 月,舒兰矿务局撤销吉舒煤矿、丰广煤矿、舒兰街煤矿机关,组建成立煤炭生产经营总公司，将全局各矿井、销售公司、机电总厂和局机关中生产处室全部纳入煤炭生产经营总公司管理。通过实施"三条线"管理，煤炭生产做到经营不亏损、多种经营有利润，后勤线取消补贴自负盈亏，分路突围，分灶吃饭，实现资产所有权和经营权分离，促进了经营机制转换。矿务局总医院在资金极度紧张情况下，不等不靠，实行以外养内战略，增加收入，保证职工基本医疗有序进行。

根据吉林煤管局有关文件精神，珲春矿务局于1997年结合全局实际情况，对局属各单位全面实行煤炭生产、多种经营、生活服务"三条线"管理。印发《珲春矿务局以产定人，精减分流富余人员实施方案》，按照吉林煤管局规定，全年精减分流1000人，实际精减分流1314人，完成指标的131.4%。同时鼓励本企业职工办理停薪留职，自谋职业，向煤矿企业外流动，以减轻企业负担。大力发展第一产业和第三产业，动员从岗位上剥离下来人员搞种、养殖业（主要是蛟河），每人贴息贷款3000~5000元，共为827人办理了第一产业、第三产业贷款，总金额407.5万元。

二、所有权与经营权分离，试行二、三级法人制度

辽源矿务局于1992年借鉴萍乡矿务局经验，在深入结构调整中，着手实行多级模拟法人制度。辽源矿务局实行所有权与经营权分离，由微观参与变为宏观控制，把生产经营权下放给各直属单位，使其成为矿务局领导下相对独立并具有二级模拟法人地位的经济实体。一些相对独立井区和车间、厂点，均变为三级模拟法人单位，面向社会，独立核算，自负盈亏。1994年，辽源矿务局对所属3个煤矿、7个地面厂、2个基本建设处和铁路运输部等13个直属生产单位实行模拟二级法人运转，最大限度下放经营自主权。资金使用上，恢复执行各矿"分灶吃饭"的资金管理体制，矿务局内部之间业务结算变为银行外部结算。2004年，对有条件的地面工厂和经营厂点积极实施产权投资多元化改革，争取职工入股和吸纳社会资金入股，尽快完成股份制改造。对其他多种经营厂点实施出租、拍卖、关闭等多种形式的改革，激发各企业活力。

通化矿务局于1996年制定并印发《通化矿务局全面实施二级法人运转暂行办法》，把20个直属单位列为二级法人，经工商行政部门注册登记取得营业执照，由矿务局颁发二级法人证书，并委派二级法人代表，使二级单位真正成为自主经营、自负盈亏、独立承担风险的经济实体。局机关一些有经营职能的煤炭销售、物资供销、生活服务、外贸等公司，动力处、房产处、林业处、法律处、审计处、卫生处、设计院、环保计量处、新闻中心等处室和单位也实行模拟二级法人体制运转。矿务局为投资决策中心，矿（厂）为效益管理中心，井（科）为成本核算中心。与模拟法人运转相配套的经济纠纷仲裁委员会、煤炭产品销售协调委员会、经济活动考核委员会同时成立。模拟法人运转改变了过去企业权力过分集中、管得过死的弊端，调动了二级单位工作积极性。

舒兰矿务局在所有权与经营权结构调整上，鼓励非国有经济通过出资、租赁、承包等方式，发展一批国有民营单位。印刷厂试行股份制试点，火药厂实行股份制改造；东富建陶厂、丰广天绿食品厂等单位实行股份合作和承包租赁经营。丰广煤矿二井、四井，吉舒煤矿一井，东富煤矿一井和大鼻子沟井等5对生产矿井，实行个人租赁经营，建立完善资

金、生产资料、社会服务等市场，相应下放自主权，形成以矿务局为投资中心、矿（厂）为利润中心、井科为成本中心的管理机制。舒兰矿务局在企业内部试行多种经营方式，对条件成熟的井区或小型多种经营厂点试行国有民营、租赁经营、合作经营，以及股份制改造，以提高经济效益。

三、实行国有民营、租赁经营，建立股份制企业

辽源矿务局于1994年对泰信煤矿一井、二井、四井、西安煤矿三区、四区、梅河煤矿六井、七井进行国有民营改革试点。实行生产资料所有权与生产经营权分离，由经营者实行风险抵押承包，自主经营，独立核算，亏损不补。1995年，辽源矿务局通过深化和完善承包经营责任制，引入风险、竞争和利益机制，矿务局所属各单位实行多级法人经营，部分小井区推行国有民营、租赁经营或合作经营，把指标层层分解落实，分头突围。同年，辽源矿务局机电总厂、十四厂、水泵厂、截齿厂、水泥厂、铁路运输部、矿业联合总厂、供应处、福利处、房产处、教育处、职教中心、集体企业中专、销售公司、医疗卫生中心、总医院等单位完成了年初下达的盈亏费用承包指标。十四厂抓住机遇，开拓市场，产销率和回款率分别达102%和103%，全年盈利46.9万元，比矿务局下达的33万元利润指标增盈13.9万元。矿业联合总厂实行转制后，采取租赁、个人承包等多种形式，扭转亏损局面，实现正负零的目标。2000年，辽源矿务局在结构调整中，进一步放开搞活"三小"（小井口、小厂点、小服务单位）单位，积极探索国有经济多种实现形式，包括多元经营、多种经营等二次创业和股份制、股份合作制、破产、分立、

租赁、托管、承包等多种形式调整，对经营困难的"三小"单位，采取出售、分块搞活、抵押返租等灵活方式进行深化改革。

通化矿务局于2005年6月出资与白山市振东煤业有限责任公司、通化钢铁集团股份有限公司共同组建吉林东圣焦化有限公司。初始注册资本9900万元，白山市振东煤业有限责任公司占股比41%，通化矿务局占股比39%，通化钢铁集团股份有限公司占股比20%。2009年增资扩股，增资后各股东所占股比为：白山市振东煤业有限责任公司46%，通化矿业公司44%，通化钢铁集团股份有限公司10%。项目于2005年5月开工，2006年11月建成投产。2007年，对焦化生产线进行改造，增建甲醇生产线，甲醇设计生产能力6万吨/年，2007年9月开工，2009年11月竣工，实际投资2.5亿元，改造后增加甲醇产品品种，提高了企业竞争能力和经济效益。

四、发展非煤产业，实现产业结构调整

国家在抽回煤炭亏损补贴的同时，实行三产贴息贷款，鼓励煤矿企业转产，发展第三产业。从1991年开始，吉林省国有重点煤矿企业利用国家政策支持，大力发展第三产业，弥补煤炭企业经济总量不足，截至1996年，吉林省国有重点煤矿非煤产业销售收入10.3亿元，利润3370万元。

2005年，辽源矿务局非煤产业生产经营总额、销售收入、利润三项主要经济指标均创出历史最好水平。红梅煤矿注重加强企业管理，坚持以安全促发展，连续三年实现安全生产，经济效益明显提高，实现产值1.05亿元。方大公司加强锻造生产线改造，提高效率和产品质量，全年

实现产值5712万元，比上年增加2097万元，经济效益比计划增盈73.4万元，职工年人均收入达到1.58万元。2007年4月，辽源矿业公司建立新型墙体材料公司，使矿区非煤产业经济得到进一步发展，同年12月28日，成立金宝屯油母页岩开发公司，为经济发展创建新的增长点。

辽源矿务局在大力发展非煤产业的同时，集中力量抓原有地面工厂工程建设，发挥了老厂投资少、见效快的作用。1994年锻造中心完成产值4592.9万元，比上年提高35.96%，创历史最好水平，实现利润97.32万元，比上年增盈289万元；水泵厂加大水泵生产线技术改造，扩大生产能力，提高产品科技含量，并注重拓宽销售市场和提高产品质量，1994年，投入330.75万元，生产各类水泵500台，产值2100万元，2005年，完成产值3740万元，比上年增加1553万元，经济效益比计划减亏增盈166.7万元，职工年人均收入达1.3万元。方大公司不断扩大经济总量，投资1.43亿元的8000吨锻压生产线项目进展顺利，产值完成2亿元。煤机公司产值完成1.8亿元。泵业公司16种新产品开发取得进展，产值完成1.2亿元。红梅煤矿坚持煤与水泥并重发展，煤炭产量42万吨，生产水泥22万吨。建设工程公司狠抓施工组织，确保了各项工程按期竣工，产值完成2.3亿元。

通化矿务局截至1996年已建成大湖金属镁厂、大湖电厂、石人水泥厂、石人余热电厂等一批多种经营厂点。利用矿区煤矸石资源，合资兴建了煤矸石综合利用欧式瓷瓦项目，2006年4月，点炉生产，产品实现了产销平衡。2006年，泵业公司投入100万元，引进锻造生产线，开发轴承产品，完成了各项经营指标，销售收入3217万元，实现利润413万元。2007年，泵业公司完成销售收入2850万元，实现利润120万元。同年10月，松树煤矿二井瓦斯发电项目建成发电。

舒兰矿务局于1993年争取转产贴息贷款8020万元，上了12个项目。1995年，矿务局多种经营实现产值8709万元，销售收入6979万元，安置富余人员和待业青年886人。"八五"期间，多种经营累计完成总产值5.97亿元，安置人员3493人。机电公司通过实施走出去战略，创收能力增强，2010年总产值突破8500万元，对外产值达到2500多万元，与2006年相比增长10倍。2010年，总医院收入达到2200万元，实现了创收指标。

珲春矿务局自1993年开始利用三产贴息贷款，先后兴建了大兴鹿场、工业硅厂、氨基酸厂、衣康酸厂、二次D酸厂以及苗圃日光塑料大棚等多元产业，发展矿区经济。

五、实现企业由单纯销售型向销售经营型转变

辽源矿业公司自2005年开始把"转变方式、调整结构"作为加快矿业公司发展的重要举措，加大项目投入，建设和改造洗煤厂，提高洗煤能力和洗煤质量，实现能入洗的全部入洗，洗煤效益不断提升。投入资金2.5亿元，建设和改造了西安煤矿斜井，梅河煤矿二井、四井3个洗煤厂，矿业公司洗煤设计能力达到950万吨/年，洗煤质量进一步提高。"十五"期间，辽源矿务局销售收入达到51亿元。投入资金1.37亿元，积极推进坪子煤矿建设速度和采煤方法改革。在9万吨/年生产能力的基础上，加快了60万吨/年自动化综采工作面和45万吨/年重介洗煤厂建设。"十一五"期间，辽源矿业公司围绕"三个转变、四个提高"发展理念，不断拓宽思路，转变经济发展方式，努力培育新的经济增长点，煤炭产品增收 9.6 亿元。矿业公司先后投资建设 7 座现代化重介洗煤厂，年洗煤能力达到千万吨。2010 年，洗煤完成 565 万吨，同比提高 175 万吨；非煤经济产值 10 亿元，同比提高 1.8 亿元；销售收入 8.3 亿元，同比提高 1.69 亿元，利润 2000 万元。销售收入由"十五"期间的 51 亿元，提高到 188 亿元，增加了 2.7 倍；人均收入由"十五"期末的 15885 元/年，增加到 41005 元/年。"十一五"期间，全矿业公司非煤产业生产经营总额、销售收入、利润分别由"十五"期间的 14.2 亿元、16.2 亿元和 1650 万元，提高到"十一五"期间的 48 亿元、40 亿元和 1.28 亿元。

通化矿业公司在充分保证煤炭产量稳中有升的同时，调整煤炭产品结构，大力发展洗煤产业，新建、扩建洗煤厂，扩大入洗量，由以销售原煤为主变为以销售精煤为主，积极推进煤炭深加工。2006 年，矿业公司八宝洗煤厂全年完成入洗量 70.6 万吨，超出计划入洗量 10.6 万吨，实现利润 272 万元；道清选煤公司积极走出去，开辟销售市场，保证了产销平衡，当年实现利润 1308 万元。2007 年，八宝洗煤厂全年入洗原煤 93 万吨，完成销售收入 2.2 亿元，实现利润 1455 万元；道清选煤公司全年入洗原煤 67.3 万吨，完成销售收入 1.8 亿元，实现利润 1200 万元。同年，通化矿业公司完成工业总产值 11.1 亿元，同比增加 4.8 亿元，增幅 76.2%；非煤产业生产经营额 5.5 亿元，实现利润 2100 万元；商品煤销售收入 83065 万元，同比增加 16197 万元，增幅 24.2%；全年补贴后利润实现 202 万元，同比增利 50 万元；从业人员年人均工资 21210 元，同比提高 3477 元，增幅 19.6%。其中，采掘人员人均工资 29652 元，同比提高 3977 元，增幅 15.5%。2010 年，通化矿业公司洗煤生产发展强劲，全年入洗原煤 406 万吨，比同期增加 109 万吨，增幅 36.7%；生产精煤 114.9 万吨，比同期增加 27 万吨，增幅 30.7%。

舒兰矿业公司坚持煤矿主业发展、不断优化生产布局，对二矿主提升运输系统升级改造和地面设施改造，建设二矿现代化矿井，增加煤炭生产总量。通过改造，二矿具备 300 万吨/年生产能力，现代化大生产格局全面形成。探边、摸底、找盲获得可采储量 107 万吨。"八五"期间舒兰矿务局生产原煤 1922 万吨，超产 122 万吨。2010 年，舒兰矿业公司加快转变发展方式，坚持走科学发展、和谐发展、可持续发展之路。矿井产量完成 408 万吨，同比增长 15.96%。全员效率 3.74 吨/工，同比提高 11.64%。单产 50732 吨，同比提高 15%。单进 167 米，同比提高 31%。采煤机械化 74%，同比提高 18.6%；掘进机械化 88.6%，同比提高 73.6%。工业产值 6.95 亿元，同比增长 7.4%。非煤产值 1.69 亿元，同比增长 40%。全年实现利润 2487 万元，同比增加 1782 万元。

杉松岗煤矿在 1991—2010 年期间大力发展非煤产业，发展养殖加工业，重点开发卓越养殖、种鸡孵化、放养、卓越饲料、"卓别琳"休闲系列产品项目；正方鸡鸭饲养、填饲公司的鹅鸭肥肝及系列产品，铁矿石开采加工铸造和生产海绵铁系列产品等非煤项目建设，改变了矿区经济结构，促进了矿区经济发展。

吉煤集团 17 个重点项目于 2009 年完成投资 18 亿元，其中 7 座洗煤厂全部竣工，新增洗煤能力 1140 万吨/年，当年，吉煤集团职工收入人均 33983 元/年，同比提高 16.53%。2010 年，职工人均工资达到 39699 元/年，同比增长 16.73%。

第二节 承包经营

1991—1992年,吉林省各矿务局与东煤公司签订两年延续承包合同。同时,矿务局与局属各单位签订合同,实行层层承包。各煤炭企事业单位全面推行经营承包责任制,对主要经济技术指标上下级层层签订"包""保"合同或责任状,包死基数,自主经营,利润分成,有奖有罚。

一、辽源矿业公司

1991年,辽源矿务局按照《东煤公司内部承包经营方案》和有关配套意见,结合实际,拟定了《承包经营方案》及《关于在承包经营中加强职工培训工作的意见》《职工工资分配意见》《内部承包分成办法》3个配套方案。承包中,矿(厂)对局实行集团承包;生产矿井包盈亏指标,保产量、保安全、保后劲;地面厂包利润,保产品质量、保新产品开发;单位实行费用包干,超支不补。全员现金抵押,减亏超利部分,扣除"两金"后全部留给承包单位,单位内部可提取一定比例奖励班子和工人;超支减利部分用抵押金和工资抵补,并追究承包人的经济责任。矿(厂)完不成承包指标的,第一年对矿(厂)长给予黄牌警告,第二年就地免职。局属事业单位和矿(厂)下属单位不搞承包经营,主要落实经济责任制,实行指标考核。矿务局成立考核委员会,制定考核细则,保证在严格考核的基础上兑现承包合同。

辽源矿务局将银行的部分机制引入企业,在全局经济最困难时期,发挥了调控资金、强化管理、推动脱贫解困的特殊作用。1995年2月,辽源矿务局成立内部银行,业务由财务处划出,每月向财务处报表,强化内部资金市场,发挥局内部银行的资金流通渠道作用,各矿(厂)回款必须到内部银行,严格执行内部银行结算纪律,使内部银行的管理机制更加完善。

二、通化矿业公司

1991年,通化矿务局制定了《通化矿务局延续承包经营方案》,并与下属11个主要生产经营单位签订包产量、包盈亏、包后勤,定安全、定产品质量、定全员效率、定设备巷道完好率、定机械化程度、定单产单进回采率及掘进总进尺、定流动资金周转天数的"三包七定"延续承包经营合同,较好地完成了2年延续承包期各项经济指标。同年,生产原煤550.5万吨,超计划80.4万吨,创"七五"时期以来的最好水平;掘进总进尺超计划3341米;两年累计完成基本建设投资5640万元,超计划8.8%;取得科研成果95项,创造价值150万元;多种经营实现利税664万元。

1994年,通化矿务局苇塘生产经营公司三井由原三井井长孙庆云个人总承包;五道江煤矿冰湖沟井实行国有私营,由吉林省特等劳动模范、全国"五一劳动奖章"获得者五道江煤矿五道岭井队长冯云个人承包经营。

1995年,通化矿务局深化改革,制定印发《深化改革转换经营机制实施方案》,精简机构和人员,矿务局机关处室、矿(厂)科室由1992年的276人减到181个,机关干部减少788人。

1998年,通化矿务局所属二级单位的承包指标年初一次性包死。规定减亏增利部分,局与各矿(铁厂洗煤厂)1∶9分成,与其他单位2∶8分成。同时规定4个放开经营单位的盈利可全部留用,超亏减利部分用工资弥补。在《通化矿务局2000年经济运行管理办法》中,出台一系列改革配套措施：各矿（厂）承包集团人员实行效益工资，职工工资全部与工效挂钩，在用电、设备、工矿配件管理上，责任落实到人头等。

进入 21 世纪，通化矿务局在松树镇煤矿、砟子煤矿、道清煤矿实行班子成员集体承包。对 3 个进入关闭破产程序的大湖煤矿、八道江煤矿、五道江煤矿中仍有生产能力的井口，采取完全包干给个人的生产自救承包形式。大湖煤矿二采区、八道江煤矿立井、五道江煤矿一井均采取个人承包经营的管理办法，使一度困难的经济形势有所缓解。

2006—2010 年，通化矿业公司每年与下属主要生产经营单位签订《生产经营目标责任状》，包保原煤产量、灰分、成本、利润、总进尺、安全生产经营指标。坚持"效益、成本、质量、品种"八字方针，深化经营承包机制。

三、舒兰矿业公司

舒兰矿务局在 1985—1990 年的六年总承包实践中逐步总结和完善了以承包经营为核心，集内部银行、内部核算、目标成本、经营调度、效益工资、设备租赁、全面质量管理为一体的"八位一体"管理体系。1992 年，能源部政策法规司到舒兰矿务局进行专题调查，撰写了《关键在企业内部工作——舒兰局总承包启示》的调查报告，刊登在《能源动态》简报上；能源部部长黄毅诚 8 月 27 日在调查材料上作了："生产有潜力，管理也有潜力，就是现有条件也可以使成本下降。承包要细，管理要严，发动群众当家理财，这份材料可以转发"的批示。在东煤公司、能源部召开的相关会议上，舒兰矿务局分别就审计工作、"八位一体"做法、干部制度改革、强化企业管理等方面介绍经验，先后被吉林省委、省政府、东煤公司评为省级先进企业、全省文明企业、思想政治工作优秀企业；荣获吉林市先进单位、东煤公司先进企业、生活福利标准化矿务局等称号，荣获中国煤炭企业管理协会授予的中国煤炭工业优秀企业管理奖。

1991—1992 年，舒兰矿务局与东煤公司签订了两年的滚动延续承包合同，在巩固六年总承包基础上，继续推进承包经营责任制。在企业内部，根据不同所属单位的性质进行层层承包、分解承包。对所属煤矿实行包产量、包亏损、包后劲，定安全、定质量、定效率、定设备、定机械化程度、定单产单进回采率、定流动资金周转天数的"三包六定"承包方式。对机电总厂、化工厂、直属综合厂等地面直属单位采取包产值、包盈亏，定质量、定产量、定安全、定效率、定设备完好率、定流动资金周转天数的"两包六定"承包方式。对建筑安装公司采取包基建施工任务、包施工企业利润，定设备增值率、定工程质量、定安全、定劳动生产率、定三材消耗和工程成本降低率的承包方式，指标考核按东煤基本建设局下达的年度计划为准。对其他所属单位及机关部门采取不同的承包经营形式，具体内容按分别核定的年度计划考核。承包经营中，舒兰矿务局突出对效益指标的考核和兑现，由过去按财务报表考核改为按产、销、平考核，即以计算期内的生产量作为销售量，按已实现的售价乘产量，与成本对比，加上营业外和其他产品、其他销售利润，最后得出的亏损与计划相比，其差额即为减亏。对多种经营厂点，采取承包集团风险抵押与职工全员风险抵押两种形式的风险抵押承包，完成承包任务，保本保息，完不成承包任务则按一定比例减发或不发承包奖，年度内经营亏损则以风险抵押金弥补，直到扣完为止。

1993年底，舒兰矿务局与东煤公司签订1994—1995年包盈亏、包安全，保国有资产保值增值、保后劲、保全员效率、保职工工资水平"两包四保"承包经营合同。舒兰矿务局坚持以扭亏增盈为目标，每年制定承包经营方案，层层签订责任状。从1998年开始，随着企业困境加剧和管理方式改变，承包经营方式虽然不再明确采用，但承包因素一直存在。

四、其他煤矿

1991—2005年，吉林省各市州所属国有煤矿在企业改革中采取股份制改造和整体出售等方式，使国有资产逐步退出，改制成自主经营、自负盈亏的民营企业。1998年，延边州政府按照国家相关规定，对州属春阳煤矿、凉水煤矿进行资产评估后，改造成股份制公司，国有股逐步退出，最终改制成民营企业；2005年3月，对延边煤矿、和龙煤矿进行资产评估后，整体出售给私营企业——和龙市庆兴煤业有限责任公司，国有资产全部退出。2004年9月，长春市羊草煤矿进行"国有资本退出，职工身份改变"的股份制改造。

截至2006年，吉林省的市州和县区所属国有地方煤矿，通过兼并重组、股份制改造和整体出售，全部改制成股份制企业或民营企业。

第二章　企业关闭破产与重组

1998年，国家煤炭工业局依据《中华人民共和国破产法（试行）》提出"对资源枯竭、成本畸高、长期亏损、扭亏无望的煤矿坚决关闭""对符合破产条件的国有煤炭企业，依照法律程序，实施规范破产"的意见。同年底，吉林煤炭工业管理局向国家煤炭工业局上报吉林省11个煤矿关闭破产申请名单。

2000年，中共中央下发《关于进一步做好资源枯竭矿山关闭破产工作的通知》，进一步明确了破产政策。

2001年开始，吉林省国有重点煤矿企业抓住国家对资源枯竭、扭亏无望煤矿实施关闭破产的政策机遇，分4批对15个煤矿实施了关闭破产，安置职工6.3万人，核销银行贷款和资产管理公司债权本息18.2亿元，补还拖欠职工工资、住房公积金、医药费等债务，企业办社会职能绝大部分移交地方管理。同时，煤矿企业下属的21个非煤企业实行了不同形式的破产和改制。

在此期间，吉林省政府按国家的破产政策，决定对省属万宝煤矿、杉松岗煤矿实行关闭破产。

吉林省各市州和县区所属煤矿通过整治、结构调整和破产等形式进行了整组、整合。

2005年，吉林省政府决定，对没有实行关闭破产的煤矿企业所承担的社会职能全部移交地方政府，使企业能够轻装上阵。

第一节　关闭破产与
社会职能移交

一、国有重点煤矿

1994年，吉林省辽源矿务局、通化

矿务局、舒兰矿务局、珲春矿务局有生产矿井 28 处，其中 8 处进入衰老期（在全国 25 个衰老矿区中，吉林省有辽源、通化、舒兰、营城、蛟河 5 个衰老矿区）。

截至 1999 年，吉林省 6 个国有重点矿区（蛟河煤矿、营城煤矿已独立为省直属矿）中，5 个是资源枯竭、历史欠账多、扭亏无望的企业。按照国家政策规定，绝大多数矿井具备关闭破产条件。

2000 年 8 月，吉林省煤炭工业局成立了吉林省煤矿破产关闭工作领导小组，同年 11 月，更名为吉林省煤炭工业局企业关闭破产和改制工作领导小组，具体组织实施资源枯竭煤矿破产工作。2001 年开始，陆续对 4 个矿务局的 13 个煤矿和蛟河、营城 2 个直属矿分四批实施了关闭破产。

第一批实行关闭破产的泰信煤矿、五道江煤矿、八道江煤矿、大湖煤矿，1998 年底开始测算、立项申请，2001 年正式启动进入法律程序，2003 年 5 月依法宣告关闭破产终结。

泰信煤矿归辽源矿务局所属。辽源矿务局从 1998 年开始，根据《中华人民共和国企业破产法（试行）》《关于进一步做好资源枯竭矿山关闭破产工作的通知》及全国关闭破产工作领导小组文件精神，测算立项，对已具备关闭破产条件的泰信煤矿申请实施关闭破产。全国企业兼并破产和职工再就业工作领导小组文件，批准泰信煤矿破产立项和进入破产程序。平岗煤矿作为"泰信煤矿平岗片"随泰信煤矿一起依法破产关闭。2001 年 6 月 1 日，辽源市中级人民法院批准了泰信煤矿申请，正式进入破产关闭法律程序，并成立了破产清算组，全面接管企业财产的保管、清算、估价、变卖和分配。同年 9 月 19 日，召开第一次债权人大会。同年 12 月开始，按照"五个公开"原则发放拖欠职工工资和其他各种拖欠费用、一次性安置费和经济补偿金。在泰信煤矿破产关闭过程中，按照泰信煤矿破产清算组与辽源市政府和东辽县人民政府签订移交协议，从 2001 年起至 2003 年 4 月 15 日，陆续将泰信煤矿所属 6 所学校、房产、公安、供水、供暖、供电、环卫、林业、社区机构等 9 个系统移交地方政府管理。泰信煤矿破产参与人员共计 3978 人，其中：移交企业办社会职能人员 424 人，提前退休人员 1321 人，退养人员 380 人，一次性安置人员 1853 人。移交离退休及抚恤人员 6664 人。2003 年 5 月，泰信煤矿关闭破产工作终结。

五道江煤矿、八道江煤矿、大湖煤矿是通化矿务局所属煤矿。2000 年 11 月，通化矿务局成立了关闭破产工作领导小组，制定了《通化矿务局关闭破产工作项目责任制》，确定做好破产企业前期准备工作。

五道江煤矿地处通化市二道江区境内，1956 年 10 月建井，1958 年 10 月投产。1999 年末，企业负债总额 12738 万元，资产负债率 117.01%。2001 年 4 月依法申请破产，同年 6 月 6 日，经通化市中级人民法院裁决，宣告五道江煤矿破产。

八道江煤矿于 1954 年 9 月建井，1957 年 5 月成立八道江煤矿。先后建成投产 6 对生产井口。随着资源枯竭，地质储量减少，先后关闭了 4 对矿井。2001 年纳入关闭破产的 2 对井口是 1975 年 10 月 1 日投产的八道江煤矿二井，原设计生产能力 9 万吨/年，核定生产能力 12 万吨/年，由于所产原煤属高灰、高硫煤质，产品无销路。1998 年，该井已全面停产。2001 年 4 月，向白山市中级人民法院提出破产申请，2001 年 6 月 8 日进入破产法律程序。2002 年 7 月，八道江煤矿破产依法终结。

大湖煤矿于1969年建矿，1973年投产，年设计生产能力45万吨，1984年7月扩建后，年设计生产能力增至75万吨。1991年，最高年产量55万吨；1998年，年产量锐减到6万吨。截至1999年末，累计亏损30021万元，超亏挂账4792万元。负债总额15661万元，资产负债率81.49%。2001年4月，向白山市中级人民法院递交了破产申请，同年6月8日，白山市中级人民法院裁定书宣告大湖煤矿破产。2002年7月，大湖煤矿依法破产终结。

2001—2003年，五道江煤矿、八道江煤矿、大湖煤矿全部移交结束。其中：五道江煤矿226人、八道江煤矿移交491人、大湖煤矿266人，合计983人。

第二批关闭破产企业是营城、蛟河两个国有重点煤矿。

营城煤矿在东煤公司期间由舒兰矿务局管理，1999年1月1日从舒兰矿务局划出，由吉林煤炭工业管理局直接管理。营城煤矿曾是吉林省国有重点煤矿，进入20世纪90年代后，因资金匮乏和采空区自然发火等原因不能达产，生产规模、煤炭产量大幅度萎缩，企业"包袱"越来越重。在煤炭工业部矿区划类中，被划为全国36个衰老矿区之一。2001年7月31日，吉林省政府营城煤矿关闭破产指导督察组在地市政府配合下，开展营城煤矿破产工作。矿职工代表大会于同年10月11日通过了关闭破产实施方案并形成决议。2002年3月28日，营城煤矿向上级呈报了实施关闭破产申请，经国家相关部门批准，正式实施政策性破产。2003年5月19日，长春市中级人民法院宣告营城煤矿关闭破产终结。

蛟河煤矿于1999年1月1日从珲春矿务局划出，实行独立经营，由吉林煤炭工业管理局直接管理。同年，蛟河煤矿被正式列入国家实施的"1440"工程，立项实施关闭破产。2002年2月1日，全国企业兼并破产和职工再就业工作领导小组办公室下发文件，同意启动破产程序；4月，向吉林市法院申请；5月23日，吉林市中级人民法院下达民事裁定书，宣告蛟河煤矿关闭破产还债。2003年9月，蛟河煤矿破产终结。共涉及人员12757人，其中：在册职工5677人（办理退休1013人，退养858人），离退休人员5916人，抚恤人员1152人，工伤、临时工12人。移交学校、医院、公安等生活和服务职工687人，社管49人，领取一次性安置费1609人，领取合同制补偿金1461人，为4600名集体企业职工接续养老保险。

第三批实施关闭破产的湾沟煤矿、苇塘煤矿、丰广煤矿、东富煤矿、舒兰街煤矿、城西煤矿、三道岭煤矿，2003年正式启动破产程序，2005年破产终结。

湾沟煤矿隶属通化矿务局，1957年9月建井，1959年4月移交生产。1958年成立湾沟煤矿后，边建设边生产，1965年全部建成。是通化矿务局第一对大型矿井，设计年生产能力75万吨。1975年，最高年产量94.13万吨。1993年开始，湾沟煤矿的经济陷入前所未有的困境。1998年，吉林省政府批复矿井报废。1996—2000年，湾沟煤矿平均原煤年产量仅维持在13万吨左右，无法支撑企业的正常运营。2003年6月25日，经白山市中级人民法院裁决，正式进入破产法律程序，同年9月28日宣告破产终结。

苇塘煤矿隶属通化矿务局，1958年8月建井，1959年9月29日移交生产，设计年生产能力30万吨。1970年7月15日，开工新建苇塘煤矿三井，1972年12月30日移交生产，1980年核定能力年生产煤炭12万吨。1993—2000年，苇塘煤矿经济进入困难时期，资源枯竭，亏损日益增加，2001年6月8日报废。2003年6月25日，苇塘煤矿经白山市中级人民法院裁决宣告破产。

湾沟煤矿（含铁厂洗煤厂）、苇塘煤矿（含石人水泥厂）先后于2004年4月9日、20日移交结束。其中：湾沟煤矿388人、铁厂洗煤厂438人、苇塘煤矿383人、石人水泥厂211人，合计1420人。

丰广煤矿、东富煤矿、舒兰街煤矿归舒兰矿务局管辖。舒兰矿务局从20世纪90年代中期开始，对3个煤矿采取各种改革措施，但由于国家政策调整，资金总量矛盾没有得到根本解决，以致造成生产投入不足，基础欠账严重，加上资源萎缩枯竭、资金紧张、企业经营困难不断加剧，矿区职工生活极度困难。2003年3月10日，全国企业兼并破产和职工再就业领导小组文件正式批准丰广煤矿、东富煤矿、舒兰街煤矿3个破产项目启动。同年4月16日，吉林市中级人民法院受理丰广煤矿、东富煤矿、舒兰街煤矿破产案。2003年4月21日，吉林市中级人民法院裁定书，宣告丰广煤矿、东富煤矿、舒兰街煤矿破产。2003年5月8日，吉林市中级人民法院在《人民法院报》发出丰广煤矿、东富煤矿、舒兰街煤矿破产公告，同时组建舒兰矿务局3个煤矿关闭破产项目清算组。2003年5月19日，吉林市中级人民法院和舒兰矿务局3个煤矿破产项目清算组在矿务局召开第一次工作会议，舒兰矿务局丰广煤矿、东富煤矿、舒兰街煤矿关闭破产工作按法律程序全面启动，各项工作全面展开。

丰广煤矿、东富煤矿、舒兰街煤矿共有职工20484人。离退休人员9049人，抚恤人员1274人。按国家关闭破产矿山职工安置政策，2003年7月26日、2004年3月7日、2004年4月7日分3次对3833人次进行劳动鉴定、复鉴、补鉴工作。包括2000年3月13日和2001年1月19日省市的劳动鉴定和职业病鉴定，舒兰矿务局共有5040人次参加劳动鉴定。通过劳动能力鉴定，舒兰矿务局有956人符合关闭破产政策规定的退休条件。2003年9月18日开始，舒兰矿务局先后分6批为5493人办理了退休退养手续。经与舒兰市地方政府及相关部门多次反复协商，按破产关闭政策，把公安、学校、供电供水供热、环卫、消防以及离退休人员移交地方管理。从2003年7月开始至2005年5月，舒兰矿务局分别向舒兰市政府和相关部门移交职工1474人。通过签订解除劳动关系手续，发放经济补偿金和安置费，一次性安置职工8513人；为全局4198名混岗集体工投保。按照移交社会职能人员6‰比例组建成立离退休人员管理机构，配备人员105人（其中原有离退休管理人员29人），移交舒兰市劳动局。

2005年上半年，丰广、东富、舒兰3个矿井关闭破产工作整体结束。先后移交公安、水电、教育、房管、环卫等5个部门，移交费用65557万元。补发职工工资、医疗保险等费用。

城西煤矿、三道岭煤矿归珲春矿务局所属。2001年珲春矿务局申请对两矿实行关闭破产，同时将城西煤矿、三道岭煤矿变成独立法人单位。城西煤矿建于1984年11月，1990年7月1日正式投产，设计生产能力75万吨/年，煤种为长焰煤，发热量2700大卡左右。城西煤矿地质条件极其复杂，属四类矿井。2002年可采储量7030万吨（其中："三下"压煤5125万吨，占可采储量72.9%），实际能采的煤量不足28%。累计亏损

5.13亿元，账面资产3.73亿元，负债6.54亿元，负债率175.34%，严重资不抵债。经吉林省煤炭工业局同意、吉林省政府批准，根据《中华人民共和国破产法（试行）》，延边州中级人民法院于2003年4月26日下达民事裁定书宣告城西煤矿破产还债。

三道岭煤矿于1976年改扩建，1977年生产，设计生产能力30万吨/年，煤种为长焰煤，发热量2800大卡左右，2002年可采储量9.8万吨，累计亏损1.5亿元，账面资产0.62万元，负债1.55亿元，负债率250%，严重资不抵债。经吉林省煤炭工业局同意、吉林省政府批准，根据《中华人民共和国破产法（试行）》，延边州中级人民法院于2003年4月26日下达民事裁定书宣告三道岭煤矿破产还债。

纳入城西煤矿、三道岭煤矿破产和移交企业办社会职能的单位有机电总厂、氨基酸厂、供应公司城西物资供应处、供水供热处、行政处、防疫站、公安处、城西再就业中心、城西教委（含一小、二小、一中、高中）、城西离退委（老干部处）等11个单位和三道岭煤矿、英安综合处、三道岭医院（与总院分离）、三道岭汽车队（汽运公司）、三道岭再就业中心、三道岭教委（含三小、二中）等6个单位。

2003年8月5日，延边州中级人民法院依法召开债权人大会，经出席债权人表决，通过了《审计报告》《评估报告》和《清算报告及破产财产分配方案》。2008年6月20日，延边州中级人民法院下达民事裁定书，裁定城西煤矿、三道岭煤矿破产终结。城西煤矿、三道岭煤矿破产清偿了债务，补发了拖欠达3年的职工工资。

珲春矿务局城西煤矿破产后移交社会职能9项，移交固定资产净值3425.6万元，移交在职职工708人，移交退休、退养、抚恤人员6346人。三道岭煤矿移交社会职能7项，移交固定资产净值266.3万元，移交在职职工141人。

第四批关闭破产企业是西安煤矿和砟子煤矿。

2002年6月，辽源矿务局向吉林省和国家申报西安煤矿破产立项材料。2003年11月7日，经全国企业兼并破产和职工再就业工作领导小组文件批准，西安煤矿破产正式立项并进入破产程序。同年12月8日，辽源市中级人民法院批准西安煤矿正式进入破产法律程序。2005年8月31日，西安煤矿破产清算组与辽源市政府签订企业办社会职能部门移交协议，2004年至2005年10月19日，西安煤矿所属学校（7个）、医院（5个）、房产、公安、人防、供水、供暖、离退休管理机构共8个部门18个单位陆续移交地方政府管理。直接涉及西安煤矿及局本部破产人员18242人，其中在职职工13900人。办理离退休人员移交11502人，退养移交人员1202人，供水、供热、人防、公安、医院、学校等社会职能移交人员1165人，社区服务机构移交人员74人。一次性安置人员4299人，其中，3095人领取安置费，1204人领取经济补偿金。从2004年1月1日开始，按照"五个公开"原则发放拖欠职工工资及职工的各种拖欠费用、一次性安置费和经济补偿金。2005年11月15日，召开债权人大会，公布资产及债务处理情况。同年12月16日，辽源市中级人民法院裁定西安煤矿破产工作终结。

砟子煤矿隶属通化矿务局，始建于1955年12月，1958年8月5日正式生产。先后建设投产有西水平井、八宝斜井、立井，设计年生产能力45万吨。1989年12月经改扩建，年生产能力增加至120万吨。1993—2000年，由于部分矿井资源枯竭、生产能力萎缩、债务负担沉重。截至2004年末，负债总额24759万元，资产负债率86.56%。经申请，吉林省煤炭工业局同意，全国企业兼并破产和职工再就业工作领导小组文件批准，将砟子煤矿列为全国政策性破产项目。2005年10月8日，经白山市中级人民法院宣告破产。2006年12月移交结束，共移交地方261人。通化矿务局贯彻落实吉林省政府有关文件，移交没实施关闭破产的松树镇煤矿、道清煤矿等有关单位和矿务局机关的学校、公安、供水管理部门，分别于2004年、2006年移交结束。其中学校9所、1280人，公安、供水系统139人，合计1419人。

吉林省煤矿办社会职能移交分两种类型：一是随关闭破产矿井一并移交，包括学校、医院、公安、供水、供暖、消防、房产、电视台、环卫、浴池、托儿所、供电、离退休管理机构；二是贯彻落实吉林省政府有关文件，对没有关闭破产的企业办社会职能也全部移交地方政府管理。

2000—2005年，实施关闭破产的15个矿井，移交社会职能单位217个（其中，学校55个，医院及卫生所21个，公安派出所17个），安置7.3万人，核销银行贷款和资产管理公司债权本息19.2亿元，补发拖欠职工工资4.3亿元。吉林省国有煤矿企业在册职工2000年为116169人，2004年为52583人，减少63586人。其中下岗人员由2000年的38750人降至2004年的6772人。企业退离休人员2000年为58306人，2004年为17778人，减少40528人。

2001—2006年，吉林省6个国有重点矿区分4批、共15个资源枯竭煤矿关闭破产。同时，企业办社会职能移交工作圆满完成。

二、省属煤矿

根据《中华人民共和国企业破产法（试行）》《关于进一步做好资源枯竭矿山关闭破产工作的通知》及全国关闭破产工作领导小组文件精神，吉林省政府在实施国有重点资源枯竭煤矿关闭破产的同时，决定对省属万宝煤矿、杉松岗煤矿实行关闭破产。

万宝煤矿是省属国有地方煤矿，2005年7月24日，吉林省政府决定将其划归辽源矿务局管理。由于万宝煤矿资源枯竭、安全无保障、扭亏无望，经省政府批准于2006年11月24日正式实施关闭破产。2006年12月30日，万宝煤矿的资源、资产一次拍卖成功。所得资金作为破产费用。企业办社会职能全部移交地方政府管理。

杉松岗煤矿是省属国有地方煤矿，隶属吉林省煤炭工业局。20世纪80年代中期开始，煤矿进入衰老阶段，资源严重萎缩，产量连年锐减，企业下岗富余人员增多，经济总量不足、社会包袱沉重、矿区不稳定因素增加。2002年，全矿有职工6038人，其中，在职职工4089人，离退休人员1653人（其中离休人员19人），工亡职工遗属按月享受抚恤金人员296人。2006年3月16日，通化市中级人民法院召开债权人会议，核销企业债务；根据资产评估，杉松岗煤矿全部资产通过吉林省拍卖总行依法拍卖，实现变现。同年7月12日签订了移交协议。企业移交分离办社会职能；开展破产费用预算编制工作；根据财政部《关于资源枯竭矿山关闭破产费用测算办法》的有关规定，进行详细测算，提出资金需求总体方案。2007年1月23日，通化市中级人民法院宣告杉松岗煤矿关闭。截至2008年12月，杉松岗煤矿破产工作基本结束。

三、地方煤矿

根据《中华人民共和国企业破产法（试行）》规定，吉林省一些市、州、县、区所属资源枯竭的煤矿也相继实施关闭破产，或出租、出售，使国有资产全部退出。

（1）吉林市煤矿。1991年，吉林市共有7个地方国营煤矿：市属缸窑煤矿、红阳煤矿，县（市、区）属桦甸煤矿、榆木桥煤矿、蛟河市一矿、蛟河市二矿、烟筒山煤矿。截至2005年底，县（市、区）所属地方国有煤矿全部完成关闭破产、改制重组。市属缸窑煤矿、红阳煤矿实行关闭破产。

（2）四平市煤矿。四平市刘房子煤矿于1973年建成，截至2005年8月末，有职工2919人，企业欠银行贷款本息2389万元，欠税3937万元，欠社保费1732万元。企业总资产13496万元，总负债17113万元。2003年，经企业职工代表大会讨论通过，四平市刘房子煤矿向四平市中级人民法院申请破产。四平市中级人民法院于2005年8月24日立案，依据《中华人民共和国企业破产法（试行）》规定宣告四平市刘房子煤矿破产，并由该院指定清算组接管破产企业。2006年4月9日，企业改制重组四平市刘房子矿业有限公司。

（3）通化市煤矿。1991年，通化市地方国有煤矿4处，分别为柳河县仙人沟煤矿、柳河县立新煤矿、辉南县煤矿、通化市头道沟煤矿。1995年，通化市区域内有国有煤矿和省属煤矿9个，军队办煤矿9个。2001年，柳河县立新煤矿完成转制。2003年5月，深鑫煤炭股份有限公司破产，企业改制，职工安置工作于当年全部结束。同年底，组建通化深鑫煤炭股份有限公司，国有控股65%。同年，柳河县仙人沟煤矿完成改制，辉南县煤矿为无能力矿井，已停产。2005年，柳河县仙人沟煤矿完成转制。截至2010年，共有国有控股煤矿1户，2处矿井。

（4）白山市煤矿。截至2000年，白山市有新宇煤矿、城西煤矿、靖宇煤矿、大安煤矿、长白煤矿等5个地方国有煤矿。

（5）延边州煤矿。2000年，延边州有延边煤矿、和龙煤矿、三道煤矿、凉水煤矿、春阳煤矿5个地方国有煤矿。2005年3月，延边煤矿、和龙煤矿整体出售。同年，凉水煤矿股份制改造，国有股退出，变为私营企业；春阳煤矿被整合；三道煤矿破产。

2001—2010年，吉林煤炭工业通过实行政策性关闭破产，有效资产分离和重组，企业改制等措施，全省煤矿企业整体上基本摆脱困境，经济形势开始向好的方向发展，职工收入逐年增加，矿区逐步走向稳定繁荣。2001—2006年吉林省关闭破产煤矿移交社会职能情况一览表见表5-2-1。

表5-2-1 2001—2006年吉林省关闭破产煤矿移交社会职能情况一览表

时间	破产批次	政策性关闭破产单位	移交学校、公安、房产、供水、供暖、供电、环卫、林业、社区机构9个系统人数/人
2001年至2003年5月	第一批	辽源矿务局泰信煤矿	424
		通化矿务局五道江煤矿	226
		通化矿务局八道江煤矿	491
		通化矿务局大湖煤矿	266

表 5-2-1（续）

时间	破产批次	政策性关闭破产单位	移交学校、公安、房产、供水、供暖、供电、环卫、林业、社区机构9个系统人数/人
2003年至2003年9月	第二批	营城煤矿	969
		蛟河煤矿	736
2003年至2005年5月	第三批	通化矿务局湾沟煤矿 通化矿务局苇塘煤矿	1420
		舒兰矿务局丰广煤矿 舒兰矿务局东富煤矿 舒兰矿务局舒兰街煤矿	1419
		珲春矿务局城西煤矿	669
		珲春矿务局三道岭煤矿	129
2005年至2006年12月	第四批	辽源矿务局西安煤矿	1239
		通化矿务局砟子煤矿	261
2006年11月至2007年1月	第五批	省属万宝煤矿	—
		省属杉松岗煤矿	—

第二节 兼并与重组

一、辽源矿业公司

辽源矿业公司充分利用国家破产政策，对一些资源枯竭矿井实施关闭破产的同时，对西安煤矿有效资源、资产进行重组。2003年12月8日，辽源市中级人民法院批准西安煤矿正式进入破产法律程序，成立破产清算组，全面接管企业，负责破产财产的保管、清算、估价、变卖和分配。对西安煤矿进行大的结构调整，资产合理重组，优良资产按原煤不亏损或有盈余的原则，重组为煤炭生产分公司，不良资产与原煤彻底剥离，单独管理。2005年3月28日，正式实施西安煤矿破产重组工作。2005年11月24日，辽源矿务局与西安煤矿破产清算组签订《辽源西安煤矿重组协议》，以出资收购的方式重组辽源矿务局西安煤业公司。

二、通化矿业公司

2001—2005年，通化矿务局有6个煤矿实施关闭破产和一部分单位参与破产工作。其中9个直属单位关闭破产后，对有效资产通过重组实现了国有资产的重新有效利用。

2002年3月，通化矿务局对关闭破产后的八道江煤矿三井经申请白山市中级人民法院裁定，进行了整体回购，并以矿区工会为投资主体组建了白山市国丰矿业有限责任公司。其后，国有资产退出。

2002年6月，大湖煤矿金属镁厂经申请白山市中级人民法院裁定，通过竞标方式，用200万元资金进行回购，成立具有独立法人资格、国有股份、个人股份并存的新型企业——临江市特种金属有限责任公司。通过两年的运营，取得了一定的经济效益和社会效益。

2002年6月3日，大湖煤矿平硐井破产后申请井下重组，得到吉林省煤炭工业局批复，正式成立通化矿务局大湖井。

后改制重组为永安矿业有限公司，由通化矿务局控股，年生产煤炭15万吨，安排下岗职工202人，盘活资产540.8万元。2006年后成为通化矿业公司的子公司。

2003年，通化矿务局实施第二批关闭破产的2个煤矿9个单位，所有有效资产经申请白山市中级人民法院裁定，投入资金1742.4万元，进行整体一次性回购，重组成立原煤生产、洗煤加工、水泥建材、建筑安装、汽车运输、机械制造等中小型企业，2608名职工参加了企业重组。

铁厂洗煤厂重组改制为通化铁厂选煤有限公司，通化矿务局控股74.17%，盘活资产853万元。2005年10月22日，国有股全部转让。

电气设备厂重组改制为佳合电气设备制造有限责任公司，通化矿务局控股，盘活资产120万元。2005年10月22日，国有股全部转让。

机电厂改制重组为白山泵业机械有限责任公司，为国有控股公司，盘活资产703万元。

石人化工厂重组改制为石人水泥有限责任公司，为国有控股公司，盘活资产1200万元。2005年10月22日，国有股全部转让。

基本建设工程处重组改制为通煤建筑安装有限责任公司，通化矿务局控股31.2%，盘活资产680万元。2005年10月22日，国有股全部转让。

汽车运输管理处重组改制为吉通汽车运输有限公司，通化矿务局控股31.2%，盘活资产680万元。2005年10月22日，国有股全部转让。

苇塘煤矿水泥厂重组改制为江源水泥有限公司，为国有控股公司，盘活资产895万元。2005年10月22日，国有股全部转让。

多种经营总公司破产重组改制为白山市永安矿业有限责任公司，是国企与民营合资的股份公司。重新注册资金628万元，募股资金法人股552万元，自然人股77万元，股东32人，股东代表15人。当年实现利润87万元。2006年初，通化矿务局改制成立通化矿业有限责任公司，永安矿业成为通化矿业公司的子公司。

三、舒兰矿业公司

2005年10月，舒兰矿务局将破产后的吉林市缸窑煤矿公开向社会转让，矿务局参与地方煤矿重组兼并工作，派出人员参加缸窑煤矿收购重组。10月24日，舒兰矿务局举行缸窑煤矿揭牌仪式和重组大会，缸窑煤矿正式进入矿务局序列，重组后将两处矿井合并，实行一矿一井建制，更名为舒兰矿务局七矿。

通过关闭破产，舒兰矿务局建筑安装工程公司整体划转吉林省华煤建设有限责任公司。

东富建筑陶瓷厂、通博实业有限责任公司（原八十四火药厂），以内部职工安置，组建股份有限责任公司，256名工人参加重组。

天绿食品厂、果糖厂实施对外拍卖。

对已经关闭的丰广煤矿二井、四井，吉舒煤矿一井，舒兰街煤矿一井、二井共5对矿井整体出售、产权转让给舒兰市人民政府，拍卖所得资金弥补舒兰市接收3个矿社会职能所需费用不足部分。

四、珲春矿业公司

城西煤矿机电厂破产后有效资产重组，成立同鑫机电维修制造有限公司，国有股54.65%，职工参股45.35%。2006年9月，经全体股东表决同意，收购了全部职工股份，改制为珲春矿业（集团）有限责任公司机电分公司。通过重组，年产值由重组前的500多万元增加至2010

年的8000多万元。2003年，珲春矿务局机电总厂随同城西煤矿关闭破产之后，部分买断工龄的职工与矿务局共同出资组建珲春同鑫机电设备有限公司。

三道岭汽车队破产后重新组建珲煤运输有限责任公司，国有股62.84%，职工参股37.16%，承担职工通勤工作，2006年，国有股退出。

五、营城矿业

2003年3月，吉林省龙华热电股份有限公司、吉林省煤矿建设公司对营城煤矿破产后有效资产（九台立井）实施重组，出资3500万元注册成立吉林省营城矿业有限责任公司（简称营城矿业），九台立井更名为华兴煤矿。公司成立后安置原营城煤矿下岗工人769人再就业，占原企业员工总数的61%。2005年11月，公司对改制后所属非煤企业进行资产评估，成立大元公司，资产1600万元，分离出300人。其产品膨润土等为公司兼营产品，实行自主经营，独立核算，自负盈亏。后因投资股东资产变更，吉林省博维实业有限公司根据相关约定接受股权转让，取代吉林省龙华热电股份有限公司。

营城煤矿九台立井（华兴煤矿）破产改制为营城矿业后，通过改革生产工艺推广应用新技术、新工艺40多项，矿井安全生产环境全面改观，煤炭年均产量由破产前的22.7万吨提高到65万吨，实现扭亏为盈，成为九台市纳税大户。

2007年7月，吉林省博维实业有限公司将营城矿业全部资产与吉林省吉恩镍业股份有限公司长春高新电厂等再次重组，成立吉林省宇光能源有限责任公司，当年12月完成增资扩股。2008年4月，在九台市注册成立吉林省宇光能源股份有限公司。

吉林省宇光能源股份有限公司是吉林省首家集煤、电、热一体化的新型能源公司，注册资金15029万元。公司股东由吉林省博维实业有限公司、舒兰矿业（集团）有限责任公司、吉林吉恩镍业股份有限公司、吉林省英才投资有限公司四家组成。构建了"一总三分"的管理模式，下设煤矿、电厂、热力3个分公司，员工2100人。营城矿业参与再次重组后，更名为吉林省宇光能源股份有限公司九台营城矿业分公司。

2010年5月，九台营城矿业分公司二水平扩储工程打钻勘探，建井工程设计能力100万吨/年，投产后该井与现有井口生产能力合计可达到150万吨/年以上。

第三章　公司制改革与现代企业制度

本着改造、改制、改组的原则，加快企业内部的"分权、分离、分灶、分流"，把矿务局逐步打造成为多个企业、多层次协调发展的企业集团，一直是吉林煤炭工业企业改革的一个主题。

第一节　企业公司制改革

一、东煤公司

1983—1987年，东煤公司利用4年

时间完成了向企业性质公司过渡的任务，1987年12月21日，正式在吉林省工商行政管理局注册登记。1989年1月1日，东煤公司在国家计划中实行单列，1991年4月16日，东煤公司在国家工商行政管理局注册登记。

1988—1991年，东煤公司重点工作是建立和发展煤炭企业集团。经过努力，能源部报请国务院同意，1991年12月14日，国务院批准东煤公司为大型企业集团。

1995年，新组建的吉林煤炭工业管理局，明确提出发展以矿务局为核心的企业集团，要求省局所属各单位创办矿务局、二级法人单位资产各自占用的股份制公司。

二、辽源矿业公司

1991年9月28日，辽源矿务局按照东煤公司要求，对部分矿（厂）进行管理体制改革和产业结构调整。处于关闭状态的平岗煤矿解体，其管理的集贤井及煤炭生产部分划归泰信煤矿管理，地面其余单位全部划归截齿厂管理。矿山机械厂管理的采煤一井、采煤三井归入泰信煤矿。开关厂划归铁道器材厂。

1997年1月18日，暖通制件厂并入机电总厂。1998年11月，型材厂并入机电总厂。1999年3月，矿山机械厂与机电总厂同业整合，人员合并到机电总厂。泰信煤矿机修厂、土木建筑工程处锅炉安装公司划归机电总厂。2000年6月，水泵厂再次划归原辽源矿务局机电总厂。2002年3月，电修车间、机修车间、锅炉安装公司、原矿山机械厂机加车间和原机电总厂机加车间5个生产车间成建制划出，矿井大修和锅炉、电机维修任务等随之剥离。2006年10月，辽源矿务局机电总厂打造成为辽源泵业有限责任公司。

2000年3月，矿业联合总厂和综合企业总公司合并，组建辽源矿务局兴达公司。

2001年，辽源矿务局先行对水泥厂、十四厂、截齿厂等地面工厂实施以产权制度改革为主的公司制改造，经吉林省瑞德会计师事务所评估和财政厅审批，3个厂共减不良资产1.15亿元。同年，9月末3个厂完成改制工作，水泥厂改造为万厦水泥有限责任公司，十四厂改造为卓力化工有限责任公司（简称卓力公司），截齿厂改革为方大锻造有限责任公司，为全局实施股份制改造积累了经验。

2005年，辽源矿务局根据吉林省煤炭工业局省属国有煤炭企业改革座谈会精神，在加快煤炭主业改制工作中，充分利用国家破产政策，积极稳妥地做好西安煤矿破产重组工作；梅河煤矿进一步精干原煤主体，分离企业办社会职能，"三条线"分离彻底到位；金宝屯煤矿实行新矿新机制。同时加大非煤产业改制力度，辽源矿务局的后勤服务等单位，在西安煤矿破产重组后，实现社会化经营和管理。全局组建集团公司的基本模式是：以煤炭生产为主体，3个生产矿、铁路运输、销售、供应为集团公司的分公司，非煤产业包括后勤服务的一些经营实体为集团公司下属的具有独立法人资格的子公司。同年12月5日，辽源矿务局召开十八届三次职工代表大会，职代会审议通过了辽源矿务局整体改制方案，经省政府批准后，于12月22日正式组建辽源矿业（集团）有限责任公司。

2006年，辽源矿业公司进一步完善现代企业运行机制。对改制为集团分公司的西安煤矿、梅河煤矿、金宝屯煤矿3个生产矿和供应、销售、铁路运输、供电通讯等7个单位进一步精干主体，加大主辅分离和辅业改制的力度。

2007年，辽源煤矿机械厂、水泵厂改制为国有控股子公司；建井工程处、建筑安装公司通过产权制度改革，改制为国有参股子公司。已改制为国有控股子公司的方大公司、卓力公司进一步完善法人治理结构。

三、通化矿业公司

2000年10月20日，通化矿务局成立辅业改制领导小组，从非煤企业入手，进行公司制改革的探索。

2001年，对通化矿务局所属6个改制单位分别进行资产评估，选举了董事会和监事会，并依照现代企业制度要求进行股权多元化的分配与投资。同年1月21日，白山市吉通汽车运输有限公司工商登记成立；2月6日，白山市通煤建筑安装工程有限责任公司成立；3月13日，白山市蓝图勘察设计院有限责任公司成立；4月1日，石人水泥有限责任公司工商登记成立，4月10日，石人水泥有限责任公司正式挂牌；4月2日，白山市依山印刷有限责任公司成立。

2003年8月21日，通化矿务局机电总厂申请成立白山泵业机械有限责任公司的方案，得到通化矿务局本部破产清算组的正式批复。同年9月23日，该公司经工商登记挂牌成立。

2005年，通化矿务局被吉林省煤炭工业局确定为省属国有煤炭企业重点改制单位。同年12月5日，《通化矿务局改制实施方案》(简称《方案》)经通化矿务局第十九届七次职代会讨论通过，正式报吉林省煤炭工业局审批。该《方案》确定，对松树镇煤矿、道清煤矿、八宝煤矿、八宝洗煤厂等煤炭生产主业单位进行改制，组建国有独资的通化矿业（集团）有限责任公司，同时整合具有市场发展潜力的非煤产业，组建通化矿业集团。对前期已经改制的非煤企业，通过完善法人治理结构和资产处置、国有股权转让，建立新的运行机制，将非煤企业分别改制为国有控股、参股或国有股全部退出的股权多元化有限责任公司。矿务局与职工解除劳动合同，重新上岗职工身份全部转换，与新公司重新签订劳动合同，并保留原企业工龄，合计5841人。符合提前退休年龄的400人，可办预退手续。不够内退条件，又不与新公司签订劳动合同的职工，给予一次性经济补偿，合计623人。因公、私伤按国家相关政策规定管理的人员293人。移交地方学校工作人员823人。同年12月26日，通化矿业（集团）有限责任公司成立。通化矿业（集团）有限责任公司的母子公司管理结构按权限和职能划分为4个层次。第一层次为集团母公司，包括生产技术部、通风部、安全监察部、发展规划部、人力资源部、财务部、资产监管部、综合办公室、党委工作部、纪委监察部、工会；第二层次为子公司，包括永安矿业公司、临江煤业公司、白山泵业公司；第三层次为分公司，包括松树镇煤矿、道清煤矿、八宝煤矿、八宝洗煤厂、地勘公司、煤炭运销公司、物资供应公司、林业经营公司和物业管理公司；第四层次为集团公司直属单位，包括总医院、温泉疗养院、职工培训中心、离退休人员管理中心等单位。

四、舒兰矿业公司

1991年，舒兰矿务局实行局、矿、井三级管理体制。

1995年1月，舒兰矿务局从压缩机构和人员入手，将局机关行政处室精干为一局（安全监察局）、两处（劳动人事处、财务处）、五办（行政办、生产办、企管办、多经办、计生办）。机关干部由上年的284人减到130人。

1999年4月，舒兰矿务局组建多种经营总公司和后勤服务中心，分别统管全局多种经营和后勤服务单位。

2000年1月，舒兰矿务局将吉舒煤矿、丰广煤矿、舒兰街煤矿机关撤销，组建成立煤炭生产经营总公司，将全局各矿井、销售公司、机电总厂和局机关中生产处室全部纳入煤炭生产经营总公司管理，统管全局的煤炭生产和销售。

2005年，舒兰矿务局贯彻吉林省委省政府要求，全力推进企业改制工作。同年12月15日，吉林省煤炭工业局转发《关于同意省属国有煤炭企业改制的批复》的通知，省国有企业改革领导小组同意舒兰矿务局改制为国有独资的舒兰矿业（集团）有限责任公司。同年12月22日，舒兰矿业（集团）有限责任公司成立。

五、珲春矿业公司

1992年，经东煤公司批准，珲春矿区建设指挥部更名为珲春矿务局。

1993年，珲春矿务局抓住珲春市对外开放的机遇，发展非煤经济，经东煤公司批准成立了珲春煤炭工贸企业集团公司。并对下属单位进行公司化改革，组建电力设备公司、技术开发公司等8个公司，实行对内服务和对外经营两条线发展的格局。

2005年，政策性破产工作基本结束，珲春矿务局按照吉林省煤炭工业局下发的《省属国有煤炭企业深化改革实施意见》及《省属国有煤炭企业改革操作规程》和吉林省煤炭工业局召开的关于省属煤炭企业改革工作会议的精神，积极筹备改制工作。同年12月，公司章程获吉林省财政厅、吉林省煤炭工业局审批通过。2005年12月27日，正式成立珲春矿业（集团）有限责任公司。

珲春矿业公司按照做强煤炭主业和以煤为主多元发展思路，对所属单位进行改制，形成了以资本为纽带的分、子公司管理体制。组建了八连城煤业有限公司、板石煤业有限公司、建设工程有限公司、供水有限公司、广通网络传媒有限公司5个全资子公司，英安煤矿、供应分公司、供电分公司、运销分公司、机电分公司5个分公司，总医院、安全技术培训中心、矿山救护大队、长春办事处4个直属机构。

六、杉松岗矿业公司

2003年1月1日，按照主辅分离，资产重组的企业改革发展总体规划，经吉林省经贸委、省财政厅、省工商局批准杉松岗煤矿改制为吉林省杉松岗矿业集团，注册资本1297万元，与吉林省杉松岗矿业（集团）有限责任公司一个机构、两块牌子。吉林省杉松岗矿业（集团）有限责任公司是吉林省杉松岗矿业集团的核心企业，注册资本5000万元，所属8个成员企业注册资本7970万元。其中：卓越股份、复森海绵铁、卓越食品、天成煤业、天亿煤业5个公司为集团或集团公司控股企业，注册资本5000万元；卓越型煤、吉源实业和正方股份3个公司为集团或集团公司参股企业，注册资本2970万元。集团经营的项目涉及煤炭、冶金、养殖、食品等四大类，产品品种160余个。

七、羊草煤业公司

长春市羊草沟煤矿，1985年11月建矿，两对生产矿井分别投产于1989年8月和1990年12月，设计能力均为15万吨/年；属国有地方煤矿，隶属长春市煤炭工业局。

1998年7月，初步建立现代企业制

度，改制为国有独资的长春羊草矿业有限责任公司，设立了董事会、监事会。

1999年3月，长春市政府机构改革，撤销长春市煤炭工业局，长春羊草矿业有限责任公司隶属关系并到长春星宇集团。

2001年3月，以长春羊草矿业有限责任公司为母公司，长春市煤田地质勘探队、长春市黄金公司为子公司，组建长春煤炭集团有限责任公司，隶属长春市国有资产监督管理委员会。

2004年9月，长春煤炭集团有限责任公司羊草煤矿进行了"国有资本退出、职工身份转变"的股份制改造，变为国有参股（长春市国资委持股7.94%）的股份制企业，按照《中华人民共和国公司法》的有关规定，组建股东大会、选举产生董事会、监事会，并聘任经理层，企业更名为长春羊草煤业股份有限公司（简称羊草煤业公司）。

八、吉煤集团

2009年，吉林省政府决定，撤销吉林省煤炭工业局，组建吉林省煤业集团有限公司，与4个矿务局和杉松岗煤矿改制的公司成为母子公司，具体管理子公司的改革与发展。

第二节　建立现代企业制度

一、辽源矿业公司

辽源矿业公司围绕建立和完善与现代企业制度相适应新企业岗位责任制和各项管理制度，推进科学化管理。完善干部职位制，竞聘上岗，干部能上能下；实行岗位效益工资，以岗定薪，岗变薪变，收入能多能少；不断完善用工制度，实现职工能进能出。

建立健全董事会、监事会、经理层等机构。对矿业公司所属各二级子公司和分公司进行整顿和完善。建立完善了西安煤业公司、煤机制造公司、方大公司、泵业公司、卓力公司、建设工程公司等子公司和铁路运输公司、煤炭销售总公司、物资供应总公司、供电通讯公司、生活服务公司等分公司，形成集团公司的基本模式。按照精简、效能、统一的原则，合理设置集团公司各类管理岗位和管理人员指数，调整集团公司组织结构，理顺管理职能，减少管理层次，切实做到机构设置合理，职能界定清晰，岗位划分明确，定编人员到位，主辅分离，辅业改制，拓宽融资渠道，积极推进资本运营。

2005年末，辽源矿务局实现改制后，全面贯彻落实《中华人民共和国公司法》，按照现代企业制度的要求，公司成立董事会、监事会和经理层，与党委会、工会构建了现代企业制度的基本框架，实行现代企业制度下的法人治理结构。总经理在董事会领导下负责企业日常工作。党委在企业中发挥政治核心作用，2006年建立健全了二级单位法人治理结构。依据《中华人民共和国公司法》和吉林省煤炭工业局《省属矿业集团公司法人治理组织结构指导意见》及有关法规，制定《辽源矿业集团公司所属子公司法人治理组织结构工作规则》，规范集团公司所属子公司法人治理结构。

2007年，集团公司子公司改制工作结束，完善了法人治理结构，董事会、党委会、监事会、经理层机构健全。同年，对已改制为国有控股子公司的方大公司、卓力公司进一步完善法人治理结构；对辽源煤矿机械厂、水泵厂进行产权制度改革，改制为国有控股子公司；对建井工程处、建筑安装公司进行产权制度改革，改制为国有参股子公司。

矿务局实施的公司制改造及直属单位

的分公司与子公司改造，改变了长期以来国有企业的单一产权制度，建立了适应市场经济的现代企业制度和现代企业制度下的法人治理结构，为企业做强做大奠定了坚实基础。

二、通化矿业公司

2005年12月29日，根据吉林省煤炭工业局建议，确定聘用总经理、副总经理，总工程师、总会计师人选。

2005年12月18日，依据《中华人民共和国公司法》及国家法律、法规规定，制定《通化矿业（集团）有限责任公司章程》。为通化矿业公司的整体运作提供了总章程。

2006年3月9日，通化矿业公司董事会重新设置直属机构，划分业务范围。松树镇煤矿、松树镇煤矿八宝采区（后更名八宝煤业公司）、道清煤矿、砟子洗煤厂、林业公司、煤炭营销公司、物资供销公司、物业管理公司为集团公司分公司。白山市永安矿业有限公司、白山泵业机械有限责任公司、临江市永安煤矿有限公司、通化矿业道清选煤有限公司、吉林东圣焦化有限公司为集团公司子公司。总医院、温泉疗养院、职工培训中心、离退休人员管理中心为集团公司直属单位。

2007年7月11日，通化矿业公司董事会研究通过并印发《通化矿业（集团）有限责任公司董事会工作规则》，对经理层的职权、工作原则、办公会议、工作程序、报告制度等作出规定。经通化矿业公司经理层办公会议研究通过，印发《通化矿业（集团）有限责任公司经理层领导岗位职责》，对总经理、副总经理、总会计师、总工程师岗位职责作出规定。并经通化矿业公司监事会研究制定了监事会工作职责。

三、舒兰矿业公司

2006年4月，按照吉林省煤炭工业局关于法人治理结构的指导意见，正式出台机构改革方案，按照公司章程设置了董事会、经理层、监事会及党委和工会组织。

公司董事会作为决策机构，分别下设董事会办公室、人力资源委员会、战略投资委员会、薪酬与绩效考核委员会、审计委员会。

经理层作为执行机构，分别设总经理办公室、规划发展部、生产技术部、机电管理部、安全监管部、财务审计部、人力资源部、企业管理部、信访保卫部。党群部门设党工部、纪检委、工会，并重新明确了职责范围。

按照公司化要求，重新对基层机构进行设置，7个生产矿，煤炭运销、机电维修、物资供应共10个分公司，非煤产业发展、网络传媒、设计院3个子公司，营城矿业1个参股公司，长春春霖1个控股公司和安全培训中心、信息中心、总医院、直属多经公司4个直属单位。

改制后的机构设置和管理人员配备，充分体现精干高效原则，服从企业经营和市场化要求，成为向规范化集团公司运作的一个重要转折。

改制后，公司对各矿井实行矿建制，明确三科一室的管理框架。对各子公司实行市场化管理，独立法人运转，自主经营，自负盈亏。根据公司集中统一管理要求，利用近一年时间，重新建立完善各项管理制度，出台制度汇编，建立了统一规范的管理体系。完善了各种会议制度。

四、珲春矿业公司

根据《中华人民共和国公司法》和公司章程，设立董事会，制定董事会议事规则；设立监事会，制定监事会工作条例；建立总经理负责制的经营管理机构。集团机关合并为办公室、党委工作部、工会、纪委（监察审计部）、生产技术部、安全监管部、通风部、机电装备部、规划发展部、企业管理部、财务部、人力资源部、信访保卫部、网络办公室14个部门。按规定设立了党的组织和工会、共青团组织。

吉林煤炭工业志

第六篇
煤矿安全

1991—2010年，吉林省各级煤炭管理部门和各国有重点煤矿，不断加强规章制度建设，加强安全管理理念，建立和完善领导干部安全生产责任制。全省煤矿安全管理机构和安全管理专业技术队伍不断加强。

吉林省国有重点煤矿不断进行技术改造，逐步完善安全生产系统，安全装备水平不断提高，安全生产条件不断改善。瓦斯、顶板、运输等各类事故逐年减少，水害、火灾等事故逐步得到有效遏制，特别是煤矿瓦斯防治工作有了根本性好转。

吉林省各级煤炭管理部门加强对地方煤矿的安全管理，对不符合安全生产条件、存在重大安全隐患的小煤矿进行整顿和依法关闭。2010年，全省地方煤矿和乡镇煤矿共218处，比1991年减少1629处。

1991—2010年，吉林煤矿安全生产形势逐步稳定并持续好转。"十一五"期间，全省煤矿百万吨死亡率4.26，国有重点煤矿百万吨死亡率0.80。国家安全生产监督管理总局　国家煤矿安全监察局2011年第9号公告，对截至2010年12月31日，连续安全生产（无死亡事故）1000天的矿井名单予以公布，吉林省共有30个井工矿井榜上有名。

成立于20世纪90年代末的吉林煤矿安全监察队伍，认真履行依法监察职责，坚持做好"三项监察"，充分行使国家煤矿安全监察职能；按照《国务院办公厅关于完善煤矿安全监察体制的意见》和吉林省政府办公厅《关于完善煤矿安全监察体制意见的通知》要求，2005年，吉林省建立健全了省、市、县三级煤矿安全监管机构，实行全省煤矿安全监管协调机制，确保"国家监察、地方监管、企业负责"安全生产格局的实施，有力促进了吉林省煤矿安全生产工作。

第一章　安　全　监　察

1991—1994年，吉林省国有重点煤矿的安全监察工作由东煤公司负责。各矿务局设立安全监察（处），负责本企业煤矿安全监察工作。地方煤矿安全监察工作由吉林省煤炭工业局（公司）负责。

1994年，东煤公司撤销，成立吉林煤炭工业管理局（吉林省煤炭工业局）。1994—1999年，吉林省国有和地方煤矿的安全监察工作由吉林煤炭工业管理局（吉林省煤炭工业局）负责。

1999年底，国务院决定对煤矿监察体制进行改革，下发《国务院办公厅关于印发煤矿安全监察管理体制改革实施方案的通知》，组建国家煤矿安全监察局，将安全监察执法与行业管理分开。2000年5月，中央编办、国家煤矿安全监察局下发《关于各地煤矿安全监察局行政编制分配和办事处设置方案的通知》，下达了各煤矿安全监察局行政编制和办事处设置方案，吉林煤矿安全监察局编制定为120人。其中，机关编制45人；设置辽源、白山、延吉3个煤矿安全监察办事处，编制75人。

吉林煤矿安全监察局鉴于吉林省矿井自然灾害严重、重大事故多发的实际，根据全省煤矿分布情况，决定在中央编办和国家煤矿安全监察局核准的办事处人员编制内，对办事处人员编制进行调整。设立辽源、白山、延吉煤矿安全监察办事处和长春、吉林煤矿安全监察站。

2005年1月，根据中央编办和国家煤矿安全监察局《关于煤矿安全监察办事处更名为监察分局的通知》精神，吉林煤矿安全监察局辽源煤矿安全监察办事处、吉林煤矿安全监察局白山煤矿安全监察办事处和吉林煤矿安全监察局延吉煤矿安全监察办事处分别更名为吉林煤矿安全监察局辽源监察分局、吉林煤矿安全监察局白山监察分局和吉林煤矿安全监察局延边监察分局。更名后监察分局的规格和人员编制不变。

吉林煤矿安全监察局成立至2010年的10年间，一手抓队伍建设，一手抓煤矿安全监察，促进了全省煤矿安全生产的持续稳定好转。2009—2010年，吉林煤矿安全监察系统共开展总监察工作38543天，完成计划的105.9%，三项监察执法1190矿次，完成计划的115%。其中：重点监察、专项监察和定期监察分别为373矿次、487矿次和330矿次。截至2010年，颁发煤矿安全生产许可证322件，培训各类安全管理人员20356人次，受理颁发安全培训证书19940件；查处煤矿3人以上重大事故74起，结案率100%。

2010年，吉林煤矿安全监察局有辽源监察分局、白山监察分局、延边监察分局和吉林煤矿安全监察站，有专职安监人员75人。当年，全省煤炭产量4280万吨，百万吨死亡率1.4，实现了全省煤矿安全状况稳定好转。

第一节 监察队伍

1991年至1994年3月，吉林省国有重点煤矿的安全监察工作由东煤公司负责，东煤公司安全监察局有工作人员22人。监察局内设监察处、综合处、培训处、通风救护处、小井处（负责矿办小井安全工作），负责国有重点煤矿安全工作。各矿务局监察局分别设立监察处、综合处、通风（救护）处、驻矿（厂、部）安全监察处与矿务局对口设立科室。局、矿（厂、部）根据需要配备安全监察人员。吉林省煤炭工业局（公司）安全监察处设综合科、采矿通风科等科室，编制5人，负责地方煤矿安全监察和管理。

1994年3月，东煤公司撤销，成立吉林煤炭工业管理局。同年5月28日，吉林煤炭工业管理局（吉林省煤炭工业局）挂牌成立。1994—1999年，吉林省国有和地方煤矿安全监察由吉林煤炭工业管理局（吉林省煤炭工业局）负责。吉林煤炭工业管理局（安监局）设通风处、培训处、综合处和小井处。各矿务局分别设立安全监察局，地方煤矿分别设立安全监察科，负责煤矿安全监察和管理。

2000年4月11日，吉林煤矿安全监察局挂牌成立，人员编制120人。其中：机关编制45人，监察办事处（站）75人。

一、监察办事处（站）监察范围

2000年8月，吉林煤矿安全监察局印发《关于成立煤矿监察办事处（站）的通知》(简称《通知》)决定成立辽源煤矿安全监察办事处、白山煤矿安全监察办事处、延吉煤矿安全监察办事处，长春煤矿安全监察站、吉林煤矿安全监察站，作为吉林煤矿安全监察局的派出机构，由吉林煤矿安全监察局实行直接领导。安全监察办事处（站）为处级机构，党的关系实行属地管理。各地区劳动等部门负责的煤矿安全监察职能均由煤矿安全监察办事处（站）承担。各办事处（站）分管的范围是：辽源煤矿安全监察办事处负责辽源市和通化市梅河口市所辖行政区域内各类煤矿的安全监察和执法工作，白山煤矿安全监察办事处负责通化市（不含梅河口市）、白山市所辖行政区域内各类煤矿的安全监察和执法工作，延吉煤矿安全监察办事处负责延边州所辖行政区域内各类煤矿的安全监察和执法工作，长春煤矿安全监察站负责长春市、四平市、白城市所辖行政区域内各类煤矿的安全执法工作，吉林煤矿安全监察站负责吉林市所辖行政区域内各类煤矿的安全监察和行政执法工作。

3个监察办事处和2个监察站具体分管范围如下：

辽源煤矿安全监察办事处负责：

辽源矿务局所属3个煤矿：梅河煤矿、西安煤矿、泰信煤矿。

辽源矿务局矿办小井28个。

省属新胜煤矿（梅河口市境内）。

辽源市所属煤矿：

东辽县：国有地方大水缸煤矿；乡镇煤矿108个。

西安区：乡镇煤矿9个。

梅河口市：乡镇煤矿11个。

白山煤矿安全监察办事处负责：

通化矿务局所属8个煤矿：松树煤矿、砟子煤矿、八道江煤矿、道清煤矿、苇塘煤矿、湾沟煤矿、五道江煤矿、大湖煤矿。

通化矿务局矿办小井116个。

省属杉松岗煤矿（通化辉南县境内）。

白山市所属煤矿：

江源县：国有地方新宇煤矿；乡镇煤矿112个。

八道江区：国有地方城西煤矿；乡镇煤矿60个。

靖宇县：国有地方靖宇煤矿；乡镇煤矿16个。

抚松县：国有地方大安煤矿；乡镇煤矿2个。

长白县：国有地方长白煤矿。

临江市：乡镇煤矿20个。

通化市所属煤矿：

二道江区：国有地方头道沟煤矿；乡镇煤矿59个。

辉南县：国有地方辉南县煤矿；乡镇煤矿25个。

柳河县：国有地方半截河煤矿、仙人沟煤矿。

乡镇煤矿6个。

延吉煤矿安全监察办事处负责：

珲春矿务局所属3个煤矿：英安煤矿、城西煤矿、三道岭煤矿。

珲春矿务局矿办小井30个。

延边州所属煤矿：

和龙市：国有地方和龙煤矿、延边煤矿；乡镇煤矿96个。

延吉市：国有地方三道煤矿；乡镇煤矿4个。

图们市：国有地方凉水煤矿；乡镇煤矿24个。

汪清县：国有地方春阳煤矿。

珲春市：乡镇煤矿53个。

龙井市：乡镇煤矿26个。

安图县：乡镇煤矿19个。

吉林煤矿安全监察站负责：

舒兰矿务局所属4个煤矿：吉舒煤矿、丰广煤矿、舒兰街煤矿、东富煤矿。

舒兰矿务局矿办小井50个。

省属蛟河煤矿。

吉林市所属煤矿：

龙潭区：国有地方吉林市缸窑煤矿。

桦甸市：国有地方榆木桥煤矿、桦甸市煤矿、五道沟煤矿；乡镇煤矿41个。

蛟河市：乡镇煤矿67个。

舒兰市：乡镇煤矿56个。

龙潭区：乡镇煤矿39个。

长春煤矿安全监察站负责：

省属营城煤矿。
省属万宝煤矿。
省属省煤矿建设公司双阳煤矿。
长春市所属煤矿：
长春市：国有地方新立城煤矿。
九台市：坤山煤矿、广宁煤矿；乡镇煤矿33个。
双阳区：国有地方八面石煤矿、二道煤矿、长岭煤矿；乡镇煤矿33个。
二道区：乡镇煤矿1个。
四平市所属煤矿：
公主岭市：国有地方刘房子煤矿。
梨树县：乡镇煤矿1个。
洮南市：乡镇煤矿1个。

二、监察员自身建设

（一）制度建设

2001年，吉林煤矿安全监察局各煤矿安全监察办事处（站）建立了安全监察员岗位责任制、安全监察员考核办法、事故汇报制度、事故处理结案制度等规章制度，保证办事处（站）监察工作正常、高效运转。

2002年，各办事处（站）加强了基础工作，建立和完善了监察员岗位责任制等13项制度。白山办事处率先进行局域网建设，实现档案管理微机化，提高工作效率，基础工作上了新台阶。同年8月，吉林煤矿安全监察局在白山办事处召开强化基础工作现场会，推动机关和办事处的基础建设工作。

2003年，白山办事处基础建设工作制度建设更加完善，档案管理工作更加规范，在国家煤矿安监局网站上建立了自己的网页，并定期更新网页信息。吉林煤矿安全监察局各办事处（站）的制度建设和基础建设工作都有明显提高。

2008年，吉林煤矿安全监察系统落实国家煤矿安监党组提出的"标准化建设年"要求，认真分析本单位基础工作现状，找出存在的突出问题，统筹规划，突出重点，深入研究加强基础工作的新思路、新方法和新经验。加强业内管理，健全完善考核评比机制，积极推进制度化管理、规范化服务、标准化建设工作。

截至2010年，吉林煤矿安全监察局按照国家安全生产监督管理总局加强制度建设的要求，先后修订完善了理论学习、工作纪律、财务管理、廉政建设、事故调查等数十项制度。

（二）复合型人才培养

吉林煤矿安全监察局党组针对监察队伍专业结构不尽合理的状况，提出培养复合型人才思路，本着缺什么补什么的原则开展形式多样的学习培训活动。每年组织全体监察员、有关事业单位负责人开展法律法规、监察执法业务、党风廉政建设等方面的培训；认真组织人员参加国家安全生产监督管理总局组织的监察执法专业培训班；建立业务学习制度。各分局（站）每周坚持一天的业务学习，每月进行一次业务交流；按规定，严格程序，做好后备干部的培养和选拔工作。截至2010年，吉林煤矿安全监察局及各监察分局监察员全部为大学本科以上学历，其中硕士研究生10人，占全部监察员总数的8.3%。参加国家安全生产监督管理总局党校和省委党校学习15人，出国培训43人，送法律研究生学习8人。建立考察制度，把对后备干部的日常考察和定期考察结合起来，及时了解和掌握后备干部全面情况。局党组对德才兼备、业绩突出，群众认可的后备干部适时任用，有3人提拔到局级领导岗位，9人提拔到处级领导岗位。

（三）廉政教育

2001年5月，吉林煤矿安全监察局根据中央及上级有关规定，制定并印发《吉林煤矿安全监察局安全监察人员廉洁从政若干规定》，规定煤矿监察人员必须严守法律法规，自觉接受监察机关和群众的监督。

2003年4月，吉林煤矿安全监察局召开全省煤矿安全监察系统党风廉政建设和反腐败工作会议，总结2002年党风廉政建设和反腐败工作，对2004年工作作出部署，要求从煤矿安全监察实际出发，标本兼治、综合治理，全面推进党风廉政建设和反腐败工作。对机关和办事处内部纪律提出明确要求，并及时提醒一个时期可能出现的倾向性问题，起到防患于未然的作用。

2004年，吉林煤矿安全监察局党风廉政建设工作迈上新台阶，通过对《中国共产党党内监督条例》《中国共产党纪律处分条例》和中共十六届四中全会精神的学习，进一步提高煤矿安全监察人员对树立科学发展观的理解，加强执政能力建设。局党组先后印发《吉林煤矿安全监察局人员执法形象考核制度（试行）》等三项制度，对工作中出现的苗头性问题，及时采取措施，有针对性地进行廉政谈话和诫勉谈话，提出批评，促进监察队伍建设进一步加强。

2008年，吉林煤矿安全监察局党组制定并印发《关于2008年反腐倡廉建设具体实施方案及责任分工的通知》《关于落实党风廉政建设责任制实施办法》，对每一项工作明确具体责任单位，局党组分别与16个直属单位党委、总支、支部书记签订《2008年党风廉政建设责任状》，各监察分局（站）党组织分别与各科室、各支部及监察员签订《2008年党风廉政建设责任状》，将党风廉政建设目标任务全面进行细化分解，具体落实到人。通过一系列教育活动，监察员在理想信念、法纪观念和职业素质上都有新的提高。同年8月的抗震救灾中，292名党员交纳"特殊党费"72900元，吉林站10名党员交纳"特殊党费"13000元。

2010年，制定反腐倡廉建设工作要点和工作任务分工安排意见，层层签订党风廉政建设责任状。在系统内开展"树新风正气、促勤政廉政"主题教育活动，并将7月份作为监察"警示教育月"强化廉政教育。

（四）干部交流

2006年，国家安全生产监督管理总局党组下发《关于印发〈领导干部交流暂行规定〉的通知》（简称《通知》）。交流对象包括国家安全监管总局和国家煤矿安监局机关、省级煤矿安全监察机构及其监察分局处级以上干部，以及直属事业单位相当于处级以上干部。按照《通知》要求，2006—2010年，吉林煤矿安全监察局及其监察分局36名处级以上干部参加交流，共66人次；36名干部中，交流时任局级干部2人，有16名干部进行2次（包括再次）以上交流。

三、监察员考核

根据《公务员考核规定》《事业单位工作人员考核暂行规定》和国家安全监管总局规定的考核内容、考核程序，吉林煤矿安全监察局机关组织对监察员的考核工作。2000—2010年，吉林煤矿安全监察系统共评出优秀公务员264人，优秀工作人员209人。其中，23人连续3年被评为优秀公务员，记三等功。

2003年，吉林煤矿安全监察局延吉办事处被国家安全生产监督管理局、国家煤矿安全监察局评为煤矿安全监察先进办事处；赵清源、李瑞胜、刘丰、李守江、栾德久被评为优秀煤矿安全监察员。

2004年，延吉办事处主任曹永金被人事部、国家安全生产监督管理局评为煤矿安全监察系统先进工作者，享受省部级劳动模范待遇。

2005年，吉林煤矿安全监察局人事培训处助理调研员张力被中共国家安全生产监督管理局党组、中共国家煤矿安全监察局党组评为优秀人事干部。同年，吉林煤矿安全监察局副总工程师兼安全监察一处处长惠宇雷被中共吉林省委宣传部、吉林省总工会、吉林省经济委员会授予2004年全省职工职业道德建设"十佳"标兵。

2007年，吉林煤矿安全监察局辽源监察分局局长刘剑民被人事部、国家安全生产监督管理总局授予全国安全生产监管监察系统先进工作者称号，享受省部级劳模待遇。同年，吉林煤矿安全监察局延边监察分局监察三室、吉林煤矿安全监察局白山监察分局监察二室被国家安全生产监督管理总局评为煤矿安全监察先进单位；刘海鹰、管荣峰、李亚民、孔庆峰、何立坤、王鑫、刘成江、彭德荣被评为煤矿安全监察先进个人。

2009年，吉林煤矿安全监察局公务员事业单位考核，优秀公务员24人，优秀工作人员29人；4人在2007年、2008年和2009年连续3年评为优秀等次公务员，记三等功。

2010年1月，国家安全监管总局、国家煤矿安全监察局下发文件表彰2009年度安全生产监管监察先进单位和先进个人，吉林煤矿安全监察局吉林监察站被评为先进单位，惠宇雷、张国林、魏中原、曹永金、孙域、张纯明、王敏、龙巍、管荣峰、李鹏程、李刚被评为先进个人。同年，吉林煤矿安全监察局考核，评定优秀公务员25人，优秀工作人员28人；7人连续3年被评为优秀公务员，记三等功。同年12月，国家防汛抗旱总指挥部、人力资源和社会保障部及解放军总政治部联合表彰全国防汛抗旱先进集体和先进个人，吉林煤矿安全监察局白山监察分局监察二室主任王敏被授予"全国防汛抗旱先进个人"荣誉称号，享受省部级劳动模范待遇。

吉林煤矿安全监察队伍组建以来，监察队伍中涌现出许许多多的优秀人才，他们对党忠诚、无私奉献、勤于钻研，精于业务，把自己的青春和满腔心血倾注在煤矿安全监察事业上。吉林煤矿安全监察局辽源监察分局正处级监察专员、副局长、高级工程师刘春权就是其中杰出的代表。2010年12月6日，因积劳成疾，劳累过度，病情恶化，病倒在工作岗位上，经抢救无效，于2010年12月9日0时40分不幸逝世，为煤矿安全监察事业献出宝贵生命，年仅57岁。2010年12月15日，吉林煤矿安全监察局党组作出《关于在全省煤矿安全监察系统开展向刘春权同志学习的决定》。

2011年6月，国家安全生产监督管理总局党组下发《关于开展向王茂俊刘春权同志学习活动的通知》，号召全系统广大党员干部向王茂俊、刘春权同志学习，自觉加强党性修养，自觉实现党的宗旨，努力做人民满意的好党员、好干部，争做安全发展忠诚卫士。

四、基础设施建设

2001年，为满足全国主要产煤地区68个煤矿安全监察办事处业务用房的基本要求，国家煤矿安全监察局向国家发展计划委员会报送了《关于全国煤矿安全监察办事处监察业务用房项目建议书的请示》。国家发展计划委员会批复：原则同意所报全国煤矿安全监察办事处监察业务用房项目建议书；68个煤矿安全监察办事处业务用房征地面积要控制在300亩以内，建筑面积控制在8.7万平方米以内，工程总投资控制在3.2亿元以内，所需投资原则上由国家发展计划委员会专项安排中央预算内基本建设投资解决；2002年、2003年先安排中西部地区煤矿安全监察办事处业务用房建设；严格控制煤矿安全监察办事处业务用房的征地面积、建筑面积、建筑标准。

2002年1月，吉林煤矿安全监察局对所属安全监察办事处报送的监察业务用房项目选址方案进行初审后，向国家煤矿安全监察局分别报送了《关于辽源煤矿安全监察办事处监察业务用房项目选址方案的初审意见》《关于白山煤矿安全监察办事处监察业务用房项目选址方案的初审意见》和《关于延吉煤矿安全监察办事处监察业务用房项目选址方案的初审意见》。辽源办事处监察业务用房地址选在辽源市区的南部，白山监察办事处监察业务用房地址选在八道江区范围内，延吉监察办事处监察业务用房地址选在城乡接合部的Ⅲ类地区。3个办事处选址方案均符合国家煤矿安全监察局《关于报审煤矿安全监察办事处监察业务用房项目选址方案的通知》规定，基本建在城乡接合部。

2002年8月，国家煤矿安全监察局对吉林煤矿安全监察局报送的办事处监察业务用房项目初步设计进行了批复，原则同意辽源、白山、延吉3个煤矿安全监察办事处监察业务用房项目选址和初步设计方案。经审定，吉林煤矿安全监察局所属煤矿安全监察办事处建设总征地面积15.79亩，总建筑面积4161平方米，概算总投资1279万元（表6-1-1）。

表6-1-1 吉林煤矿安全监察办事处监察业务用房工程概算表

序号	项 目 名 称	建筑面积（平方米）	征地面积（亩）	概算合计（万元）
1	辽源煤矿安全监察办事处	1387	5	406
2	白山煤矿安全监察办事处	1387	5.5	417
3	延吉煤矿安全监察办事处	1387	5.29	456
合计	吉林煤矿安全监察局	4161	15.79	1279

2003年末，各办事处基地建设主体工程顺利完成。2004年初，辽源煤矿安全监察办事处办公用房投入使用。白山煤矿安全监察办事处和延吉煤矿安全监察办事处分别在2004年上半年先后迁入新的办公地点。监察业务用房建设工程的结算、审计等工作基本结束，办事处人员搬入新居。在建设监察业务用房的同时，经多方努力解决了办事处职工生活住宅。

第二节 监察工作

一、全方位安全监察

2001年，吉林煤矿安全监察战线广大干部职工依法强化监察，认真开展煤矿安全生产专项整治和关闭整顿小煤矿工作，通过监督检查，使停产工作得到落实；配合地方政府对所属"四个一律"关闭范围的矿井依法予以关闭，共关闭147个小煤矿，取缔非法生产矿井215个，完成国有煤矿矿办小井分类处理工作。加强对国有煤矿安全整治工作的监察。依法进行全方位安全监察，对重点矿井、重点隐患进行重点监察，坚持对安全管理和培训的日常监察。按照"四不放过"的原则严肃查处煤矿伤亡事故，对132起煤矿伤亡事故依法进行查处，结案126起，建议对440人给予行政处分，追究27人刑事责任。全年进行安全监察

9657人次，作出现场处理决定2288次，下达安全整改通知单1459份，对各类煤矿企业提出事故隐患警告78次，责令停产整顿469次，行政处罚罚款118.05万元，实缴73.35万元；查出安全隐患5377条，重大事故频发的势头得到一定遏制。

2002—2004年，围绕国家煤矿安全监察局提出的抓好"三件大事"总体部署，研究新机制，通过"硬件"监察与"软件"监察相结合、经常监察与重点监察相结合、事故查处与事故隐患追究相结合、传统监察与利用现代监察手段相结合、行政执法与服务相结合这"五个结合"的坚持，做实煤矿安全监察工作。突出"一通三防"监察重点，消除重大事故隐患。加大对"两节"和"两会"期间煤矿安全监察执法工作和对全省10个产煤县（市、区）及4个矿务局的煤矿企业开展安全专项督察工作。集中开展"煤矿百日安全监察执法"活动。深入省内7个产煤市（州）进行重点监察。加大对煤矿建设项目"三同时"监察执法力度，使乡镇煤矿借改、扩建之机生产出煤，发生生产安全事故的问题得到遏制。

在全面做好监察执法的同时，吉林煤矿安全监察局还有计划地拓展煤矿安全监察范围。对煤矿企业安全费用提取和使用情况进行了调查，以延边州小型煤矿为试点，开展了小型煤矿职业危害防治调研工作，为深入开展全省煤矿企业职业危害防治工作做好了准备。同时，按照国家煤矿安全监察局的统一部署，对全省各类煤矿企业开展安全程度评估。累计评估矿井885个，其中：A类矿井77个，B类矿井289个，C类矿井427个，D类矿井92个。

二、三项监察

（一）重点监察

吉林煤矿安全监察局各监察分局和监察站根据确定的重点监察范围和内容，结合辖区内煤矿安全生产实际，合理确定重点监察的矿井名单、监察内容和监察周期。高瓦斯矿井、煤与瓦斯突出矿井以及受水害威胁和容易发生火灾的矿井均为重点监察对象。

2005年，吉林煤矿安全监察局成立以局主管领导为组长、各处处长为成员的瓦斯综合治理专项监察领导小组，在监察一处设办公室，每年按执法计划开展瓦斯专项监察。把瓦斯和火灾等灾害较严重的矿井作为监察重点，本着查大隐患、防大事故的原则，认真查找系统隐患，将通风系统的合理可靠性、采区分区通风、采区专用回风巷设置情况，瓦斯抽采达标情况、瓦斯超限及责任追究情况，安全监控系统瓦斯超限断电和故障断电闭锁情况，开采容易自燃、自燃煤层的矿井防灭火设计及防灭火措施的可操作性和落实情况等作为重点监察的内容，使监察工作有的放矢。

（二）专项监察

2005年，吉林煤矿安全监察机构先后开展瓦斯治理、水害防治、安全生产许可证、安全培训、通风能力核定、机电运输等专项监察。

2006年，相继开展安全培训、安全生产许可证、安全费用提取和使用、矿用产品检测和检验及煤矿矿灯等专项监察。重点加强对矿井建设"三同时"的专项监察。两次召开全省防治水工作座谈会，对全省93处受水患威胁的矿井逐个进行排查，对12处未按要求开展防治水评价的矿井下达停止生产的监察指令。

2007年，组织开展全省防治水害专项监察，制定监察预案，对全省66个受水害威胁矿井逐个排查，防止水灾事故的发生。

2008年上半年，对全省52处建设矿

井（占正常建设矿井总数的91.2%）进行专项监察，查出隐患507条，对9处建设矿井下达停止建设的监察指令并作出行政处罚。延边监察分局对水害威胁矿井进行跟踪、指导，督促矿井加强水患治理，确保安全生产；吉林煤矿安全监察站建立了重大隐患整改信息台账，及时登记重大隐患，督促企业整改销号。

专项监察开展后，全省煤矿没有发生"三类灾害"事故。吉林煤矿安全监察局按照要求，认真制定年度监察执法工作计划，按照监察执法计划，在"两节""两会"等特殊时期对重点对象实施重点监察，其他时段重点开展计划内对瓦斯综合治理、煤矿防治水、煤矿安全费用提取和使用、职业危害、矿用产品安全标志及建设项目矿井"三同时"、从业人员安全培训教育等6个方面的专项监察。

（三）定期监察

2005—2010年，吉林煤矿安全监察局各监察分局（站）结合地方监管部门日常性监督检查情况，组织开展定期监察。营造了良好的监察执法环境，提升了监察执法水平，推动了各项工作全面开展。

三、监察执法计划制定、执法文书制作及隐患查处和行政处罚

（一）监察执法计划

国家安全生产监督管理总局2007年下发《煤矿安全监察执法工作计划编制、审批、考核办法（试行）》，2010年下发《国家煤矿安全监察局关于做好2010年煤矿安全监察执法计划编审和考核工作的通知》，正式规范监察执法计划的制定。2009年开始，正式编制《吉林煤矿安全监察执法计划》，上报国家安全生产监督管理总局备案。

（二）执法文书制作

2003年起，吉林煤矿安全监察局信息统计中心建立监察信息档案。2008年起，每年由事故调查处牵头从各监察分局抽调专业人员组成检查组，对4个监察分局（站）当年的监察执法案卷和事故案卷进行检查，检查结束后，组织召开分局全体人员座谈会，结合检查中发现的问题进行剖析，促进了执法文书和执法案卷质量的提升。

2010年和2011年，吉林煤矿安全监察局事故调查处分别抽出近1个月的时间，对各监察分局（站）2009年和2010年监察执法案卷及事故调查案卷进行检查评比。《白山市新宇矿业有限公司东风井"3·27"违法违规案》等8份执法案卷被评为2009年优秀监察执法案卷，《和龙市庆兴煤业有限责任公司南阳井"4·25"运输事故案》等4份事故调查案卷被评为优秀事故调查案卷，《和龙市庆兴煤业有限责任公司南阳井"6·10"监察执法案卷》等12份执法案卷被评为2010年优秀监察执法案卷和优秀事故调查案卷。

2010年，吉林煤矿安全监察局印发了对地方政府煤矿安全监管工作监督检查、煤矿安全监察执法工作责任落实和绩效考核、煤矿安全事故隐患整改落实跟踪检查、现场检查方案编制及执行、煤矿生产安全事故报告和调查处理实施细则等一系列文件和规定，规范和促进了安全执法工作。

（三）隐患查处和行政处罚

从2003年起，吉林煤矿安全监察局逐渐积累执法资料，使监察执法工作更加科学化、规范化。通过开展执法监督检查、召开座谈会等方法，查找存在的问题以及产生这些问题的原因，有针对性地向各分局（站）提出加大监察执法和经济处罚力度的意见和建议。坚持定期统计和

分析全省行政处罚情况，每月向各监察分局（站）进行通报，推动执法工作。

2003—2010年吉林省煤矿安全监察机构行政处罚统计表见表6-1-2。

表6-1-2　2003—2010年吉林省煤矿安全监察机构行政处罚统计表

年份	监察生产经营单位（个）	监察矿次（次）	查处事故隐患（条）	应完成事故隐患整改（条）	实际完成隐患整改（条）	累计罚款（万元）
2003	165	552	11932	9635	8236	188
2004	165	550	2589	1113	1013	103.92
2005	521	1784	9981	8301	7525	666.75
2006	446	1364	7486	6397	5480	1712.02
2007	331	1079	5103	4758	4290	1466.54
2008	323	1016	6199	5854	5600	1195.78
2009	253	776	4584	4337	4295	923.93
2010	212	566	3389	3270	3250	955.79
合计	2216	7687	51263	43665	39689	7212.73

四、对地方政府煤矿监管监督检查

2004年，吉林省政府办公厅下发《关于完善煤矿安全监察体制意见的通知》，提出建立健全省、市、县三级煤矿安全监管机构，省煤炭局作为省政府主管全省煤炭工业的工作部门，同时主管全省煤矿安全监管工作，履行全省煤矿安全监管职能；强调各地要在2005年1月底前组建或明确本级煤矿安全监管机构、配齐配足专业技术人员。

2005年3月，吉林省安全生产委员会办公室下发《关于印发〈吉林省煤矿安全监察监管协调工作机制实施办法（试行）〉的通知》。实施办法中制定了"工作通报和信息交流制度""联席会议制度"和"联合执法制度"，以确保"国家监察、地方监管、企业负责"安全生产格局的有效实施。同年6月，吉林省煤炭工业局印发《吉林省煤矿安全监管实施办法（试行）》的通知。对各市（州）、县（市、区）煤矿安全监管机构认真履行煤矿安全监管职责、规范煤矿安全监管行政执法行为作出明确规定，提出具体要求。

2009年，吉林煤矿安全监察局下发《吉林煤矿安全监察局关于对地方政府煤矿监管工作督促检查的意见》，成立监督检查领导小组，由局领导带队检查7个市（州）的政府监管工作。在监督检查中制定和出台了《对地方政府煤矿安全监管工作督促检查联系函》《对地方政府煤矿安全监管工作监督检查表（试行）》，向地方政府下达《国家煤矿安全监察加强和改善安全管理建议书》。检查结束后以文件形式向省政府报告各地情况及存在问题，提出改进意见，取得较好效果。

2010年10月18日至11月12日，吉林煤矿安全监察局对吉林省7个主要产煤市（州）政府煤矿安全监管工作进行监督检查。

第三节 安全许可

一、煤矿建设项目安全设施审查与竣工验收

2004年起，吉林煤矿安全监察局按《煤矿建设项目安全设施监察规定》的要求，对吉林省煤矿建设项目安全设施实行分级审查及验收。120万吨/年以下矿井由吉林煤矿安全监察局一、二处负责组织审查。截至2004年底，吉林煤矿安全监察局审查批准安全专篇37处（其中，国有煤矿2处，乡镇煤矿35处），通过竣工验收矿井8处，正在建设矿井29处。乡镇煤矿"三同时"审查率为95%，比全国64.7%的平均水平高出30.3个百分点。

2005年，吉林煤矿安全监察机构针对煤矿建设项目"三同时"工作落实不到位，特别是部分乡镇煤矿借改、扩建之机生产，发生生产安全事故的问题，加大对煤矿建设"三同时"监察执法力度，凡属乡镇煤矿地面补打井筒、矿井技术改造、联合改造的，必须履行"三同时"审批手续，没有安全专篇或安全专篇未经审查的，一律不准建设施工；未通过竣工验收的，一律不准投入生产。严肃查处了一批煤矿建设工程不编制和报审安全专篇以及未经竣工验收擅自生产的乡镇煤矿。对12处未按安全专篇组织施工的矿井责令停止施工，对6处未经竣工验收的矿井责令停止生产，对8处违反"三同时"规定的矿井进行行政处罚，作出罚款处理。

2008年1月，吉林煤矿安全监察局下发《吉林煤矿安全监察局关于煤矿建设项目安全设施设计审查与竣工验收有关工作的通知》，进一步规范吉林省煤矿建设项目安全设施设计审查与验收工作，实行分级审查及验收。截至2010年，全省共对215个矿井的安全设施设计专篇进行了审查。

二、安全生产许可证颁发

为做好安全生产许可证颁发工作，吉林煤矿安全监察局印发了《煤矿安全生产条件评价及审查意见》，成立了安全生产许可证颁发管理领导小组、安全生产许可证审批领导小组，下设安全生产许可证办公室，负责颁证的资料审查、管理和日常业务。安全生产许可证颁发流程采取受理、审查、颁发三分离方式。监察局政务大厅是行政许可流程中与煤矿企业接触的唯一窗口，政务大厅内公示申办条件、申办流程、报送材料明细、注意事项、监督电话、咨询电话等一系列事项。安全生产许可证办公室负责召集并组织相关部门人员进行申报资料的审查，审批小组集体讨论决定颁证与否，保证了行政许可的公平公正。

办证中坚持"凡许可必核查"的做法，杜绝了虚假评价，提高了企业上报资料和评价的真实性。审查采取异地监察分局牵头，多部门联合审查的方式。异地、本地监察分局和省局业务处室人员共同组成审查组，异地分局人员任审查组组长，负责现场审查工作。审查分成采掘（含防治水）、机电运输（含井上下排水）、"一通三防"、安全保障、培训教育、安全管理6个部分，在审查小组详细审阅企业上报材料，了解并掌握矿井各大系统和安全管理现状基础上，进行集中审查。并邀请省局纪检组和机关党委工作人员监督许可证颁发的全过程。现场核查中，重点核查企业申办资料和评价内容的真实性，同时，把县级地方政府前置审查、避灾六大系统验收合格、质量标准化达

三级及以上、矿井复产复工或停产整顿验收合格的4个证明文件纳入颁发安全生产许可证的必备条件中，使煤矿的安全许可置于县级地方政府和省市级地方政府行政许可之间，合理地减少许可证审查颁发的风险。

在安全生产许可证审查、颁发过程中，坚持定期清理安全生产许可超期矿井并予以注销，向各监察分局（站）下发通知，抄送各市（州）安全生产监督管理局，定期向各（产煤）市（州）人民政府通报煤矿安全生产许可证持证情况的做法，同时在局域网公布，增加了部门间的沟通，保证了安全生产许可证工作的顺利开展。

吉林煤矿安全监察机构开展了安全生产许可证宣传贯彻活动，组成宣讲团，在全省范围内开展大规模的宣传教育活动，并编印《煤矿安全生产许可证申办指导手册》等相关资料，直接发放到煤矿企业。2004年9月24日，全省首批煤矿安全生产许可证颁证仪式公开举行。6家煤矿介绍了申办安全生产许可证的经验体会。吉林省政府、省直有关部门和各市（州）煤炭管理部门及有关煤矿企业的领导和负责人出席了颁证仪式。安全生产报社、吉林电视台、新华社吉林分社等多家媒体进行了宣传报道。截至2005年1月，全省共受理煤矿企业安全生产许可证申请材料235个，101户煤矿企业和矿井获得了安全生产许可证，国有重点煤矿全部颁发了安全生产许可证。

2007年，按照安全生产许可证颁发和延期应与国家及相关部门新颁布的法规和要求相衔接，以及既要严格许可，又要方便企业的要求，吉林煤矿安全监察局重新制定了《煤矿安全生产条件评价及审查意见》《安全生产许可证颁发管理办法》《安全生产许可证变更审批程序》《煤矿安全生产许可证直接延期自查报告书》（样本），编制了《吉林煤矿安全监察局安全生产许可证规章》《安全生产许可证颁发管理程序和内业标准》《申办安全生产许可证流程图》等一系列规章制度，在监察局政务大厅张贴，并在吉林煤矿安全监察局网站上公布。安全生产许可证延期颁证过程中，努力做到严把申请材料、评价报告审查、现场审查和发证"四关"。审查合格的煤矿企业和矿井，由安全生产许可证办公室定期提交到安全生产许可证审批小组例会审查，对决定颁证的矿井，由审批小组负责人签发、安全生产许可证办公室工作人员制证，安全生产许可证办公室主任复核、局办公室盖章，政务大厅发证，真正做到了"受理不审批，审批不露面"，既做到从程序上防范行政审批环节发生腐败问题，又做到在发放安全生产许可证过程中的公平、公正、合理。截至2007年底，暂扣安全生产许可证171矿（次），占全部矿井总数的51.66%。

2008年，吉林省全年受理安全生产许可证申请126个，先后37次组织有关处室和监察分局（站）的人员，对受理的123个煤矿企业和矿井进行现场审查和资料审查，审查通过98个（其中，企业10个，矿井88个），决定颁发许可证98个，其中，延期颁证97个，新颁证1个。截至2008年末，全省煤矿持有安全生产许可证总计171个，其中，企业证24个，矿井证147个。全年因矿井关闭注销矿井安全生产许可证9个。

截至2010年，吉林煤炭系统共颁发安全生产许可证626个。其中：新发证439个，延续发证187个。全省有566个煤矿企业安全生产许可证被暂扣，187个煤矿企业安全生产许可证被吊销，1个煤矿企业安全生产许可证被注销。

第四节 安全培训

一、培训机构

20世纪90年代，吉林省每个矿务局都有一所比较完善的职工培训中心，并编有通俗易懂的培训教材。各培训中心采用多媒体教学、与各矿井联网教学等多种先进教学手段，提高培训效率，收到较好培训效果。通化矿务局培训中心建成投入使用后，坚持每年召开一次安全培训工作会议，落实培训计划，与各单位签订培训任务责任状，并与经济挂钩。位于梅河口市的辽源矿务局安全技术培训中心，占地面积28800平方米，拥有办公楼、教学楼、宿舍和食堂等综合配套的教学和生活设施。1994年2月，培训中心迁到矿务局本部，购置了录像机、数码相机、投影仪等教学仪器，装备面积达247.9平方米的实验室（包括采掘、通风、机电实验室），并安装瓦斯（煤尘）爆炸实验室、风电瓦斯电闭锁演示等模拟装置，强化直观教学效果。培训中心建有安全教育展室、计算机室、图书馆和阅览室，有安全类图书1072册。培训中心严格按《煤矿安全培训教学大纲》组织教学进行培训。

1992年2月和1994年，煤炭工业部先后颁布实施《煤矿职工安全技术培训规定》和第2次修订的《煤矿职工安全技术培训规定》。吉林煤炭工业管理局、各产煤市（县）煤炭管理部门、各国有重点煤矿按照煤炭工业部的要求，不断完善和加强培训机构的建设和职工的安全技术培训工作。截至2000年，吉林煤炭系统有职工培训中心14所。

2002年，吉林省煤炭工业局在原有安全培训中心基础上成立了吉林省煤矿安全技术培训中心和通化矿务局安全培训中心，两所培训中心均为二级培训中心。2003年，吉林煤矿安全监察局成立吉林煤矿安全培训中心（二级）。2004—2006年，长春市、和龙市、白山市、辽源市、蛟河市、桦甸市及江源县等市（县）建立起25所培训中心。截至2010年末，吉林省各煤炭管理部门和各煤矿企业共有安全培训中心39所，初步形成了全省安全技术培训体系。

吉林煤矿安全监察局和各煤矿安全监察办事处（站）对各级培训中心的安全培训和考试发证工作进行监督，确保培考分离和培训质量。2002年，完成了4个三级培训机构的验收工作。2010年，吉林煤矿安全监察局按照"优胜劣汰、动态管理的"的原则对14个四级煤矿培训机构进行了资质复审，其中，1个限期整改，1个被取消四级资质。

2010年吉林煤矿各级安全培训机构见表6-1-3。

表6-1-3 2010年吉林煤矿各级安全培训机构一览表

序号	级别	培训机构名称
1	二级 （3个）	吉林煤矿安全培训中心
2		吉林省煤矿安全技术培训中心
3		通化矿业（集团）有限责任公司培训中心
4	三级 （5个）	辽源矿业（集团）有限责任公司安全技术培训中心
5		舒兰矿业（集团）有限责任公司安全技术培训中心

表6-1-3（续）

序号	级别	培训机构名称
6	三级 （5个）	珲春矿业（集团）有限责任公司安全技术培训中心
7		白山市煤矿安全生产技术培训中心
8		长春市羊草煤业有限公司安全培训中心
9	四级 31个	和龙市煤矿安全培训中心
10		江源区煤矿安全培训中心
11		杉松岗矿业集团有限公司员工培训中心
12		华安矿业有限公司煤矿培训中心
13		白山市八道江区培训中心
14		通化矿业集团公司八宝煤矿安全技术培训中心
15		通化矿业集团公司松树镇矿安全技术培训中心
16		通化矿业集团公司道清煤矿安全技术培训中心
17		白山市永安煤业有限责任公司安全技术培训中心
18		临江市永安煤业有限责任公司安全技术培训中心
19		白山市振东煤业有限公司安全生产培训教育部
20		辽源市职业技术培训中心
21		蛟河市煤矿安全技术培训站
22		珲春矿业（集团）公司英安煤矿安全教育培训站
23		珲春矿业（集团）公司八连城煤矿安全教育培训站
24		辽源矿业（集团）公司梅河煤矿职工安全培训站
25		珲春金山矿业有限总公司安全培训中心
26		珲春市安全技术服务中心
27		长春市双顶子矿业股份有限公司安全技术培训部
28		长春市八面石煤矿培训科
29		桦甸市民安矿山安全技术培训中心
30		珲春矿业（集团）公司板石煤矿培训站
31		靖宇县煤矿安全培训中心
32		万宝矿业电力有限公司安全培训中心
33		长春市双阳区安全生产培训中心
34		白山市八道江区胜利煤业安全教育培训中心
35		华煤矿山安全技术培训中心
36		辽源矿业集团公司金宝屯煤矿培训中心
37		四平市刘房子矿业有限责任公司培训中心
38		通化二道江区煤矿安全培训中心
39		白山临江市安全生产技术培训中心

二、培训分工

二级煤矿安全技术培训中心负责各类煤矿的主要负责人、安全生产管理人员、注册安全工程师和二级以下安全培训中心师资等培训工作。

三级煤矿安全技术培训中心负责培训区域内煤矿特种作业人员、班组长等人员培训。

四级煤矿安全技术培训中心负责本企业新工人和其他从业人员的培训工作。

三、培训方式及周期

二级煤矿安全技术培训中心采取集中脱产培训形式，三、四级煤矿安全技术培训中心多数采取集中脱产培训方式。三级培训中心在采取集中脱产培训方式的同时，也采取培训机构教师到煤矿比较集中地区开展培训的方式。

煤矿主要负责人、安全生产管理人员初次培训时间为15天，每年进行一次为期5天的复训；特种作业人员初次培训时间为13天以上，每两年进行一次6天以上的复训；转岗工人和新工人要参加72学时以上的初次培训，从业人员每年培训时间要达到20学时以上。

四、培训师资

1991—2010年，吉林煤矿安全培训教师队伍逐年壮大，师资水平逐年提高。吉林煤矿安全培训中心按照国家的有关要求，每年开展对培训中心教师不少于48学时的脱产培训。培训结合国家新颁布的煤矿安全生产法律法规、规章等内容进行。

截至2010年底，吉林煤矿安全培训专兼职教师242人，全部获煤矿安全培训教师资格证。

五、培训工作

1991—1995年，吉林省国有煤矿认真开展技术工人和新工人的培训工作，收到较好的培训效果。通化矿务局从20世纪90年代初期开始，在矿职工学校、安全教育室，利用饭后和班后时间对新工人进行业余培训。1991年，通化矿务局9个基层生产单位建10个展室，面积达485平方米，开展工人安全培训。砟子煤矿对采煤、掘进、发碹、巷修、电钳工、各类司机，利用每天饭后培训，每期8天，每天授课3小时，全年组织12期，1860多人参加培训。截至1995年末，通化矿务局有82个工种，21900名工人参加培训和考核，占技术工种工人应考人数的84%。1995年，辽源矿务局对工人技术培训19978人次，考试合格率达98%。

1996—2000年，吉林省国有煤矿企业克服生产经营不景气，培训经费短缺等困难，立足于矿区生产经营实际，采取灵活、机动的培训方法，开展以安全培训、下岗工人再就业、技能鉴定为主要内容的职工全员培训和岗位规范培训，提升企业职工的岗位技能和业务素质。

截至2000年底，吉林省各矿务局开展转产、转岗培训4800多人次，开展对生产班组长培训1700多人次，及格率均达99%以上；对技术工人技能鉴定培训1460多人次，及格率94%以上；企业职工的岗位技能和业务素质得到提升。

吉林煤矿安全监察局成立后，按照国家的要求和部署，完善和新组建安全培训机构，在全省煤炭系统积极开展对"三项岗位人员"的培训，培训工作质量和效果得到提高。

2001年，吉林省共培训特种作业人员6097人，超额完成年初制定的培训计划，多培训3097人；培训各类煤矿矿长

114人，在安全专项整治和关闭整顿小煤矿中，对高瓦斯矿井的井长、技术井长和高瓦斯工作面的采掘队长426人进行了强化培训。辽源煤矿安全监察办事处监察中发现辖区内部分乡镇煤矿主管工程师不合格，建议各县（区）、乡镇煤炭管理部门先后更换了40多个小煤矿工程师，并责令10余个乡镇煤矿停产，对从业人员进行安全培训。

2003年，吉林煤监系统培训中心举办13期矿长培训班，培训矿长842人；培训煤矿管理人员40人；培训特种作业人员5000人，全部经过考核发证。2004年，吉林省各级煤矿安全培训机构共举办各类培训班117期，培训学员8409人。当年组建的吉林煤矿安全监察培训中心举办12期培训班，培训学员993人，并到辽源矿务局、梅河煤矿和万宝煤矿举办3期煤矿安全管理人员培训班，培训学员339人；对4750名特种作业人员进行培训，举办矿长安全资格培训班、《煤矿安全规程》培训班、监察人员法律法规培训班和行政执法培训班各2期，有256人参加培训。并将特种作业人员的上岗证件全部更换为IC卡。

2005年，安全培训工作实行微机化管理，建立培训考试题库，严格实行培训管理机构由专家出题，培训机构组织考试的"教考分离"。严把学员准入关、学员考核考试关，使煤矿安全培训工作更加规范。同年，全省各煤矿积极开展本企业职工的全员培训。通化矿务局对井下作业人员进行全员培训，组织专业人员编写了《入井人员安全知识培训教材》和《井下专业基础知识培训教材》，经审定后，向全省煤矿发行850套。各矿分别组织安全、技术、机电等专业人员到井口段队利用班前班后时间组织讲课、系统培训。全局从业人员培训人数达到4705人。举办特种作业人员培训班5期、新《煤矿安全规程》培训班3期，下矿办培训班2期。同时，按照国务院446号令要求组织编写并下发了《煤矿职工安全手册》，做到职工人手一册。2006年，通化矿业公司全年安全培训费用149.29万元，5个原煤生产单位"四级安全培训站"通过资质验收投入使用。1424名"三项人员"培训后全部持证，879名农民工和新工人培训合格后上岗。2007年，全年举办安全管理人员培训班6期培训263人，开办特种作业人员培训班10期456人，特种作业人员复训班2期81人。2008年，各矿四级安全培训中心培训从业人员6630人。2009年，通化矿业公司各生产矿井完成6968名采掘人员年度20学时的轮训任务，完成安全管理人员初训、复训班9期431人。

1991—2010年，辽源矿业公司举办对公司内煤矿从业人员和特殊工种安全培训班245期，培训学员34217人次；并承担了对公司外周边煤矿特种作业人员培训工作。2003—2010年，辽源矿业公司对公司外周边煤矿特种作业人员培训93期，共培训10381人次。

从2005年开始，吉林煤矿安全监察局依据《国务院关于预防煤矿生产安全事故的特别规定》和《安全生产培训管理办法》、国家安全监管总局3号、20号、30号、44号令等有关规定，结合吉林辖区的实际情况，先后下发了《吉林煤矿安全监察局贯彻落实国家安全生产监督管理局〈安全生产培训管理办法〉实施细则》《吉林煤矿安全监察局特种作业人员安全技术培训教考分离暂行规定》《吉林煤矿安全培训机构资质评估认证实施办法（三、四级培训机构）》《吉林煤矿安全培训工作细则（试行）》《关于执行安全资格准入标准的通知》《关于煤矿主要负责人、安全生产管理人员每年再培训的具体规定》等12个安全培训的具体规定，进一步从制度上规范了全省煤矿安全培训工作。

2007年，吉林煤矿安全监察局按照国家安全监管总局《关于提高煤矿主要负责人和安全生产管理人员准入标准的通知》《生产经营单位安全培训规定》《安全培训管理办法》等文件规定，严格审查煤矿"三项岗位"人员安全培训的标准、条件，对身份证、学历、工作经历等逐项审查并存入培训档案。同年，吉林省煤炭工业局在《加强省属煤矿安全基础管理的实施意见》中强调，加强安全培训，集团公司要建立和完善从业人员教育培训制度，落实培训职责。加强培训中心建设。安全培训工作必须做到培训计划、机构、基地、费用、教材、人员、考核、档案、制度"九落实"。2007年末，达不到初中文化程度的从业人员必须进行脱产培训，经考试合格后方可上岗，培训不合格人员一律辞退。从业人员持证上岗率必须达到100%。全省煤炭企业全年培训从业人员5.17万人次。

2006—2010年，吉林省共培训煤矿"三项岗位"人员61500人，其中：煤矿企业主要负责人695人，安全生产管理人员5120人，特种作业人员52685人。

按照《关于加强煤矿安全监察队伍建设的决定》中"加强执法业务培训教育，提高监察队伍的执法水平"要求，煤矿安全监察员每3年接受不少于1个月的脱产轮训，吉林煤矿安全监察局每年组织一次监察员为期2周的专项或重点培训，各监察分局（站）根据监察工作实际开展各种形式的岗位练兵和自学活动。

2003年1月16日至6月27日，吉林煤矿安全监察局马和平、何立坤、于金桥、赵永鑫、谢广勋、张国林6名监察人员赴日本研修学习，历时163天。同年10月28日至11月1日，按照国家煤矿安全监察局统一安排，吉林煤矿安全监察局组织了吉林省煤矿安全管理培训班。培训班全部由日本能源中心专家授课。培训学员来自省内各市、州煤炭局主管安全的负责人，省内各国有重点、国有地方煤炭企业安全管理干部及各煤矿安全监察办事处（站）的安全监察人员90余人。

截至2010年，吉林省共培训"三项岗位"人员97274人（表6-1-4）。其中，煤矿特种作业人员74910人，煤矿主要负责人2008人，煤矿管理人员20356人。

表6-1-4　2000—2010年吉林煤矿安全监察培训机构培训情况统计表　　人

年份	特种作业人员	煤矿主要负责人	煤矿安全管理人员	总计
2000	330	—	—	330
2001	2153	44	176	2373
2002	2932	—	106	3038
2003	6763	332	258	7353
2004	6273	463	1179	7915
2005	10035	414	2326	12775
2006	10515	158	3658	14331
2007	8940	162	3503	12605
2008	8115	157	3014	11286
2009	9025	105	2639	11769
2010	9829	173	3497	13499
合计	74910	2008	20356	97274

第五节　安全中介

为进一步完善煤矿安全生产支撑体系，吉林煤矿安全监察局决定成立吉林煤矿矿用安全产品检验中心。2006年初，通过国家安全生产监督管理总局的验收和吉林省技术监督局的计量认证,取得了乙级资质。

吉林煤矿矿用安全产品检验中心的主要职能:负责吉林省煤矿系统在用设备的定期检测检验,负责吉林煤矿安全监察专用仪器、设备的定期测试、检修、维护和保养,承担吉林煤矿事故的相关技术鉴定工作等。

2006年4月至2010年底,吉林煤矿矿用安全产品检验中心对吉林煤矿的在用设备提升机(绞车)系统、主要通风机系统、主排水系统、空气压缩机进行现场检验。2007年9月至2010年底,对吉林省内煤矿的在用斜井人车进行现场检验。2006—2010年吉林省部分煤矿矿用产品检测检验结果见表6-1-5。

表6-1-5　2006—2010年吉林省部分煤矿矿用产品检测检验结果一览表

年份	检测检验报告总数	其中不合格数	发现隐患数
2006	480	36	1465
2007	308	15	836
2008	506	6	1193
2009	360	4	769
2010	466	0	781
合计	2120	61	5044

2010年,吉林煤矿安全监察局根据有关法律法规制定了《吉林省煤矿中介机构考核实施细则》(简称《细则》)。《细则》适用于吉林煤矿安全监察局执法区域内从事检测检验和安全评价的煤矿中介机构及从业人员的考核管理。对考核的主要内容、考核程序及对中介机构违法违规行为处罚的标准和分类都作了详细规定,从而进一步规范了煤矿中介机构和检测检验机构的工作。

第六节　事故查处

一、事故调查

2005年《生产安全事故报告和调查处理条例》颁布实施后,吉林煤矿安全监察局监察员按照规定的条例,坚持"四不放过"原则,克服无法下井勘察事故现场、事故工作面没有图纸及作业规程、事故区域监测监控数据未上传等困难,查明事故原因和经过,确定事故类别和性质,认定事故责任,力争事故在较短时间内结案。同时,认真开展事故督导和约谈。坚持在第一时间赶赴事故现场,深入井下、多方了解掌握核实情况,协助、指导事故抢救与事故调查处理工作,及时上报事故相关材料,向全省及时进行事故通报,发出事故警示。

2008年3月5日,吉林省东辽县金安煤矿发生重大火灾事故,按照国家煤矿安全监察局和省政府要求,吉林煤矿安全监察局积极组织协调相关部门,开展调查取证工作,仅用8天时间完成资料收集和基础调查,形成事故调查报告,并经省政府常务会议研究,报国家煤矿安全监察局批复,较好地完成工作任务。同年,吉林煤矿安全监察局统一制定并印发了《煤矿事故调查报告的基本内容及格式样本》和《标准事故调查报告参考样本》。白山监察分局按照"推进精细化监察"工作要求,从制作事故调查提纲、现场勘查、调查取证、责任追究、形成事故调查报告等环节加强规范,提高质量。按照"一矿出事故,万矿受教育"的要求,大力强化事故警示教育,坚持做到对重大事故及时进行公开处理。

2009年开始,每年召开全省安全生

产承诺警示教育视频会议，省分管领导出席会议并作重要讲话。省煤矿监察机构配合记者到事故单位和有关部门进行访谈，并在《煤炭报》《安全生产报》等报刊登载事故警示教育访谈专题。"安全生产月"期间，开展全系统生产安全事故警示教育周活动，组织召开全省煤矿事故警示教育视频会议，集中收看全省煤矿典型事故警示教育片，并在煤矿安全重点县电视台黄金时段进行播放。同年6月，吉林煤矿安全监察局下发《吉林煤矿安全监察局行政处罚集体讨论决定办法》，从制定依据、原则、集体讨论内容、分组负责制等方面对行政处罚进行规范，使全省煤矿安全行政处罚工作有了重要的依据和遵循。在对全省煤矿所有较大事故和一般事故查处中，吉林煤矿安全监察机构作为事故调查组牵头单位，积极协调成员单位，规范事故调查的程序，维护事故调查组的统一性和权威性。2009年，事故调查结案42起，期限内结案率100%，查处相关责任人128人，其中，建议处分120人，移送司法机关处理8人，对事故单位、责任人经济处罚731万元。并对负有一定责任的地方政府、相关部门、相关人员实施了行政问责。

2010年，吉林省煤矿事故结案23起，处理事故责任人145人，其中，给予党政纪处分人员68人，移交司法机关处理11人，对每起查处结案的事故都进行了公开处理，并通过吉林煤矿安全监察局网站向社会公示。

二、举报案件的核查

吉林煤矿安全监察机构在认真做好事故调查工作的同时，高度重视对举报案件核查工作。接到对煤矿事故的举报，及时交由驻地煤矿监察分局或当地政府组织核查。同时，及时调度核查进展情况，对核查工作进行认真指导。

三、事故责任追究跟踪督办

从2008年开始，吉林煤矿安全监察局开展了事故责任追究落实情况跟踪督办工作。监察局有关处室每2年与省监察厅一同，对重大事故责任追究落实情况进行跟踪督办；并与吉林省安全生产监督管理局一同，对全省发生的重特大事故矿井关闭情况进行暗查暗访。

2000—2010年，吉林省各类煤矿共发生3人以上事故74起，其中：3~9人事故62起，10~29人事故9起，30人以上事故3起。由吉林煤矿安全监察局查处71起，由吉林煤矿安全监察局协助国家煤矿安全监察局查处事故3起，共处理事故责任者635人，罚款149.7万元。

第二章 安 全 管 理

1991—2000年，吉林省国有重点煤矿均设有安全矿长和安全科，各矿井设安全井长，负责本单位安全管理，安监局（处）对直属单位进行监督检查；建立健全安全生产责任制，把安全生产纳入矿务局、矿经营承包和责任目标，并作为一项"否决指标"；强化安全生产基础工作，在高瓦斯矿井安装瓦斯监控系统，狠抓"一通三防"，对通风能力不足的矿井进行改造，按《煤矿安全规程》要求和煤矿的具体情况，建立健全瓦斯抽放系统，加强安全宣传教育和法制建设，组织煤矿企业广大干部职工认真学习贯彻《中华人民共和国煤炭法》《煤矿安全规程》等法律法规，增强干部职工法制观念和遵章守纪的自觉性；按照装备、培训并重的原则，有计划、有步骤地组织开展对井下工人的安全技术培训，不断提高其安全技术素质。

2001—2005年，吉林煤矿安全管理水平不断提高。连续两年杜绝了重大瓦斯煤尘事故。建立煤矿安全监管体系，全省7个产煤市（州）和28个产煤县（市、区）建立了安全监管机构，配备了180名监管人员。吉林省煤炭工业局制定了安全监管执法文书，进一步规范了安全监管执法行为。

2007年，吉林省煤炭工业局下发《加强省属煤矿安全管理的实施意见》。从10个方面进一步规范省属煤矿企业的安全管理工作，使安全管理工作逐步走上科学化、制度化。

2010年，吉林省各级煤炭管理部门和煤矿企业，坚持把安全生产作为煤矿的头等大事，完善各项安全管理制度，全面实行安全生产目标责任制，加大安全资金投入，建立健全抗灾、防灾系统，提高安全技术装备水平，提高矿山救灾能力，安全生产条件和环境不断得到改善，实现了煤矿安全生产的持续稳定好转。

第一节 机构与队伍

一、安全管理机构

（一）第一阶段（1991年1月至1994年3月）

1. 国有重点煤矿的安全管理

煤炭工业部安全司—东煤公司安监局—矿务局安全监察局—驻矿（厂、部）安全监察处。

2. 地方煤矿安全管理

煤炭工业部安全司—中国地方煤矿总公司安全监察局—吉林省煤炭工业局安全监察局—各产煤市（县）煤炭局（办）安全监察科—各矿安全监察科（站）。

1991年，东煤公司安全监察局内设监察处、综合处、培训处、通风救护处、小井处（负责矿办小井安全工作），负责国有重点煤矿安全管理。机构延至1994年末，共有专职人员22人。

各矿务局安全监察局分别设立监察处、综合处、培训处、通风（救护）处（有的矿务局将通风和救护处分设，有的矿务局设质量标准化处），根据需要配备驻矿（厂、部）安全监察人员。

吉林省煤炭工业局（负责地方煤矿管理的省级机构）安全监察局设综合科、采矿通风科，编制5人，负责地方煤矿安全管理，各产煤市（县）煤炭工业局（办）设煤矿安全处（科、办），负责地方国有煤矿和乡镇个体煤矿的安全管理。

（二）第二阶段（1994年3月至2000年3月）

1. 国有重点煤矿安全管理

煤炭工业部（国家煤炭工业局）安全司—吉林煤炭工业管理局（吉林省煤炭工业局）安全监察局—矿务局安全监察局—驻矿（厂、部）安全监察处（科）。

2. 地方煤矿安全管理

煤炭工业部（国家煤炭工业局）安全司—吉林煤炭工业管理局（吉林省煤炭工业局）安全监察局—各产煤市县煤炭局（办）安全监察科—各矿安全监察科（站）。

1994年，东煤公司撤销后，负责地方煤矿管理的吉林省煤炭工业局职能并入吉林煤炭工业管理局。吉林煤炭工业管理局内设煤矿安全监察局，负责全省煤矿安全管理。

（三）第三阶段（2000年5月至2010年12月）

1. 国有重点煤矿安全管理

国家煤矿安全监察局—吉林煤矿安全监察局（吉林省煤炭工业局）2002年4月开始为吉林省煤炭工业局—矿务局（集团公司）安全监察局—驻矿（厂、部）安全监察处（科）。

2. 地方煤矿安全管理

2000年4月11日，吉林煤矿安全监察局挂牌成立，同时加挂吉林省煤炭工业局牌子。2002年4月，吉林煤矿安全监察局与吉林省煤炭工业局彻底分离。吉林省煤炭工业局负责全省煤矿行业管理，2005年，负责全省煤矿安全监管工作，各市（县）煤炭工业局（办）是市县政府的职能部门，并设有安全生产监管科（办），负责本市（县）煤矿安全生产监督管理工作；各煤矿安全监察站负责本矿安全监管工作。

二、安全管理队伍

1991—2010年，吉林各煤矿企业重视煤矿管理队伍建设，定期组织和开展对安全管理人员的培训、对通风管理人员和瓦斯检查人员的专业技术培训。及时把有煤矿专业学历的人员充实到安全管理队伍中，使安全管理队伍的整体素质和管理能力不断提高。

2000年开始，吉林省各市（州）煤炭管理部门安全监管干部、各国有重点煤矿安监局副处级以上领导干部，全部具备大专以上煤矿专业学历。安全监察员全部具有中专以上煤矿专业学历；各国有重点煤矿的安监处长，都具有煤矿生产相关专业大专以上学历和从事煤矿工作3年以上经历；矿井安全员均由具有现场实际工作经验并经过培训考试合格的人员担任；从事矿井通风救护工作的领导和工作人员，均具备煤矿安全生产相关专业大专以上学历；专职通风和瓦斯检查员，均具备初高中以上学历、从事井下采掘工作两年以上，并经过特殊工种培训考试合格。

1991年、2010年吉林省各矿业公司煤矿安全机构人员情况见表6-2-1。

表6-2-1 1991年、2010年吉林省各矿业公司煤矿安全机构人员情况一览表　　人

单位	安全机构		安监员		专职安全员		兼职安全员		从事通风安全工作人员		专职瓦斯检查员	
	1991年	2010年	1991年	2010年	1991年	2010年	1991年	2010年	1991年	2010年	1991年	2010年
辽源矿业公司	19	30	1505	2185	126	224	1379	1961	2224	1898	348	286
通化矿业公司	4	2	101	112	98	132	116	321	1642	1104	435	248
舒兰矿业公司	26	16	31	20	34	16	29	12	92	22	180	48
珲春矿业公司	9	7	56	20	104	48	147	156	59	40	98	69
杉松岗矿业公司	7	4	16	12	21	18	33	29	10	15	21	21
合计	65	59	1709	2349	383	438	1704	2479	4027	3079	1082	672

第二节　安全规章

1991年，吉林省国有重点煤矿在东煤公司领导下，认真贯彻执行《煤矿安全规程》、技术操作规程和作业规程，在安全管理上完善了安全生产责任制、安全工作制、安全检查、安全汇报、事故追查、安全培训和教育、安全生产奖罚和安全档案八项制度，并使制度在各国有煤矿

进一步落实。

地方煤矿在各级政府领导下，健全和完善了安全办公会议、安全活动日、安全大检查、职工安全大会、事故追查处理、教育、安全生产责任制和安全承包与奖罚八项制度。

1992年开始，吉林省国有重点煤矿对以上制度的内容进一步充实完善。各矿务局相继制定"安全目标管理制度"：每年初，矿务局将上级下达的各项安全指标按计划指标和奋斗目标分解到各矿（厂），并与各矿（厂）安全第一责任者签订安全生产责任状，直接与企业和个人的经济效益挂钩，通过实行安全目标管理，调动各矿（厂）搞好安全生产的积极性和主动性。"事故隐患排查处理制度"：各生产单位对矿务局和各矿安全检查及日常安全检查时所发现的各类事故隐患，依据其性质，按A、B、C三级分类。隐患处理通知书，按"四定"（定时间、定地点、定负责人、定措施）的要求整改，并及时组织有关人员定期进行复查。

1995—2000年，吉林煤炭工业管理局对全省煤矿安全工作实行目标管理，严格处罚条件，并把安全工作作为否决指标在各单位承包合同中确定下来。进一步建立健全安全生产责任制，在落实上下功夫，真正做到各尽其职、各负其责。各矿务局、矿安全第一责任者和主管领导在安全检查、现场管理、防治事故隐患等方面亲自组织实施、强化对安全工作的领导，使安全工作被动局面得以扭转。

2001年开始，国家进一步加强对安全生产的管理，相继颁发了《中华人民共和国安全生产法》《中华人民共和国矿山安全法》《中华人民共和国煤炭法》《中华人民共和国行政监察法》《中华人民共和国行政处罚法》《中华人民共和国矿产资源法》《中华人民共和国职业病防治法》《中华人民共和国环境保护法》等有关法律；国务院、吉林省和国家有关部委下发了《矿山安全法实施条例》《安全生产许可证条例》《民用爆炸物品安全管理条例》《特种设备安全管理条例》《工伤管理条例》《矿山安全监察条例》《预防煤矿生产安全事故的特别规定》《煤矿企业安全生产许可证实施办法》《煤矿建设项目安全设施监察规定》《煤矿安全生产基本条件》《吉林省安全生产条例》等几十项法规；国务院、吉林省下发了《国务院办公厅关于进一步做好关闭整顿小煤矿和煤矿安全生产工作的通知》《关于印发〈高危行业企业安全生产费用财务管理暂行办法〉的通知》《吉林省人民政府贯彻落实国务院关于进一步加强安全生产工作的决定的实施意见》等文件。

2010年，辽源矿业公司先后制定了干部带班下井写实、干部现场交接班、井区主要领导上夜班、双值班、井下三汇报、电话录音等制度。其他国有煤矿企业也都根据本企业实际，制定一些行之有效的规章，各级煤炭管理部门进一步建立健全了煤矿安全生产各项规章制度，主要有《安全生产责任制度》《安全会议制度》《安全目标管理制度》《安全投入保障制度》《安全质量标准化管理制度》《安全教育与培训制度》《事故隐患排查与整改制度》《安全监督检查制度》《安全技术审批制度》《矿用设备器材使用管理制度》《矿井主要灾害预防制度》《事故应急救援制度》《安全与经济利益挂钩制度》《入井人员管理制度》《安全举报制度》《安全档案管理制度》《管理人员下井带班制度》《安全操作规程管理制度》《安全形势定期分析制度》等。

第三节　安全教育

1990年开始，舒兰矿务局对职工进

行安全划类，并在划类的基础上，充实新内容，做到"两结合"（与开展"反三违"活动相结合、与开展质量标准化活动相结合）、"四知道"（本人知道、家属知道、群众知道和领导知道）、"五挂钩"（与奖罚、涨工资、评先进、入党、入团挂钩）。

从1992年起，珲春矿务局坚持"勿忘安全、珍惜生命"安全生产周活动形式，广泛开展安全宣传教育，加强职工安全意识，提高安全生产自觉性。通过常年坚持开展"安全生产周活动"，"三违"现象出现总体下降趋势，2010年与1992年相比，下降36.16%。

1995—1998年，吉林省煤矿企业群众性安全教育在传统方式上有了创新。辽源矿务局群众性安全教育采用分专题、分层次进行。组织职工学习《煤矿安全规程》，举办群众监督员、班组长、生产骨干和特殊工种人员培训班。各生产井区、段队在职工学习室设置有线电视，实现安全教育电教化。并把安全法律法规、安全规程编成《班前必读》《采掘入门》及《安全知识百题问答》等作为安全教材。各矿、井（区）普遍开展"每日学、记一条规程，工作中自觉遵守规程"等活动。开展安全生产"警钟长鸣"，创办《历史上的今天》专栏，将全矿务局发生的事故编写成册，利用班前时间向职工宣讲，教育职工吸取教训、确保安全生产。通化矿务局坚持安全月和百日安全活动，利用各种宣传手段，加大宣传力度，使矿工对安全生产入心入脑。通过组织家属送安全鞋垫、安全鸡蛋，组织中小学生写安全信，给"三违"人员家属送通知书，开办"三违"人员学习班等活动，开展群众性的安全教育。

2000年，舒兰矿务局根据职工队伍结构不断变化的新情况，开展安全智力竞赛、组织"三违"人员办学习班，对"三违"人员的违章现象开办警告台，组织"三违"人员现身说法，组织伤亡职工家属到各井巡回报告。辽源矿务局西安煤矿编写了《我所经历的险情》《血的记忆》《矿工心声》等6本书共20余万字，部分资料被转发到全省各煤矿企业，并得到国家煤矿安全检查团的好评。

2005年，辽源矿务局确立了指导性和坚定性的安全理念，即"宁可少出煤或者暂时不出煤，也不能出事故，必须保安全"和"一切以安全为主，方方面面为安全让路"。在连续5年消灭瓦斯煤尘事故的基础上，创出了安全生产"10个历史最好水平"。2008年明确提出思想高度重视必须到位，严格管理必须到位，装备投入必须到位，安全培训必须到位，执行法律法规必须到位"五个必须到位"的安全理念，强化法制观念，坚持依法治安全、依法管安全、依法保安全。全公司连续5年2个月杜绝了3人以上人身伤亡事故，连续8年1个月消灭了瓦斯煤尘事故，原煤生产百万吨死亡率0.11，创出了安全生产历史最好水平。

2010年，吉林省国有重点煤矿按照吉煤集团安全工作部署，围绕集团公司"安全管理效益年"工作目标和"三个转变""四个提高"的工作主线，加强群众性安全教育，积极创新安全管理，进一步提升质量达标水平，全省煤矿企业群众性安全教育活动进一步推进。

第四节 安 全 检 查

一、经常性安全检查

经常性安全检查包括专职安全检查（即各矿务局安监局和驻矿安监处的工作人员及各生产井的专职安全岗员，随时对安全状况进行检查，坚持天天、班班进行检查和监督，对查出的问题和隐患限期整改，定期复查）和各矿务局每季、矿每月、段队每天、班组每班进行一次安全自检制度。这两项检查在20世纪90年代进一步加强，并常抓不懈，至2010年一直是吉林省煤矿企业重要的安全检查制度。

二、不定期安全抽查

各煤矿企业经常开展由矿务局矿领导带队，安监部门和有关业务部门参加，不定期的突击性检查，多为夜间到现场突然抽查，并成为制度。安全抽查可对夜间干部值班、各工种岗位责任制和规章制度执行情况有真实具体的了解，发现问题当场处理。1991年，通化矿务局局长和安监局局长带领安监局、技术处、通风处、动力处工作人员，到砟子煤矿立井和西三采区进行夜间抽查，发现28项问题，次日早调度会上对抽查问题进行全局通报，推动了全矿务局安全工作。

三、联合安全大检查

全国、全省联合安全大检查多在春秋两季，矿务局的大检查除春秋两季，还包括开展冬季防冻、防滑、夏季防洪、防雷等检查。煤炭工业部和吉林煤管局大检查前先下发文件通知，明确重点检查内容、时间、要求和参加人员，在各单位进行自检、整改的基础上，进行检查。对检查出的问题用"五定"（定问题、地点、时间、解决办法、负责人）、"三联单"（将"五定"事项写入"三联单留"被查单位、矿务局安监局、省或部检查团各一份）方法落实。检查后开大会总结与群众见面，达到推广表彰先进、批评处罚落后、促进提高的目的。

东煤公司成立后，坚持每年春秋两季由公司领导带队分赴所属矿务局实施检查。由总经理任检查团长，副经理、总工程师、安监局长、工会主席任副团长，下设分团开展全公司安全大检查。对各单位贯彻执行安全工作方针，"安全第一"10条标准落实情况，采、掘、机、运、通、防、排水等工程质量、设备完好率等进行全面检查。按照相关标准，严格要求上尺、上线、计算合格率、计算等级，对检查中发现的"三违"人员，按规定当即填写通知罚款。

1994年初，吉林煤管局在筹备期间和组建后分别对全省煤矿开展安全生产大检查。共检查4个矿务局、28个生产矿井、31个采煤工作面、42个掘进工作面、612台机电设备、796台防爆电气设备、714台运输设备、19.13千米轨道和243处通风设施。共查出事故隐患497处，其中现场整改345处，整改率69%。检查后，吉林煤管局下发文件进行通报，被检查单位按检查团（组）的指导意见定出整改计划，落实整改措施。1995年，从元旦的开门红活动到春秋两季安全大检查，促进了全省煤矿安全生产形势好转。当年各类煤矿死亡人数大幅下降，国有重点煤矿消灭3人以上重大瓦斯煤尘爆炸事故，百万吨死亡率1.72，完成了煤炭工业部下达的安全奋斗目标。

1996年，按照煤炭工业部《关于认真做好一九九六年度雨季防雷电、防排水、防洪工作的通知》要求，吉林煤管局于6月4—21日对4个国有重点煤矿和部分地方国有煤矿进行矿区防汛、防排水、防雷电工作的安全大检查。提出整改隐患11条，并对汛期调度和汇报制度进行规定。全年组织5次安全生产大检查，发现隐患2.6万项，整改2.4万项，整改率达92%。对其余安全隐患落实防范措施，做到责任人死看死守、防止事故发生。

2000年，吉林煤管局组织全省煤矿开展各类安全检查活动6次。各煤矿企业不间断开展自查和夜间抽查活动，查出各类事故隐患3万多条，90%以上事故隐患得到整改。

2001年，吉林省煤炭工业局组织各矿务局开展安全生产专项整治活动。各矿务局首先对本矿的"一通三防"、机电管理水平和矿井支护开展自查。珲春矿务局于5—9月共组织安全检查71次，安全抽查29次，查出各类隐患980多项，整改率达95%以上；抓"三违"人员930多人次，除进行教育，还分别给予纪律处分或经济处罚。辽源矿务局在资金十分困难的情况下，筹集资金150万元，解决"一通三防"和机电运输方面存在的重大隐患。通化矿务局在全省安全生产整顿会议结束后，立即开展安全生产大检查，查出隐患84条，罚款1.3万元，处理"三违"人员36人。2001年5月21日开始，吉林省煤炭工业局对各地区、局、矿安全生产整顿工作进行三次督察、检查，共有60人参加督察。2002年，全年共有4800人次参加安全大检查，共查出事故隐患9000多条，采取"四定"方法对事故隐患进行整改，整改率93%，对事故多发和存在重大事故隐患的13个国有煤矿进行了停产整顿。

2003年，吉林省加大了安全检查和督察的力度。吉林省煤炭工业局会同吉林煤矿安全监察局等部门先后组织了"安全生产月活动"、春秋两季大检查以及"两节""两会"、十六届三中全会、"国庆节"和岁尾年初期间的安全生产检查和督察活动，保证了煤矿安全生产。辽源矿务局在组织安全大检查时，抽签决定被检单位，采取全方位检查、全封闭评分的办法，使安全检查和督察更具权威性和实效性。珲春矿务局坚持月检查、旬抽查制度，认真整改各类隐患，全年矿务局共下达7次全矿范围的停产令。当年，全省共有12000多人次参加安全检查，查出各类事故隐患1.67万条，整改1.61万条，整改率达96.4%。

2006年，按照《吉林省人民政府办公厅关于开展煤矿安全生产大检查工作的紧急通知》要求，由吉林省煤炭工业局、吉林煤监局等八部门人员组成4个检查组，从2月27日至3月15日，对全省煤矿进行安全生产大检查，县级煤炭行业管理、煤矿安全监管部门检查覆盖率达到100%，市级抽查30%，省级抽查10%。6月8—19日和8月16—21日，吉林省煤炭工业局先后会同吉林煤监局对全省煤矿落实雨季"三防"工作和省属煤矿建设矿井进行安全专项督察和检查。查出隐患130条，认真进行了落实，对隐患严重的责令停产整顿，确保安全度汛。全年省、市、县三级煤矿安全监管部门共实施现场检查和复查3965次，查处事故隐患12263条，下达行政执法文书3986份，保证了煤矿安全生产。2007年，全省查处各类安全隐患2689条，整改率100%。2000—2010年，舒兰矿业公司开展月检查187次，排查隐患2400项，平均每次排查13项。2010年，珲春矿业公司对英安煤矿、板石煤矿、八连城煤矿井下火工品专项检查151次，查出安全隐患21处，立即整改17处，限期整改4处；对重点单位、重点要害部位检查158次。

1991—2010年，地方煤矿适时开展安全生产大检查。延边州煤炭局对延辽煤矿和和龙煤矿进行了13次安全大检查，每次历时10~30天。

第五节 安全整顿

一、乡镇煤矿安全整顿

1991年1月3日，吉林省政府下发1

号文件，明确煤炭行业管理职责和乡镇煤矿整顿及开采条件，并制定了扶持政策。当年，按省政府要求，吉林省29个产煤县（市、区）有22个县（市、区）组建了煤炭管理局（办），在建局产煤县中，有1/2的乡镇建立了煤管站，1/3的村建立了小煤窑管理机构，15个县（市、区）实行产销运统一归口管理。通过对乡镇煤矿的整顿，一些矿井建立了图纸、档案，实行开工报告制度，一些县（市、区）对矿长、绞车司机、安检员、爆破员、电工等工种实行岗前培训、持证上岗，对火药、电力使用实行审批制度，并在乡镇煤矿中开展安全质量达标竞赛，提高矿井安全生产能力。1991年，舒兰县投入46.5万元扶持乡镇煤矿发展。为支持重点产煤县建设，吉林省煤炭工业局拨出专门经费帮助4个市（县）办起培训中心，建立3个为乡镇煤矿服务的救护队。

1994年，吉林省政府下发《关于清理整顿乡镇煤矿的通知》，由各级政府牵头开始进行乡镇小煤矿清理整顿工作，小煤矿的有关问题得到部分解决。年末，吉林省有乡镇煤矿2657个（其中个体煤矿1480个），有证矿井1185个（其中个体矿井422个）。吉林、延边、辽源3个市（州）乡镇矿井持证率均在90%以上。1995年，吉林省政府认真贯彻国务院颁布的《乡镇煤矿管理条例》和《煤炭生产许可证管理办法》，对全省2600余处乡镇煤矿进行全面清理整顿。取缔非法无证开采、不具备安全生产条件、威胁国有矿井生产、危及工业及民用建筑的小井1000处，限期整改900余处，办矿秩序得到改善。

1997年7月，吉林省6个部门联合下发《整顿煤炭生产秩序的十条措施》。1998年3月18日，吉林省政府召开全省依法整顿煤炭生产秩序工作会议，明确整顿煤炭生产秩序工作的指导思想、任务、措施、步骤、方法、责任。从9月8日起，由吉林省经贸委、省地矿厅、省劳动厅、省总工会、省煤炭局组成整顿验收组，对全省7个地、市（州）、12个产煤县（区）及矿务局的整顿工作进行验收。3月18日至9月初，共动用2237人次，车辆465台次，召开动员大会10余次，普法办班1976人次，共取缔非法开采矿井982处，取缔威胁大矿安全矿井103处，治理超层越界矿井97处，下达停产改造矿井507处，封停矿井29处，解决矿界纠纷58起，实行经济赔偿9处，没收设备94台（套），罚款23万元，拘留37人，立案侦查2人，捕判1人。全省小煤矿总数由1997年初的2399个减少到1417个，压缩不合理产量250多万吨，8月末，小煤矿产量为560万吨，比上年同期下降103万吨。非法开采得到遏制，违法生产矿井得到治理，合法生产矿井比例大幅度上升，全省煤炭生产秩序初步实现好转。截至1998年10月底，全省投入626万元用于对小井通风系统、提升设备、瓦斯检测仪器等方面的改造，70%的特殊工种人员持证上岗，多年来乡镇煤矿始终底数不清、数字不准、无图纸、无资料，井下作业全凭矿主想当然办事，行业管理部门基本失控的现象得到初步治理。

1998年11月11—12日，国务院在北京召开全国煤炭行业关闭非法和布局不合理煤矿工作会议。国务院决定，从1998年11月起到1999年底，全国关闭各类小煤矿2.58万处，压减非法和不合理产量2.5亿吨左右。会议期间，全国煤炭行业关井办公室下发《关于下达煤炭行业关井压产计划的通知》，要求吉林省关闭各类小煤矿710处，压产310万吨。1998年12月5日，国务院下发《国务院关于关闭非法和布局不合理煤矿有关问题的通知》。按照国务院的部署，吉林省政府办公会议决定成立以副省长李介车为组长，省政府副秘书长刘仰轶，省煤炭局、省经贸委、省地矿厅、省工商局负责人为副组长，省计委、省劳动厅、省监察厅、省电力局、省公安厅、省高法、省环保局、省总工会等部门负责人为成员的吉林省关井压产领导小组，办公室设在省煤炭工业局。12月11日，省政府召开关井压产领导小组成员单位，各市（州）主管工业的市长、州长、经贸委主任、地矿局局长、工商局局长、煤炭局局长参加的全省煤炭行业关闭非法和布局不合理煤矿工作会议。副省长李介车对全省关井压产工作进行全面部署，并与各市（州）签订了责任书。12月31日，省政府办公厅转发《全省煤炭行业关闭非法和布局不合理煤矿实施方案》。年末，全省关闭非法和布局不合理小煤矿341处，压产151.3万吨，超额完成国家下达给吉林省的关井压产任务。各类小煤矿采矿许可证和煤炭生产许可证持证率分别达到100%和60%。1999年，各级政府加强对关井压产工作的领导，省、市、县政府均组建政府分管领导牵头，有关部门参加的关井压产领导小组和办公室，负责关井压产的组织领导。关井压产期间，全省13个重点采煤县（市、区）成立了执法队伍，共下达500多份取缔、关停矿井通知书，动用人力、警力3000多人次，出动车辆1000多台次。煤炭生产秩序有了明显好转。到1999年底，全省已经取缔、关闭各类小煤矿730处（其中：1998年340处，1999年390处），压产417.6万吨，分别完成国家下达给吉林省计划关井压产任务的102.8%和144.0%。

2000年，针对乡镇小煤矿和矿办小井重大、特大事故频发问题，从3月8日开始，对全省各类小煤矿进行集中停产整顿，重新核发"三证"（采矿许可证、煤炭生产许可证和煤矿矿长资格证），按照小煤矿安全生产8条标准，进行全面检查和验收。同年12月1—20日，对各类小煤矿进行停产检查。全年对小煤矿进行4次集中检查、督察和复查验收。在停产整顿过程中，全省小煤矿总投资4600万元，装备主要通风机、水泵、绞车、罐笼、瓦斯检测仪、防爆开关等3800多台（套），铺设排水管路3.3万米，开拓井巷工程5万米。2000年末，全省小煤矿减少到790处，国有矿区范围内小煤矿乱采滥挖现象得到遏制，小煤矿安全生产水平有较大提高，关井压产通过了国家关井办验收。

二、国有重点煤矿安全整顿

1991—1994年，吉林省辽源矿务局、通化矿务局、舒兰矿务局和珲春矿区建设指挥部（矿务局）在东煤公司领导下，贯彻执行安全生产规程、技术操作规程和作业规程，在安全管理上进一步完善安全生产责任制度、安全工作制度、安全检查制度、安全汇报制度、事故追查报告制度、安全培训和教育制度、安全生产奖罚制度、安全档案制度。开展经常性的专职安全和业务保安检查、不定期的安全抽查检查以及群众性安全活动，广泛开展"质量达标准，安全创水平"竞赛活动，各级领导干部深入井下靠前指挥，抓安全、抓基础、查质量、查隐患，坚持奖罚分明，依法从严治矿，安全生产逐年好转。

在此期间，东煤公司连续4年组织矿务局开展煤矿安全生产专项活动。1991年为"安全生产年"，1992年为"安全生产最佳年"，1993年为"再创安全生产新水平年"，1994年为"实现安全奋斗目标年"。1994年5月，吉林煤炭工业管理局组建后，继续组织开展煤矿安全生产活动。全面开展"高产高效矿井"建设和"质量标准化矿井"建设，强化安全技术培训和现场管理，改善和提高煤矿技术装备水平，杜绝重大恶性事故发生。

三、煤矿安全专项整治和小煤矿关闭

2001年，国务院办公厅先后下发《国务院办公厅关于关闭国有煤矿矿办小井和乡镇煤矿停产整顿的通知》和《国务院办公厅关于进一步做好关闭整顿小煤矿和煤矿安全生产工作的通知》。同年6月3日，吉林省人民政府下发《吉林省煤矿安全生产专项整顿方案》，决定从5月20日开始，利用4个月左右的时间，分宣传发动、分析排查、整改治理和检查验收4个阶段在全省煤矿开展安全生产专项整治工作。成立了由主管省长为组长，省公安厅、省国土资源厅、省工商行政管理局、省监察厅和省总工会为成员单位的煤矿安全专项整治领导小组；6月21日下发《吉林省人民政府办公厅转发国务院办公厅关于关闭国有煤矿矿办小井和乡镇煤矿停产整顿的紧急通知》。吉林省各级政府和煤炭行业管理部门以及煤炭企业，以控制重特大事故、减少死亡事故为目标，把煤矿安全生产专项整治和小煤矿关闭整顿作为一项重点工作，坚持标本兼治，综合治理。国有煤矿以"一通三防"为重点，集中进行了专项整顿。按照整治标准，省属煤矿投入3300多万元专项资金，完善各项装备和设施，安全基础工作有了明显改善。辽源矿务局实现矿井质量标准化达标率100%。

自2001年6月16日开始，吉林省627处乡镇煤矿和163处矿办小井全部停产，对"四个一律关闭"的175处小煤矿下达了关闭通知单，截至2001年末，依法关闭147处，共取缔215处非法生产的小煤矿，国有煤矿矿办小井分类处理工作基本完成。在乡镇煤矿停产整顿中，全省各类煤矿共投入7300多万元，进行整改，小煤矿抗灾能力有所提高。各市（州）从2001年11月1日开始对小煤矿关闭整顿工作进行验收。2001年末，共对357处小煤矿进行了复查验收，验收合格277处，合格率77.6%。省级第一阶段终检验收合格137处，合格率91.3%。截至2003年末，全省共关闭不具备安全生产基本条件的小煤矿395处，取缔非法开采矿井468处，小煤矿数量由2000年末的790处减少到405处。2005年3月，根据国家安全监管总局提出的五类煤矿要立即停产整顿、四类煤矿要依法予以关闭取缔的要求，省煤炭局、吉林煤矿安全监察局、省国土资源厅、省安全监管局联合召开了贯彻落实"五整顿""四关闭"工作专题会议，确立加强配合，建立协调工作机制，确保全省煤矿停产整顿和关闭取缔工作按国家要求进行并如期完成。同年5月，吉林省煤炭工业局、吉林煤矿安全监察局联合印发《全省煤矿集中开展消除重大事故隐患强化安全专项整治行动方案的通知》，进一步推动全省煤矿安全整治工作。同年，制定了《吉林煤矿安全监察监管协调工作机制实施办法（试行）》，建立了煤矿安全监察监管工作通报和信息交流、联席会议、联合执法等制度。省煤炭局印发了《吉林省煤矿安全监管实施办法（试行）》。通过打击非法开采和关闭整顿，小煤矿数量从2000年的790处减少到2005年末的386处。

2001—2005年，吉林省国有重点煤矿坚持管理、装备、培训并重原则，不断深化煤矿安全整治，健全安全生产责任制，加大安全生产投入，严格生产管理。省属煤矿全部达到安全质量二级标准以上。全省建立8个培训基地，共培训从业

人员21万人次。建立煤矿应急救援体系，共建立4个矿山救护大队、6个区域救护中队。

2006年，吉林省煤炭工业局围绕"创建本质安全型、安全高效型矿井"突出抓好安全生产责任制的落实，突出抓好瓦斯治理和关闭整顿攻坚战。完善了瓦斯抽放系统，低瓦斯矿井配备了监测监控系统，提高了"一通三防"装备水平。加大资源整合和关闭整顿力度，关闭矿井127处。突出抓好质量标准，实施动态检查和精细化考核，逐项验收打分，质量标准化建设上了一个新台阶。全省有20处矿井达到一级标准，10处矿井达到二级标准。

2007年，吉林煤炭系统层层落实安全监管职责，各市（县）政府加强安全监督管理，实现安全状况明显好转。辽源矿业公司连续1550天杜绝了较大事故，连续2630天消灭了瓦斯煤尘事故。各类煤矿上齐了瓦斯监测监控系统，省属5个矿业公司和12个产煤县（市、区）建立了区域联网，实现了区域监控。合理抽采瓦斯6756万立方米，比上年增加22.6%。吉林省煤炭工业局作为煤炭资源整合工作牵头单位组织召开11次联席会议，研究解决整顿关闭与资源整合工作遇到的难题。消灭了年生产能力3万吨以下矿井，提前1年完成国家下达的关井任务。全省共查处各类安全隐患1689条，整改率100%。全年全省煤矿企业围绕隐患排查治理，筹集资金5.6亿元，完善生产系统，购置安全装备，增强矿井综合防灾抗灾能力。经年末验收，有20处矿井达到一级标准，14处矿井达到二级标准。2007年底，吉林省煤矿矿井减少到338处，超额完成国家下达的关闭指标。

四、煤炭资源整合

2008年，吉林省根据国家发展改革委印发的《关于下达"十一五"后三年关闭小煤矿计划的通知》，制定了关闭111处小煤矿的三年计划。

"十一五"期间，吉林省煤炭行业安全生产形势日趋好转。2006年，全省煤矿发生事故128起、死亡197人。2007年，全省煤矿发生事故68起、死亡75人。2008年，全省煤矿发生事故50起、死亡83人。2009年，全省煤矿发生事故46起、死亡70人。2010年，全省煤矿发生事故25起、死亡60人。

截至2010年，吉林省共关闭矿井105处，淘汰落后产能538万吨。

第六节 安全投入与安全工程

一、安全投入

1991年，吉林省国有重点煤矿的安措资金提取为每吨煤2.5元。

1991—1992年，通化矿务局的安全工程投入资金在每吨煤2.5元的维简基金中提取。1993—2003年，根据国家规定，按实际原煤成本产量即每吨煤提取6.2元维简费用于安全费用。2005年4月1日起，按照国家规定按原煤实际产量每吨8元提取煤炭生产安全费用。2006年，按每吨煤15元提取煤炭生产安全费用。"十五"期间，全省煤矿企业加大安全生产投入。通过争取国债资金、省财政安排专项资金和企业提取生产安全费用，全省各类煤矿安全生产投入11亿元，补还安全欠账，改善安全条件，提高了矿井抗灾能力。

二、安全工程

1991—2010年，吉林省国有重点煤

矿共投入安全资金25.47亿元，完成安措工程2387项。

辽源矿业公司。1991—2010年，辽源矿业公司投入安全资金10.46亿元，完成安措工程1645项。其中："八五"期间完成安措工程165项；"九五"期间完成安措工程323项；"十五"期间完成安措工程525项，投入资金17958.85万元；"十一五"期间完成安措工程632项，投入资金86681.26万元。

1991—2010年，辽源矿业公司利用国补资金和自筹资金先后对11个矿井更换新型主要通风机，提高供风能力。建设通风井，新掘通风巷道6500米，每年翻修风阻较大的巷道10000米左右，扩大巷道断面，使矿井风量增至56300立方米/分钟，通风能力由400万吨/年增至1390万吨/年。

完善瓦斯抽采系统，搞好瓦斯集中整治工作。不断更新升级瓦斯抽放设备，从SZ型系列到2BE型系列，建立永久性的地面抽放瓦斯系统和井下移动式抽放瓦斯系统，安设大型水环式真空瓦斯泵，扩大管路直径，抽放管径从6寸到12寸到600毫米。抽放流量从10立方米/分钟到350立方米/分钟；打抽放钻的钻机不断升级，从KHYD型爬道钻、MK型系列液压钻到ZDY型防突钻机，单孔钻进距离最高可达到100米。2010年，已建成并运行9座地面永久式瓦斯抽放站，22台（套）不同能力的抽放泵，16台（套）井下移动式抽放系统。

在通风设施管理上，先后对密闭、风门、防尘等设施系统进行改造。

2006年10月15日前，辽源矿业公司共安装各种规格水管路28600米。2007年，辽源矿业公司和各矿自筹资金190万元，配齐入风巷道防尘管路，各矿井防尘管路铺设率达到100%。2010年底，全公司矿井防尘水源点19处，水源容积7817立方米，井下管路总长126111米。

升级改造瓦斯监测设备。2006年，金宝屯煤矿淘汰KJ66型监测监控系统，使用KJ19型监测监控系统。2008年，矿井监控系统从KJ19型监测监控系统升级到KJ19N型监测监控系统。监测系统和断电仪覆盖了全部采掘工作面。2010年，再次升级使用KJ19型（N）监测监控系统，实现了监测监控系统的不断更新换代。

投入资金建设注氮防灭火系统。2008年，辽源矿业公司共投入资金275万元，购进2台制氮机组，6月在梅河煤矿二井投入使用。2009年，在梅河煤矿一井新建地面注氮防灭火系统，实现了梅河煤矿一井、二井独立注氮防灭火。2010年，投资430万元为金宝屯煤矿井下新增2台500立方米/小时注氮机，保证了金宝屯煤矿采区防火需要。2010年，全公司各矿井均增设了氮气防火设备，均采用氮气防火技术，在用注氮机共13台，总能力每小时12000立方米，管路33640米。

通化矿业公司。1991—2010年，通化矿业公司投入安全资金4.45亿元，完成安措工程362项。其中："八五"期间投入"一通三防"系统安全改造资金259万元，完成37项安措工程。"九五"期间投入安措资金3915万元，增设3套瓦斯监控系统，增设瓦斯传感器26处，全矿务局5条重要风道进行翻新。"十五"期间投入安全资金6493万元，完成安措工程133项。安全费用提取主要用于"一通三防"、瓦斯监测监控系统的建立和改造巷道维修，机电、运输设备维修和更换，防灭火、防治水和矿山救护等工程投入。"十一五"期间通化矿业公司进一步加大对瓦斯排放、瓦斯监测监控系统省级改造，建立瓦斯参数测定实验室、人员定位管理系统，改造煤炭自动检查灭火系统、通风系统，更换机电设备、矿山救护、防灭火和防治水等安全工程的投入，在全省煤炭系统第一个采用了数字化远程监控系统局域网和瓦斯超限报警手机群发系统、矿井通风仿真系统、煤与瓦斯突出综合预警系统、煤矿矿区监测系统等先进手段，为井下矿工作业提供了最可靠的安全保障。"十一五"期间共投入安全资金33849万元，完成157项安措工程。

舒兰矿业公司。1991—2010年，舒兰矿业公司投入安全资金5.685亿元，完成安全技措工程344项。其中："八五"期间投入安全资金16499万元，完成安全技措工程105项；"九五"期间投入安全资金19672万元，完成安全技措工程123项；"十五"期间投入安全资金4555.8万元，完成安全技措工程31项；"十一五"期间投入安全资金16123万元，完成安全技措工程85项。

珲春矿业公司。1991—2010年，珲春矿业公司投入安全资金2.928亿元，完成安全技措工程21项。其中："八五"期间投入安全资金1476.86万元，完成"一通三防"安全技措工程1项。"九五"期间投入安全资金1436.01万元，完成"一通三防"安全技措工程1项。"十五"期间投入安全资金513.53万元，完成安全技措工程3项。"十一五"期间投入安全资金25852.72万元，完成安全技措工程16项（其中：2010年投入6352.5万元，用于"一通三防"工程）。

蛟河市煤矿。2000年开始，蛟河市煤矿进行全面整改。

2000—2004年，共投入安全生产资金4109.92万元，用于采掘、机电、运输、通风、防治水、矿山救护等方面，在投入的资金中吉林省财政补助资金33.35万元，自筹资金4076.57万元。

2005年至2006年8月，投入安全生产补欠资金920.15万元，对全市的23个矿井进行技术改造。

截至2006年8月，蛟河市投入矿井技术改造资金2147.7万元。

营城煤矿（长春宇光煤业股份有限公司）。从2005年开始，连续6年投入资金，建设安全工程和技术改造。2005—2010年，分别投入674.29万元、311.09万元、314.26万元、416.23万元、844.52万元和658.01万元。其中，"十一五"期间投入资金2544.11万元。

羊草沟煤矿。2000年，羊草沟煤矿加大安全生产投入，全年生产投入600万元。

吉林省矿山安全实验室。2008年12月和2009年7月，吉林省矿山安全实验室第一批项目建设资金75万元和第二批项目资金148万元分别到位，共计223万元国投资金。

实验室建设内容：提运设备检测，流体设备检测，钢丝绳检测，仪器仪表检测，作业场所职业危害检测，通风设备、材料和作业场所检测检验，矿井通风阻力测定等技术服务工作，煤矿安全科技研究与开发等技术服务工作；负责全省煤矿安全监察仪器、设备的定期测试、检修、维护和保养工作（受委托承担本地区煤矿安全监察执法有关检测检验、验证分析工作，参与事故调查，为重大以下煤矿安全生产事故提供物证分析和技术鉴定工作）。

2010年12月，依托单位吉林煤矿安全监察局安全技术中心完成"吉林省级中心矿山实验室"项目的建设工作，试运转良好。经验收组验收合格，准予投入使用。

1991—2010年吉林省属煤矿安全资金投入一览表见表6-2-2。

表6-2-2 1991—2010年吉林省属煤矿安全资金投入一览表

单位		1995年	"八五"期间	2000年	"九五"期间	2005年	"十五"期间	2010年	"十一五"期间	合计
省合计	工程项目数（项）	53	308	86	482	149	694	240	903	2387
	投入资金（万元）	987	18237	1352	25023	13562.15	32379.85	42353.12	179026.26	254666.11
辽源矿业公司	工程项目数（项）	38	165	65	323	138	525	156	632	1645
	投入资金（万元）	—	—	—	—	10806.15	17958.85	20201.12	86681.26	104640.11
通化矿业公司	工程项目数（项）	—	37	—	35	—	133	41	157	362
	投入资金（万元）	—	259	—	3915	—	6493	7532	33849	44516
舒兰矿业公司	工程项目数（项）	15	105	21	123	11	31	42	85	344
	投入资金（万元）	987	16499	1352	19672	998	4555.8	8441	16123	56850
珲春矿业公司	工程项目数（项）	—	1	—	1	—	3	—	16	21
	投入资金（万元）	—	1476.86	—	1436.01	—	513.53	—	25852.72	29281
杉松岗矿业公司	工程项目数（项）	—	—	—	—	—	2	1	13	15
	投入资金（万元）	—	—	—	—	1758	2858	6179	16521	19379

第三章 灾害防治

吉林省煤矿开采历史长，煤层赋存条件复杂，不少矿井在煤炭开采中受到瓦斯、煤尘、顶板、水害和自然发火等灾害的严重威胁。2010年，吉林省国有重点煤矿共有26处矿井，其中高瓦斯矿井11处，受水害威胁矿井7处，分别占矿井总数的42.3%和26.9%；国有地方煤矿有22处矿井，其中高瓦斯矿井2处，受水害威胁矿井4处,分别占国有地方煤矿矿井总数的9.1%和18.2%。乡镇煤矿有196处矿井,其中高瓦斯矿井9处,受水害威胁矿井41处,分别占乡镇煤矿矿井总数的4.6%和20.9%。因此,各煤矿企业积极开展矿井灾害防治,防止重大事故发生。

第一节 瓦斯灾害防治

一、瓦斯监测监控

从20世纪80年代中期开始,全国煤矿井下瓦斯监测断电系统广泛应用。吉林省国有重点煤矿开始装备先进的瓦斯监测仪器,从便携式甲烷报警仪、断电仪、遥测仪、报警矿灯到全矿井环境监测系统。吉林省的瓦斯检测监控由过去单一的人工监测,发展到电子仪器自动监测控制,起到了连续、准确、稳定地监测井下瓦斯浓度作用和瓦斯浓度预测预报超限报警、断电的作用,提高了矿井防治瓦斯灾害的能力。

1991年,通化矿务局生产矿井有331台瓦斯监测仪、1921台瓦斯报警便携仪,全年发生瓦斯报警1189次,断电620次。

1996年,辽源矿务局将瓦斯监测系统和断电仪覆盖全部采掘工作面。

2000年,营城煤矿针对九台立井超级瓦斯井口煤层自然发火期短、煤尘爆炸指数为18%的特殊情况,全年新增临时密闭66道、灌砂墙3处,安设消尘管路4000米,对2个采面进行煤体注水试验,打注水孔30个,根治了-560米水平老火区长年危及安全的重大隐患。通化矿务局所属生产矿井按规定配备了KJ19型煤矿瓦斯监控系统装备,建立了局域瓦斯远程监测联网信息系统,各生产矿井建立了局域地面安全监测系统中心站。同年,吉林省辽源矿务局、通化矿务局、舒兰矿务局、珲春矿务局共有瓦斯监测系统6套、瓦斯断电仪216台、便携式瓦检仪731台、对旋式通风机116台。全省瓦斯抽放量近1700万立方米。

2000年吉林省煤矿瓦斯等级鉴定结果见表6-3-1。

2005年,吉林省煤炭工业局按照国家安全生产监督管理总局和国家煤矿安全监察局《关于推广应用煤矿数字化瓦斯远程监控系统的通知》和全国煤矿推广数字化瓦斯远程监控系统电视电话会议要求,下发了《关于建立煤矿数字化瓦斯远程监控系统的通知》,要求高瓦斯矿井、煤(岩)与瓦斯突出矿井必须安装煤矿瓦斯监控系统;建立全省煤矿数字化瓦斯远程监控系统,实现省属局(矿)内部联网,市(州)煤炭行业管理部门与市属煤矿联网,县(区)煤炭行业部门与县属和乡镇煤矿联网;省属局、矿各级煤矿监管部门要指派专人负责此项工作;乡镇煤矿相对集中的地区组建区域性的技术服务队,技术人员必须经过有资质的培训机构培训,持证上岗,补套升级工作要在2005年底前完成。并对监控系统的配置、监控系统各类传感器类型和设置作了详细规定。

2005年吉林省煤矿瓦斯等级鉴定结果见表6-3-2。

"十一五"期间,吉林省煤炭系统成立了省、市、县三级瓦斯防治领导小组,积极构建部门协调配合、上下齐抓共管、强化综合治理的工作体系,为抓好瓦斯防治工作提供强有力的组织保障。省煤炭局每年下达瓦斯抽采利用目标,季度考核、年度通报。多次召开瓦斯防治工作会、瓦斯治理现场会、经验交流会、事故案例分析会,及时研究出现的新情况、新问题,推广应用先进技术、工艺和设备。制定实施《吉林省煤矿瓦斯综合治理实施细则》,推动了全省煤矿瓦斯防治工作。

表 6-3-1　2000 年吉林省煤矿矿井瓦斯等级鉴定结果汇总表

单位名称	瓦斯 全矿井 相对涌出量 (m³/t)	瓦斯 全矿井 绝对涌出量 (m³/min)	瓦斯 采区或一翼最大相对涌出量 (m³/t)	瓦斯 鉴定等级	瓦斯 省批鉴定等级	二氧化碳 全矿井 相对涌出量 (m³/t)	二氧化碳 全矿井 绝对涌出量 (m³/min)	二氧化碳 采区或一翼最大相对涌出量 (m³/t)	二氧化碳 鉴定等级	二氧化碳 省批鉴定等级	自然发火期 (月)	煤层自燃等级	煤尘爆炸指数 (%)	备注
西安煤矿	12.63	11.66	7.82	高	高	8.91	0.23	1.16	低	低	1~3	Ⅰ	53.00	
梅河煤矿一井	20.12	11.46	6.53	高	高	9.02	5.59	2.51	低	低	1~2	Ⅰ	70.00	
梅河煤矿二井	38.67	19.82	66.81	高	高	9.85	5.05	5.25	低	低	1~3	Ⅰ	67.18	
梅河煤矿三井	15.00	31.76	14.56	高	高	4.62	9.24	6.06	低	低	0.6~4	Ⅰ	40.72	
梅河煤矿四井	4.81	2.58	0.81	低	低	4.81	2.58	0.45	低	低	2~6	Ⅱ	72.00	
梅河煤矿六井	23.35	4.78	17.00	高	高	8.16	1.92	3.77	低	低	2	Ⅰ	53.10	
梅河煤矿七井	5.95	0.62	—	低	低	5.95	0.62	—	低	低	3~6	Ⅲ	60.50	停产放假
松树煤矿二井	17.22	12.33	20.41	高	高	9.80	7.02	9.85	高	高	10	Ⅲ	41.49	
苇塘煤矿一井	10.40	3.03	8.93	高	高	9.55	2.78	7.91	高	高	12	Ⅲ	35.55	
矿子煤矿立井	13.55	11.08	24.84	高	高	10.65	8.70	19.98	高	高	12	Ⅲ	31.91	
八道江煤矿竖井	16.00	5.25	14.30	高	高	11.99	4.14	11.08	低	低	10	Ⅲ	16.59	
道清矿一井	11.81	7.12	5.30	高	高	10.76	5.93	1.26	高	高	18	Ⅲ	38.46	
吉舒煤矿二井	3.825	0.771	1.226	低	低	4.659	0.939	1.424	低	低	6~12	Ⅳ	52.30	
丰广煤矿五井	1.75	0.974	1.82	低	低	10.56	5.88	1.96	高	高	6~12	Ⅳ	53.40	
东富煤矿二井	4.05	0.92	0.79	低	低	9.11	2.07	1.14	低	低	6~12	Ⅳ	51.38	
舒兰街煤矿二井	6.082	1.267	1.945	低	低	7.234	1.507	2.602	低	低	6~12	Ⅳ	57.00	
英安煤矿	1.20	1.28	0.50	低	低	4.04	4.25	1.98	低	低	>12	Ⅳ	46.99	
城西煤矿	1.089	3.75	6.15	低	低	0.08	2.60	4.79	低	低	>12	Ⅳ	49.55	
三道岭煤矿	0.87	0.24	2.09	低	低	15.92	4.40	4.70	高	高	>12	Ⅳ	50.30	

第三章 灾害防治

表6-3-1（续）

单位名称	瓦斯 全矿井 相对涌出量 (m³/t)	瓦斯 全矿井 绝对涌出量 (m³/min)	瓦斯 采区或一翼最大相对涌出量 (m³/t)	瓦斯 鉴定等级	瓦斯 省批鉴定等级	二氧化碳 全矿井 相对涌出量 (m³/t)	二氧化碳 全矿井 绝对涌出量 (m³/min)	二氧化碳 采区或一翼最大相对涌出量 (m³/t)	二氧化碳 鉴定等级	二氧化碳 省批鉴定等级	自然发火期(月)	煤层自燃等级	煤尘爆炸指数(%)	备注
省属煤矿 营城煤矿立井	11.48	6.45	4.36	高	高	9.00	5.11	1.31	低	低	1~6	Ⅰ	46.41	
蛟河煤矿三井	41.10	1.49	32.24	高	高	77.43	2.81	54.01	高	高	12	Ⅳ	37.35	
蛟河煤矿新下盘井	18.30	2.55	15.86	高	高	22.17	3.09	47.14	高	高	12	Ⅳ	37.27	
杉松岗煤矿二井	12.33	2.08	—	高	高	7.28	1.23	—	低	低	>12	Ⅳ	34.80	
杉松岗煤矿三井	11.66	1.84	—	高	高	13.41	2.23	—	高	高	>12	Ⅳ	42.60	
万宝煤矿红旗二井	82.91	24.24	91.7	高	高	33.14	9.69	—	高	高	>12	Ⅳ	12.29	
万宝煤矿红旗一区	45.29	7.82	—	高	高	18.12	3.12	—	高	高	>12	Ⅳ	14.87	
万宝煤矿团结二井	2.23	0.5	2.4	低	低	4.41	0.99	—	低	低	>12	Ⅳ	24.95	
万宝煤矿新德井	9.3	0.36	9.3	低	低	9.30	0.36	—	低	低	>12	Ⅳ	35.92	
新胜煤矿一井	8.09	—	—	低	低	10.65	—	—	高	高	6	Ⅰ	47.25	执行1999年鉴定结果
地方煤矿 羊草沟煤矿业公司一井	27.40	10.03	10.03	高	高	10.28	1.88	—	高	高	3~6	Ⅰ	54.20	
羊草沟煤矿业公司二井	21.07	3.35	—	高	高	5.62	1.54	—	低	低	3~6	Ⅰ	52.80	
坤山煤矿	12.1	3.513	—	高	高	8.06	2.342	—	低	低	3~6	Ⅰ	47.40	
广宁煤矿	12.41	1.87	—	高	高	6.30	0.95	—	低	低	3~6	Ⅰ	43.43	

表6-3-1（续）

	单位名称	瓦斯 全矿井 相对涌出量 (m³/t)	瓦斯 全矿井 绝对涌出量 (m³/min)	瓦斯 采区或一翼最大相对涌出量 (m³/t)	瓦斯 鉴定等级	瓦斯 省批鉴定等级	二氧化碳 全矿井 相对涌出量 (m³/t)	二氧化碳 全矿井 绝对涌出量 (m³/min)	二氧化碳 采区或一翼最大相对涌出量 (m³/t)	二氧化碳 鉴定等级	二氧化碳 省批鉴定等级	自然发火期 (月)	煤层自燃等级	煤尘爆炸指数 (%)	备注
地方煤矿	八面石煤矿西井	2.36	—	—	低	低	4.72	—	—	低	低	>12	Ⅳ	22.00	执行1999年鉴定结果
	缸窑煤矿五井	1.76	—	—	低	低	8.22	—	—	低	低	6~12	Ⅲ	66.55	执行1999年鉴定结果
	缸窑煤矿六井	3.10	—	—	低	低	6.21	—	—	低	低	9	Ⅲ	53.88	执行1999年鉴定结果
	刘房子煤矿一井	10.16	—	—	高	高	8.87	—	—	低	低	3~6	Ⅰ	42.75	执行1999年鉴定结果
	刘房子煤矿二井	10.02	—	—	高	高	10.17	—	—	高	高	3~6	Ⅰ	51.36	执行1999年鉴定结果
	大水缸煤矿一井	14.14	—	—	高	高	5.47	—	—	低	低	1~2	Ⅰ	41.40	执行1999年鉴定结果
	头道沟煤矿二井	20.12	2.25	—	高	高	16.10	1.80	—	高	高	6~12	Ⅲ	39.62	
	城西煤矿一井	4.42	0.68	4.42	低	低	2.62	0.34	2.62	低	低	>12	Ⅲ	18.40	
	靖宇县龙马煤矿	5.41	0.96	4.89	低	低	3.54	0.57	4.24	低	低	>12	Ⅳ	38.40	
	宏源公司缸窑煤矿	13.23	3.17	4.530	高	高	2.50	0.60	0.86	低	低	>12	Ⅲ	20.25	

表6-3-1（续）

单位名称	瓦斯 全矿井 相对涌出量 (m³/t)	瓦斯 全矿井 绝对涌出量 (m³/min)	瓦斯 采区或一翼最大相对涌出量 (m³/t)	瓦斯 鉴定等级	瓦斯 省批鉴定等级	二氧化碳 全矿井 相对涌出量 (m³/t)	二氧化碳 全矿井 绝对涌出量 (m³/min)	二氧化碳 采区或一翼最大相对涌出量 (m³/t)	二氧化碳 鉴定等级	二氧化碳 省批鉴定等级	自然发火期（月）	煤层自燃等级	煤尘爆炸指数(%)	备注
宏源公司老营煤矿	7.56	0.94	5.20	低	低	4.99	0.62	3.01	低	低	>12	Ⅲ	20.01	
宏源公司东村煤矿	5.66	1.35	12.86	低	低	7.30	1.74	27.86	低	低	>12	Ⅲ	21.16	
宏源公司杨树林矿	1.50	0.36	1.99	低	低	2.22	0.53	2.95	低	低	>12	Ⅲ	—	
延边煤矿长财井	13.60	0.88	0.61	高	高	15.30	1.10	0.95	高	高	3~6	Ⅱ	50.79	
延边煤矿长财二井	6.17	0.42	—	低	低	7.94	0.54	—	低	低	6~12	Ⅲ	42.51	
延边煤矿长财五井	5.47	0.42	—	低	低	7.11	0.54	—	低	低	6~12	Ⅲ	47.16	
延边煤矿南阳井	13.80	1.88	5.60	高	高	18.30	2.49	2.16	高	高	6~12	Ⅲ	45.19	
延边煤矿南阳二井	15.87	1.40	—	高	高	13.80	1.22	—	低	低	3~6	Ⅲ	43.59	
和龙煤矿松下坪井	16.72	3.33	—	高	高	19.98	3.98	—	高	高	12	Ⅲ	41.59	
和龙煤矿青道沟井	9.02	0.931	—	低	低	29.53	3.05	—	高	高	6	Ⅱ	42.18	
和龙煤矿松月井	3.52	0.64	—	高	高	55.48	10.09	7.15	高	高	12	Ⅰ	39.67	
三道煤矿一井	13.10	1.99	—	高	高	7.15	1.08	4.40	低	低	6~12	Ⅰ	40.64	
三道煤矿二井	14.10	2.86	—	高	高	6.01	1.22	2.7	低	低	6~12	—	40.45	
三道煤矿三井	5.60	0.40	—	低	低	2.70	0.19	0.83	低	低	—	—	—	
凉水煤矿一井	2.10	0.85	0.6	低	低	2.40	1.05		低	低	4	—	50.16	

地方煤矿

表6-3-2 2005年吉林省煤矿矿井瓦斯等级鉴定结果汇总表   对

单位	矿井总数	其中						
		鉴定矿井			未鉴定矿井			
		总数	其中		总数	未鉴定矿井主要原因		
			高瓦斯矿井	低瓦斯矿井		停产或无产量井	在建井、移交井	其他
省计	468	437	66	371	31	2	8	21
(一)省属煤矿	48	42	11	31	6	—	4	2
辽源矿业公司	18	16	7	9	2	—	1	1
通化矿业公司	9	8	4	4	1	—	—	1
舒兰矿业公司	8	8	—	8	—	—	—	—
珲春矿业公司	4	2	—	2	2	—	2	—
杉松岗矿业公司	8	—	—	—	1	—	1	—
矿建公司双阳煤矿	1	1	—	1	—	—	—	—
(二)市县属国有煤矿	37	36	15	21	1	—	1	—
长春市	11	11	4	7	—	—	—	—
吉林市	1	1	—	1	—	—	—	—
四平市	3	2	2	—	1	—	1	—
辽源市	1	1	1	—	—	—	—	—
通化市	4	4	2	2	—	—	—	—
白山市	8	8	2	6	—	—	—	—
延边州	9	9	4	5	—	—	—	—
(三)乡镇煤矿	383	359	40	319	24	2	3	19
长春市	21	19	2	17	2	—	2	—
吉林市	72	70	10	60	2	1	1	—
四平市	3	2	—	2	1	—	—	1
辽源市	58	54	12	42	4	—	—	4
通化市	35	34	10	24	—	—	—	—
白山市	121	110	6	104	11	—	—	11
延边州	73	70	—	70	3	—	—	3

注：杉松岗矿业公司鉴定矿井统计数据不详。

2006年，吉林省有248处低瓦斯矿井装备监测监控系统，占低瓦斯矿井总数的67.2%。辽源矿业公司、通化矿业公司、舒兰矿业公司实现企业内部联网，11个重点产煤县（市、区）远程监测监控系统联网基本完成。

"十一五"期间，辽源矿业公司所有矿井均上齐了瓦斯监测监控系统，实现了远程监控和信息联网，以保证安全监测监控系统全天候稳定运行，并配备了10套瓦斯巡检系统，加强了瓦斯巡回检查和现场交接班管理。

"十一五"期间，通化矿业公司投资2300余万元，在矿业公司通风部和4对高突瓦斯矿井建立了5个瓦斯参数测定实验室，装备瓦斯突出参数仪、煤层瓦斯压力测定仪、瓦斯解析仪、瓦斯含量测定装置等仪器仪表79台（套），对4对高突瓦斯矿井装备了10台（套）KBD5型便捷式和KBD7型在线式电磁辐射监测仪，通过装备新型仪器仪表，提高了预测预报的准确性、可靠性和预测效率。

2006年，舒兰矿业公司6个矿井均安装了瓦斯监测监控系统，用以对瓦斯进行监测监控。同年，白山市江源区投资400万元，新上瓦斯监测监控系统，矿井全部实现瓦斯远程数据监测监控联网，配齐负责人和工作人员，坚持每天24小时值班值宿全程监测监控。

"十一五"期间，长春市有煤矿22处，其中17处矿井安装了安全监控系统，并与九台市、双阳区瓦斯监控中心实现联网。进行监控系统升级和改造，甲烷传感器、一氧化碳传感器、温度传感器、风速传感器、设备开停传感器等数量充足，安装位置正确。建立健全日常管理和维护、调校制度，实现安全监控系统数据准确、报警及时、断电可靠。有10处矿井装备了工业视频监测系统，实现24小时监控井上下作业地点及场所情况。6处矿井装备和使用矿井瓦斯巡检系统，实现人机互检，使监测监控系统提升到一个新水平。

二、通风和防爆

1990年，吉林省国有重点煤矿达到国家二级以上通风质量的矿井占86.4%。各矿务局、矿井基本消灭角联通风、风流不稳和无风区域。1992年，辽源矿务局梅河煤矿一井、通化矿务局大湖煤矿、舒兰矿务局舒兰街煤矿二井、珲春矿务局英安煤矿英安井被评为国家特级优胜通风矿井。1994年，吉林省有19对矿井达到部级通风标准化矿井。1996年，珲春矿务局投资180万元，对三道岭煤矿进行通风系统改造，完成巷修扩巷838米，新掘改造巷道312米，挖底清淤700米，堵漏23处，新设密闭3道，维修风门15道，新设风门1道。辽源矿务局通过对通风系统的改造，增加风量4270立方米/分钟，风机功率减少698千瓦。在通风系统改造中，改风准确率达96%~98%，大大减少了二次串联通风，消除了三次串联通风。

2000年，吉林省国有重点煤矿筹集资金140.84万元，用于矿井通风系统改造，舒兰矿务局新上2台节能通风机，全局6对主力矿井普遍使用节能通风机，营城煤矿新增通风永久设备29处，更换修改主排风扇导叶，增加风量，年节约电量13.4万千瓦时。通过改造，吉林省有15对国有矿井成为国家部级通风标准化矿井。

2003年，为保证英安煤矿达产和井下有足够的风量，珲春矿务局投资100多万元，对英安煤矿的主要通风机进行了更换，保证了矿井通风系统的畅通。2006年以后，各矿井采煤工作面回风瓦斯浓度在0.3%以下，上隅角瓦斯浓度在1.0%以下，尾巷瓦斯浓度在1.5%以下。

2006年开始，辽源矿业公司加强通风系统管理，重点进行矿井通风系统改造，更换主要通风机，扩面降阻，翻修巷道2.4万米，矿井风量由44755立方米/分钟增加到56319立方米/分钟，通风能力由800万吨/年增加到1391万吨/年，所有风门全部实现了永久化、钢铁化、连锁化。各井反风率均在80%以上。加强局部通风管理，全面实现掘进通风系列化，实行双风机、双专电源、自动换扇。

推广使用大功率局部通风机和大直径风筒，从根本上杜绝掘进孔出现高浓度瓦斯积聚现象。

通化矿业公司与辽宁工程技术大学合作，在所有矿井开展矿井通风仿真研究，通过优化改造，使矿井的通风能力由2003年的210万吨/年提高到2010年的750万吨/年。该项成果荣获煤炭工业科技成果三等奖，被列入国家安全生产科技重点技术成果推广项目。

长春市各煤矿加强生产系统的技术改造，生产水平和采区实现了分区通风，采掘工作面和硐室均独立通风，采煤工作面采用走向长壁后退式开采，实现全风压U形通风。各煤矿积极推广使用锚杆、锚喷、锚网等支护方法对井筒和主要大巷进行扩面改造，全市煤矿累计改造巷道长度20000多米，达到通风系统简单、合理、可靠。2010年，共有12处矿井分别更新为高效对旋式主要通风机，全部矿井掘进工作面采用对旋式局部通风机；煤矿全部使用无压风门。

三、瓦斯防突

2003年，通化矿务局防治煤与瓦斯突出工作进入重点阶段。为防止煤与瓦斯突出，通化矿务局根据煤炭科学研究总院抚顺分院专家组的论证和实际情况，制定出主要技术措施：卸出煤层区域或采掘工作面前方煤体的应力，将集中应力区推移到煤体深部；排放煤层区域或采掘工作面前方煤体中的瓦斯，降低压力，减少前方煤体中的瓦斯压力梯度；增大工作面附近煤体的承载能力，增强煤体稳定性，如金属支架、超前支护和注水注浆等加固煤体；改变煤体的性质，使其不易突出，如煤层注水湿润后塑性增大，煤的放散瓦斯初速度降低，突出不易发生；改变采掘工艺，应力和瓦斯压力平缓变化，驱使煤层本身卸压和排放瓦斯，如水平分层开采、间歇作业等。

2005年末，通化矿务局主要生产矿井装备MK型、MYB型、ZDY型、ZY型等系列防突预测和瓦斯基础参数测定专用钻机16台、电磁辐射监测仪2台、WTC-2新型瓦斯突出参数仪1台、MD-2型钻瓦斯解析仪6台、WP-1型井下煤尘瓦斯含量快速测定仪5台、JN-2型胶囊封孔器8台、ZLD-2型流量器6台、钻量测定装置12套。先进设备的安装有效提高了矿井煤与瓦斯突出危险性的预测。

四、瓦斯抽采

吉林省4个矿务局中，辽源矿务局和通化矿务局高瓦斯矿井较多。2004年，辽源矿务局和通化矿务局分别被国家煤矿安全监察局列入全国瓦斯防治重点监控煤炭企业。1991年，辽源矿务局梅河煤矿三井开采进入三水平三阶段（+130米），瓦斯相对涌出量达到7~12立方米/吨，井下移动式瓦斯抽放系统能力不足。1994年，安装2台SZ-4型水环式真空泵，10寸管1100米，在三井东翼总排立井铁道南修建简易抽放瓦斯泵房，开始地面抽放，抽放瓦斯浓度15%~35%，抽放瓦斯量5~8立方米/分钟。1996年，在东翼主要通风机北侧建立永久性地面瓦斯抽放系统，安设2BE1-353型水环式真空泵（流量27~80立方米/分钟，负压0.6~0.2兆帕）。1997年，梅河煤矿六井在+100米水平安设SZ-3型水环式真空泵，对巷长采区抽放。1998年，对梅河煤矿瓦斯抽放系统进行改造，包括更换大径管路，调整瓦斯管路线，改革打钻工艺，以及增加放水器、抽放地点和大型瓦斯泵等。经过改造，梅河煤矿共有瓦斯泵160立方米/分钟4台、80立方米/分钟6

台、50立方米/分钟17台、27立方米/分钟7台，抽放瓦斯设备额定能力达到470立方米/分钟。改造后梅河煤矿抽出瓦斯量32~42立方米/分钟。

1998年，通化矿务局开始对八道江煤矿立井和道清煤矿北斜井进行瓦斯抽放。八道江煤矿立井属高瓦斯矿井，瓦斯相对涌出量16.29立方米/吨，瓦斯绝对涌出量4.39立方米/分钟，煤尘爆炸指数24.21%，自然发火期10个月。立井九采区采用开采层抽放，用钻孔法、巷道法和混合法对本煤层进行预抽，在+90米水平回风巷中设置移动抽放泵，采用TUV-75型钻机，设置φ108毫米管路，直接把瓦斯排到+150米水平南翼总排风道。道清煤矿北斜井总排风量50.02立方米/分钟，矿井负压1432帕，等积孔1.57平方米，矿井瓦斯相对涌出量17.27立方米/吨，瓦斯绝对涌出量10.83立方米/分钟，煤尘爆炸指数35.31%。北斜井277-1队采区瓦斯绝对涌出量最高时达9立方米/分钟，3—7月在回采中微机监测瓦斯报警726次。道清煤矿采用移动抽放泵，安装抽放管路4500米，抽放+20米水平标高以下本煤层和+20米水平标高以上的采空区瓦斯，采用TUX-75型钻机、KHYD75A型岩石电钻钻孔抽放瓦斯，用φ108毫米管路将瓦斯排放到+95米水平右翼总排风道。

1999年，辽源矿务局狠抓梅河煤矿一井5102区、梅河煤矿二井5102区、梅河煤矿三井0507区12号煤层、梅河煤矿六井5205区下段、西安煤矿一区南+27米水平和泰信煤矿三井14011区6个瓦斯"特区"的综合治理。对6个瓦斯"特区"制定特殊政策，投入特殊精力，采取特殊措施，保证6个瓦斯"特区"安全生产，同时加大梅河煤矿瓦斯抽放力度，当年梅河煤矿瓦斯抽放量1410.4万立方米，是吉林煤炭工业管理局下达抽放量的2.5倍；2000年，梅河煤矿抽放瓦斯1759万立方米。矿务局多次选派人员赴国内外考察学习借鉴瓦斯抽放先进技术和经验，进一步改进瓦斯抽放方法。借鉴原始煤层超前预抽、煤巷掘进超前钻孔抽放、回采期间采空区方位抽放、尾巷抽放、砂口埋管抽放等经验和技术，改进瓦斯预抽和封闭巷道预抽瓦斯等方法，均获得成功。

2007年，吉林省各类煤矿上齐了瓦斯监测监控系统，省属5个矿业集团12个产煤县（市、区）建立区域联网，集中监控。全年抽采瓦斯6756万立方米，比2006年增加22.6%。辽源矿业公司连续2630天消灭瓦斯煤尘事故，受到吉林省政府表彰奖励。

"十一五"期间，辽源矿业公司投入瓦斯防治设备资金5572万元，用于增设、更换瓦斯抽放泵，增加和更换瓦斯抽放管路，并购置150米、200米、300米、350米、600米各类大功率液压钻机钻杆等，增大了瓦斯抽采钻孔的孔径、深度和打钻的速度，为瓦斯抽采达标奠定了基础。截至2010年，全公司建有地面永久瓦斯抽放系统11套，抽采能力1420立方米/分钟，瓦斯总抽采能力达到2860立方米/分钟。"十一五"期间，累计抽采瓦斯量18574万立方米。全公司平均瓦斯抽采率达到49%，连续11年1个月杜绝了瓦斯煤尘事故。

2008—2010年，通化矿业公司累计投资1.22亿元，专门用于瓦斯治理工程。公司推广应用卸压增透技术，提高瓦斯抽采效果。推广应用煤层高压注水、煤层分段高压注水、深孔控制预裂爆破、高压水射流割缝卸压增透、脉动水力压裂等强化提高瓦斯抽采技术措施，不断提高矿井瓦斯抽采率和抽采量，既能有效预防煤与瓦斯突出及矿山动力现象的发生，又能增加煤层的透气性，提高瓦斯抽采效果，同时还能降低煤尘的生成量，效果显著。水力化卸压增透技术被列入国家重点推广项目。"十一五"期间，通化矿业公司所属5对矿井全部建立了瓦斯抽放系统。其中，地面永久瓦斯抽采系统5套，井下移动式瓦斯抽放泵18台，实现了大流量、大管径瓦斯抽采。制定实施"四位一体"综合防突措施，坚持"四区成套三超前"（即开拓区域、准备区域、抽采区域、回采区域抽采系统成套，开拓区域超前准备区域、准备区域超前抽采区域、抽采区域超前回采区域），切实做到不掘突出头、不采突出面。

"十一五"期间，珲春矿业公司加大抽采设备的投入，抽采设备由"三小"变成"三大"，即抽放泵由小流量变为大流量，抽放管路由小管径变为大管径，钻机由小功率变为大功率。

辽源矿业公司和通化矿业公司在瓦斯治理过程中，分别采取瓦斯防治经济政策，实施"一矿一策""特区"管理，辽源矿业公司在强化瓦斯升级管理的同时，对瓦斯涌出量大的采区建立"特区"管理，实行特管特办，给予特殊政策，在资金、装备、人员和奖励上向瓦斯"特区"倾斜。2010年底，辽源矿业公司安全开采瓦斯"特区"108个，采出煤炭1296万吨。通化矿业公司对松树镇煤矿突出危险区的消突工作实施"一矿一策"，公司下达底板穿层钻孔、煤层顺层钻孔进尺、瓦斯抽采量、掘进进尺等考核指标，每月末进行验收考核，对超额完成考核指标和完不成指标的分别进行奖惩。对矿井瓦斯涌出量大、矿山压力大的重点区域实施"特区"管理。在强化预测预报的前提下，采取煤层高压注水、煤层预抽、边掘边抽、钻孔卸压等综合治理措施，有效预防瓦斯事故的发生。

"十一五"期间，吉林省煤矿监管部门加强对煤矿企业瓦斯治理工作的领导，不断推动瓦斯治理工作。2009年，吉林省能源局、吉林省安全生产监督管理局和吉林煤矿安全监察局联合下发《关于印发〈吉林省大中型煤矿瓦斯专项整治工作方案〉的通知》和《关于印发〈吉林省小煤矿瓦斯专项整治工作方案〉的通知》，对整治工作的目标、对象、主要内容、进度安排、工作要求作了详细规定。2010年4月，吉林省能源局、吉林省安全生产监督管理局和吉林煤矿安全监察局再次联合下发《关于印发吉林省煤矿瓦斯治理示范矿井、示范县标准和验收考核办法的通知》。示范矿井标准具体内容为"采掘部署合理""通风可靠""抽采达标""监控有效""管理到位"和"实现安全生产目标"。示范县标准从"组织机构""制度建设""监督管理""经费保障""目标考核"5个方面作出具体规定，同文下发《吉林省煤矿瓦斯治理示范矿井和示范县验收考核办法》。

2010年，吉林省煤矿抽采瓦斯1.03亿立方米，比2005年增长234%，"十一五"期间全省煤矿发生瓦斯事故12起，死亡39人，与"十五"期间相比分别下降77.4%和81.1%。

2010年辽源矿业公司矿井监测监控仪器仪表统计表见表6-3-3。

表6-3-3 2010年辽源矿业公司矿井监测监控仪器仪表统计表

装	备	数量
仪器仪表	光学理研（台）	521
	CO鉴定器（台）	49
	风表（块）	75
	便携式测定仪（台）	1255

表6-3-3（续）

装　备		数量
监测监控检测仪	监测系统/计算机（台）	18
	联网数量（个）	18
	监测分站（个）	294
	甲烷传感器（台）	429
	CO传感器（台）	102
	温度传感器（台）	112
	风速传感器（台）	81
	压力传感器（台）	12
	馈电传感器（台）	180
自救器（个）		12976

2010年辽源矿业公司、通化矿业公司煤矿瓦斯抽放统计表见表6-3-4和表6-3-5。

表6-3-4　2010年辽源矿业公司煤矿瓦斯抽放统计表

项　目		数量
瓦斯涌出量（立方米/分钟）		77.74
瓦斯抽放	抽放能力（立方米）	7002.8
	抽放率（%）	42.5
瓦斯利用	利用量（万立方米/年）	388.92
	利用率（%）	30
抽放系统数量（套）		8
抽放泵数量（台）		31
管路抽放	干路（千米）	18.385
	干路规格（毫米）	φ150/250/300
	支管（千米）	12.79
	支管规格（毫米）	φ108/150/200
钻机	数量（台）	47
	工程量（米/年）	31.964
参数监测	泵站	—
	管路	—

表6-3-5　2010年通化矿业公司煤矿瓦斯抽放统计表

项　目		数量
瓦斯涌出量（立方米/年）		3647.65
瓦斯抽放	抽放能力（立方米/年）	54234
	抽放率（%）	25.05~39.85
瓦斯利用	利用量（立方米/年）	无
	利用率（%）	无
抽放系统数量（套）		13
抽放泵数量（台）		26
管路抽放	干路（千米）	16.38
	干路规格（毫米）	φ450（7.56千米） φ377（8.82千米）
	支管（千米）	23.56
	支管规格（毫米）	φ219（9.45千米） φ159（14.11千米）
钻机	数量（台）	26
	工程量（米/年）	144800
参数监测	泵站	—
	管路	—

第二节　煤尘防治

1990年开始，吉林省各矿务局加大对综合防尘资金的投入，全面开展大规模综合防尘工作。

通化矿务局设置62处水幕、73个喷雾器。煤层之间、采区之间设防爆水槽10230个，各转载点安装固定式喷雾器360个。设消尘管路205975米，水池容量1400立方米，注水采面13个，洗尘巷道309678米。

舒兰矿务局的测尘工作由矿务局安全仪器仪表检测站负责。每半个月测定一次，根据煤尘浓度大小采取相应措施进行处理。矿务局所辖矿井地面均建有消尘静压水池，容量达200立方米以上。矿井建立消尘管路，主干管路为3寸铁管，支干管路为2寸铁管，各装载点设置喷雾洒水装置，皮带巷道每隔50米设置1个三通阀门，其他巷道每隔100米设置1个三通阀门，采掘作业面均设有2道风流净化装置。主要大巷、车场定期进行冲刷。严格控制采掘工作面风速，井下巷道不得有厚度超过2毫米、连续长度超过5米的煤尘堆积，加强煤尘清扫工作，对产尘地点的积尘及时清扫，避免煤尘堆积超限。

珲春矿务局从建局开始就加强措施治理井下煤尘和岩尘，严禁干打眼，为工人发放防尘口罩。英安煤矿和城西煤矿投产前均安装洒水管及喷雾等配套设施。对三道岭煤矿原有的防尘系统全部进行整顿补套。矿务局卫生防疫站设专人到各矿井采掘面进行测尘监测。局科技处确定防尘科研项目，制定综合防尘管理制度，取得较好效果。

1998年，辽源矿务局投入80多吨管材进一步完善消火灌浆和防尘洒水系统。同年，珲春矿务局增设防尘管路5030米，购置16台对旋式通风机。

1999年，吉林省煤矿企业煤尘事故得到有效遏制，全省国有重点煤矿和国有地方煤矿消灭了重大瓦斯事故，乡镇煤矿消灭了特大瓦斯煤尘事故。

2000年，吉林省煤矿煤尘防治工作进一步加强。辽源矿务局全年开展劳动卫生监督检查46次，下达整改通知书500份，提出整改措施1081条，粉尘监测398次，总粉尘合格率51.2%。通化矿务局掘进工作面含尘浓度合格率达到85.6%，采煤工作面含尘浓度合格率达到89.7%。舒兰矿务局全年对井下作业场所有害物质测定累计采样1300多个，总粉尘合格率58.3%。

2003年，通化矿务局松树镇煤矿二井一号、二号煤层，砟子煤矿立井四号、六号煤层经煤炭科学研究总院抚顺分院鉴定，煤尘有爆炸危险性，通化矿务局随即加大了综合防尘力度。2005年，通化矿务局综合防尘基础工作更加扎实，掘进工作面含尘浓度合格率达到96.5%，采煤工作面含尘浓度合格率达到98.4%。2007年，通化矿业公司印发《关于加强通化矿业集团公司作业场所职业病危害防治工作的通知》，各生产矿井按文件要求，建立健全各种防尘洒水管理制度、岗位责任制及操作规程，装备CCI/1000型直喷式粉尘浓度监测仪，配备专职测尘人员进行测尘分析，每月上报粉尘浓度测定报表。全公司共建有静压水池7个，铺设49620米洒水防尘管路。所有矿井、采区（水采矿井、水采区除外）均按规定设置了净化水幕、爆破喷雾器，所有转载点喷雾设施齐全，灵敏可靠，各采掘工作面及可能产尘点基本消除了煤尘飞扬现象。2008年1月，经吉林省安全仪器检测检验中心对公司所属矿井的煤尘专项检测，均符合《煤矿安全规程》规定。2009年，通化矿业公司购置KPZ型系列自动喷雾降尘装置24台，用于各生产矿井带式输送机洒水降尘和综采综掘工作面风流净化。同年，国家煤矿安全监察局下发《关于开展煤矿作业场所粉尘危害和粉尘监测工作专项监察的通知》。吉林煤矿安全监察局制定了监察预案，明确监察内容、执法依据、监察方案，开始对全省煤矿矿井监察。共监察123个矿井，其中，国有重点煤矿16个，国有地方煤矿107个。被检矿井中，接触粉尘危害人员应培训人数21545人，实际培训人数21545人，应建档案数21545个，实际建档案数21545个。应监测粉尘作业点300个，实际监测粉尘作业点282个，监测达标280个。接尘体检情况：接尘人数21545人，应体检人数、实际体检人数均为21545

人。2007年新增尘肺病例21人，下达监察执法文书5份。为做好专项监察工作的落实，省局专门组织人员对各分局（站）监察执法工作情况进行督察。

2010年，通化矿业公司装备大巷自动喷雾装置34套、带式输送机自动防尘灭火装置57套、综采工作面自动喷雾装置84套、爆破自动喷雾器13台、煤层注水泵9台、分段式注水装置3套、综掘机自动防尘装置3套、粉尘浓度测定仪5台等防尘设施，进一步提高了粉尘防治能力。

2010年，吉林省各煤矿企业按照《中华人民共和国职业病防治法》要求，进一步落实作业场所的粉尘监测和防治工作，煤矿监察监管机构加大监察执法检查和督察力度，全省作业场所粉尘防治情况明显好转。

第三节 顶板灾害防治

20世纪80年代开始，吉林省国有重点煤矿加强作业规程审批和初放顶管理，严禁空顶作业，坚持"敲帮问顶"，对事故多发点采取具体措施，减少顶板事故的发生，并在国有重点煤矿开始用液压支柱取代金属摩擦支柱。

1995年11月至1996年9月，通化矿务局对砟子煤矿二采区6号煤层进行10个月的矿压观测，测得巷道围岩每架棚最大压力、顶底板移动量、两帮移进量等数千个数据，使巷道布置避开应力集中区，巷道采用西安矿业学院矿压所研制的工字钢双向平顶金属支架支护，解决了两个月就翻一次棚的问题。在顶板控制上吉林省各煤矿还通过改革采煤方法，使顶板事故大大减少。1998年，辽源矿务局西安煤矿采用单体液压支柱和Ⅱ型钢梁配套支护顶板的炮采放顶煤技术，减少冒顶事故的发生。

2001—2010年，吉林省各煤矿企业加强对顶板的控制，制定各项制度，减少和杜绝顶板事故的发生。

通化矿业公司制定各种措施，加强对顶板的控制，包括《采煤（综采、水采）顶板灾害防治与管理》《掘进工作面（架棚、锚网、锚网喷）顶板灾害防治与管理》及开展矿压观测。

舒兰矿业公司结合实际拟定采掘工程质量实施管理办法，把工作重点放在采掘工作面，巷修开帮、回收、回收放顶和工作面收尾回收等过程中。当出现围岩发出响声、工作面顶板掉渣、片帮量增多、顶板有裂缝并张开、顶板出现离层、顶板有漏顶现象、顶板淋水量有明显增加等顶板灾害预兆时，积极采取防范措施。同时，矿业公司坚持合理采掘支护方式，加强日常验收管理，杜绝顶板事故，掘进工作面重点抓迎头管理，采煤工作面重点抓出口及超前支护管理，并出台《采掘工作面顶板管理办法》《采面出口及超前支护管理办法》《支架架设质量管理办法》等，每月严格按质量标准化标准和各种办法规定进行验收。

珲春矿业公司成立以矿副总以上为成员的巷道顶板管理领导小组，每旬对所属矿井巷道顶板进行检查，发现隐患督促及时整改，并不定期对巷道顶板进行抽查，对没有进行隐患彻底整改的矿井进行处罚，确保顶板事故的减少和消灭。

第四节 水害防治

吉林省煤矿受水害威胁较为严重，1991—2010年，全省发生死亡3人及3人以上水害事故31起，共死亡221人。其中，死亡10人以上事故4起，共死亡80人。因此，吉林省各煤矿企业设立专门机构，配备专业人员，加大资金设备投入，不断推进煤矿水害防治工作。

一、地表水和地下水防治

辽源矿务局矿井水害威胁主要在辽源矿区和梅河矿区。辽源矿区矿井水文地质条件复杂，主要是老窑水、旧采迹水及地表塌陷区积水。梅河矿区矿井在倾斜含水积层（流砂层）下开采，流砂层含水丰富，并与煤层直接接触，同时矿区地表还有多种水体，对浅部开采威胁极大。辽源矿务局针对复杂的矿井水文状况，在防治水工作方面采取落实责任、完善制度、加强对防治水工作领导，编制年度防治水计划和突发性水应急预案，委托专业公司进行水害安全评价，建立涌水量观测等制度；并针对各采区不同的水文地质情况采取相应措施，做到标本兼治、综合治理，每年投入人力、物力，加强塌陷区治理工作。1991—1995年，矿务局每年列入自筹与国补专项资金60万元左右，用于梅河矿区水文地质勘探与疏降水、全局矿区的井下探放水及防汛工程。梅河矿区在倾斜与急倾斜含水冲积层（流砂层）下开采，采取流砂层水达到疏干或降到安全水柱，地表出现塌陷坑及时回填或设泵排水、井下严格控制上限和实行均匀放煤、均匀开采等一系列防水措施。

珲春矿务局于1992年成立后，加强对新区开采前水文地质的调研，对受老空区威胁的三道岭矿井编制探水、防水措施。坚持"有疑必探、先探后掘"的原则，打钻放水。涌水量大的矿井井下车场子、变电所、爆炸材料库设防水闸门、备用水泵，调整排水系统，加大排水能力，并采取在全局各矿井下设防水墙、地面设防水堤坝等一系列防治水害措施。

通化矿务局地处山区，矿井分散，井口处于山坡丘陵地带，地面防治水主要是雨季防汛。截至2000年，通化矿务局井下、地面防治水工程设水文测站42个，防治水闸门（墙）13个，地面防治水工程6100米，水害水情预报282次，井下探放水工程715个孔，探放水工程量79360米。2001—2005年，井下、地面防治水工程：水文测站15个，防治水闸门（墙）3个，地面防治水工程518米，水害水情预报174次，井下探放水工程76个孔，工程量3525米。

2006—2010年，通化矿业公司井下、地面防治水工程：水文观测站36个，防治水闸门（墙）27个，地面防治水工程5931米，水害水情预报188次，井下探放水工程284孔，工程量13613米。

二、综合治理

舒兰煤田是第三纪褐煤煤田，属陆相碎屑岩含煤建造。河床沼泽相沉积，煤系地层为单斜构造，岩层倾角在15°~25°之间。露头部分被2~20米厚的黏土、亚黏土及砂砾层覆盖，煤系接受大气降水补给较弱，深部被一不透水的断层截割，排泄条件不好。地下水类型为层间承压孔隙水，水砂不易分离，在砂层揭露有一定压力时，砂粒会随水一起涌出，在矿井水文地质类型划分中，列为较复杂类型。由于以上特性，虽然有时涌水量不大，但都很快淤满水仓，水泵发挥不了作用，造成淹井停产。20世纪80年代，舒兰矿务局科研人员经过试验研究出地面深井疏干法。通过地面深井疏干，加快了矿井建设速度，杜绝了矿务局淹井事故的发生。同时保证了矿井安全生产，提高了工效，简化了井下排水设施，减少了排水费用。

2000年开始，各国有重点煤矿加大防治水力度，制定制度，采取措施，减少和消灭水害事故。2006年，全国煤矿水害防治工作座谈会后，吉林省煤矿监管系统进一步加强对水害防治工作的领导和指导，各煤矿企业成立防治水领导小组，重点抓好水害防治。

珲春矿业公司对有水害威胁的采空区编制探放水设计，并按设计进行探放水，制定《矿井水害防治技术管理制度》。每月开展一次防治水会议及水患隐患排查活动，对所查问题及时处理并限期落实整改。

舒兰矿务局丰广煤矿五井曾于 2005 年 8 月 19 日发生一起透水事故，16 人遇难。为吸取"8·19"事故教训，2006—2008 年，舒兰矿业公司对全矿区水体附近关闭的小煤矿井筒附近进行全面治理。分别对小荒河堤加高加固；对小荒河附近水体、联合泡水体全面回填，天河河道改道。2007 年开始，在七矿井下实行可控制放水，打钻时先安放止水套管，再继续钻进放水，以防止钻孔水大造成危险，此方法在全公司推广。2008 年回填结束后，在七矿、五矿、东富区地面对井下积水情况进行全面瞬变电磁探测，参考探测结果，对井下采空区积水进行疏放。东富地区水文地质条件比较特殊，影响矿井开采的主要含水层是 15 号煤层顶板砂岩层，总厚度 80~100 米。为疏干 15 号煤层顶板砂层水，1987 年至 1995 年底，舒兰矿务局在地面共施工 8 个钻孔，总进尺 3283.42 米，其中观测孔 1 个，进尺 342.29 米，共排出水量 519.14 万立方米。为开发二矿深部煤炭资源，在该区施工 6 眼深井疏水孔，疏水效果较好，水位降至 -71 米。截至 2009 年 3 月，共疏出水量 150.3 万立方米。通过井下打钻，钻孔水无压。地面深井疏水降压，为井下开拓送道、井下疏放水提供了基础条件。2009 年 3 月，全部钻孔进行地面封孔。为开采 -60 米水平以下 15 号煤层 -130 米水平第一个工作面，编制了《二矿 -130

米水平右部十五层工作面疏放水方案》，并通过了中国煤炭学会组织的专家评审。2008 年 9 月 25 日，开始该工作面打钻放水工作。截至 2009 年 7 月 9 日开采前，共施工 119 个钻孔，总进尺 7667.7 米，放出水量 58.9 万立方米，工作面涌水量 144.5 立方米/小时，2009 年 7 月 11 日正式开采。

2006 年开始，吉林煤矿安全监察局重点加强煤矿企业防治水的专项监察。两次召开全省工作座谈会，下发《吉林省煤矿防治水害工作实施细则》，对全省 93 处受水患威胁的矿井逐个进行排查，对 12 处未按要求开展防治水评价的矿井下达停止生产的监察指令，重点跟踪监察舒兰矿业公司丰广村联合泡、六垧地等积水区的回填，监督上述单位积极采取措施，加强水患治理。

三、防汛

吉林省每年 7—8 月进入汛期。吉林省煤炭管理部门下发文件，布置防汛工作，避免水害事故的发生。吉林煤矿安全监察局成立后，每年汛期到来前，按照"查大隐患、防大事故"的要求，组织开展对汛期煤矿水害防治工作的专项监察，督促煤矿企业认真开展水文地质调查，严格落实水害防治"十六字"原则和五项综合治理措施，加强落实雨季"三防"工作，对存在水患威胁、水文地质资料不清，安全没有把握，甚至可能造成淹井危险的煤矿，立即停止生产，撤出井下人员，直到隐患彻底消除。

第五节 火灾防治

吉林省各煤矿均有自然发火发生。煤炭发火期一般为 3~12 个月。辽源煤田属易燃煤，发火期为 1~4 个月，最短的 20

天，煤炭自然火灾占矿井火灾的90%以上。通化煤田煤层自然发火期一般为8～12个月，个别矿井为18个月。各矿务局、煤矿积极探查自然发火原因，采取各种治理煤炭自然发火的办法，有效降低了自然发火次数和火灾的发生。

一、防灭火措施

1991年，辽源矿务局采取关闭多余采掘工作面、坚持"一通三防"隐患鉴定、落实安全责任主体、成立消防火专业队、改造消防火系统等一系列措施，坚持用充填灌浆、喷洒阻化剂、螺旋套管钻进、建立消火灌浆站、泥浆泵注入白灰和引进移动灌浆系统等方法进行防火，有效防治火灾和最大限度减少火灾发生。同年，矿务局成立消防火专业队，对重点采区进行消防火承包。西安煤矿两个月时间关闭27个采区和掘进道口，关闭量达40%，减少了事故发生的隐患。

通化矿务局采取引进快速膨胀封堵材料，实现渗出扩散平衡，达到可以取消均压风机效果，每年节约电量82000千瓦时。1991年，通化矿务局对有发火征兆的砟子煤矿西三采区、八道江煤矿立井九采区、大湖煤矿四采区和湾沟煤矿水采区的高温和一氧化碳进行有效治理，共打钻260米、灌浆7000立方米、封闭地面小井7个，设均压门7道、均压局部通风机6台。

舒兰矿务局各煤层均为自然发火煤层，发火期在12个月以上。为预防煤层自然发火，矿务局在矿井设计中，采用综合及专项防火措施；采用后退式开采；加快回采速度，提高回采率，避免发生局部冒顶，采区结束后1个月内进行封闭，防止遗留煤氧化。

1995年，辽源矿务局把隐患的预防、控制、治理、救灾等工作纳入生产井（区）整体工作。改造管路8000米，使消火充砂能力提高1倍以上。处理火点事故从过去的1～2天减少到几小时，甚至不停产就能处理，结束采区封闭时间平均缩短1/2。梅河煤矿一井、二井、六井，西安煤矿一区、二区、三区、六区共改造、新建7处地面黄泥灌浆站，年灌浆量从0.6万立方米提高到2万立方米；引进中型泥浆泵，使泥浆泵年注浆量由100立方米提高到5000立方米。购置使用注氮机，从根本上解决了采空区发火问题。2000年，辽源矿务局矿井煤层自然发火次数由1986年的502次降到133次。

2000年，吉林省各煤矿企业共投资1313.41万元，用于改造防灭火系统和配置火灾防治的装备，降低了煤矿自然发火和火害事故的发生。

2001—2005年，通化矿务局砟子煤矿八宝井、道清煤矿一井、永安矿业公司联谊煤矿、松树镇煤矿二井、道清煤矿胜利井先后发生采空区自然发火，分别采用对火区永久密闭、对采空区打钻注浆等均压灭火技术，采空区漏风供氧的问题得到彻底解决，火压熄灭。

2006年开始，通化矿业公司对所属5对生产矿井均建立了束管监测系统，对采煤工作面及采空区进行实时监测。2007年，八宝煤业公司利用注浆系统、注氮系统，实施采空区预防性注浆、注氮，共打钻164.5米，铺设注浆管路370米，注粉煤灰450吨，高水材料0.65吨，采空区注氮158.6万立方米。道清煤矿建立井下永久灌浆系统；松树镇煤矿向采空区打注氮钻孔31个，共1248米，累计注氮18万立方米。2008年，通化矿业公司强制推行先进适用的流送充填技术，全公司共实施流送充填密闭72道，使采空区的封闭质量有了较大提高。八宝煤业公司、松树镇煤矿、永安煤矿实施火区注氮灭火和采空区注氮防火，累计注氮174万立方米。2009年，全公司建立9套移动式注氮装置、1套二氧化碳煤矿灭火器、3套井下防灭火灌浆系统。2010年，通化矿业公司松树镇煤矿对+281米水平老火区密闭注氮450万立方米，防灭火夹层注浆22吨；八宝煤业采空区注氮72万立方米；道清煤矿夹层注浆750吨，采空区注氮26万立方米；永安矿业公司采空区注氮28万立方米。

二、火灾监测

2010年4月中旬开始，吉林煤矿安全监察局组织开展对高（突）瓦斯矿井、瓦斯治理工作体系，建设示范矿井，以及自燃、容易自然发火矿井进行为期2个月的防灭火专项监察。通过监察发现，吉林省大部分煤矿企业建立健全了安全防火责任制，隐患排查治理制度，防灭火、自然发火预测预报制度，以及各级各岗位人员防灭火责任制，并能严格执行；加强了自然发火预测预报工作；严格落实了综合防灭火措施；机电设备运行稳定可靠。通过专项监察发现了不足：少数乡镇煤矿"一通三防"力量薄弱，部分矿井开采容易自燃煤层的采区专用回风巷不符合《煤矿安全规程》的规定，一些地区缺少监控系统维护专业人员等。共监察矿井46矿次，占全省矿井总数的17.5%，查出安全隐患205条，责令停止机电设备使用8台（件），责令3个采煤工作面停产，行政处罚金额28.1万元。

第四章　矿　山　救　护

第一节　救护队伍

1991年，吉林省煤矿共有救护大队3个、救护中队33个、救护小队68个，常务队员557人；辅助队59个，辅助队员768人。1994年末，吉林省有煤矿救护大队4个、救护中队28个。其中：国有重点煤矿14个，市（州）、县（区）国有地方煤矿救护中队14个，救护队员625人。

通化矿务局矿山救护队工作实施准军事化管理，1987年开始着统一式制服，矿务局救护大队队部设在安监局，受安监局局长直接领导。各矿（厂）设救护中队，全矿务局共有11个中队、20个小队。从1991年开始，在安全培训中心开办救护队员专训班，每期1个月，共举办10期。有近百人参加培训，并有近百名辅助队员受训、经考试合格持证上岗。

辽源矿务局在搞好救护队员业务培训的同时，加强矿山救护规章制度建设，建立健全了岗位责任、值班工作、待机工作、技术装备检查维护保养、学习训练、战后总结讲评、预防性检查、材料装备、库房管理、车辆管理使用、计划财务管理、评比检查、奖罚等多项规章制度；规范救护队员行为，提高了救护队伍应战能力。

舒兰矿务局救护大队坚持"加强战备、严格训练、主动预防、积极抢救"的原则，坚持对新队员进行不少于3个月的基础培训后，再进行3个月的编队实习，通过综合考试合格，成为正式队员。每年初制定详细的年度培训规划和月培训计划，开展对全体指战员强制性救护理论和救护知识的培训，使救护队员熟练掌握现场人工呼吸方法，对出血、骨折、窒息进行处置及有毒有害情况的急救方法。开展通风及安全技术、技能、救护仪器的强化培训和知识更新教育。开展矿山救护新技术、新装备推广、应用和典型案例的专题讲座，每月进行一次佩戴氧气呼吸器的高温浓烟演习训练和军事化队列训练。

珲春矿务局定期组织队员到服务矿井参加预检和熟悉巷道，要求指战员下井前看图、入井时填图、升井后绘示意图，提高了队员的实战能力。

1995年7月，吉林煤炭工业管理局在四平市刘房子煤矿召开全省煤矿救护专业会议。会议决定：吉林煤炭工业管理局成立吉林省煤矿救护支队。全省境内所有矿山救护队统一规划，合理布局。根据矿区分布、灾害程度、地理位置，全省国有重点煤矿建立5个区域救护大队，各市（州）和地方煤矿建立7个救护大队、23个救护中队，形成区域救护网和统一指挥机制，建立起自上而下的军事化矿山救护管理体制。

1995年吉林省矿山救护网区域划分表见表6-4-1。

表6-4-1　1995年吉林省矿山救护网区域划分表

单位名称	编号	队部基地位置	隶属关系	下辖中（小）队数	服务范围	中队派驻位置
吉林省救护支队	JL001	长春市	吉林省煤管局	5个大队、7个直属中队	吉林省境内所有煤矿	—
通化救护大队	JL002	白山市	通化矿务局	8个中队	通化矿区所有煤矿	松树、砟子、大湖、湾沟、苇塘、道清、八道江、五道江各煤矿
辽源救护大队	JL003	辽源市	辽源矿务局	2个中队	辽源、梅河口市境内所有煤矿	辽源市、梅河煤矿
珲春救护大队	JL004	珲春市	珲春矿务局	2个中队	珲春、蛟河市境内所有煤矿	珲春市、蛟河煤矿
舒兰救护大队	JL005	舒兰市吉舒镇	舒兰矿务局	2个中队	吉林市境内（除蛟河）及营城矿区所有煤矿	局本部、营城煤矿
长春救护大队	JL006	长春市	长春煤管局	2个中队	长春市境内（除营城子矿区）所有煤矿	局本部、营城煤矿
万宝救护大队	JL007	洮南市万宝镇	万宝煤矿	3个小队	白城市境内所有煤矿	羊草沟煤矿、双阳县煤管局
杉松岗救护大队	JL008	辉南县杉松岗镇	杉松岗煤矿	3个小队	辉南、柳河县境内所有煤矿	—
新胜救护大队	JL009	梅河口市新合镇	新胜煤矿	3个小队	新胜矿区	—
延边州救护大队	JL010	和龙市松下平镇	延边州煤管局	3个小队	延边州境内（除珲春）所有煤矿	—
白山市救护大队	JL011	白山市	白山市煤管局	3个小队	白山市境内（除通化矿区）地方煤矿、乡镇煤矿	—

表6-4-1（续）

单位名称	编号	队部基地位置	隶属关系	下辖中（小）队数	服务范围	中队派驻位置
四平市救护大队	JL012	刘房子煤矿	四平市煤管局	3个小队	四平市境内所有煤矿	—
通化救护大队	JL013	头道沟煤矿	通化燃化局	3个小队	通化市境内（除柳河、辉南、梅河、五道江）所有煤矿	—

2000年，吉林省辽源、通化、舒兰、珲春4个矿务局有救护大队4个、救护中队15个、救护小队30个、救护队员631人。

2001年6月至2003年6月，通化矿务局八道江煤矿、大湖煤矿、五道江煤矿、湾沟煤矿、苇塘煤矿相继关闭破产，救护队随之解体。

2005年，根据国家煤矿安全监察局《关于同意成立吉林矿山救援指挥中心的复函》的批复，吉林煤矿安全监察局、吉林省安全生产监督管理局、吉林省煤炭工业局共同组建了吉林矿山救援指挥中心。

截至2006年底，吉林省已建成5个救护大队和7个独立救护中队，共12个专职煤矿救护队伍，指战员589人。

2009年，根据中央机构编制委员会办公室《关于国家煤矿安全监察系统事业编制的批复》重新确定吉林矿山救援指挥中心为事业单位，履行煤矿救援协调指挥职能。主要承担组织协调指挥或参与煤矿事故抢险救援工作；负责煤矿应急救援资源管理和标准化建设及救援技术培训和宣传教育工作；承办救护队伍资质管理工作，组织参加矿山救援比武及技术交流等工作。

2010年，吉林省共有13支具有救护资质的矿山救护队。其中：二级资质矿山救护队5支，三级资质矿山救护队6支，四级资质矿山救护队2支。5支二级资质矿山救护队所属吉煤集团国有重点煤矿，6支三级资质矿山救护队所属地方政府煤矿企业（其中，2支矿山救护队由煤矿企业管理，4支矿山救护队的支出靠收取救护协议费），2支四级资质矿山救护队所属民营煤矿企业。13支矿山救护队共有在册职工689人，其中指战员652人。按《煤矿安全规程》要求，大部分煤矿企业建立了辅助矿山救护队，全省共有辅助矿山救护队员1036名，多为煤矿企业的安全生产管理人员和生产技术骨干，在抢险救灾活动中发挥了重要作用。

2010年吉林省辅助救护队人员一览表见表6-4-2。

表6-4-2 2010年吉林省辅助救护队人员一览表　　　人

序号	市（州）、集团公司	辅助救护队员
1	全省合计	1036
2	长春市	30
3	吉林市	115
4	四平市	8
5	辽源市	—
6	通化市	28
7	白山市	17
8	延边州	183
9	辽源矿业公司	390
10	通化矿业公司	122
11	舒兰矿业公司	77
12	珲春矿业公司	61
13	杉松岗矿业公司	5

第二节 救 护 装 备

1991年，吉林省矿山救护队有救护车63台（其中地方煤矿20台）、氧气呼吸器1431台（其中地方煤矿417台）、灾区电话22台（其中地方矿3台）、无线电话12台（其中地方煤矿1台）、自救器799件（其中地方煤矿120件）。

1992年，珲春矿务局购进40台AHY6型氧气呼吸器，1999年开始改装成正压PB4呼吸器。2000年，辽源矿务局救护大队矿山救护车发展到4台，其他救护装备由7种增加到30多种；舒兰矿务局矿山救护大队和3支救护中队共有矿山救护车14台、指挥车1台、装备车2台。各矿务局救护队的装备基本满足矿山抢险救灾的需要。

2000年末，吉林省4个矿务局矿山救护队共有矿山救护装备21种，合计1179台（件），见表6-4-3。

表6-4-3 2000年吉林省各矿务局矿山救护队装备统计表 台（件）

装备名称		辽源矿务局	通化矿务局	舒兰矿务局	珲春矿务局
合计	1179	128	652	258	141
灾区移动电话	1	—	—	—	1
声能电话	2	—	—	—	2
矿山救护车	36	4	17	14	1
4小时呼吸器	675	44	484	120	27
2小时呼吸器	138	14	64	36	24
苏生器	88	8	49	20	11
干粉灭火器	10	10	—	—	—
一氧化碳检定器	28	9	—	15	4
氧气充填泵	38	6	23	9	—
温度计	6	6	—	—	—
瓦工工具	3	3	—	—	—
担架	4	4	—	—	—
瓦斯检定器	46	18	—	15	13
演习巷道	5	2	3	—	—
指挥车	1	—	—	1	—
装备车	2	—	—	2	—
呼吸器校验仪	26	—	—	20	6
高倍数灭火机	12	—	9	3	—
液压起重器	3	—	—	3	—
惰泡发射机	3	—	3	—	—
其他灭火装置	52	—	—	—	52

2005年，吉林矿山救援指挥中心成立后，在加强救援队伍建设的同时，不断加强救护队的装备建设，以适应矿山的抢险救援工作。

2010年，吉林省矿山救援中心共有矿山救护装备31种，合计12697台（件），见表6-4-4。

表6-4-4 2010年吉林省矿山救护中心装备一览表 台（件）

装备名称	数量
总计	12697
矿山救护车	35
4小时呼吸器	880
2小时呼吸器	230
苏生器	129
干粉灭火器	330
一氧化碳检定器	150
氧气充填泵	52
温度计	620
瓦工工具	80
担架	70
瓦斯检定器	100
演习巷道	16
呼吸器校验仪	99
高倍数泡沫灭火机	22
化学氧自救器	289
水龙带	5200
水枪	52
防爆工具	40
氧气瓶	4000
视频指挥系统	6
录音电话	20
高压脉冲灭火装置	15
便捷式爆炸三角形测定仪	14
多功能体育训练器械	16
多媒体电教设备	9
台式计算机	35
笔记本电脑	16
传真机	17
复印机	15
数码摄像机	10
隔热服	130

第三节 抢险与救灾

1991—2000年，吉林省矿山救护队坚持加强战备，积极抢险，靠着过硬的技术和忠于职守的精神，多次参加企业内外的事故抢险救灾和紧急救援活动，为抢救国家财产和矿工兄弟生命竭尽全力，最大限度地减少了事故人员伤亡和国家财产损失（表6-4-5）。

辽源矿务局矿山救护大队于1991—2000年参加企业内外抢险16次，出动人员464人，解救出遇险人员149人，抢救出遇难人员188人。

通化矿业公司救护大队于1991—2010年参加井下重大事故抢险6次，抢救出遇险人员33人，将110名遇难矿工遗体运送到地面。为矿区排放瓦斯1210次，探放水77次，灭火41起，处理顶板事故205起，处理瓦斯事故70起，援助外单位抢险救灾18次。1997年7月19日，通化矿务局松树镇煤矿二井271掘进队发生特大瓦斯爆炸事故。通化矿务局矿山救护队76名救护队员连续进行现场抢救，抢救出11名遇险人员，将16名遇难矿工遗体全部运送到地面。

珲春矿务局板石煤矿一井于2005年10月14日发生自燃火灾，矿务局救护大队历时26天，出动35队次、280人次，采取回风密闭、打钻向火区灌注水泥白灰浆的方法，成功将火区封闭。

舒兰矿业公司矿山救护大队于1991—2010年共参与矿井水火、瓦斯与煤尘和顶板事故抢险救灾1617次，抢救和引导出遇险人员182人，没有自身伤亡，实现了安全救护。在2003年10月桦甸市安顺煤矿瓦斯爆炸事故、2005年4月蛟河市腾达煤矿透水事故和2005年8月舒兰矿务局五井透水事故的抢险救灾中，

表6-4-5　1991—2000年吉林省矿山救护队抢险救灾情况统计表　　　　次

单位		事故类别						
		瓦斯事故	火灾事故	顶板事故	排放瓦斯	探放水	煤尘爆炸	中毒
辽源矿务局	矿务局大队	4	7	—	—	—	1	—
	西安煤矿中队	2	—	—	—	—	—	—
	梅河煤矿中队	2	—	—	—	—	—	—
通化矿务局	砟子煤矿	8	2	26	227	6	—	—
	松树镇煤矿	4	2	22	176	2	—	—
	湾沟煤矿	10	6	32	125	8	—	—
	苇塘煤矿	8	8	30	143	15	—	—
	八道江煤矿	12	6	33	134	12	—	—
	道清煤矿	4	2	21	94	8	—	—
	大湖煤矿	8	6	15	87	4	—	—
	五道江煤矿	10	6	20	148	12	—	—
	铁厂洗煤厂	6	3	6	86	10	—	—
舒兰矿务局大队		1	—	3	—	1	—	—
杉松岗煤矿救护队		2	—	—	—	—	—	—
延边煤矿救护队		2	—	—	—	1	—	3
营城煤矿救护队		1	—	—	—	1	—	—
万宝煤矿救护队		1	—	—	—	—	—	—
白山市矿山救护大队		9	—	—	—	2	—	—
长春市矿山救护队		1	—	—	—	—	—	—

分别挽救经济损失100万元、150万元和200万元。

截至2008年，吉林省矿山救护队伍参加安全预防检查2360次，启封火区199处，排放瓦斯189处，开展各类事故抢险292次，救出生还人员24人，搜出遇难人员29人。

吉林省和龙煤矿矿山救护队、延边煤矿矿山救护队于1991—2010年共参加抢险救灾13次，经历了透水、瓦斯、火灾、冒顶和一氧化碳中毒等各种事故的考验，为抢救矿工的生命和国家的财产作出了贡献。

第五章 重大事故处理

第一节 瓦斯与煤尘爆炸事故

一、辽源矿务局梅河煤矿"6·12"瓦斯爆炸事故

1990年6月12日10时28分,辽源矿务局梅河煤矿一井发生一起重大瓦斯爆炸事故,事故涉及巷道600余米,死亡16人,伤28人。

事故发生后,经过对事故现场和瓦斯爆炸点的勘查,初步认定了瓦斯来源。事故的直接原因:摔坏的矿灯内部灯线两极线路短路,产生火花,引爆瓦斯。

二、松树镇煤矿"7·19"瓦斯爆炸事故

1991年7月19日,松树镇煤矿二井发生瓦斯爆炸事故,死亡14人。

三、辽源矿务局梅河煤矿三井"3·6"瓦斯爆炸事故

1994年3月6日3时47分,辽源矿务局梅河煤矿三井发生一起特大瓦斯爆炸事故,死亡14人,伤44人。摧毁风门12道,造成冒顶2处。直接经济损失31.95万元。

事故的直接原因:0507区7号煤层综放工作面采空区顶板大面积垮落,涌出大量瓦斯,准备队人员在该区回风上山小绞车道底弯处用绞车处理掉道矿车时,绞车钢丝绳与U型钢立柱强烈摩擦,产生火花引起爆炸。

四、辽源矿务局泰信煤矿四井"11·13"特别重大煤尘爆炸事故

1994年11月13日12时15分,辽源矿务局泰信煤矿四井发生一起特别重大煤尘爆炸事故,入井270人,死亡79人,伤129人,其中重伤3人,直接经济损失320万元。是新中国成立以来吉林省伤亡人数最多的一次特大矿山事故。

经事故调查组调查和技术组的技术鉴定认定,这是一起特别重大煤尘爆炸责任事故。

事故的直接原因:暗副井绞车道煤尘堆积,且粉尘细小干燥,超载提拉车致使矿车"鸭嘴"断脱跑车,同时撞击摩擦产生火花,引起煤尘爆炸。

五、辽源矿务局多种经营公司泰信煤矿四井瓦斯爆炸事故

1996年7月15日22时40分,辽源矿务局多种经营公司泰信煤矿四井发生一起瓦斯爆炸事故,死亡20人,伤4人。

事故直接原因:该区违章开采,回采上山没有掘透风道,造成采空区瓦斯积聚;风机突然停风,造成采空区高浓度瓦斯大量涌出。风机开机后,巷道积聚瓦斯被排出过程中,遇失爆火源引起瓦斯爆炸。

六、通化矿务局松树镇煤矿"9·18"特大瓦斯爆炸事故

1997年9月18日2时20分,白山市松树镇煤矿二井一采区271掘进队发生一

起特大瓦斯爆炸事故，死亡16人，轻伤10人，经济损失35.7万元。

七、通化矿务局砟子煤矿多种经营公司一号井特大瓦斯爆炸事故

1998年3月18日3时40分，通化矿务局砟子煤矿多种经营公司一号井发生特大瓦斯爆炸事故，死亡22人。

经调查组调查，事故的直接原因为矿井漏风严重，风量严重不足、风流长期循环，造成瓦斯积聚，工人违章摆弄矿灯，矿灯灯线短路打火，引起瓦斯爆炸。

八、江源县煤炭综合经营处苇塘煤矿一井"4·25"瓦斯爆炸事故

1999年4月25日6时，白山市江源县煤炭综合经营处苇塘煤矿一井发生一起特大瓦斯爆炸事故，死亡12人。

1999年11月29日，吉林省劳动厅对事故处理作出批复：这是一起责任事故。

事故的直接原因：独眼井没有构成通风系统，井下风流长期循环造成工作面瓦斯积聚，瓦斯检查员漏检，非防爆电气开关产生火花引起瓦斯爆炸。

事故的间接原因：矿主只顾效益不顾安全，在该井不具备基本的安全生产条件下，强行冒险生产；矿井安全管理混乱，无作业规程，无瓦斯管理制度等；县领导在重新确立该井隶属关系（由煤炭局转到地矿局）后，只强调收费，对安全生产工作不作布置，不监督落实，造成安全生产责任制落实不到位；行业主管部门监督检查不力；县政府对关井压产的重要性认识不深刻，工作力度不够。

九、九台市桐安煤矿"2·9"特大瓦斯爆炸事故

2000年2月9日19时50分，九台市桐安煤矿发生特大瓦斯爆炸事故，死亡16人，重伤1人，经济损失200万元。

事故发生后，吉林省政府责成长春市政府成立事故调查组，对事故进行处理调查。通过调查，认定是一起责任事故。

事故的直接原因：由于矿井停电，主要通风机停风，造成独头巷瓦斯积聚，工人抢运设备产生火花，引起瓦斯爆炸。

事故的间接原因：生产矿长违章指挥，擅自组织人员盲目冒险处理火区，酿成特大事故；矿井抗灾能力低，井下长时间存在火区，缺乏矿井防灭火设施和防灭火系统；干部、工人执行《煤矿安全规程》的观念淡薄，安全意识淡化，思想麻痹。"一通三防"工作管理不严；煤矿安全管理职能部门缺乏安全管理监督，职责不明确，措施不到位。

十、白山市江源县松树红利煤矿二井"3·4"特大瓦斯爆炸事故

2000年3月4日12时35分，白山市江源县松树红利煤矿二井发生一起特大瓦斯爆炸事故，造成21人死亡和严重经济损失。

吉林省煤炭工业局与白山市有关部门组成事故调查组对事故进行调查。通过现场勘察和取证分析，认定是一起责任事故。

事故的直接原因：矿井未构成通风系统，局部通风机长距离通风末端风量不足，造成瓦斯积聚，矿灯线短路产生火花，点燃瓦斯引起爆炸。

十一、辽源矿务局西安煤矿四区小井特大瓦斯爆炸事故

2000年11月5日，吉林省辽源矿务局西安煤矿四区小井发生一起特大瓦斯爆炸事故，造成31人死亡，2人重伤，以及严重经济损失。

事故的直接原因：矿井通风方式由抽

出式改为压入式，采空区瓦斯被压出，工作面局部通风量不足，造成瓦斯积聚，达到爆炸界限；工作面爆破引燃瓦斯，造成瓦斯爆炸。

十二、白山市江源县松树镇富强煤矿"7·4"特大瓦斯煤尘爆炸事故

2002年7月4日2时12分，吉林省白山市江源县富强有限公司富强煤矿发生一起特大瓦斯煤尘爆炸事故，造成39人死亡，直接经济损失约300万元。

事故发生后，组成由国家煤矿安全监察局副局长赵铁锤和吉林省人民政府副省长李介车为组长，国家煤矿安全监察局、中华全国总工会和吉林省人民政府有关部门人员参加的事故调查组。调查组通过现场勘察、调查取证和技术鉴定，认定是一起责任事故。

事故的主要原因：该矿拒不执行煤矿安全监察机构下达的立即停产的监察指令，违法组织生产；安全管理混乱，违章指挥，违章作业；白山市和江源县人民政府及其有关部门未能认真吸取松树红利煤矿二井（富强煤矿前身）2000年3月4日发生的特大瓦斯爆炸事故的沉痛教训，没有按照吉林省人民政府有关部门对"3·4"事故批复意见的要求吊销松树红利煤矿二井的证照，致使原矿主能够将矿山非法转让，也没有及时制止富强煤矿违法生产。

十三、白山市靖宇县赤松乡三〇九煤矿"11·9"特大瓦斯爆炸事故

2002年11月9日1时50分，白山市靖宇县赤松乡三〇九煤矿发生特大瓦斯爆炸事故，造成11人死亡，直接经济损失80万元。

事故发生后，吉林煤矿安全监察局和吉林省有关部门组成事故调查组对事故进行调查。通过调查认定，事故的直接原因：左翼+390米水平运输巷道盲巷内断层瓦斯涌出异常，造成盲巷内瓦斯积聚，矿灯失爆，引起瓦斯爆炸。

事故的间接原因：

（1）通风、瓦斯管理制度不落实；局部通风管理混乱，局部通风机循环；瓦斯检查数据虚假，事故区没有安设瓦斯断电仪。

（2）省政府验收组在验收时确定该矿未达到验收标准，不准生产。该矿受利益驱动，擅自违规生产并违法越界开采。

（3）矿主不具备安全管理资质，矿井生产技术管理混乱，矿灯严重失爆，未按规定配备专职特种作业人员。

（4）各级政府及有关部门贯彻上级政府有关小煤矿停产整顿要求在落实上采取的措施不够，监督管理不力。

（5）赤松乡政府办矿指导思想不端正，只受益，不管理，矿井产权关系不明晰，矿井集体性质名存实亡。

十四、吉林省通化矿务局湾沟煤矿兴湾二井"11·12"特大瓦斯爆炸事故

2003年11月12日3时17分，吉林省通化矿务局湾沟煤矿兴湾二井发生一起特大瓦斯爆炸事故，造成15人死亡，1人轻伤，直接经济损失200万元。

事故发生后，吉林煤矿安全监察局与吉林省政府有关部门组成事故调查组，对事故进行调查。经过调查取证，认定该事故为一起非法越界开采和非法组织生产引发的责任事故。

事故的直接原因：+450米生产水平东一回采上山掘进第六小川时，局部通风机循环、微风作业，导致瓦斯积聚，在未按规定检查瓦斯的情况下，违章爆破产生火焰引起瓦斯爆炸。

事故的间接原因：矿主受利益驱动，

非法越界开采，擅自违法组织生产；矿井"一通三防"制度不落实，瓦斯监测监控系统不完善；湾沟煤矿在破产期间放松了对兴湾二井的管理，只受益不管理，以包代管，监督检查落实不力；局、矿职能部门对纳入正规井管理的兴湾二井技术审批和"一通三防"管理不到位，安全监察和安全管理不到位；通化矿务局对纳入正规井管理的兴湾二井没有履行出资购买股权的法律程序造成管理体制不顺，监督检查管理不到位。

十五、白山市新宇煤矿二井"10·26"重大瓦斯事故

2006年10月26日2时10分，吉林省白山市新宇煤矿二井发生一起特大瓦斯爆炸事故，死亡11人，事故直接经济损失255.46万元。

2006年10月26日，吉林省成立了由吉林煤矿安全监察局副局长为组长，省监察厅、省公安厅、省安全生产监督管理局、省煤炭工业局、省总工会、白山监察分局、白山市政府、白山市监察局、白山市公安局、白山市煤矿安全监督管理局等有关部门人员参加的吉林省白山市新宇煤矿二井"10·26"特大瓦斯爆炸事故调查组。调查组通过全面调查，认定吉林省白山市新宇煤矿二井"10·26"特大瓦斯爆炸事故是一起责任事故。

事故的直接原因：+158米水平顺槽第二回采小川上回风道垮落堵塞，造成采空区内瓦斯积聚，作业人员违章在采空区内打眼爆破引起瓦斯爆炸（局部煤尘参与爆炸）。

事故的间接原因：一是+158米水平采空区作业规程对采煤工作面保证上回风口畅通没有制定针对性措施，在上回风道堵塞后，造成+158米水平第二回采小川风流不畅，瓦斯积聚，作业人员违章进入采空区作业，爆破前不检查瓦斯，没有专职爆破员；二是+147.1米水平岩石巷道是+147.1~+164米水平采区运输和入风巷道，该巷道超层2.9米，越界掘送92米；三是该矿井为高瓦斯矿井，对爆破后瓦斯经常超限没有采取针对性措施；四是国土资源管理部门在已发现新宇煤矿二井+147.1米水平岩石巷道已超层越界掘送情况下，未采取有效措施，未及时实施动态监测；五是煤炭行业管理部门对+158米水平采空区作业规程未制定安全措施保证采煤工作面上回风道畅通，检查管理不到位；六是煤矿安全监管部门对新宇煤矿和二井联网不到位，运转不正常监督检查不到位。

第二节 顶板事故

2001年7月1日9时30分，吉林省白山市社保公司道清小井发生冒顶溃水事故，造成21人死亡（其中女工1人），1人重伤，直接经济损失150万元。

按照国务院领导的批示，国家煤矿安全监察局和吉林省成立联合调查组对事故进行调查。通过现场勘察、调查取证和技术分析，认定是一起责任事故。

第三节 水害事故

一、蛟河市吉安煤矿、腾达煤矿"4·24"特别重大透水事故

2005年4月24日5时30分，吉林省蛟河市吉安煤矿+178米水平一号煤层掘进工作面发生透水，水流经吉安煤矿与腾达煤矿连通的溜煤眼泄入腾达煤矿，造成腾达煤矿30名矿工死亡，直接经济损失783万元。

2005年4月29日，成立了由国家煤

矿安全监察局副局长梁嘉琨任组长、司长付建华和吉林省人民政府副省长牛海军任副组长，国家安全监管总局、国家煤矿安监局、监察部、中华全国总工会和吉林省人民政府有关部门人员参加的吉林省蛟河市吉安煤矿、腾达煤矿"4·24"特别重大透水事故调查组。事故调查组通过全面调查，认定吉林省蛟河市吉安煤矿、腾达煤矿"4·24"特别重大透水事故是一起责任事故。

事故的直接原因：吉安煤矿在掘进+178米水平一号煤层巷道过程中，违法越界开采防水煤柱，爆破导通原蛟河煤矿五井二号井采空区积水，水流泄入腾达煤矿，导致事故发生。

事故的间接原因：吉安煤矿违法越界开采和开采防水煤柱，在发现+178米水平一号煤层掘进面有明显透水预兆后，继续违章指挥工人冒险作业，在掘进+178米水平一号煤层巷道时，不制定作业规程，明知矿井有水患威胁，没有采取有疑必探、先探后掘的防治水措施；蛟河市煤炭管理和安全监管部门对吉安煤矿矿井未采取有效防水措施、不制定安全作业规程的问题失察，没有及时发现吉安煤矿开采防水煤柱，吉林市煤炭管理部门对下级煤炭管理部门履行职责情况监督检查不到位，蛟河市地矿部门没有发现该矿越界开采的违法行为；蛟河市政府对国务院有关加强煤矿安全生产工作的通知精神贯彻落实不力，对有关职能部门未能认真履行职责的问题失察。

二、舒兰矿务局丰广煤矿五井"8·19"重大水害事故

2005年8月19日17时22分，舒兰矿务局丰广煤矿五井发生一起特大透水事故，死亡16人，直接经济损失490万元。

事故发生后，吉林煤矿安全监察局和吉林省有关部门组成事故调查组对事故进行联合调查。2005年12月，国家煤矿安全监察局作出《关于吉林省舒兰矿务局丰广五井"8·19"特大透水事故处理意见的批复》，认定"8·19"特大透水事故是一起责任事故。

三、梅河口市中和煤矿有限公司"11·27"重大水害事故

2009年11月27日，吉林省梅河口市中和煤矿有限公司（简称中和煤矿）发生一起重大水害事故，造成16人死亡，直接经济损失794.176万元。

事故发生后，吉林煤矿安全监察局和吉林省有关部门组成事故调查组对事故进行全面调查。2010年7月23日，国家煤矿安全监察局对事故作出批复，认定事故调查工作符合《生产安全事故报告和调查处理条例》《煤矿安全监察条例》等有关规定，认定"11·27"重大水害事故是一起责任事故。

四、通化市二道江区宏远煤矿"8·10"暴雨洪水引发重大淹井事故

2010年8月10日1时32分，吉林省通化市二道江区宏远煤矿发生一起因暴雨洪水引发的事故灾难，矿井被淹，18人死亡，直接经济损失2363.8万元。

根据《煤矿安全监察条例》和《生产安全事故报告和调查处理条例》等有关规定，经请示吉林省政府领导，2010年9月8日依法成立由吉林煤矿安全监察局局长商登莹为组长，吉林煤矿安全监察局和吉林省监察厅、省安全生产监督管理局、省公安厅、省总工会、通化市政府相关人员参加的事故调查组，并邀请吉林省人民检察院派员参加，依法对事故展开调查。事故调查组通过全面调查，认定吉林省通化市二道江区宏远煤矿"8·10"暴

雨洪水引发的重大事故灾难是一起因暴雨引发的漫堤淹井，企业违规组织工人冒险入井拆撤设备的重大责任事故。

事故的直接原因：大罗圈沟河上游突降暴雨，最大日降雨量达116.2毫米，最高水位8.06米，流量581立方米/小时，大罗圈沟河上游的洪峰和二道沟河洪峰同时汇流，形成更大的洪峰，导致河水暴涨，同时河水裹着砂石、民用烧柴、树木等杂物，冲入大罗圈沟河，造成大罗圈沟河道局部堵塞，漫堤淹井，导致事故发生。

事故的间接原因：宏远煤矿未执行省、市、区、镇政府及有关部门关于汛期受水害威胁矿井停止井下作业，撤出井下所有人员的指令和要求，未落实矿井《防治水安全评价报告》提出的"雨季不生产不维修，任何人员不得入井"的评价意见；宏远煤矿在整合技改期间违反国家有关法律法规规定，边技改边非法生产出煤；宏远煤矿采取隐瞒真实情况逃避监管；部分管理人员未取得安全资格证书，未对职工进行安全教育和培训，工人安全意识和自我保护能力差。有关地方政府及监管部门履行煤矿安全监管职责不到位。

第四节　火灾事故

一、吉林省万宝煤矿小新井"12·6"特大火灾事故

2002年12月6日8时55分，吉林省万宝煤矿小新井发生一起特大火灾事故，造成30人死亡，直接经济损失219.9万元。

事故发生后，成立了以国家煤矿安全监察局副局长赵铁锤、吉林省人民政府副省长李介车为组长，国家煤矿安全监察局、监察部、中华全国总工会、吉林煤矿安全监察局以及吉林省有关部门人员参加的事故调查组。

事故的直接原因：小新井斜井绞车配电盘为非矿用一般型机电设备，超载提升时配电盘发生弧光，产生火星，溅落在配电盘下的旧棉袄上，经过缓慢"阴燃"后引起旧棉袄着火，引燃绞车硐室内的旧风筒布帘（非阻燃）及木棚，火势迅速扩大发生火灾，导致+140米水平人员在逃生过程中中毒死亡。

事故间接的原因：万宝煤矿及小新井领导贯彻执行"安全第一，预防为主"方针不力，小新井安全管理机构不健全，职责不清；机电运输管理混乱；技术管理混乱；物资供应管理混乱；特种作业人员管理混乱。

二、吉林省万宝煤矿红旗二井"6·10"特大火灾事故

2004年6月10日2时40分，吉林省万宝煤矿红旗二井发生一起特大火灾事故，造成11人死亡，2人重伤，直接经济损失100万元。

事故发生后，吉林煤矿安全监察局会同省内有关部门组成事故调查组，对事故进行了全面调查，认定万宝煤矿红旗二井"6·10"火灾事故是一起责任事故。

事故的直接原因：-220米水平采区变电所高压开关触头接触不良，使绝缘油过热达到燃点喷出燃烧，并引燃变电所及其周围可燃物，大量有毒有害气体经入风巷道进入三采区采掘工作面，造成正在作业的11名工人中毒窒息死亡。

事故的间接原因：机电管理混乱，安全管理不到位，"一通三防"管理混乱，矿井安全投入不足。

三、吉林省辽源市东辽县金安煤矿"3·5"重大火灾事故

2008年3月5日7时30分，吉林省

辽源市东辽县金安煤矿发生一起重大火灾事故，造成17人死亡，直接经济损失2176万元。2008年3月6日，依法成立了以吉林煤矿安全监察局副局长常天明为组长，由吉林省监察厅、省公安厅、省安全生产监督管理局、省总工会和省煤炭工业局等有关人员组成的事故调查组，并邀请吉林省人民检察院派员参加，依法对事故展开调查。根据需要，事故调查组聘请3名技术专家对火灾原因进行鉴定。事故调查组通过调查取证和技术分析，认定金安煤矿"3·5"重大火灾事故是一起责任事故。

事故的直接原因：71采区-48米水平回风道老火点煤炭氧化复燃，有关人员未及时检查发现，引燃秫秸帘子和支架等可燃物，导致火势蔓延，形成火风压，使风流紊乱，作业人员撤离时一氧化碳中毒死亡。

事故的间接原因：金安煤矿不执行各级监管部门下达的停产指令，以掘送消火道和维修为名骗取和私藏火工品，长期非法组织生产；该矿带隐患生产；煤矿安全监控系统不健全，没有安装温度传感器和一氧化碳传感器，无专人管理。自救器管理不严，入井人员不佩戴自救器，导致火灾发生时不能自救；市、县有关监管部门没严格执行国家、省有关资源整合矿井的文件规定，且监管不到位。

1991—2010年，吉林省煤矿共发生3人以上（包括3人）死亡事故242起，死亡1517人（表6-5-1）。其中：瓦斯煤尘事故127起，死亡902人，占事故总起数的52.48%和死亡人数的59.46%；顶板事故54起，死亡216人；占事故总起数的22.31%和死亡人数的14.24%；水害事故31起，死亡221人；占事故总起数的12.81%和死亡人数的14.57%；火灾事故8起，死亡92人；占事故总起数的3.31%和死亡人数的6.06%；运输事故15起，死亡56人；占事故总起数的6.20%和死亡人数的3.69%；其他事故7起，死亡30人，占事故总起数的2.89%和死亡人数的1.98%。

表6-5-1 1991—2010年吉林省煤矿3人以上死亡事故统计表

事故时间	事故发生地点	事故种类	死亡人数（人）	事 故 原 因
1991-01-19	白山市三岔子区小苇塘北山小井	顶板	3	冒顶埋人
1991-03-22	吉林市蛟河市奶子山五井	水害	5	
1991-04-14	营城煤矿综合公司小井	顶板	5	冒顶埋人
1991-04-23	万宝煤矿二井一采7121采面	顶板	3	冒顶埋人
1991-07-09	吉林市永吉县前丰四社小井	水害	6	旧采区塌陷坑积水
1991-07-19	通化矿务局松树镇煤矿二井	瓦斯爆炸	14	巷道壁片帮挤压风筒，形成微风聚积瓦斯，矿灯产生火花，造成瓦斯爆炸
1991-09-05	辽源矿务局泰信煤矿二井	顶板	4	支护质量差
1991-10-06	白山市八道江区大泉眼村煤矿王铁全井	瓦斯	5	煤电钻线失爆
1991-10-14	吉林市桦甸市桦郊乡供销社煤矿	瓦斯	4	煤电钻线失爆

表 6-5-1（续）

事故时间	事故发生地点	事故种类	死亡人数（人）	事 故 原 因
1991-12-21	白山市三岔子区石人镇后堡子村金家沟煤矿一井	瓦斯	5	工人吸烟
1992-01-29	营城煤矿上家一井	瓦斯	3	打破窑闭，无措施南大巷+260米水平，一氧化碳窒息
1992-02-23	辽源矿务局梅河煤矿三井	瓦斯爆炸	5	检修停电停风，形成瓦斯积聚，意外产生火花引起瓦斯爆炸
1992-03-02	白山市三岔子湾沟镇个体煤矿钟兆有井	瓦斯	4	一氧化碳窒息
1992-03-10	通化市二道江区菇园井个体矿	瓦斯	6	照明短路
1992-03-22	延边州龙井市富裕乡朝东村煤矿	水害	5	水下开采
1992-05-04	浑江市三岔区西山苗园林个体井	顶板	3	采区探底，砸下层人员
1992-06-13	长春市九台穆国桦井	瓦斯	3	一氧化碳中毒
1992-06-17	通化市铁厂洗煤厂综合公司一井	火灾	4	登钩工违章开水泵油喷引燃可燃物造成火灾
1992-07-23	81021部队苇塘小井	水害	9	王姓个体井采防水煤柱，死亡9人
1992-08-21	白山市抚松县抽水乡井	瓦斯	4	一氧化碳中毒
1992-10-01	通化市铁厂镇于敬之个体无证井	瓦斯	6	井下吸烟
1992-10-14	白山市三岔子区某井	瓦斯	6	井下吸烟
1992-10-29	81397部队小井	瓦斯	6	井下吸烟
1992-12-06	白山市八道江区红旗村煤矿五号井	瓦斯	4	瓦斯爆炸
1992-12-07	通化市梅河口市中腰井	顶板	3	—
1993-01-09	通化市二道江区铁厂王玉珍井	顶板	3	穿老巷没打棚，冒顶
1993-01-12	延边州和龙县福洞镇办井	顶板	4	主井绞车道翻棚子冒顶
1993-01-16	珲春矿务局城西煤矿	伤亡事故	4	对轨道上山等处没有完善的防范措施
1993-02-18	长春市九台市营城炮兵煤矿	瓦斯	10	井下吸烟
1993-03-13	延边州和龙工商联煤矿	顶板	4	井下支护质量不好
1993-04-12	辽源市东辽县平岗乡大营村个体刘金山井	水害	4	越界开采透旧井

表6-5-1（续）

事故时间	事故发生地点	事故种类	死亡人数（人）	事故原因
1993-08-25	吉林市蛟河市奶子山镇二井	顶板	5	维修巷道顶板离层，撤棚子不备棚造成冒顶
1993-08-30	通化市二道江区五道江公安井	瓦斯	7	井下吸烟
1993-09-14	延边州福洞县王永伍井	瓦斯	3	一氧化碳中毒
1993-10-02	通化市二道江区五道江露天井	瓦斯	3	独眼立井，停电后给电爆炸
1993-10-03	四平市刘房子煤矿	火灾	9	采区回风道自然发火，直接灭火中发生水煤气爆炸
1993-10-04	白山市三岔子区砟子镇杜林井	顶板	3	无证独眼井
1993-11-13	延边州三道煤矿	运输	5	通送勤车翻车爆炸
1994-01-06	白山市三岔子区无证井	瓦斯	4	电煤钻失爆
1994-02-06	辽源矿务局多种经营泰信煤矿一井	火灾	7	顶板旧采迹煤炭自然发火，浓烟涌入掘进工作面，现场作业人员一氧化碳中毒
1994-03-06	辽源矿务局梅河煤矿三井	瓦斯爆炸	14	绞车钢丝绳与U型钢立柱强烈摩擦，产生火花引起瓦斯爆炸
1994-03-08	通化市二道江区五道江镇个体矿	瓦斯	3	独眼井，带电联电短路
1993-03-09	通化市二道江区煤炭工业局煤矿	瓦斯	3	井下吸烟
1994-04-23	双阳县二道煤矿一井	瓦斯爆炸	12	瓦斯超限区内，工人违章拆矿灯，产生火花，点燃瓦斯，引起爆炸
1994-04-28	通化矿务局五道江煤矿一井联办矿	瓦斯爆炸	4	停风造成瓦斯积聚，拽扯灯线产生火花引起瓦斯爆炸
1994-05-12	辽源市灯塔乡二矿	瓦斯爆炸	3	工作面无风作业，吸烟引起瓦斯爆炸
1994-05-30	辽源市东辽县榆田村刘显峰井	瓦斯	5	井下吸烟
1994-05-31	舒兰矿务局丰广煤矿报废四小井	冒顶	3	工人违章，没认真执行规程作业
1994-06-05	辉南县平安川镇煤矿	透水	6	违章指挥工人冒险作业
1994-06-08	白山市三岔子湾沟田树昌井	瓦斯	6	通风系统不合理
1994-06-09	通化市二道江区刘跃朝井	运输	4	跑车
1994-06-24	通化市二道江区五道江镇冰湖沟仁平井	瓦斯爆炸	7	井下不通风，瓦斯超限，工人井下吸烟造成火源，引起瓦斯爆炸
1994-07-08	通化矿务局八道江矿实业开发公司二井	瓦斯	3	一氧化碳中毒

表 6-5-1（续）

事故时间	事故发生地点	事故种类	死亡人数（人）	事故原因
1994-08-13	白山市湾沟军矿井	瓦斯	8	井下吸烟
1994-08-18	通化矿务局道清煤矿一井	冒顶	3	工人违章作业
1994-08-30	图们市凉水镇河西一井	瓦斯爆炸	4	井下长期停风，不检查瓦斯浓度，工人吸烟引爆瓦斯
1994-09-10	通化矿务局湾沟煤矿综合公司北山二井	跑车	4	大绳断绳处腐蚀严重，工人违章蹬车
1994-10-08	通化矿务局多经公司矿办井中安井	瓦斯窒息	5	井下空气中氧气减少，下部无风缺氧，工人盲目进入缺氧区
1994-11-08	通化矿务局苇塘煤矿多经公司柴煤二井	瓦斯爆炸	9	工人在井下工作面违章吸烟点燃瓦斯
1994-11-13	辽源矿务局泰信矿四井	煤尘爆炸	79	绞车道煤尘堆积，跑车，撞击产生火花，引起煤尘爆炸
1995-01-15	辽源市劳教所第一煤矿	冒顶	3	管理混乱，违章指挥，不具备安全生产条件生产
1995-01-15	通化矿务局湾沟煤矿多经公司个人承包井	瓦斯	6	独眼井，在采空区采煤爆破
1995-03-21	辽源市西安区松源煤矿	冒顶	8	在旧采迹掘进，暗立井井壁片冒，造成事故发生
1995-04-15	通化矿务局五道江煤矿人防办与个体联办井	瓦斯	5	井下吸烟
1995-04-20	辽源市平岗镇前进村缪云清矿井	瓦斯	3	局部通风机漏风，裸露电缆爆破
1995-04-21	通化市五道江镇王福才井	冒顶	3	违章裸露电缆爆破
1995-05-08	白山市东风煤矿二井	瓦斯爆炸	8	瓦斯积聚，电瓶车运行产生火花，引起瓦斯爆炸
1995-05-15	东辽县平岗镇石嘴村煤矿	瓦斯爆炸	4	作业人员违章吸烟引起瓦斯爆炸
1995-06-12	东辽县平岗镇石嘴村第四煤矿	瓦斯爆炸	4	没有严格控制局部通风机风量，在检查瓦斯过程中产生火花引起瓦斯爆炸
1995-06-27	吉林市蛟市红胜村三井	顶板	3	爆破后没支护，冒顶
1995-07-30	吉林省军区通化军区煤矿	水害	7	地方小井与军井贯通透水
1995-09-15	通化矿务局苇塘一井	顶板	3	违反巷修作业规程，巷道顶煤垮落
1995-09-15	白山市八道江区市郊乡七道江村井	瓦斯	3	未通风，一氧化碳中毒
1995-09-25	通化市梅河口市中和镇中发井	顶板	3	进冒顶区扒煤埋压致死

表6-5-1（续）

事故时间	事故发生地点	事故种类	死亡人数（人）	事故原因
1995-11-07	辽源矿务局西安煤矿5211区	顶板	3	支护强度不够，爆破后扒货时顶板冒落
1995-11-21	舒兰市新星村二社煤矿	顶板	3	违章爆破，采煤面支护不全，空顶作业，冒顶埋人
1995-11-22	通化矿务局大湖煤矿多经公司6号井	瓦斯	6	微风情况下没检查瓦斯，违章爆破，引爆瓦斯
1995-11-24	延边州和龙煤矿清道沟井	顶板	3	连续爆破两次后，空顶扒货，局部冒落埋人致死
1995-12-05	白山市松树镇于占军井	瓦斯	3	井下吸烟
1995-12-06	白山市松树镇冯有丁井	瓦斯	3	瓦斯超限窒息
1995-12-17	延边州和龙煤矿松下坪井	运输	3	挂钩工没有认真执行岗位责任制和操作规程
1995-12-25	通化矿务局湾沟煤矿运输科挂靠井	瓦斯爆炸	4	独头巷大量瓦斯积存，局部通风机停风，照明线短路产生火花，引起瓦斯爆炸
1995-12-25	通化市二道江区五道江军办矿	水害	5	水体下作业
1995-12-28	通化市梅河口市中腰无证矿	瓦斯	4	在+260米水平大巷探煤电缆线失爆
1996-01-21	辽源市东辽县金岗乡七矿王	瓦斯	5	风机失爆
1996-01-25	白山市松树镇薛项军井	瓦斯	4	点明火引爆
1996-02-11	白山市八道江区立丰煤矿	瓦斯	3	—
1996-03-16	白山湾沟	顶板	3	—
1996-03-17	辽源矿务局西安煤矿多经公司四井	顶板	4	工程质量低劣，拉底货处理棚子时冒顶，埋人致死
1996-04-01	白山市劳动服务公司个人承包井	瓦斯	5	吸烟引起瓦斯燃烧
1996-05-28	白山市江源县李明和井	瓦斯	8	—
1996-07-13	辽源市东辽县商业局杨振煤矿	瓦斯	3	—
1996-07-15	辽源矿务局泰信煤矿四井	瓦斯	20	遇电器失爆，引起瓦斯爆炸
1996-07-26	通化矿务局多经公司赢安公司红胜井	冒顶	3	在伪斜上山拆风筒和自滑槽时冒顶
1996-07-27	和龙市庆新煤矿	水害	3	打眼爆破后，与老巷贯通透水
1996-08-20	通化矿务局八道江煤矿通沟井	瓦斯爆炸	5	微风情况下拆卸矿灯引燃瓦斯
1996-12-18	延边煤矿计经处承包井	瓦斯燃烧	5	瓦斯燃烧

表 6-5-1（续）

事故时间	事故发生地点	事故种类	死亡人数（人）	事故原因
1996-12-24	长春市二道区三道镇煤矿个体承包井	瓦斯	10	在+52米水平上山与采空区相透，瓦斯涌出，工人吸烟，瓦斯爆炸
1996-12-28	通化矿区工会湾沟井	运输	5	违章蹬车，断绳跑车
1997-02-23	白山市江源县砟子镇个体矿井	瓦斯	4	井下吸烟
1997-02-26	白山市八道江区城西煤矿	瓦斯	18	采区上部风流短路，风量不足，瓦斯积聚，吸烟引爆瓦斯
1997-03-06	白山市江源县湾沟六井	瓦斯	13	电器失爆
1997-03-19	白山市临江市华基煤矿	瓦斯	3	井下吸烟引爆瓦斯
1997-04-21	桦甸市五道沟乡天合煤矿	瓦斯	6	爆破
1997-05-24	通化矿务局八道江区多经公司联办井	顶板	4	拉底货时绞车进入基岩下8米处，由于支护强度不够，导致支架断梁冒顶
1997-05-25	白山市江源县湾沟镇十六井	顶板	3	翻棚
1997-06-03	通化矿务局苇塘煤矿综合公司二井	瓦斯	4	工人违章在+447米水平大巷独头吸烟引爆瓦斯窒息
1997-06-18	舒兰矿务局丰广煤矿无证井	顶板	3	—
1997-07-04	白山市宏运井	水害	4	透水
1997-09-05	梅河监狱四八石井	溃沙	3	离地表太近挑仓，技术事故
1997-09-18	通化矿务局松树镇二井	瓦斯	16	工作面风筒断开，风机停风，瓦斯积聚，拆卸管路产生火花引爆
1997-10-09	蛟河市新站煤矿	运输	3	销子窜出造成跑车，将绞车道人员撞伤致死
1997-10-25	通化市腾达煤矿	瓦斯	5	独眼井局部通风机通风不足，透采区造成瓦斯积聚，吸烟引爆
1997-10-27	长春市二道煤矿	瓦斯	5	工作面风量不足，透采区造成瓦斯积聚，煤电钻失爆
1997-11-18	吉林市夹皮沟矿东阳井	顶板	4	搬迁时冒顶推倒棚子
1997-11-30	辽源市东辽县金岗镇王洪福矿	瓦斯	3	吸烟引爆瓦斯
1997-12-11	舒兰丰广二社	顶板	3	—
1997-12-16	延边煤矿南阳井	运输	3	人车脱销子窜出，造成跑车撞人致死
1998-01-03	通化矿务局房产处挂靠井	瓦斯爆炸	4	不设风机，瓦斯超限，吸烟引爆瓦斯

表 6-5-1（续）

事故时间	事故发生地点	事故种类	死亡人数（人）	事 故 原 因
1998-01-07	延边州正兴煤矿（部队）	瓦斯	3	风机长期循环，瓦斯积聚，违章吸烟引爆瓦斯
1998-01-11	桦甸市桦郊乡三道煤矿	瓦斯	7	矿井漏风，瓦斯超限，发爆器接线不合格，火花引爆
1998-02-19	舒兰矿务局直属公司二井	冒顶	4	备棚操作不当，强行上梁，顶板来压不撤人
1998-02-20	辽源矿务局泰信煤矿多种经营公司六井	顶板	3	空顶作业，扒三角煤时将立柱扒出，顶板冒落
1998-02-25	辽源市东辽县金岗镇新伍煤矿	瓦斯	9	风机长期循环，瓦斯积聚，当班停风，矿灯失爆，引爆瓦斯
1998-03-07	延边州正兴煤矿（部队）	瓦斯	6	局部通风机停风，瓦斯积聚，违章爆破引爆瓦斯
1998-03-08	通化矿务局公安处五道江小煤矿	瓦斯爆炸	3	瓦斯积聚，工人井下吸烟引起瓦斯爆炸
1998-03-18	通化局矿务砟子煤矿多经公司一号井	瓦斯爆炸	22	瓦斯积聚，工人违章拆卸矿灯，灯线短路打火引起瓦斯爆炸
1998-04-08	辽源矿务局梅河煤矿六井	瓦斯爆炸	8	爆破引起瓦斯爆炸
1998-04-21	辽源市东辽县安恕煤矿	火灾	6	煤层自燃将木垛引燃，处理时主要通风机停风，中毒窒息
1998-05-14	辽源市东辽县煤炭公司吉东二井	顶板	4	维修+117米水平上山时冒顶埋人，抢救中再次冒顶埋人
1998-06-02	白山市江源县湾沟镇九井	瓦斯	7	风机长期循环。瓦斯积聚，违章修理矿灯，引爆瓦斯
1998-06-19	辽源市东辽县辽河源镇丰岗村四井	瓦斯	3	透旧巷时瓦斯大量涌出，电缆明接头产生大量火花，引爆瓦斯
1998-07-06	通化市头道沟煤矿二井	瓦斯燃烧	4	入风短路，回风速度慢，使瓦斯积聚，铁锹撞击铁轨产生火花引起瓦斯燃烧
1998-07-19	白山市八道江区利锋煤矿	瓦斯	3	长期停风没排放瓦斯就排水，开关失爆，引爆瓦斯
1998-07-20	长春市坤山煤矿	瓦斯爆炸	7	风机停风，瓦斯积聚，违章裸露爆破，引爆瓦斯
1998-12-20	白山市八道江区德峰煤矿	瓦斯	4	局部通风机停风，瓦斯积聚，吸烟引爆瓦斯
1999-01-29	白山市江源县砟子镇田喜顺井	瓦斯爆炸	9	原因不详

表 6-5-1（续）

事故时间	事故发生地点	事故种类	死亡人数（人）	事故原因
1999-03-18	延边州三道煤矿联办井	运输	3	跑车
1999-03-28	辽源市东辽县平岗镇新开煤矿	瓦斯爆炸	4	井下两台风机循环，透旧巷时瓦斯大量涌出，违章爆破引起瓦斯爆炸
1999-04-05	舒兰市兴城街刘英田井	水害	3	与地面塌陷区相连，造成矿井被淹，3人死亡
1999-04-08	通化矿务局道清矿西山小井	冒顶	4	空顶形成吊铺，使用朽木梁子，顶板突然来压，造成冒顶
1999-04-25	江源县煤炭经销处苇塘一井	瓦斯爆炸	12	局部通风机循环，瓦斯积聚，非防爆开关接线柱松动产生火花，引起瓦斯爆炸
1999-06-05	辽源市大水缸煤矿南小井	瓦斯爆炸	3	井下风机长期循环，瓦斯积聚，电器失爆，引起瓦斯爆炸
1999-06-26	舒兰矿务局舒兰街煤矿多经公司5号井	顶板	5	井筒（立井）支护失效脱落，5人被堵井下，缺氧窒息死亡
1999-08-19	吉林市蛟河市太堡村德胜煤矿	瓦斯	3	因停电井下停风，中毒死亡
1999-08-20	公主岭市二十家子解放煤矿	透水	3	误掘透采空区，导致采空区积水涌出
1999-08-24	通化市梅河口市中和镇煤矿	顶板	4	立柱受压失修，造成冒顶窒息
1999-09-23	杉松岗煤矿南小井	瓦斯	8	采区风量不足，瓦斯积聚，采用触点式爆破，产生火花引爆瓦斯
1999-11-02	延边州和龙土山镇张光俊矿	火灾	8	密闭质量不好，火区内一氧化碳外泄，井下工人中毒死亡
1999-11-19	辽源矿务局平岗煤矿多经公司恒安井	瓦斯	4	一氧化碳中毒
1999-11-23	白山市湾沟煤矿南翼徐工春井	瓦斯	6	事故前一天停电停风，独眼井，瓦斯积聚，井下吸烟，引爆瓦斯
1999-12-10	辽源市辽河源镇恒仁煤矿	瓦斯	3	工作面风量不足，瓦斯积聚，煤电钻失爆，瓦斯爆炸
2000-02-09	长春市桐安煤矿	瓦斯	16	矿井停电，风机停风造成瓦斯积聚，断刮板输送机链打销子时产生火花爆炸
2000-02-19	延边州福河镇殷效忠井	瓦斯爆炸	3	透旧采区，工人违章吸烟引起瓦斯爆炸
2000-03-04	白山市红利煤矿二井	瓦斯爆炸	21	局部通风机长距离供风，末端风量不足造成瓦斯积聚，矿灯线短路产生火花引起瓦斯爆炸

表6-5-1（续）

事故时间	事故发生地点	事故种类	死亡人数（人）	事故原因
2000-03-06	延边州和龙市沙金沟村胡佩臣井	一氧化碳中毒	6	井下一氧化碳超标，入井排水1名工人中毒，抢救该人时，又有5人相继中毒死亡
2000-04-05	辽源市金岗镇西柳村籍臣煤矿	瓦斯爆炸	7	工作面透旧巷加之风机循环造成瓦斯积聚，爆破时产生火花，引起瓦斯爆炸
2000-04-29	舒兰矿务局多经公司丰广五井	冒顶	3	翻修巷道接顶不严，造成大面积空顶，顶板来压导致大面积冒顶
2000-05-06	蛟河市富兴煤矿	一氧化碳中毒	3	恢复旧井筒，1人入井造成一氧化碳中毒，抢救时又有2人中毒死亡
2000-05-06	梅河口市兰堡镇煤矿	瓦斯爆炸	7	工作面风量不足，造成瓦斯积聚，工人违章吸烟，引起瓦斯爆炸
2000-06-30	长春市九台王永庆井	水害	4	送巷时透老空，老空水大量涌出，4人被淹死
2000-07-04	龙井市龙州煤矿	瓦斯窒息	3	已关闭井留守人员私自下井抽水，瓦斯窒息死亡
2000-08-04	蛟河煤矿服务公司五井	瓦斯爆炸	3	工作面因故停风，瓦斯积聚，在打眼过程中发生煤泡，引起瓦斯燃烧
2000-08-07	辽源矿务局梅河煤矿二井	瓦斯爆炸	5	风机停风，瓦斯积聚，瓦斯检查员矿灯失爆，发出火花，引起瓦斯爆炸
2000-09-01	梅河口市鑫发煤矿	水害	3	大巷坏棚维修，突然来水将人冲走
2000-10-23	吉林市大阳煤矿	瓦斯爆炸	4	交接班停风机，瓦斯积聚，作业人员吸烟，引燃瓦斯
2000-11-05	辽源矿务局西安二井四区	瓦斯爆炸	31	爆破引燃采空区瓦斯，造成瓦斯爆炸
2000-11-28	西安区德隆煤矿	坠罐	5	立井维修30米，零点班搭跳，井上2人换井下3人，离井口十余米处坠罐
2001-01-10	白山市苇塘公司经营井	顶板	3	回风巷5人作业爆破给棚，空帮空顶，没及时处理顶板来压，窒息死亡
2001-02-22	白山市辛效成煤矿	顶板	4	在+585米水平作业，突然冒顶，埋住4人
2001-02-23	通化矿务局吉通公司井	水害	8	私自窃电生产，送巷道时误透上部老空水，造成透水事故，8人死亡
2001-03-10	吉林市新下盘井	瓦斯	5	爆破出煤，电钻电缆放出火花，局部通风不畅，瓦斯超限遇明火爆炸
2001-07-01	白山市社保道清井	顶板	21	冒顶波及上部旧巷，将老空积水导入井巷，导致冒顶溃水事故

表 6－5－1（续）

事故时间	事故发生地点	事故种类	死亡人数（人）	事故原因
2001－08－10	白山市井	瓦斯	3	私自窃电，窒息死亡
2001－08－31	万宝煤矿红旗二井	瓦斯	5	工人将风筒末端别到导车道帮，工作面微风，矿灯不亮敲打，产生火花
2001－09－17	辽源市长安煤矿	水害	3	爆破影响原平岗三井老巷内积水突然溃出，导致3人死亡
2001－10－01	白山市铁厂文利矿	瓦斯	8	吸烟引起瓦斯燃烧
2001－10－18	延边州海沟矿业	瓦斯	3	未开风机，违章作业，瓦斯超限，窒息死亡
2001－10－23	辽源矿务局梅河七井	顶板	8	违反《煤矿安全规程》操作，空顶面积过大，顶板突然大面积垮落，埋人致死
2001－11－17	辽源矿务局梅河煤矿三井	顶板	3	回撤0507区架子道小棚，顶板下沉，大量漏货，埋人致死
2002－01－16	长春羊草矿业集团公司	瓦斯	4	一井－160米水平面中顺上山掘进工作面发生瓦斯爆炸
2002－01－20	东辽县辽河源镇丰岗四井	瓦斯	3	违章进入120米未通风的独头巷道，瓦斯超限，电器失爆引起瓦斯爆炸
2002－03－22	通化市二道江区铁厂镇永全煤矿	瓦斯	5	在工作面回采中，由于停风瓦斯积聚，爆破引起瓦斯爆炸
2002－05－06	白山市长白县煤矿	顶板	3	在+570米水平二石门掘进工作面冒落两块岩石，将给棚工人埋压致死
2002－05－22	延边州和龙市广源煤矿	瓦斯	6	工作面局部停风12小时，瓦斯积聚未进行瓦斯检测，吸烟导致瓦斯爆炸
2002－05－29	延边州安图县安抚煤矿	水害	4	井下维修和排水时发生透水事故，井筒200米以下被淹
2002－06－07	东辽县白泉镇第一煤矿	瓦斯	4	地面供电线路被风刮断，全井停风，井下4人一氧化碳中毒
2002－07－01	通化矿务局砟子煤矿竖井	顶板	3	掘进－39米水平四分层下顺，工作面突然大面积来压，推垮工作面往后9米巷道
2002－07－04	白山市江源县松树镇富强煤矿	瓦斯	39	井下发生瓦斯爆炸事故，39人全部遇难
2002－07－07	白山市江源县松树镇李德增井	水害	7	在+570米水平撤设备后，路过+582米水平大巷时，突然透老空水
2002－08－15	白山市二轻砟子煤矿三井	运输	3	3名工人乘吊桶入井，绞车闸没控制到位，致使吊桶加重自行坠入井底

表 6-5-1（续）

事故时间	事故发生地点	事故种类	死亡人数（人）	事故原因
2002-08-31	白山市二轻砟子煤矿兴源一井	瓦斯	3	工人违章进入无风区作业，导致局部瓦斯爆炸
2002-11-09	白山市靖宇县三道湖镇309煤矿	瓦斯	11	瓦斯燃烧，造成事故
2002-11-26	白山市江源县西煤山孙长东井	瓦斯	9	—
2002-12-06	万宝煤矿小新井	火灾	30	配电盘产生电火花，引起火灾+140米水平工人遇难
2002-12-28	通化市辉南县永发煤矿	瓦斯	4	瓦斯爆炸事故造成4人死亡
2003-01-10	通化矿务局松树煤矿二井	瓦斯	8	发生煤与瓦斯爆炸
2003-04-13	白山市江源县湾沟镇平甸矿	水害	8	掘进头发生透水事故，死亡8人
2003-08-23	吉林市龙潭区振兴煤矿李跃东井	水害	4	邻近矿井透水灌入该井，致使4人被困井下致死
2003-10-21	辽源矿务局梅河煤矿三井	水害	8	工作面0米水平以上第六架棚子自动前移撤到+100米水平，采区已被水堵严
2003-10-31	吉林市桦甸市安顺煤矿	瓦斯	5	瓦斯爆炸
2003-11-07	通化市永生煤矿	水害	4	斜井下延+365米水平标高处作业时，顺槽发生突水，井下被淹
2003-11-12	通化矿务局湾沟煤矿兴湾二井	瓦斯	15	在+450米水平东回采上山掘进，因局部通风机循环微风，导致工作面瓦斯积聚，违章爆破，瓦斯爆炸
2003-11-27	白山市靖宇县那尔轰镇小营子煤矿	顶板	3	主井北翼采区下延下山+352米水平标高维修巷道打顶柱时，顶板抽条发生冒顶事故
2004-02-13	长春市二道区三道煤矿	瓦斯	3	工人在+114米水平副井绞车道密闭处被有毒气体致死
2004-03-08	辽源市东辽县平岗镇国宣煤矿	瓦斯	3	工人在井下+134米水平上山进行巷道维修时发生瓦斯爆炸事故
2004-03-29	通化市二道江区五道江镇顺发二井	水害	7	在已停工的+249米水平与标高大巷发生透水事故
2004-04-03	通化市双龙洗煤有限公司一井	瓦斯	5	工作面回采无上行风道独头回采，造成瓦斯积聚，工人吸烟发生瓦斯爆炸
2004-06-10	万宝煤矿红旗二井	火灾	11	因-220米水平变电所高压防爆开关油箱中的三相触头接触不良，导致油箱绝缘油起火

表 6-5-1（续）

事故时间	事故发生地点	事故种类	死亡人数（人）	事故原因
2004-07-26	蛟河市三井	运输	3	浮货车在甩车场断绳跑车，撞垮2架棚，将人撞伤致死
2004-10-12	长春羊草煤炭集团有限公司	顶板	5	-140米水平右翼采煤工作面回收作业时，顶板来压造成冒顶，将人埋压致死
2004-11-06	珲春市朋发煤矿	瓦斯	4	局部通风机长时间循环通风，且一机多头供风，风量不足，瓦斯积聚，吸烟引起瓦斯爆炸
2004-12-16	白山市江源县湾沟镇胜利煤矿	瓦斯	6	长时间停风，工作面瓦斯积聚，煤电钻电缆失爆产生火花，发生瓦斯爆炸
2005-03-22	白山市江源县湾沟镇胜利煤矿	运输	6	3台矿车1台装木料，另外2台有11人乘坐，1人蹬车，行至井口50米时，矿车钩头处连接销子窜出，造成跑车，6人死亡
2005-04-03	通化市深鑫煤炭股份公司二井	顶板	5	抬棚处冒顶，将人埋压致死
2005-04-13	辽源市东辽县良鑫煤矿	顶板	3	+100米水平掘进工作面给棚时，顶板冒落将人埋压致死
2005-04-24	蛟河市腾达煤矿	水害	30	因吉安煤矿越界开采防水煤柱，造成+179米水平掘进头发生透水，贯通巷道及采空区，从主、副井上部+175米水平、+170米水平处涌入，导致30人遇难
2005-06-16	白山市松树镇煤矿五采区二队	瓦斯	5	回采面挑顶回采裸露爆破，在升井取挑顶杆时，井下发生瓦斯爆炸
2005-08-19	舒兰矿务局丰广煤矿五井	水害	16	积水通过已关废弃的两眼立井溃入井下32万立方米，采掘面全部淹没，造成-60米水平以下作业的16人死亡
2005-11-16	白山市江源县砟子公司二井	运输	3	违章乘矿车入井，人料混载，材料车与矿车间钢丝绳拉断，造成跑车
2005-12-08	长春市双阳区长岭煤矿长岭井	水害	6	+15米水平采煤工作面上部采空区水溃入，工人被采空区积水淹没
2006-02-20	延边州和龙市庆兴煤业庆兴一井	顶板	4	工人在掘进上山作业，发生冲击地层（煤炮），造成巷道距下出口23米处冒顶片帮，将该处向上3米巷道堵死，4人死亡
2006-02-22	杉松岗矿业集团靖宇龙马煤矿	顶板	5	+247米水平至+274米水平标高回采面回采，爆破后进入工作面作业时顶板大面积冒落

表 6-5-1（续）

事故时间	事故发生地点	事故种类	死亡人数（人）	事 故 原 因
2006-03-13	白山市振东煤业公司东晋煤矿	顶板	3	在六采区+72米水平顺槽掘进面打炮眼处理时，顶板冒落埋人致死
2006-03-27	吉林市蛟河市万兴煤矿	顶板	4	在+120米水平标高泄水眼交叉点清理冒货时，顶板大面积冒落，将人埋压致死
2006-05-29	辽源市集丰煤矿有限公司	顶板	3	在维修-57米水平回风巷道时顶板冒落，将人埋伤致死
2006-09-13	通化市二道江区五道江镇玺仁矿	水害	7	采空区透水造成水害事故
2006-10-04	白山市大政煤炭公司顺信煤矿	运输	3	从+185米水平暗主井蹬车准备到-135米水平大巷，行至-30米时窜销跑车
2006-10-26	白山市新宇煤矿二井	瓦斯	11	零点班出勤13人，在+158米水平标高回采工作面发生瓦斯爆炸，11人死亡，2人逃生
2006-11-04	延边州和龙市福洞镇宏源煤矿	瓦斯	7	工作面局部通风机停风18小时后开启，工人井下修电钻，发生瓦斯爆炸
2006-12-07	通化市福泰煤矿	运输	4	跑车
2006-12-28	长春市双鑫煤矿	瓦斯	4	在-150米水平发现冒烟，采取封闭灭火，抹密闭时，发生瓦斯爆炸
2007-10-21	延边州和龙市清海公司长财五井	顶板	4	主井筒+480米水平标高工作面发生冒顶事故，埋压5人致死
2008-03-05	辽源市东辽县金安煤矿	火灾	17	-85米水平采区回风巷道发生火灾后，风流紊乱，区内工人逃生时一氧化碳中毒致死
2008-07-21	白山市八道江区汇丰煤矿	水害	5	副井+420米水平标被堵塞有积水，从+281米水平标高上部的堵塞处发生溃泥致5人死亡
2008-09-19	白山市新宇煤矿一井	水害	3	工人到+425米水平顺槽掘进时发生透水事故，死亡3人
2009-09-30	白山市江源区砟子综合公司西二井	运输	4	处理主井筒掉道矿车时，矿车插销窜出发生跑车事故，4人死亡
2009-11-27	通化梅河口市中和煤矿	水害	16	井下+143米水平采煤面发生透水（溃泥）事故，16人死亡
2010-01-11	吉林市蛟河市老下盘煤矿	瓦斯	7	当班工人在技改井-50米水平标高掘进工作面作业时发现一氧化碳中毒迹象，撤离时未能撤到安全区域，发生中毒，7人死亡

表6-5-1（续）

事故时间	事故发生地点	事故种类	死亡人数（人）	事故原因
2010-04-10	辽源矿业（集团）公司金宝屯煤矿	运输	4	在巷修三区，工人在N207区沿带式输送机道旁上行左侧轨道行走时，被从上部平盘跑下的3辆空矿车和1辆花架车撞伤致死
2010-08-10	通化市宏远煤矿	水害	18	大罗圈沟河水漫堤，由主井倒灌井下，致使在井下撤设备的18人死亡
2010-09-14	吉林宇光能源公司九台营城矿	其他	5	7名工人到5302采煤工作面清理浮煤后推移刮板输送机，支架突然倾倒，将工人压在支架下，5人受伤致死

1991—2010年吉林省国有重点煤矿百万吨死亡率见表6-5-2。

吉林煤矿实现连续安全生产1000天矿井见表6-5-3。

表6-5-2 1991—2010年吉林省国有重点煤矿百万吨死亡率一览表

年份	百万吨死亡率	年份	百万吨死亡率	年份	百万吨死亡率
1991	0.971	1998	2.02	2005	1.84
1992	1.3	1999	0.95	2006	1.5
1993	1.43	2000	2.4	2007	1.5
1994	3.13	2001	5.3	2008	0.3
1995	1.72	2002	3.74	2009	0.28
1996	0.85	2003	5.0	2010	0.44
1997	2.49	2004	1.4		

表6-5-3 吉林煤矿实现连续安全生产1000天矿井一览表

序号	煤矿名称	企业性质	生产能力（万吨/年）	瓦斯等级	安全生产天数（天）
1	辽源矿业公司梅河煤矿一井	国有重点煤矿	39	低瓦斯	1147
2	辽源矿业公司梅河煤矿二井	国有重点煤矿	120	高瓦斯	2774
3	辽源矿业公司梅河煤矿三井	国有重点煤矿	115	高瓦斯	2628
4	辽源矿业公司梅河煤矿四井	国有重点煤矿	90	高瓦斯	1700
5	辽源矿业公司西安煤业公司三区	国有重点煤矿	20	低瓦斯	1689
6	辽源矿业公司红梅煤矿中安井	国有重点煤矿	15	低瓦斯	1571
7	辽源矿业公司西安煤业125井	国有重点煤矿	204	高瓦斯	1097
8	通化矿业公司永安煤矿	国有重点煤矿	100	高瓦斯	1795
9	通化矿业公司道清煤矿	国有重点煤矿	75	高瓦斯	1752

表6-5-3（续）

序号	煤矿名称	企业性质	生产能力（万吨/年）	瓦斯等级	安全生产天数（天）
10	通化矿业公司八宝煤业公司	国有重点煤矿	180	高瓦斯	1368
11	舒兰矿业公司三矿	国有重点煤矿	21	低瓦斯	1653
12	舒兰矿业公司四矿	国有重点煤矿	150	低瓦斯	1438
13	舒兰矿业公司五矿	国有重点煤矿	51	低瓦斯	1844
14	舒兰矿业公司七矿	国有重点煤矿	9	低瓦斯	1114
15	杉松岗矿业公司龙马煤矿	国有重点煤矿	42	低瓦斯	1774
16	杉松岗矿业公司一矿	国有重点煤矿	14	低瓦斯	1119
17	杉松岗矿业公司新胜煤矿	国有重点煤矿	21	低瓦斯	1083
18	长春羊草煤矿一井	地方国有煤矿	60	低瓦斯	1536
19	长春羊草煤矿二井	地方国有煤矿	100	低瓦斯	2280
20	长春市双阳区八面石煤矿西井	地方国有煤矿	15	低瓦斯	1530
21	和龙市松小坪煤矿	地方国有煤矿	15	高瓦斯	1190
22	白山市靖宇鼎元煤业有限公司靖宇矿	地方国有煤矿	21	低瓦斯	1635
23	吉林省春谊煤矿	乡镇煤矿	18	低瓦斯	1993
24	九台市放牛沟煤矿	乡镇煤矿	15	低瓦斯	1899
25	舒兰市广源一井	乡镇煤矿	18	低瓦斯	2400
26	舒兰市广源二井	乡镇煤矿	18	低瓦斯	2400
27	四平市刘房子煤矿一井	乡镇煤矿	12	低瓦斯	1705
28	珲春市吉春矿业有限公司吉春煤矿	乡镇煤矿	12	低瓦斯	2948
29	和龙市庆兴煤业公司长才二井二区	乡镇煤矿	15	低瓦斯	1270
30	延边州凉水煤业有限公司一井	乡镇煤矿	51	低瓦斯	1204

注：日期截至2010年12月31日。

吉林煤炭工业志

第七篇
环境保护

1991—2010 年，吉林省国有重点煤矿环境保护工作坚持以党和国家环境保护工作方针为指导，以国家各项环保法律法规为依据，不断强化环保宣传和监督管理力度，以治理煤炭开采过程中产生的废气、污水、煤矸石、煤灰、炉渣为重点，加大资金投入和环境综合整治，切实解决严重危害矿区环境和危害矿区职工家属身体健康的突出环境问题，使矿区环境质量得到明显改善。

第一章 污染防治

第一节 机构与队伍

一、东北煤炭工业环境保护研究所

东北煤炭工业环境保护研究所原名东煤公司环境保护监测中心站。职能是负责公司所属范围内煤矿环境保护、污染防治的研究工作，从业务上指导公司所属各环境监测站工作，协助公司搞好环境保护与新建矿区的环境影响评价。

1994 年东煤公司撤销，1995 年煤炭工业部下发文件，将东煤公司环境保护监测中心站更名为东北煤炭工业环境保护研究所。1998 年，东北煤炭工业环境保护研究所与吉林省统配煤矿一起下放到吉林省管理。1999 年，吉林省机构编制委员会办公室为该所核发了事业单位编制管理证，编制 50 人。

东北煤炭工业环境保护研究所主要从事环境科学技术研究，工程咨询，节能评估服务，环保工程设计与总承包，河流生态综合整治项目设计施工，湿地治理项目设计施工，环境影响评价，消防设计及电气防火监测，工程施工及环保设备制造，土地复垦方案编制，土地整治项目可行性研究报告编制，土地整治项目规划设计及预算编制；企业清洁生产技术审核；安全评价；煤质检验、煤层自燃倾向性和煤尘爆炸指数检测；煤层气开发利用，业务开展面向全社会各个领域。

2010 年，东北煤炭工业环境保护研究所有资产 5000 余万元，拥有占地 30000 平方米（建筑面积 5000 平方米）的生产、科研及制造基地，装备、加工设备及试验仪器 120 台（套）。有员工 98 人，其中，教授级高级工程师 2 人，高级工程师 26 人，国家注册工程师 39 人，工程师 45 人。

二、各矿业公司环境保护机构

（一）辽源矿业公司

1991—2010 年，辽源矿业公司环保业务部门为环保节能处，下设环保管理科和环境保护监测站。局所属 13 个矿（厂）建立了环保领导小组，由矿（厂）分管领导分别任组长和副组长，有关业务部门负责人为小组成员，同时配备专兼职环保工作人员 13 名。

1998 年，撤销环保节能处，成立局技术监督检测中心。2006 年，撤销局技术监督检测中心，业务划归公司动力部，具体业务仍由环境保护监测站承担。局环保节能处、局技术监督检测中心和2006年建立的公司动力部及环境保护监测站，是公司环境保护工作的主管部门，其职责范围是：认真贯彻执行《中华人民共和国环境保护法》及有关环境保护的法律法规、标准、技术规范和管理制度；负责制定公司环境污染治理项目规划，按照"预防为主、保护优先，不欠新账、多还旧账，突出重点、局部改善，机制创新、强化监管，典型示范、带动全面"的原则编制环保规划，对新建、改建、扩建项目严格执行同时设计、同时施工、同时投入使用的"三同时"制度执行情况进行监督检查；负责监督检查公司所辖单位污染治理设备运行使用情况；认真及时完成公司环保统计报表和排污申报工作；按照环境监测技术规范开展工作，定期对全公司污染源进行监测，编写监测报告，建立健全污染源档案，负责接待环保方面的群众来信来访工作。

（二）通化矿业公司

1991—2010年，通化矿业公司环保业务部门为节能环保标准计量处、环保办（环保监测站合并到该处室），环保工作人员增加到21人。1993年环保监测站荣获东煤公司先进监测站，1995年通过省计量认证，取得了对外监测工作资质。1998年12月，环保部门合并到通化矿务局计划处，2000年末，环保工作人员17人，管理干部8人，监测人员9人。2003年，通化矿务局计划处改为发展规划处，1名副处长主管环保工作，工作人员6人。2004年7月，环保工作人员5人，管理人员2人，监测人员3人。2005年5月，环保监测站通过吉林省计量认证，取得监测资质。同年12月，通化矿务局改为通化矿业（集团）有限责任公司，发展规划处改为发展规划部，环保工作人员4人，对内为环保科，对外为环保监测站，负责全公司的环境管理和环境监测工作。

1991—2010年，环保监测站配置环境监测车1辆，仪器设备60台（件），包括声级计、分析天平、烟尘浓度测定仪、二氧化硫测定仪、一氧化碳测定仪等，供环境监测工作使用。2010年7月，由于监测资质到期，监测人员短缺，环保监测站被吉林省取消监测资质。

（三）舒兰矿业公司

1991—2006年，舒兰矿业公司环境保护工作一直由矿务局环境委员会领导，1名副局长主抓环境保护工作，在加工利用处设环保办公室，后加工利用处更名为环保节能处。1995年，矿务局机构变动，成立企业管理办公室，环保节能处机构撤销，计划处、建设处、质量监督站、环保节能处业务全部纳入企业管理办公室管理。企业管理办公室下设环保科，由专人负责环保工作。2004—2005年，撤销企业管理办公室。2006年，成立规划发展部，下设环保节能科。为加强环境保护工作，公司专门成立环境保护监测站，配备专业人员，编制6人。矿业公司建立环境保护检查制度4条，奖罚制度5条，环保工作人员职责13条，环保节能处职责4项33条，制定修改了《环境保护管理办法》10章45条，使环境保护工作有目标、有准则、有实施办法。同年，环境保护监测站撤销，监测工作交由舒兰市环保局。

（四）珲春矿业公司

1991—2005年，珲春矿务局环境保护机构为环境保护办公室、环境监测站，人员编制8人。环境监测站配备了简单的水气、噪声等设备。环境监测站被原煤炭工业部环境监测总站授予煤炭系统丙级监测站，测量时严格执行国家法律法规，对矿区锅炉、噪声、煤矸石、水污染排放物等按国家规定开展了企业内部的环境监测工作。

2005—2010年，珲春矿业公司环境保护机构为节能环保科，人员1人，无技术装备，监测工作由市环境保护局监测站代为监测。

第二节 大气污染防治

一、辽源矿业公司

（一）锅炉改造

1991—2010年，为了治理锅炉烟尘污染，辽源矿业公司实行集中供热，撤并小型锅炉，淘汰污染严重的老旧杂锅炉，特别是烟尘排放量大的沸腾炉，为运行锅炉增添升级除尘脱硫设施，给沸腾炉除尘器加二级脱硫设施，引进使用新型节能环保锅炉，努力降低烟尘排放浓度。1991—1995年，锅炉除尘主要措施是安装使用旋风除尘器。1996—2005年，锅炉除尘措施改为安装使用陶瓷管除尘器，效果优于旋风除尘器。2006—2010年，在使用陶瓷管除尘器的同时，重点安装使用湿式除尘器。

金宝屯煤矿锅炉房内设SHL10-1.25-AⅡ型蒸汽锅炉2台，SZL6-1.25型蒸汽锅炉1台，10吨温水炉1台，采暖期2台10吨锅炉和1台6吨锅炉同时运行，非采暖期1台10吨锅炉运行，按环评要求选用SJⅡ型双击式高效脱硫除尘器，除尘效率98%，脱硫效率60%。烟气经由1根45米高、出口直径1.4米的烟囱排放。

2010年，方大公司淘汰了6.5吨锅炉及陶瓷多管除尘器，更新为高效节能环保型锅炉，安装了与之配套的湿式脱硫除尘器。泵业公司共有3台锅炉，其中，卧式锅炉2台（6吨和0.5吨），立式锅炉1台。卧式6吨锅炉是2008年为了减少烟尘污染而更换安装的高效锅炉。

（二）水泥厂改造

辽源矿业公司在治理锅炉的同时，对公司2座水泥厂排放的烟尘也进行了治理，开展窑尾收尘和余热利用工程，除尘率达98%，每年回收窑灰3000吨，价值20万元。

1993年，为解决矿务局水泥厂居民区环境污染严重的问题，水泥厂重新选址扩建。新厂址设在人口密度小的矿区边缘地带，年产量20万吨，用于环保设施投资887.5万元。

1998—1999年，水泥厂煤粉车间布袋收尘改造，改为高压静电、旋风两极收尘，投入资金50万元，收尘效果良好。

2000年，投资17.6万元对生料磨和水泥磨车间的2台10平方米高压静电收尘器进行改造。同年，红梅水泥厂在原料车间和成品车间各安设1台布袋收尘器，烧成车间安设1台回管旋风收尘器。

2002—2005年，原料车间、成品车间和烧成车间分别增设了2台、3台和1台布袋收尘器。

2007年，红梅水泥厂投资11万元，将1号水泥磨高压静电收尘器改造为布袋收尘器，大大改善了空气质量和收尘效果。

（三）职工住宅供暖设施改造

1991年，辽源矿务局职工住宅大多是平房，很少有供暖设施，烧饭取暖基本靠煤炉，矿区住宅区低矮的小烟囱林立，排放烟尘集中。特别是冬季，气温低，气压低，烟雾弥漫矿区，成为重要的烟尘污染源。为了治理住宅烧饭取暖造成的污染，矿务局努力改善职工住宅条件，自1991年起，自筹资金建设职工住宅楼，实行集中供热。

2004年，利用国家改造采煤沉陷区

和棚户区政策,成片改造职工住宅,大面积新盖集中供热住宅楼,砍掉了大量小烟囱,减少了烟尘排放污染。

2005年,辽源矿区最大的职工住宅区仙城小区120栋住宅楼竣工交付使用,成为当时省内最大的住宅小区,不仅改善了职工住房条件,而且实现了环保。

至2010年底,辽源矿业公司各矿区烧饭取暖的煤炉已经很少见到,住宅小烟囱排放烟尘污染环境的问题基本得到解决。

2010年末,辽源矿业公司在用锅炉87台,锅炉容量413.3蒸吨。安装使用高效节能锅炉77台448.4蒸吨。取消低能锅炉83台113.6蒸吨,去掉烟囱5座,年节煤3.4万吨。安装各类除尘器77台,减少烟尘排放0.892万吨。20年间,矿业公司用于污染防治费用4518.39万元。其中:用于废气防治1341万元,用于污水防治297.6万元,用于噪声防治121.6万元,用于固体废弃物防治2758.19万元。

1991—2010年辽源矿业公司大气污染源排放情况见表7-1-1。

表7-1-1 1991—2010年辽源矿业公司大气污染源排放情况一览表

年份	锅炉（台）	锅炉容量（蒸吨）	窑炉（台）	燃煤量（万吨）	烟尘排放量（吨）	二氧化硫（SO_2）排放量（吨）	氮氧化物（NO_x）排放量（吨）
1991	160	562	38	18.76	1913.5	2101.2	1407
1992	158	554	36	18.2	1856.4	2038.4	1365
1993	153	548	35	17.8	1815.6	1993.6	1335
1994	153	548	35	17.2	1754.4	1926.4	1290
1995	146	525.5	29	17.53	1788	1964	1314.75
1996	146	525.5	25	16.1	1642.2	1803.2	1207.5
1997	145	526.5	25	15.84	1615.6	1774	1188
1998	147	519	24	19.55	1994.1	2189.6	1466.25
1999	143	482.5	24	18.71	1908.1	2095.5	1403.2
2000	131	435	23	18.65	1902.3	2088.8	1398.75
2001	101	393.5	21	8.923	910.1	999.4	669.2
2002	98	388	17	9.555	974.6	1070.16	716.62
2003	89	361	8	7.0411	718.2	789	528
2004	76	337	6	7.1084	725.1	796	533.1
2005	74	330.7	6	6.5	663	728	487.5
2006	62	307	11	5.6	571.2	627.2	420
2007	61	303	11	5.58	558.9	624.96	418.5
2008	84	429.7	8	11.9	913.9	114.2	892.5
2009	81	453.1	8	13.9	1074.4	1334.4	1042.5
2010	77	448.4	8	15.5	1195.7	1488	1162.5

二、通化矿业公司

1991—2010年,通化矿业公司废气污染源主要是各矿炉窑、采暖锅炉及生产锅炉排放的二氧化硫、氮氧化物、烟尘、生活燃煤,以及交通工具造成的污染。矿业公司（矿务局）对各矿的采暖炉、生产炉逐步进行治理，将原来旋风牛角式除尘器改为多管陶瓷除尘器，除尘效率80%以上。2001—2010年，部分锅炉除尘器改为麻石水膜除尘器，除尘效率达97%以上，治理后的锅炉烟尘基本实现达标排放。

通化矿务局有2个水泥厂——石人水泥厂和苇塘水泥厂，水泥厂的排放粉尘直接污染到周边的居民区以及农田、植被。1991—2004年，通化矿务局投资780.5万元，对石人水泥厂部分扬尘点安装收尘设施，使其周围环境粉尘污染状况改善。

1991—2010年通化矿业公司大气污染源排放情况见表7-1-2。

表7-1-2 1991—2010年通化矿业公司大气污染源排放情况一览表

年份	锅炉（台）	锅炉容量（蒸吨）	窑炉（台）	燃煤量（万吨）	烟尘排放量（吨）	二氧化硫（SO$_2$）排放量（吨）	氮氧化物（NO$_x$）排放量（吨）
1991	196	676	3	23.66	2413.3	2649.9	1774.5
1992	192	660	3	23.1	2356.2	2587.2	1732.5
1993	189	652	3	22.82	2327.6	2555.8	1711.5
1994	190	648	3	22.68	2313.3	2540.1	1701
1995	188	640	3	22.4	2284.8	2508.8	1680
1996	172	588	3	20.58	2099.1	2304.9	1543.5
1997	165	568	3	19.88	2027.7	2226.5	1491
1998	156	542	3	18.97	1934.9	2124.6	1422.7
1999	142	514	3	17.99	1835	2014.8	1349.1
2000	112	454	3	15.89	1620.8	1779.6	1191.7
2001	96	430	3	15.05	1535.1	1685.6	1128.8
2002	89	410	3	14.35	1463.7	1607.2	1076.2
2003	75	374	3	13.09	1319.2	1466.1	981.8
2004	68	337	3	11.8	1203.6	1321.6	885
2005	65	313	—	10.95	1116.9	1226.4	821.3
2006	50	268	—	9.38	956.7	1050.6	703.5
2007	56	280	6	9.81	999.6	1097.6	735
2008	58	292	8	10.22	1042.4	1144.6	766.5
2009	60	300	8	10.5	1071	1176	787.5
2010	63	314	11	10.99	1120.9	1230.8	824.2

三、舒兰矿业公司

1991—2010年，舒兰矿业公司大气污染防治以锅炉烟尘治理为重点。共有锅炉93台，445蒸吨，年燃煤量11万吨，排放烟气11亿立方米、烟尘1300吨、二氧化硫600吨。共投资645万元，发展集中供热7处，安装高压锅炉，取消低压锅炉，砍掉烟囱28座，添置除尘效果较好的CCJ型冲击式水浴除尘器22台、文丘里麻石水膜除尘器6台,快装炉上6台陶瓷多管除尘器,所有锅炉全部安装除尘器,沸腾炉大多为二级除尘,烟尘排放浓度由原来的1000毫克/立方米下降到199毫克/立方米,大气质量得到明显改善。水电公司每年停炉后组织对除尘设备维修保养,以保证除尘设备正常运行。2003年企业运作关闭破产,全局地面(不包括矿井)供热锅炉设备及设施全部移交地方管理。

1991—2010年舒兰矿业公司大气污染源排放情况见表7-1-3。

表7-1-3　1991—2010年舒兰矿业公司大气污染源排放情况一览表

年份	锅炉（台）	锅炉容量（蒸吨）	窑炉（台）	燃煤量（万吨）	烟尘排放量（吨）	二氧化硫（SO_2）排放量（吨）	氮氧化物（NO_x）排放量（吨）
1991	102	443	12	15.32	1175.83	597.45	530.06
1992	102	439	12	15.75	1120.58	614.35	545.37
1993	102	434	12	15.88	1218.64	617.73	550.55
1994	102	436	12	15.63	1195.65	607.34	542.54
1995	100	427	12	15.52	1189.38	600.83	531.63
1996	98	418	12	15.23	1171.74	589.79	529.46
1997	95	409	10	14.76	1130.47	574.51	514.67
1998	95	406	10	14.69	1127.81	568.96	510.33
1999	69	295	6	10.65	817.9	412.87	362.88
2000	67	281	6	10.41	799.42	408.29	361.29
2001	67	286	6	10.39	798.16	403.56	359.54
2002	62	262	6	9.67	741.64	381.62	335.18
2003	62	262	6	9.61	734.73	374.27	334.51
2004	15	61	—	2.43	185.87	93.26	84.63
2005	13	55	—	2.11	164.44	83.95	74.58
2006	13	43	—	2.06	159.48	77.83	73.21
2007	10	27	—	2.37	181.59	86.52	81.26
2008	11	33	—	2.59	199.41	95.79	89.8
2009	11	33	—	2.54	194.97	93.42	87.38
2010	7	27	—	2.36	181.75	85.33	80.86

四、珲春矿业公司

1991—2000年,珲春矿务局对英安煤矿和三道岭矿井安装旋风除尘器除尘,基本做到达标排放。城西煤矿建在市区,采用当时较先进的旋风和水膜二级除尘器进行除尘,除尘效果好,达到排放要求。

2010年,八连城煤矿和板石煤矿先后淘汰了老式沸腾炉,安装较先进的往复炉,使各项排放指标均能达到国家排放标准。

1991—2010年珲春矿业公司大气污染源排放情况见表7-1-4。

表7-1-4 1991—2010年珲春矿业公司大气污染源排放情况一览表

年份	锅炉（台）	锅炉容量（蒸吨）	窑炉（台）	燃煤量（万吨）	烟尘排放量（吨）	二氧化硫（SO_2）排放量（吨）	氮氧化物（NO_x）排放量（吨）
1991	15	58	—	3.1	82.8	78.5	200.3
1992	15	58	—	3.1	82.8	78.4	200.2
1993	15	58	—	3.15	82.9	77.9	200.1
1994	15	58	—	3.1	82.7	77.9	199.8
1995	15	58	—	3.1	82.7	76.5	199.7
1996	15	58	—	3.1	82.7	76.5	198.8
1997	15	58	—	3	81.6	76.8	198.6
1998	17	62	—	3	81.6	79	198.5
1999	17	62	—	2.8	80.1	79	190.5
2000	17	62	—	2.9	80.2	78.9	190.5
2001	17	62	—	2.75	79.4	78.95	180.5
2002	17	62	—	2.75	79.4	78.7	180.5
2003	17	62	—	2.8	79.6	78.76	189.3
2004	11	58	—	2.5	79.1	78.86	179.6
2005	11	64	—	3	81.2	78.9	189.5
2006	11	64	—	2.86	80.1	78.6	188.9
2007	11	64	—	2.9	80.2	78.6	189.4
2008	11	74	—	3.1	85.1	87.6	210.9
2009	15	110	—	3.2	85.6	90.7	273.4
2010	15	120	—	3.5	85.6	90.8	270

第三节 水污染防治

1991年开始，吉林省国有重点煤矿采取多种措施，逐年加大投资对工业和生活废水进行防治，争取达标排放。辽源矿务局、通化矿务局、舒兰矿务局、珲春矿务局分别对局属矿医院的废水加大治理力度，投资兴建医疗废水处理系统和污水处理站，效益较好的矿务局总医院安装了比较先进的自动同步医院污水处理定量消毒装置，采用次氯酸钠处理污水，使医疗废水达标排放。1992年和1993年，先后建起西安煤矿医院、泰信煤矿医院和东山分院污水处理站，使矿医院和分院废水达标排放。

截至2010年，吉林省各国有重点煤矿对矿区生活区污水、工业废水、矿区医院医疗废水等都进行了严格治理，保证环保达标排放要求的真正落实。

一、辽源矿业公司

1991—2010年，辽源矿业公司共有污水沉淀池10个，矿井水经沉淀池处理后外排。生活废水全部流入市生活废水排泄网，由辽源市污水处理厂处理。矿业公司职工总医院有污水处理设施1套，次氯酸钠发生器日处理废水量600吨，处理后的医院污水全部达标排放。

2003—2010年，辽源矿业公司先后建成投产的6个洗煤厂，严格执行"三同时"制度，洗煤废水全部实行闭路循环零排放。

二、通化矿业公司

1991—2010年，通化矿业公司生活污水年排放量约240万吨，矿井水年排放量约600万吨，矿井水年排放污染物SS（悬浮物）309.3吨、COD（有机物质的总量）92吨，矿井水的排放方式采用井下抽水排到地面—多级沉淀的方法去除污染物。根据吉林省环保局的要求，矿业公司对污染物进行处理做到达标排放。

砟子煤矿洗煤厂于1991年开建，设计年入洗能力60万吨，1992年投产。在设计时采用洗煤水闭路循环，使煤泥水实现零排放，但由于生产工艺和机械故障等原因，有煤泥水外排的现象，砟子煤矿洗煤厂投资460万元，压滤车间投资150万元，避免煤泥水外排。2005年，通化矿务局增加设备，投资289.95万元（其中，申请市级环保专项资金22万元），将砟子煤矿洗煤厂改为闭路循环系统，达到不污染江河的效果。

1991年开始，通化矿务局对矿区各医院兴建医疗废水处理系统，用次氯酸钠发生器对医疗废水消毒，降低了污染物的排放。1998—2000年，通化矿务局将原有几处处理设备更换为二氧化氯发生器，处理医疗废水，使废水全部按要求达标排放。2000年末，通化矿务局共有中、小型医院10个，年排放医疗废水13.93万吨。2004年，通化矿务局投资5万元将道清煤矿医院污水处理设备更换为二氧化氯发生器。2008年，通化矿业公司投资212.1万元建设矿业公司总医院污水治理工程，采用化学生化法使污水治理达到环保要求。

三、舒兰矿业公司

1996年，舒兰矿务局总机厂投资10万元扩建沉淀池，实现废水零排放。

四、珲春矿业公司

2010年，珲春矿业公司八连城煤矿和板石煤矿建设初期就对污水处理严格要求，两个矿井分别建设了矿井水处理设施和生活污水处理厂，各生活区污水划归市污水厂进行处理，保证了达标排放的要求。

第四节 噪声治理

1991—2010年，吉林省国有重点煤矿对噪声源开展一系列防治工作，采用对矿井主要通风机、空气锤上消声器，对制氧空气压缩机采用封闭隔离层等措施，经监测，均达到国家的排放标准，噪声得到初步治理。

一、辽源矿业公司

辽源矿业公司为减少噪声污染，在产生噪声的设备上安装噪声消声装置。1991—2009年，共安装噪声消声装置16台。梅河煤矿一井、三井主要通风机没安装消声器前，噪声严重超标，影响周围环境。主要通风机安装消声器后，矿区环境明显改善。2008年，矿业公司购置3台安阳锻压机械有限公司生产的C41-750B型液压锤，淘汰了水泵厂锻造车间噪声大的空气锤，有效减少了噪声污染。

1991—2009年辽源矿业公司噪声治理对比一览表见表7-1-5。

表7-1-5 1991—2009年部分年份辽源矿业公司噪声治理对比一览表

年份	单　位	安装消声器（台）	改造前噪声（分贝）	改造后噪声（分贝）	治理结果噪声增减（分贝）
1991	梅河煤矿一井	2	101	87	-13
1991	梅河煤矿二井	2	101	87	-13
2000	梅河煤矿本部	1	103	88	-15
2001	梅河煤矿四井	2	102	89	-13
2004	西安煤矿一区	1	100	90	-10
2005	西安煤矿六区	1	101	92	-9
2007	西安煤矿三区	1	103	90	-13
2007	西安矿五区	2	102	95	-7
2008	龙家堡煤矿主要通风机	2	68	41.2	-26.8
2009	龙家堡煤矿空压机	2	66	43.5	-22.5

二、通化矿业公司

通化矿业公司于1991—2010年自筹资金89.8万元，对各矿噪声大的主要通风机安装消声器及隔声设施，对锅炉引风机采用简易的噪声隔离措施。已安装消声器、隔声设施的噪声源经监测均达到国家排放标准。

1998—2010年部分年份通化矿业公司噪声治理对比一览表见表7-1-6。

表7-1-6 1998—2010年部分年份通化矿业公司噪声治理对比一览表

年份	单　位	安装消声器（台）	改造前噪声（分贝）	改造后噪声（分贝）	治理结果噪声增减（分贝）
1998	总医院锅炉引风机	2	92	67	-25
2004	松树煤矿西翼井主要通风机	2	98	65	-33
2008	松树煤矿东风井主要通风机	2	102	70	-32
2008	道清煤矿西风井主要通风机	2	96	58	-38
2008	道清煤矿南翼井主要通风机	2	99	62	-37
2010	松树煤矿东翼井主要通风机	2	103	62	-41
2010	道清煤矿北斜井主要通风机	2	97	57	-40

三、舒兰矿业公司

舒兰矿业公司地面工业噪声主要来源于机电总厂、各锅炉房和各矿井主要通风机，通过安装消声装置，使噪声污染得到治理。机电总厂铆焊分厂的空气锤使用泡沫消声装置，制氧空压机采用封闭隔离层治理，各矿主要通风机都安装了消声器，位于居民区的锅炉风机设立隔声间，厂界噪声基本达到排放标准。

1991—2010年舒兰矿业公司噪声治理对比一览表见表7-1-7。

表7-1-7 1991—2010年舒兰矿业公司噪声治理对比一览表　　　　　　　　　　　　分贝

年份	单位	消声器型号	改造前噪声	改造后噪声	治理结果噪声增减
1991	吉舒煤矿一井	4-72-11No.16B（95 kW）	95	50	-45
1992	吉舒煤矿二井	4-72-11No.16B（95 kW）	93	48	-45
1993	吉舒煤矿三井	4-72-11No.16B（95 kW）	95	51	-44
1994	吉舒煤矿四井	4-72-11No.16B（95 kW）	91	50	-41
1995	丰广煤矿二井	CTπ-57B-16B（95 kW）	94	53	-41
1996	丰广煤矿三井	4-72-11No.16B（95 kW）	95	48	-47
1997	营城煤矿十井	2By-18π	94	50	-44
1998	丰广煤矿四井	4-72-11No.16B（95 kW）	90	50	-40
1999	舒兰街煤矿一井	4-72-11No.16B（95 kW）	95	50	-45
2000	东富煤矿一井	KBZ-11.2-22（22 kW）	57	45	-12
2001	东富煤矿二井	KBZ-13-45（45 kW）	55	45	-10
2002	吉舒煤矿二井	4-72-11No.16B（95 kW）	48	41	-7
2003	吉舒煤矿三井	KBZ-11.2-22（22 kW）	51	45	-6
2004	丰广煤矿二井	KBZ-10-11（11 kW）	53	45	-8
2005	丰广煤矿五井	4-72-11No.20B（200 kW）	50	42	-8
2006	东富煤矿一井	KBZ-11.2-22（22 kW）	57	45	-12
2007	东富煤矿二井	KBZ-13-45（45 kW）	55	45	-10
2008	丰广煤矿五井	FBCDZ-6-16（110 kW）	48	45	-3
2009	四矿	BD-Ⅱ-6-No.15（90 kW）	55	45	-10
2010	二矿	FBCDZ-54-6-No.21（2×250 kW）	55	45	-10

四、珲春矿业公司

珲春矿业公司对部分煤矿噪声大的锅炉及工业广场抑尘墙安装消声器及隔声设施，经监测均达到国家标准。

1998—2010年部分年份珲春矿业公司噪声治理对比一览表见表7-1-8。

表7-1-8 1998—2010年部分年份珲春矿业公司噪声治理对比一览表

年份	单位	安装消声器	改造前噪声（分贝）	改造后噪声（分贝）	治理结果噪声增减（分贝）
1998	三道岭煤矿锅炉改造	2台	100	85	-15
1999	英安煤矿锅炉改造	4台	100	85	-15
2008	英安煤矿锅炉改造	3台	95	75	-20
2010	英安煤矿工业广场抑尘墙	1套	59	48	-11

第五节 煤矸石的治理和利用

1991年，吉林省煤矿有矸石山145座，多年积存的煤矸石达5170.88万吨，占地面积164.56万平方米。煤矸石淋溶水污染地下水，矸石山自燃放出一氧化碳、二氧化碳、氮氧化物等有害气体进入大气中污染环境，因此各煤矿企业十分重视对矸石山的整治和煤矸石的利用。

辽源矿务局为了减少煤矸石的升井量，矿井设计采用沿煤层底板掘送巷道的技术措施，尽量减少矸石外混量。回采过程中，见到矸石立即停止放煤，减少矸石升井数量，把住了煤矸石污染的第一关。为治理已经形成的矸石山，采取了在矸石山上植树的措施。用推土机把矸石山推去一半，在矸石山上挖出鱼鳞坑，用土填平栽树，用水泵浇水。每个井口设有专人对矸石山进行管理，全局每年的矸石山防治费140万元左右。同时加大对煤矸石的综合利用，1991—2010年，辽源矿业公司利用煤矸石烧沸腾炉，共消耗煤矸石35万吨。

通化矿务局1991年有沸腾炉9台284蒸吨，湾沟煤矸石发电厂总装机容量6000千瓦，配2台20蒸吨的沸腾炉，燃料全部用矿洗煤厂排出的煤矸石。2002—2004年，通化矿务局煤矸石堆存总量约2349.9万吨，占地面积74.4万平方米。2006—2010年，有矸石山4座，占地面积28万平方米，每年矸石排放量约45万吨。2007年，成立白山华能煤矸石发电厂，大部分煤矸石用于发电，少部分用于回填、铺路等。

舒兰矿务局年产煤矸石30万吨，其中综合利用10万吨，主要用于烧沸腾炉。

建煤矸石电厂。1991—2010年，吉林煤炭系统有煤矸石电厂4座。1996年，通化矿务局先后建立了湾沟煤矿煤矸石发电厂和大湖煤矿煤矸石发电厂，每年分别发电5.5万千瓦时和4.5万千瓦时。

1998年，吉林省万宝煤矿矸石发电厂，年发电量2366万千瓦时。

2009年8月，由通化矿业公司与华能集团吉林发电有限公司共同出资，兴建华能白山煤矸石发电厂。装机容量2×33万千瓦，设计设备年利用小时数5300小时，年发电量35亿千瓦时，年消耗煤矸石、煤泥和洗中煤300万吨左右。

用煤矸石制建筑材料。1996年，辽源矿务局投资2758.19万元，建设煤矸石空心砖厂，设计建设两条生产线，年生产能力6000万块折标砖。1998年正式运行投产。煤矸石空心砖含煤矸石量80%以上，是利用煤矸石经多道破碎、真空挤压成型、烧结而成，属节土、节能的新型墙体材料，每生产1万立方米砌块消耗矸石7800吨。1998年和2000年，辽源矿务局煤矸石空心砖厂分别生产空心砖450万块、3989万块，利用煤矸石4.8万吨、18.5万吨，两年创造价值803.9万元。2008年12月，龙家堡煤矿建成投产。为有效利用龙家堡煤矿的煤矸石，减少矸石污染，辽源矿业公司于2009年7月建成投产了九台新型墙体材料分公司，利用煤矸石烧结承重多孔砖、非承重空心砖和实心砖，设计能力年产量1.2亿块折标砖，年利用煤矸石64.4万吨。2009年和2010年共生产11207万块标块砖。

珲春矿务局于2004年开发矸石砖项目，组建珲春市天盛墙体材料有限责任公司（矿务局占股份的40%，项目法人占股份的60%），成为延边地区唯一一家利用煤矸石为原料生产制造建筑材料的企业。项目于2004年11月批准立项，2005年9月1日正式开工，占地面积60000平方米，建筑面积10504平方米，修改设计后年生产能力5000万块，总投资1071万元，生产工艺采用半硬塑挤出成型、二次码烧工艺。

第二章　环　境　治　理

第一节　沉陷区治理

吉林省辽源矿务局、通化矿务局、舒兰矿务局都是开发生产多年的井工老矿区，采后地表沉陷严重。沉陷区有居民住宅、学校、医院及城市基础设施，对人们的生命安全和生存环境构成威胁。为从根本上治理采煤沉陷造成的破坏，当地政府和矿业公司编制《综合治理规划》，开展了回填治理、土地复垦、赔偿损失、安置居民等大量工作。

辽源矿务局为搞好沉陷区治理，加大回填沉陷区的力度，努力减少采煤沉陷区的面积。西安煤矿、梅河煤矿组织专门机构和队伍，购置大型运输车，将矸石山的矸石运到沉陷区进行填埋。积极利用国家治塌政策，改善矿区职工住房条件。1991—2000年，利用煤矸石回填量99万吨，回填面积284.6万平方米，回填后进行土地复垦，植树11.5万株。2003年4月，辽源矿务局成立采沉区综合治理项目管理处，专门负责采沉区综合治理工作。当年，利用国家治理沉陷区政策，新建总建筑面积10万平方米的四合西小区。2005年，建成总建筑面积3万平方米的四合东小区。2006年3月，采沉区综合治理项目管理处划归建筑安装工程公司，继续负责采沉区综合治理工作。辽源市政府争取国家煤矿采沉区政策扶持，统一组织协调，相继建设了仙城小区、煤城新村、我的家园等小区。原来属于沉陷区的东城、太平庄、西安煤矿周边矿区居民被异地安置到新建小区居住，解决了矿区采煤沉陷区房屋塌陷和赔偿的难题。

通化矿务局采煤地表沉陷十分严重，1991—2005年沉陷总面积48.4平方千米，形成23个独立的下沉盆地。沉陷区内有大量的居民住宅、学校、医院及城市基础设施。通化矿务局在广泛认真调查的基础上，编制了《通化矿区采煤沉陷区情况报告》和《通化矿区采煤沉陷综合治理报告》。沉陷区治理方案中规划6个居住小区、4个居住组团和散建部分标房，规划安置居民11747户，总人数35915人，其中，安置受灾居民10565户，安置动迁居民850户。以散建平房的方式安置受灾居民332户，以货币补偿方式安置受灾居民1638户；维修加固住宅8433户，其中，城镇住宅7220户，农村住宅1213户。居住区配套建设中小学6所，居住区以外择地重建学校8所。截至2005年，通化矿务局对沉陷区进行回填20.3平方千米，恢复植被29.2平方千米；植树20余万株，种花、种草8.5平方千米。

舒兰矿务局自1991年开始坚持贯彻土地法及复垦政策，根据采煤影响地表沉陷程度，按3年平均值予以补偿。2005年开始，舒兰矿务局多次组织对丰广、东富地区沉陷区的现场勘查，制定治理方案，先后对丰广地区小荒河河堤及两侧水体、天合地区联合泡水体、六坰地水体、吉舒地区二道河河堤、东富地区公路北水体、公路南沉陷区组织回填，累计回填总面积31万多平方米，恢复植被31公顷。

截至2010年，吉林省采煤沉陷区异地搬迁新建住房总建筑面积238.62万平方米，新建小区14个，新建住宅楼683栋，安置居民3.90万户、14.02万人（表7-2-1）。

表7-2-1 吉林省煤矿采煤沉陷区改造工程一览表

矿区名称	时间	拆迁面积（平方米）	开工面积（平方米）	竣工面积（平方米）	小区名称	栋数（栋）	户数（户）	人口（人）
合计		509623.63	2386167.36	2386167.36	14个小区	683	39016	140200.5
舒兰矿区	2006年	82920	—	—		—	—	—
	2007年		103650	103650	吉丰小区	25	1782	6237
	2008年	41095	51368	51368	吉昌园小区	15	727	2545
通化矿区	2006年	11989.63	151289.36					
	2009年	—	—	64289.36	惠民小区	12	1206	3618
	2010年	—	—	87000	矿内小区	16	1850	4130
辽源矿区	2002年7月至2003年10月	—	142049	142049	煤城新村小区	35	2413	8445.5
	2002年8月至2003年10月	—	133236	133236	四合小区	41	2213	7745.5
	2004年6月		391460	391460	仙城小区	125	5964	20874
	2008年9月至2009年9月		69610	69610	仙城南苑小区	22	1093	3825.5
	2010年6月		170805	170805	兴合小区	58	2868	10038
蛟河矿区	2004年	184410	410000	410000	永祥小区、永泰小区	120	6147	24580
	2008年	189209	355700	355700	世纪新村小区	112	6303	25405
营城矿区	2010年		407000	407000	福临小区、福星小区	102	6450	22757

第二节 土地复用

1991—2010年，吉林省各矿业公司（矿务局）逐年落实土地复垦规划，每年投入部分资金，种草、种地、种花、修建公园、栽树，绿化矿区环境。

2008年2月，实行矿区土地确权后，辽源矿业公司矿区根据土地类别，上缴土地使用税。矿区土地生产经营不再需要的，改作他用，国家收回或由政府组织绿化。仅辽源市建设湿地公园，就占用辽源矿业公司土地面积650309.5平方米。

截至2005年，通化矿务局对沉陷区进行回填20.3平方千米，恢复植被29.2平方千米；植树20余万株，种花、种草

8.5平方千米。

1991—2006年，舒兰矿业公司坚持贯彻土地法及复垦政策，加大对矿井周围沉陷区回填复垦力度，恢复植被31公顷。

1991—2010年，吉林省煤矿矿区回填塌陷区面积2346万平方米。其中：辽源矿区回填284.6万平方米，通化矿区回填2030万平方米，舒兰矿区回填31万平方米。珲春矿业公司（矿务局）因是新矿区，无采煤沉陷区治理和土地复垦工程。

第三节 矿区绿化

1991—2010年，吉林省各煤矿按照《文明生产矿井暂行标准》的要求，重视矿区矿容矿貌的整顿，有计划地开展矿区绿化工作，并取得一定成效。吉林省4个矿业公司绿化总投资3510.4万元（表7-2-2）。其中：辽源矿业公司投资426万元、通化矿业公司投资1575万元、舒兰矿业公司投资709.4万元、珲春矿业公司投资800万元。

表7-2-2 1991—2010年吉林省各矿业公司绿化完成情况统计表

绿化项目	合计	辽源矿业公司	通化矿业公司	舒兰矿业公司	珲春矿业公司
造片林（公顷）	1174	470	507	179	18
绿化植树（万株）	230.76	188	16	14.26	12.5
四旁植树（万株）	17.09	2.1	11	3.12	0.87
栽绿篱（米）	116975	27000	84000	2680	3295
种草坪（平方米）	263646	11000	230000	6400	16246
花坛（平方米）	127502	32000	60000	28400	7102
保存绿地总面积（平方米）	240730	70000	72000	86470	12260
人均绿地面积（平方米）	5.67	2.8	0.38	16.31	3.2
覆盖率（%）	57.45	56	56	27.8	90
绿化率（%）	47.57	57	49	26.3	58
完成绿化规划面积（%）	81.60	95	78	83.42	70
20年绿化总投资（万元）	3510.4	426	1575	709.4	800

一、辽源矿业公司

辽源矿务局把绿化美化矿区环境列为加强矿区两个文明建设的重要内容。矿务局在生活服务公司设立林业科，具体负责造林绿化工作。对梅河煤矿林场、平岗煤矿林场、本部林场实行业务指导。林业科每年的6月和11月，对所属各林场造林绿化情况进行检查验收，对林业资源情况统筹规划。

1991—1999年，设有本部林场、梅河煤矿林场和平岗煤矿林场3家，苗圃2处。

2000年，辽源矿务局投资210万元，绿化总面积21万平方米，种灌木45000株、乔木25000株、草坪8000平方米，建花池32000平方米，矿区垂直绿化4100株，绿篱27000延米，对矿区公园改造绿化面积达135亩。矿区主要街路两侧种植草坪，形成绿化带，达到吸尘除尘、美化环境的效果。

2004年，印发《辽源矿务局林木管理办法》，全局造林绿化有章可循。局、矿（厂、处、院、校）、井（区）、段队办公室和会议室等处摆放花卉盆景和观赏鱼缸。室外植树、修建花池、栽花种草、铺设草坪和绿篱，修建养鱼池、喷泉、假山、长廊。在矿区自有林地植树造林，增加深林覆盖率。矿井主要巷道铺设人工草坪，摆放人工花卉和观赏鱼缸，给矿井深处增加绿色生机。职工住宅区修建文化、体育、休闲广场并配齐设施，建设街心花园和矿山公园。每年春季，开展大规模的植树造林活动，人人为绿化矿区贡献力量。

2007年，辽源矿业公司林地和林木蓄积分别由1991年的6750亩和37187立方米增加到6900亩和47306立方米。

2010年末，全矿区绿化植树累计188万株，四旁植树2.1万株，绿篱27000米，花坛3.2万平方米，草坪1.1万平方米。

二、通化矿业公司

通化矿务局坚持在矿区周围荒山营造坑木林，1992年，矿务局坑木林面积7万亩，累计投资近千万元，活立木蓄积量10万立方米。

2010年，通化矿业公司林业用地11620.17公顷，活立木总蓄积量82796.47立方米。

三、舒兰矿业公司

1991年，舒兰矿务局林业处组成普查小组，历经56天，对辖区林业各类土地面积、立木蓄积、变动地块进行详细普查，采用导线法测量、求积仪计算面积等方法，划清界限，明确归属，对新进界的林地、各林场的立木蓄积量采用每木调查和立木解析法进行测算，以确定全局森林资源；林地总面积2604.64公顷。同年底，矿务局共有实验苗圃和东富苗圃两处，总面积15公顷，主要为全局各林场、各单位植树造林、四旁绿化、更新造林等提供苗木。育苗主要品种有杨树、柳树、榆树等阔叶树和少量花灌木。1995年，实验苗圃和东富苗圃均增加了育苗品种，有落叶松、樟子松、红皮云杉、柏树、红瑞木、丁香等10个品种，并根据上级要求将育苗基地纳入正规化管理，产量由30万株增加到50万株，达到国家规定标准。1998年后，因煤炭市场疲软、资金紧张、效益较差，实验苗圃和东富苗圃停止育苗。

2004—2005年，舒兰矿务局组织人力在部分矿井关闭破产后遗留的矸石山、空闲区人工造林。对疏林地、无林地、宜林荒山荒地进行补植，共植杨树、柳树、松树等品种58000余棵，林地资源面积有所增加。

2008年，因黄河林区超越管辖界限，难以管理，无法办理确权，舒兰矿业公司将该林地归还永吉县黄河村，合作造林面积减少657.45公顷。

2010年，因舒兰市经济开发区征占等原因，林地面积减少113.2公顷，实际面积为1833.99公顷。按权属类型：国有林地面积928.99公顷（包括已承包国有林地138.6公顷），委托经营面积337公顷，合作造林面积568公顷。

2010年，舒兰矿业公司活立木总蓄积量66591.6立方米，苗圃地14.3公顷，经济林7.3公顷。公司在搞好绿化工作的同时，美化工作亦同步进行，制定总体规划，划分68个责任区，组织开展环境优美工厂竞赛活动。对原有景点进行重新布置，粉刷景点中的塑像、凉亭、栅栏，更新花种、花盆、绿篱、草坪，修复道路和水沟，增建花坛，建起公园1座、环境小区4处、人工湖15573平方米、雕塑45座、各种庭阁58座、喷水池5座、假山4座、绿化植树12000株、四旁植树5600株、绿篱2450米、花池16177平方米、草坪2600平方米，绿化面积达554万平方米。

四、珲春矿业公司

珲春矿务局蛟河煤矿是百年老矿，截至1998年，取得了连续23年无重大森林火灾的好成绩，杜绝了森林火灾的发生。破产前，有长岭林场、大兴农场、一苗圃、二苗圃、园林班。有天然林1615.5公顷，天然荒林27.3公顷，人工林584.5公顷，新植落叶松378.6公顷。矿务局成立后，组建由副局长负责的绿化委员会。矿务局院内、四旁植树、建绿篱、种花、种草，绿化覆盖率达91%。英安煤矿成立了绿化办公室，机关到基层，井口到工厂，大道两侧到整个公路，绿化美化达到了规定标准，建成2000多平方米的馨园，作为职工、家属休息游玩的场所。矿务局总机厂建厂后抓紧环境绿化工作，绿化面积21400平方米，1997年被吉林省政府命名为"花园式工厂"。2000年，矿务局运销公司被评为延边州"绿化红旗单位"。矿务局氨基酸厂刚建厂就把绿化工作列入日程，经过全厂干部职工两三年的努力，栽植各种行道树1600棵、果树38棵、灌木353丛、绿篱780延米、草坪5284平方米、盆花70个，人均绿化面积101平方米，绿化覆盖率33.2%，2002年被吉林省政府评为"绿化红旗单位"。八连城煤矿大力弘扬"科技、强矿、和谐、发展"的企业精神，用先进的企业文化铸造企业形象，用科学的手段打造本质安全型矿井，初步实现了"井上花园化、井下标准化、管理信息化、员工文明化"的建矿标准。2010年末，累计造林18公顷，植树12.5万棵。

吉林煤炭工业志

第八篇
非煤产业

1991年，吉林省国有重点煤矿非煤产业累计总产值12.3亿元，利税1004.10万元，职工总数74701人，厂点1089处；地方煤矿非煤产业总人数10455人，总产值20968.8万元，创利税2825.1万元。

1994年，吉林煤管局在辽源矿务局召开全省煤炭企业多种经营工作会议，号召全省煤炭企业大力发展非煤产业。

1994年底，吉林省国有重点煤矿共有非煤企业312家，经营网点843个，初步形成机械加工、建材生产、发电、建筑、化工、服装、商贸、服务、养殖种植等十几个行业。

1995年，吉林煤管局制定并印发《吉林省煤炭工业多种经营、综合利用和第三产业发展规划（1996—2000年）》，确定全省煤炭工业全面转产方向：优先发展第一产业，重点改造第二产业，大力发展第三产业，并根据转产主攻方向对各矿区分类指导。提出重点发展机械加工、建材、发电、建筑、种植养殖及林产品加工、粮食深加工、综合利用、高技术、第三产业、化工等十大行业。

2000年，吉林省4个矿务局（辽源矿务局、通化矿务局、舒兰矿务局、珲春矿务局）4个矿（营城煤矿、蛟河煤矿、杉松岗煤矿、万宝煤矿）有独立核算非煤厂点205个，资产500万元以上的非煤厂点50个。非煤产业固定资产原值86892万元，净值63474万元。非煤产业已涉及煤机制造、发电、建材、雏禽养殖及饲料加工、冶金、机械、食品加工等20多个行业。吉林煤炭系统非煤产业初步形成跨行业具有区域特色的产业格局。

2005年，吉林省非煤产业呈现良好发展势头，重点实施了白山焦化、卓越6万吨禽产品、营城煤机厂新厂区、靖宇还原铁、珲春矸石砖等项目建设，培育了新的经济增长点。完成对方大公司、辽源水泵、矸石砖、白山泵业、靖宇工业硅等项目的技术改造，提高了装备水平和生产能力。

2010年，吉林省各矿业公司积极推进发展方式转变和"两条线"发展，在大力发展煤炭生产的同时，非煤产业企业结构调整迈出新步伐。

第一章　矿用产品制造业

吉林省煤矿企业矿用产品除辽源煤矿机械厂、营城煤矿机械厂、蛟河煤矿机械厂3个煤机制造企业生产的煤机产品外，各矿业公司（矿务局）的设备制造厂、机电厂亦相应地生产和制造一些矿用产品，除供本企业使用，也部分销售到本省或外省煤矿企业。这些矿用产品主要有对旋式局部通风机、耙斗装岩机、绞车、矿车、带式输送机等。

第一节　煤机制造

一、采掘机生产

（一）采煤机生产

辽源煤矿机械厂是中国采煤机用液压

元件研制中心、国家煤矿和机械制造重点厂家之一。设有科研与生产服务双重功能的技术中心，形成比较完整的产品开发和科研体制，并设有包括计量、化验、工艺测试在内的检测机构。

1990年，辽源煤机厂设计了MG360-W型采煤机，1991年形成样机。1992年，完成井下工业性试验并通过鉴定，该型号采煤机是国内自行制造的首台截割式电机横向布置的采煤机，为国内采煤机电机横向布置设计提供了经验。1993年，被东煤公司评为科技进步一等奖。

1992年，辽源煤机厂自主研发出MG200(250)-WX型采煤机。同年，辽源煤机厂被国务院经贸办等六部委评定为国家大型二类企业。1993年与煤炭科学研究总院上海分院及波兰合作，开发出MG350-PWD型电牵引采煤机，1995年与煤炭科学研究总院上海分院合作研发出375-W型采煤机。1997年自主研发出MG200-B(W)型采煤机，该采煤机是当时装机功率最大、机面最矮的薄煤层采煤机。

1998年，技术进步有了新突破，采煤机以单电机纵向布置、齿轮销排、液压牵引为主。1999年和2000年，自主研发产品进度加快，采煤机整体结构由单电机纵向布置向多电机横向布置、桥式搭接及框架抽屉积木结构转型，牵引形式由液压牵引向滑差调速、变频调速电牵引转型，采煤机以多电机横向布置、齿轮销排、电（液）牵引为主，总装机功率由100千瓦增大到675千瓦，增强了产品的竞争能力；MDY-150型采煤机荣获国家产品质量银质奖。

2000年，辽源煤机厂主要产品有适用于薄煤层、中厚煤层的普采、高档普采和综采采煤机，以及与之配套的液压泵、马达、社会产品及少量掘进机和刮板输送机，全年完成产值5221万元，上缴税金370.3万元。全员劳动生产率21891元。年生产能力为采掘机械百余台，液压泵、马达1000余台（套），产品销往全国19个省、市、自治区105个局矿。

截至2005年，辽源煤机厂相继自主研发出MG475-W型系列、MG200/500-QW型、MG100/240-BW型、MG300/700-WD型系列、MG500/1220-WD型液压牵引、电牵引、液电通用型等适合不同煤层和不同地质条件开采的、大小功率不等的十多种采煤机和EBZ-160型系列掘进机。与煤炭科学研究总院太原分院共同开发出EBJ-120型掘进机，与哈尔滨煤研所合作研制出SGZ764/500型、SGZ630/110(150)型刮板输送机。

2006年9月6日，辽源煤机厂改制为辽源煤矿机械制造有限责任公司，资产总值3.4亿元。公司设铸造、锻造、铆焊、液压、金属加工、热处理、装配、机修、工具、水暖、氧压等车间和工艺研究所。

2006—2007年，辽源煤矿机械制造有限责任公司薄煤层采煤机研制又有新突破。MG100/240-BW型液压牵引极薄煤层采煤机，使厚度在0.8米左右的煤层实现机械化开采，并获得国家专利。MG2×40/188-BW型电牵引采煤机，机面高度只有0.58米，其采高范围为0.7～1.5米，为国内极薄煤层机械化开采提供了方便；同时，MGD250/300-NWD型、MG450/1140-WD型等新的机型，相继研制成功并投入生产，为企业带来较好的经济效益。2009年，根据市场需求，对MG110/250-BW型薄煤层采煤机进行智能升级，实现了分段遥控和记忆切割功能。该机型集高科技、高智能、高人性化于一身，被列为吉林省50项新产品重点研发项目。并新研发出MG110/130-TPD型极薄煤层爬底板机载式电牵引采煤机、MG170/388－BWD 型薄煤层大功率电牵引采煤机和 MG110/265－BWD 型薄煤层大功率电牵引采煤机。

2010 年，辽源煤矿机械制造有限责任公司研发出 MG200/245－TPD 型极薄煤层爬底板电牵引采煤机、MG140/330－BWD 型薄煤层电牵引采煤机、MG160/380－WD 型电牵引采煤机和 MG450/1040－WD 型电牵引采煤机等新产品，有 3 种产品和 1 个科研成果分别获国家实用新型专利，1 种产品荣获 2010 年度中国煤炭工业科技成果一等奖。MG200/448－BWD 型机外载交流电牵引采煤机（采高范围 0.9～1.6 米）、MG200/458－BWD 型机外载交流电牵引采煤机（采高范围 0.95～1.7 米）和 MG140/330－BWD 型机载交流电牵引采煤机（采高范围 0.95～1.5 米）3 种机型首台分别发往山西省大同市姜家湾煤矿、北京昊华集团木城涧煤矿和四川威达集团（表 8－1－1），使用效果良好。同年，全公司有各种生产设备 1160 余台（套），其中从德国、美国等国家引进的高精尖设备 70 余台（套），并从德国全套引进液压泵、马达生产线。具有年产采掘机 100 余台，液压泵、马达 1000 余台（套），配件 1000 余吨的生产能力。产品行销全国 18 个省（区），219 个煤矿用户。全年完成工业总产值 18008 万元，销售收入 17167 万元（表 8－1－2），产品订货 23600 万元，年内共生产主机 54 台，全员效率 164474 元，职工年人均收入 20856 元。

表 8－1－1　1991—2010 年部分年度辽源煤机公司采煤机性能特征一览表

型　号	牵引形式	采高范围及主要特点	总体设计人	研发年度	首发用户
MG350－PWD	电牵引	采高范围:0.8～1.3 米。 主要特点:交流变频调速、爬底板式	赵成家等	1993	大同矿务局
MG2×75/240－PFD	电牵引	主要特点:滑差离合器,外牵引薄煤层采煤机	咸长武	1996	徐州矿务局
MG200－B(W)	液压牵引	采高范围:1.15～2.0 米	刘培英、苑雪涛、聂刚	1997	峰峰矿务局
MGD100－B5	液压牵引	采高范围:0.75～1.0 米。 主要特点:机身短、机面低、液压无链牵引	刘培英	2002	七台河矿务局
MG2×70/330－BWD	电牵引	采高范围:1.2～2.0 米。 主要特点:多电机驱动,横向布置的机载交流变频电牵引采煤机,具有机身短、功率大、结构先进、爬坡能力强等优点,是薄煤层综采工作面的理想机型	刘培英	2003	淮南矿务局
MG2×70/188－BWD	电牵引	采高范围:0.7～1.5 米。 主要特点:机面高度 0.58 米,整体机壳,多电机驱动,横向布置,交流变频调速	刘培英	2005	七台河矿务局

表 8-1-1（续）

型号	牵引形式	采高范围及主要特点	总体设计人	研发年度	首发用户
MG100/240-BW	液压无链牵引	采高范围:0.8~1.3 米。 主要特点:机身短,机面高度低,液压系统采用集成、外置、干式布置结构,操作简单,维修方便,适合普采、高档普采及综采工作面。 本产品已获得国家专利(专利号:ZL200720093463.2)	刘培英	2005	鸡西矿务局东海煤矿
MG80/120-TBWD	机外载交流电牵引	采高范围:0.8~1.23 米。 主要特点:采用多电机驱动,横向布置;机身薄、结构紧凑;机身采用整体、铸造机壳,刚性好;机外载,交流变频调速,EPEC 控制,GOT 显示,单点启动,多点操作,可离机控制	刘培英	2006	七台河矿务局新兴煤矿
MG110/130-TPD	链牵引	采高范围:0.51~0.785 米。 主要特点:多电机横向布置,爬底板式链牵引;采用整体机壳、刚性好、结构紧凑;截割能力强,牵引力大,采用交流变频调速,可离机控制,司机操作安全方便;适用于开采解放层。 本产品已获得国家专利(专利号:201020042615.8)	刘培英	2008	四川省达竹煤电(集团)有限责任公司小河嘴煤矿
MG110/250-BW	液压无链牵引	采高范围:0.95~1.6 米。 主要特点:液压系统采用集成、外置、干式布置结构,操作简单、维修方便,具有高可靠性截割部,截割能力强且采用记忆截割系统,适用于硬煤及含硬夹矸、含硫化亚铁结核的煤层。 本产品已获得国家专利(专利号:200920093823.8)	刘培英	2008	山东省兖矿集团杨村煤矿
MG110/265-BWD	机外载交流电牵引	采高范围:0.9~1.59 米。 主要特点:多电机驱动,横向布置;采用整体铸造机壳,桥式结构刚性好,过煤空间大;机身矮,结构紧凑,牵引力大,机外载交流变频调速,EDEC 控制,GOT 显示,单点启动,多点操作,可离机控制	刘培英	2009	四川省达竹煤电(集团)有限责任公司
MG200/245-TPD	机外载交流电牵引	采高范围:0.69~0.95 米。 主要特点:多电机横向布置,爬底板式链牵引;采用整体机壳,刚性好,结构紧凑;截割能力强、牵引力大,采用交流变频调速,可离机控制,司机操作安全方便;适于开采解放层	刘培英	2009	辽宁省北票矿务局冠山煤矿

表 8-1-1（续）

型号	牵引形式	采高范围及主要特点	总体设计人	研发年度	首发用户
MG200/448-BWD	机外载交流电牵引	采高范围:0.9~1.6米。主要特点:多电机横向布置;截割功率大,截割能力强;机身薄,整体机壳刚性好;采用弯摇臂,装煤效果好;机外载交流变频调速,EDEC控制,GOT显示,单点启动,多点操作,可离机控制	王松凯	2010	大同市姜家湾煤矿
MG200/458-BWD	机外载交流电牵引	采高范围:0.95~1.7米。主要特点:多电机驱动,横向布置;截割功率大,截割能力强;采用整体铸造机壳,桥式结构布置,过煤空间大;机身矮,结构紧凑,牵引力大;机外载交流变频调速,EDEC控制,GOT显示,单点启动,多点操作,可离机控制	刘培英	2010	北京昊华集团木城涧煤矿
MG140/330-BWD	机外载交流电牵引	采高范围:0.95~1.5米。主要特点:多电机驱动,横向布置;采用整体机壳,刚性好,结构紧凑;采用机载交流变频调速,EDEC控制,GOT显示,单点启动,多点操作,可离机控制	熊文汇	2010	四川威达集团
MG250/565-BWD	机外载交流电牵引	采高范围:1.05~2.0米。主要特点:采用多电机驱动,横向布置;截割功率大,截割能力强,可割底及过断层;机身矮,整体机壳,桥式布置,刚性好,过煤空间大;具有记忆切割功能;机外载交流变频调速,CAN总线,EDEC控制,可靠性高,可离机控制	刘培英	2010	河北省邯郸矿业集团
MG150/360-PWD	机外载交流电牵引	采高范围:0.75~1.3米。主要特点:采用多电机驱动,横向布置,为悬机身爬底板采煤机,可采工作面倾角小于45°的煤层;机身矮,带过桥,行走轮在输送机靠煤壁侧与销排啮合;截割能力强,牵引力大,爬坡能力强;采用交流变频调速,CAN总线,EDEC控制,可靠性高,可离机控制	刘培英	2010	四川省达竹煤电(集团)有限责任公司小河嘴煤矿

表 8-1-2 1991—2010年辽源煤机公司产品销售统计表

年份	采煤机（台）	掘进机（台）	液压泵（台）	马达（台）	工业总产值（万元）	销售收入（万元）
1991	76	—	451	343	6032	4655
1992	82	—	688	609	7304	4026
1993	43	—	342	260	6504	11172
1994	6	—	191	118	1988	2415
1995	45	—	307	252	6280	5318

表 8-1-2（续）

年份	采煤机（台）	掘进机（台）	液压泵（台）	马达（台）	工业总产值（万元）	销售收入（万元）
1996	55	—	458	278	7790	5394
1997	36	—	402	309	8831	7352
1998	43	—	265	115	7133	4398
1999	8	—	143	56	2404	2100
2000	19	2	230	70	5221	3514
2001	19	5	246	90	6346	4696
2002	35	4	225	83	10303	6379
2003	31	16	138	52	12066	8522
2004	36	39	171	88	17009	13630
2005	35	23	179	120	15702	14829
2006	34	20	57	42	15806	11916
2007	38	16	50	19	14915	13803
2008	51	17	69	25	16045	15657
2009	41	9	41	21	15008	13784
2010	51	3	82	11	18008	17167

（二）掘进机生产

辽源煤机厂从 2000 年开始生产掘进机。2001 年，与煤炭科学研究总院太原分院共同研发的 EBZ120 型半煤岩掘进机投入生产。2004 年，自主研发出 EBZ160 型掘进机，该机截割功率适中，可经济截割煤岩单向抗压强度≤80 兆帕，主要结构借鉴国内外成熟机型的先进技术，适用于煤及半煤岩巷的掘进。经过不断完善和升级，EBZ160 型掘进机成为国内先进掘进机型和辽源煤机厂的拳头产品，2007 年被评为吉林省优质名牌产品，销往全国各大煤矿。2000—2010 年，全厂共生产销售掘进机 156 台。

（三）采掘机配件生产

辽源矿业公司生产采煤机配件的厂家有辽源煤机公司、平岗截齿厂（方大公司）、机电总厂和水泵厂（泵业公司），产品主要有滚筒、齿座、截齿、液压泵和马达等。

1. 滚筒

辽源煤机厂设计研发的滚筒有直径 0.76~2.25 米、截深 0.63~0.8 米的多系列、多规格产品。1991—2010 年，辽源煤机公司共销售采煤机滚筒 1044 件，产值 4598 万元。

平岗截齿厂是原煤炭工业部采煤机滚筒定点生产厂。1991—2010 年，研制、生产出多规格、多功能（普通、强力、强力耐磨、高块煤率等）系列滚筒 50 多种，先后获吉林省、煤炭工业部优质产品称号及行检第一名，产品销往全国各矿务局、矿，具有较高的市场占有率。1991—2010 年平岗截齿厂（方大公司）采煤机滚筒产品见表 8-1-3。

表8-1-3 1991—2010年平岗截齿厂（方大公司）采煤机滚筒产品

序号	产品名称	规格型号（毫米）	适用机型	备注
1	采煤机滚筒	φ1250~1800	1MG200	辽源煤机厂主机
2	采煤机滚筒	φ1250~1800	1MG250、1MGD250	辽源煤机厂主机
3	采煤机滚筒	φ900~1200	MG200BW1	辽源煤机厂主机
4	采煤机滚筒	φ1600~2000	MG375W	辽源煤机厂主机
5	采煤机滚筒	φ1600~2000	MG475（575）W	辽源煤机厂主机
6	采煤机滚筒	φ800~1000	MG100/240-BW	辽源煤机厂主机
7	采煤机滚筒	φ1400~1800	MG150/380-AWD	辽源煤机厂主机
8	采煤机滚筒	φ1400~1800	MG300/700-AWD	辽源煤机厂主机
9	采煤机滚筒	φ1400~2000	MG200/475-AW1	辽源煤机厂主机
10	采煤机滚筒	φ1400~1800	MGD150NW1	辽源煤机厂主机
11	采煤机滚筒	φ1100~1400	MG200B1	辽源煤机厂主机
12	采煤机滚筒	φ1250~1600	MG150/375-AW	辽源煤机厂主机
13	采煤机滚筒	φ1600~2000	MG375WA2	辽源煤机厂主机
14	采煤机滚筒	φ950~1500	DY-150	辽源煤机厂、无锡煤机厂主机
15	采煤机滚筒	φ1250~1800	MG150/375W	辽源煤机厂、西安煤机厂、鸡西煤机厂主机
16	采煤机滚筒	φ1600~2000	MG300W	鸡西煤机厂
17	采煤机滚筒	φ1600~2000	MG2×300W	鸡西煤机厂
18	采煤机滚筒	φ1600~1800	MG200W	鸡西煤机厂
19	采煤机滚筒	φ2000~2500	MG2×300GW1	鸡西煤机厂
20	采煤机滚筒	φ1600~2200	MG300W1	鸡西煤机厂
21	采煤机滚筒	φ1600~2200	MG300/700-WD	鸡西煤机厂
22	采煤机滚筒	φ900~1250	MG240/300WB	鸡西矿务局机电厂
23	采煤机滚筒	φ800~1100	MG80/200	鸡西煤机厂
24	采煤机滚筒	φ1600~2200	MG250/575W	鸡西煤机厂
25	采煤机滚筒	φ1600~2200	MG400W	鸡西煤机厂
26	采煤机滚筒	φ850~1100	MG132/310BW	鸡西煤机厂
27	采煤机滚筒	φ1600~2000	MG575W	鸡西煤机厂
28	采煤机滚筒	φ800~1100	MG150B	鸡西煤机厂
29	采煤机滚筒	φ1600~2200	MG300/690W	鸡西煤机厂
30	采煤机滚筒	φ1400~1800	3MG200	鸡西煤机厂
31	采煤机滚筒	φ1400~1800	MG300WA1	鸡西煤机厂
32	采煤机滚筒	φ1600~2200	MXA300/4.5	西安煤机厂
33	采煤机滚筒	φ1600~2200	MXG-500（H）	西安煤机厂
34	采煤机滚筒	φ1600~2200	MXA600HUB	西安煤机厂
35	采煤机滚筒	φ1800~2000	MXG300/700DA	西安煤机厂

表8-1-3（续）

序号	产品名称	规格型号（毫米）	适用机型	备注
36	采煤机滚筒	φ1400~1600	MG375AW	西安煤机厂
37	采煤机滚筒	φ1600~2200	MXG475	西安煤机厂
38	采煤机滚筒	φ1600~2200	MXA-300/3.5	西安煤机厂
39	采煤机滚筒	φ1250~1600	MG150W1	上海冶金矿山机械厂
40	采煤机滚筒	φ1600~2000	MG200/475W	上海冶金矿山机械厂
41	采煤机滚筒	φ1600~2200	MG200/500WD	上海创立公司
42	采煤机滚筒	φ1600~2000	MG250/600QWD	上海天地公司
43	采煤机滚筒	φ1600~2000	MG250/300-NWD	上海天地公司
44	采煤机滚筒	φ1250~1600	WMG160/375-W	无锡煤机厂
45	采煤机滚筒	φ1250~1600	4MG200、4MG200W1	无锡采煤机厂
46	采煤机滚筒	φ1200~1600	MG132/300W	无锡采煤机厂
47	采煤机滚筒	φ1600~2200	AM500	太原矿山机器厂
48	采煤机滚筒	φ1250~1600	6MG200-W	太原矿山机器厂
49	采煤机滚筒	φ800~2700	其他各种机型	各种采煤机厂主机
50	采煤机滚筒	φ2500	MG750/1860	西安煤机厂
51	采煤机滚筒	φ1600~2000	MG250/600-WD	辽源煤机厂

平岗截齿厂（方大公司）于1991—2010年共销售采煤机滚筒1690件，产值6026.15万元，利润629.57万元。

2. 截齿

平岗截齿厂生产的"金蝶"牌截齿是中国煤炭行业的名牌产品，1982年获国家银质奖，并先后获省优、部优产品称号。平岗截齿厂（方大公司）采煤机截齿系列产品见表8-1-4。

1991—2010年，平岗截齿厂（方大公司）生产销售各类截齿7831716件，产值17794.38万元。

表8-1-4 平岗截齿厂（方大公司）采煤机截齿系列产品

序号	规格型号	适用机型	序号	规格型号	适用机型
1	2号	辽源360	8	23号D	MG300W
2	10号	MLQ-80	9	55号	MXG-500H
3	13号	DY150	10	U82	MG150/375
4	23号	MG300W	11	U92	MG750/1860-GWD
5	23号A	MG300W	12	FD62	MG240/30WB
6	23号C	MG300W	13	FD92E	MG750/1860-GWD
7	23号B	MG300W			

2000 年前，辽源煤机厂采煤机所使用的截齿均由辽源矿务局平岗截齿厂生产。2000 年，辽源煤机厂研发出 EBZ-120 型系列掘进机，截齿需求数量增加。煤机厂决定自行设计生产截齿。2003 年 5 月，试制成功第一批截齿，有 LMJKD75/40×25 型刀形截齿、LMJGQ102/35 型锥形截齿等 7 个系列，与采煤机和掘进机配套使用。由于缺乏专业设备，生产成本较高，2005 年 11 月停止生产。

3. 齿座

1991—2010 年，平岗截齿厂（方大公司）开发生产的 FD 型系列齿座分为锥形齿和扁形齿两种，有 FD82、FD92、FD62、23 号、13 号、55 号等十几种规格型号，既可与本厂生产的采煤机滚筒配套，也可与其他煤机厂生产的采煤机滚筒配套。

1991—2010 年，平岗截齿厂（方大公司）销售各类齿座 472387 件，产值 2772.54 万元，利润 91.37 万元。

4. 齿靴

1998 年，平岗截齿厂（方大公司）开发生产的采煤机齿靴，共 3 个品种，为各煤机厂提供配套服务，产品销往全国各矿务局、矿。

2001—2010 年，平岗截齿厂（方大公司）生产齿靴 69140 件，产值 562.77 万元，利润 61.9 万元。

5. 液压泵和马达

辽源煤机厂作为原煤炭工业部液压件指定生产厂家及研究中心，曾经引进联邦德国布吕宁浩斯液压公司的斜轴式轴向柱塞泵的全部生产技术，产品质量达到原厂水平。该项目引进许可证产品及自动微机测试系统，液压泵、马达实验台等通过部级鉴定和验收，实验台被认证为国内先进水平。107BV 型斜轴式轴向柱塞泵、107BX 型斜轴式轴向柱塞马达具有 20 世纪 70 年代末 80 年代初先进水平，注册为"梅"牌商标，分别获吉林省和煤炭工业部优质产品证书。

辽源煤机厂生产的液压泵、马达有 44 个品种，产品在国内一直处于技术和质量领先地位，125 系列和 107 系列液压泵、马达均为国优、部优、省优产品，畅销全国 25 个省（市、自治区）的 218 个局、矿。1991—2010 年，生产各种液压泵 4735 台、马达 2961 台。

6. 掘进机履带板

1991—2010 年，平岗截齿厂（方大公司）开发生产 5 种掘进机履带板，为相关煤机厂配套。产品采用优质的合金钢整体锻造、整体调质和表面强化处理，其耐磨性得到充分保证。共生产掘进机履带板 34067 件，实现产值 1996.8 万元。

二、煤矿机械配件

营城煤矿机械厂是以生产煤矿机械配件为主的中型企业，1987 年，经国家机械委员会批准为全国煤炭机械行业 41 家重点企业之一。

1991 年，营城煤机厂有职工 1518 人，产量 6541 吨，固定资产 2976.7 万元，净值 2139.5 万元。

1993 年，随着煤矿企业经营困难状况的加剧，煤机行业受到很大影响，营城煤机厂出现资金周转困难、产品滞销的局面。为扭转困难局面，营城煤机厂坚持强化企业管理，立足内部挖潜，减亏增盈，并取得较好效果。1995 年，实现产值 7468.3 万元。同年底，实现全员劳动合同制。1996 年，继续保持产值、利润领先地位，全年完成产值 9452.9 万元，其中社会产值占 50% 左右，实现利润 200 万元，劳动生产率 81443 元/人，人均工资 6486 元/年。企业积极参与市场竞争，煤专产品、出口产品、社会产品同步发展，继续保持盈利。1997年，全年产值8073万元，利润6万元。1998年，实现利润10万元。1999年，通过产品结构调整和市场开发，非煤专产品产值达50%，悬挂链产品在国内外同类产品市场上占有一定份额。从2000年起，被一汽大众定为固定供货商，市场份额从几十万元到2000万元。2000年，组建东北输送机械厂，面向社会市场调整产品结构，自主设计开发灌装机，产品供不应求。当年产值3000多万元。

营城煤机厂生产的系列产品曾获原煤炭工业部、吉林省"优质产品奖"，工厂荣获"优质管理奖"。2001年2月，获ISO9001质量体系认证。

2002年，营城煤机厂提出开展打造文明环境、打造文明产品、打造现代企业形象的"三个打造活动"，成功进行"四项改造"。一是对进口ZAC553C全自动大型制链机组进行改造。改造后使其成为增值500万元的大型精稀设备，年创产值3000万元以上。二是自行组建滚轮生产线，既满足本企业的需要，又部分投放市场，并安置了大量富余人员上岗就业。三是改造数控线切割机床。四是改进热处理工艺，自行研制中频淬火机床。当年自建厂房2400平方米，使工厂综合生产能力提高20%。全年综合产值8430万元，同比增长8.8%；产品销售收入6700万元，同比提高18.1%；货款回收7800万元，同比提高25.7%；全员效率81504万元/人，同比提高15%，利税345万元，同比提高8.8%；人均收入8600元，同比提高15%。

2004年，营城煤机厂大型成套物流机械设备在巩固一汽大众、哈尔滨飞机制造公司等一批老客户的同时，新增哈飞深圳工程850万元、二汽神龙470万元、宁波吉利380万元，新增产品产值达2595万元。成为国内汽车输送机械主要生产厂商。

2005年10月20日，营城煤机厂依法破产，与营城煤矿机械配件厂共同组建长春东北输送设备制造有限公司，为东北最大的链条、接链环制造厂家。公司成立后，斥资从德国引进WAFIOS公司602D型自动制链机组、挪威EFD公司全套热处理设备。先后开发出多种矿用大规格高强度紧凑链和配套用平环、立环等产品，质量均达DIN2255标准中的D级。在辽宁、安徽、山西、内蒙古等省、自治区煤矿企业试用，产品多项性能达到设计及使用要求。

2010年，东输公司完成产值5378万元，实现销售收入3098万元。

1991—2010年东输公司生产的产品见表8-1-5至表8-1-7。

表8-1-5　1991—2010年东输公司链条系列产品一览表

序号	产品名称	型号	性能参数	质量标准	备注
1	圆环链	18×64	C级	GB/T 12718—2009	
2		22×86	C级、D级		
3		26×92	C级、D级		
4		30×108	C级、D级		
5		34×126	C级、D级		
6		38×137	D级		

表 8-1-5（续）

序号	产品名称	型号	性能参数	质量标准	备注
7	紧凑链	22×86	C 级	MT/T 929—2004	
8		26×92	C 级		
9		30×108	C 级		
10		34×126	C 级		
11		38×126	C 级		
12		38×137	D 级		
13		42×146	D 级		
14		48×152	D 级	Q/DS 01—2008	
15		48×144/160	D 级	Q/DS 04—2014	

表 8-1-6　1991—2010 年东输公司输送机系列产品一览表

序号	产品名称	型号	性能参数	质量标准	备注
1	滑橇输送机	—	承重 1500 千克	—	非标
2	板式输送机	—	节距 200 毫米	—	非标
3		—	节距 250 毫米	—	非标
4	悬挂输送机	3″	节距 76.6 毫米	—	非标
5		4″	节距 102.4 毫米	—	非标
6		6″	节距 153.2 毫米	—	非标
7	模锻可拆链条	X348	节距 76.6 毫米	ANSI B29.22M—1980	英制
8		X458	节距 102.4 毫米	—	—
9		X678	节距 153.2 毫米	—	—
10		698	节距 153.2 毫米	—	—
11		F100×16	节距 100 毫米	—	公制
12		F100×17	节距 100 毫米	—	—
13		F160×24	节距 160 毫米	—	—
14	模锻滑架系列	X348	中心高 100 毫米，轮直径 60 毫米	—	非标
15		X458	中心高 130 毫米，轮直径 82 毫米	—	非标
16		X678	中心高 136 毫米，轮直径 82 毫米	—	非标
17		F100	中心高 130 毫米，轮直径 82 毫米	—	非标
18		F160	中心高 171.1 毫米，轮直径 120 毫米	—	非标
19	模锻推杆侧环	X348	节距 76.6 毫米	—	非标
20		X458	节距 102.4 毫米	—	非标
21		X678	节距 153.2 毫米	—	非标
22		F100×17	节距 100 毫米	—	非标
23		F160	节距 160 毫米	—	非标

表 8-1-6（续）

序号	产品名称	型号	性能参数	质量标准	备注
24	模锻宽推杆侧环	X348	节距76.6毫米	—	非标
25		X458	节距102.4毫米	—	非标
26		X678	节距153.2毫米	—	非标
27	载荷小车	3″	轮直径60毫米	—	非标
28		4″	轮直径82毫米	—	非标
29		6″	轮直径135毫米	—	非标

表 8-1-7　1991—2010年东输公司锻造产品一览表

序号	产品名称	型号	性能参数	质量标准	备注
1	立环	22×86	456千牛	Q/DS 02—2008	
2		26×92	637千牛		
3		30×108	848千牛		
4		34×126	1090千牛		
5		38×126	1360千牛		
6		38×137	1360千牛		
7		42×146	1660千牛		
8		48×152	2170千牛		
1	蒂勒立环	38×126	1360千牛		
2		42×146	1660千牛		
3		48×144	2170千牛		
1	JDT立环	48×152	2170千牛		
1	仿JDT立环	F48×152	2170千牛		
1	平环	26×92	637千牛	Q/DS 03—2008	
2		30×108	848千牛		
3		34×126	1090千牛		
4		38×126	1360千牛		
5		38×137	1360千牛		
6		42×146	1660千牛		
7		48×152	2170千牛		
1	扁平环	18×64	330~340千牛	MTT 99—1997	
2		22×86	490~510千牛		
3		26×92	640~700千牛		
4		30×108	850~900千牛		
5		34×126	1080~1200千牛		
6		38×137	1360~1500千牛		

表 8-1-7（续）

序号	产品名称	型号	性能参数	质量标准	备注
1	开口环	18×64 Ⅰ	C 级	MTT 71—1997	
2		18×64 Ⅱ	C 级		
3		22×86	C 级		
4		26×92	C 级		

三、刮板输送机

蛟河煤矿机械厂是煤炭机械工业部在东北的矿用刮板输送机专业定点生产厂。主导产品有两大系列 20 个品种，SGB 系列刮板输送机型号主要有 SGB620/40T 型、SGB620/55 型、SGB430/30A 型、SGB630/150C 型、SGBD630/180 型、SGZ630/220 型、SGB730/220 型、SGB630/2X75H 型。其中 SGB620/40T 型刮板输送机为吉林省优质产品；SZB 型系列刮板输送机型号主要有 SZB730/40 型、SZB730/75 型。

1991 年，蛟河煤机厂被评为省级先进单位。同年，获吉林市政府颁发的"质量管理"奖杯，联结环锻模多重复合强化工艺，获煤炭工业部科技成果三等奖。成为国家二级计量单位和国家三级标准化管理单位。同年，刮板输送机正式注册为"宝狮"牌商标。

截至 1992 年，开发出 220 型、180 型、150 型刮板输送机等 16 个新产品，完成产值 1.57 亿元，上缴税 446 万元。

1993 年，受"三角债"和煤炭行业生产经营困难的影响，企业处于半停产状态。1996 年，蛟河煤机厂调整领导班子后，从振奋职工精神入手，外拓市场，内抓管理，一举扭转被动局面，全年完成产值 2040 万元，比上年增长 3.49 倍，人均工资收入比上年增加 1488 元/年。生产经营初步走上正轨，并研发出 SGB630/180 型、SGZ730 型刮板输送机 2 个新产品。

1998—2000 年，完成产值 5478 万元，新增 630/2X75 型、320/17.15 型、320/17 型、320/7.5 型、730/75 型、764/200 型、730/110 型、630/90 型等 8 种型号刮板输送机，2000 年，蛟河煤机厂呈现生产经营好转，经济回升的势头，销售收入 875 万元，利税 5 万元。

2002 年，蛟河煤机厂通过改制，成立了吉林省蛟河煤机制造有限公司。

2004 年，蛟河煤机公司资产总额 3000 万元，净资产 254 万元，工业总产值 2000 万元。

2006 年，蛟河煤机公司生产经营总额比上年增长 1029 万元，增长 34%。当年，固定资产投入 3571 万元，其中新购进设备 108 台（套），总价值 2515 万元。包括 TKA6916 型数控落地镗铣床、数控车床、数控花键铣床、数控卧式加工中心、机器人焊接机、数控火焰切割机、龙门液压 1000 千吨压力机、110～525 千瓦大型减速器负荷实验台、超声波数字探伤仪等先进设备 14 台（套）。

2007 年，蛟河煤机公司实行 ERP 计算机信息化管理，无纸化办公，推动了"精细化管理"和预算管理工作，工作效率、产品质量大幅度提高。

2008 年，蛟河煤机公司投入资金近 2000 万元，重点对机加车间北侧及吊车、龙门刨床、铣床等进行改造。购置了机器人焊接机、1000 吨压力机双梁桥式起重机等机械设备，加强了基础设施建设。

2009年，蛟河煤机公司跃居国内重型刮板输送机生产厂家先进行列，被中国煤机协会确定为全国7个先进典型之一。成功研制出 SGZ1000/1400 型重型刮板输送机，成为国内第二大刮板输送机产品，提前3个月完成全年计划，产值实现1.5亿元。

2010年，蛟河煤机公司技术研发部门为辽宁、山西、陕西、山东、贵州、内蒙古、珲春、通化等地区用户累计设计开发出20余种新产品，实现了井下刮板输送机、转载机、破碎机一体化配套设计制造，并开发出转载机自移机尾、带式输送机自移机尾，自制生产17～525千瓦减速器系列产品。链轮齿窝全部采用数控加工成型，齿形精度高，齿窝淬火采用自制中频淬火设备，各项技术参数达到国内先进水平。公司生产的刮板输送机、转载机、减速器、圆环链等产品及煤机配件，共50多种产品取得国家安全标志证书，通过国家二级安全质量标准化验收。

第二节 其他矿用产品生产

一、输送机及刮板等配件生产

（一）输送机生产

辽源矿业公司生产煤矿输送机及配件的厂家有煤机厂（煤机公司）、机电总厂（与水泵厂合并后改制为泵业公司）、平岗截齿厂（方大公司）和矿山机械厂。

辽源煤机厂根据市场需求，扩大产品品种，先后与哈尔滨煤矿机械研究所合作开发出 SGZ620/110（150、220）型、SGZ730/220型、SGZ764/500型三个系列的刮板输送机。2004年初，合作开发的 SGZ764/500 刮板输送机总重达400多吨，从设计到地面试验成功用时6个多月。2004年11月，该刮板输送机在鸡西矿务局投入使用。同年，为适应极薄煤层采煤机开发的配套要求，与哈尔滨煤矿机械研究所合作研发出 SGZ630/110（150）型极薄煤层刮板输送机（图样代号：S0Z），并交付用户使用。

矿山机械厂是辽源矿务局下属单位，1999年3月与辽源矿务局机电总厂整合为一厂。1991—1995年，该厂设运输机械分厂，专门生产煤矿输送机械。1995年撤销运输机械分厂，仍然由其他车间生产煤矿输送机。刮板输送机系列有4020/30型、40T型、150C型3种型号产品；带式输送机系列有 PD-75型、SDT-800型、SDJ-1000型3种型号产品。1991—1997年，共生产销售煤矿刮板输送机314台、带式输送机24台。

平岗截齿厂生产 SGZ630/180 型、SGZ764/630型等6种型号煤矿输送机。SGZ630/180型中双链刮板输送机（表8-1-8）是综合国内同类型刮板输送机的优点，结合各煤矿的具体情况开发研制的新产品。采用整体焊接中部槽，中双链运行，增强了运行的平稳性和可靠性，机头、机尾、中部槽中板、链轮组等容易磨损处采用耐磨材料，提高了整机寿命和强度。适用于斜缓和中厚煤层输送作业，与液压支架、转载机、采煤机配套，可实现机械化采煤，是高产高效的理想运输工具。

表8-1-8 平岗截齿厂 SGZ630/180 型刮板输送机主要技术特征

项 目	技术指标	项 目	技术指标
设计长度	150米	电压	660/1140伏
刮板链速度	0.93米/秒	减速器	JS110（39.86∶1）
输送量	420吨/小时	刮板链	中双链22×86-C 刮板间距860毫米

表 8-1-8（续）

项 目	技术指标	项 目	技术指标
电机型号	BSB90	液力偶合器	YOXD500
转速	1475 转/分钟	中部槽(长×宽×高)	1500×630×254 哑铃销连接
功率	90 千瓦×2	牵引方式	齿轨形式

机电总厂、水泵厂（泵业公司）生产的输送机以大型可伸缩带式输送机为主，主要产品有 TD75 型、TD11 型带式输送机，以及适用于井下的 DTL(S) 型固定带式输送机和 DSJ(S) 型可伸缩带式输送机。2007 年，ϕ108 毫米和 ϕ133 毫米缓冲托辊申办了国家安全生产标志。

（二）刮板等配件生产

1991—2010 年，平岗截齿厂（方大公司）相继开发生产 30 多种规格型号的刮板（表 8-1-9），并获得吉林省优质产品称号，产品销往全国各矿务局、矿。

表 8-1-9 1991—2010 年平岗截齿厂（方大公司）刮板系列产品

序号	产品名称	规格型号	序号	产品名称	规格型号
1	刮板	764/400	21	刮板	1000/42
2	刮板	730/180	22	刮板	730/320
3	刮板	730/220S	23	刮板	2GL
4	刮板	730/220	24	刮板	95S
5	刮板	730/320	25	刮板	630/220
6	刮板	630/180	26	刮板	880/800（121S）
7	刮板	113S	27	刮板	79S
8	刮板	90S	28	刮板	730/160
9	刮板	10GL3-1	29	刮板	7GL-1
10	刮板	11GL-1	30	刮板	126S0503-3
11	刮板	880/800	31	刮板	630/110
12	刮板	1200/38	32	刮板	1200/42
13	刮板	764/160	33	刮板	830/30
14	刮板	830/630A	34	刮板	1000/34
15	刮板	830/750	35	刮板	630/264
16	刮板	30T	36	刮板	800/34
17	刮板	40T	37	刮板	12GL
18	刮板	150T	38	刮板	900/34
19	边双链刮板	630/220	39	刮板	S1322-0303001
20	刮板	630/220			

二、煤矿电气设备生产

(一) 辽源煤矿电气设备厂

1991年，辽源矿务局生产煤矿电气设备的厂家，是与辽源煤矿铁道器材厂同属一个工厂的辽源煤矿电气设备厂电装分厂和矿山机械厂的开关分厂，产品基本相同。1992年初，辽源矿务局对两厂进行同业整合，矿山机械厂的开关分厂合并到辽源煤矿电气设备厂，建立第二电装车间。原辽源煤矿电气设备厂的电装分厂改为第一电装车间。此后，煤矿电气设备厂两个电装车间合并为电装分厂，作为全矿业公司（矿务局）生产煤矿电气设备的唯一厂点。

煤矿电气设备产品主要有矿用隔爆低压真空磁力起动器（6种规格：80A、80N、120A、200A、120D、200D）、高压隔爆真空配电装置（6种规格：50A、100A、150A、200A、300A、400A）、矿用隔爆真空馈电开关（5种规格：200A、350A、400A、500A、630A）、矿用隔爆真空双联开关（3种规格：80A、120A、200A）、煤电钻综合保护装置、低压检漏继电器、选线式高压漏电保护装置、防爆充电机、刷镀电源、皮带电子秤、提升机后备保护装置等。其中，煤矿电气设备厂生产的矿用隔爆低压真空磁力起动器、煤电钻综合保护装置、选线式高压漏电保护装置分别获得吉林省优质产品称号。1991年产值1887.32万元，利润52.4万元，同年，工厂晋升为国家二级企业。2006年3月，电气设备停产，工厂划归辽源煤机厂管理，原有厂名对外保留，成立铁道器材厂留守处。2007年9月，留守处撤销。

(二) 通化矿务局电气设备厂

1983年，通化矿务局整流设备厂成立。主要生产8吨蓄电池电机车、5吨蓄电池电机车、电池充电用隔爆快速充电机、架线电机车牵引电源和蓄电池电机车脉冲调速装置，并承担通化矿务局各矿、厂的电气设备大修理任务。研制生产的KCCK-200/90-KB型快速充电机，通过了原煤炭工业部和吉林省科委鉴定，填补了国内蓄电池电机车快速充电机的空白。

1992年2月，通化矿务局整流设备厂更名为通化矿务局电气设备厂，除生产上述产品外，还为各矿、厂生产高压开关柜、高压启动柜、低压启动柜、矿用变压器和户外变压器。

1992—2000年，累计生产快速充电机605台、架线电机车牵引电源33台、高压开关柜105台、高压启动柜66台、低压启动柜89台、矿用变压器56台、户外变压器110台，累计总产值3634.1万元。

(三) 舒兰矿务局机电总厂

舒兰矿务局机电总厂从20世纪80年代中后期开始，生产钢丝绳牵引带式输送机，先行在矿务局内部使用，后逐步在东煤公司系统内部推广使用。1991年，机电总厂承担煤矿设备制造、配件加工和维修任务。机电总厂下设铸造、铆焊、机加、矿修、支护、制氧6个车间。

1996年开始，在生产钢带机同时，组织生产煤炭生产所需的专用设备，减少矿务局设备外购。主要包括SGW40T型减速机、V型固定车箱式矿车、底卸搭接式矿车、ZMT-1100型振动放煤机、3BA-6型水泵、4BA-6型水泵、4BA-8型水泵、4BA-12型水泵、3B33型水泵、龙门吊、耙斗机、1吨固定式矿车等设备。

进入20世纪90年代后期，随着设备制造减少，配件生产成为机电总厂生产的主要任务。舒兰矿务局机电管理处根据各矿井生产需求制定配件生产加工任务。主要有刮板输送机配件、钢丝绳牵引带式输送机配件、矿车配件、各种调度绞车配件、水泵配件、道岔、各类齿轮等。除保证本局生产需求,还销往吉林省各地方煤矿、珲春矿务局,以及黑龙江省鸡西矿务局等。

2006年,机电总厂划归机电公司统一管理,自主研发斜井人车落闸复位器,并获得国家专利;研发矿井用各型号防爆型LED照明灯;制造吊挂式和落地式带式输送机,销往吉林省和内蒙古自治区各大中煤矿。

2007年,机电总厂购买带式输送机托辊生产线,大量生产各种规格型号的带式输送机托辊,除生产带式输送机配套使用一部分外,大部分作为配件销售。同年,机电公司与蛟河煤机公司合作,配套生产加工中型刮板输送机槽帮钢,开始恢复铸造业。市场规模不断扩大,铸钢件相继打开市场,先后同久益环球淮南煤机公司、美国卡特彼勒郑州煤机公司、三一重工沈阳刮板输送机公司等一批国际知名煤机企业和黑龙江郑龙煤机公司、大连渝达煤机公司等煤机企业合作,生产、加工大中型刮板输送机槽帮钢、综采液压支架柱窝与柱帽、采煤机摇臂等煤机配件。2010年,铸钢件产量达到2500吨以上。

截至2010年底,机电公司年完成产值1亿元,其中,外销产值4000万元;实现利润900万元。

三、矿山机械生产

（一）辽源矿山机械厂

1979年,辽源矿山机械厂成立。20世纪80年代初,辽源矿务局将泰信煤矿一井和三井交给矿山机械厂经营。1991年,辽源矿务局将一井和三井重新划给泰信煤矿。20世纪90年代开始,矿山机械厂根据市场需求,不断拓宽本厂生产领域,开拓新产品。到20世纪90年代中期,主要产品有刮板输送机系列、带式输送机系列、矿车系列、中部槽系列、锅炉用鼓风机系列和锅炉用引风机系列6个系列28个品种。此外,还生产电石、乙炔气、机械设备配件、单体液压支柱三用阀、防跑车装置等。

1999年,辽源矿务局重新调整,矿山机械厂撤销并入辽源矿务局机电总厂,由机电总厂继续生产输送机。

1991—1998年辽源矿山机械厂主要产品及型号见表8-1-10。

表8-1-10 1991—1998年辽源矿山机械厂主要产品及型号

产品名称	型号
刮板输送机	4020/30型、40T型、150C型
带式输送机	PD-75型、SDT-800型、SDJ-1000型
矿车	平板车、花架车、翻斗车、1.1吨固定矿车、1.8吨底卸式矿车、3吨底卸式矿车、3吨固定矿车
中部槽	420/180、620/180、630/190、764/264、764/400
锅炉用鼓风机	4-72-11No.12、4-72/11No.10、9-19No.5.6A、5.6C
锅炉用引风机	Y5-47-12No.63

2006年8月,机电总厂改制为辽源泵业公司,生产输送机。机型包括30T型、40T型、17B型、22型、150型等型号刮板输送机和带式输送机。2005年后,辽源矿务局截齿厂（方大公司）、煤机公司（煤机厂）和供应公司也生产了少量的煤矿输送机。1991—2010年,辽源矿业公司（矿务局）共生产煤矿输送机987台。

（二）白山泵业机械有限责任公司

白山泵业机械有限责任公司前身是通化矿务局机电总厂,2003年,机电总厂按国家政策实施破产,并进行重组改制,通化矿务局出资 511 万元，股比占 51.1%，公司员工股和社会自然人股占 48.9%。公司自主研发的主要产品有：渣浆泵系列 7 种规格、对旋式局部通风机 8 种规格、耙斗装岩机 2 种规格、各种系列调度绞车、回柱绞车、提升绞车、混凝土喷浆机、刮板输送机、1 吨矿车、3 吨底卸式矿车、前置泵、增压泵、泥浆泵、引风机、热风炉等，有 32 种产品取得煤矿安全标志证书。

2006—2010 年白山泵业机械有限责任公司煤机产品统计表见表 8-1-11。

1991—2010 年白山泵业机械有限责任公司产品性能见表 8-1-12。

表 8-1-11　2006—2010 年白山泵业机械有限责任公司煤机产品统计表

产品名称	合计	2006 年	2007 年	2008 年	2009 年	2010 年
绞车类（台）	1781	587	158	389	276	371
价值（万元）	6969	1558	571	1379	2204	1257
耙斗机类（台）	266	81	20	66	41	58
价值（万元）	1493	441	127	327	280	318
矿车类（台）	3577	710	599	360	1210	698
价值（万元）	2273	90	347	269	1142	425
风机类（台）	303	196	10	—	—	97
价值（万元）	526	283	30	—	—	213
刮板输送机类（台）	17	17	—	—	—	—
价值（万元）	168	168	—	—	—	—
暖风炉（台）	29	17	8	4	—	—
价值（万元）	425	162	27	236	—	—
带式输送机（台）	52	7	3	10	21	11
价值（万元）	2754	145	145	802	1149	513
其他类（台）	480	112	261	46	43	18
价值（万元）	1649	65	443	135	522	484

表 8-1-12　1991—2010 年白山泵业机械有限责任公司产品性能

产品型号	性能	使用范围	研发年份	备注
固定车箱式矿车：MGC1.1-6、MGC1.7-6、MDC3.3-6	矿车是煤矿和矿山地面、井下巷道窄轨铁路运输煤或矿山的车辆，结构简单、运输方便效率高、运行可靠	MGC1.7-6 型和 MGC1.1-6 型固定车箱式矿车主要应用于矿井原煤及矸石等提升和运输	1991	自主研发
JD 系列调度绞车：JD-1、JD-1.6、JD-2.5、JD-4	JD 系列调度绞车结构简单、性能优良、运行可靠维修方便	使用于矿井中间巷道中托运车及其他辅助搬运工作，也可在采煤工作面及编组矿车，还可用于建筑行业搬运工作	1995	自主研发

表 8－1－12（续）

产品型号	性能	使用范围	研发年份	备注
JH 系列回柱绞车：JH－5、JH－8、JH－14	—	主要用于中厚单一长壁采煤工作面、斜煤层工作面回柱放顶，也可在其他行业用于托运物料	1998	自主研发
JSDB 双速多用绞车：JSDB－16、JSDB－19、JSDB－25	该绞车具有快速和慢速两挡速度，可根据现场的需要变换速度和牵引力进行不同条件下的工作	适用于煤矿井下有煤尘或爆炸性气体环境中和其他矿山在倾角小于30°的工作面及巷道回收支柱或调度、牵引重物，同时具有调度绞车、运输绞车及回柱绞车的功能	2000	自主研发
带式输送机：DSJ65/20/2×22、DSJ65/15/2×22、DSJ65/15/40、DSS80/40/2×40、DSJ80/40/2×40、DSJ80/20/2×40、DSJ80/40/90、DSJ100/63/75、DSJ100/63/2×75、DSJ100/70－90/2×110、DSJ100/63/2×125、DSJ100/80/2×125、DSJ100/80/160、DSS100/80/2×160、DSJ120/100/250、DSJ120/120/2×200、DSJ120/120/2×200、DSJ120/120/2×200、DSJ120/150/3×200、DSJ120/200/3×200、DSJ120/200/2×200＋200、DSJ120/200/3×200、DSJ120/180/3×200＋2×200、DSJ120/180/3×315、DSJ140/350/6×400、DSJ160/350/6×500	该机在煤矿井下使用安全可靠、性能优良、安装方便，在使用过程中机尾可前后移动，机身可以同时随着机尾的移动而伸缩	该带式输送机主要用于煤矿综合机械化采煤顺槽的运输，较广泛地用于煤矿井下的运输系统中	2003	自主研发
矿用隔爆型压入式对旋轴流式局部通风机：FBDNo.5.0/2×5.5、FBDNo.5.0/2×7.5、FBDNo.5.6/2×11、FBDNo.6.0/2×15、FBDNo.6.0/2×18.5、FBDNo.6.0/2×22	性能曲线陡、静压高，特别适合长距离送风，返风性能好，两叶轮反转后的风量是正转的70%，根据风量大小可以开动单级叶轮运转，省电。属于国家推广应用的节能、低噪声的新产品	煤矿、矿山井下做局部通风。使用正压柔性风管对在建隧道进行通风换气	2005	自主研发
耙斗机装岩机：P30B、P60B	结构简单，装岩效率高，可靠性好，应用广泛。可以用于平巷，也可以在30°以下斜巷使用，是实现巷道掘进机械化的主要设备	广泛用于巷道掘进中配以矿车或箕斗进行装载作业	2009	自主研发
DN 系列节段式多级泥浆泵：DN300－60（2～12段）、DN200－60（2～12段）	排放小颗粒的多级节段离心式杂质泵，具有设计新颖、体积小、性能优良、维修方便、使用寿命长等特点	广泛用于水力采煤矿井细粒级煤浆运输、提升、电厂排灰、冶金、矿山的尾矿排放等远距离输送的场合	2010	自主研发
MD 系列耐磨型水泵：MD280－65（2～12段）、MDZ280－65（2～12段）、200D－43（2～9段）、MD280－43（2～9段）	具有结构紧凑、耐磨、压力高、维修方便等特点	适用于电厂、矿山煤矿输送固体颗粒含量不大于1.5% 中性矿井水及其他清水的远距离输送	2010	引进研发

四、煤矿用水泵生产

辽源矿业公司煤矿用水泵生产始于辽源矿务局机电总厂（1992年8月，其中的水泵分厂升格为局直属的水泵厂，2000年6月两厂再度合并，保留两个厂名。2006年8月，改制为辽源泵业公司），是全公司唯一生产矿用水泵的厂家。

截至1991年，工厂生产的MD型系列水泵有MD100-45型、MD155-30型、MD280-43型、MD280-65型、MD450-60型。1993年3月，MD型系列水泵在全国节能产品评比中获得一等奖，是获奖产品中唯一的水泵产品。2002—2010年，工厂在辽源矿业公司的大力支持与扶持下，紧紧抓住国家扶持东北老工业基地的机遇与政策，投入数百万元资金用于新产品开发、工厂技术改造和设备更新，先后完成了3MDA型、4MDA型、5MDA型、DM型、DDM360型水泵，ZB型稠油泵，热水泵，MD580型大流量水泵，MD500-57型耐磨节能泵，渣浆泵，双吸泵，水环真空泵和MD420-93型水泵等产品的研制生产，水泵产品达到10个系列28个品种200多种规格。2005年，MD420-93型水泵等4种产品专利技术通过了国家有关部门的初审。2007年，水泵系列产品全部申办了国家安全生产标志。截至2010年底，水泵系列有"乌龙"牌MD型系列水泵产品，MDZ型系列高压水采泵，DL型、LG型系列高楼、锅炉立式给水泵，XW型系列渣浆泵，IS型系列单级离心水泵，IR型系列热水泵，R型热水循环泵等200余种规格，水泵年生产能力500台。

五、煤矿铁道器材生产

辽源煤矿铁道器材厂是原煤炭工业部唯一的全国煤矿铁道器材定点专业厂家。生产所需专业设备齐全配套，厂房近200米，有巨型龙门刨床、锯切机、折弯机等全套铁道器材生产专业设备。主要产品为铁路、煤矿运输所需的各种规格型号的标准轨道岔、窄轨道岔、铁路钢枕和轨距杆、防爬器、水泥枕扣件、铁路钢枕配件等，用户遍布全国各个煤矿。2006年3月，由于辽源煤矿铁道器材厂经营不善，产品滞销，被迫停产，工厂划归辽源煤机厂管理。

六、矿车及其连接链生产

1991—1999年，辽源矿务局生产矿车的厂家是1999年3月合并到局机电总厂的矿山机械厂。该厂在与局机电总厂合并前下设矿车分厂，专门从事矿车生产。所产矿车有7种型号，即平板车、花架车、翻斗车、1.1吨固定矿车、1.8吨底卸式矿车、3吨底卸式矿车、3吨固定矿车。1991—2010年，共生产矿车6044台。

辽源矿务局矿车连接链生产厂家是原机电总厂、水泵厂（泵业公司），主要产品有三环链、单环链、双环链、绳头链。其中，"煤花"牌三环链获得国家商标注册资格，1981年获国家优质产品银质奖章。矿车连接链采用优质碳素钢整料锻造，链环无缝，传统工艺与现代工艺相结合，使用先进的热处理工艺，各项技术性能指标均达到煤炭行业标准的要求。2007年，矿车连接链产品全部申办了国家安全生产标志。1991—2010年，共生产矿车三环链、单环链、双环链3614.78吨。

七、雷管

蛟河化工厂是国家定点生产民用爆破器材火工品生产企业。1993年前，产品主要为煤矿许用瞬发雷管和瞬发电雷管。1990年，生产瞬发雷管1347.6万发，延期雷管153.5万发。1993年7月，蛟河化工厂新产品——煤矿许用毫秒延期电雷管生产定型通过东煤公司专家组鉴定。技术文件、产品技术性能测试、生产线工艺流程、安全设施、工装设备、生产能力、质量保证及测试仪器等各项指标均达要求。蛟河化工厂在生产中严把安全关，在管理上推出"四主动""四及时""三带头""一坚持"等行之有效的管理手段。制定严格的个人保班组、班组保车间、车间保全厂的安全保证书，截至1992年底，连续15年未发生重伤以上的安全事故。

1994年12月，蛟河化工厂通过煤炭工业部组织的办理生产许可证检查验收组的技术、现场管理和产品检测等检查验收，办理生产许可证。同年，蛟河化工厂被煤炭工业部授予"全国煤矿火工厂安全生产先进单位"荣誉称号。

1996年，蛟河化工厂开展"保安全、保质量、保超产"和劳动竞赛活动，掀起生产高潮。当年生产雷管1422.7万发，上缴利润100万元。

2000年，产品有煤矿许用瞬发电雷管、煤矿许用毫米延期电雷管和秒延期工业电雷管。年设计生产能力1500万发，工业产值800余万元。

2003年，有职工459人，固定资产356万元，生产煤矿许用瞬发电雷管、煤矿许用毫秒延期电雷管和秒延期工业电雷管。当年实现产值839万元，销售收入687万元，利税87万元。2007年6月，蛟河化工厂破产，由长春吉阳公司收购。

八、炸药

（一）辽源矿务局十四厂（卓力公司）

辽源矿务局十四厂（卓力公司）生产经营项目有改性铵油炸药、乳化炸药，以及为配合乳化炸药包装生产的塑料筒、塑料袋等。炸药分为2个系列、24个品种。年生产炸药11000吨。1991年，产品以铵梯炸药为主，全年生产炸药6307吨（其中，铵梯炸药5986吨、试生产乳化炸药321吨），产值1238万元，利润-153万元。

1992年11月，乳化炸药生产线停产改造。1994年4月，成立乳化分厂。乳化炸药逐步达到批量生产。

1997年9月，投资270余万元，从云南省安宁化工厂引进新型乳化炸药生产工艺及技术设备，并选派生产技术骨干和专业技术人员分别到云南安宁化工厂和山西大同化工厂实地培训。在云南安宁化工厂技术人员的指导下，乳化炸药各项性能指标均达到国家规定要求。1998年，乳化炸药开始批量生产。为解决乳化炸药装药问题，公司安装4台RHZ12A型装药机，实行PRC控制，装药能力500千克/小时，在提高乳化炸药烈度10%的同时，药量合格率也有较大提高，储存期达到国家标准。2000年4月，乳化炸药开始大批量生产。

1991年开始，累计投入资金318万元，分别对硝铵粉碎机、硝铵气流干燥、混药、筛凉药、装药机等28个项目进行技术改造。通过送出人员培训、购置新型机器、改善工人作业环境、开展科技攻关等一系列活动，产量不断提高。1996年初，成立由工程技术人员、维修人员和公司领导参加的技术攻关小组，利用春节放假检修时间，设计、完成了硝铵气流干燥工程的施工，经调试，1996年2月26日，硝铵气流干燥工程获得一次性成功，同年3月正式投入运转。硝铵气流干燥工艺的使用可降低煤耗0.12吨/吨药、电耗34千瓦/吨药，产量连续创建厂以来最高纪录，小药班产量达16吨，大药班产量达22吨。1999年，为降低铵梯炸药生产粉尘浓度，降低梯恩梯对人身危害程度，减少炸药成本，公司分别研制出低梯炸药和铵梯油系列产品炸药，吨药成本降低350元左右。2001年，分别研制出复合油系列2个产品炸药，梯恩梯含量分别为2%、4%；2006年，投入资金20万元研制出改性铵油炸药产品。

1991—2010年，共生产炸药148681吨（其中，铵梯炸药92175吨、改性铵油炸药5138吨、膏状乳化炸药51368吨），累计实现产值63150万元、利润428.1万元、上缴税金4965万元。

辽源矿务局十四厂（卓力公司）铵梯炸药、膏状乳化炸药主要性能指标见表8-1-13、表8-1-14。

表8-1-13 辽源矿务局十四厂（卓力公司）铵梯炸药主要性能指标

炸药名称	药卷密度（克/立方厘米）	爆速（米/秒）	猛度（毫米）	殉爆距离（厘米）	作功能力（毫升）	使用保证期（天）
1号露天铵梯炸药	0.85~1.10	—	≥11	≥2	≥278	120
2号露天铵梯炸药	0.85~1.10	≥2.1×10³	≥8	≥2	≥228	120
2号抗水露天铵梯炸药	0.85~1.10	≥2.1×10³	≥8	≥2	≥228	120
3号露天铵梯炸药	0.85~1.10	—	≥5	≥1	≥208	120
2号岩石铵梯炸药	0.95~1.10	≥3.2×10³	≥12	≥3	≥298	180
2号抗水岩石铵梯炸药	0.95~1.10	≥3.2×10³	≥12	≥3	≥298	180
3号岩石铵梯炸药	0.95~1.10	≥3.3×10³	≥13	≥3	≥328	180
4号抗水岩石铵梯炸药	1.00~1.20	3.5×10³	≥14	≥3	≥338	240
2号煤矿许用铵梯炸药	0.95~1.10	2.6×10³	≥10	≥3	≥228	120
2号抗水煤矿许用铵梯炸药	0.95~1.10	2.6×10³	≥10	≥3	≥228	120
3号煤矿许用铵梯炸药	0.95~1.10	2.5×10³	≥10	≥2	≥218	120
3号抗水煤矿许用铵梯炸药	0.95~1.10	2.5×10³	≥10	≥2	≥218	120

表8-1-14 辽源矿务局十四厂（卓力公司）膏状乳化炸药主要性能指标

炸药名称	药卷密度（克/立方厘米）	爆速（米/秒）	猛度（毫米）	殉爆距离（厘米）	作功能力（毫升）	使用保证期（天）
二级煤矿许用乳化炸药	0.95~1.25	≥3.0×10³	≥10	≥2	≥220	120
三级煤矿许用乳化炸药	0.95~1.25	≥2.8×10³	≥8	≥2	≥210	120
一号岩石乳化炸药	0.95~1.30	≥4.5×10³	≥16	≥4	≥320	120
二号岩石乳化炸药	0.95~1.30	≥3.2×10³	≥12	≥2	≥260	120
露天乳化炸药	1.10~1.30	≥3.0×10³	≥10	≥2	≥240	120

（二）舒兰矿务局八十四厂

舒兰矿务局八十四厂1966年建厂，开始试制成铵洛油、铵油、铵沥蜡3种炸药。1970年后，进行小批量生产。1979年，吉林煤管局拨给资金120万元用于在东南山麓建厂，1980年末投产。八十四厂占地面积157000平方米，设计生产能力2000吨/年，主要产品为煤矿用铵梯水炸药和岩石炸药（供外销用），职工总数103人。1997年，八十四厂划归舒兰矿务局多种经营公司管理。1998年，八十四厂实行股份制改造，组成舒兰市通博股份有限公司，矿务局以固定资产折合本金参股，占总股本的20%。

八十四厂生产工艺曾采用过轮辗机一段法和二段法，技术改造后采用硝铵热风干燥、低温砭温药工艺。

1991—2000年，八十四厂生产的铵梯炸药主要用于舒兰矿务局的煤炭生产，岩石炸药主要销往舒兰及五常地区的采石场，外销利润用于冲减生产成本，年产量在1000吨左右（包括岩石炸药300吨）。

2000年，炸药产量786吨，产值327万元，利润31万元（表8-1-15）。同年底，八十四厂改为公司制企业——通博公司。2002年，炸药产量达3000吨，实现盈利。

表8-1-15 1991—2000年舒兰矿务局八十四厂生产经营情况一览表

年份	产量（吨）	产值（万元）	利润（万元）	年份	产量（吨）	产值（万元）	利润（万元）
1991	1461	310	12	1996	1359	631	-33
1992	1518	322	14.3	1997	888	352	-76
1993	1347	286	10.65	1998	378	158	-40
1994	1289	534	-26	1999	648	270	-34
1995	1122	521	-30	2000	786	327	31

2003年，舒兰矿务局部分矿井关闭破产后，国有资本退出。矿务局结束自产炸药的历史。通博公司经过技术改造，转产036、037乳化炸药。

（三）孟家岭煤矿火药厂

孟家岭煤矿火药厂（又名梨树县七一化工厂）建于20世纪80年代初，生产铵梯炸药等火工产品，主要供应本企业及地方煤矿。火药厂隶属梨树县孟家岭煤矿。1990年，生产火药1075吨，产值118.2万元，当年效益20万元。

1991—1999年，孟家岭煤矿火药厂生产规模逐年扩大，每年生产火药1200—1800吨，供应孟家岭煤矿和销售给四平地区化学公司及炸药经销单位。2000年，孟家岭煤矿火药厂生产火药2000吨，产值800万元，当年效益100万元。2005年，企业改革，被辽宁省一家化工企业兼并。

第二章 其他产业

20世纪90年代中期，吉林煤炭系统制定出"以煤为主，多种经营，走向社会，发展繁荣"的煤炭工业发展方针。各煤矿企业在坚持以煤为主，发展煤机制造和矿用产品的同时，大力发展其他非煤产业。化工、建材、养殖加工和农副业，都得到较好发展。

2001年，吉林煤炭系统非煤企业扎实推进企业改制改革，逐步建立起现代企业制度。截至2004年上半年，全省74户独立核算的非煤企业,已经改制 21 户。改制后的非煤企业,强化内部管理,狠抓质量认证工作,提高了经济运行质量。2005 年开始,吉林省煤矿企业把发展循环经济和发展非煤产业有机结合起来,促进非煤产业的发展。通化矿务局的煤化工产业、辽源矿务局的瓦斯发电站和煤炭洗选加工厂及珲春矿务局的煤矸石砖都是循环经济的产物,发展循环经济,延长了资源产业链,使企业的经济运行质量得到进一步提高。

第一节 化 工

一、褐煤蜡

舒兰矿务局生产的煤炭中,褐煤产量占 80% 以上。1966 年,舒兰矿务局综合利用研究室研制出褐煤蜡样品。1971 年,开始进行小批量生产。1978 年,在全国科技大会上获科技成果三等奖。1980 年,引进德国先进生产技术改造设备和设施,产品产量和质量有了大幅度提高。"七五"期间,舒兰矿务局化工厂(主要生产褐煤蜡)设有备煤、褐煤蜡、水气和精制蜡等 9 个车间,采用罐组间歇式生产工艺,主要过程为原料煤加工、加煤、浸泡、溶剂循环抽提、蒸汽气提、排渣、溶剂回收循环、产品成型等。1993 年,舒兰矿务局利用三产贴息贷款 200 万元对精蜡车间进行技术改造,改造后精蜡车间生产能力为 100 吨/年。同年,"精制褐煤蜡"被授予东北内蒙古煤炭集团公司优质产品称号。1994 年,被评为煤炭工业部科技成果二等奖。1994 年 10 月,精蜡车间投产。1996 年,精蜡产量达到 100吨。1999 年,生产褐煤蜡 319 吨,实现产值 566 万元。褐煤蜡产品销往全国 22个省(市)100 多个用户单位,部分出口国外。1999 年,舒兰矿务局化工厂租赁给职工个人经营,2000 年末产量仅为 163吨,2002 年停产关闭。

二、油漆、油脂

1991 年,通化矿务局道清煤矿引进四平油脂化工厂技术,成立油漆厂。1992年,通化矿务局利用转产贴息贷款和自筹资金投资 160 万元扩大生产规模,成立道清油脂化工有限责任公司,成为全矿务局首家股份制企业。道清油脂化工有限责任公司注册资本 263 万元,在全局发行内部股 263 万元。主要产品有油漆、调合漆、钙基润滑油等,年生产能力 1000 吨。其中,"奇锋"牌油漆经吉林省有机化工检测中心鉴定,各种指标均达国家标准,被浑江市评为市优产品。1993 年,生产各种油漆 400 吨、钙基润滑脂 200 吨。1995年,因产品滞销,缺少流动资金停产。

20 世纪 90 年代中后期,辽源矿务局水泵厂所属的多种经营公司生产聚乙烯,建设安装公司生产洗涤剂、油膏、酚醛胶、油漆及辅料,供应处多种经营公司生产聚丙烯,建井工程处生产润滑油。这些产品以销定产,除少量供应本局(公司)使用外,大多对外销售。由于大多属于小化工,根据国家取缔小化工的政策及市场规律,局(公司)所属小化工生产逐步萎缩。2010 年,保留化工生产的单位仅有 2 家,即泵业公司(生产氧气和乙炔气)和建井工程处(生产润滑油)。

1988 年,辽源矿务局土木工程处与四平油漆厂联营成立洁美油漆厂。投资近万元购进 1 台研磨机,自制加工简易小设备,形成生产能力。经吉林省化工厅审批获生产许可证。1995 年,投资 50 万元改造扩建,改造后生产清漆、调和漆、磁漆等醇酸系列产品,生产能力达到 400 吨/年,经吉林省质量监督部门检测,质量达到国标，填补了辽源市的空白。1997年停产。从建厂至停产累计生产调和漆67.5吨，产值7.43万元；生产磁漆36吨，产值6.48万元；生产醇酸油漆9吨，产值0.81万元。

1992年，辽源矿务局土木工程处成立洁美油助剂厂，生产改性803内外墙涂料，设计年生产能力340吨。1993年，洁美油助剂厂扩大生产品种，生产尿醛树脂胶和洗涤剂，曾销往洮南、梨树等地。后因销路不畅，尿醛树脂胶仅生产3吨、洗涤剂仅生产2吨便停产下马。1992—2007年，改性803内外墙涂料平均年产量145吨，平均年产值26万元，产品质量优良。

辽源矿务局土木工程处建筑材料厂生产用于屋面防水工程的聚乙烯防水油膏和用于保温工程的岩棉保温制品（包括板、带、管）。其中：聚乙烯防水油膏年生产能力1000吨，岩棉保温制品年生产能力1000立方米，以销定产。1995—2003年，聚乙烯防水油膏累计生产1300吨，累计产值260万元。1993—1999年，岩棉保温制品累计生产2100立方米，累计产值63万元。

梅河煤矿润滑油厂原名梅河口市合成润滑油厂，始建于1987年5月，总计投资561万元（建井工程处自筹资金30万元，东煤公司哈尔滨基建局拨付50万元，银行贷款311万元，煤炭工业部转产资金170万元）。截至2003年，银行贷款和原煤炭工业部转产资金全部还清。建厂起至2006年，隶属原辽源矿务局建井工程处，2007年2月，划归梅河煤矿管理。梅河煤矿润滑油厂有润滑油生产车间2个，润滑油生产线2条，储油库2个，仓库2个，化验室1个，锅炉房1个，反应罐、成品罐、调油泵、过滤器、锅炉、化验等生产设备113台（件）。全厂占地面积7580平方米，固定资产250万元，年生产能力4000吨。该厂采用精制调和工艺，按照国家标准生产各种润滑油脂。1993年，被东煤公司列为定点生产单位。1995年，被煤炭工业部列为定点生产单位。

产品主要销往辽宁、吉林、黑龙江、山东、河北、山西、湖南、内蒙古等省、自治区，累计生产润滑油19519吨，销售19287吨，实现销售收入11317万元。上缴税金325.28万元，上交管理费157.57万元，实际利润143.39万元。

生产品种有17个系列70多种规格的油脂。主要有内燃机油、汽轮机油、压缩机油、抗磨液压油、导热油、乳化油、中负荷、重负荷、工业齿轮油、车轴油、变压器油、冷冻机油、钙基脂等。产品质量经省、国家部门检验，全部达到标准。

2007年，计划生产润滑油800吨，实际完成899吨，完成计划的112%，计划销售800吨，实际销售840吨，完成计划的105%，实际收入695万元，实现利润20.8万元。

2010年，该厂生产润滑油1034吨，销售收入827万元，利润总额11.00万元（表8-2-1）。

三、塑料和橡胶制品

1991年，通化矿务局石人水泥厂塑料车间矿用尼龙电缆夹、塑料管材、密封件等已经成为定型产品，批量生产，年产值200万元以上。其中，"天池"牌电缆夹畅销全国35个矿务局，被煤炭工业部指定为产品定点厂家。塑料制品的生产一直延续到2003年石人水泥厂破产重组。

蛟河煤矿渔具厂转产生产的水泡泥、防水套、防爆管、塑料软管、聚乙烯井下防静电管等塑料制品适销对路，产销两旺。1992年1—9月，创产值100万元，纯利润10万元。1995年，因重新安排转产项目，该厂停产。

表8-2-1　1991—2010年辽源矿业公司润滑油厂主要指标完成情况一览表

年份	润滑油产量（吨）	销售收入（万元）	利润总额（万元）	年份	润滑油产量（吨）	销售收入（万元）	利润总额（万元）
1991	1036	246.2	8.90	2001	942	817	5.26
1992	1181	389.4	5.91	2002	855	717.2	11.8
1993	1004	937.47	16.24	2003	793	966.43	6.47
1994	1119	490.7	-3.83	2004	758	498.1	0.05
1995	1212	593.9	0.01	2005	818	544.1	11.29
1996	1295	564.79	-5.17	2006	837	654.6	20.40
1997	1028	538.4	5.77	2007	899	691	20.80
1998	1109	624.5	2.06	2008	1047	624	5.00
1999	1101	778	4.3	2009	1064	778	11.00
2000	1023	877	5.30	2010	1034	827	11.00

1995年，通化矿务局投资1200万元，在五道江煤矿建汽车内胎生产线，1996年4月，生产线建成，成立长白山橡胶制品厂，年产汽车内胎50万条，创产值2000万元，利润300万元，成为吉林省第一家规模较大的橡胶内胎生产厂。1997年，通化矿务局投资900万元建精细橡胶粉厂。该厂引进国内最先进的空心涡轮冷却法生产工艺流水线，生产60目、80目精细粉，年生产能力5000吨，产值2000万元。1995—1997年，蛟河煤矿多种经营的一些厂点，也试制和试销防爆胶圈、防油环、风动支架橡胶件、胶垫、风筒等橡胶制品，由于生产厂点大部分是简易投产的小作坊企业，没有定型产品，缺少流动资金，亏损严重，2000年前后相继停产。

辽源矿务局橡胶制品生产起步于20世纪90年代中后期，产品大多供本矿务局使用。1995年，采运部多种经营公司具有橡胶三角带生产能力1万条，橡胶管生产能力1万条，橡胶导风筒生产能力24千米，橡胶密封制品生产能力10万件。当年生产橡胶三角带300条、橡胶管36条、橡胶导风筒2千米、橡胶密封制品7500件。1996年以后，教育处校办公司、梅河煤矿、西安煤矿多种经营公司、通风处综合厂（2003年后改称监测中心）等单位陆续上马生产橡胶制品。由于产品单一，缺乏市场竞争力，上马的橡胶制品在短短的几年间纷纷下马停产。截至2007年，全公司生产橡胶制品的厂家仅剩供应公司一家，年生产风筒48014米、橡胶带4951根、胶辊142个、胶垫42.09万个、橡胶管1601根、检测管16.88万只、水槽11990个。

四、煤化工

吉林东圣焦化有限公司于2005年6月成立，是由通化矿务局与白山市振东煤业公司、通化钢铁公司三家共同出资兴办的股份制企业。煤化工项目属煤炭深加工综合利用项目，初期设计仅有焦化生产线，投资概算1.85亿元。2005年5月开工，2006年11月建成投产，建成后实际投资为4.5亿元。设计产能：焦炭600000吨/年、焦油23857吨/年、粗苯5868吨/年、硫铵6900吨/年。2007年，生产焦炭238575

吨、焦油 10106 吨、粗苯 595 吨。

为优化产业结构，提高焦化副产品的附加值，增加效益，经股东研究决定对焦化生产线进行改造，增建甲醇生产线，设计年产甲醇 60000 吨；2007 年 9 月开工，2009 年 11 月竣工，实际投资 2.5 亿元。改造后增加了甲醇产品品种，生产线改造完成后，产量逐年提高。

2007—2010 年吉林东圣焦化有限公司产量见表 8-2-2。

表 8-2-2　2007—2010 年吉林东圣焦化有限公司产量统计表　　　　吨

年份	焦炭	焦油	粗苯	硫铵	甲醇
合计	1491438	61465	13543	11189	42896.4
2007	238575	10106	595	—	—
2008	308452	12900	3565	3158	—
2009	460169	18896	4629	4015	10450.5
2010	484242	19563	4753	4016	32445.3

第二节　建材和建筑业

1991—2010 年，吉林省多数煤矿企业利用煤矸石资源成立砖瓦、水泥、水泥制品等生产企业。部分企业抓住市场机遇，生产适销对路产品，形成一定规模，取得较好的经济效益；也有一部分企业由于生产规模小，缺少流动资金，在市场竞争中被迫停产。

一、建材

（一）水泥及水泥制品

1. 水泥

（1）通化矿业公司。1991 年，通化矿务局石人水泥厂被煤炭工业部授予"优质产品单位"称号。1998 年，通化矿务局石人水泥厂拥有 3 条回转窑生产线，年产水泥 20 万吨，利用余热年发电 1800 万千瓦时。该厂生产的"石人峰"牌 525 号水泥和熟料先后出口日本、韩国、泰国等国家，创汇近百万美元。同年，设计年生产能力 4.5 万吨的通化矿务局苇塘水泥厂"鼎佳"牌水泥产品出厂，合格率 100%，在吉林省 64 家水泥厂质量检验中获总分第一名，并于 1995 年和 1997 年分别获得国家建材总局和中国水泥产品质量委员会颁发的"全国工业产品生产许可证"和"质量证书"。1996 年，通化矿务局利用转产资金投资 1678 万元，对苇塘水泥厂进行技术改造，采用"三拨四旋"专利技术，建成预分解窑生产线，设计年生产能力 10 万吨。1998 年 9 月，"鼎佳"牌 425 号矿渣水泥在长春市技术监督局召开的"98 中国质量万里行"吉林省质量热点跟踪产品信息发布会上，获得"好产品"和"质量信得过产品"双项殊荣。2000 年，苇塘水泥厂对窑体进行扩径技术改造后，设计年生产能力达 12 万吨。当年生产水泥 80102 吨，水泥销售量达 10 万吨。

（2）辽源矿业公司。1991—2010 年，辽源矿业公司水泥生产厂家有辽源矿务局水泥厂（2001 年改制为辽源万厦水泥有限责任公司）、红梅煤矿管理的红梅水泥厂和泰信煤矿多种经营公司管理的泰信水泥厂（后改称泰信矸石厂）。1995 年，辽源矿务局生产水泥 83688 吨。1999 年，泰信水泥厂根据国家整顿关闭小水泥厂的精神停产关闭。2002年，辽源万厦水泥有限责任公司出售还贷。2010年，辽源矿业公司水泥生产厂家只有红梅水泥厂一家。

辽源矿务局水泥厂原址在西安区西福路22号，占地面积70435平方米，建筑面积16285平方米，采用干法中空式回转窑生产工艺生产425号矿渣硅酸盐水泥，设计年产量5万吨。1994年，水泥市场供需关系趋紧，国家政策性取缔20万吨以下小水泥生产企业。为了扩大水泥产能，辽源矿务局向中国开发银行贷款1.15亿元，投资异地扩建新水泥厂。年产量20万吨，年发电量2600万千瓦时，生产425号、525号普通矿渣硅酸盐水泥。1994年11月，新厂正式破土动工，1997年4月，为有效利用煤矿的矸石，经多次研究试验，将原配料中的黄土改用煤矸石；4月8日，点火试生产成功。所产水泥注册商标为"万厦"牌，产品质量稳定，达到国家质量标准，1999年，通过国家ISO9002质量体系认证，用户遍布吉林、黑龙江、辽宁三省及内蒙古自治区东部地区。2001年，辽源矿务局水泥厂改制为辽源万厦水泥有限责任公司。2002年3月27日，因无力偿还中国开发银行贷款，移交给中国信达公司整体还贷并转卖。1991—2001年，辽源矿务局水泥厂生产水泥81.82万吨，实现产值20766万元，利润7458.13万元。

红梅水泥厂位于东丰县影壁山乡同心村境内，隶属红梅煤矿，是辽源矿务局集体企业中的骨干企业。工厂建于1986年，设计年生产能力6万吨，1987年2月正式投产。经过20多年的大型技术设备更新改造，生产规模不断扩大，年生产能力达到20万吨以上。水泥注册商标为"凯能"牌。1996年，通过国家ISO9002产品质量认证；2000年，通过国家ISO9002质量体系认证；2003年，获GB/19001-ISO9001：2000标准、产品质量和质量体系认证换版验收，为双证企业。产品远销黑龙江省的牡丹江、大庆，辽宁省的铁法，吉林省的珲春、太平川、白城等地。1991—2010年，共生产水泥239.5万吨。

泰信水泥厂原址在泰信煤矿一井西北侧。前期隶属泰信煤矿家属大队，后期隶属泰信煤矿多种经营公司，是典型的小水泥企业。所产水泥注册商标为"北石"牌。工厂设计年生产能力5000吨。1995年，生产水泥3325吨，销售2900吨，利润3万元。1996年改名为泰信矸石厂，生产水泥2777吨。1997年产量2684吨。1998年产量2415吨。1999年停产关闭。

2. 水泥制品

（1）辽源矿务局。辽源矿务局兴达公司下属的水泥制品厂，20世纪80年代主要产品是井下运输铁道用的水泥轨枕。1989年，增加预应力空心板、盖楼用大梁、挑梁、水泥桩及地沟盖板、楔形板和阳台板等产品。截至2000年，每年产值200万元左右，利润70多万元，安置待业青年百余人。

2005年5月，辽源矿务局梅河煤矿新建水泥枕木厂，厂址在梅河煤矿一井矸石山下。2007年产值51万元。

蛟河煤矿劳动服务公司在1991—2000年间生产出背板、炕板、马葫芦盖、涵管等水泥制品。

（2）吉林东煤建筑基础工程公司。吉林省煤田地质局所属的吉林东煤建筑基础工程公司，融资承建吉林省众合水泥制品有限公司，旨在打造以生产管桩产品为主，生产其他水泥制品为辅的水泥制品企业（预制管桩是广泛应用在铁路、桥梁、港口工业与民用建筑基础施工领域的重要产品）。2010年9月正式立项，投资5000

万元，年产管桩100万延米，投资后可实现年产值1亿~1.5亿元，还可以延伸空心砖、预制板、水泥电杆、引排水管道等商品混凝土项目。

（二）建筑预制件和水磨石等板材生产

1. 砖、瓦

1993年，通化矿务局砟子煤矿电器厂研制出琉璃轻质瓦，参加首届中国民用新科技（产品）博览会，获建材系列金奖。

1991—1994年，地方和龙煤矿生产红砖1505.6万块。

2. 砂石

辽源矿务局铁路运输公司采砂厂1991年有采砂、筛分、机电、采石4个车间，品种有建筑石、成品砂、充填砂、消火砂。2000年，完成建筑石38130立方米，消火砂15150立方米。截至2007年，累计完成建筑石671567立方米、成品砂438633立方米、充填砂678449.5立方米、消火砂379624.9立方米。2008年该厂停产解体。

梅河煤矿采砂厂占地面积1.2平方千米，建筑面积4578平方米，固定资产总值1600万元，设计能力年产成品砂75万立方米。1991年，完成成品砂71925立方米、消火砂21985立方米、河砂21785立方米。2007年8月，梅河煤矿将采砂场划归多种经营公司，截至同年底，该厂累计完成建筑石202083立方米、成品砂473687立方米、消火砂346870立方米、河砂71513立方米。

1991年，辽源矿务局水泥厂综合企业公司水泥瓦厂（2007年划归兴达公司，改称兴达公司水泥制品厂）自筹资金10余万元，购进100吨压力机，利用原有的旧厂房，改造了旧设备，培训工程技术人员，实行转产。研制生产"绿园"牌彩色水泥路面砖，经辽源市技术监督局检测中心和吉林省建设厅共同检测，产品为优质水泥产品，在东北地区处于领军地位。

3. 建筑预制件和水磨石等板材

在国家明令禁止建筑使用水泥预制件之前，辽源矿务局部分单位生产建筑用预制件产品。主要有预应力空心楼板、盖楼用的大梁、挑梁、水泥桩及地沟盖板、槽型板、阳台板等。有些单位生产井上、井下运输铁道用的水泥枕等产品。2000年，建设部对建筑建材结构调整，禁止使用水泥空心板等水泥预制构件，通源矿务局生产水泥建筑预制件的单位全部停产。

辽源矿务局建筑安装公司生产建筑用窗台板、水磨石板材和保温材料矿务棉制品，主要用于自建工程。1995—2002年，生产水磨石板材、窗台板2769平方米，矿务棉制品86吨。

（三）采石、铸石、涂料、石膏

辽源矿务局泰信煤矿与安徽省定远县合作组建的吉皖石膏开发有限公司于1995年7月投产，年产石膏15万吨，产值2000万元。公司建筑材料生产品种比较齐全，如涂料、石膏、石（白）灰、锚固剂、堵漏剂等建筑材料。1995—2006年，生产涂料760.40吨、粉刷石膏27100吨、石灰1856吨、白灰821吨、锚固剂553吨、堵漏剂64.45吨。2007年起，由于新型材料的应用和普及，辽源矿业公司所生产的涂料、石膏、石（白）灰等失去市场，被迫停产。

通化矿务局苇塘煤矿石膏矿年产量在7000吨以上，既保证了水泥扩大生产能力的需要，又解决了石人水泥厂、苇塘水泥厂的石膏料外购问题，取得了较好的经济效益。

（四）保温材料

1992年，通化矿务局引进国家专利技术，生产新型保温材料氰聚塑直埋管，取代原始草绳、油毡纸的保温方法，保温效果好,在通化矿区和当地被广泛应用。截至20世纪90年代末,由于原材料涨价、货款回收困难、成本高、市场饱和等原因停产。

(五)陶瓷管

吉林省煤矿陶瓷管生产始于1969年。舒兰矿务局吉舒煤矿利用当地缸窑生产的传统工艺烧制陶瓷管,代替钢管或铁管,用于基本建设。蛟河煤矿环保设备厂生产环保产品CXDT型高效陶瓷管除尘器,经环保部门检测,合格率100%,用户达30多家,1993年人均创利7200元。截至1996年,吉林省煤矿陶瓷管生产累计27503节,产值达934万元。

1995年,舒兰矿务局利用国家三产贴息贷款兴建东富建筑陶瓷厂,申请投资2800万元,实际使用投资3032万元,设计能力年产彩釉墙地砖100万平方米。1995年11月建设;1997年9月试生产;1998年产量为24.17万平方米;1999年产量达到32.37万平方米;2000年因无启动资金租赁给原厂长经营,产量为40.33万平方米;2003年破产时出售。

(六)SP大板

1996年,舒兰矿务局用三产贴息贷款投资4000万元引进美国SPANCRETE公司预应力混凝土空心板生产工艺、设备和技术,在营城煤矿建设36万平方米SP空心板生产厂。1997年4月开工建设。1998年4月建成试生产,当年生产5.76万平方米,质量达到设计标准。1999年该厂随营城煤矿划出。累计生产SP大板35.64万平方米。2001年投产,当年利润总额92万元。

1991—2000年,舒兰矿务局建材业主要由各集体企业砖瓦厂、钢窗厂、水泥厂等单位生产。其中:营城煤矿集体企业有砖厂6座、瓦厂2座,矿务局直属多种经营公司有北砖厂1座,丰广多种经营公司有砖厂1座。1991年末,红砖产量3935万块,挂瓦产量479万块,钢窗13598平方米(表8-2-3)。1995年末,红砖产量3231万块,钢窗1985平方米。因市场销售原因,钢窗于1996年末停产,红砖也逐年减产,至1998年相继全部停产。1991年末,水泥产量12057吨,1995年降至8653吨,因规模小,环保不达标,1999年限制生产,2000年租赁给个人经营,产量300吨,2000年末因效益差停产。

表8-2-3 1991—2000年舒兰矿务局建材厂产量统计表

年份	1991	1992	1993	1994	1995	1996	1997	1998	1999	2000
红砖(万块)	3935	3140	3089	686	3231	2528	2527	1207	—	—
挂瓦(万块)	479	224	217	232	—					
钢窗(平方米)	13598	16579	4713	5890	1985	2490				
水泥(吨)	12057	13508	14058	9402	8653	12060	13004	7399	7100	300

二、建筑业

"八五"至"九五"时期,吉林省各矿务局、矿组织逐渐闲置下来的矿区土建施工队伍和地质勘探力量,提高装备水平,进军建筑市场,承揽基础工程创造经济效益。

1993年,珲春矿务局劳动服务总公司建筑公司承揽服务总公司综合办公楼、珲春市环城路河南街段和合作区保税公司二期工程三项较大工程，总建筑面积5854平方米，场地面积9000平方米。

1995年，吉林省重点工程建设完成了苇塘水泥厂、石人水泥厂土建和设备安装，辽源矿务局铁道器材厂特异型轨钢改造工程，舒兰矿务局营城药用胶囊厂土建和设备安装，以及舒兰矿务局东富建筑陶瓷厂土建工程。这些工程大部分是由吉林省各矿务局建筑、安装施工队完成的。

舒兰矿务局筑路工程队利用贴息贷款购设备，修筑长平高速公路。1995年完成产值510万元，实现利润120万元。舒兰矿务局建安公司在内部市场不景气的情况下，走出矿区，1995年创产值7177万元，盈利917.6万元。

通化矿务局基本建设工程处发挥骨干作用，承担大型工业建筑，各矿（厂）下设土建队、建设科，除承担本矿（厂）的小型、零建工程外还参与了部分大型工程建设。1995年，吉林省煤矿企业建筑业经营总额25222万元，其中辽源矿务局、通化矿务局、舒兰矿务局、珲春矿务局经营总额18426万元。

1998年，吉林省煤田地质局制定"双轮驱动"（地勘主业与非煤产业同发展）发展战略。规范建筑基础工程施工，在吉林省乃至东北地区形成一定的竞争能力。1998—2000年，吉林省煤田地质局基础工程队伍，先后参与大亚湾核电站、长江三峡电站等国家重点大型工程施工。2000年，非煤产业生产经营总额5179万元，其中建筑业生产经营总额3702万元，占71.48%。2000年，吉林省煤田地质局建筑施工年产值达5000万元。吉林省煤田地质局在工业与民用建筑基础工程施工方面拥有ZYJ680型、ZYJ800型抱压桩机，以及YZY型顶压桩机等多种桩机。其中，YZY型顶压桩机是该公司最早引进到吉林省桩基础市场的。代表性工程有吉林省能源地质大厦、威尼斯花园等。

第三节　其他工业

一、机械加工、制造业

通化矿务局机电总厂从20世纪80年代后期开始，先后开发调度绞车、回柱绞车、耙斗装岩机、混凝土喷射机、多段多级式泥浆泵等系列产品，年产量近200台。1990年8月，通化矿务局八道江煤矿工程师霍建忱研制出P型偏心阀门，并获国家专利。1993年，通化矿务局利用转产资金投资270万元，成立矿务局偏心阀门厂，设计年生产能力2000件（套），1995年产品用户达40多家，年产值150万元。1996年，通化矿务局机电总厂利用转产资金投入418万元，引进清华大学专利技术，与清华大学共同研制出国家新一代工业泵产品——X系列渣浆泵，产品通过国家工业泵产品质量监督检测中心和省部级鉴定，在国内处于领先地位，年产量50台以上，年创产值700多万元。

辽源矿务局机电厂综合企业公司机加车间和矿山机械厂综合企业公司配件厂于1998年重组，成立泰信配件厂。2000年打入周边四平、长春、通化等市、县。2000年底，拥有机床、铣床、刨床、摇臂床等大型设备13台（件），形成配套生产加工能力，创产值1000万元。

吉林省煤田地质局与吉林省长春迈达公司于2000年签订了长期合作生产医用理疗床设备合同。仅用3个月时间，10台理疗床按期交货，实现经营收入30多万元。2005年，吉林省煤田地质局全面进入找煤新阶段，扩大勘探规模，增加设备。40天之内，生产出3台（套）千米钻机。为确保生产钻机合法化,吉林省煤田地质局经多方努力顺利拿到吉林省质量技术监督局颁发的生产许可证。根据市场需要,着手千六钻机的研发、生产。截至2009年,累计生产千米钻机6台(套)、千六钻机22台(套)。"十一五"期间,吉林省煤田地质局下属的公主岭机械厂开发、研制、组装千米钻机、千六钻机共28台(套),及时运到找煤现场。

二、冶炼工业

(一)金属镁

1995年,通化矿务局投资3450万元,依托当地丰富的白云石资源,开发金属镁项目,在大湖煤矿建设金属镁厂,设计年生产能力1000吨,当年产值3500万元,利润1013万元。1997年9月,项目全部建成,1998年2月,正式投入生产;同年3月,产品出口美国30吨。2000年,金属镁冶炼单罐产量19.42千克,240吨镁锭出口韩国、日本。

(二)工业硅

2004年7月,经吉林省政府批准,东林硅业股份公司以国有股权划转的方式,变更为杉松岗矿业公司管理。公司位于靖宇县靖宇镇城郊,原名东林冶炼股份公司,总股本1020万元。2004年12月,东林冶炼股份公司更名为东林硅业股份公司,员工570人,占地面积11万平方米,建筑面积1.8万平方米。主导产品金属硅、颗粒炭和活性炭。工业硅产品全部出口,主要出口到日本、韩国、美国等国家和欧洲。公司通过实施科技兴企、规模效益和质量管理战略,取得了可喜成效,通过了ISO9001质量管理体系认证。2004年,实现产值6500万元,销售收入8000万元,利税500万元,先后被评为"白山市文明单位""吉林省重合同守信誉单位""吉林省销售工作先进单位"。

(三)电石

1995年,舒兰矿务局三产贴息贷款投资200万元,生产规模2000吨/年,利用机电总厂原车间进行改造,1997年4月投产,截至2000年累计生产电石2609吨,2001年停产。

三、瓦斯发电

辽源矿业公司从2006年初开始进行瓦斯发电项目的调研、考察、论证工作,仅用3个月时间建成梅河煤矿二井、三井2座瓦斯发电站,同年10月正式发电,总装机容量3500千瓦,总投资1840万元。截至2007年5月,累计发电851万千瓦时,节约电费460万元。2008年5月,与之配套的CDM项目(碳减排获得资金支持项目)通过联合国核查机构第二次复查,9月12日正式注册为CDM项目。

2010年,吉林省煤矿瓦斯利用实现突破,瓦斯年利用352万立方米,全省建立梅河煤矿二井、梅河煤矿三井、八连城煤矿、板石煤矿、松树镇煤矿5个低浓度瓦斯发电站,装备机组23台,总装机规模1.15万千瓦,年瓦斯利用量350万立方米以上。

四、医用胶囊、食品加工

1994年,舒兰矿务局三产贴息贷款2000万元,在营城煤矿建设年产10亿粒医用胶囊厂。1995年开始建设,1996年10月试生产,1997年产量24589万粒,1998年产量26024万粒,1999年该厂随营城煤矿一并划出。

1996年,舒兰矿务局三产贴息贷款投资计划1000万元,成立天绿营养制品厂。利用大豆、绿豆、黑豆生产各种豆粉,设计能力2000吨/年。1997年4月在丰广煤矿建厂,1998年5月投产,1999

年产量 23.91 吨，2000 年产量 103.45 吨，2003 年破产出售。

五、造纸、印刷业

通化矿务局铁厂洗煤厂于 1989 年成立造纸厂，年产瓦楞纸 100 吨，外销的同时，为道清煤矿的纸箱厂提供原材料。1995 年承包给个人，2004 年铁厂洗煤厂破产。

通化矿务局五道江煤矿于 1993 年成立塑料复合彩印厂，年生产能力 60 万吨，创产值 300 万元，填补了通化、浑江两市塑料彩印包装物的空白。2001 年，五道江煤矿关闭破产，该厂划归矿务局印刷厂管理。

通化矿务局印刷厂从 1991 年开始采用微机排版、激光照排技术，成立彩印车间，填补了浑江市印刷业的空白。1992—2000 年，年产值均在 150 万元以上。

梅河煤矿印刷厂位于梅河煤矿机电总厂东侧，占地面积 600 平方米，建筑面积 300 平方米，职工总数 14 人，2007 年产值 48 万元。

六、膨润土

吉林省煤矿从事膨润土开采的有舒兰矿务局营城煤矿（1999 年 1 月 1 日从舒兰矿务局划出，归吉林省煤炭工业局直属）和刘房子煤矿。

营城煤田中伴生的膨润土矿床，工业储量 2120 万吨，其中钠质膨润土 1399 万吨，远景储量 3053 万吨，可做黏结剂和悬浮剂等。1986 年，营城煤矿膨润土加工厂正式投产。1990 年，生产原矿石 700 吨，加工土粉 5600 吨，收入 62.89 万元。1996 年 5 月，营城煤矿膨润土加工厂进行改造，新上膨润土化工厂项目，1997 年投入生产，1999 年随营城煤矿划归吉林省煤炭工业局管理。

刘房子煤田煤层中伴生有钠基膨润土，总储量为 2177.4 万吨。其中：B 级储量 323.8 万吨，C 级储量 877.2 万吨，D 级储量 976.4 万吨。1982 年开采，到 1990 年采原矿 57440 吨，加工土粉 1698 吨，其中有 717 吨销往日本、菲律宾、瑞士、新加坡等国家以及中国台湾地区。20 世纪 90 年代中期，刘房子煤矿依托资源优势，成立膨润土公司，大搞膨润土开发。1995 年，实现利润 390 万元。1996 年，销售收入 1099 万元，年末固定资产净值 1739 万元。2000 年，销售收入 3849 万元，实现利润 90 万元。

七、还原铁（海绵铁）

杉松岗煤矿生产公司于 1984 年依靠矿区周围县市丰富的铁矿资源优势，利用矿区停产的旧厂房，自筹资金建起磁选加工厂，年产铁精粉 1 万余吨。1995 年，生产铁精粉 7922 吨，盈利 47.6 万元。1997 年开始，开发建设海绵铁（还原铁）项目，总投资 2100 余万元（其中：由工商银行贷款 1039 万元，利用矿区闲置的厂房和废弃的电厂盘活资金 650 万元，非煤产值利润投入 410 万元），建成年产 2.5 万吨还原铁的生产线。2000 年 10 月试生产。项目建成投产后，年创产值 3600 万元，安置富余人员 280 人，利润 300 万元。

复森海绵铁公司为国有独资公司，成立于 2000 年 1 月，注册资本 1600 万元，位于辉南县杉松岗镇，占地面积 7.5 万平方米，是在杉松岗矿区煤炭资源枯竭的情况下，利用周边铁矿石和矿区可利用的闲置厂房投资兴建的转产项目。公司采用独特的斜坡炉罐装工艺，利用煤基法生产海绵铁，年生产能力 2.5 万吨，年产值 3200 万元，从业人员 243 人。公司下设海绵铁厂、选矿厂、特种铸造厂。2006

年 5 月，杉松岗矿业公司将复森海绵铁公司股权予以转让，集中人力、物力、财力建设了靖宇海绵铁生产项目。

天宇海绵铁有限公司于 2006 年 7 月成立，是杉松岗矿业公司的全资成员企业，注册资本 1000 万元，公司总部和生产基地在靖宇县城靖宇镇，占地面积 4 万平方米，建筑面积 13000 平方米。公司在总结原复森海绵铁公司生产工艺特点的基础上加以改进并创新发展，采用国际先进的隧道窑罐装工艺，生产属于高纯铁的海绵铁，海绵铁主要用于特种钢冶炼，广泛应用于航天工业和军工生产。公司年设计能力 15 万吨，是东北地区重要的海绵铁和粉末冶金生产基地。公司海绵铁生产工艺根据公司自身和周边煤炭、铁资源丰富的特点，采用煤基法还原工艺，具有产品质量稳定的特点。

八、其他产品生产

舒兰矿务局机电总厂其他产品主要有钢水、树脂锚固剂和氧气、乙炔等，用以保障配件加工、矿井锚杆锚网支护和矿务局各单位对氧气、乙炔的大量需求。

钢水由铸造车间生产，主要用于配件加工，20 世纪 90 年代，随着用量减少，钢水产量处于逐年下降趋势。2003 年停产。2006 年恢复铸造生产，随着外部市场逐步扩大，钢水产量逐年上升。2010 年，产量近 3000 吨。

树脂锚固剂由制氧车间生产。2007 年，机电公司购进全套锚固剂生产设备，开始生产树脂锚固剂。第一年产品主要供应集团公司内部矿井使用。2008 年开始，产品逐渐销往吉林省和内蒙古自治区一些中小煤矿，实行以销定产，最高年产量达到 100 万支。

氧气、乙炔由制氧车间生产。由于成本高，从 1996 年开始由职工集资购买液氧贮藏罐，通过购买液氧生产氧气，降低了生产成本。每年氧气生产量在 15 万~20 万立方米。乙炔的前期生产主要通过购买电石来进行加工，后期自己建立了电石生产车间，自主进行乙炔生产。氧气、乙炔除供给矿务局各单位使用外，还在舒兰地区周边销售。1999 年，由于电石生产工艺落后，成本过高，又改为购买电石生产，1996 年投产的电石车间于 1998 年停产。2008 年，由于乙炔生产设备老化，安全得不到保障，停止了乙炔生产。

第四节 养殖加工业

20 世纪 90 年代，国家逐年减少对煤矿的补贴，同时受吉林省煤矿衰老报废矿井多等因素影响，煤矿企业生产经营和煤矿职工的生活遇到前所未有的困难。吉林省各煤矿企业积极组织生产自救，开始第二次创业，养殖业开始起步。1995 年，吉林煤管局聘请有关专家举办 6 期种植、养殖培训班，261 人培训结业。同年 5 月，辽源矿务局水泥厂、建筑安装公司、生活公司、房地产管理处、开发公司、西安煤矿多种经营公司、供应处多种经营公司、十四厂多种经营公司等 13 个有条件的单位，相继进行养殖生产的尝试。到年底，全矿务局养猪 676 头，出栏 311 头；养牛 36 头，养鹅 920 只，出栏 720 只；养鱼 12.6 万尾，收入 5 万余元。修建猪舍 4100 平方米、牛圈 1675 平方米、羊舍 315 平方米、鸡鸭鹅舍 4182 平方米。购置粉碎机、铡草机、除草机、脱粒机、孵化器等 50 多台（套）。1996 年，在资金极度紧张的情况下，各单位积极筹措资金，充分利用各自的自然地理条件，发展养殖业。泰信煤矿、梅河煤矿、平岗煤矿、建井工程处等单位也开始养殖生产。养猪、牛、羊、鸡、鹅等家畜家禽并在当地市场销售。同年，全矿务局养猪1788头，出栏1236头；养牛59头，出栏46头；养羊181只，出栏134只；养鱼10500尾，产鱼10.5吨；养鸡、鸭、鹅、鹌鹑31819只，出栏26319只，产蛋45吨。全年创产值199万元，安置147人。十四厂建成经济动物养殖基地，建成鹿舍2318平方米，养成鹿仔122头。建新鱼塘1500平方米，养鱼1000多万尾，并试养林蛙（2万多只）及蓝狐等经济动物。全局的种植养殖业基本实现由福利型向生产经营型转变。1997年，出现滑坡现象，1998年，仅养家禽52900只、养鹿221头，产值66万元。截至2000年，全矿务局已经没有养殖生产。

万宝煤矿租用内蒙古新佳木农场养羊1000多只、养牛200头。1995年盈利5万元。舒兰矿务局采取职工集资的方法，筹资358.6万元，用于养殖业。1996年，建猪舍7290平方米，养猪2000多头，租用58公顷林地，放养林蛙2.5亿只。1998年，生猪出栏4000头、羊出栏2800只、牛出栏450头、鸡出栏56000只。1998年，通化矿务局投入236万元搞种养业。大湖煤矿养殖场养梅花鹿300多只。蛟河煤矿大兴鹿场养鹿257头。

舒兰矿务局多种经营产业中养殖业所占比例较小，吉舒煤矿、丰广煤矿、东富煤矿、舒兰街煤矿和劳动服务公司主要养牛、猪、鸡，数量很少，营城煤矿养鸡场存栏数10000只左右，年产值30万元。1991年底，全局生猪存栏516头、鸡存栏22000只、牛存栏98头。1993年，发展养殖业成为多种经营开发的主要项目，矿务局采取职工集资办法，用集资贷款方式鼓励富余人员发展养殖业，当年全局集资180万元，为80余名职工提供贷款，建猪舍2000平方米、羊舍800平方米、牛舍240平方米、鸡舍3000平方米，当

年饲养生猪1800头、羊680只、牛180头、鸡24000只，不仅满足了矿区、肉、禽、蛋市场供应，改善了职工生活，还为部分富余人员自谋职业创造了出路。截至1995年，生猪存栏2600头、羊存栏1800只、牛存栏280头、鸡存栏36000只。当年矿务局投资55万元，在二道乡大北盘山内建起一座林蛙养殖场，引进美国林蛙260只，进行孵化养殖，放养面积6平方千米，1999年，因繁殖场地水源不足，与林地不配套，孵化量过低，经济效益差，停止养殖。同年底，全局生猪存栏4000头、羊存栏2800只、牛存栏450头、鸡存栏56000只。由于连续两年市场疲软，疫情较重，分散养殖效益很差，使全局养殖业无法形成规模继续发展而相继转产。

一、禽产品养殖加工

1991—2010年，杉松岗矿区的养殖加工业从小到大，成功地走出一条庄衰老煤矿逐步发展成为一个集煤炭企业转产和农业产业化龙头两大功能于一体的多元化现代企业集团之路。

（一）利用地域优势，发展养鸡业

1985年，为解决矿区职工吃菜难的问题，杉松岗煤矿领导班子安排当时的矿属综合性企业——生产公司（前身为矿综合科）利用废弃的四井厂房饲养蛋鸡，办起了养鸡场，并聘用了养鸡专业人才。1988年，在吉林省财政厅的支持下，投资300万元，利用闲置的二井厂房，办起肉鸡屠宰加工厂，年加工肉鸡能力20万只。

1994年12月，按照吉林省煤炭工业局要求，杉松岗煤矿制定了在搞好原煤生产的同时，大力发展矿区养殖业的矿区"九五发展规划"。1996年，在省煤炭局和省财政厅的大力支持下，矿生产公司养

鸡场将原存栏种鸡2万套增加到4万套，增加孵化器、出雏器各8台，使年产种蛋和鸡雏的孵化能力分别达到400万枚和300万只。新建种鸡场的同时，投资扩建一座年生产能力2万吨的综合饲料厂。并对原有300吨存储能力的冷库进行扩建，使存储冷冻产品能力达到1500吨。1997年，投入资金重点改造肉鸡屠宰线，年屠宰加工能力由20万只提高到80万只，分割产品有鸡肉、鸡胗、鸡腿、鸡翅等30余种，销往北京、兰州、杭州、哈尔滨等多个城市。

1997—1998年，矿区利用闲置的厂房、宿舍和办公室，对养殖场所进行改扩建，改造完成后，种鸡场、饲料加工厂、肉鸡生产线多安置人员350人，安置人员总数达到600余人，带动矿区职工家属和周边市县农村发展养鸡业，从事养鸡业人数达到上千人，养鸡户改过去庭院养鸡、大棚养鸡为专业化大棚养鸡，截至1999年，矿区及周边养鸡大棚发展到28个。

1999年，矿区原煤产量22万吨，亏损2547万元，而非煤产值6100万元，利润310万元，首次实现养殖业产值超过原煤产值。

（二）增加养殖品种，开展深加工，延长产业链

在做大做强养鸡业的同时，杉松岗煤矿又在养殖品种上进行积极探索，增加养殖品种，养鹅、养鸭，开发鹅肥肝产业；发展海水养殖业；研发生物技术，发展SPF无菌蛋生产。三项产业的发展，壮大了养殖业的规模，提升了企业的经济效益。

1999年，发展养鹅业及生产鹅肥肝。设育种中心、鹅肥肝生产厂、鹅产品深加工厂、原种鹅场和饲料场等。2000年，企业与吉林农业大学等科研院校共同进行鹅业生产的研究与开发，组成由国内著名养鹅专家及农牧院校毕业生为主的科技队伍，成为国内唯一引进世界良种——法国朗德鹅、莱茵鹅原种的厂家。研究开发出蛋肉毛兼用Ⅰ型、肉毛兼用Ⅱ型、肝肉兼用Ⅲ型等长白鹅配套系列产品，通过了农业部家禽品质检测中心检验和吉林省科技成果鉴定。

2001年，吉林正方农牧发展有限公司组建，注册资金300万元，其中，生产公司投资30万元，个人股东270万元（其中社会资金142万元）。同年4月，吉林正方农牧发展有限公司完成了股份制改造，组建吉林正方农牧股份有限公司，注册资金2800万元，其中，自然人投资2748.4万元，生产公司投资51.6万元。

2002年，通过租赁形式，取得海滩荒地使用权，开发海水人工养殖业，组建青岛卓越海洋科技有限公司，注册资本500万元，占地面积400亩，建筑面积46000平方米。公司有员工和科技人员60余人，中级以上科技人员12人。公司成立后，先后与黄海研究所、中国海洋大学等驻青院校结成生产联合体，承担了多个科研项目，作为黄海研究所和中国海洋大学的实验基地，与科研院校合作的"海参工厂化养殖技术开发""中国对虾无公害养殖技术""对虾工厂化养殖与质量安全控制技术""环境胁迫对对虾抗病力的影响及其人工调控""液态氧纳米增氧技术在海水养殖中的应用研究"等项目，全部通过专家评审鉴定。占地近400亩的养殖基地在青岛是最大的海水养殖企业，年产大鲮鲆等珍贵鱼种60多万尾；并有专门车间饲养海参、鲍鱼、虾等。整个基地年销售收入近2000万元，利润400万元。公司被青岛市海洋与渔业局批准为"无公害农产品基地"，并颁发无公害农产品产地认定证书。2010年，经公司董事会研究决定并报吉煤集团批准，该基地

经中介机构评估作价后，转让给山东一家养殖企业。

（三）品牌产品打造

杉松岗煤矿在发展养殖业的过程中，注重延伸养殖业的产业链和品牌效应。1997年初，研发出"卓越"牌和"小康"牌优质饲料，自用并推向市场，同年底，生产出"卓越"牌系列肉鸡浓缩料、肉鸡全价料、蛋鸡浓缩料、蛋鸡全价料、种鸡全价料，以及猪浓缩料、鱼用全颗粒料等各种饲料，经过代理商行销东北三省。

2000年，矿区建成鸡肉分割产品深加工项目——"卓别琳"牌方便食品生产线。利用这一生产线，对肉鸡分割产品进行深加工，生产出"卓别琳"牌系列休闲食品。该休闲食品投放市场后深受欢迎，很快便进入沈阳、长春等几家较大的超市，且每年都在全省农博会上亮相。

"卓越"牌、"小康"牌两大品牌饲料和"凤福堂"牌、"卓别琳"牌休闲食品，先后通过ISO 9000质量管理体系和HACCP食品安全体系认证，主要产品在中国长春国际博览会获金奖。

二、工业园区建设

2006—2010年，卓越股份公司（肉鸡产业）、正方股份公司（鹅鸭产业）、青岛海水养殖地、复森公司（海绵铁）、华宇公司（洗煤厂）、东林分公司（工业硅）等公司制企业先后发展起来。"卓越"牌饲料、正方鹅产品、"卓别琳"牌食品等一批独具特色的非煤产品形成了真正品牌优势。

（一）卓越股份公司6万吨肉鸡屠宰线食品工业园

2006年11月16日，卓越股份公司6万吨肉鸡屠宰线食品工业园项目工程严格按欧盟标准要求建成投产并试运行；12月，公司被中国绿色食品发展中心授予绿色食品证书。

2007年9月27日，卓越股份公司通过了中国方圆标志集团公司的审核，获得ISO0991：2000管理体系认证证书；10月，卓越股份公司被中国国家认证认可监督管理委员会授予中华人民共和国卫生注册证书；11月，卓越股份公司获得农业部农产品质量安全中心颁发的无公害农产品证书。

2008年1月，卓越股份公司被吉林省饲料协会授予"吉林省饲料行业诚信企业"称号，公司生产的"卓越"牌鸡腿被吉林省政府认定为"吉林省名牌农产品"；4月12日，卓越股份公司被农业部等八部委授予"国家级农业产业化重点龙头企业"称号。

（二）正方股份公司万吨禽产品深加工食品工业园

正方股份公司万吨禽产品深加工食品工业园是以生产世界经典食品"肥肝"为主的现代农牧企业。2006年，公司通过几年的探索及国内外考察论证，新开发出鸭肝产品。

2007年，正方股份公司在梅河口市建成的万吨禽产品深加工食品工业园，是梅河口市经济开发区的招商引资项目，项目投资1.9亿元，建筑面积6万平方米，占地面积14万平方米，建有屠宰加工厂、深加工厂、饲料厂、填饲厂、羽绒加工厂及公司办公楼，整个企业按国际标准设计。

2008年，正方股份公司年存栏育成种鸭和产蛋种鸭11万套，年生产鸭雏1100万只，年放养鸭雏1020万只，出栏肉鸭1000万只，年屠宰肉鸭980万只，年加工饲料14万吨，年加工原毛1200吨，年产肥肝500吨，年生产鸭肉各类食品1800吨。2008年开始，正方股份公司企业规模、行业影响力和带动作用不断增强，获有20余项国家专利，掌握世界一流的肥肝生产加工技术，产储量在国内市场占1/3。取得了非国家重点保护野生动物驯养繁殖许可证和销售许可证书，是中国水禽生产20强企业之一，荣获"中国十佳水禽生产企业"称号，获得"吉林省现代化牧业经济发展先进集体"和"2008年北京奥运会免检食品"等荣誉称号。公司养殖的"朗德鹅"和"长白鹅"在中国长春国际农业食品博览会上被评为"神农杯"动物大赛金奖。

2010年5月，被农业部等八部委授予"国家级农业产业化重点龙头企业"称号。同年末，正方股份公司总资产35544万元，占地面积223万平方米，建筑面积18万平方米。年可屠宰加工水禽2000万只，主营产品为肥肝、优质雁肉、饲料和种禽4大系列218个品种。鲜冻肥肝产销量占全国肥肝市场的1/3，是中国唯一生产肥肝深加工产品的厂家。营销网络覆盖中国主要城市，与麦德龙、家乐福、沃尔玛等国际连锁超市建立了长期合作关系，并销往日本、中国香港等国家和地区。

（三）卓越生物技术工业园

卓越生物技术工业园是以饲养无特定病原（Specific Pathogen Free，SPF）鸡、生产SPF卵、供应SPF鸡和生物制品研发为主的高新技术型企业。2007年12月成立，是杉松岗矿业公司的全资公司，注册资本2000万元，位于吉林省辉南县抚民镇榆树岔村，占地面积78717平方米，建筑面积19600平方米。其中鸡舍17000平方米，SPF鸡舍10栋，每栋饲养4000只蛋鸡和2500只育雏鸡；库房2000平方米，质检消毒接待区300平方米，配电室300平方米。总投资10389万元，原计划于2008年3月4日完工，因资金等因素影响，2010年底完工。

第五节 农 业

20世纪90年代，吉林省煤矿企业针对煤矿生产经营困难，积极组织生产自救，农副业、种植业开始起步。

（1）舒兰矿务局。1991年，舒兰矿务局农业生产主要由多种经营公司经营，从业人员多为"五七家属工"，共290人，土地1120亩，农产品以蔬菜为主，品种有辣椒、大葱、马铃薯、茄子、白菜等，蔬菜产量75.5万千克，产粮7.5万千克，油料作物（大豆）4.15万千克，种植果树10亩。1995年，舒兰矿务局种植业有了发展，从业人员520人，种植用地3500亩，建立9个种植基地、4个生产场，种植品种也有所增加，蔬菜年产量150万千克，粮食年产量12.5万千克，种植果树110亩、药材5亩，年产鲜药材300千克、沙果及苹果2.5万千克。1998年末，舒兰矿务局9个种植基地3500亩，4个生产场，年产蔬菜500万千克、粮食30万千克，种植果树110亩、药材5亩，年产鲜药材300千克、沙果2.5万千克，年产值达171万元。1999年开始，由于种植业效益差，所用土地先后被附近村、屯、队、社收回，失去了继续发展的基本条件而相继取消。

（2）通化矿务局。1996年，通化矿务局五道江煤矿工人王希云在矿工会的帮助下，盖起塑料大棚，种植蔬菜。八道江煤矿因工致残工人李树顺的妻子高凤云，在矿领导帮助下开荒种地，每年收入万元以上。

（3）辽源矿务局。1995年，辽源矿务局开垦耕地401亩，收获粮食85000千克，种植大棚蔬菜3900平方米，收入0.48万元。1996年，各单位筹措资金发展农业。主要产品有玉米、稻谷、豆类和绿叶蔬菜。当年全局种大田 1500 亩，产粮 466 吨；栽果树 5210 棵；建蔬菜大棚 3500 平方米。1995—1999 年，辽源矿务局开发公司生产经营总额 15 万元。由于多种原因，全局的农业生产逐年萎缩。2000 年，全矿务局农业生产不复存在。

吉林煤炭工业志

第九篇
经营管理

1991—1994年，吉林省国有重点煤矿按照煤炭工业部要求，继续实行投入产出经营承包责任制，企业逐步由单纯生产型向生产经营型转变。

1995年开始，煤矿企业经营管理的重点开始向以企业经济效益为中心的轨道转移。由于煤炭市场饱和，煤炭价格偏低，用户长期拖欠货款，煤矿企业经营管理遇到了很大困难，库存积压，资金紧张，亏损严重，多年积累的安全生产和职工生活欠账等问题显现。

1998年，国务院决定，原煤炭工业部直属和直接管理的94户国有重点煤矿下放到各省管理。同年8月，吉林省辽源矿务局、通化矿务局、舒兰矿务局、珲春矿务局、辽源煤机厂、营城煤机厂、蛟河煤机厂、长春煤炭科研院所、煤田地质局及11个勘探单位、煤管局附属单位一并下放到吉林省政府管理。2000年4月，成立吉林煤矿安全监察局，并加挂吉林省煤炭工业局牌子。

2009年1月，吉林省煤炭工业局撤销，成立吉林省能源局，同年成立吉林省煤业集团有限公司，直接管理各矿业公司。

随着改革的深化和煤炭市场逐步成熟，吉林省国有煤矿企业开始摆脱多年形成的困难局面，煤炭产量和经济效益开始有了恢复性增长，生产经营的困难状况有了较大的好转，煤矿企业经营管理在改革和社会主义市场经济发展中得到逐步完善。

第一章 物 资 管 理

第一节 供应体制与机构

1991年，吉林省国有重点煤矿物资供应由东煤物资公司实行"两集中、五统一"（集中花钱、集中采购，统一计划、统一采购、统一调度、统一平衡、统一管理）的管理体制，各国有重点煤矿均设立供应处或供应公司。

1993年，吉林省国有重点煤矿物资供应的主渠道为东煤物资公司。大宗材料、设备、配件等统配物资按计划分配调拨，各矿务局供应处负责三类物资采购和供应管理。地方煤矿所需的国家统配物资，由煤矿向所在市物资局提出申请，所在市物资局编制申请计划上报吉林省物资局，计划批准下达后，省物资局通过各市物资局进行分配。

随着国家经济体制的改革与发展，煤炭物资供应领域出现计划内物资统一分配指标和计划外物资自行采购的"双轨制"情况。国有重点煤矿向东煤物资公司报请国家统配物资计划指标，煤炭工业部物资供应部门每年按比例下达分配指标。各企业供应部门参加煤炭工业部组织的各种物资订货会议，存在的物资需求缺口（计划外）由东煤物资公司协助解决。

1994年，东煤公司撤销，成立吉林煤炭工业管理局，实行计划供应与定额、定量供应体制。

1998—2000年，各矿务局实行"两集中、五统一"管理办法。把财权、物权高度集中在矿务局，做到钱归一家花、物归一家管。实行统一计划、统一储备、统一订货、统一供应、统一管理。

2000年，各矿务局通过体制和机构改革，重新组建物资管理处，对大型和大宗材料招标采购；实行采购、储备、供应集中化、科学化、专业化管理。

2006—2009年，吉林省各矿业公司成立物资供应公司，负责物资供应工作。矿业公司内部实行公司、矿（厂）、井口、段队四级管理模式。建立资金、物资"两集中"和计划、采购、分配、调拨、管理"五统一"的管理体制。

2009年，吉煤集团组建后成立物资供应分公司，建立规章制度，进一步明确吉煤集团所管控的物资品种和范围。

第二节 供 应

一、供应渠道

1991—1993年，吉林省国有重点煤矿物资供应渠道主要有：国家统配物资按批准的物资供应计划，由国家物资管理部门分配指标并组织统一订货；由市场供应的三类物资，企业自行采购；煤矿专用产品由煤炭工业部定点厂生产，煤炭工业部管理部门组织供应；东煤物资公司组织有关煤矿企业协作生产的机电设备、配件、坑木、火工产品、建筑材料等，由东煤物资公司组织供应或自行采购；煤矿企业自力更生、修旧利废生产的煤矿物资自行安排使用。

1994年，国家取消煤矿物资统配计划，煤矿企业所需物资进入市场调节。为适应物资供应进入市场经济的新形势，各矿务局及时作出调整。辽源矿务局成立了隶属供应处的物资供应公司，职能是面向市场组织资源。同时，发挥长春、四平、沈阳、北京等驻外机构在面向市场组织货源方面的作用，使全局供应系统形成多种形式、多种渠道组织资源，保证了供应的新格局。1997年，供应处对量大及高值物资确定了重点进货厂家，建立了钢材、坑木、水泥、电缆、轴承、输送带、煤电钻、火工品等八大物资采购基地（其中：钢材主要以辽宁鞍钢、本钢，河北唐山钢铁厂为基地；坑木主要以大兴安岭及长白山林区为基地；水泥以松江水泥厂和亚泰为基地；电缆以上海、天津、沈阳为基地；轴承以瓦房店为基地；输送带以上海为基地；煤电钻以天津为基地；火工品以抚顺、阜新为基地）。

2010年，吉煤集团成立物资供应分公司，明确吉煤集团所管控的物资品种和范围，归吉煤集团物资供应分公司采购的大宗物品有30多种。

二、物资采购

1991—1994年，是计划分配加市场调节的"双轨制"时期。吉林省国有重点煤矿物资采购工作的基本原则是以计划为主，能加工生产的物资不向外订购；订购物资严格执行订货计划，严禁超计划订购或采购，并且订购物资均按照先近后远、比质比价进行；属于统配、部管、二类机电产品、三类物资，矿务局为统一订购单位；由基层矿（厂）自行订购时，由矿务局统一审批、统一付款；属于专用和技术性较高的物资，由物资部门协助采购；对用量大的低值易耗品的订购，固定供货单位，做到择优定点、定量、定时供应；一般性的三类物资，就地、就近采购，实行一次订购，分期分批交货、付款。

1995年开始，矿务局对部分物资实

行分散管理，由基层单位自行采购，有的矿务局出现"煤木"以物易物的采购形式。

这一时期，各种物资的采购权限和采购方式基本上是矿务局管品种集中采购，对消耗有规律、批量价值高的物资统一由供应处集中采购。对通用性强、技术含量低、货源充足、生产急需、使用批量较小的物资进行比质比价采购。对独家生产、专利产品或主机配套产品，实行定点议价采购。

矿（厂）管品种物资自用自购，主要是批量小、品种繁多、不适合集中采购的物资，没有计划的临时急需物资，局内部非煤类产品、自加工产品等，在质量合格、价格合理的情况下，矿（厂）可优先自行采购。

2000年开始，由于煤炭市场和煤炭销售情况好转，吉林省国有重点煤矿均实行了集中采购，先后成立了招标处、质价处，会同企业纪委、质量检查和监督机构、法律事务处等，约束并规范采购行为，实行对物资计划、合同签订、价格确定进行全过程审计和监督。各矿务局在采购计划、质量、价格方面采取了控制措施，收到了较好效果。

采购控制：无计划不采购，无计划不验收。供方资证不全不签合同，对基层采购物资规定最高限价。供应处（公司）会同审计处、监察处对基层定期检查，通报检查结果，出现问题限期整改。

计划控制：生产建设所需物资计划，由生产处和计划处审批后，由供应处统一采购，保证年度计划和月计划准确实施。坚持用多少、采购多少的原则，临时计划分级审批程序。

质量控制：除独家经营的特殊物资外，需要对三个以上有资质的供货单位实行"四比"（比质、比价、比运距、比售后服务）的原则，择优采购。对于无产品合格证、无生产许可证、无煤矿安全标志等证件的商品拒绝验收。配件与材料到货，由企业的监督检测中心测验，并出具检测报告。出现问题追究质量违约责任。

价格控制：由企业的采购价格监控领导小组和质价处，负责拟采购物资的限制价格，供应处按已定的限价进行订货。

招标采购：由企业管投标、招标的部门，负责召开大型设备、主要物资招标会。招标会在企业生产、计划、审计、监察等有关部门和使用单位的参与及监督下进行，做到信息公开，体现公平、公开、公正的原则。

2005年，开始增加了招标议标和代储代销采购进货渠道。2010年末，招议标采购几乎覆盖所有物资品种，招标议标采购额占总采购额的92%。

第三节 物资储备

一、储备管理

（一）辽源矿业公司

1991年，辽源矿务局物资储备分为正常储备、季节储备、特准储备3种形式。正常储备（经常储备）是指用于保证正常生产而经常周转的物资储备。季节储备是指为适应进料或用料消耗季节性要求而提前进行的物资储备。特准储备是指对供应比较困难，需要进口和特殊专用，极为稀缺的物资或生产厂家只有接到订单才安排生产的物资储备。

2000年，辽源矿务局在物资储备管理工作中，把重点放在处理超储积压物资上，要求各单位将超储积压物资装订成册上报供应处，通过每月的计划平衡会在局内调剂，或是通过还欠、抵账、串换、折价出售等方式向局外调剂，同时冻结输送带、闸阀等四大类95个品种物资采购。

2006年3月，辽源矿业公司印发文件，对储备资金管理作出了具体规定，2007年加以细化。规定根据核定的物资储备定额，分类别品种，按"两额"下库标准进行储备。对订货合同进行审计，严格执行质检验收制度和标准，对超订货合同数量的物资及时清退，凡计划没有编报的，不予验收入库。原煤生产单位逐步减少物资储备额度，向公司总库集中。推广代储代销业务，扩大无储备物资品种。实行物资储备包干，将物资储备"两额"占用指标和责任层层分解落实到品种和人头。对现在库存情况进行分析，清仓利库优化储备结构。加强物资仓储管理，健全完善各项规章制度，减少物资在保管保养期间的损失和浪费。对不能执行代储代销的物资，按计划控制储备，做到既能保证生产需要又能减少占用。减少零星采购和二级库物资采购计划，发挥批量定量采购优势，既降低库存，又节约采购成本。

2008年，辽源矿业公司重新印发了库存物资管理办法，对库存物资管理作出新规定。建立库存物资状况的鉴定及审批制度，制定具体管理规定，明确监管及奖罚措施。同时成立以公司分管副总经理为组长的库存物资管理领导小组，公司企管部、财务部、动力部、纪委监察审计部、物资供应总公司人员为组员，经审批的库存盘盈物资冲减本单位成本。超储、积压、报废、盘亏物资处理所产生的损失由本单位成本承担。当年，对库存报废物资，经公司审批同意及时进行了处理，与生产厂家调换库存淘汰报废的350台低压开关，活化沉淀资金110万元。

（二）通化矿业公司

1991年，通化矿务局物资储备管理采用三级设库、四级管理格局，矿务局物资总仓库归物资供应处管理，各矿（厂）设二级分库，井口车间设分库由矿（厂）供应科管理，段队设手头料点由段队派人管理。

2006—2010年，通化矿业公司根据市场情况，重新调整了物资储备管理办法，物资储备主要由公司总仓库承担。坚持物资计划采购制度，当月计划消耗不留库存。进一步加大储备资金管理力度，强化目标责任管理，要求资金年周转次数要达到8次以上。所属矿（厂）生产和经营所需物资，按矿（厂）月上报的计划，由公司的物资供销分公司负责招标采购、配送。

（三）舒兰矿业公司

1991—1998年，舒兰矿务局物资储备实行定额管理。储备资金均由局财务部门会同供应部门核定。

1998—2003年，由于企业资金困难，正常储备无法保证。2003年后，舒兰矿务局实行集中储备。

2006年，舒兰矿业公司成立后，开始采用"物资超市"办法进行运作，以降低物资储备。

（四）珲春矿业公司

1991—2010年，珲春矿务局物资入库根据货运小票核对物资名称、包装、数量（件数）填写进货记录，合理安排物资货位（库房），依据入库通知单，进行集体验收，核对装箱明细，检验数量、质量及所带资料是否齐全，填写收料单，移交主管保管人员或填写入库物资短缺损坏事故报告单，保证物资安全。对于物件出库及时核销保管账、卡等。在物资仓库管理方面，注重抓物资验收、保管养护、发放、盘点等并制定相关制度和实施细则。

1993年，珲春矿务局城西煤矿供应科仓库被煤炭工业部评为全国煤炭系统先进仓库。1992—2005年，珲春矿务局供应处总库连续被矿务局评为"六好集体单位"。1992—2005年，珲春矿务局供应处总库党支部连续被矿务局评为模范党支部。1996年，珲春矿务局供应处总库被吉林煤管局评为吉林煤炭系统先进标准化仓库。

二、仓库建设

1991年开始，吉林省国有重点煤矿仓库建设进一步加强，计量检测、装卸、搬运等机械化程度逐年提高。截至2010年底，辽源矿业公司有一级、二级仓库8个，库房面积37492平方米，料场、料棚等177749平方米。其中：一级库库房面积26445平方米，料场、料棚面积157674平方米；二级库库房面积11047平方米，料场、料棚面积20075平方米。通化矿业公司2010年有职工182人，入库物资量0.6万吨，仓库占地59000平方米，仓库面积5500平方米，敞篷面积800平方米，吊车2台，汽车3台，叉车4台。

第二章 煤炭销售与运输

1991—1993年，吉林省国有重点煤矿煤炭在国家计划指导下统一销售。各煤矿企业生产的煤炭产品通过煤炭工业部组织的煤炭订货会议，制定煤炭销售运输计划。1994年后，煤炭产品实行市场调节，国家不再下达煤炭统一分配计划。2009年，吉煤集团成立，销售工作确立了"两条腿走路"的发展路径，一手抓煤炭主业销售，解决烧煤难问题，一手抓煤炭经营，解决企业自负盈亏问题；对销售计划管理、电煤管理、合同签订、煤炭调运质量价格管理等作出了明确规定。

第一节 体制与机构

1991—1993年，东煤销售公司（东煤公司所属的专业公司，总部设在沈阳）负责东煤公司所属煤矿企业的煤炭分配、调运和部分煤炭产品的统一销售工作，集中组织参加全国煤炭订货会议，区域煤炭订货会议。实行统一煤炭价格、统一订货、统一销售的煤炭销售体制。各矿务局均设选运处（或运销处、销售处），负责本局的煤炭销售和运输。

1994年3月，东煤公司撤销后，东煤销售公司随之撤销。同年，吉林煤炭工业管理局成立，内设煤炭运销处，主要职能是负责全省煤炭销售和铁路运输计划协调工作，不再承担制定煤炭销售计划和产品分配的职能。各矿务局作为煤炭产品的销售主体，与用户和铁路局分别签订产品销售合同和铁路运输合同。

1996—2000年，全国煤炭市场饱和，煤炭产品积压严重，货款回收、资金周转困难。吉林省国有重点煤矿在煤炭销售体制上，实行集中统一销售和分散销售相结合的方式，相应成立了多家实体性公司，承担煤炭销售业务。辽源矿务局、通化矿务局、舒兰矿务局等把部分煤炭销售权力下放到各生产矿或分公司，由生产矿或分公司承担部分煤炭产品销售任务。

2001年，随着国内煤炭市场的逐步好转，吉林省国有重点煤矿生产经营形势发生了很大变化，煤炭企业的销售体制也有相应改变，恢复和建立了集中统一销售管理体制和有关机构。

2009年，吉煤集团制定了《吉林省煤业集团公司煤炭销售暂行办法》，成立了煤炭产品销售价格指导委员会，对销售计划管理、电煤管理、合同签订、煤炭调运、质量价格管理、商务纠纷作出了明确规定。随着企业发展和煤炭市场的变化，进一步丰富和完善了煤炭销售管理、电煤销售管理内容，相继细化了《煤炭产品质量管理办法》《合同管理制度》《吉煤集团选煤厂管理办法》《精细化管理实施办法》《煤炭销量、价格、回款捆绑考核办法》等一系列制度。煤炭销售分公司在内部管理上，强化风险防控，每天召开销售工作调度例会，对前一天的煤炭质量、发运情况、合同签订、质量管理进行集中汇总，共同协调解决疑难问题；在指导成员企业方面，由成立之初的月例会转变为季度例会，在会议上重点解决煤炭销售市场和质量、调运中出现的新问题，对价格管理、市场布局、电煤销售进行集中协调。

第二节 煤 炭 销 售

一、销售方式

1991—1993年，吉林省国有重点煤矿的煤炭销售方式表现出计划经济和市场经济两个方面的特征，即指令性计划和指导性计划相结合的煤炭销售模式。煤炭产量、销量、价格、流向均由国家统筹安排，企业的煤炭产品分配以国家指令性计划为主，在产品销售、调拨分配、铁路运输等方面，实行统一计划。东煤销售公司负责对国有重点煤矿的电力、冶金、化工等部分用户统一销售、统一结算。

1993—1994年，吉林省国有重点煤矿煤炭产品销售由计划分配向市场调节过渡。煤炭销售计划以年初确定的煤炭生产计划指标为依据，通过煤炭供需订货会，根据国家指导性价格，供需双方签订供货合同。合同包括供货数量、产品品种、产品质量、产品价格等有关指标，价格分指令性价格、指导性价格和计划外价格。地方煤矿煤炭产品完全进入市场，自主销售，自主定价。

1995—2005年，全国煤炭销售形势逐年好转，各矿务局针对市场形势采取措施积极拓展煤炭销售渠道，采取煤炭销售人员走出去寻找市场、与用户主动联系；把用户请进家里、加强沟通与交流实现双赢；鼓励全局职工和家属参与卖煤，并给予一定的奖励；巩固老用户，发展新用户，开展横向联合，满足用户需求等多种办法，搞活了销售，增加了企业经济效益，使煤炭销售向好形势一直保持到2010年。

二、销售流向

1991—1993年，吉林省国有重点煤矿作为煤炭产品销售主体，按国家计划进行煤炭销售。1994—2010年，吉林省国有重点煤矿的煤炭产品完全由企业自行销售，各企业均有自己的煤炭销售网点。

辽源矿业公司所产煤炭销售流向以市场为主导，突破计划经济时期的流向格局，主要用于吉林、辽宁两省的冶金、电力、化工、汽车制造、铁路、林业及人民生活。其中向电力、冶金行业销售的煤量较多。辽源发电厂、通辽发电厂、康平发电厂、鞍山钢铁公司、本溪钢铁公司、辽西发电厂、长春第一汽车制造厂、通化铁路局、吉林铁路局、吉林化工公司等大企业，是公司（矿务局）的大客户、老客户，是煤炭销售流量的主体。

通化矿业公司钢煤、洗精煤主要用户是通化钢铁厂、吉林电石厂、鞍山钢铁厂、本溪钢铁厂、沈阳煤气厂等，电煤主要用户是浑江发电厂和二道江发电厂，其他市场主要用户是各市县燃料公司和其他民用煤（占煤炭销售的比例很小）。2006—2010年，钢煤流向又增加了丹东万通、唐山达丰等5个单位。其他用煤增加了一些小型洗煤厂和焦化厂等。

舒兰矿业公司1991年煤炭销售基本流向：哈大线（四平—蔡家沟），长白线（长春—前郭），吉哈线（吉林—哈尔滨），吉长线（吉林—长春），吉沈线（吉林—磐石，电煤可供章党电厂）。1993年开始，铁路方面取消流向限制。但由于舒兰矿务局生产的是低质褐煤，销售半径有很大局限性，主要供应省内电煤，极少部分供应临近的黑龙江省。

珲春矿业公司煤炭主要用户是珲春发电厂。1992—2005年，珲春矿务局外销煤炭的用户主要有长山热电厂、双辽热电厂、四平热电厂、吉林地区、延边开山屯化学纤维浆厂等。

第三节 煤炭价格

1991—2010年，吉林省国有重点煤矿煤炭销售严格执行国家煤炭价格政策，主要实施了指令性价格、指导性价格、政府采购价格及议价等（表9-2-1至表9-2-4）。其中：指令性价格、指导性价格由煤炭行业主管部门、国家物价局重工业商品价格司按照煤种和质量编制价格目录，按照不同煤种、不同质量、灰分和热值制定；政府采购价格由地方政府与煤炭企业自主协商确定；议价由供需双方协商共同确定。

表9-2-1　1991—2010年辽源矿业公司品种煤价格　　　　元/吨

年份	大块	洗中块	煤泥	洗粒煤	混煤	低质煤
1991	39.07	—	—	—	30.49	25.65
1992	87.99	—	—	—	101.21	49.79
1993	105.26	—	—	—	59.58	60.63
1994	116.45	—	—	—	101.56	68.62
1995	118.15	—	—	—	90.45	87.30
1996	120.14	—	—	—	128.73	61.58
1997	137.39	—	—	—	133.44	85.83
1998	126.62	—	—	—	131.63	91.09
1999	122.22	—	—	—	119.39	91.64
2000	114.52	—	—	—	108.78	87.47
2001	113.00	—	—	—	117.22	85.67
2002	149.61	—	—	—	120.63	81.42
2003	157.42	—	—	—	121.05	66.94
2004	188.52	—	—	—	146.37	119.25
2005	143.90	286.57	122.37	259.79	219.18	161.19
2006	165.90	292.48	112.61	275.64	235.68	146.64
2007	233.87	312.56	123.60	289.61	191.12	143.35
2008	386.41	—	141.36	386.89	173.95	164.81
2009	31408	—	95.00	369.52	187.83	162.21
2010	343.40	—	98.79	484.69	249.46	138.84

表9-2-2 2001—2010年通化矿业公司商品煤价格 元/吨

年份	原煤	精煤	中煤	煤泥
1992	68.83	189.18	—	—
1993	69.46	210.12	—	—
1994	72.72	247.10	—	—
1995	76.30	278.19	—	—
1996	89.35	303.98	—	—
1997	93.58	317.99	—	—
1998	109.46	314.51	—	—
1999	128.90	313.45	—	—
2000	145.00	291.50	—	—
2001	68.83	—	—	—
2002	69.46	—	—	—
2003	107.74	—	—	—
2004	135.34	398.60	132.48	146.53
2005	218.74	601.96	177.62	137.90
2006	223.21	559.81	169.09	140.05
2007	258.52	608.70	188.12	143.46
2008	351.06	1085.07	278.26	156.50
2009	243.26	917.04	251.32	168.42
2010	470.11	1179.24	278.76	176.24

表9-2-3 1991—2010年舒兰矿业公司煤炭产品价格 元/吨

年份	平均价格	年份	平均价格
1991	25.22	2001	64.08
1992	33.09	2002	61.61
1993	50.21	2003	65.47
1994	50.15	2004	71.90
1995	64.52	2005	105.43
1996	55.28	2006	112.05
1997	56.86	2007	132.94
1998	55.34	2008	134.36
1999	55.60	2009	154.16
2000	66.07	2010	155.61

注：煤炭产品包括大块、洗中块、煤泥、洗粒煤、混煤、低质煤。

表9-2-4 1991—2010年珲春矿业公司煤炭产品价格 元/吨

年份	平均价格	年份	平均价格
1991	40.88	2001	89.09
1992	55.57	2002	87.58
1993	79.98	2003	74.07
1994	83.26	2004	89.87
1995	78.92	2005	94.28
1996	86.81	2006	109.54
1997	93.21	2007	112.97
1998	96.1	2008	216.94
1999	90.43	2009	216.85
2000	89.72	2010	219.54

注：煤炭产品包括大块、洗中块、煤泥、洗粒煤、混煤、低质煤。

第四节 煤炭运输

吉林省国有重点煤矿煤炭运输以铁路运输为主、汽车运输为辅。各矿业公司（矿务局）有各自的铁路专用线路。2009年，吉煤集团成立，部分煤炭企业实现了吉林煤炭海上运输。

一、辽源矿业公司

1991—2010年，铁路运输占全年销量的85%以上，汽车运输占全年销量的15%以下。所辖辽源、梅河、金宝屯、龙家堡矿区相继建设铁路专用线与国铁接轨，用于煤炭外运。各矿区均配置机车、自备车辆和公路汽车运输。

1991年，梅河矿区铁路专用线总长43.985千米。截至2007年底，铁路专用线总长41.4千米。

2004年6月，金宝屯矿区铁路专用线投入使用。截至2010年底，铁路专用线全长43.55千米。

2006年4月30日，铁道部批准开始建设龙家堡矿区铁路专用线，总长度13.187千米，年运输能力200万吨。

二、通化矿业公司

1991—2000年，矿区均分布在山区，东西走向达50多千米，煤炭装车点分散在10个火车站点，矿务局有产权所属铁路专用线11条，总长度53.87千米。

2001—2005年，由于部分矿、厂关闭破产，所属矿区专用线只剩8条，总长度34.54千米。

2006—2010年，通化矿业公司所属矿区专用线共5条，总长度14.19千米。有原煤仓3座，设计总容量4400吨；精煤仓7座，设计总容量10500吨；原煤库1个，容量4500吨；中煤仓2座，总容量4000吨；储煤场8处，容量28万吨。

三、舒兰矿业公司

舒兰矿业公司铁路专用线有吉舒、丰广、东富、舒兰、吉舒木场5条。矿务局物资供应公司有1条专用线，矿务局化工厂有1条专用线，2010年矿业公司有铁路专用线9.63千米。

四、珲春矿业公司

1991—2005年，珲春矿务局煤炭储运主要是在矿井周边建立储煤厂，储装运设施为铁路蒸汽机车牵引车皮运输方式。2005年企业改制后，铁路机车全部改型换代为内燃机车牵引方式。

2010年，珲春矿业公司有铁路专用线50.3千米。部分煤炭通过朝鲜罗津巷走日本海，销往上海、宁波等地。

第三章 财务与审计

第一节 财务管理体制与管理机构

1991—1992年，东煤公司作为全国55家大型企业集团之一，在财务上实行国家计划单列。东煤公司设财务部，负责所属国有重点煤矿的财务计划和有关财务指标下达、审批。

1993年，国家恢复煤炭工业部。吉林省国有重点煤矿财务工作受煤炭工业部财务司和东煤公司财务部双重领导。

1994年，东煤公司撤销，吉林省国有重点煤矿财务工作受煤炭工业部财务司和吉林煤炭工业管理局财务处双重领导。企业财务计划和有关财务指标由吉林煤炭工业管理局向煤炭工业部提出建议计划，煤炭工业部审批后通过煤炭工业管理局下达。企业财务决算由吉林煤炭工业管理局财务处组织进行，并报煤炭工业部审批。

2002年，吉林省国有重点煤矿财务决算、汇总由吉林省煤炭工业局管理，企业财务盈亏指标分配由吉林省煤炭工业局提出建议意见，吉林省财政厅通过吉林省煤炭工业局财务处下达，同时受吉林省国资委宏观指导。

2009年，吉煤集团成立，设财务部，国有重点煤矿的财务决算、汇总、盈亏指标确定、财务管理工作均由吉煤集团财务部门负责管理。

第二节 资金管理

一、流动资金管理

1991—2010年,吉林省国有重点煤矿流动资金的核算与管理,经历了集中、下放、再集中的管理过程。对定额流动资金管理总的原则是实行集中、分级、计划和归口管理相结合。各矿业公司(矿务局)负责定额流动资金的计划和考核,每年度重新核定储备资金、生产资金、产成品资金和流动资金定额,实行资金收支预算管理。集中管理生产矿的销售、回款、采购和银行信贷。局、矿两级供应部门负责储备资金管理和考核。

(一)辽源矿业公司

1991—1993年,辽源矿务局对煤炭发运、煤款结算、货款清理回收、商务纠纷的处理,实行集中核算与管理。改革全局各单位资金管理体制,实行自主经营,独立结算,局内各单位之间的业务结算由原内部转账结算变为银行往来结算。除教育处、总医院、职教中心、福利处、供应处以外,其他单位一律实行分级管理,分灶吃饭,单独结算。各单位与局之间也完全采取货币结算,局仍采取统一贷款及其管理方式。

1994年,实行资金调度,制定实施《流动资金管理考核办法》,并采取依法清欠、互抵抹账等多种措施和方法清回欠款。对部分销路不好的产品采取了停、限产措施,减少生产过程中的资金沉淀,千方百计降低资金占用,缓解资金紧张局面。

1995年,成立辽源矿务局内部银行,开始执行资金平衡会制度。对全局产品的销售货款及劳务收入实行统一代收结算,资金全部集中管理。并开始执行煤炭行业"三不"(不见钱不发煤,不见承兑汇票不发煤,不还陈欠款不发煤)政策。

2000年,辽源矿务局开展处理超储积压物资会战,实行煤炭资金的集中管理,缓解资金紧张状态。

2006年,辽源矿业公司全面推行资金预算管理,加强"四项资金"(应收账款、预付账款、其他应收款、存贷资金)占用管理。重点对所属7个公司的资金占用和资金来源实际完成情况进行检查,剖析升降原因,制定清欠、降储计划和措施。

2007年,严格实行资金预算制度和三级资金预算审批制度,严控"四项资金"占用上升额度和计划工程支出,确保资金用于项目建设、安全生产投入和提高职工工资。同年,辽源矿业公司发出煤炭应收款181719.2万元,实现回款182039.2万元,回款率达100.18%,同比增加回款3658万元。

2008年,龙家堡煤矿建设、贵州坪子煤矿并购、九台新型墙体材料公司空心砖生产线上马、云南晶源煤田开发、金宝屯油页岩开发等五大重点建设项目共投入资金69610万元。辽源矿业公司重点加强了财务收支预算管理,压缩非生产支出,加强"四项资金"占用管理,加速资金周转,确保安全生产投入、生产资金支出,积极筹措项目资金,合理安排贷款时间,保证了五大建设项目资金需求。同年,全公司发出煤炭应收款261891万元,实现回款252058万元,回款率达96.25%。

2010年,进一步加强资金管控,实行了资金预算管理制度。制定《资金预算和管理实施办法》,全公司范围在生产经营各环节上全面实行资金预算管理。各单位按月上报资金收支计划,召开资金预算平衡会议和按预算审批资金,实现了事前审批、事中控制、事后分析，提高了资金运营和管控水平。

（二）通化矿业公司

1991—1992 年，通化矿务局要求各矿（厂）严格执行物资处下达的储备资金定额，加强采购计划管理，月份采购计划必须经供应、财务、使用单位共同审定后执行。运销与有关部门经常组织对库存产品盘点，保证成品资金的准确，加快储备资金周转，加强货款回收率，使 1991 年定额流动资金比 1990 年下降 72 万元。

1993—1994 年，通化矿务局将内部银行存款、贷款利息由 6.6% 上调至 9%，对缓解资金紧张起到了积极作用。

1995 年，实行局矿（厂）两级管理、分灶吃饭的资金管理体制，通化矿务局对资金管理实行"组织、指导、调控、监督、服务"，矿（厂）实行"自我筹集、以收定支、量入为出、自我平衡"的管理机制。执行统一编制财务计划，统一盈亏指标缴拨，统一制定局内部财务管理、会计核算办法；集中承付电费，集中交纳税金，集中回收精煤、电煤货款。

1997 年，通化矿务局对货币资金即生产运营资金、基建借款资金和三产项目贴息贷款资金，实行高度集中、分权使用的管理体制。统一回收煤炭商品销售货款，统一承付电费，统一交纳税金，统一承付局管物资采购资金，统一管理调控全局货币资金，办理全部货币资金的收、付业务，集中拨付各矿（厂）单位职工工资及其他日常费用支出。直到 2010 年，通化矿业公司始终坚持执行公司矿（厂）两级资金管理的体制。

（三）舒兰矿业公司

1991—2010 年，舒兰矿业公司采取归口和分级管理办法，归口管理是指储备资金的原材料及辅助材料由供应部门管理，工矿配件由机电部门管理。分级管理的办法是局所属内部独立核算单位，根据已核定的定额流动资金总额，由局拨付流动资金，流动资金不足时，由局核定借款，按月缴纳利息。

对定额流动资金的核定和管理，局和所属单位有明确的分工。成品资金和生产资金由各单位自行核定，经局审批后自行管理，储备资金则根据物资的具体情况分为局集中储备、局和各单位分储及各单位自储 3 种形式。

凡由局集中的物资，购入物资货款由局对外结算。分拨到各单位的物资，货款通过内部银行结算。物资直接发到各单位的，货款由各单位自行对外结算。

各单位对外采购物资和对外销售产品，价款由各单位自行结算。局内各单位之间相互供应产品和劳务，价款可用现金结算，也可通过内部银行转账。

对流动资金日常管理，实行月份资金预算。财务部门根据当月可能实现的销售货款收入、其他收入和当月需要支付的材料采购款，以及其他现金支出和职工工资开支等，编制月份资金预算。在保证生产需要的前提下，进行全面平衡，以防止资金缺口；及时清理货款回收，对逾期不能回收及用户提出拒付的货款，及时和销售部门联系，积极妥善进行处理。

2005 年底，舒兰矿业公司成立后，对货币资金实行集中统一管理，货币资金的收支采用预算管理模式。财务预算分为年度预算和月份预算。流动资产施行分口管理。物资材料及出入库划归物资供应公司集中管理，机电配件划归机电管理部集中管理，煤炭销售划归煤炭运销公司集中管理。

（四）珲春矿业公司

对流动资金管理的规定是，年度承包基数确定后，各单位根据承包基数编制财务计划，经局总会计师批准后，局财务处根据计划和资金能力通过内部银行发放流动资金借款。对超占资金的单位限期收回并加收利息。电煤货款及运费实行"统一结算，分灶吃饭"的原则。

二、专用基金管理

专用基金管理的内容包括更新改造基金、大修理基金、职工福利基金、职工奖励基金和育林基金等，专款专用。1993年会计制度改革后，取消专用基金科目。按原煤成本产量提取维简费、造林育林费，按工资总额14%提取应付福利费，结余全部作为企业负债处理。

（1）更新改造基金。也称维简基金，由三部分组成：一是根据国家规定的固定资产折旧年限和分类折旧率，按月在成本中提取的固定资产基本折旧基金；二是根据原煤产量从成本中按吨煤2.5元提取的井巷工程基金；三是根据实际销量规定的标准向用户收取的吨煤维简费（块煤4.5元、原煤粉煤3元）。

2004年，财政部、国家发展改革委、国家煤矿安全监察局下发《关于规范煤矿维简费管理问题的若干规定》，进一步规范煤矿维持简单再生产费用管理，完善煤矿维持简单再生产投入机制。规定黑龙江、吉林、辽宁等省煤矿，每月按吨煤8.7元标准在成本中提取煤矿维简费（包括井巷费2.5元/吨），并明确规定了具体使用范围。这项基金统一由各矿务局集中使用，根据先筹后用原则，年初由计划部门安排计划控制使用。

（2）大修理基金。1992年前，吉林省煤矿根据国家规定，煤矿大修理基金提取标准为煤矿综采设备、铁路专用线为固定资产原值的5%，其他为2.5%。吉林省辽源矿务局、通化矿务局、舒兰矿务局分别提取大修理基金9249万元、9840万元和8915万元。由矿务局集中管理，集中控制使用。3个矿务局分别支出9431万元、7786万元和6431万元。

2005年根据新会计制度规定，取消预提大修理费，发生的修理费用改为据实列支企业管理费用。

（3）职工福利基金。1991年前，各矿务局职工福利基金按职工工资总额扣除副食品价格补贴和各种奖金后的11%提取。职工福利基金由过去的三项附加费合并提取，即医药卫生补助5.5%，职工福利补助2.5%，企业奖励基金3%。

1992年，根据财政部《关于提高国营企业职工福利基金提取比例调整职工福利基金和职工教育经费计提基数的通知》规定，从1992年5月1日起，企业按国务院统一规定发给职工的各种副食品价格补贴，其中由企业福利基金负担的部分全部改为企业成本中列支。按规定列入成本的职工福利费，由原按企业职工工资总额扣除副食品价格补贴和各种奖金（包括超过标准工资的计件工资、浮动工资、提成工资等）后的11%提取，改为按职工工资总额扣除各种奖金（包括超过标准工资的计件工资、浮动工资、提成工资等）后的14%提取，计提的福利基金的工资总额不再扣除副食品价格补贴。

2008年，根据新《企业会计准则》规定，职工福利费改按工资总额的14%提取。

（4）造林基金。吉林省煤矿企业根据《煤矿企业造林费和育林基金管理办法》规定，造林费用提取比例原则为吨煤0.1元，主要用于造林、育林、护林的设备购置和建筑工程。如有条件多造林，确需增加时，可报上级煤炭行业主管部门批准，在不增亏或减利的前提下，吨煤最高不得超过0.15元。

第三节 成本管理

一、成本变化

1992年开始，吉林省国有重点煤矿各项增支因素逐年增多，钢材、木材、电力、火工产品等原材料涨价，新开征税种及调整税率（城市建设维护税、房产税、车船使用税、火工产品调整税等），铁路运费提价，养路费征收标准和差旅费等标准提高，新增加待业保险费，以及职工工资增加等各种增支因素，造成了煤矿生产成本大幅度增加。

1994年，东煤公司撤销，吉林煤炭工业管理局成立后，狠抓煤炭原煤成本管理，各煤矿企业也都在降低和控制成本上下功夫。

吉林省国有重点煤矿合计原煤单位成本：1991年，87.26元/吨；1995年，112.85元/吨；2000年，117.89元/吨；2005年，152.73元/吨；2010年，244.38元/吨。2010年与1991年相比，原煤单位成本提高了157.12元/吨，增幅为180%（表9-3-1）。

表9-3-1 1991—2010年吉林省国有重点煤矿原煤单位成本变化情况一览表

单位	年份	单位成本（元/吨）	同比(增、减)（元/吨）	增幅(%)
辽源矿业公司	1991	79.21	79.21	—
	1995	114.07	—	—
	2000	109.16	—	—
	2005	150.88	—	—
	2010	281.6	202.39	255.51
通化矿业公司	1991	86.58	86.58	—
	1995	122.92	—	—
	2000	125.37	—	—
	2005	215.83	—	—
	2010	359.4	272.82	315.11
舒兰矿业公司	1991	69.76	69.76	—
	1995	81.76	—	—
	2000	110.26	—	—
	2005	121.08	—	—
	2010	136.68	66.92	95.90
珲春矿业公司	1991	113.51	113.51	—
	1995	132.65	—	—
	2000	126.75	—	—
	2005	123.14	—	—
	2010	199.85	86.34	76
全省合计	1991	87.26	87.26	—
	1995	112.85	—	—
	2000	117.89	—	—
	2005	152.73	—	—
	2010	244.38	157.12	180

二、管理制度

1991—2010 年，吉林省国有重点煤矿成本核算按照煤炭行业和国家会计制度规定严格执行，制定了相应的成本费用开支范围，并根据国家有关规定和政策变化适时调整修订。在成本管理上，严格实行利润与成本双向控制，采取了许多有效的措施，包括三级核算，强化内部银行控制，建立成本员岗位责任制，实行责任成本，加强考核等，对成本的大幅度上升有效控制，收到明显效果。

（一）辽源矿业公司

1995 年，辽源矿务局推行责任成本、内部银行和三级核算三项措施，强化全面成本管理。建立管理矿（厂）、总会计师为核心的成本管理责任制和落实成本员岗位责任制，加强成本考核，解决各单位成本管理存在的问题，扭转全局经济极度困难的局面。

1997 年，全局初步建立起"三条线"管理格局。

2000 年，印发《财务管理有关规定和意见的通知》，出台了缓解资金紧张状况的几点意见；全局"三条线"管理过程中实行工资倒算法的几点意见和招待费用支出管理的有关规定，进一步加强企业的成本和资金管理。截至 2001 年全局吨煤成本基本维持在 100 元左右。

2009 年，制定实施了《关于压缩各项费用支出的有关管理规定》，进一步强化成本（费用）管理，同年 10 月 9 日，制定实施《安全、降成、提质、奖罚办法》等 3 个文件，开展了生产技术线降成和管理线降成措施。

2010 年，随着国家经济快速发展，煤炭市场需求旺盛，售价逐月提高，辽源矿业公司进一步转变观念，谋求大作为，加快新发展。

（二）通化矿业公司

1991—1992 年，通化矿务局根据实际生产经营情况，确定和下达各项财务成本计划，将成本计划指标横向落实到各生产单位，纵向落实到基层班组，实行成本计划管理，使吨煤成本得到合理有效控制。年吨煤成本 98.35 元。

1993 年，开始实行新的会计核算办法，将管理费用、财务费用及销售费用以期间费用计入原煤成本，吨煤成本增加了 15.63 元，达到 124.63 元。1997 年，吨煤成本上升至 156.65 元，吨煤制造成本达到 125.56 元。

2000 年，吨煤成本由 1997 年的 156.65 元下降至 125.37 元，下降幅度为 20.0%；吨煤制造成本由 1997 年的 125.56 元下降至 95.6 元，下降幅度为 23.9%。

2003—2005 年期间，由于受多种增支因素影响，使吨煤成本达到 215.83 元，吨煤制造成本达到 130.93 元。

（三）舒兰矿业公司

舒兰矿务局成本管理实行统一领导，分级管理与部门管理相结合的原则，实行局、矿（厂）、井口、段队四级管理体制。矿务局负责全部成本和全部费用的管理。局所属矿（厂）是内部独立核算单位，成本管理的中心，矿（厂）所属井（车间）是基层生产组织单位，负责内部生产直接成本管理。段队是基层生产单位，负责生产过程成本控制。实行目标成本管理，指标层层分解，纵向落实到各矿（厂）、基层单位，横向分配到各部门分管，并制定相应的奖罚措施，调动了全局各单位的积极性。

2000 年，按照相关要求，舒兰矿务局实行"三条线"管理，煤炭生产线成立了煤炭生产经营总公司，统一全局煤炭生产成本核算和管理工作，煤炭生产成本管理体制变为局、公司、矿井、段队四级管理体制。

2004年，煤炭生产经营总公司与矿务局机关合并，公司管理体制变为局、矿井二级管理体制，成本管理转变为局、矿井、段队三级管理体制。

（四）珲春矿业公司

珲春矿务局于1995年制定了《珲春矿务局财务管理办法》；1997年印发了《关于从严管理招待费的补充规定》，以杜绝内部招待和一客多陪现象；1999年印发了《降低成本提高效益工资分配补充规定》；2003年印发了《关于严格控制业务招待费的有关规定》《物资管理办法》《财务管理办法》《人力资源管理办法》《销售管理办法》）；2010年制定了《机关费用管理办法》，包括差旅费、办公费、通信费用、机动车辆及业务招待费等方面的管理办法。

第四节　固定资产管理

一、管理办法

1993年，吉林省国有重点煤矿根据企业改革和总承包的需要逐步改变固定资产管理方式，先后制定设备租赁核算和管理办法，并成立设备租赁站，使固定资产管理进入一个新阶段。

辽源矿务局执行1990年印发的《关于加强租赁费核算工作的通知》，全局所属机电设备全面实行租赁。产权划归矿务局所有，固定资产卡片转财务处。矿务局成立租赁站，各矿（厂）成立二级租赁站。财务处设租赁科，负责租赁设备的租赁费（包括折旧、大修理费、中修费）提取、收缴、支出结算，负责租赁设备的财产管理及新购设备或配件费用的结算。1993年，全局固定资产管理开始实行电算化。

通化矿务局于1991年对固定资产采用固定资产账簿、固定资产卡片管理。1996年，将固定资产分为煤炭生产、多种经营、后勤服务"三条线"进行管理。其中，煤炭生产线固定资产原值67968万元，多种经营固定资产原值41940万元，后勤服务线固定资产原值32319万元。1997年后，使用煤炭工业固定资产管理软件（GDZC2.0V），对固定资产实行计算机统一管理。

珲春矿务局于1992年成立设备租赁站，各矿成立租赁分站。机电设备由无偿占用变为有偿使用。租赁站实行内部独立核算，由矿务局动力处财务科负责租用设备单位财务核算。租赁费由基本折旧费、大修理费、中修理费构成。2005年，撤销矿务局动力处设备租赁站，成立矿务局设备租赁站。分公司的设备类固定资产由公司机电装备部设备租赁站管理，财务部会计服务中心核算，其他固定资产由使用单位核算及日常管理；子公司的固定资产由本单位核算和管理。增加固定资产由公司统一安排。固定资产的处置由公司企业管理部（负责公司房屋、土地类固定资产管理）、机电装备部、财务部认证，公司统一处置。2009年末，将设备租赁站管理的固定资产划拨基层单位，由使用单位负责管理及核算。新购置的设备由物资供应分公司负责采购，到货后机电装备部与使用单位共同验收及清点。公司内部单位之间的设备调拨必须经公司同意。设备维修由机电分公司负责，维修好的设备由企管部、财务部、规划发展部、人力资源部、机电装备部、使用单位及机电分公司共同验收，公司统一分配使用。报废设备由使用单位提出申请，公司组织有关人员进行鉴定，经公司决定后方可报废。

二、清产核资

1994年，根据国家关于"八五"期间在全国范围内开展清产核资工作和煤炭工业部《关于开展清产核资工作的通知》精神，吉林省各矿务局开展清产核资工作。矿务局成立清产核资领导小组，由总会计师和财务处长分别任组长和副组长，成员为所有涉及清产核资单位。

辽源矿务局成立了全局清产核资领导小组，制定了《辽源矿务局清产核资实施细则》。举办了清产核资人员培训班，培训业务骨干。召开会议宣传发动、部署工作任务。对258名清产核资人员进行培训，通过试点，取得经验后对全局23个单位的财产（固定资产、流动资产及其他资产）进行清查、审查、汇总和价值重估。固定资产价值重估国家批准结果：矿务局固定资产原值57525万元，重估后72728万元，增值15203万元；固定资产净值重估前36946万元，重估后46165万元，增值9219万元。清查值12488万元。其中：流动资产净损失6518万元；经营性亏损挂账5452万元，基本建设贷款利息应摊未摊556万元，固定资产净损失38万元。国家批准核销6480万元，留待以后处理6008万元。

珲春矿务局于1992—2005年共开展三次规模较大、范围较广的清产核资工作。1994年，按照煤炭工业部对煤炭企业清产核资的要求，结合珲春矿务局的实际情况，全局开展了首次清产核资工作。1996年，根据财政部清产核资办公室工作部署和煤炭工业部对煤炭企业开展清产核资工作的要求，结合矿务局实际开展第二次清产核资工作。2005年，根据《吉林省省属煤炭企业清产核资实施办法》规定，全局开展第三次清产核资工作。经中介机构审计签证，省财政厅委托的专家组评审及吉林长春产权交易中心现场核实，同意核销财产净损失10561万元，核减实收资本10561万元，核销财产净损失后，所有者权益为25548万元。

1994年，吉林省煤矿（不含乡镇、个体煤矿）固定资产原值39.4亿元，净值29.2亿元。

2005年，根据吉林省国有企业改革领导小组《关于进一步深化国有工业企业改革的指导意见》和省政府《吉林省国有企业清产核资办法》要求，吉林省各矿务局成立领导小组，制定《清产核资工作方案》。资产清查时间定为2005年3月31日。清产核资工作自2005年5月起开始，通过准备部署、清理清查、签证核实、汇总申报和吉林省煤炭工业局审核批准及企业财务调整等5个阶段，2005年9月末完成了矿务局改制前清产核资工作。

2006年，吉林省财政厅下发《关于省属通化矿务局等五户煤炭企业清产核资资金核实的函》，核定辽源矿务局2005年3月31日资产总额266261万元，负债总额144304万元，所有者权益121957万元；核定辽源煤矿机械厂2005年3月31日资产总额2287万元；负债总额2368万元，所有者权益-81万元。

1991—2010年吉林省各矿业公司固定资产统计表见表9-3-2至表9-3-5。

表9-3-2　1991—2010年辽源矿业公司固定资产统计表　　　万元

年份	原值	净值	年份	原值	净值
1991	65755	48898	1996	183924	75238
1992	70270	50345	1997	186386	74435
1993	59104	42804	1998	191712	78915
1994	61976	41784	1999	194907	77030
1995	169565	56310	2000	180481	80406

表9-3-2（续）　　　万元

年份	原值	净值	年份	原值	净值
2001	175439	76192	2006	223472	161610
2002	166243	67546	2007	239493	167329
2003	140844	104977	2008	388973	304432
2004	194891	168801	2009	439490	321451
2005	220891	178135	2010	487438	331422

表9-3-3　1991—2010年通化矿业公司固定资产统计表　　万元

年份	原值	净值	年份	原值	净值
1991	78015	52265	2001	106023	82046
1992	85494	59840	2002	108218	82029
1993	86991	60454	2003	75462	58570
1994	88726	62530	2004	70858	55974
1995	136869	98856	2005	57445	42467
1996	142227	100641	2006	83256	63843
1997	143812	100326	2007	105619	79037
1998	136969	96903	2008	127656	89818
1999	139219	96771	2009	228678	173407
2000	121145	91235	2010	272006	208283

表9-3-4　1991—2010年舒兰矿业公司（矿务局）固定资产统计表　　万元

年份	原值	净值	年份	原值	净值
1991	74654	54817	2001	70156	43933
1992	76639	56414	2002	32497	21858
1993	77660	53991	2003	36774	22888
1994	79212	52860	2004	31711	16744
1995	121595	89270	2005	35338	20335
1996	124020	88915	2006	37712	21017
1997	125556	87182	2007	43395	25274
1998	78602	49328	2008	50642	29113
1999	52188	52116	2009	50519	29071
2000	49947	49875	2010	69007	40560

表9-3-5　1991—2010年珲春矿业公司固定资产统计表　　万元

年份	原值	净值	年份	原值	净值
1991	48070	38708	2001	—	—
1992	54021	43302	2002	—	—
1993	50001	39269	2003	—	—
1994	51171	38366	2004	—	—
1995	54774	39840	2005	—	—
1996	56994	40262	2006	—	—
1997	58781	40261	2007	—	—
1998	61540	41909	2008	—	—
1999	52240	39133	2009	—	—
2000	43811	31583	2010	43378	31009

第五节　内部核算

1991年，能源部参照财政部有关规定，对原煤炭工业会计核算办法进行修订和完善，制定新的《煤炭工业企业会计核算办法》和《成本管理办法》。东煤公司在长春、鹤岗开办学习班。吉林省国有重点煤矿按照新会计核算办法要求对本局矿的核算办法进行调整。财务决算按生产、施工、建设的口径上报东煤公司。

1993年，财政部进行以《企业会计准则》和13个行业会计制度为主要内容的会计改革。按部门制定企业会计制度，实施会计管理，使企业在遵循国家统一行业会计制度的情况下进行会计核算。

1996年12月，煤炭工业部下发《煤炭企业"三条线"管理和核算办法》，1997年1月，煤炭工业部下发《关于煤炭企业"三条线"管理中财务工作的若干规定》。吉林省国有重点煤矿在财务管理上，实行"三条线"管理与三级会计核算。辽源矿务局制定出《"三条线"划分财务管理与会计核算办法》及其实施细则，全局设置136个核算点，其中煤炭生产28个、多种经营88个、后勤服务20个（包括6个社会服务核算点），独立核算，分灶吃饭，自负盈亏。对解决煤炭企业人员多、负担重、经营管理粗放等问题发挥了积极作用。

1998年开始，吉林省各矿务局煤矿企业基本按照煤炭生产、多种经营、后勤服务"三条线"管理，分别统计、分别核算、分别反映经营成果。国有地方煤矿、煤机厂和其他企业单位也按照以产定人和"三条线"管理方法进行内部经营机制改革。1999年底，吉林省国有煤矿企业基本构建了"三条线"独立运营、分别统计、单独核算的框架。

1999年至2005年12月，吉林省各矿务局根据1998年国家出台的煤炭企业关闭破产政策，分别对所辖煤矿实施政策性破产，会计核算由生产转入破产清算核算。

2005年末，吉林省各矿务局陆续改制为矿业公司，全资、控股子公司，设置财务机构，负责本公司的财务工作。各矿业公司、直属单位原则上不设立会计机构，由公司财务审计部集中统一核算，确实需要进行独立会计核算的单位，须经公司批准。

第六节 审 计

1991年12月，国务院批准组建中国东北内蒙古煤炭集团，在机构中设置审计局，设置生产审计处和基本建设事业审计处，配备专职审计人员。同期，吉林省国有重点煤矿均设有财务处，负责本单位的会计核算和成本管理，承担企业内部的财务审计、工程项目审计、企业负责人任期审计等，业务上接受东煤公司审计部门的指导。

1992年，东煤公司对审计工作开展考核评比活动，辽源矿务局、通化矿务局、舒兰矿务局和珲春矿务局均被评为优胜单位，东煤公司给予表彰。1993年，东煤公司作出《关于表彰公司审计工作先进集体和先进个人的决定》，分别对4个矿务局的先进集体和先进个人给予表彰。

1994年，东煤公司撤销，成立吉林煤炭工业管理局，设置审计处，是机关内设的处室之一，配备处长、副处长和专职审计人员。

2002年2月，吉林煤矿安全监察局与吉林省煤炭工业局机构分离。分离后的吉林省煤炭工业局和吉林煤矿安全监察局均没有审计职能和审计机构。吉林省国有重点煤矿均设置审计部门。

（1）辽源矿业公司。1991—2010年，辽源矿业公司设立常设审计机构，负责企业内部经济审计工作。1991年至2002年7月，辽源矿务局单独设置审计处。2002年8月，审计处与监察处合并，成立监察审计处，下设审计室。2006年3月，设立公司监察审计部，与公司纪委合署办公，下设审计室。

1991年，开展项目审计、集体经济审计和承包经营终结审计。1998年，根据煤炭经济合同审计实施办法，全面加强煤炭经济合同的审计。截至2010年，辽源矿业公司共完成审计项目1654项，查处违规问题金额4660万元，挽回经济损失、促进增收节支4147万元，提出审计、管理建议2838条。

（2）通化矿业公司。1991年，通化矿务局审计工作的重点是财务收支审计。相继开展了年度决算审计、固定资产审计、效益审计、离任审计、承包经营审计和全民企业与集体企业两种所有制经济划分的审计调查，并对查出的违规问题进行处理。1992—1994 年，对所属单位投资效益和物资材料采购情况进行审计调查。制定《通化矿务局加强内部审计工作实施细则》，对审计工作进行完善。1995—1997 年，在坚持各项年度审计项目的同时，先后对所属单位的院长、矿长、厂长进行离职审计，对湾沟煤矿煤炭销售公司等 13 个二级公司的财务收支情况进行审计调查，对"三条线"财务管理进行审计调查。1998—2000 年，共进行 76 项审计，其中，财务收支审计 31 项，离职审计 14 项，审计调查 7 项，决算审计 24 项。2001—2005 年，进行离职审计，其中，资产清查及效益审计 8 项，改制情况专项审计 7 项，破产费用审计 6 项。2008 年，通化矿业公司被白山市内部审计协会评为全市内部审计工作先进单位。

（3）舒兰矿业公司。1995 年，舒兰矿务局审计处更名为审计师事务所，实行有偿服务，独立核算经营，自负盈亏。2004 年 9 月，审计职能与财务职能合并，成立矿务局财务审计部，设置 1 名专职副部长及成立审计科负责具体审计工作。

（4）珲春矿业公司。1991 年，珲春矿区建设指挥部审计处内设内审科、综合科、考核科、审计事务科、基建审计科等，编制 13 人。1992 年 9 月，更名为珲春矿务局，同时审计处更名为珲春矿务局审计处。2005 年 12 月 28 日，珲春矿务局改制成立珲春矿业有限责任公司。2006 年，成立财务审计部。2008 年，改为监察审计部，归属纪委合署办公。主要开展了对矿业公司所属各单位财务决算，财务收支情况的内部审计监督，对矿业公司所属各单位领导任期经济责任审计，对建设项目工程和专项资金工程审计监督。

第四章　人力资源管理

第一节　体制与机构

1991—1993 年，东煤公司设劳动工资部，负责劳动组织和工资管理。东煤公司所属各矿务局均设劳动工资处，矿务局所属各厂、矿等基层单位均设有劳动工资科，其主要职能为劳动调配、劳动组织、工资奖励、劳动保护管理等。其间，各矿务局劳动工资部门的管理业务，随着改革与发展有所增加和调整，先后增加了招收录用新工人、离退休职工管理、职工培训、社会保险等有关内容。

1994 年 3 月，东煤公司撤销，成立吉林煤炭工业管理局和吉林省煤炭工业局（一个机构、两块牌子），下设劳动工资处，负责全省国有重点煤矿的劳动工资管理。

2000 年，吉林煤炭工业管理局改组为吉林煤矿安全监察局，并加挂吉林省煤炭工业局牌子，撤销劳动工资处，其部分管理职能划归行业管理处。

2001—2005 年，吉林省国有重点煤矿进行企业用工、分配、人事"三项制度"改革，以及各矿务局公司制改革。

2006 年，吉林省辽源矿业公司、通化矿业公司、舒兰矿业公司、珲春矿业公司先后组建了人力资源部，下设干部管理科、技术干部管理科、劳动管理科、工资科、定额科、长伤病管理科、养老保险科、工伤保险科、医疗保险科等科室。在管理形式上，由工人、干部分别管理改为统一管理；在管理内容上，劳动计划、工资管理、劳动保护等由企业自行管理，职工劳动保险、医疗保险及其他社会保险等有关业务职能，移交到省社会劳动保险部门。企业的劳动人事部门由过去单一的劳动组织和劳动工资业务，发展成为人力资源规划、员工招聘与录用、培训与考核、薪酬与福利、绩效管理、劳资关系管理等综合性的人力资源管理部门。

第二节 劳动管理

一、职工队伍

1991—1994 年，吉林省国有重点煤矿企业招工和工资计划由煤炭工业部批准（1991 年至 1993 年 3 月为能源部），东煤公司统一管理并下达计划，各煤炭企业按照上级机关下达的计划执行，并负责劳动工资和劳动组织的日常管理。其用工形式有固定工（计划经济时期，经上级劳动部门或组织部门正式批准或分配录用，且不规定使用期限的人员）、全民合同工（国家计划内招收，由用人单位与劳动者通过订立劳动合同确立劳动关系的人员，劳动合同制人员具有一定的合同期限）、农民轮换工（根据煤炭生产特点在农村招用的井下采掘工人，期限一般为 3~5 年，期满轮换。轮换期间可根据工作需要，将一部分轮换工转为全民合同工）、临时工（企业根据临时性或季节性生产需要，计划外招用的短期可以辞退的人员）。固定工和全民合同工统称为全民合同制职工。1995 年，按照国家全面推行劳动合同制用工要求，吉林省各矿务局对所属用人单位职工全部履行了劳动合同用工手续，对于参加工作较早的固定工职工，按照其参加工作年限长短，分别签订不同期限的劳动合同。2005 年末，吉林省各矿务局改制为矿业公司。按照省属国有煤炭企业深化改革实施意见中关于"对改制后继续在国有独资和控股企业工作的职工，变更并签订 5 年期以上的劳动合同，保留原企业工龄"的规定，各矿业公司与职工变更并签订了劳动合同。

辽源矿务局 1991 年全局职工总数 45306 人，2010 年降到 24081 人。1991 年原煤全员效率 0.866 吨/工，2010 年达到 3.1 吨/工，约是 1991 年的 3.58 倍，做到了职工总数逐年减少，劳动效率逐年提高。

通化矿务局 1991 年职工总数 48196 人。其中：固定职工 38806 人，占职工总数的 80.5%；合同制职工 8959 人，占职工总数的 18.6%；临时工 431 人，占职工总数的 0.9%；1995 年 9 月，在岗固定职工与企业签订劳动合同，实行全员劳动合同制管理。2000 年，全局职工总数减至 34348 人。其中：长期职工 32945 人，占职工总数的 95.9%；临时工 1403 人，占职工总数的 4.1%。2005 年末，关闭破产 6 个直属煤矿，全局职工总数减至 10523 人。其中：长期职工 9221 人，占职工总数的 87.6%；临时工 1302 人，占职工总数的 12.4%。

二、劳动用工制度

1991—2010 年，吉林省国有重点煤矿先后经历了多种用工制度。全民固定工：由煤炭行业主管部劳动管理部门下达招工计划，企业负责招收。招收主要对象是城市初中毕业学生、下乡知识青年和部分社会青年。同时，企业每年均接收部分国家分配的大中专毕业生和复员转业军人。农民轮换工：煤矿为补充井下缺员，招收农民从事煤矿井下工作，名为定期轮换，但在实际执行中均没能做到定期轮换。临时工：煤矿为完成临时生产任务，招收部分计划外的"亦工亦农工"和城镇临时工（季节工）。劳动合同制工人：按照国家招工计划指标招收的劳动合同制工人。

1995年后，对在册的全部职工（固定职工中的干部、工人、合同制工人、临时工和计划外用工）统一实行全员劳动合同制管理。国家不再下达招工计划，由企业根据实际工作需要，自行安排招工事宜。职工与企业签订劳动合同后，原有的全民固定工身份即行取消，统称为企业职工，打破了原城镇合同工人与固定工的界限，享受同等待遇。

2006年10月，吉林省各矿业公司根据深化劳动制度改革的实际，分别印发《改制企业职工劳动关系处理的实施意见》，对职工劳动关系处理的操作原则及实施范围、实施步骤、劳动合同签订期限及有关要求作出了规定。劳动关系处理及职工劳动合同签订工作基本完成，劳动合同双方的责、权、利关系进一步明确，职工的责任感及奉献意识进一步增强。2010年底，各矿业公司实际签订劳动合同人数占全部职工人数的100%。

三、职工管理

吉林省各矿业公司对职工实施劳动纪律管理、技师评聘、采掘工人管理、劳动合同管理、劳动定额管理、工人档案管理、再就业工作管理。

四、劳动组织管理

吉林省各矿业公司制定并实施整顿劳动组织、定员、定编、精简机构、减人提效等措施。

五、劳动定额管理

1991—1994年，吉林省各矿务局把东煤公司制定的《劳动定额管理办法》《计件工资管理办法》和《劳动定额管理守则》，作为劳动定额管理的基本原则，实施劳动定额管理。

随着机构深入改革，各矿业公司（矿务局）全面改革劳动定额管理制度，实施承包经营责任制。

第三节 工资管理

1991—2010年，吉林省国有重点煤矿基本工资管理依据《中华人民共和国劳动法》和国务院《工资管理条例》等法律法规，结合各时期各矿业公司（矿务局）生产经营实际，不断完善和改进，使工资这一经济杠杆在企业发展中充分发挥出激励促进作用。

一、辽源矿业公司

（一）工资管理基本概况

辽源矿业公司对基层单位实行工资总额管理。对生产矿实行联产联效工资包干办法，工资总额由盈亏及吨煤含量指标双挂钩控制。根据生产经营计划和当年工资增长政策确定工资总额，月份按考核结果审批工资额。对地面生产经营单位实行工资总额与盈亏指标及经营产值挂钩，根据上年工资水平及当年工资增长政策确定工资总额，月份工资按考核结果审批工资数额。对文教、卫生等事业单位实行工资总额包干，完成费用指标按月份考核结果审批工资额。工资总额以上年工资水平、职工人数及工资增长政策核定。提取使用的具体办法以当年职代会通过的工资分配方案为准。在坚持按劳分配原则的基础上，实行技术、管理等要素参与分配，合理反映不同职位、岗位之间工资差别，体现劳动成果和贡献大小的差别。

（二）工资支付方式

1991—2007年，工资直接以货币形式支付。20世纪90年代后期，多数单位实行银行代发工资。2007年开始，全公司所有单位都采取银行代发工资的支付方式。

工资分配有年薪制工资、计时工资、计件工资、岗位效益工资。

（三）工资改革

1994年7月，根据煤炭工业部文件精神，印发《辽源矿务局调整职工工资等级工资标准和调整离退休人员离退休金标准的实施方案》的通知。打破工人、干部身份界限，将原工人、干部工资标准合并为一个工资标准，统称《煤炭工业企业职工等级工资标准》。全局参加工资标准改革的人员达41548人，月增加工资总额210.62万元。

2007年，矿业公司首届二次职代会通过《辽源矿业公司薪酬（工资）制度改革试行方案》并于当年实行。方案有利于劳动力的科学配置和人员合理流动，有利于贯彻按劳分配为主的分配原则，合理拉开不同岗位之间的劳动报酬差别。

（四）加班工资

1991年，辽源矿务局执行1978年5月1日国家劳动总局《关于企业职工加班工资支付问题的通知》，实行了节日出勤支付200%的工资。

1995年1月1日，《中华人民共和国劳动法》正式实施。矿务局于1994年12月21日印发文件，从1995年1月1日起执行。

2007年，辽源矿业公司印发文件，规定凡执行年薪制、倍数工资的人员以及副处级以上干部节日出勤不发加班工资。

（五）津（补）贴

1989—2007年间执行的津（补）贴，包括政策性津贴、生产性津贴、岗位性津贴。

（六）奖金

1991—2010年，辽源矿业公司奖金的种类包括生产性综合奖、单项奖和年终效益奖三大项。

二、通化矿业公司

1991—1998年，通化矿务局工资总额采取"双挂钩"办法提取，即原煤工资总额与效益挂钩，百元产值与利益挂钩，局对下属单位层层分解指标，将指标落实到基层，实行超产多提工资，欠产少提工资，结余归己，超支不补的办法。此办法一直沿用到1998年末。

1991—2005年，通化矿务局共进行10次工资普调，同时对有特殊贡献的职工，连续3年给予3%的奖励晋级工资；对工程技术人员及专业人员，多次提高定级工资等级标准。并先后制定实施了十几种经常性奖励政策，调动了广大职工的生产积极性，促进了企业生产和经营发展。职工人均年工资由1991年的2994.00元增长到2005年的11016.00元。

三、舒兰矿业公司

（一）职工工资

1991—2010年，舒兰矿业公司按照国家及上级政策规定办理的升级和根据企业经营成果由企业自主为职工调整工资共7次。

（1）按照国务院《关于调整企业职工工资标准的通知》文件精神，舒兰矿务局于1991年10月在原标准工资基础上，增加6元标准工资。

（2）鉴于企业经营状况较好，舒兰矿务局于1993年给每名职工晋升一级工资。

（3）根据东煤公司《关于东煤集团调整工资的通知》文件精神，给全部职工每人晋升一级工资。

（4）根据东煤公司《关于深化企业劳动工资制度改革的若干问题的意见》的通知规定，1994年为全部职工增加一级工资。

（5）根据企业经营成果，1999年舒兰矿务局为全局职工每人晋升一级工资。

（6）舒兰矿业公司推进薪酬制度改革，组织制定并实施薪酬制度改革试行方案，2007年2月通过改革，员工工资水平大幅度提高，全年调资4832人，月增资270万元。

（7）鉴于2009年企业效益大幅度提高的实际，舒兰矿业公司决定在原岗位工资和对应绩效工资基础上，为每名员工上调一档工资，共调资4621人，月增资69万元。

（二）职工调动的工资管理及现行工资等级

根据东煤公司文件规定，在井下工作满15年调地面工作保留原工资标准；井下工作满10年调地面工作降低一级工资；在采、掘工作满5年调井下辅助工作保留原工资；原地面职工，经组织同意调井下工作，从事采、掘工作增加两级工资，从事辅助工作增加一级工资。

1991—2006年，舒兰矿业公司一直执行煤炭行业等级工资制标准。企业改制后，2007年，舒兰矿业公司推行薪酬制度改革，实行岗位绩能工资，按岗位共划分10个等级，每级分为3个档。先期执行第一档，2010年开始执行第二档，即十档1800元。

（三）各种津贴

2005年，舒兰矿务局执行的各种津贴共30种。包括副食补贴、煤价补贴、煤电补贴、肉食补贴、洗理补贴、书刊费、粮价补贴、油价补贴、高寒津贴、地区津贴、井下艰苦岗位津贴、保健津贴、夜班津贴、班组长津贴、出勤补贴、信访津贴、档案津贴、干警津贴、环保津贴、计划生育补贴、救护队员营养津贴、救护人员佩器津贴、纪检监察办案津贴、教护龄津贴、住房补贴（住房公积金）、合同工补贴、取暖补贴、矿龄津贴、劳模津贴、入井津贴。

第四节　人事管理

一、机构与编制

1991年，吉林省国有重点煤矿均设有干部处。干部处一般下设行政干部科、干部调配科、技术干部科、干部管理科、机关干部科。基层单位相应设立了干部科或人事科（劳动人事科）等职能科室，负责企业干部人事管理。

2001—2005年，吉林省国有重点煤矿先后进行以"精简机构，减少人员，提高办事效率"为主要内容的机关机构改革。各矿务局干部管理机构设置为干部处、组织部，行政干部和专业技术干部由各局干部处负责管理，党群干部由各局党委组织部负责管理；矿务局各基层单位设干部科或人事科负责管理行政干部，党群干部由各矿、厂、院、校的组织部负责管理。

2006—2010年，吉林省各矿业公司成立人力资源委员会。各矿业公司干部管理机构为公司人力资源部和党委工作部，人力资源部负责管理行政干部和专业技术干部，党委工作部负责管理党群干部。各基层单位亦建立人力资源部和党委工作部，分别负责行政干部和党群干部的管理。

二、干部考核与任用

2005年，吉林省国有重点煤矿干部处（组织部）部门主要负责全矿务局副处级以上干部、局机关及直属单位科级干部的选拔、考核和任用，负责招干、转干的审核与管理工作。对拟提拔人员进行全面考核；重点考核其政治思想素质、工作业绩、组织领导能力、工作作风和廉洁自律等方面，经党政班子讨论通过后任用。

2005年，吉林省各矿务局改制后，拟提拔的干部由各矿业公司人力资源委员会提名，由公司人力资源部（干部）、党委工作部（组织部）、纪委等部门组成联合考察组进行考核。按照选拔任用干部"德、能、勤、绩、廉"的要求，重点考核政治素质和业务素质、组织领导能力、工作作风、廉洁自律、开拓创新等方面内容，根据各考核组考核情况综合整理形成书面材料后，提交公司党政班子集体讨论研究决定是否任用。

辽源矿业公司为进一步完善法人治理结构，于2005年加大了对各级班子和干部的考核力度、干部交流力度和后备干部选拔培养力度，坚持德才兼备，注重公论，注重政绩，坚持专业互补，注重班子合理配备的原则。2006年，针对基层单位领导班子成员年龄结构偏大、梯次结构配备不合理的实际，先后对矿（厂）、二级公司等15个单位党政班子进行全面考核。共考核单位班子成员103人，谈话385人。通过考核，经公司人力资源委员会提出建议，公司党政班子集体研究决定，有13名处级干部退居二线，调整变动了39名处级干部，其中撤职1人、免职1人、降职1人、黄牌警告4人。

珲春矿务局自1992年建局开始，结合矿区组织机构和干部队伍的实际情况，制定《关于干部管理的暂行规定》。加强对在职干部和后备干部的培养选拔、管理任用工作。坚持党管干部的原则，凡是提拔干部必须经基层推荐，主管领导或组织、干部部门考察后，在党委常委会上提名，经过党委常委讨论研究，根据工作需要和本人能力确定任免。坚持群众评议原则，凡是提拔任用干部必须经过群众民主评议，广泛征求广大群众的意见，每年都进行民主测评和群众评议，保证干部队伍的纯洁性和稳定性。每年职代会上职工代表对公司（矿务局）级领导班子成员进行一次测评，由组干部门存档。基层单位每年年末，由公司（矿务局）主管领导牵头，会同组干部门、纪检监察部门，深入基层对中层干部进行全面考察和群众测评，实行末位淘汰。科级干部根据工作需要，随时考评。

三、专业技术干部管理

1991—2010年，吉林省各矿业公司不断加强专业技术干部队伍建设，逐步完善专业技术干部管理各项基础工作，注重专业技术人才培养，落实专业技术干部政策，提高专业技术人员待遇，充分调动专业技术干部的积极性和创造性，使专业技术干部队伍整体素质得到提升（表9-4-1至表9-4-4）。

表9-4-1 1991—2010年辽源矿业公司专业技术干部情况统计表　　　　人

年份	合计	工程	卫生	教育	会计	经济	统计	其他
1991	5336	1638	902	1535	348	762	125	26
1992	5781	1625	898	1473	365	685	120	615
1993	5620	1592	885	1430	360	629	109	615
1994	5436	1550	862	1365	325	618	103	613

表9-4-1（续） 人

年份	合计	工程	卫生	教育	会计	经济	统计	其他
1995	5162	1455	806	1267	315	609	95	615
1996	4963	1436	802	1251	308	590	95	481
1997	4837	1396	798	1230	312	521	93	487
1998	4843	1323	796	1220	343	467	93	601
1999	4884	1352	825	1232	337	428	82	628
2000	4700	1265	796	1190	412	356	74	607
2001	4230	1229	755	915	364	339	54	574
2002	3797	981	827	926	264	252	44	503
2003	3830	904	817	930	220	246	39	674
2004	3769	904	817	930	231	230	32	625
2005	3372	935	718	578	278	265	32	566
2006	2523	917	590	16	269	263	35	433
2007	2508	881	632	14	250	262	34	435
2008	2657	920	723	35	233	203	39	504
2009	2738	854	800	21	201	195	29	638
2010	2747	969	770	20	198	210	34	546

表9-4-2 1991—2010年通化矿业公司专业技术干部情况统计表 人

年份	合计	工程	卫生	教育	会计	经济	统计	其他
1991	7207	1616	1073	2454	436	1400	153	75
1992	7629	1548	1098	2420	430	1235	147	751
1993	6919	1405	1012	2203	398	1067	137	697
1994	6765	1296	1029	2129	387	948	126	850
1995	6820	1320	1131	2111	377	849	115	917
1996	6758	1252	1056	2035	364	766	100	1185
1997	6560	1200	1023	1956	378	779	90	1134
1998	5946	1102	941	1765	341	661	88	1048
1999	6077	1185	926	1810	354	594	84	1124
2000	5745	1147	953	1788	353	596	81	827
2001	5287	934	996	1506	312	458	60	1021
2002	4998	901	1018	1455	545	415	58	606
2003	3243	511	802	976	—	—	—	954
2004	3174	541	838	987	166	240	31	371
2005	2644	524	664	823	148	183	29	273
2006	2029	677	650	74	152	187	25	264

表9-4-2（续） 人

年份	合计	工程	卫生	教育	会计	经济	统计	其他
2007	1902	572	635	64	145	198	27	261
2008	1999	630	653	62	149	208	28	269
2009	2187	672	683	62	145	287	30	308
2010	2194	677	673	59	156	219	41	369

表9-4-3 1991—2010年舒兰矿业公司专业技术干部情况统计表 人

年份	合计	工程	卫生	教育	会计	经济	统计	其他
1991	4843	1294	740	1757	286	593	123	50
1992	4362	1140	698	1622	259	497	112	34
1993	4202	1101	673	1559	244	492	104	29
1994	3950	1024	629	1511	226	438	95	27
1995	3495	908	573	1344	210	364	76	20
1996	3358	879	555	1296	205	333	68	22
1997	3340	863	550	1294	213	334	66	20
1998	2835	815	450	1045	179	288	51	7
1999	2198	652	365	817	126	187	43	8
2000	2840	815	450	1045	179	288	51	12
2001	2171	600	371	842	143	174	35	6
2002	2234	660	385	832	130	191	29	7
2003	2786	631	385	737	130	191	29	683
2004	431	146	193	10	29	44	5	4
2005	429	142	210	6	27	35	5	4
2006	446	147	212	6	37	35	5	4
2007	463	163	215	6	37	35	5	2
2008	472	169	217	6	37	35	6	2
2009	481	176	219	6	37	35	6	2
2010	492	184	221	6	37	36	6	2

表9-4-4 1991—2010年珲春矿业公司专业技术干部情况统计表 人

年份	合计	工程	卫生	教育	会计	经济	统计	其他
1991	633	267	133	—	64	39	6	124
1992	643	266	142	—	66	43	6	120
1993	669	276	143	—	67	41	7	135
1994	667	276	143	—	68	42	8	130
1995	677	278	144	—	69	43	8	135

表 9-4-4（续） 人

年份	合计	工程	卫生	教育	会计	经济	统计	其他
1996	678	289	145	—	70	41	7	126
1997	668	298	154	—	68	40	8	100
1998	664	299	154	—	69	40	8	94
1999	673	298	153	—	72	39	7	104
2000	698	312	154	—	73	38	8	108
2001	711	314	160	—	74	40	9	114
2002	714	316	160	—	74	40	8	116
2003	763	317	161	—	72	41	9	163
2004	772	319	162	—	73	42	8	168
2005	766	281	154	—	70	41	6	214
2006	731	279	168	—	74	42	7	161
2007	636	272	172	—	79	43	8	62
2008	741	282	170	—	78	44	8	159
2009	836	318	165	—	64	57	3	229
2010	897	374	164	—	63	44	1	251

（1）做好专业技术干部管理工作，加强专业技术人才队伍建设。1991年，吉林省各矿务局按照煤炭工业部"关于加强专业技术干部管理"的要求，结合实际制定了"关于加强专业技术干部管理的实施意见"，建立健全培养拔尖人才的各项制度，围绕国家"百千万工程"的宏伟规划，做好培养选拔跨世纪学术和技术带头人工作，重点培养选拔在新产品开发及转产方面有开拓性的专业技术人员。坚持知识与能力的结合，对专业水平高、有独立工作能力的专业人才，可以低职高聘。对被聘任的专业技术人员，给予相应的待遇；对靠年头、凭资历、业绩平平、不能胜任本专业工作的可以高职低聘，在什么岗位享受什么待遇。

（2）完善专业技术干部考核工作。各矿业公司（矿务局）每年对拟晋升高中级职务的专业技术人员，按管理权限实行分级考核。重点考核其工作业绩和科研成果，根据其工作业绩评定出优秀、良好、合格、基本合格4个档次。结合专业技术人员所在单位考核意见及其工作业绩进行评审。

（3）注重专业技术人才培养。把不断提高专业技术人员的业务素质作为主要工作目标，逐步完善专业技术人员培养制度，不断开展专业人员业务培训。在选拔任用干部时，重点选拔优秀中青年专业人才担任领导干部。采取与高校联合办学，定向培养专业人才，对急需短缺的专业人才采取招聘的方法，实行双向选择，择优聘用，不断充实专业人才，扩大专业人才队伍。

辽源矿业公司于2001—2006年同辽源职业技术学院联合办学，先后培养采煤、机电、通风与安全、地质、测量等专业人才370人，有8名专业技术人员参加全国煤炭协会组织的"653工程"培训班，有6名高级专业技术人才参加全国

"653工程"煤炭行业高级研修班;2007年,再次同辽源职业技术学院联合办学,培养采煤、机电专业人才90人。

(4)严格掌握政策标准,不断强化职称评审工作。各矿业公司(矿务局)认真掌握评审条件,严把评审条件审核关。执行个人申请、组织审查、申报前公示制度,对弄虚作假的专业技术人员取消其评审资格,并追究其部门领导责任。每年定期召开公司(局)专业技术职称评审工作会议,全面传达贯彻落实上级职称评审工作精神,认真按照评审条件上报申报人员材料。

1991年开始,各矿业公司(矿务局)统一组织部分专业系列的全国外语资格统一考试。辽源矿业公司共组织参加全国外语资格统一考试2620人次,其中,参加全国经济资格考试报名246人次,参加全国注册安全工程师资格考试报名223人次,参加全国执业药师报名考试327人次,参加全国会计资格考试665人次,参加全国高级会计师资格考试196人次,申请参加全国卫生资格考试897人次。通化矿业公司重视专业技术干部的职称和职务的评聘工作,成立了工程技术、卫生技术、经济专业、财会专业、统计专业、中专技校和中学、政工、小学中级职务等专业系列的评审委员会。专业技术人员达到7554人,其中高级职称366人、中级职称2552人,专业技术人员占干部总数的85%。

(5)认真落实专业技术干部政策,保证各项待遇的全面落实。辽源矿务局根据东煤公司转发吉林省关于做好1991年专业技术干部家属"农转非"工作的通知精神,先后为20名高级、16名中级专业技术干部家属办理了"农转非"。1991—2001年,矿务局专业技术干部享受书刊补助费待遇。2001年开始,实行专业技术岗位津贴。2005年、2008年和2009年,连续三次提高专业技术津贴标准。2007年,辽源矿业公司分别在辽源、梅河两地,组织370名具有高级职称的专业技术干部、省管优秀专家及享受政府特殊津贴人员健康体检。2010年,在多次提高大中专毕业生见习期工资标准的基础上,再次提高大中专毕业生见习期工资标准,提高外培学员伙食补助标准,实行奖学金制度。

吉林煤炭工业志

第十篇
科研与教育

1991—2010年，吉林煤炭系统坚持"科学技术是第一生产力"的战略思想和"经济建设必须依靠科学技术，科学技术工作必须面向经济建设"的基本方针，坚定不移地实施科技兴煤、科技强企战略，走依靠科技求生存，自主创新谋发展的路子。不断加强科研工作力度，充分发挥科技人才队伍的作用。扎扎实实地开展技术改造、技术开发、技术攻关活动，以及群众性的技术革新活动，推广新技术提高科技支撑能力，取得了丰硕的科技成果。

"八五"期间，辽源矿务局在梅河煤矿三井+140米水平中巷进行的"软岩巷道喷/锚/网-弧板复合支护"软岩科技攻关项目的现场实施，通过国家级鉴定。科技中心KJ19型煤矿安全监控系统，获国家安全生产科技成果奖。舒兰矿务局褐煤制取精蜡和煤田建筑物下开采研究，分别获煤炭工业部科技成果二等奖和三等奖。

"九五"时期，新技术的推广与应用也取得了良好的效果。

"十五"和"十一五"期间，随着煤炭经济形势的好转，吉林省国有重点煤矿企业科技投入不断增加，科技成果丰硕。

1991—2010年，吉林煤炭系统科技成果211项，其中获国家部委级科技进步奖、科技成果奖18项，获吉林省和东煤公司科技进步奖、科技成果奖193项，获国家专利2项。

1991年，吉林省国有重点煤矿企业有小学73所，在校生54058人；中学55所，在校生31084人。中小学教师5218人，职工1067人。有辽源、通化、蛟河3所煤矿中等专业学校和长春煤炭管理干部学院，共开设煤田地质勘探、地下开采、煤矿机械、中文、财会等14个专业。全省煤炭系统共有技工学校4所。

2000年末，吉林煤炭系统有中小学校99所。其中，小学56所，中学34所，高中7所，职业高中2所。在校生6.8万人。有技工学校6所，教师进修学校2所，职工培训中心4所。全省煤炭系统有教职工5710人。其中，专职教师4900人。

2001年开始，吉林煤炭企业矿办中小学逐步移交地方办学，截至2006年底，吉林省煤炭企业中小学全部交给地方管理。

第一章 科 学 研 究

第一节 科研管理

1990年8月，东煤公司召开第二次科技工作会议。制定颁发《1990—1995年东煤公司科技发展规划纲要》（简称《纲要》）。《纲要》提出依靠科技进步和科学管理，实现煤炭生产、建设以及多种经营的持续、稳定和健康发展。《纲要》中把地质与勘探、井巷工程、煤矿运输、工艺设备改造与新工艺、地面建筑、计算机在煤炭工业中应用等10个方面作为先进技术推广的主要项目，并提出把依靠科技进步作为企业和企业干部重要考核内容。

1991年，东煤公司机关设科技处，行使东煤公司科学技术研发的组织和管理职能。同年开始，东煤公司系统内认真实施各级总工程师技术负责制，建立健全以总工程师为首的技术管理体系，并把企业技术进步作为考核总工程师业绩的重要标准。吉林省地方煤炭企业科技管理工作由吉林省煤炭工业局管理，具体工作由该局生产技术处负责。

1994年，东煤公司撤销，东煤科技中心更名为长春煤炭科技中心（长春煤炭科学研究所），划归吉林煤炭工业管理局管理，煤炭科技中心科技处负责吉林煤炭工业局科技管理工作。1998年，吉林煤炭工业管理局生产处，负责全省煤炭系统科研立项和科研成果鉴定等科研组织管理工作。

2000—2008年，吉林省煤炭工业局生产处负责全省煤炭系统科研管理工作。

2009年1月，吉林煤炭系统科研管理工作划归吉煤集团，具体工作由该公司生产技术部负责。

辽源矿业公司。1991年，撤销科学技术研究所。1992—2004年，在矿务局生产技术处设置科研科，与辽源矿务局煤炭学会合署办公，负责全局科研工作的规划组织管理。2005年，成立科学技术委员会及其办公室，将原隶属生产技术处的科研科，划归科学技术委员会办公室领导。矿务局所属各基层单位设立科研科（所），配备专兼职人员负责科技工作。2005年9月，辽源煤机厂（煤机公司）常设科研机构，负责全厂科研管理和新产品研发工作。

1991年5月，辽源矿务局制定并印发《关于下发〈辽源矿务局科学技术研究成果管理暂行办法〉的通知》，对科技成果的鉴定、登记、建档、奖励、保密、交流和推广应用以及成果转让作出明确规定，使全局的科技管理工作有章可循。

进入21世纪以后，辽源矿务局建立健全技术管理制度和标准，促进技术管理规范化。进一步健全总工程师责任制、各级专业技术人员责任制及各项技术管理制度，完善各项专业技术标准，从矿务局到矿、井区分别建立科技管理档案、技术文件档案、技术资料档案等，达到档案化管理要求。

辽源矿务局（公司）科学技术工作者协会（科协），作为党联系科技工作者的群众组织，下设各种学会和科普委员会，拥有会员2000多人，是全局（公司）科技工作的重要力量。曾被中国科协命名为全国厂矿科协工作先进集体。老年科学技术工作者协会，团结带领离退休科技工作者，发挥各自专业特长，为矿务局（公司）科技发展献计出力。基层单位的科技协会分会、会计、职教、医疗卫生、职业教育、普通教育等系统设立的专业学会，以及煤炭学会和局（公司）老年科技工作者协会，都建立了章程和制度。

通化矿业公司。1991年，通化矿务局设立科学技术协会，具体负责组织和管理科技工作，并由矿务局党委副书记主抓科协工作。矿务局、各生产矿（厂）总工程师分别兼任局、矿（厂）科协主席。矿务局科协设立学会部、咨询部、办公室等办事机构，形成局、矿总工程师为主要负责人的科技工作管理系统和技术负责制。矿务局结合实际制定了各专业各项技术实施规定和细则，随着生产建设发展，科研经费投入不断增加。

舒兰矿业公司。1991—1998年，科研管理工作一直按照双轨运行，一个机构、两块牌子，对外是科学技术研究所，对内为科研处。下设科技管理科、计量科、试验厂、办公室、研究室。1998年，舒兰矿务局机构调整，将科研处并入设计院，为科研设计中心，负责科研管理工作。1999年，撤销科研处，科技管理业务划入企管办。2007年6月，舒兰矿业公司恢复成立科协，具体负责煤矿科技管理工作，由矿业公司总工程师任科协主席。

舒兰矿务局坚持每年召开一次科技成果、新技术推广和合理化建议专项成果表彰会，开展科技成果转化和新技术推广。研究制定科技管理工作细则，加强和规范全局科学技术研究、立项、鉴定、推广、申报成果、奖励等项管理工作，提高科技工作管理水平。

珲春矿业公司。1992年珲春矿务局成立后，矿务局科学技术学会制定并印发《珲春矿务局科学技术成果奖励条例》《珲春矿务局科学进步竞赛方案》。矿务局科学技术学会注重人才培养、队伍建设，1992年开始，派出工程技术人员265人次到各大专院校参加短期培训和部门组织的学习班。1993年7月，在全局知识分子和科技人员中开展"立功、献计、创效益"竞赛活动，1994年4月，矿务局召开科技脱贫工作会议。出台科教兴局"九五"计划及2010年长期规划。1997年，被吉林煤管局评为科技成果先进集体。1998年2月，矿务局召开科技工作会议，并坚持每两年召开一次工作会议，推广新技术、新工艺，表彰有功人员。

吉林省煤田地质局。1998年煤炭企业下放吉林省前，煤田地质系统科技工作由东煤地质局和长春地质科研所负责。1998年，吉林省境内的煤田地质勘探单位下放到吉林省，成立吉林省煤田地质局，吉林省煤田地质局长春地质勘察研究院负责煤田地质系统的科技管理和科研工作。

第二节 科技成果

辽源矿业公司。1991—2010年，有51个单位、188名科技工作者和20项小改小革项目受到表彰。累计完成153项科研项目，其中88项科技成果通过上级有关部门鉴定并受到表彰，5项为国家部委级。梅河煤矿三井零阶段"防水煤柱"综采技术研究等项科研成果通过省、部级和东煤公司鉴定并获得能源部科技进步二等奖、东煤公司科技进步特等奖。"八五"后期至"九五"期末，有12项科技成果获得省部级及东煤公司科技进步奖。"十五"期间，辽源矿务局坚持加大科技投入，科技成果显著。2007年9月，吉林省煤炭工业局组织鉴定，辽源矿业公司有4项科研成果被评为吉林省煤炭工业科技成果一等奖，3项被评为科技成果二等奖，4项被评为科技成果三等奖。有4项成果被吉林省科技厅确认为吉林煤炭系统优秀科技成果，7项被确认为吉林省煤炭工业科技成果。

"十一五"期间，辽源矿业公司投入资金20多亿元，不断提高采掘机械化水平，矿井全部实现了综合机械化采煤，并在全国首创残煤上综采，5年生产煤炭4650万吨，与"十五"时期相比增加80%。2009年，煤炭产量首次突破千万吨，实现了历史性突破，2010年再创新高，完成煤炭产量1200多万吨。

"十一五"期间，辽源矿业公司先后投资12.3亿元，对"一通三防"、水害防治、机电运输和矿井支护等系统和设备进行更新改造。矿井防灾抗灾能力明显增强，安全文明生产水平进一步提高，消灭了瓦斯、煤尘等重大生产事故，百万吨死亡率降到 0.53。公司对科技人员在政治上关心，工作上支持，生活上照顾，业务上培养，造就了一大批科技人才和技术带头人，科技人员由"十五"期末的 2520 人增加到 2878 人，成为公司科技工作的中坚力量。

2011 年，吉煤集团召开的科技大会上，总结"十一五"科技工作，表彰优秀科技工作先进集体和优秀科技工作者，辽源矿业公司 21 项科技成果受表彰。

通化矿业公司。1991 年，通化矿务局取得 95 项科技成果，创造经济价值 150 万元。同年 7 月，通化矿务局《关于八道江煤矿立井水采区石英质砂岩顶板陷落后引燃瓦斯的治理方案》，在东煤公司召开的研讨会上予以肯定。

1994 年，砟子煤矿退休工人刘光中发明的天球仪获得国家专利，同时，刘光中被收入《国家级科技成果研制功臣名录》。

1996 年，通化矿务局机电总厂根据清华大学水电系许洪元副教授研制的"固液两相流速度比理论"，设计制造的中国新一代 150ZD－XE 型固液两相流渣浆泵，通过吉林煤炭工业管理局技术鉴定，产品含 2 项国家专利，是当时国内最先进的更新换代产品。通化矿务局煤研所研制的隔爆型快速/常规充电机投放市场后，取得较好的经济效益和社会效益。同年 11 月，通化矿务局科研所成功研制成新型节能启动器，经吉林省科委、吉林省经贸委鉴定，产品达到国内先进水平。其中 7.1 赫兹频率变频启动技术属国内首创。

2003 年，通化矿务局道清煤矿北斜井专业技术人员根据资料的收集整理完成巷道素描 2 万米。利用小钻探煤探水，累计打钻 2000 米，新获得地质储量 23 万吨。提出的《北斜井地质报告》进一步查明了煤层赋存规律和结构变化规律、主要地质构造形态、水文地质条件及储量的可靠程度等，为生产提供了可靠的地质资料和储量数据，对采区及水平的正常接续、提高煤炭回采率、巷道的合理布局，奠定了良好的基础。

2005 年，通化矿务局八宝采区针对深部区大巷运输影响采区生产能力的问题，对 －200 米水平大巷运输系统技术改造。对部分巷道分段开帮取直，并增补皮带巷 120 米，使年产量由 80 万吨增加到 120 万吨，年增利润 4000 万元。八宝采区被评为白山市"讲创新、比贡献"竞赛活动优胜单位，采区总工程师李德才被评为有贡献的工程技术人员。

2007 年，在吉林煤炭系统科技大会上，通化矿业公司推荐的科研项目中，有 1 项科研成果获吉林省科技厅、吉林省煤炭工业局吉林省煤炭工业优秀科技成果、吉林省煤炭工业科技成果一等奖，有 3 项获得吉林省科技厅、吉林省煤炭工业局吉林省煤炭工业优秀科技成果、吉林省煤炭工业科技成果二等奖，有 3 项科研成果获得吉林省科技厅、吉林省煤炭工业局吉林省煤炭工业优秀科技成果、吉林省煤炭工业科技成果三等奖。

2007 年，通化矿业公司与煤炭科学研究总院西安研究院合作开展松软低透性难抽采突出煤层钻进技术攻关，采用螺纹钻杆钻进技术及中压空气排渣技术，在松树镇煤矿取得了突出煤层钻孔深度 102 米的显著效果，基本解决了松软突出煤层打钻易出现的顶钻、夹钻、塌孔等难题。2010 年 12 月，该项目通过国家能源局组织的科技成果鉴定，获中国煤炭工业科学技术一等奖。

2008 年 8—12 月，通化矿业公司与煤炭科学研究总院沈阳分院合作，完成了"松树镇煤矿瓦斯综合治理技术研究"，为综合防治煤与瓦斯突出措施提供了可靠的科学依据。

2009年1月，通化矿业公司与煤炭科学研究总院唐山分院进行"采区化水力采煤工艺及设备的研究"，同年4月25日，一次试运转成功，实现了煤泥水在井下脱水，工作面用水在井下闭路循环的目标。同年8月，该项目通过了由中国煤炭学会组织的鉴定。2010年，获中国煤炭工业协会、中国煤炭学会颁发的中国煤炭工业科学技术三等奖。

2010年4月末，通化矿业公司对江源煤业、松树镇煤矿、道清煤矿、永安煤矿完成"龙软数字化矿图"与"矿山基础数据"数字化，在建立测量数据库、地质数据库的基础上，安装数字化矿山服务器，实现了上述四矿数字化联网；完成矿山专用地测信息系统建设，实现数字化矿图随时更新的同步网络建设。

1991—2010年，通化矿业公司共完成科研项目130项。获奖39项，其中国家部委级3项，获专利2项。2011年，在吉煤集团召开的"十一五"科技成果表彰大会上，有16项科技成果受到表彰。

舒兰矿业公司。坚持以科技为先导，以实现安全生产和提高经济效益为中心，实施科技兴煤战略，取得大批优秀科技成果，涌现出四矿、机电维修制造公司等科技工作先进集体和一大批科技工作先进个人，为企业发展创造了巨大经济效益。

"扇风机附属装置的研究"解决了矿井制动高效节能装置问题，1989年通过东煤公司科研成果鉴定，1991年被评为东煤公司科技成果三等奖。

"舒兰褐煤制取精蜡"是煤炭工业部级科研项目，1991年，东煤公司受煤炭工业部委托，通过鉴定。该成果研制成功，在重工业高级润滑和轻工业化工产品中有着广泛的应用市场，1994年，被评为煤炭工业部科技成果二等奖。

"煤矸石砂浆水泥"利用矸石加工添加剂等工艺，制成砂浆水泥替代水泥，在建筑行业有着广泛的应用。1991年通过东煤公司科技成果鉴定，1993年被评为东煤公司级科技成果三等奖。

"舒兰煤田建筑物下开采"研究成功解决了建筑物下压煤开采问题，1990年通过东煤公司级科研成果鉴定，1994年被评为部级科技成果三等奖。

由总工程师段庚华组织开展的"舒兰软岩深部混凝硅卸压砌块支护"的研究，1993年获东煤公司科技成果三等奖。

舒兰矿务局科研机构与阜新矿业学院联合开展了"褐煤微生物综合肥料"研究，通过东煤公司组织的鉴定。开展了多功能液压升降器的研究。1993年，"单体迈步1组合支架研究"被列入东煤公司"八五"重点攻关项目，"钢缆皮带机新型电控装置"项目在双鸭山矿务局进行工业试验，运转正常。锚杆支护水泥药卷和菱形金属网的研制，解决了矿井以往木支护开采掘进巷道支护形式和生产安全问题，并取得了较好的经济效益。

1991—2010年，舒兰矿业公司共取得科研成果18项，其中国家部委级2项。

珲春矿业公司。2007年3月，珲春矿业公司召开科技大会，评出科技成果33项、论文28篇。同年9月，在吉林省煤炭工业局召开的科技大会上有17项科技成果获奖。其中，一等奖3项，二等奖2项，三等奖12项。并有4篇科技论文获奖。"综采综掘在珲春矿区复杂地质构造条件下的应用""板石煤矿矿建工程优化设计""大坡度下山全岩掘进机的研制与应用"获一等奖。获科技突出贡献奖1人，创新组织奖1人，科技贡献奖2人，科技先进工作者奖2人，优秀科学论文2篇。

2008年4月，珲春矿业公司召开科技大会，评出科技成果24项，优秀科技论文30篇。

2010年6月，珲春矿业公司召开科技大会，评出优秀科技成果10项，优秀论文26篇，优秀科技革新项目100项。在吉煤集团"十一五"科技成果表彰大会上，8项科技成果受到表彰。1991—2010年，珲春矿业公司共完成科研项目157项，获奖19项。

杉松岗矿业公司。坚持以科学发展观统领全局，实施"科技兴煤、人才强企"战略，科技创新工作取得显著成效。"鹅鸭肥肝系列产品研发"被吉林省煤炭工业局评为科技成果一等奖，"长白鹅Ⅰ、Ⅱ、Ⅲ品系列选育技术研究"被吉林省煤炭工业局评为科技成果二等奖。

长春煤炭科学研究所。"八五"至"九五"期间，长春煤炭科学研究所开展"单体支柱工作面顶板动态预报"和"KJ19型煤矿安全监控系统"科研项目，分别于1992年和2003年获东煤公司科技进步二等奖和"国家安全生产科技成果奖"。

1992年至1994年1月，进行高效工作面瓦斯涌出规律研究和煤炭与瓦斯混合物爆炸限量研究两项联合国科研项目，在吉林省和东北地区矿务局开展了软岩巷道锚喷支护、单体支柱工作面顶板动态预报、KJ19型煤矿安全监控系统和原生煤体综放开采氮气防火等项技术推广，均取得很好的效果。

2002年8月17日，国家煤炭工业安全标志办公室对科技中心所属企业长春东煤高技术开发公司的矿用安全产品MA标志进行认证。对BFDZ-2型风电瓦斯闭锁装置、KYJ-2000型遥控甲烷传感器的生产条件进行检查，认为该公司已基本具备发证条件。1991—2010年，共获奖16项，其中国家部委级3项。

吉林省煤田地质局。1991—2010年，吉林省煤田地质局共完成科研项目50项，其中有9项获得省部级科技成果奖。

辽源煤机厂。以更新思路、拓宽视野、自主创新的精神理念，研制和开发了一定数量的高科技含量、高附加值、高质量的新产品，先后获得多项国家级、省部级、公司级和市级科技成果。主要产品有MG668-WD型采煤机，MG300-700-WD型系列采煤机，MG135/375-W型系列采煤机，MG150/380-WD型系列采煤机，MG135/320-W型系列采煤机，MG140-330BWD型采煤机，MG100/240-WD型采煤机，MG100-B5型薄煤层系列采煤机，MG500/1220-WD型、MG450/1140-WD型电牵引大功率系列采煤机，SGZ630/150型输送机，EBZ120型、EBZ160型掘进机等多种机型。其中多种产品获得省、部级科技成果奖。

1991—2010年，吉林省煤炭企业共有211项科研项目经市、省、部委及国家有关部门鉴定，获得科技成果奖（表10-1-1）。

表10-1-1 1991—2010年吉林省煤炭系统科技成果一览表

序号	项目名称	项目内容	获奖单位及人员	获奖时间、等级	鉴定单位
1	扇风机附属装置的研究	通过该装置解决矿井多年来没有解决的制动高效节能装置问题	舒兰矿务局，郑克勤等	1991年东煤公司科技成果三等奖	东煤公司
2	梅河矿三井零阶段"防水煤柱"综采技术研究	通过水文、顶煤移动、巷道压力观测和疏干流砂层水措施，开采防水煤柱	辽源矿务局梅河煤矿，周志钦、宋仁操等	1992年能源部二等奖、东煤公司特等奖	能源部、东煤公司

表 10-1-1（续）

序号	项目名称	项目内容	获奖单位及人员	获奖时间、等级	鉴定单位
3	DM-1型矿井安全监控系统	DM-1型矿井安全监控研究与开发	长春科技中心，吕琦	1992年东煤公司科技进步一等奖	东煤公司
4	西安煤矿副井井筒变形分析维护措施研究	井筒煤柱开采对竖副井筒影响，找出减少井筒变形途径和维护措施，提供复杂条件下井筒开采技术途径	辽源矿务局西安煤矿、阜新矿院，陈永华等	1992年东煤公司科技成果二等奖	东煤公司
5	梅河矿区软岩巷道锚网—弧板复合支护研究	从改善围岩内部应力入手，突出支护放压与让压作用，保护围岩稳定性和完整性，体现软岩支护先柔后刚原则	东北工学院、辽源矿务局梅河煤矿	1992年东煤公司科技成果二等奖	能源部、煤炭科学研究总院
6	平岗截齿厂JG(B)系列截齿技术标准	统一规范了JG(B)系统截齿技术参数，奠定了质量标准化基础	辽源矿务局平岗截齿厂、科研所，富忠玺等	1992年东煤公司科技成果三等奖	东煤公司
7	辽源煤矿矿震的探索与研究	监测矿震状况、震相特征及分类、活动规律与特点，对预防矿震有意义	辽源矿务局科研所，朱佩武	1992年吉林省地震科成果三等奖	吉林省地震局
8	高温矿井降温技术调研	阐述高温矿井降温现状与趋势，国外高温矿井降温技术理论与实践以及国内外降温技术研究成果	辽源矿务局科研所，庞兆多、李广君等	1992年东煤公司科技情报成果二等奖	东煤公司
9	立井井筒煤柱开采及工业广场的保护调研	阐述立井井筒煤柱开采及工业广场保护现状、开采方法及装备加固与维修、煤柱开采观测、国外开采技术等	辽源矿务局科研所调研课题组	1992年东煤公司科技情报成果三等奖	东煤公司
10	矿用支护钢调质	调质后的U型支架比调质前的承载能力提高26%～67%	辽源矿务局总机厂，王作光等	1992年东煤公司科技成果三等奖	东煤公司
11	MG360系列采煤机	整机及控制系统简单、开机率高，与支架、输送机配套性良好，用于煤质中硬以下，采高2～3.4米、有夹矸的缓倾斜综采工作面	辽源煤机厂，王德恩、吴建平、李亚飞、焦守祥、洪源治、王松凯、徐海坤、袁玉森、刘正坤	1992年东煤公司科技成果一等奖	东煤公司
12	软岩锚喷支护设计及在梅河矿区的应用和研究	软岩锚喷支护设计及应用和研究	辽源矿务局梅河煤矿	1992年通过技术鉴定	能源部
13	采准巷道锚网支护的研究	巷道锚网支护的研究	辽源矿务局梅河煤矿	1992年，通过东煤公司鉴定	东煤公司

表 10-1-1（续）

序号	项目名称	项目内容	获奖单位及人员	获奖时间、等级	鉴定单位
14	L(R)TF18-6.55型采煤机强力滚筒的研制	L(R)TF18-6.55型采煤机强力滚筒的研究和制造	辽源矿务局平岗截齿厂	经检索，该滚筒在国内外无同类产品	煤炭专利服务中心
15	锻焊结合连接链工艺的研究	锻焊结合连接链工艺的研究	辽源矿务局机电总厂	1992年，通过东煤公司技术鉴定	东煤公司
16	绳钻人造金刚石钻头	使用该钻头后，时效提高44%~53%	东煤地质局长春科研所，朱连森等	1992年东煤公司科技成果三等奖	东煤公司
17	梅河、舒兰、蛟河盆地含煤远景预测	提出了6个可靠性预测区	东煤地质局长春科研所，荆惠林等	1992年东煤公司科技成果三等奖	东煤公司
18	浑江、太子河流域及旅大地区推覆构造找煤研究	浑江、太子河流域及旅大地区推覆构造找煤研究	东煤地质局长春科研所，孙礼文等	1992年东煤公司科技成果三等奖	东煤公司
19	矿级生产统计管理软件	矿级生产统计管理软件	长春煤研所，范培育等	1992年东煤公司科技成果三等奖	东煤公司
20	MD型煤矿用耐磨离心水泵	高耐磨金球墨铸铁制造，水泵效率达68%以上，每台水泵年节电1万千瓦时左右	辽源矿务局机电总厂，王作光等	1993年能源部科技成果一等奖	能源部
21	软岩矿井巷道锚（喷）网支护的研究与推广	确定了锚喷支护的参数和施工工艺，实现了软岩巷道安全高效快速节约支护	辽源矿务局、长春煤研所	1993年东煤公司特等奖	东煤公司
22	MG350系列采煤机	薄煤层交流变频调速，截割功率大，可割F4硬煤	辽源煤矿机械厂，李凯等	1993年东煤公司科技成果二等奖	东煤公司
23	MGD150-NW短壁工作面综合采煤机	MGD150-NW型采煤机适用于工作面长度20~60米、工作面倾角≤25°的短综采工作面	辽源煤矿机械厂，戚长武、王德恩、刘培英、齐振峰	1993年科技进步三等奖	中国统配煤矿总公司
24	腹水直接回输治疗肝硬化大量腹水	在封闭无菌状态下抽取腹水，经超滤、浓缩含有蛋白等营养物质的水分回输到患者体内，患者症状改善	辽源矿务局总医院，关丽华等	1993年QC成果优秀奖	吉林省卫生厅
25	破碎岩石条件下高应力集中岩石巷道	使围岩应力集中区向围岩深部转移，便于对巷道的支护	通化矿务局松树镇煤矿科研所	1993年吉林省科技成果一等奖	东煤公司
26	房地产管理信息系统	准确掌握房地产状况，提高了工作效率	通化矿务局房产工程处，任志有等	1993年东煤公司科技成果二等奖	东煤公司
27	原煤层大采高坚硬顶板沿空留巷	提高了开采效益，降低了开采成本	通化矿务局松树镇煤矿，孙克仁等	1993年东煤公司科技成果三等奖	东煤公司

表 10－1－1（续）

序号	项目名称	项目内容	获奖单位及人员	获奖时间、等级	鉴定单位
28	煤矸石砂浆水泥的研究	利用矸石加工添加剂等工艺制成砂浆替代水泥，降低了成本，实现了综合利用	舒兰矿务局，李敏等人	1993年东煤公司科技成果三等奖	东煤公司
29	舒兰软岩混凝土卸压砌块支护研究	在泵房硐室采用砌块支护方式，比传统料石碹减少4个维修周期，年节省支护费用100万元以上	舒兰矿务局，段庚华等	1993年东煤公司科技成果三等奖	东煤公司
30	软岩采准巷道推广锚网支护新技术	软岩巷道支护新技术研究	珲春矿务局英安煤矿、总机厂，邵立田等	1993年东煤公司科技成果三等奖	东煤公司
31	ZF20型矿用通风机转换式反风装置	ZF20型矿用通风机转换式反风装置研究与开发	长春科技中心，孙忠国	1993年科技进步一等奖	能源部
32	平庄矿务局红庙煤矿国家"七五"软岩巷道支护攻关项目	平庄矿务局红庙煤矿国家"七五"软岩巷道支护攻关项目研究与开发	长春科技中心，李明哲	1993年省三等奖	能源部
33	通化矿区外围找煤研究	推断级面积188平方千米，可能级储量1.5亿吨	东煤地质局长春科研所，郑基男等	1993年东煤公司科技成果三等奖	东煤公司
34	KGCK－190/300－DI隔爆型快速/常规充电机	微机控制回路，快充4小时，两个阶段充电8小时	通化矿务局科研处，徐尔逊	1993年东煤公司科技成果三等奖	东煤公司
35	MZJ系列井下煤仓振动放煤机	MZJ系列井下煤仓振动放煤机	长春煤矿设计院、营城煤机厂，马文赋等	1993年东煤公司科技成果三等奖	东煤公司
36	多种条件下沿倾斜和沿走向开采的工作面沿空留巷的研究	对工作面沿空留巷技术进行研究	通化矿务局松树镇煤矿，徐文波等	1993年东煤公司科技成果二等奖	东煤公司
37	纤维支气管镜下大咳血的治疗	在纤维支气管镜下确定出血部位，同时实施止血的对症处置，止血控制好，创伤小	辽源矿务局总医院，张曼莉	1994年QC成果优秀奖	吉林省卫生厅
38	开展自动式液气排放器治疗顽固性肝硬化腹水	利用自动式液气排放器控制腹水排放量，达到安全有效的排放腹水，改善各种症状	辽源矿务局总医院，胡德双、关丽华	1994年QC成果优秀奖	吉林省卫生厅
39	红矾法制取精制蜡和碱式硫酸铬	采用红矾法制取精蜡，扩展了褐煤蜡生产的新途径	舒兰矿务局，李吟甫等人	1994年煤炭工业部科技成果二等奖	煤炭工业部、东煤公司
40	舒兰煤田建筑物下开采研究	遵照"三下"采煤规定，对河床、公路、民房下进行开采	舒兰矿务局，刘克敏、段庚华等	1994年煤炭工业部科技成果三等奖	煤炭工业部、东煤公司

表 10-1-1（续）

序号	项目名称	项目内容	获奖单位及人员	获奖时间、等级	鉴定单位
41	东北区煤田预测	东北全区1：50万的煤田预测汇总	东煤地质局长春、哈尔滨煤研所	1994年煤炭工业部科技成果一等奖	中国煤田地质总局
42	急性心肌梗塞的血淋巴细胞β受体变化的实验与临床经验	AMI患者应用β受体阻滞剂能够降低交感神经系统张力与心肌β受体兴奋性，改善心肌缺血缺氧，缩小梗死面积，降低心律失常发生率	辽源矿务局总医院、白求恩医科大学、李鸣辰等	1995年吉林省科技进步三等奖	吉林省科学技术委员会
43	150ZD-XE渣浆泵	填补渣浆泵空白	通化矿务局机总厂	1996年	吉林省煤炭工业局
44	新型节能启动器	7.1赫兹变频启动器属国内首创	通化矿务局科研所	1996年	吉林省科委、经贸委
45	MG200-BW型薄煤层采煤机	该机采用牵截合一，无底托架，弯摇臂机身连接采用了高强度螺栓和液压螺母连接技术，达到国内同类产品先进水平	辽源煤矿机械厂、王德恩、刘培英、齐振峰、聂刚、戚长武、苑雪涛、张琪等	1997年河北省煤炭工业局科技成果奖	河北省煤炭工业局
46	应用草克隆抗体检测诊断酶的研究	主要是阐述了抗体和酶之间的关联性，为下一步的临床研究夯实基础	辽源矿务局总医院、张奎	1997年，吉林省科技成果协作奖	吉林省科学技术委员会
47	MG375-AW型采煤机	结构合理，对复杂地质结构有较高的适用能力，是中厚煤层和矮煤层综采工作面最为理想推广机型	辽源煤矿机械厂、王德恩、齐振峰、赵春生、刘培英、刘晓平、王玉学、郭仁修等	1998年吉林煤炭工业科技成果奖	吉林省煤管局
48	ZT医用粘涂胶在烧伤整形手术中的应用	利用ZT医用粘涂胶，可使手术时间大大缩短，风险降低，效果佳，瘢痕轻微	辽源矿务局总医院、宁振刚	1998年辽源市科技进步三等奖	辽源市政府
49	TVP治疗前列腺增生症的临床研究	利用前列腺汽化电切镜经尿道切除增生的前列腺组织，电凝彻底，创伤小，副损伤小	辽源矿务局总医院、袁绍罡等	1999年辽源市科技进步二等奖	辽源市政府
50	隐动脉皮瓣在膝部组织缺损中的临床应用	隐动脉皮瓣是利用平支血管临位转移，效果稳定，成功率高，成本低，术后效果好	辽源矿务局总医院、宁振刚等	1999年辽源市科技进步二等奖	辽源市政府
51	东北第三系地层研究及资源预测	东北第三系地层研究及资源预测	吉林省煤田地质局勘察设计研究院	1999年国家煤炭工业局三等奖	国家煤炭工业局
52	东北中生代含煤盆地聚煤规律及专家系统研究	东北中生代含煤盆地聚煤规律及专家系统研究	吉林省煤田地质局勘察设计研究院	1999年国家煤炭工业局三等奖	国家煤炭工业局

表 10-1-1（续）

序号	项目名称	项目内容	获奖单位及人员	获奖时间、等级	鉴定单位
53	心房扑动及多房道消融临床与基础研究	通过心房扑动及多房道消融病例治疗、观察，提出较为可靠的临床治疗手段，提高存活率	白求恩医科大学、辽源矿务局总医院，李鸣辰等	2000年吉林省科技进步二等奖	吉林省科委
54	普乐林治疗冠心病的临床研究	普乐林降低心肌耗氧量、心绞痛发生率、心肌梗塞发生率，心肌缺血明显改善	辽源矿务局总医院，史时等	2000年辽源市科技进步一等奖	辽源市政府
55	风轮式吸入疗法治疗儿童哮喘疗效观察	通过该疗法的积极治疗，哮喘症状得到理想的控制，减少复发乃至不发作	辽源矿务局总医院，徐辉等	2000年辽源市科技进步二等奖	辽源市政府
56	TVP治疗尿道狭窄的临床研究	该项微创技术具有不开刀、创伤小、副损伤小、住院时间短等优点	辽源矿务局总医院，袁绍罡	2000年辽源市科技进步一等奖	辽源市政府
57	颅内血肿微创清除术在治疗高血压脑出血中的临床应用	该项技术对脑组织损伤小、血肿清除率高、安全有效、病死率及致残率低，有临床推广价值	辽源矿务局总医院，杨晓琳等	2000年辽源市科技进步二等奖	辽源市政府
58	神经根封闭手法加黄芪丹参或红花注射液治疗腰间盘突出症疗效观察	病人体征消失快，病程缩短，风险与痛苦小，治愈率显著提高，复发率明显下降，方法科学，结果可靠	辽源矿务局总医院，孙宏伟等	2000年辽源市科技进步二等奖	辽源市政府
59	比索洛尔的降压疗效及对心率变异性影响	比索洛尔有降低交感神经系统张力与心肌β受体兴奋性，从而使心率减慢，心肌含氧量下降，改善心肌缺血缺氧	辽源矿务局总医院，李鸣辰等	2000年辽源市科技进步二等奖	辽源市政府
60	水平上半喉切除术治疗声门上型癌临床研究	切除喉癌病变组织，又保留了喉的发音、呼吸及吞咽保护功能	辽源矿务局总医院，孙福生、董国才等	2000年辽源市科技进步一等奖	辽源市政府
61	特异性脱敏疗法治疗支气管哮喘临床研究	有效改善患者过敏症状，病情得以控制，远离过敏原，去除各种诱发因素	辽源矿务局总医院，闫淑珍等	2001年辽源市科技进步一等奖	辽源市政府
62	CT对急腹症诊断价值的临床研究	提供病变部位、范围及致病原因，可为临床了解病情，掌握手术时机，判断预后情况	辽源矿务局总医院，徐福生等	2001年辽源市科技进步一等奖	辽源市政府
63	天龙虫草百部胶囊的研制及治疗难治性肺结核临床观察	治疗肺结核患者有效率98.79%，降低了西药的肝肾毒性，减少患者的经济和精神负担，缩短治疗时间	辽源矿务局总医院，魏学兰等	2001年辽源市科技进步一等奖	辽源市政府

表 10-1-1（续）

序号	项目名称	项目内容	获奖单位及人员	获奖时间、等级	鉴定单位
64	苏诺联合脑活素治疗中度和重度安眠药中毒、酒精中毒临床研究	使中重度安眠药中毒、重度酒精中毒患者得到苏醒,免除很多意外的发生	辽源矿务局总医院,田晶等	2001年辽源市科技进步一等奖	辽源市政府
65	硝黄参散剂的研制及治疗女性生殖系统炎症临床观察	用中西药物调配出散剂,对难治性的妇科炎症进行临床观察,均达到临床治愈,缩短治疗时间	辽源市妇婴医院、辽源矿务局总医院,魏学兰等	2001年辽源市科技进步一等奖	辽源市政府
66	自身免疫慢性荨麻疹的治疗研究	阐述了慢性荨麻疹发病机制、临床表现以及多种药物临床药物治疗对比,找出最佳的治疗方法	辽源矿务局总医院,赵军、万里华等	2001年辽源市科技进步二等奖	辽源市政府
67	覆膜支架治疗食道癌食道狭窄及食道支气管瘘的探讨	为晚期食道癌患者另辟新径,能快速持久地缓解吞咽困难,限制病变增生的食道黏膜在前内生长	辽源矿务局总医院,赵景林、孙宏伟;辽源市卫校,卢鹏	2001年辽源市科技进步二等奖	辽源市政府
68	银粉玻璃离子在修复牙齿中的应用	新型修复材料同牙体组织和金属固位钉可产生极强的黏结性,增加了核桩与牙体组织的固位力	辽源矿务局总医院,吴竞平	2001年辽源市科技进步二等奖	辽源市政府
69	EBJ-120(S)型悬臂式掘进机	采用低矮型设计,整机结构紧凑,适应于中、小断面的巷道掘进,达到同类机型国内领先水平	辽源煤矿机械厂,戚长武、齐振峰、王连辉、王玉学、王松凯、刘成军、王子文等	2001年煤炭科学研究总院太原分院科技成果奖	煤炭科学研究总院太原分院
70	A1-受体阻滞剂联合舍尼通应用治疗非菌性前列腺炎320例临床研究	设计有效的药物联合治疗方案,显著提高了治愈率,使之成为治疗慢性非细菌性前列腺的有效方案	辽源矿务局总医院,孙立军、袁绍罡等	2002—2004年度辽源市科技进步一等奖	辽源市政府
71	促进技术治疗中枢性偏瘫临床研究	促进技术循序渐进反复训练和强化脑卒中偏瘫运动功能取得比传统疗法更好的效果	辽源矿务局总医院,田秀芬等	2002—2004年度辽源市科技进步一等奖	辽源市政府
72	高位交感神经阻滞治疗扩张型心肌病的临床研究	可有效阻滞支配心脏的交感神经节,降低心肌细胞代谢,减轻心脏前后负荷,达到治疗充血性心力衰竭的目的	辽源矿务局总医院史时、孙继红等	2002—2004年度辽源市科技进步一等奖	辽源市政府
73	小剂量丙球蛋白加皮质激素疗法治疗特发性血小板减少紫癜疗效观察	能够更快地升高血小板,缩短患者住院时间,与常规剂量丙种球蛋白比较疗效相同,安全性高	辽源矿务局总医院,刘杨、于桂菊	2002—2004年度辽源市科技进步三等奖	辽源市政府

表 10-1-1（续）

序号	项目名称	项目内容	获奖单位及人员	获奖时间、等级	鉴定单位
74	科技开发	表彰王延兆同志在辽源卫生系统科技工作中作出的突出贡献	辽源矿务局总医院，王延兆	2002—2004年度辽源市科技进步金桥奖	辽源市政府
75	KJ19煤矿安全监控系统	KJ19煤矿安全监控系统研究与开发	长春煤炭科学研究所	2002年安全生产科技成果三等奖	国家安全监管局
76	MG300/700-WD系列电牵引采煤机	适用于1.6~3.2米的中厚煤层，采用无底托架设计方式，功率大，操作稳定，维修方便，是高产高效工作面的理想机型	辽源煤矿机械厂，刘培英、齐振峰、王玉学、吴玉芹、赵春生、刘殿忠等	2003年吉林省经贸委科技成果奖	吉林省经贸委
77	TVP治疗尿道狭窄的临床研究	该项微创技术具有不开刀、创伤小、副损伤小、住院时间短等优点	辽源矿务局总医院，袁绍罡	2004年吉林省医学科技三等奖	吉林省医学科技委员会
78	依帕司他片治疗糖尿病性神经病变时对血糖影响的研究	通过可逆抑制与神经病变发病相关的多元醇代谢中葡萄糖神经病变的症状，延缓该病进程	辽源矿业公司总医院，陈春杰等	2005年辽源市科技进步一等奖	辽源市政府
79	芪甘归通胶囊的研制及治疗产后、术后尿潴留的临床研究	芪甘归通胶囊对膀胱、肠管肌平滑肌有兴奋作用，增加膀胱括约肌的张力，促进子宫收缩，减少产后出血的作用	辽源矿业公司总医院，孙艳华等	2005年辽源市科技进步二等奖	辽源市政府
80	变异宁袋泡剂的研究及治疗咳嗽变异性哮喘的临床研究	通过比照，变异宁袋泡剂在治疗过程中可有效控制哮喘症状到理想状态，减少复发乃至不发作	辽源矿业公司总医院，井桂芝等	2005年辽源市科技进步一等奖	辽源市政府
81	人工膝关节几何外形尺寸临床研究	设计符合人解剖结构的人工膝关节假体提供了必要的解剖学依据，减少人工膝关节置换的并发症	辽源矿业公司总医院，张健等	2006年辽源市科技进步一等奖	辽源市政府
82	得普利麻-氯胺酮-瑞芬太尼-地西泮复合静脉麻醉在大面积烧伤手术中的应用研究	加深麻醉，消除氯胺酮耐药带来的镇痛，减轻其血压高、心率加快及精神症状等副作用	辽源矿业公司总医院，赵东辉等	2006年辽源市科技进步一等奖	辽源市政府
83	高龄老年人髋部骨折螺纹针微创手术治疗临床研究	采用三根螺纹针固定髋部骨折处，使高龄老人卧床时间缩短，减少并发症，减少死亡率	辽源矿业公司总医院，欧阳鸿玮等	2006年辽源市科技进步一等奖	辽源市政府
84	卡维地洛的降压疗效以及对左室射血分数心率的影响	改善心衰患者心功能，降低血压，稳定心率，适用人群广泛，具有广泛应用价值	辽源矿业公司总医院，李玉峰等	2006年辽源市科技进步一等奖	辽源市政府

表 10-1-1（续）

序号	项目名称	项目内容	获奖单位及人员	获奖时间、等级	鉴定单位
85	大倾角综采放顶煤方法在梅河矿的推广和应用	拓宽综采放顶煤采法使用途径，工作面坡度最高达到42°，为倾斜煤层布置工作面创造了一条新路	辽源矿业公司，朱春华、李玉林、李士平等	2007年吉林煤炭工业优秀科技成果、科技成果一等奖	吉林省科技厅、省煤炭工业局
86	金宝屯煤矿矿压地温研究与治理	每米三架36U双层全园棚加喷浆支护，扩大巷道断面、更换大功率风机、冷水降温措施，解决矿井矿压和地温大的问题	辽源矿业公司，李英辉、初俊福、祁振龙等	2007年吉林煤炭工业优秀科技成果、科技成果一等奖	吉林省科技厅、省煤炭工业局
87	西安矿综采放顶煤在残煤开采中的推广应用	从根本上解决了残煤复采工作面顶板难控制、事故多的安全难题，实现了安全高效	辽源矿业公司，杨士录、方贵祥、李旭、赵万贵等	2007年吉林煤炭工业优秀科技成果、科技成果一等奖	吉林省科技厅、省煤炭工业局
88	梅河煤矿含水层下综放开采项目	获得了井田内第四系松散砂砾层渗透系数等技术数据，形成了一整套防治溃水溃泥的"探、排、放、疏"技术	中国煤炭科学研究院特采所、辽源矿业公司，李旭、朱春华等	2007年吉林煤炭工业科技成果、科技成果二等奖	吉林省科技厅、省煤炭工业局
89	梅河煤矿瓦斯抽采治理与利用的研究	采取抽放瓦斯、增加矿井风量、建设使用坑口瓦斯发电站等综合措施治理瓦斯	辽源矿业公司、梅河煤矿、陈延杰、张志友等	2007年吉林煤炭工业科技成果、科技成果二等奖	吉林省科技厅、省煤炭工业局
90	西安矿井下防治火技术的研究	采用综合防火技术，有效地控制"三带"变化，做好发火的预测预报，增强防火系数	辽源矿业公司、西安煤业公司，石才、谷忠武等	2007年吉林煤炭工业科技成果、科技成果二等奖	吉林省科技厅、省煤炭工业局
91	高瓦斯急倾斜特厚煤层综放开采大气压下降时瓦斯急剧涌出的防治	掌握了瓦斯超限的条件与规律，制定了相应措施，在实践中取得实效	辽源矿业公司、梅河煤矿，谢树安、胡光远等	2007年吉林煤炭工业科技成果、科技成果三等奖	吉林省科技厅、省煤炭工业局
92	MG100/240-BW型薄煤层采煤机的研制与开发	新型薄煤层采煤机，装机功率大、整机外型尺寸小，结构紧凑，对缓解我国薄煤层开采的落后局面具有积极的意义	辽源矿业公司煤机公司，齐振峰、王松凯等	2007年吉林煤炭工业优秀科技成果、科技成果一等奖	吉林省科技厅、省煤炭工业局
93	MD420-93煤矿用耐磨节能多级离心泵的研制与开发	单级扬程93米，单台水泵最大扬程1127米，每小时排水量420立方米，独创的滚动轴承支撑装置，替代沿用已久的滑动轴承支撑方式，获得实用新型专利	辽源矿业公司泵业公司，吴振国、李建国等	2007年吉林煤炭工业科技成果、科技成果三等奖	吉林省科技厅、省煤炭工业局

表 10 – 1 – 1（续）

序号	项目名称	项目内容	获奖单位及人员	获奖时间、等级	鉴定单位
94	系列汽车前轴锻件研制开发	用10吨模锻锤完成了16吨模锻锤才能锻造生产的锻件,产品的外观尺寸和机械性能达到了国内先进水平,前轴调头模锻工艺是对传统模锻工艺的创新与发展	辽源矿业公司方大锻造公司,郭志勇、张凤俊等	2007年吉林煤炭工业科技成果、科技成果三等奖	吉林省科技厅、省煤炭工业局
95	TESB治疗扩张型心肌病的临床研究	采用上胸段硬膜外腔交感神经阻滞(TESB)治疗扩张型心肌病,明显改善扩张型心肌病患者临床症状,应用安全,副作用小,疗效确切	辽源矿业公司总医院,史时、付宏婕、孙继红等	2007年吉林煤炭工业科技成果、科技成果三等奖	吉林省科技厅、省煤炭工业局
96	松树镇煤矿二井复杂煤层综合机械化采煤研究与应用	复杂煤层综合机械化采煤研究	通化矿业公司,李建国、佟利、李成敏、常文有、刘显林、管仁代、陈维良、邱兆臣、王岩、张洪奇、张玉红、魏庆祥、徐贵勤、汪国民	2007年吉林省煤炭工业优秀科技成果、科技成果一等奖	吉林省科技厅、省煤炭工业局
97	利用流送充填技术和注氮装备进行采空区防灭火	利用流送充填技术和注氮装备进行采空区防灭火	通化矿业公司,王升宇、陈维良、祁延宝、李德才、王新江、惠金杰、尹振林、王辉、王玉波	2007年吉林省煤炭工业科技成果、科技成果二等奖	吉林省科技厅、省煤炭工业局
98	依靠科学技术进步防治煤与瓦斯突出	防治煤与瓦斯突出技术研究	通化矿业公司,王升宇、李成敏、陈维良、祁延宝、张玉宏、刘晓东、田传明、王成立	2007年吉林省煤炭工业科技成果、科技成果二等奖	吉林省科技厅、省煤炭工业局
99	精煤泥脱水系统改造	精煤泥脱水系统改造	通化矿业公司,李建国、郝贵东、补正武、赵明清、张福权、金亚雷、赵玉龙、刘喜波	2007年吉林省煤炭工业科技成果、科技成果二等奖	吉林省科技厅、省煤炭工业局
100	松软厚煤层煤巷锚杆、锚索、金属网、钢筋梯联合支护	松软厚煤层煤巷锚杆、锚索、金属网、钢筋梯联合支护的研究	通煤矿业公司,李成敏、管仁代、宁连江、崔恩才、王守亮、吴立、王爱国	2007年吉林省煤炭工业科技成果、科技成果二等奖	吉林省科技厅、省煤炭工业局
101	八宝煤矿运输系统优化改造	煤矿运输系统优化改造的研究	通化矿业公司,李建国、刘显林、宫昌会、班玉新、王宝柱、闫国刚、周春利	2007年吉林省煤炭工业科技成果、科技成果三等奖	吉林省科技厅、省煤炭工业局

表 10-1-1（续）

序号	项目名称	项目内容	获奖单位及人员	获奖时间、等级	鉴定单位
102	手术切除治疗胸椎管内肿瘤	胸椎管内肿瘤的手术切除治疗	通化矿业公司，姚发轶、付阳升、朱明星、杨志刚、孙仕权、姜云伟、韩春华	2007 年吉林省煤炭工业科技成果、科技成果三等奖	吉林省科技厅、省煤炭工业局
103	八宝井更换摩擦钢丝绳工艺创新	更换摩擦钢丝绳工艺创新	通化矿业公司，班玉新、范玉平、王宝柱、谭明坤、陈玉坤、于世冬	2007 年吉林省煤炭工业科技成果、科技成果三等奖	吉林省科技厅、省煤炭工业局
104	舒兰二矿第三系矿床砂层水井上下联合疏干技术	通过采取井上下联合疏干方法，解放了二矿矿床砂层水下压煤，安全顺利采出 15 层、16 层 649 万吨优质煤炭，延长矿井服务年限 13 年	舒兰矿业公司，宋晓辉、朱建明等人	2007 年吉林省煤炭工业优秀科技成果、科技成果一等奖	吉林省科技厅、省煤炭工业局
105	松软岩层进行巷道支护改革	在舒兰矿业公司松软岩层中选择锚网、锚钢、U 型钢、喷浆等多种方式用于巷道支护，减少了维护成本，改善了作业环境，年节约资金 1100 多万元	舒兰矿业公司，宋晓辉、关立军、张运歧等	2007 年吉林省煤炭工业科技成果、科技成果二等奖	吉林省科技厅、省煤炭工业局
106	瞬变电磁与井下地震探测技术	应用瞬变电磁技术与矿井地质地震探测技术相结合对矿井积水区进行物理探测，在安全的条件下解放积水区压煤 60 余万吨	舒兰矿业公司，朱建明、于富、刘长安等	2007 年吉林省煤炭工业科技成果、科技成果二等奖	吉林省科技厅、省煤炭工业局
107	人车落闸复位技术	在斜井绞车道上，安放一套人车插爪自动复位机械装置，解决了斜井人车每班落闸试验后，复位困难问题。填补了国内空白	舒兰矿业公司机电公司，王广明等	2007 年吉林省煤炭工业科技成果、科技成果三等奖	吉林省科技厅、省煤炭工业局
108	洁净层流手术室应用	自 2005 年启用洁净层流式手术室以来，年手术量 1500 台左右；无菌手术无一例感染现象	舒兰矿业公司总医院，郭洪利、纽德江等	2007 年吉林省煤炭工业科技成果、科技成果三等奖	吉林省科技厅、省煤炭工业局
109	综采综掘在珲春矿区复杂地质构造条件下的应用	综采综掘在复杂地质构造条件下的应用研究	珲春矿业公司，隋世才、贾立明、朱学成、巩富、马国维、齐群、邵立田、王耀刚、黄敬思、罗广江、邹彦江、邹彦海、徐河清	2007 年吉林省煤炭工业优秀科技成果、科技成果一等奖	吉林省科技厅、省煤炭工业局

表 10-1-1（续）

序号	项目名称	项目内容	获奖单位及人员	获奖时间、等级	鉴定单位
110	板石煤矿矿建工程优化设计	煤矿矿建工程优化设计的研究	珲春矿业公司，贾立明、徐友林、李兴、赵国富、姜长荣、常恕实、任立君、张荣才、张立勇	2007年吉林省煤炭工业优秀科技成果、科技成果一等奖	吉林省科技厅、省煤炭工业局
111	大坡度下山全岩掘进机的研制与应用	大坡度下山全岩掘进机的研制	珲春矿业公司，贾立明、李兴、徐友林、齐群、罗广江、高景发、梁坚毅、孙阳春	2007年吉林省煤炭工业优秀科技成果、科技成果一等奖	吉林省科技厅、省煤炭工业局
112	综采工作面快速搬家回撤工艺	综采工作面快速搬家回撤工艺研究	珲春矿业公司，邰彦海、王耀刚、何民、李照忠、王大军、付忠新、李东叶、林秀江	2007年吉林省煤炭工业科技成果、科技成果二等奖	吉林省科技厅、省煤炭工业局
113	综采工作面二巷及开切眼推广应用支护改革	综采工作面二巷及开切眼支护改革的研究	珲春矿业公司，邵立田、朱学成、王跃刚、王焕民、史难成、邰颜海、王大军、李东叶、肖守仁、庞海堂	2007年吉林省煤炭工业科技成果、科技成果二等奖	吉林省科技厅、省煤炭工业局
114	主井提升与大倾角皮带驱动系统土建安装的施工组织成果	主井提升与大倾角输送带驱动系统土建安装的施工组织研究	珲春矿业公司，高景发、张国祥、张立勇、徐希刚、马广忠	2007年吉林省煤炭工业科技成果、科技成果三等奖	吉林省科技厅、省煤炭工业局
115	鹅鸭肥肝系列产品研发	新技术研究	杉松岗矿业公司，郑方国、张福军等	2007年吉林省煤炭工业优秀科技成果、科技成果一等奖	吉林省科技厅、省煤炭工业局
116	长白鹅Ⅰ、Ⅱ、Ⅲ品系列选育技术研究	新技术研究	杉松岗矿业公司，郑方国、张福军等	2007年吉林省煤炭工业优秀科技成果、科技成果二等奖	吉林省科技厅、省煤炭工业局
117	吉林省龙家堡矿业有限责任公司龙家堡矿井项目设计优化	龙家堡矿业有限责任公司龙家堡矿井项目设计优化	长春煤炭设计研究院，党相中、孙力翔、姜长荣、薛建志、张铁成、包敏、李旭、李玉山、王会久	2007年吉林省煤炭工业优秀科技成果、科技成果一等奖	吉林省科技厅、省煤炭工业局
118	KZ19煤矿安全监控系统	煤矿安全监控系统研究	长春煤炭科技中心，金世钟、刘文玉、王文甫、李志健、李红杰、肖景峰、焦伦博、张展睿、葛云龙、刘强	2007年吉林省煤炭工业科技成果、科技成果二等奖	吉林省科技厅、省煤炭工业局

表 10-1-1（续）

序号	项目名称	项目内容	获奖单位及人员	获奖时间、等级	鉴定单位
119	KJ241煤矿人员管理系统	煤矿人员管理系统研究	长春煤炭科技中心、刘文玉、金世钟、王文甫、李志健、葛云龙、白立业、李红杰、焦伦博、张展睿、许祥春	2007年吉林省煤炭工业科技成果、科技成果二等奖	吉林省科技厅、省煤炭工业局
120	煤矿网络监控及预警系统	煤矿网络监控及预警系统研究	长春煤炭科技中心、王文甫、刘文玉、葛云龙、肖景峰、白立业、许祥春、刘强	2007年吉林省煤炭工业科技成果、科技成果三等奖	吉林省科技厅、省煤炭工业局
121	矿井安全监控系统实用教程	著作	长春煤炭科技中心、金世钟、李志健、李红杰、李贵友、王文甫、许丽、姜涛	2007年吉林省煤炭工业科技成果、科技成果三等奖	吉林省科技厅、省煤炭工业局
122	ZWY系列矿用移动式瓦斯抽放泵站	矿用移动式瓦斯抽放泵站研究	长春煤炭科技中心、范培育、刘文玉、金世钟、李明哲、李志健、李红杰	2007年吉林省煤炭工业科技成果、科技成果三等奖	吉林省科技厅、省煤炭工业局
123	BFDZ-2A(N)煤矿用风电甲烷闭锁装置	煤矿用风电甲烷闭锁装置研制	长春煤炭科技中心、李志健、金世钟、李红杰、刘文玉、焦伦博、张展睿、许丽	2007年吉林省煤炭工业科技成果、科技成果三等奖	吉林省科技厅、省煤炭工业局
124	JCB-C80A型甲烷检测报警仪	甲烷检测报警仪的研究	长春煤炭科技中心、王文甫、李红杰、金世钟、李志健、刘文玉、焦伦博、张展睿	2007年吉林省煤炭工业科技成果、科技成果三等奖	吉林省科技厅、省煤炭工业局
125	伊通盆地西北边界断裂地质研究	伊通盆地西北边界断裂地质研究	吉林省煤田地质局、吴克平、王峰、荆保哲、张滨、王丽伟、孙世芳、韩丽、翟瑞忠、张振华、宋竹琴	2007年吉林省煤炭工业科技成果、科技成果二等奖	吉林省科技厅、省煤炭工业局
126	非溢流净水滤池	非溢流净水滤池的研究	吉林省煤田地质局、王飞际、段月英、张振华、宋竹琴、吴克平、孙世芳、荆保沂	2007年吉林省煤炭工业科技成果、科技成果二等奖	吉林省科技厅、省煤炭工业局

表 10-1-1（续）

序号	项目名称	项目内容	获奖单位及人员	获奖时间、等级	鉴定单位
127	AD12/900型动力头竖井钻机	动力头竖井钻机的研制	华煤公司,李文增、安钢、洪伯潜、廖卫勇、王怀志、王占军、王春民、张荣亮、李济顺、王贵淳、高可均、郭训海、范德贵、杨海坤	2007年吉林省煤炭工业优秀科技成果、科技成果一等奖	吉林省科技厅、省煤炭工业局
128	SGZ 830/750型刮板输送机	刮板输送机的研制	蛟河煤机厂,汪玉民、李凤海、唐忠贵、李亚清、孙彦元、毛现霞、史成玉、于贵、陈奎荚、张凤武	2007年吉林省煤炭工业科技成果、科技成果二等奖	吉林省科技厅、省煤炭工业局
129	φ30~48毫米大规格矿用高强度圆环链产品开发	大规格矿用高强度圆环链产品开发	东输公司,赵立贵、张海春、李怀江、李起忠、李明东、王治国、李绍南、刘仁臣、刘义	2007年吉林省煤炭工业科技成果、科技成果二等奖	吉林省科技厅、省煤炭工业局
130	自动化物流输送机械产品开发	自动化物流输送机械产品开发	东输公司,李怀江、李绍南、尹国志、张建军、衣万涛、丁忠军、刘仁臣、张民、李明东、刘义	2007年吉林省煤炭工业科技成果、科技成果二等奖	吉林省科技厅、省煤炭工业局
131	矿用圆环链扁平接链环产品开发	矿用圆环链扁平接链环产品开发	东输公司,刘仁臣、刘义、潘亚娟	2007年吉林省煤炭工业科技成果、科技成果三等奖	吉林省科技厅、省煤炭工业局
132	HC高纯二氧化氯发生器	高纯二氧化氯发生器研制	东煤环保所,齐翔、赵颖涛、白长英、齐敬然、张银汉、卢志文	2007年吉林省煤炭工业科技成果、科技成果二等奖	吉林省科技厅、省煤炭工业局
133	XTS系列旋筒式水膜除尘器	旋筒式水膜除尘器的研制	东煤环保所,齐翔、赵颖涛、齐敬然、卢志文、孙洪斌	2007年吉林省煤炭工业科技成果、科技成果三等奖	吉林省科技厅、省煤炭工业局
134	白山市煤矿安全远程监控系统	煤矿安全远程监控系统的研发	白山市安全生产监督管理局,张习庆、王建明、张道清、董安阁、王会聪、邓瑞、崔久军	2007年吉林省煤炭工业科技成果、科技成果三等奖	吉林省科技厅、省煤炭工业局

表 10-1-1（续）

序号	项目名称	项目内容	获奖单位及人员	获奖时间、等级	鉴定单位
135	内踝上微创经皮解剖钛板内固定技术治疗胫骨远端骨折	微创钛板内固定桥接钢板，钛板末端呈楔形于微切口经皮插入，干骺端薄形支撑设计既有利于塑形，又有利于胫骨远端软组织的覆盖，而对骨干部分则不强调接骨板与骨面的紧密接触，允许彼此分离，其对骨面无压迫，对骨折端的血运和骨膜的完整性不产生破坏	辽源矿业公司总医院,赵双印等	2007—2009年度辽源市科技进步一等奖	辽源市政府
136	强化训练对脑卒中偏瘫患者上肢功能影响的临床研究	采用对脑卒中偏瘫患者进行强化训练,明显提高了患者上肢运动功能,较比以往常规的OT治疗明显地增强了疗效,缩短了康复治疗时间,减轻了患者经济负担,疗效明显优于传统康复治疗	辽源矿业公司总医院,田秀芬等	2007—2009年度辽源市科技进步二等奖	辽源市政府
137	巩膜隧道切口小梁切除术治疗青光眼的临究	巩膜隧道切口小梁切除术,在不降低手术成功率的同时减少手术并发症,术后浅前房发生率明显优于传统小梁切除术,更好地保留了病人有用视力,提高病人生活质量和工作能力	辽源矿业公司总医院,鞠良等	2007—2009年度辽源市科技进步一等奖	辽源市政府
138	甲基丙烯酸甲酯鼻前庭同型管体外佩戴治疗萎缩性鼻炎的临床研究	该项技术具有作用直达病灶、治疗效果好、缩短治疗时间、佩戴方便等作用	辽源矿业公司总医院,贾平等	2007—2009年度辽源市科技进步二等奖	辽源市政府
139	煤层高压注水水力割缝卸压增透技术的应用	提高了难抽采煤层瓦斯抽放效果	通化矿业公司,王升宇、宁连江等	2009年一等奖	吉煤集团
140	矿井通风仿真系统的应用	提高了矿井通风计算水平,提高了各项安全保障水平	通化矿业公司,赵显文、王升宇、陈维良等	2009年一等奖	吉煤集团
141	人工膝关节几何外形尺寸临床研究	为设计符合国人解剖结构人工膝关节假体提供了必要解剖学依据,提高临床疗效,减少人工膝关节置换并发症,延长人工关节使用寿命	辽源矿业公司总医院,张健、宋立巍、付忠田、闫淑珍等	2010年吉林省科技进步三等奖	吉林省科学技术进步奖励委员会
142	采区化水力采煤工艺及水采无人落煤工艺	将水采井上脱水改为井下脱水及刊号上远程水枪控制采煤,节省了资金及提高了安全	通化矿业公司,赵显文等	2010年一等奖	中国水力采煤学会

表10-1-1（续）

序号	项目名称	项目内容	获奖单位及人员	获奖时间、等级	鉴定单位
143	KJ241型人员管理系统	KJ241型人员管理系统研究	长春煤炭研究所	2008年"新产品项目"奖	吉林省经委
144	采区化水力采煤工艺及设备的研究	煤泥水井下脱水，工作面用水井下闭路循环	通化矿业公司	2010中国煤炭工业科学技术三等奖	中国煤炭协会、学会
145	松软煤层瓦斯抽放技术的研究	松软低透性难抽采突出煤层钻进技术攻关	通化矿业公司、煤炭科学研究总院西安研究院	2010年获中国煤炭工业科学技术一等奖	国家能源局
146	六道江井水采煤巷锚网支护的应用	填补煤巷锚网工艺空白，提高煤巷支护水平	通化矿业公司，徐义先、周宝福、于世田等	2010年二等奖	吉煤集团
147	薄煤层自动化开采技术的成功应用	薄煤层自动化开采技术的研究	珲春矿业公司，姚久成、贾立明、李旭、杨福君、尹昌胜、朱学成、齐群、黄敬恩、巩富、邱彦海、石才、刘士军、林秀江、孙阳春	2010年吉林省煤炭工业科技成果特等奖	吉煤集团
148	采区化水力采煤工艺、设备及水采工作面无人水力落煤工艺的研究（包括八宝大倾角综放开采）	采区化水力采煤工艺、设备及水采工作面无人水力落煤工艺的研究	通化矿业公司，赵显文、王升宇、李成敏、刘显林、宁连江、管仁代、徐义先、于世田、周宝福、常文有、夏新宾、徐绍利、王恒奇、董恩华、吴立	2010年吉林省煤炭工业科技成果特等奖	吉煤集团
149	梅河矿区深部地质勘探研究	梅河矿区深部地质勘探研究	辽源矿业公司，宋伟、方贵祥、李旭、佟利、朱春华、王国臣、王亚军、周铁俊、陈宏、高春宝、周瑞华、李德祥、曲玉印、殷青恩、石守礼	2010年吉林省煤炭工业科技成果特等奖	吉煤集团
150	梅河煤矿深部瓦斯预抽方法创新与应用	梅河煤矿深部瓦斯预抽方法的研究	辽源矿业公司，朱春华、方贵祥、佟利、李玉山、周铁俊、宋伟、谢树安、邱胜林、林海、王亚军、陈延杰、李世平、董志春、刘玉林、陈东利、韩玉宏、王晶辉、石玉福	2010年吉林省煤炭工业科技成果一等奖	吉煤集团

表 10-1-1（续）

序号	项目名称	项目内容	获奖单位及人员	获奖时间、等级	鉴定单位
151	一米以下含坚硬夹矸薄煤层安全高效综采成套装备与技术研究	1米以下含坚硬夹矸薄煤层安全高效综采的技术研究	齐振峰、张志友、崔凯、王松凯、刘培英、熊文汇、王玉学、常龙、初成武、李兴国、刘寒、郭仁修	2010年吉林省煤炭工业科技成果一等奖	吉煤集团
152	急倾斜特厚煤层工作面泥砂流事故防治技术研究	急倾斜特厚煤层工作面泥砂流事故防治技术研究	辽源矿业公司，朱春华、方贵祥、贾立明、李旭、李英辉、邱洪生、周铁俊、宋伟、王国臣、陈宏、石守礼、张立慧、殷志刚、赵宏伟、崔宝玉、梁海江	2010年吉林省煤炭工业科技成果一等奖	吉煤集团
153	水力采煤井下闭路循环系统的研究与应用	水力采煤井下闭路循环系统的研究	通化矿业公司，赵显文、王升宇、李成敏、管仁代、宁连江、刘显林、夏新宾、赵树德、姜贤广、徐义先、于世田、李德才、韩成录、周宝福、徐绍利	2010年吉林省煤炭工业科技成果一等奖	吉煤集团
154	煤层高压注水、水力割缝卸压增透技术的应用	煤层高压注水、水力割缝卸压增透技术的研究	通化矿业公司，王升宇、李成敏、宁连江、王立、陈维良、祁廷宝、惠金杰、郭永敏、张玉红、张宝臣、王辉、于学洋、候文毅、刘春才、王成利	2010年吉林省煤炭工业科技成果一等奖	吉煤集团
155	松树镇煤矿瓦斯综合治理技术研究	松树镇煤矿瓦斯综合治理的研究	通化矿业公司，赵显文、王升宇、李成敏、宁连江、王立、陈维良、张玉红、祈廷宝、刘晓东、段晓军、郭永敏、田传明、惠金杰、刘春才	2010年吉林省煤炭工业科技成果一等奖	吉煤集团
156	调产品结构、树主焦品牌	产品结构研究，树立主焦品牌	通化矿业公司，赵显文、王升宇、吕沛峰、李成敏、王有海、叶维华、王金斗、佟明煜、朴正武、郝贵东、孙国斌、房建、李广平、田俊仕、刘晓红	2010年吉林省煤炭工业科技成果一等奖	吉煤集团

表 10 – 1 – 1（续）

序号	项目名称	项目内容	获奖单位及人员	获奖时间、等级	鉴定单位
157	锚网支护在珲矿公司井巷推广应用	锚网支护在井巷推广应用	珲春矿业公司，姚久成、朱学成、黄敬恩、李成荣、郑有山、邵立田、庞海堂、史守业、任立君、肖守仁、柴仕彬、邰彦海、石才、何旻、王大军	2010 年吉林省煤炭工业科技成果一等奖	吉煤集团
158	珲春矿区井下辅助运输先进设备推广使用	矿区井下辅助运输先进设备推广	珲春矿业公司，赵培广、齐群、刘士军、方岸滨、何旻、孙阳春、韩维民、刘伟志、顾成贵、闫炳胜、李勇、张会军、马广忠、王广喜、马洪坤	2010 年吉林省煤炭工业科技成果一等奖	吉煤集团
159	综采在舒兰松软围岩条件下的推广应用	综采在舒兰矿业公司松软围岩条件下的应用研究	舒兰矿业公司，孙福安、王耀刚、杨士录、李军、王永库、隋庆林、宋庆山、王世法、张运岐、吴玉刚、周仁波、高国福、史宝礼、李玉模、赵洪福	2010 年吉林省煤炭工业科技成果一等奖	吉煤集团
160	金宝屯矿高地应力"三软"煤层一矿一面年产 200 万吨综合研究	金宝屯煤矿高地应力"三软"煤层一矿一面年产 200 万吨综合研究	辽源矿业公司，佟利、方贵祥、初俊福、朱春华、李英辉、孙文学、祁振龙、唐晓华、姜春、赵国华、张万生、高春宝、陈继友、曲艳奎	2010 年吉林省煤炭工业科技成果二等奖	吉煤集团
161	龙家堡复杂条件下大型机械化综放工作面开采技术研究与应用	龙家堡复杂条件下大型机械化综放工作面开采技术研究与应用	辽源矿业公司，初俊福、方贵祥、佟利、朱春华、李玉山、张延斌、姜福贵、刘守杰、张宪国、肖林海、于新河、龙殿武、高伟、张敬东	2010 年吉林省煤炭工业科技成果二等奖	吉煤集团
162	西安矿残煤区"建筑物"下开采的研究	西安煤矿残煤区"建筑物"下开采的研究	辽源矿业公司，刘春仪、朱春华、周玉林、谷忠武、陈宏、刘智慧、王静、张春利、孔庆满、尹立军、徐劲松、张横	2010 年吉林省煤炭工业科技成果二等奖	吉煤集团

表 10-1-1（续）

序号	项目名称	项目内容	获奖单位及人员	获奖时间、等级	鉴定单位
163	大断面锚网支护在龙家堡矿的研究与应用	大断面锚网支护在龙家堡煤矿的研究与应用	辽源矿业公司，张延斌、姜福贵、张玉清、孙远义、张国军、陈胜伟、高伟、安洪斌、梁建忠	2010年吉林省煤炭工业科技成果二等奖	吉煤集团
164	梅河煤矿砂层下残煤综放开采技术研究与应用	梅河煤矿砂层下残煤综放开采技术研究	辽源矿业公司，朱春华、方贵祥、佟利、初俊福、周铁俊、宋伟、姜长德、李英辉、石守礼、陈宏、周瑞华、宫凤才、姜岩忠、刘德民、张国军	2010年吉林省煤炭工业科技成果二等奖	吉煤集团
165	辽矿公司洗煤、选煤系统工艺研究与应用	洗煤、选煤系统工艺研究	辽源矿业公司，初俊福、方贵祥、佟利、迟作山、许耀才、任强、曲延文、许立涛、李玉林、李英辉、王贵敏、段俊杰、郝祥祺	2010年吉林省煤炭工业科技成果二等奖	吉煤集团
166	拖移器在煤矿综采液压支架搬运、安装、回撤中的应用	拖移器在煤矿综采液压支架搬运、安装、回撤中的应用	通化矿业公司，徐贵勤、夏新宾、刘显林、宁连江、石树君、王岩、魏庆祥、辛茂臣、范玉平、李新华	2010年吉林省煤炭工业科技成果二等奖	吉煤集团
167	矿井通风仿真系统的应用	矿井通风仿真系统的研制	通化矿业公司，赵显文、王升宇、李成敏、宁连江、陈维良、王振学、祁廷宝、候文毅、艾立福、王维国	2010年吉林省煤炭工业科技成果二等奖	吉煤集团
168	八宝煤业大倾角、松软、破碎、自燃煤层的综采实践	八宝煤业大倾角、松软、破碎、自燃煤层的综采研究	通化矿业公司，王升宇、李成敏、宁连江、刘显林、管仁代、陈维良、姜贤广、韩成录、李德才、魏庆祥、徐贵勤、夏新宾	2010年吉林省煤炭工业科技成果二等奖	吉煤集团
169	松树镇煤矿综采回采工作面过断层技术研究	煤矿综采回采工作面过断层技术研究	通化矿业公司，王升宇、李成敏、宁连江、王立、管仁代、张玉红、张宝臣、段晓辉、万振权、刘新坤	2010年吉林省煤炭工业科技成果二等奖	吉煤集团

表 10-1-1（续）

序号	项目名称	项目内容	获奖单位及人员	获奖时间、等级	鉴定单位
170	永安矿业公司六道江井水采矿井煤巷锚网支护的应用	永安矿业公司六道江井水采矿井煤巷锚网支护研究	通化矿业公司，徐义先、周宝福、于世田、宁连江、王升宇、李成敏、管仁代、付德华、戚树清、徐绍利	2010年吉林省煤炭工业科技成果二等奖	吉煤集团
171	珲矿公司矿井瓦斯综合治理成果	珲春矿业公司矿井瓦斯综合治理	珲春矿业公司，巩富、姚久成、黄敬恩、朴承浩、王大军、史首业、任立君、常福营、范五书、冯守军	2010年吉林省煤炭工业科技成果二等奖	吉煤集团
172	八连城矿西部区开拓优化设计方案	八连城煤矿西部区开拓优化设计方案的研制	珲春矿业公司，黄敬恩、赵国富、郑有山、庞海堂、王鹏礼、史首业、柴仕彬、高喜堂、李守峰、姚尚辉	2010年吉林省煤炭工业科技成果二等奖	吉煤集团
173	立井普通法快速建井成果	立井普通法快速建井的研究	珲春矿业公司，王东河、黄敬恩、马国维、柴仕彬、史首业、齐伟、王广友、李庭义、许敦辉、肖守仁	2010年吉林省煤炭工业科技成果二等奖	吉煤集团
174	板石煤矿顺槽支护参数设定研究成果	板石煤矿顺槽支护参数设定研究	珲春矿业公司，黄敬恩、孔祥义、邰彦海、庞海堂、邵立田、柴仕彬、任立君、程谟柏、陈维英、高喜堂	2010年吉林省煤炭工业科技成果二等奖	吉煤集团
175	优化选煤产品结构，实现效益最大化	优化选煤产品结构，实现效益最大化	珲春矿业公司，马奎学、乔光祥、高兴奎、毛巨伟、李兆忠、李晓光、王继东、齐伟、王青春、马光明	2010年吉林省煤炭工业科技成果二等奖	吉煤集团
176	松软岩层的巷道支护改革	松软岩层的巷道支护改革研究	舒兰矿业公司，宋庆山、宋晓辉、李军、王敦宏、孙德民、胡兆明、鲁忠和、梁友谊、陈胜利、杨玉亭	2010年吉林省煤炭工业科技成果二等奖	吉煤集团
177	二矿生产系统改造项目	二矿生产系统改造项目	舒兰矿业公司，宋晓辉、孙福安、黄少华、李玉模、赵方德、代政文、王彦生、吴长明、曹新民、张文宇、高烨鑫	2010年吉林省煤炭工业科技成果二等奖	吉煤集团

表 10 - 1 - 1（续）

序号	项目名称	项目内容	获奖单位及人员	获奖时间、等级	鉴定单位
178	杉松一矿复采区采煤方法改革	杉松一矿复采区采煤方法改革的研究	杉松岗矿业公司,刘惠斌、杨福生、霍庆祥、王大江、李福林、孙宝兴、赵立业、周家会、全学义、张文明、于钦松	2010 年吉林省煤炭工业科技成果二等奖	吉煤集团
179	引进德国矿用高强度紧凑链生产技术改造项目	矿用高强度紧凑链生产技术改造	东输公司,孙树彬、王喜绵、张海春、刘仁臣、韩春阳、范文忠、丁忠军、李明东	2010 年吉林省煤炭工业科技成果二等奖	吉煤集团
180	矿井辅助运输方式改革与先进技术应用	矿井辅助运输方式改革与先进技术的研究	辽源矿业公司,初俊福、朱春华、李玉山、许耀才、李玉林、段俊杰、刘守杰、姜春、闫秀坤、王仁清、王宝杰、高海军	2010 年吉林省煤炭工业科技成果三等奖	吉煤集团
181	新型强力高块煤滚筒的开发	新型强力高块煤滚筒的研究	辽源矿业公司,李春杰、于春霞、张志友、张凤俊、郝爱民、闫国菊、付金德、李井春	2010 年吉林省煤炭工业科技成果三等奖	吉煤集团
182	MD300 - 150 型煤矿耐磨多级离心泵的设计开发	煤矿耐磨多级离心泵的设计开发研制	辽源矿业公司,吴贵民、张志友、吴振国、朱英、孙立平、籍红军、潘四平、孙朋、于连新、杜崇高、	2010 年吉林省煤炭工业科技成果三等奖	吉煤集团
183	二次耦合支护技术在矿井软岩巷道中的应用	二次耦合支护技术在矿井软岩巷道中的应用研究	韩晓峰、贾长江、宫国库、宋伟、陈印、张国军、周强	2010 年吉林省煤炭工业科技成果三等奖	吉煤集团
184	梅河煤矿一井 5102 - 11 采区跨阶段俯斜开采	梅河煤矿一井 5102 - 11 采区跨阶段俯斜开采方法研究	辽源矿业公司,王耀武、宋伟、邱洪生、周铁俊、唐晓华、石守礼、陈印、满立民	2010 年吉林省煤炭工业科技成果三等奖	吉煤集团
185	残煤综放采煤法防火技术研究与应用	残煤综放采煤法防火技术研究	辽源矿业公司,刘长仪、周玉林、周宝海、林海、尹立军、王标、宋海峰、张金玉、高文利、刘双海	2010 年吉林省煤炭工业科技成果三等奖	吉煤集团

表 10-1-1（续）

序号	项目名称	项目内容	获奖单位及人员	获奖时间、等级	鉴定单位
186	金宝屯矿软岩支护技术研究	金宝屯煤矿软岩支护技术研究	辽源矿业公司，孙文学、祁振龙、姜长富、姜春、赵国华、王殿清、陈继友、马强、包艳飞	2010年吉林省煤炭工业科技成果三等奖	吉煤集团
187	静态GPS实时测量在龙家堡矿沉降站观测中的应用研究	静态GPS实时测量在龙家堡煤矿沉降站观测中应用的研究	辽源矿业公司，陈宏、李英辉、邢宝良、张延斌、高伟、徐劲松、张恒、赵宏、古树海	2010年吉林省煤炭工业科技成果三等奖	吉煤集团
188	人工膝关节几何外形尺寸临床研究	人工膝关节几何外形尺寸临床应用的研究	辽源矿业公司，张健、李克春、宋立巍、付忠田、闫淑珍、王玉、孙宏伟、尚保华	2010年吉林省煤炭工业科技成果三等奖	吉煤集团
189	梅河矿二井洗煤厂冬季施工的探索	梅河煤矿二井洗煤厂冬季施工探索的研究	辽源矿业公司，李玉山、迟作山、刘成斌、张晓华、张世信、邢宝良、万福林、于维波、隋吉峰、于新龙、陆江	2010年吉林省煤炭工业科技成果三等奖	吉煤集团
190	井下高压大功率强力皮带机地面远程变频拖动控制系统研究	井下高压大功率强力带式输送机地面远程变频拖动控制系统研究	通化矿业公司，闫国刚、刘显林、王升宇、宁连江、夏新宾、李新华、李国良、范玉平、徐贵勤、谭明坤	2010年吉林省煤炭工业科技成果三等奖	吉煤集团
191	防治矿山动力现象技术的研究与应用	防治矿山动力现象技术的应用与研究	通化矿业公司，宁连江、赵显文、王升宇、李成敏、陈维良、徐春明、惠金杰、李德才、王兴国、吕庆刚	2010年吉林省煤炭工业科技成果三等奖	吉煤集团
192	综合地质手段在-714区找煤工作中的应用	综合地质手段在-714区找煤工作中的应用的研究	通化矿业公司，李成敏、宁连江、管仁代、李德才、孙羽、王清发、梁曙光、关林、王建沛、张文滨	2010年吉林省煤炭工业科技成果三等奖	吉煤集团
193	八宝煤业多绳摩擦式提升机换绳工艺改造	八宝煤业多绳摩擦式提升机换绳工艺改造	通化矿业公司，刘显林、王升宇、李成敏、夏新宾、谭明坤、周春利、陈玉坤、崔兆岭、李秀强、韩刚	2010年吉林省煤炭工业科技成果三等奖	吉煤集团

表 10-1-1（续）

序号	项目名称	项目内容	获奖单位及人员	获奖时间、等级	鉴定单位
194	斜井大倾角远距离提升容器（轻型箕斗）优化设计与制造	斜井大倾角远距离提升容器（轻型箕斗）优化设计与制造	通化矿业公司，孙国安、刘显林、夏新宾、宋兆福、郑天杰、赵立伟、范玉平、徐贵勤、李新华、孙士凯	2010年吉林省煤炭工业科技成果三等奖	吉煤集团
195	攻克技术难关实现干燥煤泥均匀入中煤系统实现产品效益最大化	干燥煤泥均匀入中煤系统实现产品效益最大化	通化矿业公司，王升宇、吕沛峰、朴正武、叶维华、佟明煜、李成惠、岳洪宇、兰凤明、吕增友、辛士勇	2010年吉林省煤炭工业科技成果三等奖	吉煤集团
196	块煤分离技术改造项目	块煤分离技术改造	通化矿业公司，叶维华、王岩、张玉武、佟明煜、孙同力、刘喜波、刘振斌、张忠华、刘克文、何贵忠	2010年吉林省煤炭工业科技成果三等奖	吉煤集团
197	ERP信息系统建设和应用	ERP信息系统建设和应用	通化矿业公司，赵显文、王升宇、吕沛峰、刘显林、王有海、张庆宇、叶维华、宫昌会、崔德君、于雷	2010年吉林省煤炭工业科技成果三等奖	吉煤集团
198	板石11902综采工作面双机采煤技术应用	板石11902综采工作面双机采煤技术应用	珲春矿业公司，朱学成、齐群、邰彦海、林秀江、孙阳春、任立君、周全、李勇、马洪坤、马广忠	2010年吉林省煤炭工业科技成果三等奖	吉煤集团
199	珲矿公司60 kV供电系统改造及系统节能项目	珲春矿业公司60千伏供电系统改造及系统节能	珲春矿业公司，齐群、刘士军、龚志民、易兵、张忠、王青春、张景义、孙阳春、方岸滨、韩维民	2010年吉林省煤炭工业科技成果三等奖	吉煤集团
200	珲春矿区三下开采研究技术成果	珲春矿区三下开采研究技术研究	珲春矿业公司，王广友、黄敬恩、庞海堂、王鹏礼、柴仕彬、史首业、任立君、段瑞钟、孙林忠、冯洪德	2010年获吉林省煤炭工业科技成果三等奖	吉煤集团
201	英安煤矿研究找煤扩大储量成果	英安煤矿研究找煤扩大储量	珲春矿业公司，庞海堂、王大军、何旻、柴仕彬、段瑞钟、付忠新、李东叶、李江楠、李小刚、李大为	2010年吉林省煤炭工业科技成果三等奖	吉煤集团

表 10-1-1（续）

序号	项目名称	项目内容	获奖单位及人员	获奖时间、等级	鉴定单位
202	舒兰矿区煤岩基础数据测定与锚杆支护技术研究	舒兰矿区煤岩基础数据测定与锚杆支护技术研究	舒兰矿业公司，张运岐、吴玉刚、胡兆明、初延华、张亚林、曹志强、史杰、韩福东、武迪、张旗	2010年吉林省煤炭工业科技成果三等奖	吉煤集团
203	软岩巷道旁无充填沿空留巷技术在五矿的试验与应用	软岩巷道旁无充填沿空留巷技术研究	舒兰矿业公司，王敦宏、张振奎、王广山、许士发、彭科学、孙树青、蒋锡凯、孙二力、于文成、邢子君	2010年吉林省煤炭工业科技成果三等奖	吉煤集团
204	舒矿公司二矿第三系矿床特厚砂层水疏干技术成功应用及深部综合开采	第三系矿床特厚砂层水疏干技术成功应用及深部实现综合机械化开采	舒兰矿业公司，孙福安、李旭、赵国富、赵宏伟、王国臣、邱洪生、王耀刚、宋晓辉、朱建明、于富、刘长安、王彦生、范文举、宋庆山、王天学	2010年获吉林省煤炭工业科技成果特等奖	吉煤集团
205	舒矿公司七矿井下采空区积水瞬变电磁与井下地震相结合探测技术研究	七矿井下采空区积水瞬变电磁与井下地震相结合探测技术研究	舒兰矿业公司，朱建明、刘长安、孙德民、王会、孙利、付士东、李秀春、杜聪、周俭、宋雪彬	2010年吉林省煤炭工业科技成果三等奖	吉煤集团
206	斜井人车插爪复位装置ZFC660(380)的研制	斜井人车插爪复位装置ZFC660(380)的研制	韩峰、王广明、韩亚轩、豆德江、骆铁明、赵方清、陈渠、刘学文、杨炳斌、唐日德	2010年吉林省煤炭工业科技成果三等奖	吉煤集团
207	DJS24/127L(A)型矿用隔爆兼本质安全型LED巷道灯的研发	DJS24/127L(A)型矿用隔爆兼本质安全型LED巷道灯的研发	隋庆林、韩峰、马建环、代政文、吴振江、豆德江、李春雨、于海洋、孙喜亮、任洪涛	2010年吉林省煤炭工业科技成果三等奖	吉煤集团
208	控制疏放水技术在舒兰矿区的应用	控制疏放水技术在舒兰矿区的应用	舒兰矿业公司，于富、孙璞、王炳楠、范志刚、商锡刚、于可柱、陈洪禹、胡成祥、朱春琛、孙辉	2010年吉林省煤炭工业科技成果三等奖	吉煤集团
209	SGZ1000/1400刮板输送机的研制	SGZ1000/1400型刮板输送机的研制	东输公司，汪玉民、王喜绵、孙万君、何险峰、李春明、李凤海、唐忠贵、李亚清、孙彦元、付贵、毛现霞、宋振丹、韩建伟、史成玉、张凤武、陈奎英	2010年吉林省煤炭工业科技成果三等奖	吉煤集团

表10-1-1（续）

序号	项目名称	项目内容	获奖单位及人员	获奖时间、等级	鉴定单位
210	关于吉煤集团精细化管理工作的实践	吉煤集团精细化管理工作的研究	吉煤集团，杨庆贺、王成、刘纪春	2010年吉林省煤炭工业科技成果三等奖	吉煤集团
211	吉林省龙家堡矿业有限责任公司龙家堡矿井项目设计优化	新技术推广科学管理	长春煤炭设计研究院，党相中、孙力翔、姜长荣、薛建志、张铁成、包敏、李旭、李玉山、王会久	2007年获吉林省煤炭工业优秀科技成果、科技成果一等奖	吉林省科技厅、省煤炭工业局

2011年，吉煤集团召开科技大会，对"十一五"科技成果进行表彰。64项优秀科技成果分别获得吉林省煤炭工业科技成果特等奖和一、二、三等奖。评出科技工作先进单位1个，先进集体12个；评出科技突出贡献奖4人，优秀科技工作带头人3人，技术创新标兵11人，科技贡献奖30人，先进科技工作者30人；评出科技论文奖100篇，其中一等奖10篇，二等奖20篇，三等奖30篇，优秀奖40篇。

第三节　技术推广与技术革新

一、新技术推广

1990年，长春煤研所、东北工学院和东煤公司共同完成可伸缩锚杆、对穿锚索、支护形式的试验研究。1991年开始在东煤公司系统推广使用。当年，辽源矿务局梅河煤矿在软岩永久性巷道，推广应用光爆锚喷网支护和回采巷道应用锚网支护技术，取得成功。该矿5000多米的软岩巷采用网锚喷代替U型钢支护，每米巷道节约800~1200元，全年节约资金80万~100万元，并节约大量钢材。

1992年8月，东煤公司召开软岩矿井井巷支护和巷道布置改革研讨会，对辽源矿务局梅河煤矿由点到面全面推广使用光爆锚喷网支护或锚网支护，少送或不送岩石巷道的成功试验，评价是解决软岩巷道和回采巷道合理支护的突破。东煤公司确定27个矿44处矿井为软岩矿井，其中在吉林省境内的舒兰矿区5处、梅河矿区6处和珲春矿区3处。在这些矿井推广使用光爆锚喷网或锚网支护技术，并在《1990—1995年东煤公司科技发展规划纲要》中规定把井巷工程、煤矿运输、工艺设备改造与新工艺等10个方面作为先进技术推广的主要项目。1992年印发《关于推广新技术项目的通知》，决定从1992年开始在搞好试点的基础上，推广16项新技术。

1998年3月，吉林煤炭工业管理局下发《关于表彰1996—1997年度科技成果推广先进集体和先进个人的通知》，对珲春矿务局等5个先进集体和33名先进个人进行表彰。同年，吉林煤炭工业管理局下发《关于做好1998年度煤炭系统科技成果推广工作的通知》，决定对全省煤炭系统技术上成熟、经济效益显著的"煤巷锚杆支护技术"、铁霸抗磨节能剂、"高效对旋式节能风机""全巷道定向预裂爆破技术"和"'三小'岩巷掘进作业线"五项科技成果加大推广力度。吉林省各煤矿企业根据本企业实际，选择推广项目，收到较好的经济效果，提高了劳动生产率。

珲春矿务局推广炮采新工艺、抗磨节能剂、新型矿车轮对、对旋式通风机、复合干法选煤技术、主要通风机节电等新工艺新技术，累计节约电费2139.12万元，采、掘机械化程度分别达63%和85%。1999年，通化矿务局引进应用高水凝固化充填材料防水渗漏技术，防止风的渗漏，解决苇塘生产经营公司一井采空区封闭不严问题。应用此项技术打钻注浆，有效控制火区，全年安全出煤10万吨。并灭掉火区2处，控制火区1处。

辽源矿务局研究的大倾角综放采煤法在梅河煤矿的推广应用，拓宽了综采放顶煤采法的使用途径，工作面坡度由试验开始的30°达到了42°。工作面单产由原采煤法的26200吨，提升到42780吨，采区回采率提高了17%。在巩固发展梅河煤矿三井、四井放顶煤综采成果的基础上，先后向梅河煤矿二井、六井，西安煤矿推广应用，对老式中位放顶煤综采架子逐步分期分批改造为低位放顶煤架子，推广应用工作面沿煤层底板布置的大倾角综放开采技术，提高了回采率，降低了掘进率，使全局（公司）原煤产量逐年攀升。梅河煤矿的生产能力由原来的200万吨/年提升到340万吨。在2003—2006年，梅河煤矿生产能力平均每年提高58万吨，平均年创价值1.22亿元，年创利润2320万元。

开展残煤开采中实行综采放顶煤方法的研究并在西安煤矿推广应用，使西安煤业公司的采煤机械化程度由0提高到41%。自残煤上综采后，开采工作面无重伤以上人身事故，单产平均提高3万吨，平均每年多生产煤炭110万吨，年创价值2.48亿元、利润7889万元，从根本上解决了残煤复采，工作面顶板难以控制、事故多的安全难题，真正实现了安全高效。在金宝屯矿井建设中推广使用先进的冻结法凿井施工技术和滑模施工技术，缩短了工期，保证了质量。推广使用"三下"（水体下、公路铁路下、建筑物下）采煤工艺技术，仅1991—2000年"三下"采煤达2152.22万吨。其中：建筑物下采煤1623.22万吨，水体下采煤501.8万吨，铁路下采煤27.2万吨。在梅河煤矿二井、三井、四井主提升系统和六井井下运输系统，推广使用大带式输送机大倾角运输新技术，由原来的串车提升改为大倾角强力带式输送机提升，由机车运输改为带式输送机运输，使提升运输能力大幅度提高。煤机制造公司在充分发挥本厂技术研发中心作用的同时，成功地应用了具有先进水平的多电机横向布置传动技术、四象限运行控制技术、电磁滑差控制技术等高新技术，把"科学技术是第一生产力"落到了实处。方大公司应用国家推广的高效节能新工艺——楔横轧工艺，引进先进的热处理计算机控制调质生产线，采用合金钎焊、齿体淬火一体化的先进工艺，使主导产品截齿质量达到国家标准。泵业公司推广应用了树脂砂造型工艺和全自动焊接工艺，先后研制开发出7种型号高效水泵，产品质量更加精密，有的填补了国内空白。建井工程处、建筑安装公司推广应用彩钢波型板屋面、劲性骨架及整体滑模施工、无黏结预应力技术等，使建筑质量大幅度提高。

通化矿务局煤研所实行科研生产一体化，研制的隔爆型快速/常规充电机取得了较好的经济效益和社会效益。1996年引进推广移动式瓦斯泵抽放技术，解决砟子煤矿和道清煤矿采空区回采巷道瓦斯积聚和超限难题，改变了通化矿务局瓦斯抽放率为0的状况。

2001年，通化矿务局道清煤矿引进

推广树脂锚杆金属网喷射混凝土联合支护新工艺,施工进度提高1倍多,支护效果好、成本低。同年,矿务局投资900万元推广应用"大型高效全重介选煤简化流程"新工艺,对八宝选煤厂进行改造,取得了良好的技术效果和经济效益。洗选能力提高,年处理能力90万吨,提高50%;精煤灰分由11.5%降至10.5%;精煤级别由13级提高到11级;精煤产率由22%提高到29%;精煤批合格率由55%提高到858.9%;综合产率由59.5%提高到64%;选煤数量率由5.5%提高到89%;产品综合售价提高18.5元,按年入洗70万吨计算,年增效益829万元。

2004年10月,通化矿务局与辽宁技术大学合作,确立了"煤巷锚杆支护方案研究"项目。经道清煤矿北斜井试验成功后,在全矿务局推广。全矿区非木支护率有很大提高,2005年为51%,2006年为80%,2007年为91%,2008年95.8%,2010年彻底淘汰了木支护,非木支护率达到100%。

2005年8月,通化矿务局生产技术处引进购置1台TCR702型全站仪,在井下控制导线测量中施测7级导线,精度高、速度快,极大地提高了工作效率。

2007年1月,通化矿业公司永安煤矿推广应用综采放顶煤新技术和设备,在第一工作面投入生产(此前一直沿用巷柱式采煤)。工作面布置运输巷、回风巷均沿煤层走向及底板布置,开切眼沿煤层倾向及底板布置,工作面采用走向长臂俯斜后退式采煤法,采用综采放顶煤采煤。截至2010年,共回采8个工作面,回采产量240万吨。

2008年开始,通化矿业公司在松树镇煤矿+206米水平东二采区3218综采工作面、八宝煤矿八宝井-2186米水平采区、永安煤矿+100米水平东三石门采区、道清煤矿北斜井东翼采区煤巷掘进工作面推广应用"煤层高压注水、水力割缝卸压增透技术",明显缩短了措施执行时间,简化了措施工艺,提高了掘进速度,降低了掘进成本。推广使用辽宁工程技术大学研制开发的代表国际先进水平的矿井通风仿真系统MSS2.0,为矿井安全生产提供了保障,并取得了良好的社会效益。

"九五"期间,舒兰矿务局重点推广褐煤造气新技术应用于喷雾干燥塔的制粉,代替货缺价高的轻柴油。推广使用"高效抗磨节能剂",达到减少机械摩擦、延长寿命、减小噪声、节电节能的技术经济指标要求。推广应用哈尔滨飞机机械制造厂生产的高效节能轴流抽出式风机,在多数井口用作主要通风机,替代老型离心式通风机。新风机投资少,安装更换简便,高效节能安全可靠,便于管理,且在节电节能上显示出明显的效益。

为寻找适合舒兰地区软岩条件的机械化发展道路,舒兰矿务局组织开展在四矿软岩条件下综合机械化开采的科技实践活动,实现了采煤工艺从炮采到综采的飞跃。四矿通过上综采,2009年突破150万吨大关,比2006年的15万吨增长了9倍。回采职工人数由原来的124人减少到81人,回采效率从4.75吨上升到17.27吨,提高了2.6倍。全局建成3个综采工作面,采煤机械化程度达到70%以上。针对舒兰矿区软岩支护难题,在全公司各矿井所有巷道全部推广使用U型钢、锚杆、锚网、锚索、锚钢和锚喷等多种支护方式,非木支护达到100%,彻底改变了矿井面貌,改善了井下作业环境。2008—2010年,合计少维修巷道7876米,节约资金359.1万元;加强U型钢支架复用,2008—2010年合计节约资金1507.4万元。舒兰矿业公司二矿针对矿井涌水量不大、水砂不易分离、突水溃砂、水砂混流的砂层性质、水理特点，通过技术攻关、专家论证，采用地面深井疏水降压，井下打钻小阶段疏干水的井上下联合疏干方法解决了溃水溃砂问题，实现了安全开采。2009年7月至2010年5月，成功开采-130米水平、-120米水平15层优质煤炭181.7万吨，原煤售价180元/吨，原煤成本92元/吨，实现利润15989.6万元，年均7994.8万元。

2008年开始，舒兰矿业公司对二矿现有主体开拓工程、通风系统实施改造，对井巷开拓和支护形式进行调整，将"三小"井改为风井，由风井井底布置回风暗井、-60～+33米水平回风上山，连通上煤组采区和下煤组采区；将副井2台FBCDZ-8-No.21B型主要通风机移至风井；调整井下通风设施、风流及风量。提高矿井通风系统能力，经过6个月的通风系统改造，使矿井实际生产能力从改造前的120万吨/年提高到200万吨/年。

舒兰矿业公司研究的"人车落闸试验复位器"项目，有效地解决了斜井人车每班试验落闸后复位困难、用人多、复位时间长等问题。经过申报该项目取得国家实用技术发明专利，年创利润635万元。

通过围绕设备陈旧、老化状况开展技术改造，对各种开关、大小绞车、刮板输送机头尾等改造260余台次，节约资金200余万元。围绕安全生产工作，组织攻关项目20余项，节约创造价值100余万元。针对生产、安全上疑难问题，职工群众开展小发明30余项，创造价值150余万元。四井2名工人发明的"驱动机节能计量装置"，年节约51.7万元。围绕企业经济建设，组织开展征提合理化建议活动，每年征收合理化建议均在100条左右，节约、创造价值200万元。

2006年，珲春矿业公司在英安煤矿、八连城煤矿、板石煤矿推广应用锚网索支护，提高了巷道掘进速度，减少了支护成本，保证了正常接续。与辽宁工程技术大学合作研究测定珲春矿区巷道支护参数，通过测定珲春矿区巷道的松动圈、应力方向、集中应力区等技术参数，确定了珲春矿区巷道具体支护参数，使锚网索支护在珲春矿业公司的推广及应用有了科学依据。

2007年2月开始，综采综掘在珲春矿区复杂地质构造条件下推广应用，经过技术改进，达到了预期效果。

2010年，薄煤层自动化开采在珲春矿业公司成功推广应用，卡轨车在井下辅助运输的成功推广应用，减少了安全隐患，提高了运输能力，节省了物力、人力、财力。

地方煤矿新技术推广工作取得进展。1998年，凉水煤矿推进支护改革，井下全部采用光爆锚喷、锚杆支护技术；延边煤矿从1998年开始，每年投资100万元，购入单位液压支柱，70%的采煤工作面取消木支护；和龙煤矿购入1000根单体液压支柱，装备2个采煤工作面。

二、技术革新与技术改造

辽源矿务局"十五"期间和"十一五"期间，先后对西安、梅河等煤矿通风系统进行技术改造，更换新型主要通风机16台，新送总排风道和排风立井3600余米，平均每年维修巷道14000米，使矿井风量增加4900立方米/分钟，保证了通风、运输、行人安全。调整改造西安煤矿残煤开采的战略布局，先后恢复改造了一区、二区主要大巷等系统，并优化采区设计，使一区、二区开采范围分别向东西两翼延长了400米和600米，充分挖掘了生产潜力。对用人多、效率低、安全没有保证的多数矿井采煤方法进行一系列的改革，矿井推广使用综采机组，炮采工作面推广使用毫秒雷管引爆工艺和乳化炸药。矿井取消木支护，推广 U 型钢可缩性支架、光爆锚喷锚杆支护、裸体光爆支护，必须支护的矿井巷道 100% 实现了支护钢铁化。西安煤矿将原来的木支护改为 U 型钢支护和锚杆支护，铰接顶梁全部改为 II 型钢支护，大幅度提高了煤炭产量，使老矿焕发了青春。金宝屯煤矿软岩巷道矿压大，先后多次改革支护形式，最后采用 1 米 3 架 36U 型钢双棚叠加支护，扩大了锚喷、锚网支护范围，先后在软岩巷道、残采煤巷和大修理巷道中采用锚网支护，仅 2004 年和 2005 年就掘进锚网、锚喷巷道 18791 米，节约支护费用 4000 多万元。推广使用注氮消防火技术，采用黄泥灌浆工艺，装备移动注浆泵进行超前注浆，变消火为超前防火。解决了残煤开采、综放开采及残煤上综采等消防火技术难关，有效地保护了生产能力。全矿务局（矿业公司）从 2000 年的发火 150 余次，减少到 2005 年的 8 次。针对水患威胁越来越大的实际情况，采取长远防治和近期防治相结合等做法，有效地防止了水害事故的发生。实施梅河煤矿二井探放水和梅河煤矿四井疏降水等重点工程的治理，保证了水体下安全准备和安全开采。

通化矿务局以采、掘、运为中心，开展群众性技术革新活动。1996 年，通化矿务局组织人员到南票矿务局和鹤壁煤矿学习水采井下煤泥水处理工艺，并推广使用。先后对松树镇煤矿、砟子煤矿水采系统进行工艺改造，大幅减少煤泥量，降低提升管磨损，简化生产系统，降低事故率，提高了经济效益。1998 年 9 月，通化矿务局松树镇煤矿二井，利用原有旱采下货系统，改造 +400 米水平煤仓通路，形成脱水硐室，对 1990 年以前 +400 米水平标高以上旱采遗留的残区储量实行水力复采，节省岩巷 160 米，节约资金 28 万元，多回收煤炭 9.9 万吨。

1999 年 4 月，砟子煤矿立井 721 采区，利用原有的 ±0 米水平煤水仓、溢流仓和煤水提升设施代替采区煤水硐室，简化了运输环节，实现了合理集中生产，节省资金 79.4 万元。同年，通化矿务局铁厂洗煤厂将原煤仓由一个大方型仓改为多个分仓，将每个分仓的给煤机改为电磁振动给煤机，实现了均匀稳定入洗和定量给煤配煤，降低了粉尘，减少了堵煤事故。2000 年 1 月，砟子煤矿东立风井改造采区开拓系统布局，将大阶段（100 米）采区开拓改为 -216 米水平标高区、-218 米水平标高区小阶段（50 米）采区开拓，每一个采区采用双上山布置，一条轨道上山行人、运料，一条岩石上山集中下货，采区每一层煤沿煤层布置两条集中上山，一条通风行人，一条运送货物。既能达到安全文明生产，又能提高采区生产能力，水采台枪平均能力月产 34663 吨，比投产初期提高 5 倍。

2001 年初，通化矿务局机电总厂高级工程师宋兆福针对现有设备耗能大、成本高、效率低、井口易冻、存在不安全因素等问题，进行了高压电机大修工艺改造、铸造钢炉改造和热风炉系列化开发，降低了成本，延长了电机使用寿命，省煤、省电，仅此一项创效益 52.7 万元。2003 年初，通化矿务局松树镇煤矿二井进行通风系统改造。将两翼对角抽出式改为边界抽出式，主要通风机工作方式为抽出式通风系统，由立井、副井、皮带井入风，采区硐室乏风风流由东立风井主要通风机排至地面。减少通风巷道维修长度 2274 米，每年节省巷道维修费用 45.48 万元，主要通风机电机功率减少 310 千瓦，年节省电费 88.54 万元。

2005年，投资460万元引进新工艺、新设备对八宝洗煤厂煤泥水回收系统进行改造。新上1台LWZ1400×2000型卧式沉降离心机、3台XMZ500/1600-U型尾煤压滤机，使煤泥全部厂内回收，并把煤泥中大于0.25毫米部分全部转化为中煤，中煤回收率由18%增加到31.4%，煤泥回收率由18.6%减少到5%，提高产品售价10.72元/吨，年增加效益480万元。投资1430万元，对八宝采区提升及运输系统技术改造。引进购置2JK3.5型提升绞车，电控装置采用可控硅元触点切换方式，PLC集成电路控制系统，提升容器采用竖井轻型箕斗，井下主提升强力带式输送机机头传动部分电控采用变频调速新技术，井下－200米水平大巷运输由3吨底部卸式矿车改造为新型带式输送机运输。使矿井提升运输能力由75万吨/年提高到120万吨/年，年增收1.2亿元。

2006年开始，舒兰矿业公司先后开展了对二矿生产系统、三矿运输系统、四矿副井绞车自动化、五矿生产系统、六矿运输系统、七矿生产系统（两井合并一井集中管理、缩减编制）的技术改造工程，提高了矿井生产能力。矿业公司舒兰街煤矿和东富煤矿利用深井排出砂层水作为饮用水源，共利用549万立方米，节省水费1530万元。

1992年，珲春矿务局科学技术协会组织职工开展小改小革178项，提出合理化建议600多条，技术练兵和技术攻关621人次。1995年，英安煤矿对采煤机组技术改造，增加采高，降低工人劳动强度，加快工作面的推进度，提高工效30%以上，创价值150多万元。

"十一五"期间，吉煤集团先后对辽源矿业公司龙家堡煤矿、金宝屯煤矿，通化矿业公司八宝煤矿、松树煤矿、六道江煤矿，珲春矿业公司八连城煤矿、板石煤矿，舒兰矿业公司二矿、四矿，杉松岗矿业公司一矿、龙马煤矿等矿井进行技术改造，实现综采生产格局。辽源矿业公司、通化矿业公司、珲春矿业公司、杉松岗矿业公司的采煤机械化程度达到100%，吉煤集团综采机械化程度达到90.2%，提高了安全高效矿井建设水平。吉煤集团装备了5个电液控自动化工作面，其中珲春矿业公司11B906自动化综采面实现了采煤机记忆割煤与液压支架、刮板输送机联动，工作面只用3人，综采队仅用42人，比原来减少62人，直接回采效率达到450吨/工，全年可增加收入1.56亿元。通化矿业公司水采自动化工作面，操作人员可在工作面50~150米以外进行远程监控，并采用国内尚无先例的煤泥井下脱水闭路循环技术，吨煤节约电耗20元。辽源矿业公司与大专院校合作，成功地对梅河煤矿三井0305复采区第四系含水层下实施综放开采，对龙家堡煤矿优化采区设计，解决了村庄下压煤的开采问题。吉煤集团推广锚喷、锚网、锚索和金属支架联合支护工艺，取消了木支护，巷道锚杆支护率达到80%，其中珲春矿业公司达到100%。辽源矿业公司西安煤业公司有10套输送机群实现集中自动控制和远程视频监测，每套输送机群只用1人操控，共减少操作人员62人。先后投资11.4亿元，对洗选煤工艺进行技术改造，淘汰落后的滚筒洗煤，引进先进的重介旋流洗煤工艺，新增入洗能力2055万吨，洗煤总量比2008年提高156.9%。通过采用先进的物探、巷探、钻探等综合技术，对老矿区实施了"探底、摸边、找盲"，累计探明新增储量近3000万吨，有效地延长了老矿井服务年限。不断完善安全监控系统升级改造，所属高瓦斯矿井全部安装了瓦斯巡检系统。坚持与科研院所合作，开展水体下开采的技术攻关，进一步解决了开采的水患威胁。应用瞬变电磁仪，有效地解决了探煤、探构造和探明老空积水等问题。辽源矿业公司梅河煤矿采取井上下联合疏干方法，解决了溃水溃砂问题。舒兰矿业公司二矿在采1吨煤治2吨水的情况下，运用科学方法，实现了安全开采。

第二章 教 育

1991—2006年，吉林煤炭系统基础教育、职业技术教育和各类成人教育多层次、多门类衔接配套的教育培训网络体系基本形成。1991年，吉林煤炭系统有小学73所，在校学生54058人；中学55所，在校生31084人；中小学教师5218人，职工1067人；技工学校、成人高校、成人中专、职工培训中心等职业技术教育体系亦配套发展。

1991—1993年，东煤公司设教育培训部，负责国有重点煤矿教育管理工作。吉林省地方煤矿的教育工作由吉林省煤炭工业局负责管理。1994年5月，吉林煤炭工业管理局设科技教育处负责全省煤矿企业教育管理工作。其间，各矿务局、省属矿逐步完善教育管理机构，成立教育委员会、教育处（科）或教育培训处（科），对基础教育实行统一管理。

2001年开始，各煤矿企业中小学陆续移交地方管理。2006年底，吉林煤炭系统基础教育全部移交地方办学。

1991—2000年，吉林煤炭系统职工教育得到较快发展，技术工人培训、新工人岗位培训、再就业培训、安全技术培训等形成一整套规章制度，各煤矿企业培训机构也在不断加强和完善。

第一节 基础教育

1990年末，吉林省辽源矿务局、通化矿务局、舒兰矿务局和珲春矿区建设指挥部（珲春矿务局前身）均在东煤公司系统内首批实现了普及九年制义务教育。各矿务局、矿加大对基础教育投入，不断改善办学条件。中学普遍建立理化实验室，重点高中设立语音室和微机室。离学校偏远的学生集中住宿，各种现代化教学设备达1230多台（件）。

1991—1995年，吉林省矿区基础教育稳步发展，各矿务局、矿逐步完善教育管理机构。矿务局设立教育委员会、教育处或教育培训处，对基础教育工作实行统一管理。基础教育工作行政领导以矿（厂）为主，业务领导以矿务局教育主管部门为主。局、矿（厂）由一名行政领导分管教育工作，把教育纳入矿区总体发展规划。随着煤炭经济形势的不断好转，教育经费投入逐年增加。辽源矿务局于1995年和2000年分别投入基础教育经费823万元和1030万元。通化矿务局保持每年增加10%的教育经费投入。珲春矿务局基础教育经费1992年比1991年增长26.37%，1993年比1992年增长47.29%，1994年比1993年增长2.19%，连续3年平均增长27.92%。各矿务局增建、改造校舍，建设新老"三室"（老"三室"：医务室、图书室、实验室；新"三室"：多媒体电教室、语音室、微机室），添置教学设备设施，满足教学需要。辽源矿务局于20世纪90年代中期，先后为各校修建了语音室、微机室、多媒体电教室,并配备了专职教师。教师在教学中坚持改革教学方法,突出精讲多练和师生双边活动,充分调动了学生生动活泼自主学习的积极性。

1996—2000年,由于吉林省煤矿企业生产经营遇到极大困难,煤炭企业的教师队伍中出现了不稳定现象,一些有名望的中小学教师、教育管理人员,因企业工资、待遇低于地方甚至拖欠教师工资而离开煤炭系统,去社会应聘;一些中小学生受"读书无用论"的影响,一度纷纷流失。吉林煤炭工业管理局适时召开教育工作会议,号召全省煤炭系统教育工作者、广大教师团结一致,共渡难关。各矿务局加大了对教职工思想教育工作的力度,讲形势、讲责任、讲局情、讲校情,同时采取积极有力措施稳定教师队伍。各煤矿企业注重提高教师的政治地位和经济待遇。通化矿务局采取"上保老,下保小"("老"是指离退休人员,"小"是指中小学教师)的工资政策,保证中小学教师工资的发放,确保教师队伍的稳定。

辽源矿务局各中小学校坚持开展教学改革和教学研究,落实教学大纲规定的教学任务,因材施教、因人施教,取得了丰硕的教学成果。辽源矿务局一中学于1998年获省电教示范校称号,2003年获省重点高中称号。辽源矿务局实验小学获全国煤炭教育系统先进单位称号。矿工子弟适龄儿童入学率、在校生巩固率均实现100%。辽源矿务局实行局矿两级办学,形成从小学到高中一套完整基础教育体系。1991年局本部片各校图书总计30968册,有7个图书室;2000年局本部片各校图书有112400册。实验室配备了试验设备、仪器和药品,试验开出率达90%以上。1991年至2006年底,全局基础教育最多时有中小学(含高中)25所,中小学(含高中)教师1163人,管理人员和工人168人,在校学生19469人。中考、高考升学率逐年提高,大批学生升入高等院校深造。

通化矿务局一高中高考成绩呈阶梯式上升,2000年高考单科成绩分别获白山市区理科第一、二、四名。当年高中报考人数622人,考取专科和本科的学生共564人,其中本科277人、重点高校59人,升学率由1996年的61%上升到91%。

全省煤炭系统各级组织坚持"尊师重教"方针,把教师队伍建设放在首要位置。加强政治学习,技术培训,开展岗位练兵。提高教师政治、经济待遇,为教师分忧解难,以保证教师队伍的稳定性。矿务局设立教师进修学校,选送有培养前途的教师到上级院校学习深造。从而,使全省煤炭企业教师队伍素质有了显著提高,涌现出一大批教师骨干。辽源矿务局1991年有教职工814人,其中:本科学历128人,中专学历148人;高级职称53人,中级职称324人,初级职称378人。2004年有教职工1148人,其中:本科学历225人,专科学历344人,中专学历313人;高级职称141人,中级职称485人,初级职称330人。1996年,辽源矿务局涌现出省级优秀教师6人,市级劳模1人,市级优秀教师6人,局级劳模2人,处级劳模8人,处级先进教师72人。

辽源矿务局中学教师林昌宇从教22年,被授予煤炭系统劳动模范。通化矿务局一高中化学教研室主任邹太和、矿务局机关一小(实验小学)校长王善革被吉林省教委评为特级教师。辽源矿务局第九中学(梅河煤矿)教师李艳于1997年被吉林煤炭工业管理局评为吉林煤炭系统优秀教师。1997年,通化矿务局实验小学于景秀被吉林省教委评为特级教师。1998

年，通化矿务局和珲春矿务局先后全面顺利通过吉林省普及九年制义务教育复检验收。辽源矿务局一中教师李凤华于1998年12月通过了全国煤炭系统第二批专业技术拔尖人才的选拔，成为全国煤炭系统第二批专业技术拔尖人才，此后荣获吉林省特级教师、吉林省劳动模范、全国优秀教师等称号；1999年被吉林省教委评为特级教师。辽源矿务局五中校长杜仲寒、辽源矿务局实验小学校长梁佩秋于2002年获煤炭行业百名优秀校长称号，2004年被评为全国煤炭系统先进教育工作者。辽源矿务局五中教师马桂姿于2003年被吉林省评为师德标兵，2004年被吉林省评为优秀教师、矿务局劳动模范。

2001年，随着泰信煤矿的破产，泰信煤矿和平岗煤矿辖区的6所学校（辽源矿务局三小、四小、五小、八小、二中、三中）移交辽源市及其东辽县管理。2005年7月1日，辽源矿区7所中小学随西安煤矿政策性破产，移交地方政府管理。2005年12月30日，根据吉林省政府文件规定，梅河矿区10所中小学移交梅河口市管理。2005年7月23日，万宝煤矿划归辽源矿务局管理，所属5所职工子弟学校一并划入辽源矿务局。2006年11月，随着万宝煤矿破产，万宝煤矿所属3所小学、2所中学移交地方。共移交地方政府30所中小学。

1991年底，通化矿务局中小学经上级有关部门检查验收，全矿区有77%的中学和37%的小学达到吉林省级标准化学校和东煤公司规范化学校标准。1995年底，矿区中小学全部达到国家规定的普及九年义务教育标准，如期完成了普及九年制义务教育任务。小学入学率和毕业率均达到100%，实现了小学无流失生目标。

1996年开始，根据矿区中学生人数减少的实际情况，先后撤销、合并了松树镇煤矿二中、湾沟煤矿二中、八道江煤矿二中。1998年7月，通化矿务局第二高中撤销，教职工和学生合并到矿务局第一高中。

2000年，通化矿务局有小学20所，在校学生14083人，教职工1026人，其中教师832人；图书190527册，计算机407台。有中学（含高中）13所，在校学生8484人，教职工800人，其中教师588人，图书115177册，计算机264台。

2001年6月，随着八道江煤矿、大湖煤矿、五道江煤矿依法关闭破产，三矿所属6所中小学校移交地方政府部门管理。2003年6月，随着湾沟煤矿、苇塘煤矿依法关闭破产，两矿所属8所中小学移交地方政府部门管理。2005年，通化矿务局精简机构，教育培训处只设普教科、综合科、校办公司、机关教育科。2006年6月底前，通化矿业公司贯彻执行吉林省政府文件，将没有参与关闭破产的松树镇煤矿、砟子煤矿、道清煤矿和矿务局机关所属的16所中小学校（含1所高中）成建制全部移交地方政府部门管理。至此，通化矿务局共移交32所中小学校、教职工1624人。

1991年，舒兰矿务局基础教育由教育处负责管理。1991年3月，根据上级要求，成立教育督导室，负责全局教育督导工作。1998年，矿务局撤销教育处，成立教育中心，统管全局中小学校和职工教育。1999年4月，矿务局撤销教育中心，恢复教育处，普教与职教分离。教育处设教育科、综合管理科、组织人事科、教研室、督导室、团委。

1991年，舒兰矿务局包括营城煤矿共有中小学校33所（中学15所、小学18所），教职工1843人，在校学生20619人，建筑面积90383平方米。其中：舒兰地区有中小学校21所，教职工1260人，学生12560人，建筑面积62734平方米；营城地区有中小学校12所，教职工583人，学生8059人，建筑面积27649平方米。按学校分：全局共有中学15所，学生8663人，小学18所，学生11956人。1991年以后，职业高级中学撤销。1993年，水曲柳学校因地处偏僻、生源少撤销，并入局六中和舒兰街一小。同年，撤销局四中并入局七中。全局有五所中小学进入规范化学校行列。

1999年，营城煤矿划归省煤炭工业局直接管理后，全局共有学校13所。其中：小学7所：吉舒一小、吉舒三小、吉舒四小、丰广一小、丰广三小、东富二小、舒兰街小学，初级中学5所：一中（吉舒）、二中（丰广）、五中（东富）、六中（舒兰街）、七中（吉舒），高级中学1所：九中（后更名为高级中学），全局共有学生10217人。2000年，40%的中小学达到规范化学校要求，高考成绩一直保持较高水平，每年有300多人考入大中专院校。

舒兰矿务局通过保证教育经费投入，加大教学设施投入，改善办学条件，1994年吉林省政府组织普九验收，全局4所中小学和幼儿园跨入省局标准化学校和示范幼儿园行列。1999年，初中毕业生参加全省升学考试，全科（7科）平均总分达到505.39分。在全省"金翅杯"数学竞赛中，全局418名学生参加，有35人获奖。2001年，全局13所中小学有10所达到甲级办学标准，3所达到乙级办学标准。1981年成立的局高级中学（原局九中）在矿务局重视下，兴建教学大楼和阶梯教室，配置教学仪器设备，成为舒兰地区声誉较高的高级中学，每年全校向全国各级各类学校输送人才200人以上，最高年份500多人，录取率平均在90%左右。2001年4月，经过吉林省教育主管部门审核验收，晋升为全省重点中学。2003年，全校累计为上级学校输送4000多名新生。2004年5月移交舒兰市地方管理，更名为舒兰市第十八中学。

2004年5月，舒兰矿务局教育处与各学校全部移交舒兰市地方政府管理。

1999年，珲春矿务局有中小学14所，其中：小学7所，实验中学4所，完全中学1所，高中1所，职业高中1所（蛟河）。全局中小学在校生总数9240人，其中：小学5715人，初中2932人，高中479人，职业高中114人。1999年，全局中小学有教职员工811人，其中：专任教师634人，占教职工总数的78%，专任教师中具有各级教师职称人员491人，占专任教师总数的77%，小学、初中、高中专任教师的学历达标率分别为93%、63%、35%。

杉松岗煤矿共有4所小学，破产后全部移交地方政府管理。

市州属煤矿所办学校，由各煤矿企业直接管理。2003年开始，煤矿办学校陆续移交地方政府管理。

截至2006年末，吉林省煤炭企业基础教育全部移交地方政府管理。

1991年、2000年吉林省国有重点煤矿基础教育情况见表10-2-1。

表10-2-1　1991年、2000年吉林省国有重点煤矿基础教育情况统计表

单 位		小学（所）	中学（所）	小学（人）	中学（人）	教职工（人）
辽源矿业公司	1991年	—	—		—	—
	2000年	25		19469		1331

表 10 - 2 - 1（续）

单　位		小学（所）	中学（所）	小学（人）	中学（人）	教职工（人）
通化矿业公司	1991 年	—	—	—	—	—
	2000 年	20	13	14083	8484	1826
舒兰矿业公司	1991 年	15	18	20619		1843
	2000 年	7	6	10217		736
珲春矿业公司	1991 年	—	—	—	—	—
	2000 年	7	7	5715	3411	811

第二节　职业技术教育

一、中等专业教育

1991 年末，吉林煤炭系统有长春、辽源两所煤炭中等专业学校。长春煤校由蛟河煤矿财经学校与通化煤矿师范学校合并而成，1989 年迁入长春。长春煤校与长春煤炭管理干部学院合署，一个机构、两块牌子。

"八五"期间，两所煤校立足于为煤矿企业办学，采取多层次、多形式相结合，长、中、短期相结合的办学形式，为国家培养人才。"八五"期间两校在校生 2452 人，毕业生 2859 人。

1997 年 5 月，辽源煤炭工业学校更名为吉林工业学校，为煤炭工业部属院校，由吉林煤炭工业管理局管理。1999 年 7 月，经教育部批准，吉林工业学校与辽源市职业大学、吉林广播电视大学辽源分校合并，组建辽源职业技术学院，划归地方管理。

2000 年 8 月，长春煤炭工业学校与长春煤炭管理干部学院一同并入吉林工学院。

二、技术工人教育（技工学校）

1991 年，吉林煤炭系统有 7 所技工学校，在校生 3176 人，教职工 630 人，年教育经费 300 万元。开设电气、车工、化验、采煤、通风、洗煤、机修、电钳、木工、瓦工、地测、铁管等 12 个专业，学制 3 年，毕业后由各矿务局统一分配。

地方煤矿先后成立了杉松岗煤矿技工学校、吉林市煤炭动力工业技工学校、延边煤矿技工学校。开设地测、通风、护理、锅炉、采煤、保育、机修、电工、核算、中师、财会等 11 个专业。

辽源矿务局技工学校成立于 1987 年 8 月，先后开设电工、采煤、铸造、火工、掘进、机电一体化、铆焊、矿井电气等 31 个专业。1992 年，辽源矿务局技工学校被吉林省劳动厅评为省厅级重点技校，1993 年被评为省部级重点技校。

舒兰矿务局技工学校于 1993 年被吉林省劳动厅批准为省厅级重点技工学校，进入全省 19 家先进技校行列。1994 年，技工学校在校生达 632 人。1998 年，因生源不足停办。

珲春矿务局技工学校于 2000 年共招收土建、井下电钳、机械化采煤、机采、机加、电钳、电气、化工、电工、强弱电等 10 几个专业 786 人，全部按期毕业，由矿务局劳动部门分配。

通化煤矿技工学校于 1978 年 8 月经吉林省革命委员会批准成立，为煤炭工业部部属技校。1986 年 12 月，煤炭工业部党组下发调整部直属企事业单位管理体制的决定，通化煤矿技工学校划归通化矿务局管理。1993年，吉林省劳动厅培训处决定不再对技校下达招生、分配计划。通化矿务局技工学校，及时调整办学思路，逐渐面向社会，面向农村招生。以市场需求为导向设置专业，先后开设保育员、冶炼、服装、裁剪、文秘、宾服、固定设备司机、汽修、机电一体化、酒店管理、水泥工艺、汽车工程、商务管理等专业。1994年，东煤公司撤销，通化煤矿技工学校划归吉林煤管局管理。从1995年开始，通化煤矿技工学校举办高级技工班，提高办学层次。1996年，被吉林省劳动厅、人事厅、省教委命名为"职业教育先进集体"。1997年9月，被吉林煤炭工业管理局授予吉林煤炭系统教育工作先进集体称号。1998年，荣获吉林省技工学校教学管理优秀学校奖。1999年，投资300余万元更新教学设备，增加办学实力。同年，经国家劳动和社会保障部批准，晋升为国家重点技工学校。2001年，经国家劳动和社会保障部批准晋升为高级技工学校，同时更名为吉林省工程高级技工学校。至2005年末，通化煤矿技工学校为全省煤炭系统培养输送了4500多名中、高级技术工人，培训在职工人1000多人。2005年末，吉林省国有煤炭企业实施体制改革，成立通化矿业（集团）有限责任公司。吉林省工程高级技工学校划归吉林省煤炭工业局领导和管理。2007年，经吉林省人民政府批准，晋升为吉林省工程技师学院，是吉林省首批10所技师学院之一。2010年，学院划归吉林省能源局管理。同年，学院开设数控加工、汽车维修、铆焊、通风、采煤等10几个专业，截至2010年底，累计为全省培养输送了20000多名中、高级技术人才。

三、职业高中

1991年，吉林省煤矿共有职业高中11所，在校生近2800人。"八五"期间，由于招生、安置困难和经费不足等原因，部分矿务局、矿职业高中撤并到初中，或在初中设职业班，职业高中数量减少。1993年，全省只剩通化矿务局5所独立职业高中。"九五"期间，报考职业高中的学生锐减。截至1998年，吉林省矿区只有通化矿务局机关中学和铁厂洗煤厂中学开办的职业高中班。

2000年6月20日，通化矿务局决定撤销全矿区单独设校的职业高中，在通化煤矿技工学校成立通化矿务局职业技术教育中心，负责职业技术教育培训和教学工作。截至2000年10月，通化矿务局职业技术教育在校学生780人，其中：矿务局职业技术教育中心700人，铁厂洗煤厂中学职业高中班62人，矿务局机关中学职业高中班18人。2005年，职业技术教育在校生735人。

第三节 成人教育

一、岗位培训

（一）干部岗位培训

1986年，煤炭工业部下发《全国煤炭大中型企业领导干部岗位专业培训规划》，对大中型企业局、矿两级5种岗位领导干部，即在岗的局（厂、矿）长、经理、党委书记、总工程师、总经济师、总会计师（含正副职）开展培训（简称"一长、党委书记、三总师"岗位培训），要求1992年前基本完成。东煤公司按照煤炭工业部"要把大中型企业五种岗位专业培训列为煤炭企业总承包内容之一"的指示，在全公司实行"先培训、后任职"的岗位合格证书制度。把取得"岗位合格证书"作为连任的必备条件之一。企业新任领导干部,未经岗位专业培训,且未取得岗位专业证书者不予任职;应培训本人无故不参加者,或考试不合格补考仍不合格者,给予免职。上述要求写进《东煤公司关于干部岗位培训意见》并以东煤公司文件印发。根据国家和煤炭工业部提出的拟用10年左右时间,对专业性较强岗位上的干部进行一次全员培训的要求,东煤公司提出在1995年前基本完成对矿、处级领导干部的培训和对全公司各级各类干部进行短期为主的在职培训规划。公司教育培训部门安排培训计划和组织培训教学,干部部门负责学员抽调。4个矿务局矿、处级领导干部和一些业务岗位上的处(科)长参加在黑龙江矿业学院、长春煤炭管理干部学院进行的岗位培训。"八五"期间,完成应培人员80%的培训任务。同时,各矿务局组织本局各类业务干部进行短期培训,仅辽源矿务局在"八五"期间培训人员就达到1933人次。

(二)专业人员继续教育

1989年,东煤公司制定并印发《专业技术人员继续教育工作条例》(简称《条例》),对专业技术人员开展继续教育。《条例》规定,继续教育对象是在职的专业技术人员和专业技术管理人员,重点是具有大学、专科以上学历和中级以上专业技术职务的科技骨干及优秀青年科技人员。继续教育主要以内培为主、外培为辅,坚持"短期为主、业余为主、自学为主"的办学方针,采取多渠道、多层次、多形式办学的方法。规定高级专业技术人员,每年脱产进修不少于20天,或按学时要求,每年脱产进修不少于100学时;初级专业技术人员,每年脱产进修不少于10天或每年脱产进修不少于50学时。各局、矿教育部门采取办短期班、向外地院校输送脱产培训或组织干部自学,使专业技术人员继续教育工作有序进行。"八五"期间,辽源矿务局、通化矿务局、舒兰矿务局、珲春矿务局有12000多名科技和管理干部参加继续教育培训。

二、工人技术培训

1992年,东煤公司抽调煤矿专家、工程技术人员、高级技工及业务主管部门负责人,开展《煤矿工人岗位规范》(简称《规范》)编写工作。1993年,印发《规范》。《规范》包括矿井生产、露天生产、通风安全、地质勘探、火工生产等门类175个主要岗位(工种),对这些主要岗位(工种)提出规范要求。并于当年全面铺开工人岗位培训工作。截至1995年末,通化矿务局有82个工种、21900名工人参加培训和考核,占技术工种工人应考人数的84%。1995年,辽源矿务局对工人技术培训19978人次,考试合格率达98%。

"九五"期间,各煤矿企业克服生产经营不景气、培训经费短缺等困难,立足于矿区生产经营实际,采取灵活机动的培训方法,开展以安全培训、下岗工人再就业、技能鉴定为主要内容的职工全员培训和岗位规范培训,提升企业职工的岗位技能和业务素质。

三、学历教育

(一)高等学历教育

舒兰矿务局职工大学前身为舒兰矿务局工人大学,1980年11月经吉林省人民政府批准,成为国家成人高等学校。学校开设地下采煤、煤矿机电、工业与民用建筑、英语、中文、文秘等6个专业。教职员工63人,其中,专职教师32人。

"八五"期间,舒兰矿务局职工大学开设工业与民用建筑、高级护理等4个专业,1994年在校生231人。除对本省煤矿企业专业技术人员全日制招生外，还承担吉林煤炭系统大专专业证书教学班及干部继续教育、工商管理等短期培训任务。累计办班8期，培养学员330人。

1998年，吉林省人民政府下发《关于贯彻国务院调整撤并部门所属学校管理体制决定的通知》，舒兰矿务局职工大学撤销。

"八五"和"九五"期间，全省煤炭系统分别累计招收函授生768人和854人。函授教育承办学校为中国矿业大学、阜新矿业学院、黑龙江矿业学院、中共吉林省委党校及延边医学院等。

（二）成人中等学历教育

"八五"期间，吉林煤炭系统各职工中专招生与专业设置以煤矿企业生产建设和经营管理人才的需要为依据，招生人数逐年增加。学员多为本矿务局各厂矿在籍职工和少数其他矿务局在籍职工，学员毕业后回原单位工作。"八五"期间吉林煤炭系统职工中专累计毕业970人。

"九五"期间，各矿务局职工中专生源大幅度下降。各煤矿企业职工中专面向社会、面向初中分流的应届毕业生和待业青年设置专业，招收学员。"九五"期末全省共有职工中专2所，开设16个专业，累计毕业611人。

1986年，煤炭工业部按中共中央组织部、宣传部和国家教委《关于加强干部中等专业教育的意见》要求，规定1990年全国煤炭系统基本完成干部中等专业教育任务。1987年，根据全国煤炭系统干部队伍实际情况，对完成干部中专教育任务的期限进行调整，放宽到1992年基本完成。吉林省煤矿企业干部中专教育1987年底累计完成50%，1988年累计完成60%，1989年累计完成70%，1990年累计完成85%，1992年基本完成干部中专教育任务。

四、成人大、中专《专业证书》教育

东煤公司根据国家要求在全公司范围内试行成人高、中等教育《专业证书》制度。1990年4月印发《东煤公司关于加强成人高、中等教育试行〈专业证书〉制度管理若干意见》。"七五"至"八五"期间，吉林省各煤矿企业和单位根据本单位职工队伍对专业知识的需求情况制定出切合实际的职工（干部）培训规划，并把高、中等教育试行《专业证书》制度纳入本单位人才结构调整和培养规划。吉林省的普通中等专业学校、长春煤炭管理干部学院和职工中专均相应承担高、中等《专业证书》教学班的任务。吉林煤炭系统共5000多人分别参加高、中等《专业证书》教育。1994年3月，东煤公司撤销，1995年成人大、中专专业证书教育基本结束。

吉林煤炭工业志

第十一篇
矿区文化与职工生活

1991—2010年，吉林煤炭系统各企事业单位全面落实《中共中央关于社会主义精神文明建设指导方针的决议》和《中共中央关于进一步加强和改进国有企业党的建设工作的通知》有关企业文化的要求，加强企业文化建设，并在发展创新中形成了各具特色的企业文化，丰富了职工文化生活，提升了职工的思想文化素养，增强了企业的凝聚力，为企业的发展提供了动力。

按照中国共产党"以人为本"的执政理念，吉林煤炭系统各级党组织和领导班子，坚持生产与生活并重的原则，切实把职工生活摆在重要位置来抓，取得了明显效果，使职工群众享受到企业改革与发展带来的福祉。

第一章 矿区文化

第一节 企业文化

一、辽源矿业公司

辽源矿业公司以《吉煤集团公司员工行为规范》为基础，细化并制定《决策基本行为规范》《管理基本行为规范》《领导人员行为规范》《员工基本行为规范》等管理制度。统一规范企业视觉标识，井上下员工统一佩戴吉煤徽章，共产党员佩戴党徽，形成统一规范的视觉识别系统，树立了企业的崭新形象。

围绕"生命至上、安全第一"理念，提出了安全生产要牢固树立以人为本观念、法制观念和规避风险观念，进一步创新安全思想教育方式方法，加强责任教育、警示教育和亲情教育，打造了富有辽源煤矿企业特色的安全文化，保障了企业安全发展。

围绕"清白做人、干净干事"理念打造廉洁文化。认真贯彻落实中央八项规定和吉煤集团关于作风建设的二十条规定，提出了"当官不为发财、办事不图回报、工作不带私心、为民不遗余力"的"四不"要求，坚持开展廉洁文化活动，公司纪委被吉林省纪委评为全省廉洁文化"百佳示范单位"。

围绕"精心精细、精准精益"理念，打造管理文化，推行准军事化管理、干部带班制度、手指口述、打标志旗集体升入井、血压检测等管理制度，促进了管理创新，保障了企业发展。

围绕企业的稳定大局，切实加强和谐文化建设。坚持每年开展一次形势任务教育活动，做到教育及时跟进企业发展。坚持为员工解决实际困难，实施"扶贫解困""阳光助学"等民心工程；改善工作和生活环境，开展丰富多彩的文体活动，提升员工的幸福指数。坚持每年投资100多万元为员工订阅报纸杂志和购买各类书籍，营造浓厚的学习氛围；加强精神文明建设，弘扬新风正气，凝聚发展合力。

二、通化矿业公司

1991—2005年，通化矿务局党委始

终把企业文化建设工作放在首位常抓不懈，不断赋予新的内涵和活动内容。根据企业特点组织职工家属安全演讲团到矿区巡回演讲；不定期组织全矿区职工参加安全知识竞赛；以体育活动形式在矿区开展争创"安全生产年"迎新春长跑赛等，有效提升职工和家属的安全生产意识。每年举行文体、书画、摄影等文化活动，使企业职工素质明显提高，企业的凝聚力得到加强。

2006—2010年，通化矿业公司广泛推进企业文化建设，面对企业改制的新形势、新变化，先后两次面向企业内部和社会征集企业精神、理念、标识、徽志和企业歌曲，用企业文化铸魂塑型、凝聚力量。使企业文化建设充满企业特色，充满时代感，更加深入化、常态化发展下去。

2010年2月，通化矿业公司召开二届二次员工代表大会，就企业文化建设工作作出部署，继续在"精神培育、理念渗透、行为养成、形象塑造管理"上下功夫，整理编写了安全文化手册，继续加强群众文化活动基础设施建设，开展好群众文化娱乐活动，把企业文化建设工作有声有色地开展下去。

三、舒兰矿业公司

20世纪90年代初，舒兰矿务局正式提出"勇于改革，开拓创新，克难制胜，志创一流"企业精神的文化理念，通过文化理念的培育和发展，企业向心力和凝聚力不断增强，产量增长，管理加强，效益提高，队伍稳定，矿区繁荣，成为企业最好的发展时期之一。企业改制成立公司后，重新确定提出"真诚、奉献、克难、创新"的企业精神，出台实施方案，确立企业标识、矿歌、矿旗，明确员工行为规范，推广20条文明礼貌用语。2007年为企业文化推进年，2008年为企业文化提高年，2009年为企业文化发展年，2010年为企业文化建设深化年。全面拓展深入推进安全文化、管理文化、制度文化、廉洁文化，全面培育核心价值体系。企业纪实文稿《柳暗花明满眼春》登载于2010年1月4日《江城日报》。企业文化建设文章在吉林市国资委网站发表，多篇稿件在吉煤集团报登载。

四、珲春矿业公司

珲春矿业公司做到广场飘旗帜、有线电视有专题、报纸杂志有专栏、文化长廊有专版。制定了《岗位员工行为规范》《煤矿安全操作规程》《员工守则》，编印了《员工行为规范学习资料》《文明礼仪实用手册》，普及礼仪知识，规范员工职业行为。增强了企业文化理念，提高了职工文化素养。始终把企业文化建设当作促进企业发展的大事来抓，将企业文化融入企业生产经营活动之中，在安全、生产、经营、维稳等方面发挥导向作用、用企业文化的正能量管企业、聚人心、塑精神、促发展。

五、杉松岗矿业公司

2003年1月，杉松岗矿业公司组建后，制定了企业文化建设三年实施方案，坚持安全文化建设，强化"安全第一、生命至上"的核心理念；坚持管理文化建设，推行管理文化创新，形成较为规范严密的企业基本管理标准体系；坚持廉洁文化建设，树立"清清白白做人、干干净净干事"的核心理念；坚持和谐文化建设，深化"关爱员工、感恩企业"主题教育活动。通过关心员工、送温暖，为员工办实事、好事，调动员工爱企如家、立足岗位、争创一流业绩的积极性。并通过简报、墙报、板报、宣传长廊、条幅标语、有线电视等形式大力宣传企业文化，增强企业文化素养，提升企业精神。

第二节 文体设施

一、辽源矿业公司

辽源矿业公司共有文化宫5个、俱乐部和电影院6个、职工图书馆（室）25个，总藏书24000册。拥有各类室外大型健身体育场地11个，其中，公司（局）室外健身广场3个、休闲广场1个、文化广场1个、体育广场1个。

在充分发挥原有文化设施作用的同时，辽源矿业公司不断加大对文化娱乐设施的投入。1998年，投资新建了泰信煤矿离退休人员活动室。2003年以后，随着企业经济效益的改善，先后改扩建了东山公园、东山文化广场、东山和园广场和东影广场。其中，投资60万元改扩建东山公园，投资103万元修建8480平方米的东山文化广场。2004年，对全局所有离退休人员活动站（室）进行装修，增加了活动设施。2006年，投资40万元修建4416平方米的东山和园广场。投资72万元修建9870平方米的东影广场。各矿、厂等单位也因地制宜加强文化基础设施建设，文化广场、文化长廊、文化活动室等文化基础设施遍布矿区，为开展矿区文化活动提供了先决条件。2010年，辽源矿业公司拥有篮球场地31个、足球场地1个、排球场地22个、乒乓球室16个、羽毛球场地12个、门球场地5个。

二、通化矿业公司

1991年前，通化矿区体育设施有田径场地20个、篮球场地63个、足球场地20个、排球场地46个、乒乓球室50个、羽毛球场地106个、门球场地9个。2000年，有田径场地15个、篮球场地50个、足球场地15个、排球场地20个、乒乓球室40个、羽毛球场地80个、门球场地8个。2005年，有田径场地1个、篮球场地22个、足球场地1个、排球场地2个、乒乓球室30个、羽毛球场地19个、门球场地10个。

2006—2010年，通化矿业公司投资1395.71万元，在两个矿区中心区分别建设职工文化娱乐中心和活动广场，添加社区健身器材301件（套）。

2010年，通化矿业公司矿区文化体育活动场所有文化中心2个、篮球场地9个、羽毛球场地5个、乒乓球室29个、棋牌室19个、门球场地1个、图书阅览室10个、安全教育展室4个。

三、舒兰矿业公司

20世纪90年代后，舒兰矿业公司陆续改建青少年活动艺术中心，兴建职工活动站、退休职工活动站及会议中心，全局文化设施达到37处，总面积2万多平方米。体育设施293套，活动场地258所。

2004年5月，离退休职工活动中心活动站移交舒兰市地方管理。

2006年，舒兰矿业公司成立后，加大投入，完善文化体育设施，维修改造会议中心、职工活动站，建设地面各文化广场，整修各单位学习室、图书室，保证了职工文化体育活动的需要。

四、珲春矿业公司

2003年10月，建成矿工怡乐园，园中有占地面积13000平方米的体育休闲广场，周围设有固定式简易体育运动和休闲器械，为矿区职工家属锻炼身体、休闲娱乐和局内开展各类体育比赛及文艺活动创造了条件，提供了便利。

五、杉松岗矿业公司

杉松岗矿区建有职工文化活动中心，面积2400平方米。设有乒乓球室、舞厅、

图书室、阅览室、广播站等，所属单位均设有图书室、阅览室和学习室

第三节 文体活动

一、辽源矿业公司

辽源矿业公司在坚持将文化体育活动重点放在基层的同时，适时举办大型文化体育活动。每年初举办迎新春职工红旗接力赛，春节前举办春节联欢会，正月初二举行庆新春秧歌大赛，正月十五举办焰火灯展晚会，"六三"矿工节举行全民健身和运动会等纪念活动，国庆节前后举行职工篮球赛或排球赛等。每逢节庆，举办不同规模的文艺演出。平时，配合矿务局的中心任务和重点工作，编排文艺节目，举办小型文艺演出。1999年，举办歌咏大会，有15个百人合唱团参加。2003年，矿务局春节联欢会后，将整套节目送到梅河煤矿、金宝屯煤矿，为一线职工慰问演出。2007年，为全省煤炭科技大会慰问演出，观众达千人以上。

多次组织开展歌曲诗歌散文等文学作品创作征集活动。2004年，迎国庆系列活动，征集诗歌120篇、散文48篇，有158人参加创编，其中70人分别获得一、二、三等奖。2006年，开展《弘扬美德 歌颂母爱》征文活动，共征集132件作品，评出一等奖10名、二等奖20名、三等奖30名。2007年，公司工会为西安煤业公司建职工书屋，将受赠的1万册图书全部转送给西安煤业公司职工书屋。公司自筹资金购买图书1万册，分别送给梅河煤矿、金宝屯煤矿、方大公司、煤机公司、技工学校。

对传统元宵节每年都有不同形式的焰火灯会活动。各直属单位制作彩灯，集中到主要街道两旁或者广场展出，同时燃放焰火。正月十六的彩灯到辽源市区展出，辽源市各单位的彩灯到矿区展出。1997—2000年，尽管全局经济比较困难，也坚持举办焰火灯会。2000—2010年，随着经济形势的好转，各基层单位每年有20多盏自制彩灯参赛。梅河煤矿、金宝屯煤矿、龙家堡煤矿、方大公司等距公司（局）较远的单位，元宵节期间也举办小规模的焰火晚会。

1991—2010年20年间，公司（局）本部及所属各个矿（厂）区，活跃着自发组织的数十支秧歌队。每年春节期间，组织全矿区秧歌大赛，给节日带来喜庆氛围的同时，对群众性秧歌活动的开展起到了积极的推动作用。

每逢节庆，组织书法、绘画、摄影展活动。2002年，迎新春书法绘画摄影展征集作品120多件。2004年，迎"十一"征集作品86件。对所征集的作品，组办单位组织评比，对优秀作品予以奖励。

二、通化矿业公司

通化矿区工会设有通化矿区文化艺术联合会（简称文联），负责开展矿区各项文化活动。举办美术学习班、书法基础班、书法创作班、短期摄影学习班和篆刻学习班。1993年12月，矿区工会组织系列活动，隆重纪念毛泽东诞辰100周年，500多名矿工演员参加在局文化宫举办的大型演唱会；同时还举办了全矿区书画作品展览。1995年5月，矿区工会举办"矿工十人摄影展"，展出10位矿工的100余幅反映矿山生产和文化生活的摄影作品。1996年，在中国煤矿文联举办"情注矿山"文艺演出活动中，矿务局有6个节目和16名演职员受到表彰。1997年6月，矿区工会举办"迎香港回归"演出与展出系列活动，21个基层单位69个文艺节目在局文化宫上演。1999年，

举办"迎澳门回归书画展览",展出作品60余幅,深受广大职工的喜爱和欢迎。2004年9月,矿区工会举办"祖国万岁——庆祝中华人民共和国成立55周年"大型演唱会,400多名矿工演员登台演出。2008年,在通化矿务局建局60周年之际,通化矿业公司举办了大型文艺汇演。

矿务局在矿区工会设有体育协会,各矿(厂)中20余个单位分别成立体育协会。每年至少举办1~2次大型职工体育竞赛活动(如篮球、排球、乒乓球、羽毛球、田径、桥牌、象棋、围棋赛等),各基层单位每年举办2次以上大型体育活动,推动矿区体育活动不断深入开展。1991年,东煤公司组织的"安全生产年"迎春长跑接力赛活动中,矿务局有200多人参赛,获得"优胜单位"奖。1992年,在四川举办的"乌金杯"中国象棋赛上,矿务局参赛队员获得个人第6名的好成绩;同年,经中国煤矿体协和东煤公司体协验收,大湖煤矿等5个基层煤矿被评为全国煤矿体育工作先进单位,20人被评为全国煤矿优秀体育工作者。1993年,在浑江市第二届全运会上,矿务局代表队获得17块冰上运动奖牌,金牌总数第2名,积分第3名。1994年,在白山市总工会、老干部局和市体委联合举办的离退休门球赛上,共有17个代表队170多名运动员参赛,矿务局大湖煤矿代表队获得全市第1名。1995年,吉林省煤矿工会举办"吉煤杯"象棋赛,矿务局代表队获得团体亚军。1999年7月,在由中国煤矿体协举办、由矿务局在温泉疗养院承办的象棋赛上,矿务局代表队获得第5名。2001年2月,中国煤矿体协授予矿务局松树镇煤矿和铁厂洗煤厂"全民健身活动先进单位"称号。2002—2005年,矿区工会连续3次举行职工篮球比赛。2006—2010年,通化矿业公司举办了3届全公司员工篮球赛和2次乒乓球赛。

三、舒兰矿业公司

20世纪90年代初,是矿区各种文化活动开展较为活跃的历史时期之一。每逢节日,各文化宫举办大秧歌、灯展、卡拉OK赛、文艺演出、文化夜市、文化一条街、愉快周末、乘凉晚会,举办健身舞、交谊舞与朝鲜舞会,开展老年迪斯科、书法、美术比赛。节日有猜谜语、套圈、吊瓶、书法、绘画摄影展览等各种游艺活动。1991年,矿务局文化宫先后被东煤公司、吉林市总工会评为先进文化宫。1999年,矿务局专门举办庆祝中华人民共和国成立50周年文艺汇演。2000年开始,矿区工会每年举办正月十五焰火晚会,燃放礼花和组花,成为吉舒地区最热闹的一大景观。

舒兰矿区体协坚持以贯彻《中华人民共和国体育法》《全民健身计划纲要》为重点,坚持因地制宜和普及提高方针,开展多种形式的全民健身体育活动,有篮球、排球、足球、乒乓球、羽毛球、台球、门球、田径、武术、象棋、围棋、气功、广播体操、太极拳、滑冰等;举办中小学运动会、职工运动会及职工公路越野赛等。1999年9月17日,舒兰矿务局在一中广场举办全局职工第五届、中小学第23届大型田径运动会,1300多名运动员参加比赛。运动会历时3天结束,职工组有17人刷新6项上届比赛纪录,中小学组有8人次打破5项纪录。

舒兰矿业公司成立后,坚持开展文化体育活动,做到常抓常新。2007年,举办"迎新春"绘画、书法、摄影、诗歌、散文、对联展,职工象棋赛,职工拔河赛,大型文艺晚会,篮球联谊赛,乒乓球赛,职工排球赛等活动。2008年,组织"硕果辞旧岁 豪情迎新春"员工才艺作品大比拼展览，举办"和谐矿区　棋乐无穷"象棋、围棋、五子棋、军旗、跳棋 5 种棋类大赛，开展《五月抒怀》征文活动，举办"迎五一　与奥运同行"越野火炬接力赛，组建"安全文艺小分队"深入各个煤矿进行安全文化下基层巡回演出等活动，"七一"前夕举办"迎奥运庆'七一'、构和谐展风采"大型文艺晚会，举办"和谐杯"矿业公司职工第三届篮球赛。2009—2010 年，组织乒乓球赛、篮球赛、拔河赛、焕彩煤城卡拉 OK 大奖赛、职工演讲赛、诗歌征文等多种文化体育活动，保持了矿区活跃的文化氛围。

四、珲春矿业公司

1994 年，在全国煤矿第四届美术书法摄影展览活动中，珲春矿务局 7 人获奖。矿区工会举办首届职工田径运动大会，组织了职工公路环城越野接力赛，迎新春茶话会、联欢会，正月十五矿区风筝大赛，中小学体育运动大会，职工健美操大赛，职工乒乓球赛、职工男子篮球赛、拔河比赛，中秋赏月文艺晚会，女工知识、岗位之歌比赛。

1995 年，举办了第四届美术、摄影、书法作品展，庆"七一"爱我中华歌咏大赛活动。

1996 年，举办第二届职工田径运动大会，开展"迎接香港回归祖国"读书活动，庆"七一"迎回归文化系列活动，包括职工乒乓球赛、露天歌舞联欢会、诗歌演唱会、大型音乐舞蹈诗等活动。

1997 年，建立文化艺术联合会，成立了职工艺术团。

1998 年，举办第三届职工田径运动大会；第五届职工乒乓球赛。

1999 年，举办第四届职工篮球赛。

2003 年举办元宵节灯谜一条街、职工家庭演艺大赛、综合艺术作品展等活动，举办庆"十一"煤海放歌大型职工歌咏晚会，篮球、排球、网球、羽毛球四项职工球类比赛活动。

2006 年，举办建党 85 周年歌咏比赛。

2008 年，举办首届职工文化艺术节。

五、杉松岗矿业公司

1991—2010 年，杉松岗矿业公司（煤矿）认真抓好职工文体活动，组织秧歌队、职工运动会、职工篮球赛、乒乓球赛、文艺演出、拔河等文体活动。

2003 年 1 月，公司成立后，坚持抓好职工文体活动，开展书法、绘画、文艺演出、演讲比赛、体育比赛等，丰富了职工文化生活。

第二章　生活与福利

第一节　职工住房

一、辽源矿业公司

1991—1993 年，辽源矿务局职工实行福利分房。全局职工绝大部分租住本局公有住房，房屋产权归矿务局。为满足职工住房需求，并逐步改善职工住房条件，矿务局和各基层单位每年尽可能筹集资金，新建职工住房。1991—2004 年，全局共新建职工住宅 82 栋，面积 265297.27 平方米（表11-2-1），为4550户职工解决了住房问题。

表11-2-1　1991—2004年辽源矿务局新建住宅统计表

年份	住宅栋数（栋）	面积（平方米）	户数（户）	人均面积（平方米）
1991	11	36743.03	657	18.64
1992	16	51789.45	919	18.78
1993	13	59845.36	941	21.20
1994	5	8708.00	194	14.96
1995	2	6267.27	132	15.82
1996	6	9756.94	230	14.14
1997	2	22297.34	361	20.59
1998	5	17440.76	330	17.62
2000	2	4453.20	90	16.49
2001	7	17253.93	275	20.91
2002	8	19776.47	266	24.78
2003	4	9435.64	131	24.00
2004	1	1529.88	24	21.25
总计	82	265297.27	4550	—

1991—1997年，辽源矿务局逐步实施住房制度改革。第一步采取有偿分配，半价出售，产权共有，不发补贴。第二步理顺调整公有住房租金，小步提租。第三步取消福利分房，公有住房开始出售，职工自愿购买。第四步正式启动住房制度改革。1993年2月，矿务局成立职工住房制度改革领导小组，同年8月22日，局十五届职代会第二次团（组）长会议讨论通过了《辽源矿务局住房制度改革实施方案》，实行新房新政策，分步提租，多提少补，买房优惠，三方集资合作建房，理顺租、售、建三方面关系及住房资金渠道，建立住房基金，实施方案附带辽源矿务局出售公有住房暂行办法。第五步深化住房制度改革。1997年1月，印发《辽源矿务局深化住房制度改革实施方案》。全面实行住房公积金制度，推进住房租金改革、稳步出售公有住房、住房基金管理、职工购房试行分期付款及抵押贷款、住房出售后的维修管理、与原住房政策的衔接工作。2000年开始，职工公有住房大部分以成本价或评估价卖给职工个人。2005年职工住房完全实现商品化，彻底结束了企业包保职工住房的历史。

二、通化矿业公司

截至1991年，通化矿务局共有职工住宅建筑面积1411203平方米，居住面积730382平方米，人均居住面积4.3平方米。

1991—1995年，矿务局共投资1.05亿元，建设职工住宅240000平方米，改造危房75097平方米。出售新旧住宅835912平方米，回收资金1亿多元，为4900多户无房户、拥挤户职工解决了住房困难的问题，并为6700多户职工维修了住房，使职工公有住房人均居住面积提高到5.33平方米。

截至2000年，已出售新、旧住宅32000多户，110多万平方米，售房率达到90%以上，回收资金4000万元。同时，为1.8万名职工建立了住房公积金，人均居住面积5.6平方米，提前达到人均居住面积5平方米以上的标准。其间，新建住宅90%以上为楼房，有的矿（厂）还建有"采掘工人楼""科技人员楼"和"教师楼"，深受广大职工欢迎。

2005—2010年，公司人均居住面积达到5.8平方米以上，职工住房公积金累计1050万元（不含关闭破产单位）。结束了公司职工福利分房的历史，逐步进入职工住宅商品化时代。

三、舒兰矿业公司

1987年开始，为进一步缓解职工住

宅紧张局面，舒兰矿务局在翻修改造、拆除旧危平房同时，加快楼房建设速度，平均每年投资达1800万元。

截至1995年，累计拆除旧、危平房461栋，新建楼房69栋，全局公有住宅建筑面积928637平方米。其中：楼房170栋，建筑面积381707平方米，使用面积268347平方米，住户5161户；平房2578栋，建筑面积546930平方米，使用面积420128平方米，住户18216户，全局人均居住面积3.93平方米。同年11月，矿务局对原公有住房以标准价向职工出售。

1999年，营城煤矿、九台建井工程处划出，全局公有住宅面积减少到350587平方米。当年，矿务局进一步以成本价向职工出售现有住房，局成立住房基金管理中心，负责全局个人公积金的归集、管理工作。

2000年末，舒兰矿务局公有住宅建筑面积602680平方米，使用面积436135平方米，住户15014户，全局人均居住面积5.42平方米。

截至2003年末，舒兰矿务局累计住房公积金1920万元。

2004年5月，按照国务院办公厅文件规定，舒兰矿务局将所有关闭破产矿井的职工住宅移交地方政府管理。

四、珲春矿业公司

1990年12月，珲春矿务局根据房屋设施情况，房租每平方米0.1～0.2元，经逐年调整，到2001年房租每平方米是1.5元。

1991年，新建住房实行有偿分配，优惠出售，产权共有，不发补贴。同年底，珲春矿务局职工住宅建筑面积429093平方米。其中：局本部职工住宅建筑面积170897平方米，蛟河煤矿职工住宅建筑面积258196平方米。人均居住面积4.41平方米。总住户12839户，其中：局本部3122户，蛟河煤矿9717户。

1992年，全面推进住房制度改革，对1990年12月31日前投入使用的公有住房实行有偿使用，每平方米按90～100元收取，新建住宅按每平方米120元收取，回收的资金用于职工住宅建设。

1993年，实行集资建房，每户集资8500元。

1994年开始，珲春矿务局不再建公有住宅，向职工出售商品住宅，鼓励职工对有偿使用住宅按优惠价购买，产权归己。

2001年，出台《珲春矿务局旧公有住宅部分产权向全部产权过渡办法》，加快了住房商品化进程。

截至2004年7月，房产管理移交地方之前，共有5153户实行了住宅商品化，住宅商品率98%。

五、杉松岗矿业公司

1981年前矿区职工住房以平房为主，1990年末，新建了3栋职工住宅楼，共计41500平方米，解决了1131户职工住房问题。

2007年7月31日，辉南县政府向省政府请示，对杉松岗采煤沉陷区进行治理并得到批复，同意在辉南县朝阳镇选址建设。

2008—2010年，经一期、二期工程建设，为2549户职工解决了住房的问题。

第二节 职工食堂、公寓与浴池

一、辽源矿业公司

（一）职工食堂

1991—1995年，辽源矿务局有12个职工食堂，总建筑面积7131平方米，2425名职工就餐。1996年，金宝屯煤矿新建1500平方米职工食堂。2000年，泵业公司投资8万元改建340平方米房屋，成立职工食堂。2001年开始，随着企业的改革、破产移交，梅河煤矿食堂由5个合并成1个，增加供应处、运输处、方大公司3个食堂。2007年，龙家堡煤矿建成总面积1653平方米的井口职工食堂。截至2010年，共有食堂17个，总建筑面积5548.6平方米，食堂专职管理员11人、厨师22人、服务员55人。食堂购置了空调、保鲜柜、电磁炉、电冰箱等设施，实现了食堂炊具现代化。同时，各食堂普遍建立健全各项管理制度和岗位责任制，制定了质量标准，服务人员每年进行一次健康体检，持健康证上岗。

（二）职工公寓

1991—1999年，梅河煤矿由于入住人员逐年减少，先后有3处单身宿舍改为住宅，保留2处单身宿舍，共有549张床位。2000年，金宝屯煤矿新建职工公寓1个，建筑面积13140平方米。2007年，龙家堡煤矿新建职工公寓13724平方米，房间433个，可容纳1740人住宿。与单身宿舍相配套的有综合楼920平方米，其中：图书阅览室306平方米，娱乐活动室614平方米。截至2010年，辽源矿业公司职工宿舍共有4处，分布在生活服务公司、梅河煤矿、金宝屯煤矿、龙家堡煤矿，总面积22000平方米，床位3495张，入住人员2774人。

（三）职工浴池

1991—2010年，辽源矿业公司有生产浴池47个，建筑面积13135平方米。20年间新增红梅煤矿、金宝屯煤矿、龙家堡煤矿等生产浴池。改建了梅河煤矿、西安煤矿、泰信煤矿、卓力公司、泵业公司的生产浴池。按照2007年公司出台的生活后勤服务质量标准化工作标准，有21个浴池达标。

1991—2006年，有福利浴池14个，建筑面积4183平方米。1999年开始，矿务局管理的福利浴池相继承包给个人经营。2005年，为矿区职工家属开放的福利浴池经公司评估逐步出售。矿区本部的东山浴池、红卫浴池、土建浴池于2006年底全部出售。仙城浴池在塌陷区改造中被扒掉。截至2010年底，只有煤机制造公司的福利浴池仍由煤机制造公司管理。

二、通化矿业公司

（一）职工食堂

1991年，通化矿务局有职工食堂11个，建筑面积7057平方米，就餐人数1396人，工作人员168人。根据煤炭工业部煤矿职工生活福利新标准要求，1991年开始逐步添置了和面机、面条机、绞肉机、切菜机、电烤炉、电炸锅、电磨、消毒柜、冷藏柜、电冰箱等设施。1995年开始，由于单身职工逐年减少，有的矿（厂）食堂与招待所合用，独立职工食堂调整为6个。各食堂实行经营承包，食堂由管理服务型转为经营服务型。截至2005年末，仅有松树镇煤矿、八宝煤矿、道清煤矿3处职工食堂。2006年通化矿业公司成立后，原有职工食堂继续开办，破产重组的大湖永安煤矿、六道江永安矿业公司及东圣焦化公司等单位先后开办了职工食堂。截至2010年末，共有职工食堂10处。

1991年，通化矿务局有井下保健食堂10个，专制班中餐。建筑面积2965平方米，享受班中餐人数19525人。1996年开始，由于受资金困扰和物价上涨因素影响，执行原班中餐标准已难以维持，先后停办了8个班中餐食堂，仅有道清煤矿、苇塘煤矿靠经营创收补贴勉强维持。

1998年，松树镇煤矿克服困难，恢复了班中餐制度。截至2005年，全矿区仅有松树镇煤矿一处班中餐食堂。2006年通化矿业公司成立后，道清煤矿、八宝煤矿、大湖永安煤矿先后恢复了班中餐食堂制度。2010年，通化矿业公司共有4处班中餐食堂。

（二）职工公寓

1991年，通化矿务局职工公寓11处，建筑面积15568平方米，床位1851张（其中：男床位1475张，女床位376张），管理服务人员124人。1992年，通化矿务局有3个矿的职工公寓被东煤公司评为"特级福利点"。1995—2005年，随着单身职工逐年减少和部分矿（厂）关闭破产，全局仅2个矿有职工公寓。2006—2010年，直属矿（厂）均取消了职工公寓，仅有通化矿业公司机关4间职工公寓，面积757.26平方米，14张床位。

（三）职工浴池

1991年，通化矿务局共有生产浴池14处，总建筑面积17601平方米，工作人员279人。浴池内部设施完善、设备齐全，全部实现作业服公管化。1996年开始，由于矿区经济困难，劳动保护资金不能保证按时正常投入，致使多数单位取消了作业服公管。2003年，矿务局投资260万元，为道清煤矿新建一处2200平方米的标准化生产浴池。2004年，投资140万元改造八宝煤矿立井生产浴池，改善了浴池条件。2005年，随着部分矿井关闭破产，全矿区仅有松树煤矿、砟子煤矿、道清煤矿4处生产浴池，作业服公管开始逐步恢复。2006—2010年，通化矿业公司有5个原煤生产单位，设有5处井口生产浴池，总建筑面积4226平方米。另有4个洗（选）煤单位设有3处浴池，浴池总面积640平方米。

1991年，通化矿区有职工家属福利浴池19处，建筑面积7794平方米，工作人员143人。1993年开始，各单位的福利浴池由管理服务型转为经营服务型，普遍建立了经营承包责任制。在为职工家属服务的同时，向社会开放，所得收入用于改善设施条件和补助经费不足。2005年，随着部分关闭破产矿井移交当地政府管理，全矿区仅有职工家属福利浴池4处，工作人员22人。2006—2010年，通化矿业公司仍设立4处职工家属福利浴池，其中公司机关山上浴池承包给个人经营。

三、舒兰矿业公司

（一）职工食堂

1990年末，舒兰矿务局有职工食堂10个，建筑总面积11386平方米，工作人员360人，主要为单身职工和通勤人员提供就餐。1991—1995年，原有单身职工和通勤人员减少，各矿职工食堂因没有职工就餐而相继关闭，仅剩矿务局机关食堂。1997年，矿务局机关食堂关闭。20世纪90年代初，全局有保健食堂5个，总建筑面积1850平方米，工作人员76人。1992年之后，因矿务局产量逐年下降，资金紧张，保健加工成本过高等诸多因素，全局保健食品加工停止。井下职工保健费的发放由实物改为货币，按标准计入职工工资中。

（二）职工公寓

1990年末，舒兰矿务局有职工公寓5处，总建筑面积11794平方米。1991—1995年，由于单身住宿职工迅速减少，职工公寓大部分处于闲置状态。为缓解职工住宅压力，陆续将这些职工公寓改建为职工住宅。

（三）职工浴池

1990年末，舒兰矿务局有生产浴池17个，总面积7705平方米，使用面积6188平方米。1995—2010年末，由于部分矿井报废或关闭破产，相继有13个浴池取消。保留的4个浴池，总面积1228平方米。

1990年末，舒兰矿务局有福利浴池6个，总面积3203平方米。1995—1998年，福利浴池由原来单纯服务型转变为经营服务型，全部实行承包经营。1999—2002年，局机关女浴池、吉舒矿福利浴池、舒兰街矿浴池相继取消。2003年，实施部分矿井关闭破产后，矿务局福利浴池全部取消。

四、珲春矿业公司

（一）职工食堂

1991年，珲春矿务局有职工食堂6个，建筑面积4311平方米，工作人员87人，2918人就餐；有保健食堂3个，建筑面积1219平方米，工作人员98人。1992年，矿务局机关职工食堂取消。1999年，蛟河煤矿与珲春矿务局分离，全局职工食堂减少到4个，保健食堂减少到2个。2003年，珲春矿务局城西煤矿和三道岭煤矿相继破产，全局职工食堂减少到2个，建筑面积988平方米，工作人员26人；保健食堂取消。

（二）职工公寓

1991年，珲春矿务局有职工公寓（单身宿舍）5处，建筑面积6415平方米，工作人员127人。1992年，矿务局机关单身宿舍取消，改扩建成矿务局机关招待所。1999年，蛟河煤矿与珲春矿务局分离，单身宿舍减少到3处，建筑面积2872平方米，工作人员72人。2003年，珲春矿务局城西煤矿和三道岭煤矿相继破产，全局单身宿舍仅剩英安煤矿1处，保留10个房间。2010年，珲春矿业公司八连城煤矿和板石煤矿相继投产，全公司职工公寓（单身宿舍）增加到3处，建筑面积6330平方米，工作人员33人。

（三）职工浴池

1991—1999年，珲春矿务局有生产浴池15处，其中：珲春矿区3处，建筑面积3500平方米；蛟河煤矿12处。1999年，蛟河煤矿与珲春矿务局分离，生产浴池减少到3处。2003年，珲春矿务局城西煤矿和三道岭煤矿相继破产，全局生产浴池仅剩英安煤矿1处。2010年，珲春矿业公司八连城煤矿和板石煤矿相继投产，全公司生产浴池增加到3处，建筑面积3539平方米。各矿生产浴池配有作业服公管室和干燥室。

1991—1999年，珲春矿务局有福利浴池5处，其中，珲春矿区2处，蛟河煤矿3处。同年，福利浴池由原来的单纯服务型转变为经营服务型，全部实行个人承包经营。

第三节 福　　利

一、辽源矿业公司

（1）井下职工班中餐。1991年至2006年10月，辽源矿务局以现金形式发放班中餐补助费。补助标准为井下一线职工每天1.20元，井下辅助职工每天0.80元。此项补助计入每个职工的工资中，全局有14657人享受补助。2006年11月，西安煤矿、梅河煤矿、金宝屯煤矿和红梅煤矿共建立起13个班中餐超市，每人每天班中餐标准为6元，职工凭卡在超市里自选班中餐。截至2010年底，西安煤业公司、梅河煤矿、金宝屯煤矿、龙家堡煤矿和红梅煤矿井下作业人员每人每工补助标准为6元，享受班中餐人数13604人，全年发放金额2027.88万元。

（2）防暑降温保健。为了保证职工的身心健康，每年暑期十四厂（卓力公司）、机电总厂、水泵厂（泵业公司）、平岗截齿厂（方大公司）、矿山机械厂等单位，为全厂（公司）或高温作业的工种准备冷饮等防暑降温饮料，发放保健糖、茶叶等。

二、通化矿业公司

1991年，通化矿务局有幼儿园12个、托儿所3个，分布在矿区15个直属单位。总建筑面积10462平方米，床位1599张，入托（园）儿童1903人，人均面积5.53平方米，教职工311人。实行园（所）长负责制。矿务局行政处设托幼办公室，具体负责矿区托幼园业务管理工作。同年12月30日，吉林省人民政府命名通化矿务局机关幼儿园为"省级示范幼儿园"。截至1996年，通化矿务局投资860多万元，先后新建、改扩建了10所幼儿园，全矿区幼儿园面积增加到13057平方米，满足了广大职工子女入托需要，儿童入托（园）率达到95%以上。与此同时，各园所普遍增添了钢琴、电子琴、电视机、投影仪等教学设备和器材。室外配齐了6件以上大型玩具，全部达到煤炭工业部规定的设施标准。1997年，矿务局机关幼儿园荣获"省级优秀示范园"称号。2001—2004年，有7个矿（厂）的幼儿园随关闭破产矿井转为当地政府管理。截至2005年末，通化矿区仅有松树镇煤矿、砟子煤矿、道清煤矿和矿务局机关4处幼儿园。2006年6月，4个幼儿园整体移交地方政府管理。

三、舒兰矿业公司

（1）矿区幼儿园。1991—1995年，舒兰矿务局有幼儿园5所，面积7680平方米，工作人员196人，实际入托儿童1210人，各种玩具1580余件，教学设备634件，儿童游乐设施23处。1996年开始，由于各学校开设学前班，入托儿童逐渐减少，各幼儿园的管理规模逐渐缩小。2003年，矿务局部分矿井关闭破产，全局幼儿园全部移交地方政府管理。

（2）矿区民生工程。为解决矿区用水严重不足问题，1990年，舒兰矿务局在镇郊东北部新建振兴矿区水源工程，1991年底完成总投资1356万元，铺设输水管路31.16千米、集水管路10.17千米、配水管路11.2千米，供水设计能力达到7000~10000立方米/日，缓解了矿区居民用水难的问题。同年，矿务局在东煤公司开展的生活福利达标升级活动中被命名为"生活福利工作特级矿务局"。1992年，铺设丰广煤矿至丰广天南住宅区1千米柏油路面，解决了职工家属行路难的问题。2000年，在省属煤炭行业生活福利专项检查中，被评为"生活福利甲级单位"。2004年，矿务局对通往三井公路进行修建，铺设水泥路面，解决了多年行路难的问题。2006年舒兰矿业公司成立后，陆续对各矿井办公室、学习室、厂区道路、地面单位工业广场进行维修改造和新建，公司本部新建矿区文化广场，改造职工活动站，主要建筑全部达到亮化，安装彩灯，矿区生产、工作、生活环境得到进一步改善。

四、珲春矿业公司

1992年，珲春矿务局落实东煤公司《关于在重点采掘队必须实行班中餐、饮用水送到井下，吃在班中的通知》精神，解决了井下职工班中餐的问题。矿区工会出台井下职工作业服实行公管的有关规定，保证井下职工生产安全和身心健康。1998年，矿区工会成立了扶贫救急粮店，向困难职工发放救济粮，保障职工生活和队伍稳定。英安煤矿工会建立了光明再就业服务中心，得到地方政府的帮助和支持，在各种税收上给予减免。

第三章 医疗卫生

第一节 机构与队伍

一、辽源矿业公司

1991年，辽源矿务局医疗卫生行政主管部门是局卫生处。1993年1月，矿务局成立医疗卫生中心，统一管理局属各医院，卫生处撤销，其业务划归医疗卫生中心。1994年7月，恢复成立局卫生处，与医疗卫生中心合署办公，医疗卫生中心主任兼任卫生处处长。1999年3月，撤销医疗卫生中心，卫生处再次成为独立的局职能处室，负责全局医疗卫生行政管理工作。2000年3月，局卫生处与职工总医院合署办公，机构名称对外保留。2001年6月起，局职工总医院院长兼任卫生处长。

1999年3月，成立辽源矿务局职工总医院，内设内科、外科、医技、门诊、行管等科室，管理东山医院、结核病医院、仙城医院、西安医院、泰信医院、西安分院、平岗医院、梅河医院、梅河精神病医院等下属医院。

2001年6月，泰信煤矿关闭破产。2003年12月，西安煤矿破产重组。按照国家政策规定，结核病医院移交辽源市卫生局，泰信医院、西安医院及其分院、仙城医院移交辽源市西安区卫生局，平岗医院移交东辽县卫生局。

2004年6月，金宝屯煤矿正式投产后，矿卫生所升格为矿职工医院。2005年9月，辽源煤机厂划归辽源矿务局管理，其所属职工医院划归局总医院。2008年12月，龙家堡煤矿成立卫生所。截至2010年底，辽源矿业公司职工总医院下属医院有东山医院、梅河医院、梅河精神病医院和煤机厂医院。金宝屯煤矿医院和龙家堡煤矿卫生所由所在矿管理。2010年，辽源矿业公司职工总医院共有职工935人，其中：医护人员756人，管理、工程技术、工勤人员179人。

二、通化矿业公司

1991年，通化矿务局有医疗机构（医院）21个，医务人员1815人，其中矿务局总医院医务人员582人。1994年，矿务局有11所综合医院，全部通过吉林省、白山市达标验收，分别达到国家等级标准。矿务局总医院经吉林省卫生厅批准晋级为二级甲等综合医院，有8所医院为一级甲等医院，2所医院为二级丙等医院。截至2005年，全局医疗机构（医院）减少到6个，医务人员1253人，其中矿务局总医院医务人员572人。2005年，矿务局总医院成为国家安全生产监督管理总局矿山救护中心省级分中心。2006—2010年，通化矿业公司保留4所医院，医务人员704人，其中通化矿业公司总医院536人。

三、舒兰矿业公司

1991—1997年，舒兰矿区医疗卫生工作实行局、矿、井三级管理体制。舒兰矿务局设卫生处实行统一业务管理。卫生处下设医政科、药材科、预防医学中心。

卫生队由卫生处直接管理。预防医学中心从1989年改为卫生防疫站和职业病防治所，下设妇幼保健所、结核病防治所、化验室，隶属卫生处管理。1996年，卫生防疫站和职防所合并。

医疗机构有舒兰矿务局总医院和吉舒煤矿医院、丰广煤矿医院、东富煤矿医院、舒兰街煤矿医院、营城煤矿医院，各矿医院均下设井口保健站。总医院为矿务局直属基层单位，各矿医院行政上隶属各矿直接管理，业务方面由卫生处管理。

1991年末，舒兰矿务局医疗系统总人数1272人。1999年，营城煤矿医院随矿从矿务局划出，全局医疗系统人员总数减少到518人。

1998年，舒兰矿务局机构改革，撤销卫生处，成立医疗卫生中心，将各医疗单位（包括各矿医院）全部划归医疗卫生中心统一管理。

1999年3月，舒兰矿务局撤销医疗卫生中心，恢复成立总医院和卫生处，总医院及药库划归矿务局管理，四所矿医院直接由总医院管理。卫生防疫站仍由卫生处管理，卫生队划归生活服务公司管理。2004年5月，卫生队移交舒兰市地方管理。

2006年4月，舒兰矿业公司机构改革，撤销卫生处，其防疫站人员及相关职能划入总医院，总医院成为公司下属的基层单位。

四、珲春矿业公司

1991年，珲春矿区医疗机构（医院）有蛟河煤矿职工医院、蛟河煤矿卫生防疫站、英安煤矿职工医院、英安煤矿卫生防疫站、城西煤矿卫生所、珲春矿区建设指挥部机关职工医院。

1992年9月，珲春矿区建设指挥部更名为珲春矿务局，同年12月，成立珲春矿务局职工总医院（处级建制），将机关职工医院和城西卫生所并入总医院。同时，以英安煤矿卫生防疫站为基础，扩建成立珲春矿务局卫生防疫站（副处级建制）。

1993年11月，珲春矿务局改制，成立八大公司。卫生科从福利卫生处分离出来，同局总医院、局卫生防疫站组成珲春矿务局医疗预防中心。局医疗预防中心下辖局卫生处、局职工总医院（辖英安煤矿职工医院）、局卫生防疫站。

1995年12月，珲春矿务局撤销八大公司，局医疗预防中心同时撤销。局总医院变为矿务局直属单位，卫生处变为矿务局职能处室，辖卫生防疫站。

1998年7月，珲春矿务局卫生防疫站并入局卫生处管理，机构设置有综合科、医政科、爱卫会办公室、卫生防疫站，工作人员27人。

五、杉松岗矿业公司

杉松岗矿区职工医院占地面积7663平方米，病床110张。门诊科室有内科、外科、妇科、儿科、五官科、中医科、老干部诊疗室、放射线科、理疗室、电疗室、检验科与病案室等，另有老干部病房、手术室、药剂科、防疫站、爱国卫生委员会和计划生育办公室。医院医务人员91人。

2006年，矿职工医院经评估作价100万元，通过公开拍卖的方式拍卖，社会自然人以122万元的价格竞买成交，医院72名职工在该院实现就业。

第二节 医 疗

一、辽源矿业公司

1991年，辽源矿务局总医院建筑总面积21464平方米。2006年，辽源矿业公司为总医院投资 3400 万元，拆除旧门诊楼，新建高 10 层、面积 7592.8 平方米的外科楼。2010 年底，辽源矿业公司总医院建筑面积达到 38653 平方米，各个基层医院基础设施建设基本满足医疗服务工作的需要。

经过 20 年的发展建设，2010 年，辽源矿业公司总医院已经成为技术力量雄厚、门诊体系完整的综合性医疗机构。1991 年，总医院临床仅有内科、外科、妇产科、儿科、五官科等科室，截至 2010 年底，已经细化为骨科中心、门诊、急诊、普外科、胸神经外科、烧伤整形外科、泌尿外科、截瘫科、麻醉科、消化内科、呼吸内科、肿瘤科、血液科、心血管内科、神经内科、康复科、妇产科、儿科、眼耳鼻咽喉科、口腔科、中医科、皮肤科等专业科室，可以独立完成二级甲等、三级乙等医院所有诊疗项目。可以独立完成常规诊断和难度较大的各种外科、骨科手术，治疗各种疑难杂症。三级甲等医院的一些诊治项目也可以在总医院完成。总医院是吉林医科大学的教学医院和吉林大学中日联谊医院的协作医院，在完成医疗服务工作的同时，组织学术交流，多次邀请国内名医讲学，开展教学查房和前沿知识授课。坚持开展医疗科研，完成了数十项省级、市级科研成果。1991—2010 年，总医院获得省市级优秀科技成果奖项 41 个，在国家和省级医疗刊物上发表了数百篇医疗学术论文，临床实施了数百项新技术、新项目，其中数十项技术、项目处于国内、省内领先水平。

1993 年 10 月 12 日，辽源矿务局总医院被吉林省医院评审委员会批准为二级甲等综合医院。2010 年 12 月，辽源矿业公司总医院晋升国家三级乙等综合医院，与辽源市中心医院同为辽源地区最高级别的综合医院。其他矿级医院（分院）也全部进入一级甲等综合医院的行列。

1991—2010 年辽源矿业公司总医院医疗工作统计表见表 11-3-1。

表 11-3-1 1991—2010 年辽源矿业公司总医院医疗工作统计表

年份	床位数（床）	住院病人（人）	治愈率（%）	病床使用率（%）	病床周率（天）	平均住院（天）
1991	466	13856	89.43	96.18	26.91	12.83
1992	475	11550	90.33	100.73	22.54	13.42
1993	480	10500	88.18	82.41	21.71	13.23
1994	480	9420	90.03	81.46	19.92	16.06
1995	460	9156	88.36	75.47	19.88	12.47
1996	460	8827	85.82	74.63	19.26	14.43
1997	453	7322	84.26	63.51	16.14	14.46
1998	458	7278	84.27	60.02	15.87	13.31
1999	458	7092	78.42	56.59	15.59	13.41
2000	458	7623	78.11	65.37	16.64	11.02
2001	458	7415	77.04	59.52	15.86	12.49
2002	470	7339	75.08	66.79	15.36	18.71
2003	473	7492	81.30	57.70	15.70	11.40

表11-3-1（续）

年份	床位数（床）	住院病人（人）	治愈率（%）	病床使用率（%）	病床周率（天）	平均住院（天）
2004	460	8237	88.60	62.70	18.00	11.80
2005	460	9011	90.40	67.30	19.44	11.10
2006	460	9649	92.2	69.9	21.0	12.3
2007	460	9814	90.7	70.6	21.3	11.6
2008	460	10177	91.4	73.2	22.1	12.2
2009	460	12104	91.3	85.3	26.3	11.9
2010	519	14439	89.1	90.5	27.82	11.13

辽源矿业公司总医院担负着对煤矿工伤患者抢救治疗工作。制定《辽源矿务局职工总医院矿山突发事故应急救治预案》，常设协调领导小组，成立由急救科、骨科、普外科、胸神经外科、烧伤科、泌尿外科和呼吸内科等医疗技术骨干组成的医疗抢救专家组，实行全天候总值班制度，全院通信系统联网全天候畅通，一旦有事故发生，医务人员可第一时间赶到抢救现场。1997年1月，辽源矿务局印发《关于加强工伤患者抢救治疗管理的通知》，全面规范工伤抢救与治疗工作。2005年，全局实行工伤医疗保险，总医院、梅河医院和金宝屯煤矿医院被确定为定点医院。在煤矿瓦斯爆炸大面积烧伤等重症工业外伤救治方面，积累了丰富经验。2004年，总医院被确定为辽源市工伤医疗保险定点医院。2005年10月，被确定为国家安全生产监督管理总局矿山医疗救护中心辽源分中心，承担辽源及其周边地区工伤救治任务。

二、通化矿业公司

1991年，通化矿务局总医院占地面积18300平方米。医院床位430张，门诊人数80862人，住院人数8918人；同年，总医院设有医疗科室27个，机关后勤科室16个。

2010年，总医院占地面积19698平方米。医院床位538张，门诊人数49502人，住院人数11252人。同年，设有医疗科室32个，机关后勤科室15个。

三、舒兰矿业公司

1991年，舒兰矿务局各医院坚持为职工和职工家属服务的方向，职工实行免费医疗，工伤职工实行住院补贴，为离退休职工开办专门病房。同年3月，组建儿童保健门诊。医院每年派出人员到上级医院进修学习，不断提高医疗服务水平，使骨外科、头胸外科、普外科诊疗技术和实力不断增强。2002年3月，舒兰矿务局各医院实行退休职工免费医疗，积极开展工伤救治工作，救治成功率达到90%以上。

1991年，舒兰矿务局总医院正式确定为吉林医学院教学基地。1994年10月，舒兰矿务局总医院通过"国家二级甲等医院"评审验收。

1999年，总医院成为北华大学医学院附属医院协作医院。

2000年10月18日，总医院正式举行"北华大学附属医院协作医院"和"吉林省高等医学院校临床教学基地"挂牌仪式。2004年7月，总医院成为舒兰市基本医疗保险定点医院，被吉林市卫生局评为吉林卫生系统2004年度"246"工程先进单位。

2005年，全院门诊诊查人数54543人次，住院4097人次，被评为2005年医院管理年活动先进单位、吉林市卫生系统2005年度精神文明建设先进单位。2007年9月，总医院被舒兰市政府确定为"新型农村合作医疗定点医院"。经过多年发展，总医院已经成为一所集医疗、科研、教学、预防保健为一体的现代化综合医院。2010年，全院门诊诊查人数91480人次，住院5025人次。总医院荣获舒兰市卫生局"2010年度突发事件医疗救援工作先进单位"称号。

四、珲春矿业公司

1992年12月，珲春矿务局总医院建筑面积1.6万平方米，占地面积3.5万平方米。设计床位310张。建院初期，组建了内儿科疗区、外妇五疗区（手术室）、门急诊科、化验室、放射线科、电诊室、注射室、供应室、总务科。开放床位70余张。

1993年开始，医院内部的机构设置逐渐得到扩充和细化。科室设置发展为内科、骨科、普外科、妇科、儿科、急诊科、五官科、体检中心、康复理疗科、麻醉科、检验科、功能科、药械科、影像科、供应室、住院处、总务科等科室。院机关设有办公室、医教科、护理部、预防保健科、组织人事科、人力资源科、财务科、医保科、保卫科、信息管理科、职业病防治科11个科室。成为拥有现代化医疗设备和先进技术的综合性医院。

1994年开始，医院的接诊能力和水平不断提高，门诊病人由1993年的13000余例增长到2010年的近25000例，住院病人由1364例增长到3068例，全院手术量由260例增长到680例，床位由70张增长到228张。

2010年，医院拥有德国西门子核磁共振、日本东芝16排螺旋CT、加拿大DR、日本岛津1000MA-X光机、高压氧舱、日本尼普洛血液透析机、日本东芝全自动生化分析仪、美国热地全自动生化分析仪、血流变分析仪、瑞士细胞计数仪、荷兰飞利浦彩超、美国惠谱动态心电监护仪、日本欧林巴斯电子胃镜、电子结肠镜、德国"狼"牌关节镜、C型臂X光机、美国记忆麻醉呼吸机等大中型医疗设备。总医院先后获得吉林省、延边州、珲春市、吉林省煤炭系统和矿务局"先进单位"称号。

第三节 职业病防治

一、辽源矿业公司

1991—2010年，辽源矿业公司每年平均接触粉尘人员18000人左右，接触各种毒物作业人员860人左右，接触噪声、高温、高频、放射线、放射性同位素等作业人员460人左右。

矿务局和各矿井成立专业防测尘队伍，选送防测尘人员到国家和上级培训班培训学习。全局有2人获得国家部级专业检定员资格证书，20人获得省级专业培训资格证书。监测工作使用国家认定的江苏省常熟市安全仪器厂生产的ACCT-2型呼吸性粉尘测定仪。采取积极的防尘措施，最大限度地减少岩尘、煤尘飞扬，改善职工作业环境。在防工业毒物方面，将十四厂定为国家级三硝基甲苯作业环境监测样本点，进行定期监测。工厂不断改善作业条件，加强劳动保护，改造生产工艺，尽量减少职业中毒的发生。在地面工厂防尘方面，加强对水泥厂煤粉的治理，努力消灭污染严重的"黑龙"。建立集中供热站，安装除尘器，除尘节能，改善职工的作业环境，减少粉尘污染。依据《工业企业设计卫生标准》，对新建、改建、扩建的工程项目设计、施工、竣工，进行卫生审查和评价。按照粉尘监测要求，局职防所对全局井下产尘点每月测定1次，井上产尘点每2个月测定1次。各矿井下生产性粉尘每月监测2次，井上生产性粉尘每月监测1次。加强《中华人民共和国尘肺病防治条例》的宣传，普及防治尘肺病的科学知识，举办图片展览，展示尘肺病标本，举办矿井长防治职业病培训班。开展井下矿工尘肺普查工作，根据上级要求，每年对采煤、掘进、混合工进行体检，拍胸部X线大片。对新发现的尘肺患者，按照《职业病报告办法》规定上报上级卫生监督机构。对尘肺患者，按规定每年进行鉴定复查，每3年对接尘人员进行一次全面检查。

对已经患上职业病的职工，管理方面做到档案化、卡片化、管理程序化。总医院成立职业病病房，积极收治职业病患者。每年治疗尘肺病人150人以上。2000年，矿务局卫生处和总医院对接尘人员开展健康体检和初查，2002年，全局认真开展《中华人民共和国职业病防治法》的宣传教育和相关工作，组织制定《职业危害防治措施》。

2006年和2007年，辽源矿业公司对在岗7500名一线接尘人员进行职业健康体检。2008年4月，为卓力公司200多名离岗职工进行职业健康体检。2009年5月，省职业病防治院为纪念职业病防治法颁布10周年，义务为龙家堡煤矿100多名职工进行健康检查；2010年，应九台市疾控中心要求，为龙家堡煤矿200名职工进行职业健康体检。

二、通化矿业公司

1991—2010年，通化矿业公司职业病防治主要由卫生处职业病防治所、矿（厂）医院防疫科和井口保健站负责。1991年专职防治人员13人，2010年专职防治人员仅为4人。

1991年，全矿区尘肺病累计发生1226例，是当时东煤公司系统尘肺病达千人以上的7个矿务局之一。为此，矿务局职业病防治部门有计划地开展对职业危害岗位作业职工实行健康监护，采取早防护、早发现、早调离的预防防治措施，保护职工身体健康。

1994年开始，由于矿区经济困难，只能对采掘作业人员进行体检、复检。

1995年，筹措24万元资金用于尘肺普查，共普查8466人，对机电总厂大修车间和矿务局印刷厂的有毒物进行监测并提出改进意见，对接触铅作业的22名职工进行体检并建立档案。狠抓放射线防护的监督监测工作，各有关单位X线机合格率达到85%。

1999年，八道江煤矿放射源丢失，矿务局职业病防治所在当地公安部门和吉林省职防所的大力配合下，很快破案并找回放射源，避免了更大伤害事故的发生。同时，加强了对矿区所有放射源的管理，重新登记造册，对暂时闲置不用的放射源进行了妥善封存。

2000年，对324名职业病疑似病人进行了复查，确诊尘肺病人28人。

2001—2005年，对先后关闭破产的6个原煤生产矿和2个厂的4000多名接尘工人进行离岗健康体检，共发现疑似病人1144人，经吉林省职业病院复查确诊各期尘肺病160人。同时，职业病患者档案移交所在地方政府。

2007—2010年，通化矿业公司投入

420多万元，分别对全公司井下接尘人员和地面员工进行职业病健康体检和健康普查，共体检14000多人，检出疑似尘肺病患者47人，经复查确诊27人。

2010年，通化矿业公司职工总数14000人，接触粉尘人员7251人。当年对接尘人员进行体检初查3282人，复查165人，确诊合并肺结核7人，其中：Ⅰ期4人、Ⅱ期1人、Ⅲ期2人，当年死亡6人，累计死亡12人。

三、舒兰矿业公司

舒兰矿业公司重视职业病防治工作，定期组织对接毒接尘人员进行测定，对84厂等有毒有害岗位的职工进行健康体检。

1991年，舒兰矿务局对井下38个产尘点每月监测1次，对选煤厂、总机厂、火药厂、化工厂等单位按时监测，当年，职防所完成677次粉尘监测。总医院设有10余张床位用于职业病治疗，同时建立家庭病房，为尘肺病患者提供治疗条件。

2010年，舒兰矿业公司组织对接触粉尘的1380人进行检查，无患尘肺病人员。

四、珲春矿业公司

1992年6月，珲春矿务局对有接触粉尘作业史的人员进行职业健康检查。检查对象为井下掘进工作5年以上，采煤等其他接触粉尘作业工种15年以上，参加普查569人，定诊煤工尘肺59人，定诊率10.37%。定诊病人在岗人员全部调离粉尘作业岗位。

2000年7月，进行第二次职业病普查，范围确定为有接触粉尘作业史的离退休人员，对象为掘进10年以上，采煤等其他工种15年以上，参加普查667人，定诊为煤工尘肺78人，定诊率11.69%。由于离退休人员异地生活的较多，普查时没接到通知，于次年4月补查546人，定诊尘肺56人，定诊率10.26%。

2003年，矿务局局部破产，7月，按破产政策进行第三次职业病普查和复查。普查范围为破产单位职工及全局离退休人员，对象为有接触粉尘作业史2年以上人员；复查范围及对象为破产单位和过去已定诊为尘肺病的离退休人员。参加普查1765人，定诊尘肺病175人，定诊率9.9%，复查227人（包括外局矿转入的尘肺病人），全部维持原诊断没有晋级。

2004年8月，对757人进行补查，定诊6人，定诊率0.79%，对8名原已定诊病人进行复查，全部维持原诊断。同时对2003年普查时，对未诊断为尘肺病的结论有异议，申请鉴定的88人进行了复查鉴定，结果无一人定诊。截至2004年8月，珲春矿务局共有职业病患者416人（其中，尘肺病415人，放射病1人），其中411人已离退休，按破产政策移交地方管理。

五、杉松岗矿业公司

2003年开始，杉松岗矿业公司建立了职业病防治责任制，建立员工职业病档案，分类管理。对重点人员每半年复查1次，对查出患病人员及时进行治疗。

第四章 社 会 保 险

第一节 养 老 保 险

一、辽源矿业公司

1992年1月,开始实行企业职工离退休费用省级统筹,行业管理。

1996年1月开始,按照煤炭工业部有关养老保险制度改革和吉林煤管局制定的实施方案,计发养老金。

1998年8月6日,根据《国务院关于实行企业职工基本养老保险省级统筹和行业统筹移交地方管理有关问题的通知》文件精神,矿务局养老保险业务划归吉林省参加省级统筹。

吉林省对1998年退休的人员进行复核,同时对当年病、残退休人员进行劳动能力复鉴,2001年,吉林省劳动厅和社会保险公司成立联合检查组,对局17000余名离退休人员逐个进行离退休条件和待遇支付的复查,经复查均未发现问题。养老保险划入吉林省后,养老统筹开始正式运行。矿务局属于受益单位,年受益额平均7000万~8000万元。统筹费用单位缴费基数定为25%,个人缴费按当时行业规定每年递增0.5个百分点继续执行。个人账户积累率按吉林省规定,按个人上年缴费工资的11%进行积累。继续沿用行业期间建立的个人账户。经过几年核查校对,2006年已与省社会保险局数据库实现并网使用。划归吉林省后,按照吉林省文件规定计发养老金,并一直沿用到2003年末。

2004年,吉林省人民政府下发《吉林省人民政府关于调整和完善城镇职工基本养老金计发办法有关问题的通知》,重新调整和完善吉林省城镇企业职工基本养老金计发办法。2010年底仍在使用此办法。2010年,辽源矿业公司上缴社会养老保险费23662万元。

二、通化矿业公司

通化矿务局于1992年1月1日起参加吉林省退休费用统筹。统筹基金按企业在册固定职工和离退休费用两项之和的16%提取。

从1998年9月1日起,通化矿务局养老保险统筹移交吉林省社会保险经办机构管理,矿务局只负责收缴行业统筹、企业基本养老保险费和发放离退人员基本养老金。同时改变基本养老保险基金差额拨款,对企业离退休人员全额支付基本养老金。

1999年,按照吉林省有关部门规定,通化矿务局从1月1日起把职工养老保险个人缴费比例调整为5%。到2004年1月,职工养老保险个人缴费比例上调为8%。

2006—2010年,个人缴费比例(按个人缴费工资基数)继续执行8%的标准。企业缴费比例则逐年下调,2010年,企业缴费比例(缴费工资基数)调整为20%,当年,通化矿业公司实际上缴社会养老保险费12692.46万元。

三、舒兰矿业公司

1995年,舒兰矿务局职工养老保险

个人缴费比例为本人工资总额的3%，后随着职工平均工资的增加逐步提高，达到本人工资总额的8%。个人缴费由所在单位代扣代缴。职工基本养老保险实行社会统筹和个人账户相结合的办法，职工个人缴费全部记入个人账户，企业缴费也按一定比例记入个人账户。同年，矿务局为21841人建立养老保险个人档案及个人账户。职工个人缴费工资基数和缴费标准，每年核定1次，并于每年1月1日起按核定缴费标准缴纳养老保险费。

按照《国务院关于实行企业职工基本养老保险省级统筹和行业统筹移交地方管理有关问题的通知》规定要求，舒兰矿务局于1998年底对参加基本养老保险人员全部纳入省级统筹。

2004年，按破产政策规定，16978名所属离退休人员全部移交到当地社区，在吉林省社会保险局开户，由所属地社区经办相关业务。按照吉林省社保局要求，同年，对参保职工个人账户进行全面清查核对，对全局149000个数项进行信息校对，为每名职工做实账户。职工社保账户及个人信息全部移交到吉林省社保数据库，实现企业离退休人员基本养老金社会化发放。

2007年，为招用的1520名临时员工在舒兰社保局办理了养老保险业务，企业为其代扣代交养老保险。针对这部分人在企业流动率高的实际情况，实行按月清理，逐年核实，保证了职工利益。

四、珲春矿业公司

从1992年1月1日起，职工个人开始缴纳养老保险，1995年1月1日起开始建立个人账户。参保人数：1991年，19831人；1996年，18982人；2010年，6172人。

五、杉松岗矿业公司

杉松岗矿业公司成立后，设工伤保险管理部（后改为保险管理部），负责全公司保险业务工作。公司保险管理部先后为1300多名退休人员办理手续，养老金实现社会发放，同时配合辉南县社会保险公司实施退休费用统一征集、管理和发放。

第二节 失业保险

一、辽源矿业公司

1998年1月起，企业缴纳的失业金由1%提高到2%。

1999年1月至2010年，失业金由2%提高到3%，同时规定3%失业金由缴纳企业负担2%、个人负担1%。缴纳失业保险金的企业员工失业后可在当地劳动或社会保险机构领取失业金，享受参加转业培训和再就业安置等待遇。根据失业人员在企业的工作年限确定失业金领取标准，最高不超过24个月。领取失业保险月金额，由政府参照当地最低生活保障线等因素来确定。

2010年，辽源矿业公司共缴纳失业保险金2111万元。

二、通化矿业公司

通化矿业公司于2009年开始缴纳失业保险金，缴纳比例企业为2%、个人为1%。

2010年，通化矿业公司共缴纳失业保险金1013万元。

三、舒兰矿业公司

从1995年1月1日到2008年末，舒兰矿业公司在职职工失业保险在舒兰社保局缴费。2009年1月1日起，在吉林省社保局缴费。

临时用工人员于2007年在舒兰社保局缴纳失业保险金，并逐年缴纳。2003

年4月，企业运行关闭破产，大部分职工领到了失业保险金。

四、珲春矿业公司

珲春矿务局失业保险按《吉林省失业保险办法》自2003年2月1日开始执行。

第三节 医疗保险

一、辽源矿业公司

2002年开始，在全局职工中实施医疗保险。根据职工分布情况，在梅河、辽源、平岗、金宝屯等矿区确定了6家定点医院、22家定点药店。截至2008年初，定点医院增至10家，定点药店增至41家。定点医院以局职工总医院为龙头，设立医保科、医保诊室，由专人负责医院的医保业务管理，其他医院也均设有专兼职管理人员，负责医疗保险管理业务，从而在全公司范围内形成基本医疗保险管理网络。

单位按工资总额的6%提取资金，作为基本医疗保险统筹基金，主要用于住院医疗费、特殊检查和慢性病门诊、特殊治疗费用，其中30%按比例划入个人账户；在岗职工个人按工资总额的2%提取，直接划入个人账户，退休人员个人不缴费，从统筹基金中直接划入，主要用于个人门诊看病、购药和住院医疗个人承担部分的费用。2003年1月至2007年12月，累计缴费12428万元，支出8344万元，结余4117万元，基本符合医保基金使用以收定支、收支平衡、略有结余的原则。

2004年1月，实施大额补充医疗保险。2008年1月1日起，调整了在岗人员的大额补充医疗保险缴费比例，由原来每人每年60元提高到96元。根据基本医疗保险统筹基金结余情况，增加的36元由统筹基金拨付，个人未增加缴费。在调整基本医疗保险政策的同时，大额补充医疗保险最高支付限额，由12万元提高到15万元，支付比例也作了相应的调整，基本保证了参保人员基本医疗的需要，减轻了参保人员患大病的医疗费负担。

二、通化矿业公司

2005年9月，通化矿务局参加白山市职工基本医疗保险，为参保人员建立个人账户，实行统账结合。加入医疗保险人数11854人，其中，在职职工8047人，退休职工3807人。缴纳医疗保险费用179.52万元，其中，单位缴纳138.62万元，个人缴纳40.90万元。

三、舒兰矿业公司

2006年企业改制后，积极推进医疗保险工作，组织制定基本医疗改革方案，正式提交公司首届一次职代会讨论通过，2007年2月25日以公司文件正式印发执行。制定并印发《基本医疗保险试运行方案实施细则》《临时职工基本医疗保险实行办法》《基本医疗保险协议医疗机构管理办法》《基本医疗保险定点零售药店管理办法》《关于成立员工基本医疗改革领导小组的通知》等6个相关配套文件。为方便员工就医，矿业公司组织编制医疗保险就医指南，并下发到所有员工手中。

2007年7月1日，舒兰矿业公司医疗保险工作正式启动。采用企业内部全封闭"4+2"管理模式，即参保单位缴费按参保人员的养老保险缴费工资总额的4%，在职员工个人按本人养老保险缴费工资的2%，向公司缴纳基本医疗保险费。公司财务收缴医疗保险费后，足额拨付到公司医疗保险经办机构账户，实行专款专用。退休人员个人账户的金额按上年度本人基本退休金的 3% 划入。临时工不建立个人账户，不从本人工资中扣缴医疗保险费，有病住院时，享受与固定工、合同制员工相同的医疗保险待遇。对总医院难以确诊的疑难病症，由总医院开出转院申请单，经领导批准根据病情需要转到相应医院治疗，维护了职工的切身利益。

四、珲春矿业公司

珲春矿务局医疗保险从 2005 年 1 月 1 日起施行。

第四节 工 伤 保 险

一、辽源矿业公司

1991 年至 2000 年底，全局工伤保险政策执行《劳动保险条例》（1953 年 1 月 2 日印发）的相关规定。2001 年至 2004 年底，局工伤保险政策执行劳动部《企业职工工伤保险试行办法》相关规定。

根据辽源市政府《辽源市〈工伤保险条例〉实施细则（试行）》有关规定，矿务局自 2005 年 1 月 1 日起参加辽源市工伤保险统筹（属地统筹），自行管理，内部封闭运行。2006 年 1 月 1 日起，全公司的工伤保险工作由先前"封闭运行"改为省级行业统筹统一集中管理，执行吉林省煤炭工业局的政策规定。

二、通化矿业公司

2006 年，通化矿业公司按照吉林省有关规定，开始参加省属煤炭企业工伤保险，业务先后由吉林省煤炭工业局和吉林省人社厅管理。

2006—2010 年，通化矿业公司累计支付工伤保险费用 4170 万元，平均每年支付工伤保险费用 834 万元。

三、舒兰矿业公司

2006 年 1 月 1 日起施行工伤保险，全员职工在吉林省煤炭工业社会保险中心参保，由省属煤炭企业工伤保险统筹管理，工伤保险费根据以支定收、收支平衡的原则确定费率。每年度可根据企业工伤保险费用、工伤发生率、职业病危害程度等因素，对企业费率作适当调整。

四、珲春矿业公司

2006 年开始，珲春矿业公司成立吉林省属煤炭企业工伤保险经办机构，设在人力资源部工伤保险科，负责矿业公司工伤保险缴费工作。

五、杉松岗矿业公司

杉松岗矿业公司制定《职工工伤保险管理办法》，从 2005 年 1 月 1 日起实施。

吉林煤炭工业志

第十二篇
中共党组织、工会、共青团

第一章　中共党组织

第一节　组织建设

一、省级党的组织

1991—2010年，吉林煤炭行业管理系统党的组织随着国家和吉林煤炭工业形势的发展变化较大，主要有4种形式。

（1）中共东北内蒙古煤炭工业联合公司分党组（委员会）。1983年初，东煤公司成立，经中共中央组织部批准，东煤公司设立分党组。经煤炭工业部党组研究决定，李云峰任分党组书记。1987年12月13日，经煤炭工业部党组批准，东煤公司分党组改为东煤公司党委，李云峰任党委书记。1993年3月4日李云峰离任。1993年3月27日，能源部党组任命崔敬谦为东煤公司党委书记，在任至1994年4月。

（2）中共吉林省煤炭工业局党组。1986年1月，吉林省煤炭工业公司改称吉林省煤炭工业局，设党组隶属吉林省政府党组，赵家治任党组书记。赵家治离任后，王永全副局长代理局长之职，并负责党组工作。1992年11月，武宝山任吉林省煤炭工业局党组书记，在任至1994年4月。

（3）中共吉林煤炭工业管理局、吉林省煤炭工业局党组。1994年3月1日，国务院决定撤销东煤公司，同时撤销地方煤矿管理机构，经煤炭工业部与吉林省政府协商，成立吉林煤炭工业管理局、吉林省煤炭工业局，并设党组，一个机构、两块牌子，归煤炭工业部和吉林省政府双重领导。1994年6月28日，煤炭工业部党组任命崔敬谦为吉林煤炭工业管理局党组书记。1997年8月28日，煤炭工业部党组决定，崔敬谦离任，任命武宝山为吉林煤炭工业管理局党组书记。1999年12月30日，国务院办公厅决定各主要产煤省的煤炭工业管理局改组为煤矿安全监察局（正厅级单位）。2000年3月28日，中共国家煤矿安全监察局党组任命石金玉为中共吉林煤矿安全监察局党组书记。2000年7月10日，中共吉林省委组织部任命石金玉为中共吉林省煤炭工业局党组书记。2002年1月，吉林煤矿安全监察局与吉林省煤炭工业局两局分离，各自独立行使职能。2002年1月，中共国家煤矿安全监察局党组决定免去石金玉中共吉林煤矿安全监察局党组书记职务，任命董向阁为中共吉林煤矿安全监察局党组书记（2009年12月25日，中共国家安全生产监督管理总局任命商登莹为中共吉林煤矿安全监察局党组书记，董向阁同时离任）。2005年1月，石金玉在中共吉林省煤炭工业局党组书记岗位上离任后，先后由赵全洲等接任中共吉林省煤炭工业局党组书记职务。

（4）中共吉林省煤业集团有限公司委员会。2008年底，吉林省政府决定撤销吉林省煤炭工业局。2009年1月6日，吉林省政府决定设立吉煤矿业集团有限责任公司，负责经营管理原吉林省煤炭工业局所属的煤炭企业及部分事业单位，按现代企业制度要求理顺产权关系，行使企业经营管理职能。决定成立吉林省煤业集团有限公司党委,张金锋任党委书记。

二、重点煤炭企业党的组织

（一）中共辽源矿业公司委员会

1991年至2005年12月,为中共辽源矿务局委员会（简称辽源矿务局党委）,下设办公室、组织部、宣传部、纪委、统战部、武装部。先后由王一凡、张义、谢福田、杨福君任党委书记。

2005年12月,辽源矿务局改制成立辽源矿业公司后,辽源矿务局党委更名为中共辽源矿业公司委员会（简称辽源矿业公司党委）,下设党委工作部、纪委、武装部。先后由杨福君、孙富春任党委书记。

截至2010年末,辽源矿业公司党委所属基层单位党委24个、党总支34个、党支部417个,党员6179人。

（二）中共通化矿业公司委员会

1991—2006年,为中共通化矿务局委员会（简称通化矿务局党委）,下设办公室、组织部、宣传部、纪委。先后由张吉魁、常玉林、王延平、邱金保任党委书记。

2006年,通化矿务局改制成立通化矿业公司后,通化矿务局党委更名为中共通化矿业公司委员会（简称通化矿业公司党委）,下设政工部、纪委。先后由邱金保、李建国、徐殿生任党委书记。

截至2010年末,通化矿业公司党委所属基层单位党委21个、党总支13个、党支部213个,党员3407人。

（三）中共舒兰矿业公司委员会

1991—2005年,为中共舒兰矿务局委员会（简称舒兰矿务局党委）。先后由郭进宝、王运启、于庆成、郭绍君任党委书记。

2005年12月,舒兰矿务局改制成立舒兰矿业公司后,舒兰矿务局党委更名为中共舒兰矿业公司委员会（简称舒兰矿业公司党委）。同年12月20日,吉林省煤炭工业局党组决定任命郭绍君为舒兰矿业公司党委书记,任职到2006年12月。2006年12月以后,由王永良任舒兰矿业公司党委书记。舒兰矿业公司党委设有纪委、党委工作部。

截至2010年末,舒兰矿业公司党委所属基层单位党委9个、党总支4个、党支部82个,党员832人。

（四）中共珲春矿业公司委员会

1991年至1992年8月,为中共珲春矿区指挥部委员会时期,历任党委书记为董连庆、谢福田；1992年8月至2005年12月,为中共珲春矿务局委员会时期,历任党委书记谢福田、徐晓春；2005年12月至2010年12月,为中共珲春矿业公司委员会时期,历任党委书记为徐晓春、孙富春、尹昌胜。珲春矿业公司党委设纪委、党委工作部。

2010年末,珲春矿业公司党委所属基层单位党委15个、党总支4个、党支部101个,党员1171人。

（五）中共杉松岗矿业公司委员会

1991—2003年,中共杉松岗煤矿委员会（简称杉松岗煤矿党委）先后由潘魁才、王树礼、颜广全、郑方银、张文刚任党委书记。2003年1月,杉松岗煤矿在完成了对矿区有效资产的重组和对非煤产业的公司制改造之后,组建成立杉松岗矿业公司,成立杉松岗矿业公司党委,仍保留杉松岗煤矿党委,实行一套人马、两块牌子,由郑方银任党委书记。

2006年杉松岗煤矿实施破产,杉松岗煤矿党委撤销,先后由郑方银、刘将军、刘立军任公司党委书记。

2010年末,杉松岗矿业公司党委所属基层单位党委3个、党总支5个、党支部 21 个，党员 536 人。

三、班子建设

（一）辽源矿业公司党委

1991—2010 年，辽源矿业公司党委先后制定并印发民主生活会等 7 项制度和《关于严明纪律，加强廉政建设的若干规定》《关于加强廉政建设的若干补充规定》《关于加强局党政班子建设的八项规定》《关于加强和改进党的作风建设的意见》《关于在全局开展创建"六好班子"活动方案》等制度规定，并采取措施，切实抓好班子建设。坚持把政治理论学习作为班子建设的重要内容来抓。坚持理论中心组学习制度并举办矿（厂）长、党委书记、井区长、党总支书记学习班，努力提高各级班子成员的思想政治素质和业务素质。坚持一心一意谋发展，努力做到经营业绩好。坚持民主集中制原则，努力做到团结协作好。坚持带头廉洁自律，努力做到作风形象好。班子成员做到了"五个没有"，即没有参与赌博的，没有在任何小煤矿投资入股的，没有私自乱批小煤窑的，没有在婚丧、迁新居、子女升学等事宜中借机敛财的，没有子女、亲属参与经商活动的。坚持构建和谐矿区，努力做到安全稳定好。坚持当官不忘老百姓，努力做到群众公论好。大力实施民心工程，努力为职工群众办实事、办好事，努力使改革发展成果惠及职工群众。

（二）通化矿业公司党委

从 1991 年初开始，通化矿务局党委、矿务局建立了领导班子考核制度，由组织部、干部处等部门联合组成考核组，每年对局直属党政班子和副处级以上领导干部进行全面考核，按照"德、能、勤、绩"四项标准进行民主评议，采取打分的形式，分为好、较好、一般、较差 4 个档次，对较差的班子进行调整，对领导干部实行末位淘汰制。1991—2005 年，通化矿务局党委先后 3 次被东煤公司党委和白山市委授予"先进基层党组织"称号，有 6 个基层党委先后被白山市委授予"模范基层党组织"称号，有 3 个基层党委被吉林省委授予"先进基层党组织"称号。矿务局党委共表彰了 32 个（次）基层党委。

2006—2010 年，通化矿业公司党委强化各级基层班子建设，学习科学发展观、新《中华人民共和国公司法》等政治理论和企业管理知识。举办副处级以上领导干部培训班，不断提升领导干部理论与实践能力。制定《转变干部作风十必须》，转变干部作风，使其胜任本职岗位。召开反腐倡廉教育大会，强化党风廉政建设，增强各级领导干部的思想政治素质和廉洁自律意识。

（三）舒兰矿业公司党委

舒兰矿业公司党委坚持开展创建"四好"（政治素质好、经营业绩好、团结协作好、作风形象好）班子建设活动，增强领导班子政治意识、大局意识和责任意识，打造具有核心力、凝聚力、创新力的领导班子；健全完善两级班子中心组学习制度，每年党委理论中心组组织 6 次以上学习、一次集中培训，开展一次传统教育和一次廉洁从业教育；完善党委会议、董事会办公会议、联席会等议事、决策制度，建立和完善情况通报、重大决策征求意见等制度，凡重大事项均由集体讨论决定；健全班子成员年度考核机制，加强后备干部队伍建设。每年由党委工作部和人力资源部联合对基层领导班子成员进行一次考核，建立考核档案，提出考核意见。同时对后备干部进行考核推荐，按照"四化"方针和德才兼备原则，在全公司（矿务局）范围内选拔后备干部；强化领导干部作风建设。严格领导干部带班入井制度，定期公布。开展干部跟班履职、劳动纪律、持证上岗情况检查抽查活动，做到令行禁止。

（四）珲春矿业公司党委

珲春矿业公司党委注重加强学习型党组织建设和各级班子建设。公司和所属基层党委理论中心组每月至少学习一次，不断提高各级领导干部的政治理论素养和工作能力。同时按照"德才兼备，择优任用"的原则，调整充实基层领导班子成员。对于能力水平低、工作质量差、执行力不坚决的领导干部进行诫勉谈话或组织调整。

公司广泛开展"四好"班子、和谐班子创建活动，有效提升了各级班子的战斗力和凝聚力，形成了风清气正、团结干事的良好氛围。

（五）杉松岗矿业公司党委

杉松岗矿业公司党委明确党委成员的分工和职责，坚持"三会一课"制度、党建工作例会制度、党委成员联系点制度和对所属基层党委、总支、支部的考核。认真抓好"四好"班子创建活动。加强党委班子的政治理论学习，抓好党员干部的思想政治教育，提高了党委一班人和党员干部的政治理论素养，增强了党组织的凝聚力，为企业生产建设和改革发展提供了组织保证。

四、支部建设

（一）辽源矿业公司党委

1991年，辽源矿务局党委围绕政治思想、工作政绩、业务能力、工作作风4个方面，开展了党支部书记测评工作。

1992年，局党委制定了《辽源矿务局基层党支部工作条例》。在开展民主评议党员活动中，突出解决干部党员政治素质低、以权谋私、脱离群众等问题，工人党员突出解决标准不高、向钱看、党员作用不强等问题。

1993年，局组织部印发《关于认真执行局党委〈关于认清形势、振奋精神、团结一致、共渡难关的决议〉，充分发挥基层党支部战斗堡垒作用的通知》和《关于深化"两先一优"活动，加强基层党支部管理的通知》，在党内开展了"我与企业共命运、共渡难关当先锋"大讨论，以"企业有困难，党员作贡献"为主题，继续深化"辽煤党员先锋活动"。要求基层党支部围绕班子建设好、安全生产效益好、党员作用发挥好、党内活动好、思想政治工作好，深化"争先创优"活动。

1994年初，局党委印发《关于认真学习〈中共中央关于加强党的建设几个重大问题的决定〉的通知》。当年举办党支部书记学习班15期，培训348人。调整充实党支部书记98人。

1995年，局党委召开党建工作座谈会，交流党建工作经验，就推进党建工作上水平进行全面部署。突出抓了"选好一个支部书记，建设一个好支部，带出一个好队伍，抓好一个教育，搞好一个发展，开展一个竞赛"系列活动。

1996年，广泛开展党员"三凝聚"活动（用党员干部勤政廉政表率作用凝聚职工群众，深化企业改革；用党员先锋模范作用凝聚职工群众，攻克急、难、险任务；用扶贫助贫的爱群行动凝聚职工群众，促进矿区稳定）。

1997年，局党委加大党组织自身建设的力度，分期分批分层次举办党委书记、党支部书记、政工干部培训班，进行政治理论和业务知识学习。

1998年，在党组织自身建设上突出抓了"合理调整基层党支部设置，落实基层党支部等级化管理制度，强化基层党支部工作制度"三项工作。

1999年，不断强化基层党支部的基础工作和制度建设，努力提高"三会一课"质量。

2001年，全局各级党组织广泛开展了以"一建三带"（即抓好党支部建设，党员带头实现安全生产、带头增产节约、带头完成上级任务）为内容的辽煤党员先锋活动。

2002年，局党委印发《关于加强基层党组织（总支、支部）建设的有关规定》，围绕标准化党支部建设，开展党内"四个一"（有一个好班子、有一支好队伍、有一套好制度、有一个好成果）活动。

2003年，围绕巩固党支部标准化建设成果，继续开展"六好"（好班子、好队伍、好制度、好机制、好文化、好效益）支部创建活动；围绕加强党支部书记队伍建设，严把"三关"（严把选人关，实行任前考察制；严把培训关，实行上岗持证制；严把教育关，实行目标责任制），提高了党支部书记政治素质和业务素质。

2004年，局组织部印发《关于集中整顿软弱涣散不发挥作用基层党组织工作的通知》，制定整顿工作方案。根据调查摸底，对基层465个党支部从5个方面进行整顿，对66个作用发挥一般的党总支和党支部、71个基本称职的党支部书记作为重点整顿对象。通过整顿，调整支部书记85人，清理不参加党的组织生活、不交纳党费、不做党所安排工作的党员87人。全局举办了9期党支部书记培训班，培训党支部书记341人。

2010年，加强标准化党支部建设，制定了创建标准化党支部考核细则，提升了标准化党支部建设水平。

（二）通化矿业公司党委

1991年初，通化矿务局党委制定《基层党支部标准化建设方案》。同年7月，印发《全局建设标准化党支部三年规划》。当年局矿两级党委就如何开展标准化党支部建设举办了38期支部书记培训班，轮训支部书记749人。

1992—2005年，矿务局党委召开"创先争优"总结表彰会9次，表彰先进党总支、支部335个（次）、先进党小组101个（次）。并有40个基层党总支、支部先后被白山市委授予"模范基层党组织"称号和"先进基层党组织"称号。1992年1月，制定《标准化党支部考核细则》。1994年底，共考核评出先进党支部30个，有80%的党支部达到标准化要求。1995年10月，局党委研究制定《关于在转换经营机制中加强党组织建设的意见》；同年11—12月，组织部会同局党校，对150名党总支、支部书记进行了强化培训，截至1996年末共培训新任党支部书记280人。1997年，在全局党员中开展"筑垒树旗"活动，旨在使每一个党支部成为带领党员攻克难关的战斗堡垒，使每个党员成为一面凝聚群众的旗帜。同年8月8日，通化矿务局党委制定了《通化矿务局关于落实〈中共中央关于进一步加强国有企业党的建设工作的通知〉的实施意见》。1999年1月，局党委通过总结企业党建工作的经验，推出创建"五好党支部"（支部班子好、党员队伍好、活动开展好、制度建设好、作用发挥好）活动。

2006—2010年，改制后的通化矿业公司党委在党支部建设中继续坚持开展"创先争优"活动。2009年6月，公司党委印发《关于党员统一佩戴标识的通知》，在全矿区开展"党员身份亮出来，作用显出来"活动。《中国煤炭报》《工人日报》《吉林日报》《吉林工人报》等报刊分别予以报道。2010年6月，公司党委组织召开"党员身份亮出来，作用显出来"活动经验交流会，有6个基层单位党委、总支、支部分别作了经验介绍。

（三）舒兰矿业公司党委

以"创先争优"为主线，在全局实施党组织工作目标管理，"党员责任区（岗）"活动共建立1153个责任区、1829个责任岗。结合开展"建功立业"和党支部"升级达标"等活动，加强党支部建设，发挥党员先锋模范作用。1993年，局党委印发《关于创建标准化党支部情况调查与建议》，指导基层开展标准化党支部创建活动，评选出10个标杆党支部，在全局推广经验。

2006年企业改制成立公司，公司党委进一步加强基层党支部和党员队伍建设，开展了争创"五好党支部"、创建"党员先锋岗""党组织关爱党员，党员服务群众"等活动。

1991—2010年，全公司（局）先后有476个基层党组织被省、市、吉林省煤炭工业局、吉煤集团和舒兰矿业公司评为先进党组织，数百名党员被评为优秀共产党员。

（四）珲春矿业公司党委

1991年开始，先后举办了模范党支部、优秀共产党员报告会；召开了基层党组织建设经验交流会；以学习《党支部书记岗位业务知识300题》为主要内容，举办党支部书记培训班，并对基层党组织进行专题业务学习考试；扎实抓好基层党的建设，为使党组织生活正常化、党内活动制度化，提高"三会一课"的质量；以提升党组织战斗力为重点，结合企业发展实际，在全局各级党组织中广泛开展了"三争做、当五好、创全优"主题活动，有效提高了基层党组织的战斗力和凝聚力。

（五）杉松岗矿业公司党委

坚持开展"创先争优"活动，总支、支部每两个月例会一次，专门研究党建工作。1991年以来，在党员中组织开展了"双增双节""设岗定责""党员身份亮出来"等活动。

五、发展新党员

1991—2010年，吉林省重点煤炭企业各级党组织按照"坚持标准、保证质量、改善结构、慎重发展"的指导方针，坚持成熟一个发展一个的原则，积极稳妥地做好发展新党员工作。

（一）辽源矿业公司党委

1991年开始，辽源矿务局党委制定《辽源矿务局解决生产一线政治力量薄弱工作三年规划》，局党委组织部、局团委印发了《关于进一步做好推荐优秀团员做党的发展对象工作的通知》，做好在生产一线和优秀团员中发展党员工作。局党校定期举办积极分子培训班，颁发培训证书，以此作为新党员入党的必备条件。逐年对积极分子队伍进行整顿和培训，使积极分子队伍素质明显提高。建立健全《发展党员保证质量责任制》《发展党员责任追究制》《发展党员票决制度》和发展党员及预备期满转正交叉考察的办法等制度，提高党员发展的质量。

1991—2010年，共发展新党员5263人。

（二）通化矿业公司党委

通化矿业公司党委认真做好党员发展工作，将生产一线、无党员班组、科技人员和35岁以下青工作为党员发展的重点。同时，做好非党积极分子培训工作，在矿务局党校共培训92期，4403人次。

1991—2010年，共发展新党员4725人。

（三）舒兰矿业公司党委

1991年，舒兰矿务局党委根据吉林省委《关于加强在工人、农民中发展党员工作意见》和东煤公司党委《关于切实抓好生产一线发展党员工作的通知》精神,制定了三年发展党员规划。经过努力,全局共发展党员 997 人,其中,工人 700 人(其中,生产一线 447 人),35 岁以下 543 人,初中以上文化程度 980 人,实现了三年发展党员规划目标。

1994 年,根据中组部《关于建立民主评议党员意见》,制定了《舒兰矿务局民主评议党员工作细则》,认真开展民主评议党员工作。通过评议,妥善处置了 38 名不合格党员,维护了党的先进性和纯洁性。

1991—2010 年,共发展新党员 2235 人。

(四)珲春矿业公司党委

1991—2010 年,珲春矿业公司党委共发展新党员 1991 人。

1991—2010 年吉林省重点煤炭企业党组织和党员情况见表 12-1-1。

表 12-1-1　1991—2010 年吉林省重点煤炭企业党组织和党员情况一览表

年份	党委(个)	党总支(个)	党支部(个)	党员总数(人)	发展党员(人)
1991	65	263	2180	30360	1118
1992	66	259	2078	31453	1421
1993	65	249	1998	31638	1219
1994	72	244	2043	32215	1084
1995	75	245	2049	33121	1030
1996	73	235	2021	33373	930
1997	76	226	1996	33684	964
1998	80	211	1739	33687	708
1999	56	149	1436	26493	627
2000	58	146	1742	29065	638
2001	78	158	1466	27791	557
2002	60	113	1133	22196	421
2003	44	100	727	19332	367
2004	48	87	759	17253	352
2005	56	93	852	13618	441
2006	50	83	815	13183	395
2007	54	67	803	11616	433
2008	64	67	794	11615	385
2009	65	65	815	11808	495
2010	72	60	834	12125	629

第二节　宣传教育

一、思想政治教育

(一)辽源矿业公司党委

1991—2010 年,辽源矿业公司先后开展了"企业走向市场,主人争作贡献"主题教育、"当合格矿工,作一流贡献"活动、"爱岗敬业,爱国兴局、发展辽煤"主题教育、"同一个公司,同一个目标,坚决实现超千万吨"主题教育、"加强党性修养、坚持廉洁从业、促进辽矿发展"等主题教育活动。通过编写宣传教育材料组织学习、举办培训班、组织理论研讨等形式开展思想政治教育。围绕"思想政治工作与经济工作一体化""加强党的执政能力建设、加强和改进思想政治工作、发挥基层党组织作用""构建社会主义和谐社会、落实科学发展观、创建平安矿区、保持共产党员先进性、廉政建设"等课题开展研讨工作，共撰写出论文387篇。

（二）通化矿业公司党委

1991—2010年，通化矿业公司先后组织党员干部重点学习了《关于社会主义若干问题学习纲要》《社会主义市场经济》《邓小平理论》"三个代表"、科学发展观、《中华人民共和国公司法》《中华人民共和国安全生产法》等；开展了社会主义荣辱观教育、"继续解放思想、推动通煤振兴"大讨论、"解放思想、改革创新、转变方式、科学发展"主题教育实践活动等。

1991年，通化矿务局党委在组织学习《关于社会主义若干问题学习纲要》等内容时，由宣传部编写了6个专题的辅导材料，办培训班21期，培训836人。

2002—2005年，通化矿务局党委组织宣讲团先后3次下基层进行巡回理论学习宣讲，受教育党员干部达3000多人次。

2007年，通化矿业公司党委在组织开展解放思想大讨论中，确立了5个调研课题，写出调查报告19篇，论文88篇。

（三）舒兰矿业公司党委

舒兰矿业公司党委制定《舒矿员工行为规范》，提倡文明用语，规范职工行为；组织演讲比赛、知识竞赛和开展矿歌征集评选活动等，丰富职工文化生活，提高思想政治素养；请检察院领导作预防职务犯罪讲座，举办预防职务犯罪图片展和反腐倡廉教育书画展活动。

2000—2010年，先后开展了"解放思想再次创业、振兴舒兰矿区"主题教育活动，"转变观念、改革创新、爱岗敬业、遵章守纪"教育活动，"创建学习型企业、争做知识型职工"活动，"爱岗敬业作贡献、凝心聚力促发展"主题教育等39项活动。

（四）珲春矿业公司党委

珲春矿业公司党委在党内开展党的基本路线、马克思主义基础理论、党的基础知识教育，在全体职工中开展党的基本路线和基本国情教育；抓好各级班子和干部队伍的思想理论建设，开展"继续解放思想、推动珲矿振兴"主题教育活动，开展"爱、学、讲、做"系列教育、改革发展教育、民族团结和民族政策教育和特色理论教育。

（五）杉松岗矿业公司党委

杉松岗矿业公司党委组织干部职工学习邓小平南方谈话，提高对企业转产、发展多种经营的认识，坚定改革发展信心；组织开展"三个代表""保持共产党员先进性"教育活动，提高党员党性觉悟，转变思想和工作作风，保持党的先进性。针对2005—2006年企业运作和实施破产职工身份置换出现的思想认识等问题，开展思想政治教育，使干部职工提高认识，统一思想，促进企业健康稳定发展。

二、形势任务教育

（一）辽源矿业公司党委

辽源矿业公司党委坚持每年开展一次形势任务教育活动，教育引导职工认清形势，与企业同心同德，共谋发展。1991—2010年，围绕落实煤炭行业脱贫解困的部署和实现全局扭亏增盈的目标，宣传国家和煤炭行业部门的扶持政策，企业扭亏为盈的有利因素，各级组织和职工的责任等，形成了人人为实现扭亏为盈作贡献的良好氛围；开展"解放思想，深化改革，转变观念，自救解困"大讨论活动，广大职工破除了"等、靠、要"思想，强化自我发展竞争观念；开展加入世贸组织宣传教育，让职工了解入世后面临的形势、机遇和挑战，增强忧患意识和紧迫感；开展维护矿区稳定的宣传教育，在正确引导、解惑释疑、排忧解难、凝聚人心、维护队伍稳定上取得了明显效果；开展"辽煤发展我受益，发展辽煤我尽责"主题教育活动；开展"我为'十一五'开局之年怎样作贡献"大讨论活动，宣传公司"十一五"规划的总体目标、指导方针和工作部署，宣传"十一五"期间打造千万吨企业集团的有利条件和优势。使广大职工理清发展思路，明确肩负的责任，增强发展意识和责任意识。

（二）通化矿业公司党委

1991年，通化矿务局围绕生产经营形势，举办了矿务局6年总承包优秀成果展；在全局宣传"双十面红旗"的先进事迹，激发广大职工学先进、夺高产的积极性。

1992年，以学习宣传邓小平南方谈话和中共十四大精神为重点，围绕转换经营机制，深化企业改革的形势任务，大力宣传"分配、人事、用工"制度改革，为促进矿区的经营机制转换发挥积极作用。

1993—2000年，围绕矿区改革发展的实际情况和"三年解困"目标、"矿务局三年整体改革方案"，有针对性地对职工进行形势任务教育。

2002年，围绕中共十六大提出的全面建设小康社会的奋斗目标和全局开展的"减亏增效"宣传教育，鼓励职工认清形势、振奋精神、多作贡献。

2004年，矿务局党委印发《关于在全局开展"解放思想、二次创业、振兴矿区"教育实践活动的实施意见》，在全局开展形势任务教育、发展思想教育、创新创业教育。

2005年3月，按照矿务局党委制定的《关于全局改制过程中加强宣传思想工作方案》，利用各种载体深入宣传改制重组的重大意义。

（三）舒兰矿业公司党委

舒兰矿业公司党委每年围绕企业中心工作，坚持开展以"讲形势、讲任务、讲责任、讲贡献"为主题的形势任务宣传教育活动，组成宣讲团到各矿进行巡回宣讲。坚持办好《煤海先锋专栏》《舒兰矿工报》《舒矿简讯》，利用广播、有线电视，深入广泛地开展形势任务教育。2009年开始，每年组织制作公司发展纪实专题片，宣传公司发展形势，树立企业形象。

（四）珲春矿业公司党委

珲春矿业公司党委在企业面临困境时，加大宣传教育力度，使职工群众明确形势，团结一致，共渡难关。切实解决职工存在的困难，积极化解矛盾，维护矿区稳定。在矿务局局部关闭破产工作进入实质性操作阶段，积极有效地做好政策宣传和思想教育工作，解惑答疑，使广大职工认清形势，提高认识，保证了矿务局局部关闭破产工作顺利进行。在企业改制过程中，加强职工思想引导，使职工清楚改制的目的、意义，推动企业改制工作的顺利进行。

（五）杉松岗矿业公司党委

杉松岗矿业公司党委开展了"解放思想，二次创业，振兴吉林经济"和"树立科学发展观"等教育活动，使广大干部职工认清形势，明确任务，增强了科学发展理念，为企业改革和二次创业营造了良好的舆论氛围，奠定了坚实的思想基础。

三、安全思想教育

（一）辽源矿业公司党委

1991—2002年，辽源矿务局党委在

职工中开展"防骄满、防松劲、防麻痹、防懈怠、防侥幸、防疲劳"安全思想整风活动，消除职工安全思想隐患；"千名子女为父亲写一条决战百天安全寄语、千名妻子为丈夫写一段决战百天安全劝语、千名父母为儿子写一封决战百天家书"活动，发挥了"家"在安全生产中的作用。

2003年，以"安全稳定效益年"活动为主线，开展安全思想整风、安全大讨论、"安康杯"竞赛、安全签名、安全宣誓、向"三违"告别，编写演唱《安全歌》，征集汇编"安全警句""安全劝语"，组织安全之声诗歌朗诵会、安全知识有奖问答，签订《安全公约》和进行"安全民主测评末位淘汰"等活动。

2004年，开展"安全生产月""安全百日整治"活动和"爱生命、爱他人、爱家庭"等活动，各井区组织职工编写了《安全100问》等7册安全教材和1600多条安全警句、安全劝语，"宁可少出煤或者暂时不出煤，也要保证安全"已成为广大职工的自觉行动。

2005年，开展"安全是关键""责任重泰山""落实最重要"宣传教育。创建党员安全先锋工程97个，党员安全先锋巷道71条，涌现出安全最佳党支部72个、最佳党小组96个、最佳党员363人，党员制止"三违"1027人次，签订家属联保合同书10477份，曝光"三违"109人次，宣传安全典型405人次。矿务局和各矿电视台播发安全专题83期、安全专题片36部，其中《大爱无边》《一支特别能战斗的"王牌军"》分别荣获省企业电视新闻一、二等奖。

2006年，开展"做本质安全型职工，创本质安全型岗位"活动。树立安全价值观、安全责任观、安全荣辱观、安全自律观、安全道德观、安全全局观。

2007年，开展"抓安全、保安全、争取全年做个好结论"教育活动，评选安全最佳党支部49个、最佳党小组179个、最佳党员343人。公司和各矿电视台播发安全稿件796篇、安全专题156期，制作《安全在我心中》等安全专栏96期。

2010年，各级党组织积极探索新形势下安全思想教育的规律和特点，注重教育的针对性和实效性。开展"树立安全理念、强化安全意识、实现安全发展"的教育活动和"安全生产月""百日安全决战"活动，进一步增强了职工的安全责任感和使命感。

（二）通化矿业公司党委

1991—2005年，通化矿务局党委围绕"保安全、创效益"这一主题，采取多种形式开展安全思想教育。一是班前安全"戴帽"。下井之前进行安全教育。做到天天讲安全，班班讲安全。二是每旬一次安全课，由井长和技术员负责组织学习《煤矿安全规程》、有关法律法规和上级对安全生产方面的有关规定，总结和布置安全工作，实施现场理论与实际相结合的安全教育。三是安全月和百日安全活动。每年的6月份根据实际情况开展2~3次安全活动。利用广播、电视、演讲、安全知识竞赛、文艺演出、标语口号宣传画廊等形式，开展安全教育。四是现身说法教育。对"三违"（违章指挥、违章作业、违反劳动纪律）人员家属送通知书和办学习班方式教育广大职工遵章守纪。五是开展多层次安全教育。组织中小学生送安全信，家属为入井工人送安全鸡蛋、安全鞋垫等。局安全培训中心摄制了《顶板管理》《质量标准化》等电视教育片组织收看。

2006—2010年，通化矿业公司党委、公司先后作出《关于夯实基础，强化管理，促进公司安全生产再创新水平的决定》《关于进一步加强职工安全思想教育的意见》《关于加强安全基础管理,落实科学发展观,努力创建本质安全型矿井的决定》等;组织开展"安全生产年"活动;开展"金头盔"安全隐患排查、"红丝巾"安全教育活动;开展"生命无价、安全为天"安全演讲,"安全条幅签名传递",群监员事迹报告团到各原煤生产矿巡讲等,强化安全教育思想,不断提升广大员工的安全思想意识。利用《通化矿工报》、通煤电视台等宣传媒体,开辟安全专题、专栏,组织开展"安全生产巩固年""管理效益年"知识竞赛等活动,营造了浓厚的安全思想教育氛围。

(三)舒兰矿业公司党委

开展安全思想教育活动和培训。组织开展"党员身边无事故""创建红旗党支部"活动,发挥广大党员在安全思想文化建设中的模范作用;工会组织职工代表视察,与职工家属座谈,发挥安全网的作用;各级团组织组织青年安全员上岗检查,发现和解决生产中的安全隐患和不规范行为;有线电视台开办《安全大讲堂》《安全总动员》专题栏目,制作播放系列专题教育片,加强安全知识、安全理念的教育;每年6月,组织开展安全生产月活动;利用班前班后和脱产培训等多种形式,安全教育培训职工6万多人次。

深化以"家"为核心的安全思想建设。发挥家在安全生产中的亲情作用,安全文化进家庭,组织家属协管员深入一线送祝福慰问活动。

创新推广三维安全管理体系。在各矿建立三维信息室,推行手指口述、安全确认管理法,坚持执行班前安全宣誓和手指口述活动,逐渐由"要我安全"向"我要安全"转化。

(四)珲春矿业公司党委

加强和完善职工安全思想教育工作,创新形式,丰富内涵,努力营造全方位、多层次大安全生产格局。安全思想教育改变古板、生硬的简单做法,动之以情、晓之以理,增强了安全思想教育的亲和力和感染力;通俗易懂,尽量做到案教结合,特别列举一些与员工密切相关的典型安全事故案例,通过现身说法等方式,使职工产生共鸣,从而达到教育目的。

组织开展以"学理论、比技能"为主题的岗位练兵、技能比武、"安全生产知识咨询""我为安全献一计"等活动,有效调动了职工安全生产积极性,促进了职工从"要我安全"向"我要安全""我会安全""我能安全"的转变,实现了职工安全素质和安全技能的全面提高。在加强正面宣传的基础上,加强舆论监督,对重大安全隐患、安全生产不作为现象及时曝光。采取切实有效的措施,鼓励宣传工作人员加强安全生产的新闻报道。各级党组织、工会、共青团切实发挥自身优势,做到了在安全思想教育方面狠下功夫,收到实效。

(五)杉松岗矿业公司党委

杉松岗矿业公司党委围绕"安全生产年"工作目标,组织开展了"争创安全党组织,争做安全生产模范"活动,要求做到思想上到位、组织领导到位、安全部署到位、宣传动员到位,营造"关注安全、关爱生命"的舆论氛围。在党员中开展了"党员身份亮出来"、党员身边无事故活动。2006—2010年先后组织开展了"安全在我心中"演讲、争当安全生产模范、党员安全生产责任区、党员先锋岗等项活动。对在安全教育工作中表现突出的党支部和党员给予表彰。

四、法制教育

(一)辽源矿业公司党委

1991年3月,辽源矿务局党委、矿

务局制定并印发《关于认真落实法制宣传教育第二个五年规划的通知》，规划1993年真正实现单位治安良好。

1992年，组织《中华人民共和国宪法》《中华人民共和国全民所有制工业企业法》等基本法的学习和社会主义法制理论学习，举办1500多人参加的各级干部培训班。

1996年8月，矿务局党委制定了《关于在全局职工中开展法制宣传教育的第三个五年规划》。同年10月，组织开展《中华人民共和国煤炭法》宣传月活动。

2001年，局党委制定了《辽源矿务局关于在职工中开展法制宣传教育的第四个五年规划》，提出了"全面提高职工素质，扎实推进依法治理，提高法制化管理水平"的目标。

2004年，组织职工学习宣传国务院《关于进一步加强安全生产工作的决定》，深入开展"四五"普法教育。

2006年，辽源矿业公司党委制定了《集团公司广泛开展法制宣传教育和依法治理第五个五年规划》，提出"五五"普法规划的指导思想、基本目标、工作原则和主要任务。

（二）通化矿业公司党委

通化矿业公司党委认真落实"五五"普法工作规划，把坚持各级组织、各级领导干部和职工群众自觉学法、懂法、守法、用法作为一项重要工作加以落实。充分利用党群工作会议、政治工作会议、创先争优表彰会议等多种形式，对法制教育工作进行专题部署。各级党群组织、信访保卫部门、保密工作协调运作，抓部署、抓落实、抓检查，有效地完成了各项法制教育工作任务。

（三）舒兰矿业公司党委

1995年开始，舒兰矿务局组织开展"普法"工作，先后完成了"一五""二五"普法任务，被煤炭工业部评为"二五"普法先进单位。

2006年，舒兰矿业公司成立，坚持深入开展"五五"普法工作。开展《中华人民共和国劳动合同法》《中华人民共和国宪法》学习讲座活动；开办《中华人民共和国矿山安全法》《煤矿安全规程》等专业法律法规学习班26期，培训4459人次；制定"五五"学习考试制度，每周一为学习日，每个季度进行一次考试。组织观看"安全生产法律法规讲座"视频；在组织开展"12·4"大型法制宣传日主题活动中，党委、工会、团委深入各单位利用班前会宣传法律法规及矿山规章制度，开展现场有奖答题活动。邀请吉林市经济委员会、吉林市法律顾问委员会专家就有关法律知识作专题辅导8次。

2007年12月7日，与舒兰市吉舒街道、舒兰市公安局举行了共建和谐新矿区活动启动仪式，制定了《街企、警企和谐共建新矿区实施方案》。与舒兰市检察院制定《关于共同开展预防职务犯罪，为舒矿集团快速发展提供优质法律服务的工作实施意见》。

（四）珲春矿业公司党委

1991—2001年，开展了"二五"普法工作，重点抓了各单位基础建设，加强对职工的守法教育和重要部门的治安防范工作。组织职工认真学习《中华人民共和国集会游行示威法》《信访工作条例》《中华人民共和国治安管理处罚条例》等有关法律规定和条文。

2002—2005年，制定了珲春矿务局法制宣传教育第四个五年规划，印发了珲春矿务局"四五"普法规划的通知；矿务局电视台开辟了法制教育专栏，并在电视台进行法律法规专题教育和宣讲；组织职工学习《中华人民共和国国家赔偿法》

《中华人民共和国全民所有制工业企业法》《中华人民共和国企业破产法》《中华人民共和国公司法》《中华人民共和国合同法》《中华人民共和国劳动法》《中华人民共和国宪法》等法律知识。

2006年珲春矿业公司成立后，公司党委注重抓法制宣传教育，重点进行《中华人民共和国公司法》《中华人民共和国治安管理处罚条例》等法律法规的宣传教育。做到宣传教育形式多样化，活动坚持经常化，不断提高员工知法、懂法、守法意识。

（五）杉松岗矿业公司党委

杉松岗矿业公司在进行资产重组、结构调整、公司制试点工作中，组织领导班子和中层以上干部学习《中华人民共和国公司法》，从思想上为杉松岗矿业公司的组建做好准备。按照地方党委要求开展各项普法教育。

2010年，组织全公司职工学习《中华人民共和国安全法》，开展"五五"普法教育活动，被吉林省人民政府授予"普法先进单位"称号。

第三节 纪律检查

一、纪检机关

（一）辽源矿业公司纪委

1991年，中共辽源矿务局纪律检查委员会（简称局纪委）内设办公室、纪律检查室、案件审理室、申诉控告室、党员教育室。

2005年12月，辽源矿务局改制为辽源矿业公司，局纪委改称公司纪委。

2010年底，公司纪委内设办公室、纪律检查室、案件审理室和审计室。

1991—2010年，公司（局）纪委历任纪委书记罗世经、姜启文、杨福君、李克春、姜启文。

（二）通化矿业公司纪委

1991—2005年，为中共通化矿务局纪律检查委员会（简称局纪委）。局纪委设办公室、检查室、审理室。历任纪委书记杨力业、吕佩峰、杜丽玲。

2006年，通化矿务局改制为通化矿业公司，局纪委改称公司纪委。历任纪委书记尹昌胜、徐晓强。

（三）舒兰矿业公司纪委

1991年至2005年12月，为中共舒兰矿务局纪律检查委员会（简称局纪委）。局纪委设办公室、检查室、审理室。历任纪委书记李凤祥、于庆成、郭绍君。

2005年12月，舒兰矿务局改制为舒兰矿业公司，局纪委改称为公司纪委。公司纪委设副书记、监察室主任、纪检监察员各1人。2005年12月至2010年，公司纪委历任纪委书记周海生、刘立君、刘将军。

（四）珲春矿业公司纪委

1991年至2005年12月为中共珲春矿务局纪律检查委员会（简称局纪委），局纪委下设办公室、检查室、审理室。历任纪委书记于德海、王延、于德海。

2005年12月，珲春矿务局改制为珲春矿业公司，局纪委改为公司纪委。公司纪委设办公室、信访接待室、检查室、审理室。公司纪委书记于德海。

（五）杉松岗矿业公司纪委

1992年，杉松岗煤矿设立中共杉松岗煤矿纪律检查委员会（简称矿纪委）。1992年至2003年1月，历任纪委书记孙盛廉、张文刚、颜广全、张文刚。

2003年1月，杉松岗煤矿组建成立了杉松岗矿业公司，并成立了公司纪委，仍保留矿纪委，实行一套人马、两块牌子，历任纪委书记张文刚、李国栋。2006

年，杉松岗煤矿实施破产，矿纪委撤销，由杨儒范任公司纪委书记。公司纪委设行政监察室、办公室。

二、党风党纪教育

（一）辽源矿业公司纪委

1991—1995年，辽源矿务局纪委开展了中央关于领导干部廉洁自律两个"五条规定"的学习教育，总结树立了62名廉政勤政典型，印发了廉政典型的小册子《正气篇》。

1996—2001年，组织党员干部系统学习中共十五大关于反腐败的理论、邓小平和江泽民党风廉政建设方面的重要论述，开展党风党纪方面的党课教育，组织全局万名党员参加全国党纪政纪条规学习知识竞赛活动。

2002—2007年，辽源矿业公司纪委开展"学先进典型，做勤廉公仆，创一流业绩"活动，组织党员干部认真学习汪洋湖、郑培民的先进事迹，制定整改规划1126份，召开座谈、交流会138次，基层选树了22名勤廉典型。组织反腐倡廉理论研讨，开展廉洁警句格言征集活动。推广梅河煤矿廉洁文化建设同警示教育相结合的经验。

2008—2009年，围绕"四个突出"（突出主题教育的针对性、突出警示教育的系统性、突出典型教育的示范性、突出廉洁文化建设的创造性），制定并印发廉洁文化建设指导意见。参加吉林省纪委组织的"吉林银行杯"廉政歌曲大奖赛，有6个节目入围辽源赛区决赛、4个节目入围全省决赛。

2010年，公司纪委以"加强党性修养、坚持廉洁从业、促进辽矿发展"为主题，在党员干部中广泛开展教育活动。举办了"清风辽矿"书法美术摄影展；对科级以上干部进行党纪政纪条规和廉洁知识测试；组织观看反腐倡廉电教片《国企蛀虫》；征集反腐倡廉经验论文，有7篇文章在省级网站、刊物上刊登。制定并印发《关于严禁党员干部利用子女升学大操大办借机敛财的通知》《关于"两节"期间严格遵守廉洁自律规定的通知》和《致新任职干部的一封信》，做到早提醒、早警示。组织各级干部结合岗位实际，开展签订廉洁从业责任状、廉洁从业承诺书和保证书等活动，增强各级干部廉洁从业的思想意识和自律意识。

（二）通化矿业公司纪委

1991年开始，通化矿务局纪委开展《中国共产党章程》《中国共产党党员领导干部廉洁从政若干准则》教育，政策法规教育，正反典型警示教育。组织全局党员干部学习《中国共产党党员领导干部廉洁从政若干准则》等6部重要法规，订购300本党纪政纪条规手册和9000份党纪政纪知识答卷，录制40本党纪政纪廉政建设录像讲座和30本典型案例教育片，汇编翻印廉政手册500册，下发各基层单位。制作两部30分钟的大型党风廉政建设专题片，在全局巡回播放。

2000年，在全局中层干部中开展贯彻中纪委下发的《国有企业领导人员廉洁从业若干规定（试行）》专题教育，规范各级领导干部的日常行为。在落实《关闭破产单位党员干部七项规定》中，开展廉洁自律教育，使关闭破产工作得以顺利实施。

2006—2010年，把党风党纪教育的重点放在构建惩防体系建设和规范领导人员廉洁从业行为方面，深入开展"以召开一次廉政教育会议、组织一次专题党课、开展一次调研活动、开展一次廉政知识答题"为主要内容的"五个一"活动，收到较好的效果。各基层单位把每年的7月份作为廉政教育月，到井口、车间集中讲好廉政教育课。公司纪委通过建立"廉政之窗"网页，扩大宣传教育的覆盖面。坚持"融入发展、融入经营、融入管理"的"三融入"原则，先后开展了"权利观、利益观、政绩观"主题教育活动，"廉洁自生威、岗位树形象"主题教育活动，以及"勤廉敬业树形象、风清气正促发展"等主题教育活动。开展廉洁文化"上街面、上桌面、上墙面、上页面、上台面"为主题内容的"五上"活动。通过签订责任状、承诺书和家庭廉洁公约等形式，筑牢各级领导干部的思想道德防线。

（三）舒兰矿业公司纪委

舒兰矿业公司纪委每年根据工作重点，制定并印发党风党纪廉政教育工作计划，开展党性、党风、党纪教育。重点对党员进行理想、信念、宗旨教育、职业道德教育、遵纪守法教育、艰苦奋斗和勤俭节约教育。抓好吃喝风、公房出租、学校乱收费、段队截留工人工资奖金等不正之风的清理纠正工作，处分违纪人员42人。公司成立后，突出廉政文化建设，进行"八荣八耻"主题教育；开展读一本书、看一部教育片、开展一次演讲活动、组织一次座谈会、签订一份廉洁自律承诺书"五个一"活动。

2008年，开展了"树新风正气、做勤廉干部、保目标实现、促和谐发展"反腐倡廉主题教育活动。

2010年，开展了"树廉洁理念、促舒矿发展"活动，组织知识答题、专题党课、廉洁征文活动，举办书法、绘画、警句格言作品展，创办《反腐倡廉之窗》电视专题节目，提高党员干部思想政治素质，增强拒腐防变能力。

（四）珲春矿业公司纪委

1991—2010年，珲春矿业公司纪委广泛开展了党规党纪的学习活动，编印《党风廉政建设有关规定》小册子，下发到全矿区200多个基层党组织，全矿区3459名党员中有3375名党员参加了学习教育活动，举办各类学习班19期，举办知识竞赛15场（次）。充分利用矿工报、广播、电视等宣传舆论工具，大力开展反腐倡廉教育。选树了蛟河煤矿职工医院药剂科主任韩江为代表的一批先进人物，倡导廉洁守纪、积极向上的风气；组织全局副科级以上干部集中观看《生死抉择》等教育片，观看典型案例的通报和警示片。先后在各级党组织和党员领导干部中深入开展"树新风正气，促和谐发展""做党的忠诚卫士、当群众的贴心人"主题教育活动。珲春市检察院和珲春矿务局同矿务局所属单位签订《预防职务犯罪目标管理责任书》，实施"检企共建"、联手拒腐。

（五）杉松岗矿业公司纪委

杉松岗矿业公司纪委采取多种形式开展党风党纪教育。举办"知荣明耻、为政清廉、共建和谐"演讲会，建党80周年暨党风廉政教育书画展览；组织收看警示教育片，受教育面达98%；组织干部到梅河监狱参加反腐倡廉警示教育大会，听取服刑人员现身说法；把廉政警言制作成警示桌牌，放到公司中层以上干部办公桌上，做到警钟长鸣。组织开展廉洁文化"四进"活动，以勤勉、务实、清廉为主题，推进廉洁文化进班子；以艰苦奋斗，廉洁为主题，推进廉洁文化进矿井；以廉洁从业为主题，推进廉洁文化进岗位；以树立廉洁家风为主题，推进廉洁文化进家庭。开展了"争当廉内助，共筑廉洁港"致领导干部家属一封公开信活动，"廉内助"话廉洁座谈会，收到了良好的效果，辉南电视台、通化市纪检监察网站、通化日报社、中国纪检监察报均对该项活动作了报道。公司纪委会同辉南县纪委、辉南电视台编制了《激浊扬清塑正气，廉洁文化谱新篇》专题片，在辉南电视台《共同关注》栏目中播出。

三、制度建设

（一）辽源矿业公司纪委

1991—2010年，辽源矿业公司纪委相继制定了《关于加强党风廉政建设的11条规定》《案件检查工作制度》《信访工作制度》《党规党法教育制度》《严禁党员干部本人及子女大操大办婚事的规定》《严禁党员干部子女上学大操大办的规定》《廉洁从政守则》《廉洁自律十条规定》《治理中小学乱收费工作实施方案》《辽源矿务局效能监察管理办法》《关于实行党风廉政建设责任制实施意见》《落实党风廉政建设责任制责任追究实施办法》《关于加强企业领导人员廉洁自律的工作意见》《各级党员干部廉洁自律的若干规定》《实施改制过程中严肃纪律的若干规定》《建设工程计划管理的纪律规定》《物资采购管理的有关纪律规定》《贯彻落实〈建立健全教育、制度、监督并重的惩治和预防腐败体系实施纲要〉实施意见》等。

（二）通化矿业公司纪委

1991年开始，通化矿业公司纪委相继制定了《建立党政领导干部党风廉政建设责任制的实施意见》《领导干部民主生活会制度》《严格控制公务接待及严禁用公款旅游的规定》《关于副处级以上干部配偶、子女经商办企业的暂行规定》《副处级以上干部及家庭重大事项报告制度》《关于重申厉行节约制止奢侈浪费等有关规定》《关于经营活动中对失职人员实施责任追究的暂行规定》《关于清理"小金库"问题的纪律处分规定》《对关闭破产单位党员干部的七项纪律规定》《建立领导干部廉政档案制度》《干部岗前谈话制度》《加强领导干部转变作风40条规定》《关于治理商业贿赂专项工作实施意见》《关于印发领导干部办理婚丧喜庆事宜（暂行）规定》《关于贯彻落实中纪委关于严格禁止利用职务上的便利谋取不正当利益的若干规定的通知》《工程材料采购、招投标管理制度》《工程项目合同、施工、审计管理制度》《关于节日期间加强反腐倡廉教育，严格遵守廉洁从业规定》《通矿集团执行"三重一大"决策制度实施办法》《建立健全惩治和防腐败体系2008—2012年实施方案》等。

（三）舒兰矿业公司纪委

1991年开始，制定和完善《党风廉政档案和监督谈话与回访制度》《关于加强党的纪律几项规定》《党政工团领导干部党风建设责任制》《关于外来客人就餐规定》。

1997年，建立健全对领导干部群众监督民主测评制度。

2000年，制定了《局务公开暂行实施办法》《局务公开监督暂行办法》。

2001年，制定领导干部包保责任制和追究制。

2003年，建立项目责任制度，对项目论证、投资、实施和效果进行跟踪监督。

2007年，建立工资公示检查制度。

2008年，制定了《舒矿公司建立健全惩治和预防腐败体系2008—2012年实施细则》《领导班子及其成员抓党风和反腐倡廉建设责任分工及工作制度》《公司廉洁文化建设实施方案》《关于党员领导干部廉洁从业若干规定》《关于建立党员干部廉洁从业承诺制度的实施意见》《公司警示训诫防线工作实施意见》。

2010年，制定了《八公开实施细则》。

（四）珲春矿业公司纪委

1991年开始，先后制定和完善了

《中共珲春矿务局委员会、珲春矿务局党风廉政建设五年规划》《关于党员领导干部从简办理婚丧喜庆事宜的暂行规定》《珲春矿务局党政机关领导干部廉洁自律十条规定及其实施意见》《关于加强和健全党内监督的暂行规定》《关于坚持和健全民主集中制的意见》《关于选拔和任用各级领导干部的暂行规定》《珲春矿务局党政机关、领导干部廉洁自律、反对奢侈浪费的若干规定》《珲春矿务局关于加强领导干部廉洁自律工作的实施办法》《贯彻落实中共中央、国务院〈关于实行党风廉政建设责任制的规定〉的实施细则》《珲春矿业集团公司惩治和预防腐败体系建设重点工作考评实施办法（试行）》《集团公司领导干部抓党风廉政建设责任制的规定》等制度。

（五）杉松岗矿业公司纪委

重视抓好制度建设，相继制定了《党员干部和成员企业负责人廉洁从业规定》《党员干部报告个人有关事项规定》《关于党风廉政建设责任制考核办法》《党风廉政建设联席会议制度》《干部廉洁自律谈话制度》《党员干部群众联席会议制度》《企业领导者廉洁从业规定》《企业领导者申报制度》《党风廉政建设监督员制度》《党员领导干部廉政建设档案》《加强干部作风纪律五条规定》《杉松岗矿业集团公司廉洁文化创建工作三年规划（2010—2012年)》和《党员干部廉洁从业承诺制度》。

四、党内监督

（一）辽源矿业公司纪委

1991—2007年，辽源矿业公司纪委把监督的重点放在各级领导机关和领导干部，特别是各级领导班子主要负责人上，突出监督的重点内容。

2008—2010年，公司纪委坚持发挥监督职能，加强对落实党风责任制情况的监督检查；坚持"一岗双责"，对安全生产、经营管理工作中失职渎职的26名党员干部进行了责任追究。对清查治理"小金库"的情况进行监督检查。会同财务部制定并印发了《集团公司清查治理"小金库"的通知》，并对各单位开展专项清查治理情况进行检查验收，纠正违规资金113万元，对违规的个别单位予以通报批评，责令整改，对相关单位给予经济处罚。围绕"三重一大"决策开展了监督检查；总结经验，查找不足，提出建议。围绕"一岗双责"开展监督检查。督促检查各级干部落实安全生产责任制，参与安全抽查和重大事故的调查处理。加强审计监督；通过审计查出违规资金336万元。

（二）通化矿业公司纪委

1991—2005年，通化矿务局纪委在执法监察方面，主要围绕安全生产开展执纪执法监察，深入落实安全法规。积极参加安全事故责任追查，及时印发安全处分文件，跟踪管理，确保安全处分执纪落实到位。在效能监察方面，联合有关部门，采取上下联动的方式，先后完成了责任清欠、物资配件采购执法执纪大检查、设备固定资产大清查和总公司外埠办事处资产大清查等大型监察项目，收到了"开展一项监察，规范一方管理，查处一起案件，解决一方问题"的效果。在部分单位实施关闭破产前后，派人对大宗物资设备招标采购、国有股权出让及资产租赁出售、工伤劳鉴等项工作进行全程监督，增强了工作的严肃性和公正性。1991—2005年，共完成监察项目265项，发现问题459个，提出监察建议636条，为企业避免和挽回经济损失3200余万元。

2006—2010年，以贯彻落实《中国共产党党内监督条例》为重点，加强对党员领导干部议事规则、民主决策、民主生活会、重大事项报告、年度收入申报、述职述廉等制度执行情况的检查监督，对发现有苗头性问题的领导干部进行警示谈话。与地方检察机关建立了检企共建关系，先后与市、区检察院分别召开专项会议，对工程项目管理制度落实情况进行监督检查。加强对工资分配公开、人员管理公开的监督检查，有效遏制了截留、克扣员工工资现象的发生。设立举报箱、举报电话，加大群众监督和舆论监督力度。在大额资金的使用、重点工程项目招投标、工资分配、物资采购等领域，通过职代会、公示板、公开栏等形式进行公开，实施"阳光操作"，增强透明度。严格执行党风廉政建设有关规定，积极采取重点抽查、普遍检查的方式，使群众反映强烈的党员领导干部借婚丧嫁娶、过生日、子女升学之机大操大办借机敛财，以及公款吃喝、挥霍浪费、参与赌博、封建迷信等方面存在的不正之风得到明显遏制。

（三）舒兰矿业公司纪委

舒兰矿业公司纪委不断健全完善党内监督、职工民主监督、上下监督、职能部门监督等配套规定和办法，发挥各监督主体作用，形成对权力制约的合力。严格廉洁自律各项规定，坚持每月对各生产矿井干部入井情况进行检查，不定期进行夜间抽查。围绕物资管理、货款回收、工资管理、设备管理、用电管理、安全生产、煤炭销售、小金库清理等开展效能监察。共监察立项178项，为企业避免和挽回经济损失1300多万元。矿务局纪委曾多次被吉林市纪委授予"先进纪检组织"称号，并在原煤炭工业部、地方检察机关有关会上介绍经验。

（四）珲春矿业公司纪委

珲春矿业公司纪委制定《关于加强党内监督的暂行规定》等相关规定，涉及企业的重大决策、干部任职、重大项目安排和大额资金使用方面，坚持集体讨论决定，避免个人意志和决策不民主问题。公司纪委发挥监督主体作用，采取关口前移，变事后监督为事前监督，强化源头参与，对矿区居民照明线路改造、居民饮用水管路改造、板石矿建项目等工作进行全过程监督。联合相关部门定期和不定期地对领导干部入井情况、地面单位值班情况进行检查和抽查。围绕工程项目招投标、设备物资采购、营业用电管理、油料管理、工程车辆、安全生产管理等开展效能监察，共计监察立项132项，提出监察建议279条，堵塞了管理漏洞，为企业避免和挽回经济损失上千万元。

（五）杉松岗矿业公司纪委

杉松岗矿业公司纪委先后参加了龙马煤矿、河洼新胜井巷工程改造、靖宇海绵铁工程、新办公楼装修、大型设备采购招标等10余个项目工程招标工作，对招标全过程实施有效监督，共节约资金100余万元。参与杉松岗煤矿破产工作中补偿金、安置费发放、职工安置、工伤鉴定等项工作的监督。对矿级干部入井代班情况，按制度要求进行严格的监督检查，纪委牵头与相关部门成立4个督察检查组，每周不定时对干部代班情况进行检查，在周一早例会上进行通报。对21个部门、成员企业副职以上经理进行廉政谈话，做到打招呼、警示提醒。公司48名中层以上领导干部按照申报事项进行申报。在行政效能监察工作中，对资产、大额资金使用项目开工进行依规监察，为公司节约资金、挽回经济损失200余万元。成立专项检查领导小组，对煤场进行严格检查，提出在管理等方面存在的8个问题，要求煤场逐一进行整改，保证煤场工作正常运行。

五、案件查处

（一）辽源矿业公司纪委

1991—2010 年，辽源矿业公司纪委重点查处了以权谋私、贪污受贿、敲诈勒索、私分公款公物、严重官僚主义、建房分房、截留克扣工资、经营不廉洁、失职渎职、违反财经纪律、随意处置国有资产、严重侵害职工群众利益等案件。通过查案，为企业避免和挽回经济损失 2224 万元。狠刹了公款大吃大喝、婚丧事宜大操大办、过生日借机敛财、乱收费、公款安装住宅电话、赌博等方面的不正之风，查处违纪金额 80 余万元。共完成效能监察项目 314 项，为企业避免和挽回经济损失 8878 万元。1991—2010 年，公司纪委共立案 1247 件，结案 1175 件，给予党政纪处分 2004 人。

（二）通化矿业公司纪委

1991—2010 年，通化矿业公司纪委认真履行组织协调职能，加强与相关部门的协同配合，整合力量，联合办案；重视和加强信访举报工作，充分发挥信访主渠道作用，为查办违纪违法案件提供重要线索；坚持以查办副处级以上领导干部违纪违法案件为重点，着重查处贪污、挪用公款、失职渎职、徇私舞弊案件，着重查处截留克扣工资、私设"小金库"等损害群众利益的案件；积极帮助有关单位和部门总结经验教训，健全制度，堵塞漏洞。连续多年被白山市纪委评为案件查办工作"优胜单位"。1991—2010 年，公司纪委共立案 771 件，结案 771 件，给予党政纪处分 359 人。

（三）舒兰矿业公司纪委

1991—2010 年，舒兰矿业公司纪委加大查案力度，为保证企业改革、发展和稳定，发挥了纪委职能作用。1994 年 4 月到 1999 年 9 月，各级纪委共受理信访举报 714 件，给予党纪政纪处分 289 人次。1994 年 4 月，在吉林市信访工作会议上，局纪委介绍了信访工作经验。同年 6 月，在全市组织信访达标检查中，名列前茅。1991—2010 年，公司纪委共立案 505 件，结案 477 件，给予党纪政纪处分 862 人。

（四）珲春矿业公司纪委

1991—2010 年，珲春矿业公司纪委畅通信访举报渠道，在矿工报、电视台公开举报电话。创新办案手段，采取领导包案、联合办案等手段查办一批有影响的案件。严肃执纪，坚持所有案件一查到底。1991—2010 年，公司纪委共立案 146 件，结案 145 件，给予党政纪处分 184 人。

（五）杉松岗矿业公司纪委

杉松岗矿业公司纪委对举报信息、信件进行认真调查核实，重点加强对截留套领工资、产品丢失、资产管理、安全生产等方面案件的查处工作。1992—2010 年，公司纪委共立案 17 起，结案 17 起，给予党政纪处分 9 人。

第四节 统一战线、民兵和保卫工作

一、统战工作

（一）辽源矿业公司

1991 年至 1994 年 10 月，辽源矿务局党委统战部单独设置，编制 3 人。1994 年 10 月至 2002 年 7 月，局党委宣传部与统战部合署办公，宣传部部长兼任统战部部长，内设统战科长 1 人。2006 年 3 月，成立辽源矿业（集团）有限责任公司党委工作部，统战部长由党委工作部分管宣传工作的部长兼任。

1991—2010 年，辽源矿业公司统战对象包括：党外知识分子干部，中国国民党革命委员会（民革）、中国民主同盟（民盟）、中国民主促进会（民进）、九三学社、中国农工民主党（农工）、中国民主建国会（民建）等6个民主党派基层组织及其成员，党外人士中的各级人大代表、政协委员，归侨、侨眷、台属台胞及其亲属，少数民族代表人士，宗教界代表人士，原国民党起义投诚人员和黄埔军校校友，无党派民主人士，4000多人。

辽源矿务局党委统战部坚持每季召开一次民主党派主委联席会议，通报全局生产经营形势，听取意见和建议。各级党组织及其统战部门，在统战对象中深入开展爱国主义、社会主义、形势任务教育。开展各种形式的联谊活动，如春季少数民族春游，春节前夕统战人员联谊会，经常性的座谈会、茶话会等。

1991—1999年，辽源矿务局党委印发《关于切实加强统战工作的通知》，进一步明确统战工作在企业中的地位和作用，统战工作的对象、工作内容和方法，以及加强统战工作领导和要求。对在统战工作中作出成绩的5个先进单位、14个先进集体和31名先进工作者给予表彰奖励。在党外知识分子中开展了"岗位争先，三献一创"活动，收到合理化建议533条，其中394条被采纳，创价值2000多万元。接待7户探亲台胞13人，协助3户台胞外地会亲、1户侨眷出国探亲。

2000—2007年，辽源矿业公司党委认真贯彻全国统战部长会议精神，组织开展"我为企业降成献良策"活动、"六个一"（推销一批产品、清回一笔欠款、引进一项外资、开发一个产品、改造一个项目、攻克一个难题）建功立业活动、"为实现安全稳定发展年作贡献"活动等。支持和帮助民主党派按计划发展成员，协助有关部门培养、考察、推荐符合条件的德才兼备的党外干部。

2008—2010年，辽源矿业公司共有12名党外人士被提拔到领导岗位工作，有9名党外人士经过基层推荐及有关部门考察，成为辽源市和西安区政协委员。

（二）通化矿业公司

1991年2月，通化矿务局党委设立统战部。1993年4月，撤销统战部，成立统战处，隶属新成立的党委政治工作部。1995年后，统战工作由宣传部负责。2006—2010年，统战工作由通矿公司党委工作部负责。

1991—2005年，通化矿务局党委认真贯彻党的统战方针政策。关心"三胞两属"（台胞、港澳同胞、海外侨胞，台胞、港澳眷属）人员的生活和进步，对生活有困难的人员给予救济和补助。在住房、子女就业等方面，按规定给予优惠和照顾。为一些因有海外关系的人解决入党难的问题。并有一批"三胞两属"被提拔到领导岗位或评为先进模范人物。每年春节前，局党委召开统战对象座谈会，沟通感情，交流思想，调动积极性。同时配合地方政府和有关部门，考察和推荐有影响的党外代表人物参加各级人大和政协工作，鼓励他们为矿区的发展多提合理化建议。

2006—2010年，每年春节前夕，通化矿业公司组织举办民革、民盟、归侨、侨眷及各界人士代表参加的新春座谈会。截至2009年10月，矿业公司有民主党派成员11人，少数民族干部（副科级以上）33人，党外知识分子319人，信教员工27人，归侨9人，侨眷侨属30人，各级人大代表9人（其中，省级1人、地市级3人、县区级5人），各级政协委员6人（其中地市级3人、县区级3人）。

（三）舒兰矿业公司

1991年开始，舒兰矿务局统战工作一直由党委副书记主抓，党委宣传部具体负责，专门设有统战科，科长1人。2004年，统战业务并入党委工作部具体负责。

1991年春节期间，组织对各级政协委员、人大代表、高级知识分子、归侨、侨眷、台胞、台属、宗教界的代表人物55人走访慰问，调动了统战对象的积极性。

20世纪90年代，全局有台属114人，定居台胞2人。1990年接待台胞10人。每逢有台胞探亲，局主管书记、宣传部长均亲自接待慰问，赠送家乡土特产。并对有政治影响的对象给予特殊照顾，解决具体困难。

（四）珲春矿业公司

珲春矿业公司统战工作由局党委领导，党委宣传部设1名干事负责具体工作。对各级政协委员、人大代表、高级知识分子、侨属定期走访，听取工作建议和解决实际问题。局党委召开座谈会，通报企业改革发展情况，根据少数民族地区特点，开展民族政策教育。对归国侨胞安置工作给予特殊照顾。重视选拔推荐人才，先后有4名矿务局党外人士经推荐成为珲春市人大代表和政协委员。

二、民兵工作

（一）辽源矿业公司

1991年，辽源矿务局武装部有专职干部2人（部长和科长各1人）。1995年8月至2003年9月，武装部长先后由局公安处长和局机关党委书记兼任。2006年3月至2010年12月，由公司党委工作部副部长兼任公司武装部副部长。

1991—2010年，公司（局）武装部相继进行《中华人民共和国兵役法》《民兵工作条例》等法律法规的宣传。有针对性地开展党的基本路线和方针政策、人民战争思想和民兵性质任务的教育、爱国奉献教育、革命人生观教育、爱军习武教育和艰苦奋斗教育。加强民兵组织的整顿和军事训练。1991年开始，每年按照计划对基干民兵进行整顿和训练。调整理清普通民兵和基干民兵的建制和人员，并登记造册。在基干民兵中不断调整组建各种军事分队。1998年，全局编有基干营1个、基干连7个、基干排30个。按照总参谋部《民兵训练大纲》的要求，武装部加强规范化训练，保证高标准、高质量完成民兵军事训练任务。2006年起，采取逐级承训、跨区联训的办法，参加西安区武装部组织的民兵训练，保证民兵军事训练工作落到实处。民兵组织围绕公司（局）中心工作，常年组织开展"三队一组"（民兵生产突击队、民兵安全纠察队、民兵护厂巡逻队和民兵学雷锋做好事小组）竞赛活动；围绕生产经营急难险工作和安全生产，陆续开展了"创优质、夺高产、勤俭节约、增收节支、修旧利废、革新挖潜、安全生产突击会战"活动，学知识、学技术、学法律、学业务活动，以及争创文明单位、文明窗口、文明硐室、争做文明职工活动，为矿区稳定和"两个文明"建设作出了贡献。2010年，全公司有基干民兵491人，分属7个分队（应急分队、通信分队、交通运输分队、装备维修分队、情报侦察分队、通信抢修分队、医疗救护分队）。

（二）通化矿业公司

1991年，通化矿务局有民兵8100人，其中基干民兵1600人，设有15个基干民兵连。2005年，全局民兵总数2341人，其中基干民兵700人，设有4个基干民兵连。

1991年开始，为适应现代化战争特别是高科技条件下局部战争中参战支前以及平时民兵担负战备的需要，进行了民兵应急分队、民兵专业技术分队的训练。强化民兵迅建集结、快速反应、连续作战的训练，使民兵应急分队具备整体随行作战和应付突发情况的能力。加强医疗救护分队、车辆维修分队的岗位技能训练，为战时需要储备合格兵员。对129名民兵应急分队队员进行分期分批的强化训练。围绕煤炭生产，组织了以"煤海尖兵"为主题的16支民兵连队在全局开展生产突击竞赛活动。在民兵队伍中开展科技小组竞赛活动，成立革新小组、技术小组、攻关小组、修旧利废小组、节约小组等98个小组。砟子煤矿民兵"攻关小组"针对电车经常掉轨问题，研制成功复轨器；机电总厂民兵"革新小组"围绕产品技术难题开发设计的JHC-14吨型回柱绞车、GXN-20型20米高效浓缩机的全套图纸，发明的通煤转子型喷浆机和DM300型煤水泵分别获得白山市青年科技成果二等奖和吉林省科技成果三等奖。以"二次创业"为中心，组织和带领广大民兵紧紧围绕生产开展竞赛活动，有3000名民兵参加活动。制定《全局民兵组织安全生产活动实施细则》，成立三级民兵安全组织（民兵安全监督站、民兵安全监督哨卡、民兵安全监督哨所），选配120名安全哨兵。三级民兵安全组织实行季、月、周定期安全大检查，以"安全哨兵身边无事故，民兵身边无重大安全事故"为主题，开展安全知识答卷、漫画展和演讲等活动，安全事故明显减少。

（三）舒兰矿业公司

1991—1994年，舒兰矿务局共有基干民兵1300人，普通民兵2722人。以后逐年减少，2000年，全局共有基干民兵120人、普通民兵377人。武装部每年对部分民兵进行军训，训练科目有队列、投弹、土工作业、刺杀、射击、爆破、战术等。经舒兰市武装部验收，均取得合格以上成绩。

（四）珲春矿业公司

珲春矿业公司武装部设部长1人（兼职），干事1人（兼职）；有普通民兵1940人，基干民兵94人。1991年开始，为所属单位订阅《吉林国防》《东北后备军》《中国民兵》等刊物，开展"树立国防观念，增强忧患意识"为主题的国防教育。为提高民兵的军事素质和战斗力，加强军事训练工作。先后组织民兵进行队列、防化、武器装备、实弹射击、投弹等科目的训练。

（五）杉松岗矿业公司

1991年，杉松岗煤矿武装部与保卫科合并改称武保科，2006年改称武保部。武保部组建后，认真贯彻有关民兵预备役工作的方针政策，组建民兵预备役营，开展民兵训练、征兵和拥军优属等工作。

三、保卫工作

（一）辽源矿业公司

1991—2010年，公司（局）保卫主要开展维护企业稳定、打击刑事犯罪、强化治安管理、安全保卫、社会治安综合治理等多项工作。依法治矿经验在全市、全省有关会议得到推广。2000—2007年，连续7年被辽源市评为综合治理先进单位，2006年和2007年分别被吉林省委、省政府评为综合治理先进集体。1991年，辽源矿务局公安处有干警55人，下设政保科、经保科、政工科、预审科、交通科、法制科、防火科、办公室、机关保卫科、治安科、刑警队和消防队。22个矿（厂）等基层单位设公安科，全局共有干警187人。

1999年3月3日，经吉林省机构编制委员会和吉林省公安厅核定，辽源矿务局公安处改制，成立辽源市公安局东山公安分局。东山公安分局编制由省编办和省厅确定为92人，后由省编办、省财政厅和省公安厅核定调整编制为87人，在籍民警78人。

2002年10月，根据地方公安机关要求并经矿务局同意，成立矿山警察署。78名转制人员的工资、人事、党籍关系集中管理。

2005年8月，矿山警察署更名为辽源市公安局矿山分局。同年9月，辽源矿务局公安转制的78名人员的工资、人事关系正式移交辽源市公安局。

2008—2010年，辽源矿业公司根据国务院《企业事业单位内部治安保卫条例》规定，设置信访保卫部，下设综合科、案件科、接待科、经保科、消防队、机关保卫科。各矿、厂等基层单位设置保卫科23个。

（二）通化矿业公司

1991年，通化矿务局公安处内设办公室、政保科、刑警队、治安科、法制科、机关公安科、预审科。1996年，通化矿务局公安处增设防火科。同时下设16个基层公安派出所，公安干警220人。同年，经省公安厅、市公安局批准成立了经济民警大队，编制165人。2001年，根据吉林省人事厅、公安厅《关于企业事业单位公安机构体制改革中录用人民警察的通知》和白山市《关于成立白山市公安局南岭分局的批复》文件精神，通化矿务局公安处改编为白山市公安局南岭分局，行政建制仍属通化矿务局。

1991—2005年，全局共查处治安案件300余起。

2004年8月，白山市公安局南岭分局正式移交地方政府，通化矿务局成立保卫处，内设机关保卫科、生产保卫科、信息稳定科、综合科。下设10个基层单位的保卫科、组，保卫人员110人。

2006年，通化矿务局改制后保卫处改为通化矿业公司信访保卫部，内设机关保卫科、生产保卫科、信息稳定科和综合办公室。全公司共有保卫部门16个，保卫人员143人。

（三）舒兰矿业公司

1991—1999年，舒兰矿务局公安局作为矿务局直属单位，主要负责矿区治安和生产保卫工作。1999年，舒兰矿务局公安局改为吉林市公安局吉舒分局，受矿务局党委和吉林市公安局双重领导。吉舒分局下设政工科、秘书科、政保科、治安科、法制科、预审科、防火科、刑警队、巡警队、消防队、经济警察队。基层矿（厂）设派出所。公安局坚持开展"严厉打击严重刑事犯罪"统一行动，1994年、1995年和2001年先后破获3起重大刑事案件，维护了矿区社会治安稳定。矿务局运作部分矿井关闭破产后，矿区公安工作移交地方。

2004年6月，舒兰矿务局成立保卫处，设处长、副处长各1人，下设办公室、基层基础工作指导科、机关保卫科、防火科，工作人员17人。

2006年5月，舒兰矿业公司将保卫处与信访处合并，成立信访保卫部，增加信访接待科，共有25人。主要职责是内部治安和防火管理、协助公安机关侦破调查内部单位发生的刑事和治安案件，受理和接待群众日常来信来访，维护企业生产、经营和工作秩序。

（四）珲春矿业公司

1991—2003年，珲春矿务局设公安处。2004年初，矿区公安处成建制移交给地方政府。2004年1月成立保卫处。2005年12月，矿务局改制后，保卫处改制为珲春矿业公司信访保卫部，原矿务局信访处、福利卫生处归信访保卫部。信访保卫部设福利卫生科、信访科、综合管理科。

1991—2010年，矿区公安保卫工作主要开展了维护矿区稳定、安全保卫和严厉打击各种违法犯罪活动。共侦破刑事和治安案件90余件，为企业挽回经济损失160多万元。在涉及珲春市和矿区30多次大型活动中，公安保卫人员与有关部门一道，做好安全保卫工作。每年定期、不定期地对矿井火工品管理和使用情况进行检查，消除隐患，保证安全。1991—2010年，珲春矿区公安保卫部门和人员多次受到延边州的表彰。

第二章 工　　会

第一节 组　　织

一、省级工会组织

东煤公司成立后，成立了东煤公司工会工作委员会（简称东煤工委）。东煤工委受东煤公司分党组直接领导，同时也受中国煤矿地质工会和吉林省总工会领导。东煤工委办公地点设在长春市。1989年12月1日，东煤工委改为东煤公司工会。1990年5月12日，中国煤矿地质工会批准经首届会员代表大会民主选举产生的第一届东煤公司工会委员会，同意张玉斌任工会主席。东煤公司工会内设办公室、组宣部、生产部、生活保险部、财务部、文化体育部，履行对东煤公司所属单位工会工作的领导职责。1994年3月，东煤公司撤销，东煤公司工会随之撤销。1994年5月，吉林省煤炭工业局成立后，经请示，吉林省总工会于1994年7月26日，中国煤矿地质工会于1994年8月23日批准同意，成立吉林省煤矿工会，王永全任工会主席。煤矿工会内设办公室、组宣部、生产保护部、生活女工部。主要职能是负责指导全省煤炭系统的工会工作。王永全退休后，尹玉柯、李建华先后接任吉林省煤矿工会主席职务。2008年底，吉林省煤炭工业局撤销后，组建吉煤集团。2009年4月8日，经吉林省总工会批准同意成立吉煤集团工会，华振龙任工会主席，内设工作部，负责领导吉煤集团所属基层单位工会工作。

二、吉林各重点煤炭企业工会组织

1991—2010年，吉林各重点煤炭企业均设有工会组织（简称矿区工会），矿区工会接受东煤公司工会（1991年至1994年3月）、吉林省煤炭工业局工会（1994年7月至2008年12月）、吉煤集团工会（2009年4月至2010年）和地方工会的指导。

（一）辽源矿区工会组织

1991—2010年，辽源矿区历任工会主席许传生、杨福君、孙富春、王文志。

1991年，辽源矿区工会设办公室、组织部、宣传部、民主管理部、女工部、财务部、体协办公室、生产劳动保护部、生活保障部。直属矿（厂）级工会25个，会员43055人。

2010年，辽源矿区工会设办公室、组织部、宣传部、女工部、财务部、劳动保护部。直属基层工会24个，会员24081人。

（二）通化矿区工会组织

1991—2010年，通化矿区工会历任工会主席仇景礼、王玉祥、杨树亭、徐殿生、夏继敏。

1991年，通化矿区工会设办公室、组织部、宣教部、妇女部、体协、民管部、职代会办公室。文工团和文化宫隶属矿区工会。矿区工会有下属基层工会20个，车间工会284个，会员43978人。

2005年，通化矿区工会设有办公室（职代办）、宣教部（文联、体协）、生产保护部、生活部、组织部、妇女部、财务部。下属基层工会18个，车间工会68个，会员10615人。

2010年，通化矿业公司工会设办公室（职代办）、宣教部（文联、体协）、生产保护部、生活部、组织部、妇女部、财务部。有下属基层工会21个，车间工会13个，共有会员13263人。

（三）舒兰矿区工会组织

1991—2010年，舒兰矿区工会历任工会主席朱作林、王永良、周海生。工会设办公室、生产部、生活部、劳动保护部、组织部、宣传部、女工部、财务部、体协、技协等部门。

2003年，全局有基层工会17个，共有会员25436人。

2006年，企业改制成立集团公司后，工会机构适当调整，设办公室、生产劳动保护部、民管宣传部、生活事业部、组织女工部、财务部。

2010年，舒兰矿业公司有基层工会16个，共有会员4787人。

（四）珲春矿区工会组织

1991年至1992年8月为珲春矿区建设指挥部时期，矿区工会下设办公室、组织宣传部、生产部、女工部、生活部。有11个基层工会。1991年，有工会会员19831人。

1992年8月至2005年12月为珲春矿务局时期，矿区工会下设办公室、生产保护部、组织宣传部、女工生活部。有13个基层工会。2005年，有工会会员3844人。

2005—2010年为珲春矿业公司时期，工会下设办公室、生产保护部、组织宣传部、女工生活部。有17个基层工会。2010年，有工会会员6381人。

1991—2010年，矿区工会历任工会主席金昌俊、于德海、苏学山。

（五）杉松岗矿区工会组织

1991—2010年，先后由颜广全、姜连武、陈福和、李志君任工会主席。工会下设组宣部、生产部、文体部和综合部。2010年，所属基层工会11个。

第二节 主要活动

一、工会会员代表大会

（一）辽源矿区工会

1991—2010年，辽源矿区工会共召开3次工会会员代表大会。

1991年5月7日，辽源矿区工会召开第十一届二次会员代表大会。矿区工会主席许传生作工作报告，副主席杨福君作财务工作报告，高凤起作经费审查工作报告；运销处、梅河煤矿工会、总医院工会交流了经验；表彰了1990年度职能创最佳竞赛和双最佳竞赛先进集体和个人。

1995年9月15—16日，辽源矿区工会召开第十二届代表大会，会议选举产生了辽源矿区工会第十二届委员会、常委会、主席、副主席，以及辽源矿区工会第十二届经费审查委员会、主任、副主任。

2007年7月7日，辽源矿业公司工会召开第一次代表大会，会议选举产生了辽源矿业公司工会第一届委员会、常委会、主席、副主席，以及辽源矿业公司工会第一届经费审查委员会。

（二）通化矿区工会

1992年3月和1997年11月，通化矿区工会先后召开会员代表大会，会议选举产生了矿区工会第十届、第十一届委员会和执行委员、常务委员、经费审查委员、工会主席、副主席。

2007年9月，通化矿业公司召开第一次会员代表大会，会议选举产生了公司工会第一届委员会和执行委员、常务委员、经费审查委员、工会主席、副主席。

（三）舒兰矿区工会

1989年11月至2007年6月期间召开2次工会会员代表大会、2次全委会，会议选举产生了矿区工会主席、副主席和委员。

1991—2010年，矿区工会共召开全委（扩大）会15次，会议主要内容是由工会主席作工作报告，总结上年度工会工作，安排部署本年度工会工作主要任务，增补工会委员等。

（四）珲春矿区工会

1992—2010年，珲春矿区工会共召开工会会员代表大会14次，会议主要内容是听取矿区工会主席工作报告。1992年、1998年、2005年、2006年分别选举产生了矿区第四届、第五届、第六届、公司第一届工会委员会和经费审查委员会。

二、职工代表大会

（一）辽源矿业公司

1991—2010年，辽源矿业公司每年召开一次各级职代会。坚持会前申报审批制度，使职代会达标率、招待费报告率和领导干部民主评议率均达到100%；坚持职代会选举职工董事职工监事制度。公司和4个基层单位保持了省最佳职代会称号，11个基层单位保持了市最佳职代会称号。

（二）通化矿业公司

1991—2010年，通化矿业公司每年召开职工代表大会，职工代表行使三项职权：一是审议决议权。听取局（矿）长工作报告，审议企业的经营方针、长远规划和年度工作目标、重大技术改进项目；听取总会计师的财务工作报告，了解财务的预决算、资金的分配和使用；听取上年度提案落实情况报告，提出意见和建议，并对上述方案的实施作出决议。二是审议通过权。审议通过所提出经济责任制方案、奖罚办法及重大的规章制度、方案政策等。三是审议决定权。审议决定职工福利基金使用、职工住宅分配及与职工切身利益相关的重大事项。职代会上，职工代表行使自己的表决权，维护职工的合法权益。职代会上，还对领导干部进行了民主评议。局、矿、井分别成立民主评议干部委员会（或领导小组），制定民主评议干部的试行条例和有关制度。

（三）舒兰矿业公司

1991—2010年，舒兰矿业公司共召开职工代表大会17次。会议由工会主席主持，主要内容是由工会有关领导报告职代会工作情况，听取并审议《行政工作报告》《财务工作报告》和公司（局）有关重要事项、方案等。

（四）珲春矿业公司

1992—2010年，珲春矿业公司共召开职工代表大会17次。会议主要内容是听取行政和党委主要领导的工作报告和讲话，审议企业经营、改革等重要事项和职工代表提案，民主评议干部等。

（五）杉松岗矿业公司

1991—2010年，杉松岗矿业公司共召开职工代表大会19次，听取并审议公司（矿）主要领导作的《行政工作报告》，讨论谋划企业发展大计。

三、民主管理

（一）辽源矿区工会

辽源矿区工会在组织开展民主管理工

作方面：一是民主评议干部。坚持领导干部在职代会上述职和民主测评制度，搞好各级领导干部的民主评议。对民主评议中，民主测评信任票低于70%的干部给予亮黄牌或降职使用，促进了干部队伍建设。二是开展合理化建议活动。每年开展征集合理化建议和技术创新活动。工会组织密切关注并跟踪其生产实际过程的实施情况，建立档案，组织技术人员实地考察调研，对被采纳应用的建议予以表彰奖励。三是组织职工代表视察。公司（局）每季度一次，矿、井每月一次组织职工代表进行安全视察，充分发挥职工代表在安全生产上的监督作用。坚持把职工代表视察情况与公司（局）组织的季度安全检查评比结合起来，把职工代表视察的评分纳入季度安全检查评分基础，增强了职工代表安全视察的权威性。四是签订集体合同。2006年，公司首届职代会上，工会主席代表全体职工，与公司董事长签订集体合同，合同签订后，各级组织严格执行合同条款，规范企业与职工的劳动关系。

（二）通化矿区工会

开展民主协商活动。通过协商，职工代表直接与行政领导反映职工的意见，沟通思想，解决问题。开展职工代表视察活动。定期和不定期地组织职工代表视察，就职工关心的问题进行专题调查，写出报告，向行政方面提出意见与建议。开展提合理化建议、献计献策活动。围绕局、矿、井长目标责任制，解决生产经营中各种难题，确保责任目标的实现。通化矿区工会经常召开经验交流会，推广先进经验。

（三）舒兰矿区工会

舒兰矿区工会建立并实施《平等协商制度的试行办法》《搞好参与劳动争议处理试行办法》等，通过民主协商、职工代表咨询、职工代表专题调查、职工代表组织职工献计献策等方式参政议政，开展民主管理活动。2009年开始，职代会在闭会期间，组织两级职代会专门工作委员会（小组）视察40次，查出问题100余件，均得到解决；坚持做好对局、矿两级党政领导干部民主评议工作；进一步完善厂务公开制度，规范公开内容、公开程序、公开时间和档案管理，接受职工群众的民主监督。

（四）珲春矿区工会

珲春矿区工会组织开展企业民主管理"双优"（优秀职工代表、优秀民管员）、"双佳"（最佳经营者、最佳主人翁）活动；开展了"我为矿长献一计、谋一略"合理化建议活动；组织职工代表对职工生活等情况进行专项视察；建立《矿（厂）务公开实施方案》，接受职工民主监督，充分发挥和调动职工群众参与企业决策和管理的积极性。

四、劳动竞赛与创新

（一）辽源矿区工会

辽源矿区工会以"保安全、增效益、作贡献"为主题，积极开展劳动竞赛活动。各级工会重点组织采煤、掘进（开拓）、通风、机电、运输等7个工种开展生产劳动竞赛，各矿、井区工会开展"降成增效""高产高效"竞赛，各地面工厂开展"创最佳"竞赛和新产品开发竞赛等，以及提合理化建议、技术协作、小改小革、发明创造等多种形式的建功立业活动。各级工会认真组织职工算经济账、成本账、效益账、工资账，使职工进一步明确追求效益最大化是企业发展的最终目的。全公司（局）创建工人先锋岗上千个，工人先锋号200余个。西安煤业公司召开大会挂牌命名表彰20个先锋硐室和15个先锋岗位。梅河煤矿二井二采、西安煤业公司一区三采被授予全省"工人先锋号"称号。金宝屯煤矿的"先锋巷道""先锋班组",铁路运输部的"先锋机车"、地面厂的"先锋机床"等有力地推动了活动的开展。开展群众性技术比武活动。实施了"万名职工学技术,千名职工有绝活,百个工种有状元"的竞赛活动,各级工会举办技术培训19847人次,开展练兵比武100多个工种,参加7430人次,签订师徒合同1560对,各级工会评选技术状元、技术能手1000多人,特别是参加辽源市技术比武大赛,共5个工种,公司(局)获得3个第一名、5个第二名、3个第三名的优异成绩。

(二)通化矿区工会

1991年,在东煤公司工会组织的"飞马奖"劳动竞赛中,湾沟煤矿252采煤队获得表彰。同年9月,通化矿务局被浑江市(现白山市)人民政府命名为"双增双节优胜单位",10人被评为先进个人。

1992年5月,大湖煤矿被东煤公司、东煤工会评为"1991年度矿际竞赛先进矿"。

1993年开始,通化矿区工会在全局原煤生产单位的重点井、重点采煤队划分3个赛区开展"大战元月开门红、高产高效立新功、夺奖牌竞赛活动",有力地促进了全局的煤炭生产。同年5月,在浑江市(现白山市)政府开展的"学吉化、振兴浑江社会主义劳动竞赛活动"中,通化矿务局被评为优胜单位,9人被评为先进个人。

1996年4月,白山市劳动竞赛委员会召开表彰会,通化矿务局有3人被评为安全标兵,3人被评为革新能手,3人被评为节约能手,1人被评为质量标兵,1人被评为服务标兵。

1997年7月,白山市总工会召开"九五"立功竞赛表彰大会,通化矿区有3个矿获优胜单位,13人立特等功,3人立一等功,3人立二等功,4人立三等功。

1998年,全局开展"大战红五月、再创安全生产效益新水平"竞赛活动。有8个矿受到表彰奖励。

2000年5月,通化矿区工会动员全局广大职工广泛开展"降成本、增效益"立功竞赛活动。同年10月,矿区工会召开总结交流会,6个单位介绍了经验,全局评出立功单位4个,立功井区3个,立功车间11个,立功个人17人。

2001—2002年,在全国"安康杯"竞赛活动中,通化矿务局被全国总工会、国家经贸委授予"优胜企业"称号。在中国能源化学工会和中国技术协会举办的征集合理化建议与技术创新活动中,苇塘生产经营公司水泥厂王宝祥的技术改造项目被评为创新成果三等奖。通化矿务局石人水泥厂、湾沟煤矿、机电总厂4人的技术创新成果获入选奖。

2003年6月,通化矿区工会举办全局车工、工具钳工、矿井电工3个工种技能比赛。12个基层单位50余名选手参加理论问卷与实际操作比赛,从中选出9名技术能手。其中有4名选手参加了8月份在长春举办的全省10个地面职工职业技能选拔赛,局技工学校高军获全省工具钳工比赛第5名。

2004年,松树镇煤矿二井积极着手机械化采煤新方法推行工作。同年4月,实行悬移液压支架、MG-150WI型采煤机机械化作业。同年6月,通化矿区工会举办车、钳、焊、矿井电工技能大赛,有9个单位56名技工参加比赛,评出15名技术能手。

2006年7月,在白山市总工会等部门联合下发的《关于表彰白山市首届"十佳技师、技术创新能手、立项攻关"活动的决定》中,松树镇煤矿庄步殿被评为技术创新能手。

(三) 舒兰矿区工会

1991—2010年，舒兰矿区工会开展了40多项劳动竞赛活动，如围绕企业升级开展的矿际竞赛，围绕安全生产最佳年开展的"安康杯"竞赛，"六比六赛"个人立功创水平竞赛，围绕"一建六小四创新"开展群众性技术创新工程竞赛等。

1997年，有32项攻关成果获得表彰，其中"维修单体液压支柱技术""钻扩底钻头"获吉林省职工技术活动优秀成果一等奖。

2002年，有创新成果141项，其中13项成果获能源化学工会表彰。选树局级劳动模范标兵58人，推荐全国煤炭系统优秀班组长3人、吉林市劳动模范10人，省级"五一劳动奖章"获得者1人、省技术标兵获得者1人、省技术创新能手获得者1人。

(四) 珲春矿区工会

1991—2005年，珲春矿区工会组织开展万米掘进队掘进上纲要和同业务竞赛；在医护人员中开展卫生技术比武技术能手活动；开展争创安全生产年最佳矿和先进处室活动；对科技创新、小改小革、合理化建议及科技论文进行表彰奖励；开展创水平、争第一生产竞赛，保生产、保出勤、保安全"三保"竞赛，保安全、创水平生产竞赛，优秀采掘作业规程竞赛，生产矿井调度系统业务竞赛；在全局开展同业务竞赛及局机关部分处室开展规范化管理争先创优竞赛。

2006—2010年，珲春矿区工会在生产矿井和地面生产单位开展创建安全班组、争当安全标兵活动；在全公司组织开展百岗千员练兵比武活动；开展比学习、比技术、比创新、比安全、比纪律、比业绩，为实现公司"十一五"规划目标作贡献"六比一做"竞赛活动。

(五) 杉松岗矿区工会

杉松岗矿区工会组织开展掘进劳动竞赛、创高产劳动竞赛、女工劳动技能竞赛、中小学教师、幼儿园保育员、医院护士、机关财务会计参加各自项目的技能劳动竞赛、以矿井（厂）为单位的机电技术技能竞赛等活动。

1998年，评选出4个"工人先锋号"班组、12名"技术能手"和6名岗位标兵。

2002年，组织开展机关以办公自动化操作为主的专项技术比武系列活动，非煤产业岗位开展以肉鸡分割、肥鸭填饲、技能劳动竞赛等活动。

2009年，开展"岗位练兵、技术比武、创先争优"活动。

2010年，组织开展"节支降成在岗位、挖潜增效当先锋"活动，在班组之间开展比安全、比效率、比质量、比贡献的"四比"劳动竞赛，组织开展护士业务技能劳动竞赛，非煤产业岗位组织开展肉鸡分割劳动竞赛等。

五、创建职工之家

(一) 辽源矿区工会

1991—2010年，辽源矿业公司各级工会从实际出发，广泛深入开展以"三好"（加强自身建设，基层组织作用发挥好；以生产经营为中心，围绕两个文明建设各项活动开展好；强化小家实体建设，基础工作好）为主要内容的工会建家活动。实施建家目标管理，制定职工之家、小家和小组的合格率、先进率、模范率，以及会员群众对建家满意率的达标规划，半年检查验收，年末总结表彰。工作重心立足基层，各项活动坚持以基层为主、业余为主、小型多样为主。将工会的全部工作纳入建家竞赛之中，在促进企业改革、发展和稳定大局中，较好地履行了工会组织的社会职能。

1991年12月，辽源矿区工会被东煤公司工会命名为模范职工之家；1992年6月，被全国煤矿地质工会命名为"全国煤矿建小家先进单位"；1993年10月，被中华全国总工会命名为"模范职工之家"。所属铁路运输处工会、梅河煤矿工会、建井工程处工会、西安煤矿工会、卓力公司工会和职工总医院工会先后被吉林省总工会命名为"模范职工之家"。

（二）通化矿区工会

1991年6月，通化矿区工会在湾沟煤矿召开建设职工之家现场交流会，提出《建设职工之家的安排意见》。

1991—2005年，通化矿区工会先后被东煤公司工会、吉林省总工会、中华全国总工会授予"模范职工之家"称号，通化矿务局所属34个基层矿（厂）工会、119个采区（车间）工会先后被通化矿区工会、白山市总工会、东煤公司工会、吉林省煤矿工会、吉林省总工会、中国煤矿地质工会授予"模范职工之家"或"模范职工小家"称号。

2006—2010年，通化矿业公司工会印发《通化矿业公司工会开展职工之家竞赛考核细则》，提出要求，进一步深化创建职工之家活动。

（三）舒兰矿区工会

1991年，舒兰矿区工会被东煤公司评为模范职工之家。

1992年，被中国煤矿地质工会全国委员会授予"全国煤炭地质系统建小家先进单位"称号。同年，被中华全国总工会授予"模范职工之家"光荣称号。

2006年企业改制后，各级工会组织继续深化职工之家建设，坚持开展创建标准化模范职工之家活动。组织制定《矿区工会组织新时期职工之家建设方案》。以"建家强会、建家育人、建家兴企、建家建和谐"为目标，建立健全公司、矿（厂）、段队三级建家机制，使"职工之家"建设活动不断赋予生机和活力。

（四）珲春矿区工会

1991年，根据东煤公司、延边州总工会深入开展建设"职工小家"总体工作的要求，珲春矿区工会在区队、车间、段队开展建设"职工小家"活动。

1997年，制定并印发《继续深入开展建设职工之家活动实施方案》，坚持开展"职工之家"创建活动。

六、维护职工权益

（一）辽源矿区工会

辽源矿区工会依法建立企业、工会和职工代表组成的劳动争议调解委员会，努力把劳动争议解决在基层。各级工会进一步完善厂务公开制度，坚持矿（厂）务公开领导小组例会制度、党政工联席会制度、厂务公开栏制度、信息反馈制度、监督检查制度、定期检查和考核制度。进一步深化公开内容，坚持把矿（厂）务公开向职工群众关心的降成增效、工资奖金、物资采购等方面拓展，使矿（厂）务公开形成常态化。

（二）通化矿区工会

1995—1998年，通化矿区工会把维护"工会法"扶贫解困工作当成大事来抓，把企业的困难状况拍摄成像，向中华全国总工会、国务院有关部门汇报。民政部、总工会、省民政厅等部门派出调查组到通化矿务局现场核查。

1999年12月，吉林省人大常委会副主任李政文到通化矿务局检查《中华人民共和国工会法》的落实情况，对局工会为维护职工权益所做的工作给予高度评价，并向省里汇报。吉林省委、省政府对矿务局职工家属的困难状况极其重视，调运了价值807万元的5383吨优质大米，发放到各矿（厂）困难职工家属手中。

（三）舒兰矿区工会

1991年，舒兰矿务局成立互助储金会265个、互助组织896个，有29336人参加，互储总金额556780元。

2001—2003年，针对企业职工生活困难实际，先后开展大规模调查41次，上报各类请示报告40多份。2001年有8484户26300人享受低保政策，2002年有8070户26098人享受低保政策，分期分批共发放低保金501万元。针对职工住房、看病、孩子上学等方面问题分别向省市工会报告，93万元救济款、195万元危房资金、50万元扶学资金落实到位。多方筹集救济款557万元，累计救济困难职工6.9万人次。2001年为645名高考学生家长借款和补发工资100多万元，2002年争取扶学资金50万元，通过借款方式使402名职工缓解了子女升学的压力。每年工会主席与公司（局）行政主要领导签订"集体合同""女工专项集体合同"和"共同约定协议书"，并通过职代会专门机构监督合同履行情况，维护职工权益。

2006年，舒兰矿业公司成立后，进一步组织开展"团体意外伤害保险"和"重大疾病互助保险"活动。

2007—2010年，共有67人获得团体意外伤害保险、大病保险和"安康"保险赔付款8.5万元。

（四）珲春矿区工会

1991—2010年，珲春矿区工会先后实施"送温暖工程""富民工程""再就业工程"，开展"金秋助学"活动，制定《帮扶工作规范化建设方案》等，解决了职工生活、就业、看病、子女上学等方面的困难。针对基层区、队人情工等问题，工会直接参与考勤、记分、分配等全过程，做到分配公开，维护了广大职工切身利益。

（五）杉松岗矿区工会

杉松岗矿区工会定期检查所属单位工资发放、劳动保护用品发放和工伤待遇执行等方面情况，维护职工利益。

七、女工工作

（一）辽源矿区工会

1991—2010年，辽源矿业公司女工组织带领广大女工开展的巾帼建功立业和素质提升工程、维权保障工程、困难帮扶工程、安全协管工程活动均取得较好成果，获得了全国能源化学工会先进协管会、省模范女职工之家荣誉称号。

开展"四自"（自尊、自重、自强、自爱）教育、职业道德和素质教育等系列教育活动。开展读书演讲活动，举办矿区职工家属文艺调演和巾帼文艺调演。1995年，组织女职工参加全国妇联举办的第四次世界妇女大会知识竞赛，辽源矿务局荣获全国"迪康杯"优秀组织奖。公司（局）连续7年投入60多万元为3000多名在岗女职工办理了安康团体保险。每年邀请具有临床经验的妇科专家来公司（局）进行妇科疾病预防巡回讲座，并对女工进行免费妇科健康体检，参检女工覆盖面达95%以上。公司（局）各级女工组织通过与行政协商沟通，确保职代会女职工代表人数比例。各级女工组织紧紧围绕企业安全生产、和谐稳定、技术创新等各项目标，深入开展"巾帼文明示范岗""学技术、比技能、提素质、作贡献"等一系列练兵比武、技术创新巾帼建功立业竞赛活动。每年女工组织都开展各项技术比武、岗位练兵等活动。在女工及家属中广泛开展协管安全"五个一"（树立一面旗帜，唱响一首歌曲，建设一个阵地，开展一个活动，打造一个品牌）活动。各级女工组织与社区、医院、学校互动联合,开展"撑起半边天,全力保安全"活动。

(二) 通化矿区工会

1991—1995年,在女职工中广泛开展"三连安"活动和"巾帼建功"竞赛活动。1992年3月,大湖煤矿刘淑华被全国煤矿工会授予先进女职工称号,5个矿的女工委员会被评为先进女工单位。1993年3月,设计公司经理刘雅彬被东煤公司评为十佳女强人,湾沟煤矿矿灯房被评为先进集体,机电总厂工人陈志英被评为先进女职工,湾沟煤矿崔月玲被评为模范职工家属。同年,崔月玲被中国煤矿工会评为"先进女工家属协管员"。1994年,通化矿区工会召开"巾帼建功"竞赛表彰会,大会表彰了9个先进集体和50名先进个人。

2000—2005年,全矿区女工工作围绕引导女工家属增强"四自"意识,教育女职工不断提高自身素质,在岗位上建功立业开展工作。通化矿区工会每年在"三八"妇女节前后召开座谈会或者表彰会,表彰"巾帼建功"先进集体、先进个人、"双包、双保"优秀家属协管员、优秀女工干部、优秀家属及委主任等。2005年表彰先进集体16个、先进个人30人、"双包、双保"优秀家属协管员13人、女工干部28人和优秀委主任17人。

2006年3月,全国煤矿工会表彰先进个人,道清煤矿蔺桂凤和矿区工会女工部长钟莉薇受到表彰。

(三) 舒兰矿区工会

舒兰矿区各级女工委员会坚持在女职工中开展理想、形势、法制、安全教育。同时开展业务培训、专题演讲、节日文娱体育活动,开展巾帼创业立新功竞赛、"三八红旗手"集体双红竞赛、"安全协管好矿嫂"竞赛,组织开展岗位练兵活动,提高能力素质。舒兰矿业公司成立后,组织职工家属开展安全演讲、安全协保活动,组织学习、贯彻落实《中华人民共和国劳动法》《中华人民共和国妇女权益保障法》等法律法规,依法维护女职工利益。开展《女职工专项集体合同》落实情况调查,倾听女职工愿望和呼声,及时建议公司将原来妇女病普查每两年一次改为每年一次。开展好矿嫂、为职工送安全公约、对"三违"人员进行重点走访帮教、签订包保合同、为矿工兄弟做好事等活动。2008年,为一线员工缝制安全鞋垫2700多双,做包脚布2100多副,送香皂1400多块、水果600多箱,发放安全慰问信4500多封。2000年开始,坚持每年在"三八"节前夕召开表彰大会,对在不同岗位上作出突出成绩的先进集体、先进女职工示范岗、优秀女职工干部、"三八"红旗手、优秀家属协管员给予表彰。加强女职工"五期"保护,组织妇女病普查、防治,开办妇女知识讲座,保证为女职工按时发放劳动保护用品;为女职工办理团体"安康"大病保险,分别为2名查出恶性肿瘤、参加保险的女职工理赔4万元和2万元;维修和改造吉舒运销科浴池,解决女职工洗浴问题;累计有4名女职工因患病共获赔付款90000元;对41名单亲困难女职工建立档案,及时给予救济。

(四) 珲春矿区工会

1991年11月,珲春矿区工会成立女职工委员会,加强对女工工作的领导,积极维护女工合法权益。先后组织开展争当"女能人",做"四有""四自新"女性活动;在广大职工家属中开展争当"五好家庭"(好丈夫、好妻子、好儿媳、好女婿、好儿女)活动,推动女工工作深入开展。

2006—2010年,珲春矿区工会在女职工中深入开展建功立业达标竞赛活动,每年为全体女职工进行免费体检；开展女职工健康知识讲座，提高广大女职工自我保护意识和抵御特殊疾病风险的能力；成立家属安全协管委员会，开展女职工、家属安全协管工作，注重亲情教育，积极营造安全氛围。

（五）杉松岗矿区工会

杉松岗矿区工会做好爱心帮扶工程。深入基层，倾听女职工的呼声，帮助解决实际困难。关心女职工的家庭生活及身体健康，对生病住院的女职工及时进行慰问，协助有关部门做好女职工的健康检查工作。每年"三八"妇女节，组织召开女职工座谈会和开展文体活动，丰富女职工的文化娱乐生活。2009年，开展了以"魅力女性，快乐巾帼"为主题的系列活动。2010年，开展让亲人放心，与亲人共建温馨幸福家庭活动。

第三章 共 青 团

第一节 组 织

一、省级共青团组织

1990年12月28日，东煤公司党委研究决定：姜春明任东煤公司团委书记；东煤公司团委下设办公室、生产部、组织部、宣传部、学少部，负责领导东煤公司所属单位的共青团工作。1993年5月24日，东煤公司党委决定任命常天明为东煤公司团委书记。1994年3月，东煤公司撤销后，东煤公司团委随之撤销。1994年5月，吉林煤炭工业管理局成立后，不再设立共青团组织。2009年1月，吉煤集团成立组建了共青团组织，负责指导吉林煤炭企业共青团工作。2009—2010年，由赵博任吉煤集团团委书记。

二、吉林各重点煤炭企业共青团组织

1991—2010年，吉林各重点煤炭企业均设有中国共产主义青年团委员会（简称矿务局团委或公司团委）。1991年至1994年3月，吉林各重点煤炭企业团委受东煤公司团委领导。1994年3月后，吉林各重点煤炭企业团委受地方共青团组织指导。2009年1月，吉煤集团成立后，组建了共青团组织，吉林省煤炭企业的共青团组织接受吉煤集团和地方共青团组织双重指导。

（一）辽源矿业公司团委

1991—2010年，辽源矿业公司团委均由副书记主持工作。历任团委副书记尹玉柯、郭伟、张志友、胡青才、葛宏宇、赵铁、郭峰。

1991年，辽源矿务局团委设办公室、组织部、宣传部、学少部。局直属基层团委24个，团员8991人。

2010年，公司团委设办公室、组宣部。直属基层团委18个，团员1540人。

（二）通化矿业公司团委

1991—2010年，历任团委书记李向春、李树跃、王继普、丛显军、徐志羙、盖宝民。

1991年，通化矿务局团委设组织部、宣传部、学少部、办公室。所属基层团委20个，团总支79个，团支部565个，团员9286人，专职共青团干部121人，青

年总数 35255 人。

2005 年末，通化矿务局团委设组织部、宣传部、办公室。所属基层团委 10 个，团支部 90 个，团员 528 人，青年总数 3122 人。

2006—2010 年，通化矿业公司团委设组织部、宣传部、办公室，各部长及主任均为兼职人员。所属基层团委 13 个，团支部 65 个，团员 658 人，青年总数 4219 人。

（三）舒兰矿业公司团委

1991—2010 年，历任团委书记刘立君、张美君、孔庆峰、王令刚。

20 世纪 90 年代，舒兰矿务局团委设办公室、组织部、宣传部、青少年活动中心等机构，各矿等基层单位均设有团的专门组织机构。

20 世纪 90 年代后期，舒兰矿务局组织结构和人员发生明显变化。各级团组织机构合并压缩，均以兼职为主。

2004 年 9 月，舒兰矿务局机构改革，局团委并入党委工作部，设兼职团委书记 1 人，负责共青团工作，基层组织均以兼职为主。

2010 年，舒兰矿业公司共有基层团组织 12 个，团员 310 人。

（四）珲春矿业公司团委

1992 年 8 月，珲春矿务局团委设组织部、宣传部、学少部、办公室；有直属团委 6 个，直属团总支 8 个，直属团支部 1 个；基层团委 2 个，基层团总支 50 个，基层团支部 191 个。

2005 年 12 月，珲春矿务局改制后，矿务局团委于 2006 年更名为共青团珲春矿业公司委员会。公司团委有直属团委 5 个，团总支 1 个，团支部 6 个，基层团支部 31 个，共青团员 442 人。

1991—2010 年，珲春矿业公司团委均由副书记主持工作，历任团委副书记刘永刚、张海滨、霍玉书、李明智、郭昆鹏、潘建平。

（五）杉松岗矿业公司团委

1991—2010 年，团委历任副书记、书记李志君（副书记、书记）、王炳德（副书记）、丛学良（副书记、书记）、李颖（副书记、书记）、于凌（副书记）、李柏巍（副书记）。

2010 年，杉松岗矿业公司有共青团员 500 人。

第二节 主要活动

一、辽源矿业公司团委

1991—2010 年，辽源矿业公司团委召开 5 次共青团代表大会。1991 年开始，先后在团员青年中广泛开展宣传矿务局"八五"规划和发展前景教育；学习《中共中央关于建立社会主义市场经济体系的决定》，举办"全局青年学习特色理论知识竞赛"；结合贯彻落实中共中央《爱国主义教育实施纲要》和团中央下发贯彻纲要的意见，编印了《爱国主义教育知识问答 200 问》下发到基层学习；开展了"阳光工程"活动，广泛开展扶贫助困活动；开展"抓住机遇、解放思想、转变观念、开拓创新"大讨论，教育团员青年客观地分析和认识矿务局面临的形势，增强完成各项工作的信心和做好本职工作的积极性、主动性；开展向中国共产党成立 80 周年献礼的"五个一"（看一次展览、听一次党课、做一件好事、提一条建议、作一份贡献）活动开展"青春建功促和谐，我与辽煤共发展"主题教育活动；组织"十一五"开局之年青年怎样作贡献、"十五辉煌我来说"演讲和"实现辽矿美好前景，青年怎样干好今年"等教育活动。组织凭吊矿工墓、瞻仰辽源烈士陵园,请老干部、老党员、老矿工为青年授课,教育引导青年树立正确的世界观、人生观和价值观。开展劳动竞赛。1991—2010年,辽源矿业公司(局)团委先后组织开展"立'八五'大志,献'四化'之行"活动,评选"煤海新星"活动。为推进井下文明生产,开展青年文明工程创建活动,共创建青年文明巷道37条、青年文明硐室46个,创建青年文明班组、文明窗口、文明机台等98个青年文明岗位;以提升质量标准化工作为重点,深化"青年文明号创建"活动,成立质量达标青年突击队,全公司31支青年突击队、900多名青年突击队员围绕煤炭生产、掘进会战、美化亮化、精品工程等重点工作发挥了积极作用。梅河煤矿二井一采段被吉林团省委及吉林省安全生产监督管理局授予"青年安全生产示范岗"光荣称号。2007年,辽源矿业公司团委在全公司团员青年中开展"创本质安全型岗位,做本质安全型青工"活动,促进青工安全活动的开展。开展"青春装点新矿区"美化绿化活动,组织团员青年植树500多棵。成立"绿化矿区"青年志愿者服务队,定期组织青年对矿区周边、铁路、公路沿线的垃圾进行清扫,开展"爱心献社会、真情暖人心"和"学雷锋、见行动、保安全、增效益"活动。组织青年医疗志愿者深入井区和离退休管理中心开展送医送药义诊咨询活动,成立矿井与职工总医院联络站,负责对职工入井血压测量培训和医疗设备的检测及校对,受到广大职工和离退休人员的赞扬。

二、通化矿业公司团委

1993—2006年,通化矿业公司团委组织召开了3次共青团代表大会,选举产生了通化矿业公司共青团委员会、常委、书记、副书记。

1991年,通化矿务局团委以"改革与奋斗"为主题开展形势任务教育。1992年,局团委被共青团吉林省委评为"改革与奋斗"主题教育活动先进单位。1993—1999年,在矿区经济困难时期,对广大青年进行"坚定信心、共渡难关"教育,为尽快扭转矿区经济困难局面作出贡献。2005年,以团中央指定的《增强团员意识教育读本》和《增强团员意识教育活动问答》两本书为主要教材,进一步完善团内"三会一课"等各项工作制度,使共青团工作走上制度化、规范化的轨道。2008年5月,通化矿业公司团委开展了"百名岗员、千名青工、铸安全、庆'七一'、迎奥运"安全生产月主题思想教育活动。2009年9月,开展了"铭记过去历史、珍惜今日幸福"爱国主义教育活动,各基层团干部及优秀青年代表30余人到通化市靖宇陵园重温入团誓词、接受爱国主义教育。

开展劳动竞赛活动。1991年,举办通化矿区青少年科技活动展览、"五小"成果发布会等活动;开展"青年岗位能手""青年创业兴业带头人""出勤能手""致富能手"评选活动;开展"青年文明号"创建等活动。1993年,举办"五小"智慧杯活动。1998年,苇塘公司一井锚杆工王本华在全国"跨世纪青年人才工程"活动中,被团中央和煤炭工业部授予"全国百名煤炭青年岗位能手"荣誉称号。1999—2001年,在开展的通煤青年志愿者"阳光工程"活动中,有12000多人次参加了30项活动。截至2005年,涌现出局级青年岗位能手183人,"出勤能手""致富能手"20人,青年创业兴业带头人10人,市级青年岗位能手3人,省级青年岗位能手2人。涌现出局级"青年文明号"20个,省级"青年文明号"2个。公司团委会同安监部门常年开展"青年安全监督岗"和"青年安全侦察兵"系列活动，反"三违"、除隐患，避免和减少事故的发生。

开展学雷锋活动。1991年，以学习"雷锋式好工人"李友杰为主要内容，开展学先进、比贡献活动。2000年，开展"学雷锋精神、树文明新风、我为矿区添光彩"主题教育活动，涌现出学雷锋先进集体20个，学雷锋先进个人33人。2001年，把立足本职学雷锋和服务社会学雷锋结合起来，继续开展青年志愿者活动。有4名团干部被评为白山市优秀青年志愿者，3个单位被评为"青年志愿者星级服务站"。2007—2010年每年3月，公司团委均开展以"雷锋精神在矿区"为主题的活动。

三、舒兰矿业公司团委

1991—2010年，舒兰矿业公司团委每年组织开展1～2项大型活动。举办青年矿工文化艺术节；开展"爱矿山、做主人、献身煤炭事业"主题教育活动；组织开展"学团章、戴团徽、唱团歌、用团证、举团旗"团员意识教育活动；组织有十余个采煤队35岁以下青工1874人参加的"争先锋、创水平、作贡献"竞赛活动；团体操大型文艺表演，以及开展青年学习成才、青年突击队、青年创新创效等活动。矿务局团委多次荣获省、市"先进团委"称号。

四、珲春矿业公司团委

1993—2010年，珲春矿业公司团委共召开5次共青团代表大会，选举产生新一届共青团珲春矿业公司委员会、常委、副书记。1991—2010年，公司团委坚持每周一次学习，采取办培训班等形式，开展对团员青年的国情、矿情教育活动，"爱矿山、做主人、献光热"教育活动，"树新风正气、做合格团干部"教育活动，"思想大解放、青春献珲矿"教育和"聚青春力量、扬时代风采"等主题教育活动。1991年开始，组织开展"夺三杯，创一岗"（岗位立功成才杯、双增双节奉献杯、"五小"成果智慧杯，争创优胜青安岗）活动。实施"全局青工技能振兴计划"，涌现出青年采掘先进队、先进班组。广大团员青年献工，节约创价值，为矿区的发展作出贡献。2010年，公司团委开展"围绕中心作贡献 激扬青春展风采"主题竞赛活动，组织青年贯彻落实职代会精神，立足本岗，扎实工作，为公司实现全年工作目标贡献青春和力量。每年3月5日"雷锋纪念日"之前，各级团的组织通过广播、电视、《团讯》、板报等宣传工具和动员会、主题报告会、座谈会、团课等形式，宣传雷锋事迹和在新形势下开展学雷锋活动的重大意义。开展"创团字号最佳好事评选"；远学李友杰，近学牛印功，以及向救助落难少女、助人为乐的共青团员张相禹学习等活动。开展"青年文明号服务助万家""青年文明号服务承诺卡"青年志愿者阳光工程等适合青年特点的文化娱乐活动，使学雷锋活动收到实效。

五、杉松岗矿业公司团委

杉松岗矿业公司团委每年"五四"青年节组织团员青年进行新团员入团宣誓及联欢、春游等活动，丰富团员青年文化生活。坚持"三会一课"学习制度，为团组织自身建设打下坚实的理论基础，推动团干部和团员队伍建设工作，使团的组织生活走上规范化轨道。开展"创新争优"评比活动，对优秀团组织和团员进行表彰奖励。1991—2010年，公司团委组织广大团员青年开展"新长征突击手"

"青年安全监督岗""岗位技术能手"等活动。截至1994年,杉松岗煤矿团委连续6年召开"创先争优"总结表彰大会。1998年5月,矿团委举办"党团基础知识竞赛"活动。1995—1998年,矿团委连续4年举办迎新春联欢游艺活动。2002年3月,卓越实业公司饲料厂团总支被共青团通化市委授予"青年文明号"荣誉称号。2006年,卓越股份公司团委被共青团吉林省委授予"青年文明号"荣誉称号。同年5月,杉松岗矿业公司团委组织团员青年到杨靖宇将军殉国地,举行新团员入团宣誓活动。2007—2010年,杉松岗矿业公司团委多次被省国资委、吉煤集团团委授予"红旗团委"称号。

吉林煤炭工业志

人物与荣誉

一、人　　物

（一）人物传略

罗光泽（1910—2007年）　原名罗大泽，男，汉族，1910年10月出生，四川省阆中县人。1934年加入中国共产党。1983年离职休养。卫生医疗保健方面，享受省部级待遇。2007年1月因病在长春逝世，享年97岁。

罗光泽出生于一个贫苦农民家庭，少年时代以给资本家背煤为生。1932年参加家乡游击队，同年冬季，参加了保卫草庙梁战斗。1933年7月，参加中国工农红军30军88师263团。1934年春，参加攻打黑色山战役。1935年2月，跟随红四方面军长征，相继参加了攻打汉中、剑门关战斗。在向西康行军途中，三次穿越草地，翻过4000多米的党岭山。1935年6月，在天全县中丰场及始阳镇的战斗中负伤。1936年12月，由朱德总司令警卫排调入军委通讯连当文书。1937年秋，到军委机关总收发室，负责中央军委的信件收发及转呈工作。1938年，进入抗日军政大学学习。1941年，加入北方局地方工作团。1942年，返回抗日军政大学任校部指导员。1945年，同中央党校部分同志赴大别山根据地。"八·一五"光复后，遵循党中央指示，到东北沈阳，任铁西区工业分会主任，负责兵工厂的搬运工作。1946年，受党组织派遣，到通化地区石人煤矿及八宝煤矿，任政治委员，发动群众，恢复生产，支援前线。后调鸡西麻山煤矿任矿长。1948年，任阜新煤矿管理委员会副主任。1949年，任阜新矿务局矿务处处长。1953年，任黑龙江省双鸭山矿务局副局长。1954年，任鸡西矿务局副局长、代局长。1961年，任湖南省煤管局副局长。1962年，任吉林煤管局副局长，参加了吉林省梅河、珲春、九台等矿区的建设开发领导工作，为东北煤炭工业生产、矿区建设作出了积极贡献。

罗光泽青年时期参加革命，经历了二万五千里长征和"八·一五"光复后的解放战争，为中国革命出生入死，作出积极贡献。新中国成立后，一直在东北矿区参加并领导煤矿生产和煤矿开发建设工作，为东北煤炭事业的发展作出了重要贡献。

纪正夫（1918—2005年）　男，汉族，1918年出生，山东省莱芜县人。1939年8月加入中国共产党。1982年3月离职休养。2005年10月因病在长春逝世，享年87岁。

纪正夫1938年9月在莱芜参加抗日救国青年团，同时参加革命工作。1939年10月，参加八路军山东纵队第四支队，任八路军第四支队泰来独立二中队队长，先后在八路军山东纵队第一旅政治部总务科负责粮秣、山东纵队第一旅及鲁中军区司令部四科任生产会计。

1945年，调往中国抗日军政大学山东第一分校第一大队学习，同年11月调通化铁路分局任军代表、监委、副局长。

1946年5月，任蛟河矿务局军代表、局长。1947年，调鹤岗矿务局兴山煤矿任行政主任、矿区工会副主席、主席。中共鹤岗市委委员。1950年，任鹤岗矿务局党委委员、矿务处处长。1952年，任鹤岗矿务局行政处处长、鹤岗市委委员；同年12月，调通化矿务局任副局长、矿务局党委委员。1957年，任通化矿务局代局长、通化矿务局党委委员兼机关党委书记。1961年，任通化矿务局局长。1963年9月，任吉林煤管局煤田地质勘探公司经理、中共吉林省煤田地质勘探公司委员会书记。1970年3月，下乡到吉林省突泉县。1972年3月，任长春冶金地质学校革委会主任、校党委书记。1974年，调任吉林省冶金地质勘探公司党委书记、革委会主任。1977年，任吉林省煤炭工业局副局长、党组成员。

纪正夫1938年参加革命工作，为中国的抗日战争、解放战争作出了应有贡献。1946年5月后，一直在黑龙江省、吉林省煤炭系统从事领导管理工作，为黑龙江和吉林煤炭事业的开发、建设和发展作出了积极贡献。

王 峰（1918—2001年） 原名王新顺，曾用名王永生，男，汉族，1918年7月1日出生，河北省安国县人。1938年参加革命工作。1940年月1月加入中国共产党。1982年12月离职休养。正厅级待遇。2001年8月因病在长春逝世，享年84岁。

王峰1933年考入安国县中学，青少年时代接受了许多新知识，并受到进步师生的影响。1938年，担任军冼村抗日救国会基干民兵队长和村民代表。1942年，调任安国县三区武委会任作战部部长。1943年7月，调任安国县五区任区长，不久，调去延安工作。当行至河北省阜平县时，被中共晋察冀分局留下，参加了青年支队，是培训派往东北从事地下工作人员的培训班。1944年2月，改名王永生，被派往长春做地下工作。1945年，参与组建了长春地区最早的一支人民军队。同年10月，根据中共中央东北局委员陈云的提议，这支部队正式定名为东北人民自治军吉长地区部队，王峰负责筹建被服厂，以保证队伍的后勤供应。1946年，任中共长春市委秘书处处长，在他的努力下，千方百计筹措资金和设备，创刊了长春市委机关报——《长春新报》。1947年3月，调任敦化县城关区区长、书记。1948年3月，调任吉林市委秘书处处长；同年，随长春特别市筹备委员会到哈尔滨受训。1949年3月，调任长春市公安局一分局副局长。1950年11月，任长春市公安局一分局局长。1954年8月之后，先后任长春市建设局秘书科科长、长春市委办公厅行政处处长、吉林省焦化厂党委书记、吉林省煤炭建设局党委书记、吉林煤炭工业管理局机关党委副书记等职。

刘 凯（1918—1994年） 男，汉族，1918年出生，江西省信丰县人。1936年9月参加革命工作。1945年1月加入中国共产党。老红军。1983年10月离职休养。1994年3月因病在辽源逝世，享年76岁。

刘凯的家乡是革命老区根据地，在轰轰烈烈的土地革命中，正值青年时期的刘凯参加红军，在江西信丰赣南红军游击队担任勤务员。抗日战争爆发，南方红军游击队改编成新四军后，刘凯于1937年1月至1943年4月，任新四军一支队总部通信员、侦察班长，1943年5月至1946年2月，任皖南支队、新四军七师副排长、副连长。1951年5月，任华东特种纵队副营长、特种师机炮队长，1951年6月至1964年7月，任第二战车学校训练大队参谋长、112师317团副团长。1964

年 7 月，转业到辽源矿务局工作，任辽源矿务局采砂运销部党委书记。1972 年 7 月至 1978 年 5 月，任辽源矿务局革命委员会副主任。1978 年 5 月至 1983 年 10 月，任辽源矿务局副局长。

刘凯在革命战争年代，先后参加了第一次国内革命战争、抗日战争和解放战争，为民族独立和人民解放事业英勇战斗，多次负伤和立功受奖，为中国革命作出积极贡献。

梁勇智（1921—2000 年） 男，汉族，1921 年 1 月出生，河北省沧县人。1937 年 1 月参加革命工作。1945 年 11 月加入中国共产党。1979 年 10 月因病退休。1982 年 12 月改为离休。1996 年 9 月享受副厅级待遇。2000 年 10 月因病在辽源逝世，享年 79 岁。

梁勇智家境贫寒，1937 年 1 月参加河北省冀南抗日自卫军，开始了革命的战斗生涯。1939 年 1 月，任八路军 120 师 359 旅三营卫生员。1940 年 2 月，任华北联防司令部通讯班长。1940 年 5 月，任八路军总司令部警卫员。1940 年 8 月，任八路军驻重庆办事处警卫排长。1941 年 7 月，到延安行政学院学习。1942 年 2 月，到延安西北党校学习。1942 年 8 月，任延安中央党校第二部警卫排长。1945 年 10 月，任黑山县城关区区长。1946 年 2 月，任东北民主联军 24 旅供给部被服厂供给员。1947 年 1 月，任东北民主联军辽西省二分区被服厂副厂长；同年 4 月，到辽西军区教导队训练。1948 年 9 月，任辽西军区二团团部管理员。1949 年 5 月，再次参加辽西军区教导队训练；同年 10 月，任中国人民解放军步兵 170 师 510 团合作社主任。1950 年 12 月，任中国人民解放军空军八师 24 供应大队管理员。1951 年 3 月，任空军八师 24 供应大队油料股油料员；同年 5 月，任油料股长；同年 6 月，抗美援朝时期，荣立三等功。1952 年 6 月，任中国人民解放军空军八师招待所所长。1953 年 5 月，转业到辽源矿务局工作。先后在矿务局器材供应处任汽车队队长、岩粉厂副厂长、总务科长等职务。不论担任什么职务，做什么工作，梁勇智都以一个共产党员的标准严格要求自己，牢记党的宗旨，始终保持革命战士的光荣本色，不居功不骄傲，谦虚谨慎，尽职尽责，努力工作，赢得了广泛的赞誉。

梁勇智在革命战争年代，出生入死、英勇战斗，抗日战争时期，担任八路军驻重庆办事处警卫排长期间，直接担负周恩来等中央领导同志的警卫任务，参加过百团大战，解放战争时期参加过四平保卫战等大小战役，为中国人民的解放事业作出了贡献。

刘士吉（1924—2001 年） 男，满族，1924 年 1 月出生，吉林省梨树县人。1947 年 6 月参加工作。1954 年 12 月加入中国共产党。中专文化。教授级高级工程师。1989 年 4 月离职休养。2001 年 4 月因病在辽源逝世，享年 77 岁。

刘士吉早年求学于西安（现辽源）煤矿技术教习所采矿科，毕业后担任西安煤矿长安采炭所见习员。1947 年 6 月，担任西安煤矿矿务处助理监工员。1947 年 7 月至 1953 年 3 月，先后担任辽源矿务局矿务科保安股长、技术保安科副科长、通风科科长、技术科科长。1953 年 3 月，任辽源矿务局技术处主任工程师。1954 年 4 月，任辽源矿务局技术处长。1956 年 4—10 月，被派往波兰巴拉巴拉煤矿研究所实习。1957 年 7 月，任辽源矿务局副总工程师兼技术处长。1963 年 7 月，任辽源矿务局总工程师。1979 年 11 月，任辽源矿务局局长。

刘士吉经常深入生产一线，宣传贯彻

党的安全生产方针，组织职工学习保安规程，开展安全竞赛、技术练兵和安全培训，由他组织编写的8万字安全讲义，成为全局职工开展安全培训的基础教材。积极推广新技术新设备和先进的采煤方法，组织开展截煤机采煤试验，组织领导工程技术人员不断改革生产工艺，保证安全，扩大煤炭产能。

1958年，被吉林省政府评为劳动模范。1959年和1960年，分别荣获吉林省先进生产者称号。

"文化大革命"期间，刘士吉受到冲击被停止工作。1969年8月，任辽源矿务局革委会生产指挥部生产组副组长。1972年8月，任生产指挥部副主任。1973年9月，再度出任辽源矿务局总工程师。他顶着各种压力和冲击，带领干部职工坚守工作岗位，杜绝了停产和停工现象的发生，做到矿务局年年超额完成生产任务。1978年12月，任辽源矿务局革委会副主任、副局长。1984年11月，改任调研员，担任辽源矿务局科协主席。

刘士吉终身从事煤炭事业，为辽源矿区建设和煤炭生产作出了重大贡献。

仲金林（1924—1991年） 男，汉族，1924年2月出生，江苏省沭阳县人。1937年参加革命工作。1940年12月加入中国共产党。1984年7月离职休养。1991年9月因病在长春逝世，享年67岁。

仲金林的父亲仲兆昶早年思想进步，是丁庙一带抗日武装骨干。仲金林从小受家庭环境影响，1937年参加沭阳县地下交通站、青年救国团和游击队等活动。1940年8月，在盐县参加八路军随营学校学习。1942年，担任新四军三师七旅二十一团文化教员、副支队长。1943年8月，任淮海军分区四支队侦察队指导员、警卫连指导员、卫生队指导员、教导队指导员。1944年，被评为淮海区模范干部。1945年5月，在新四军三师独立旅三团九连任指导员。1946年2月至1949年2月，在东北三总队六师十八团先后任连指导员、直属队政治教导员、营政治指导员等职务。

1949年2月，转业到地方，任吉林省蛟河矿区工会主席、东北煤矿总工会执委。在此期间，积极组建矿区各级工会，大力开展夜校扫盲运动，培养和提高广大工人的政治和文化技术素质。1953年1月至1958年6月，任蛟河矿务局副局长、局长，积极组织工人及技术干部学习先进技术，推广机械化采煤方法。1957年，蛟河矿务局的采煤机械化程度达到86.7%，煤炭工业部在蛟河矿务局召开了全国煤矿机械化现场会。1958年7月，担任吉林煤炭工业管理局副局长，组织制定吉林省煤炭工业发展规划，相继提高通化、辽源两个矿务局的生产能力；着力梅河、舒兰新区的开发建设，加快珲春矿区的勘探进度。1962年，在全省各矿区推行正规循环作业图表，促进了矿区正规化管理。1975年8月，任吉林煤管局局长。

1982年，担任东北内蒙古煤炭工业联合公司副经理，负责在长春东煤公司机关的筹建及地方协调工作。他兢兢业业，顾全大局，充分发挥自己在吉林省工作多年的优势，使公司机关在较短的时间内实现新体制机制工作的正常运转。

仲金林少年时代就投身革命，在新四军担任过文化教员、连营指导员、教导员。1949年初转业到吉林省蛟河矿区，任矿区工会主席、蛟河矿务局副局长、局长，1958年先后任吉林煤管局副局长、局长、东煤公司副经理，为东北三省一区煤炭生产和新区建设作出了重要贡献。

王　健（1927—2002年） 曾用名王培礼，男，汉族，1927年3月出生，山东省寿光县人。1945年参加工作。1946年5月加入中国共产党。大学文化。采矿高级工程师。1984年12月退居二线。1989年8月离职休养。2002年7月因病逝世，享年75岁。

王健在解放战争时期，历任东北民主联军、吉林军区警卫团战士、供给员、科员，东北解放后，历任吉林省工矿局、和龙煤矿科员、秘书、经理，吉林省桦甸油页岩矿、东北石油九厂、蛟河矿务局桦甸矿经理、副矿长。1955年3月至1959年9月，在北京燃化干校、北京矿业学院学习。1959年10月，任桦甸油页岩公司副经理。1962年2月至1976年3月，先后任通化矿务局副局长、革委会常委、生产部长，湾沟煤矿党委书记、革委会主任，通化矿务局革委会副主任。1976年4月至1980年2月，先后任霍林河矿区指挥部副总指挥、舒兰矿务局党委书记。1980年3月，调回通化矿务局，先后任通化矿务局党委副书记、副局长、局长。1984年12月，任调研员。

王健多年从事煤炭生产技术与管理工作，具有较强的专业理论知识和丰富的实践经验，为通化矿务局生产、建设及各项事业的发展作出了重大贡献。

1963年3月，在湾沟煤矿参与设计并组织实施倾斜分层、金属网人工顶板、钢丝绳底梁下使用康拜因机组采煤取得成功，月产原煤达万吨以上。特别是连续采3个分层没有发生顶板和重伤以上人身事故，取得较好效果。

1982年7月，组织实施国产综采机组采煤，在松树镇煤矿二井试运行成功，1984年10月15日，正式投入使用，当年产煤8.42万吨。1983年7月，组织、制定实施大湖煤矿年产45万吨改扩建为年产75万吨的工程方案，采用水采开采并取得成功。1984年2月，组织、制定实施湾沟煤矿大井水力复采工程方案，投产后各项经济指标均达到设计要求。

1983—1984年，任通化矿务局局长期间，坚持科技兴局，全面加强企业管理，全面实现了"两个500万"（原煤生产突破500万吨、减少亏损500万元）的奋斗目标。1984年，通化矿务局原煤总产量504万吨。

2002年7月12日，王健因病逝世，享年75岁。

李茂勋 男，汉族，1927年11月出生，吉林省东丰县人。1945年12月参加革命工作。1947年10月加入中国共产党。1988年3月离职休养。2007年11月因病在长春逝世，享年80岁。

李茂勋1945年8月考入梅河口铁路干部讲习所。1945年12月，八路军进入梅河口，接收铁路讲习所，李茂勋被派参加铁路局接收工作。1946年5月，随铁路接收人员撤到哈尔滨，先后被分配到铁路政治部和人事科工作。之后，相继在佳木斯、鹤岗铁路工作，并参加文工团、积极宣传土地改革。1948年2月，文工团解散，先后被分配到鹤岗西山完全小学、鹤岗矿务局秘书室和人事股长岗位，后任人事处人事科长。"三反""五反"运动后，调到鸡西矿务局工作，先后任鸡西矿务局人事处副处长、办公室主任。1963—1982年，先后任吉林煤管局办公室主任、吉林省冶金所所长、党委书记，长春冶金建筑学校校长、党委书记，吉林煤管局副局长。1983年1月，被任命为东煤公司物资供应公司经理、党组书记。

李茂勋参加革命工作后，一直在东北煤炭系统工作。1964—1965年，在蛟河煤矿蹲点工作时，协助煤矿搞图表和板块管理并取得很好成效；1965年9月，煤炭工业部组织在蛟河煤矿召开煤矿图表、板块管理现场会，推广蛟河煤矿图表、板块管理经验。1979年，共青团吉林省委在全省煤矿开展青年掘进队双上纲要活动，他带队下煤矿蹲点，深入掘进生产一线，负责组织竞赛工作。1980年，煤炭工业部和共青团中央在长春市召开青年掘进队双上纲要现场会，吉林省煤矿得了三项冠军，受到大会嘉奖。

1983年1月，李茂勋任物资供应公司经理、党组书记，为适应跨省区煤炭企业发展的需要和国家物资政策，提出坚持改革、开发、创新、搞活，坚持计划分配、市场调节和自产自用的物资供应新路子，形成三个渠道并举、分层经营、分权管理、分工负责的煤炭物资供应新格局，在煤炭企业取得较好的经济效益。

李茂勋参加革命工作以来，始终忠诚党的事业，立场坚定、襟怀坦荡、顾全大局，工作中原则性强。1988年3月，他从领导岗位退下来后，依然用共产党员的标准严格要求自己，关心企业的发展，积极主动参加组织生活，始终保持共产党员的高尚品质。

杜学才（1928—2000年） 男，汉族，1928年11月出生，吉林省万良村人。1943年12月毕业于通化师范学校。1946年2月在抚松县参加革命工作。1947年9月加入中国共产党。1990年9月离职休养。2000年5月逝世，享年72岁。

杜学才参加革命工作后，先后任抚松县万良区土改工作队员、万良区委宣传委员、通化地委调研组调研员、海龙县六八石区委书记、海龙县委秘书、通化地委办公组组长、通化地委统战部秘书兼任通化专区抗美援朝分会秘书。1952年6月，到通化矿务局工作，先后任石人煤矿党总支书记、通化矿务局党委组织部部长。1956年5月，担任通化地委宣传部副部长。"文化大革命"期间，下放到集安县头道公社插队。1973年8月，恢复工作后，任通化矿务局革委会副主任、党委副书记。1979年2月，调任通化地委宣传部部长。1980年3月，任矿务局党委代书记、书记。1984年12月，任调研员。1985年9月，当选为浑江市一届人大常委会副主任。

杜学才长期在通化矿务局工作，为通化矿区的建设、生产作出了重要贡献。特别是在党的建设和思想政治工作方面有很高的建树，为通化矿务局留下了宝贵的经验财富。

他勤奋学习，坚持党性原则，模范遵守党的纪律，廉政勤政。善于发现人才，注重培养年轻干部，关心爱护青年干部的成长，鼓励支持干部创造性开展工作，言传身教，培养了一大批党政管理干部和各类人才。1981年3月，主持制定《关于提高采掘工人待遇，巩固采掘队伍的若干决定》，受到煤炭工业部和中华全国总工会的好评，在矿区引起积极反响。1982年8月，《工人日报》在头版显著位置作了报道。1983年8月，为贯彻落实《国营企业职工思想政治工作纲要》，提议举办干部学习《纲要》培训班，为通化矿务局生产建设任务的顺利完成提供了思想政治保证。

都兴邦（1930—2006年） 男，汉族，1930年11月出生，山东省莱阳县人。1946年5月参加革命工作。1949年7月加入中国共产党。1991年离职休养。2006年6月29日因病在长春逝世，享年76岁。

都兴邦1943年毕业于集安县立完小学。1944年，就读于临江县东边道技术养成所。1945年，在通化五道江煤矿机修厂当学徒。1946年5月，在通化市民政干部学校学习，同时参加革命工作，学习结业后，回通化矿务局五道江矿机修厂做车工,同年参加通化市二道江修工事。1947年,参加通化市五道江村儿童团,任团长。1947年底,调至通化铁路局,参加修复铁路工作。1948—1951年,调到辽源矿务局机电厂做车工。其间,先后完成了辽源矿务局机电厂业余中专的学业和吉林市东北工人政治大学的学习;在辽源矿务局机电厂立大功一次。1952年,调至辽源矿务局人事科工作。1953年,任辽源矿务局人事科副科长。1954年,赴中共东北局党校学习。1955年,调任中共辽源市审干办公室负责人;同年,任辽源矿务局干部处副处长、处长,兼任钢铁办公室副主任。1960年,任辽源矿务局钢铁机电厂党委副书记;同年,任辽源矿务局综合企业处处长。1961年,任吉林煤管局供应处副处长。1970年,任白城地区万宝煤矿指挥部书记、主任。1972年,任长春市石碑岭煤矿党委书记、革委会主任。1973年,调任吉林煤管局供应处处长。1979年,任吉林煤管局副局长。1983年,任东北内蒙古煤炭工业联合公司副经理,后任东煤公司工会工作委员会主任。

杜兴邦1946年参加革命工作,大部分时间,在煤炭系统从事领导工作,为吉林煤炭工业的建设和发展作出了积极贡献。

孙凤廉(1936—2003年) 男,汉族,1936年3月出生,黑龙江省绥化县人。1955年8月,毕业于鸡西煤矿学校,同时参加革命工作。1959年加入中国共产党。教授级高级工程师。享受国务院政府津贴。1996年6月退休。2003年2月因病在珲春矿务局总医院逝世,享年68岁。

孙凤廉鸡西煤矿学校毕业后,分配到蛟河煤矿,历任蛟河煤矿技术员、技术井长、技术科长、副总工程师、副矿长、矿长。1986年6月,任珲春矿区建设指挥部指挥。1992年9月,任珲春矿务局局长。1993年11月,退二线任调研员。

孙凤廉长期从事煤矿生产技术与管理工作,具有较强的专业理论知识和丰富的实践经验。在任蛟河煤矿矿长期间,带领全矿工程技术人员,对矿区地质资源进行详细的调查和勘察,其间他撰写的《设计蛟河煤矿挖潜延长寿命》专业论文获得全国科技进步奖。他从一名普通技术员成长为矿务局局长,为矿区的建设和发展,作出了积极贡献。退休后,仍然关注珲春矿务局各项事业的发展,为矿务局改革脱困贡献自己的余热。

张玉斌(1937—2000年) 男,汉族,1937年4月出生,山东省平阳县人。1952年毕业于山东省平阳县中学。1953年参加工作。1960年6月加入中国共产党。1997年8月退休。2000年7月因病在北京逝世,享年63岁。

张玉斌1955年在鹤岗矿务局工人技校机电班学习。1956年,任鹤岗矿务局大陆煤矿团委书记、工会主席、办公室主任。1961年,任鹤岗矿务局富力煤矿办公室主任、社教工作队队长。1967年,下放到鹤岗矿务局富力煤矿参加劳动。1970年,任鹤岗矿务局富力煤矿文教组长、宣传科长、政治处主任、党委书记。1979年,任鹤岗市委秘书长、市委书记、军分区第一政委。1988年3月,调任东煤公司多种经营公司经理。1990年2月,任东煤公司工会主席(正厅局级)。1994年6月,任东煤公司留守处副主任。1995年12月,任吉林煤管局巡视员兼直属公司管委会主任。

张玉斌参加工作后,一直在东北煤炭企业和鹤岗市委工作,是一位对工作兢兢业业,坚持党性原则,具有较高领导水平和工作能力的领导干部。

王金玲(1961—1992年) 女,汉族,1961年1月8日出生,吉林省海龙县人。1989年中师函授毕业。1992年6月牺牲，年仅31岁。

王金玲1979年高中毕业后到辉南县板石河乡插队落户。1980年，参加教育工作，先后在杉松岗煤矿第三小学、第二小学及中心小学当教师。她为人正直热情，忠诚党的教育事业，关爱学生，辛勤执教，曾多次被评为辉南县和吉林省优秀教师，模范班主任。1982年、1984年、1985年、1986年被杉松岗煤矿评为先进工作者。1983年，被评为吉林煤炭系统"三八"红旗手。1985年，被团县委评为文明青年。1986年，她担任团支部书记的矿二小团支部被辉南县评为先进团支部。1989年，获得中师函授毕业证书。1991年，她组织的语文教学在辉南县"两课一评"活动中达到优秀标准。在校内的朗读、征文、教案设计竞赛中，均获第一名。

1992年6月22日上午上课时，一名歹徒手持雷管炸药突然闯进教室，在学生瞬间惊呆，不知所措之际，王金玲毅然指挥学生撤离教室，而后与歹徒只身搏斗，当场壮烈牺牲，年仅31岁。

王金玲牺牲后，中共杉松岗煤矿委员会和中共辉南县委员会，分别作出向王金玲同志学习的决定，并追认她为中国共产党正式党员。1992年11月10日，吉林省人民政府批准授予王金玲革命烈士称号。

（二）人物简介

卓利格图 原名额热德莫图，男，鄂温克族，1927年6月8日出生，内蒙古自治区扎兰屯市人。1946年5月参加革命工作，1947年7月加入中国共产党。1993年7月离职休养。

卓利格图幼年时代过着定居游猎、游牧的生活。1937—1941年在扎兰屯市齐齐哈尔乡第二村国民优级学校读书。1942年至1945年8月，进入扎兰屯国民高等学校读书。1946年5月，进入东北军政大学第三支队学习，同时参加革命工作。1947年5月，到阿荣旗公安大队任干事。1947年7月，任阿荣旗公安局局长；同年12月，任阿荣旗旗长兼公安局局长。1949年4月，调任呼纳盟公署财政处处长。1950年2月至1959年2月，先后任阿荣旗委书记、喜桂图旗旗委代理书记、阿荣旗委第一书记，其间1955年到北京党校学习一年。1959年2月至1966年7月，先后任呼伦贝尔盟统战部部长、副盟长兼政协副主席、盟民委主任。1972年7月，任呼伦贝尔盟革委会生产建设指挥部副主任；同年12月，任中共呼伦贝尔盟委常委、中共鄂温克旗党委书记。1974年12月，任中共呼伦贝尔盟盟委副书记、盟革委会副主任，并主持盟公署常委工作。1976年7月，兼任伊敏河矿区建设指挥部党委书记。1981年6月，任中共呼伦贝尔盟委副书记、盟长。1983年1月至1991年4月，任东煤公司副经理、党组副书记。

在呼伦贝尔盟工作期间，先后当选内蒙古自治区人大代表、党代会代表、自治区政协常委。1983—1993年，在东煤公司工作期间，当选吉林省第七届、第八届人大常委会委员。1988年4月，出席全国民族团结进步先进集体、先进个人表彰大会，被授予民族团结进步先进个人荣誉称号。曾任全国煤矿思想政治工作研究会副会长、全国煤矿文化基金会副会长、全国煤矿老年体育协会副会长、东煤公司思想政治研究会会长。

李云峰 男，汉族，1929年2月出生，吉林省吉林市人。1948年6月参加革命工作。1952年10月加入中国共产党。大专文化。教授级高级工程师。享受国务院政府特殊津贴。1998年4月离职休养。

李云峰1948年6月进入吉林工业专科学校机械制造专业学习，同时参加革命工作。1950年7月，任鸡西矿务局机电处技术员。1954年，组织选派赴苏联学习。1955年6月，在本溪彩屯煤矿任机电工程师。1956年3月至1972年2月，任鹤岗矿务局兴安煤矿副总工程师、副矿长、矿长、党委书记。1973—1982年，任鹤岗矿务局副局长、局长、党委书记。1983年1月至1993年2月，任东北内蒙古煤炭工业联合公司经理、党组书记（党委书记）。1993年2月13日，国务院决定：东北内蒙古煤炭工业联合公司总经理李云峰任现职期间，在看文件、听报告、参加会议及学习培训方面享有副部级政治待遇。

1983—1992年，当选中共吉林省第四届、第五届代表大会代表，第四届、第五届中共吉林省委委员。1988—1997年，当选全国第七届、第八届人大代表。

钱　京 男，汉族，1930年1月出生，上海市人。1952年9月参加工作。1980年3月加入中国共产党。大学文化。高级会计师。享受政府特殊津贴。1992年6月退居二线。1995年1月退休。

钱京1952年9月毕业于上海沪江大学企业管理系，并分配到抚顺矿务局工作。先后任抚顺矿务局财务处会计员，抚顺矿灯厂会计师，抚顺矿务局老虎台煤矿总会计师，抚顺矿务局副总会计师、总会计师。其间：1970年1月至1975年12月，在辽宁省新宾县插队。1983年1月，任东煤公司总会计师（正厅局级），1992年6月至1995年1月，聘为东煤公司、吉林煤管局顾问。

曾被聘为全国煤炭工业会计成本研究会副会长、东北煤炭工业集体经济研究会会长。

王友佳 男，汉族，1932年1月出生，浙江省镇海县人。1954年9月参加工作。1982年11月加入中国共产党。大学文化。教授级高级工程师。享受政府特殊津贴。1992年11月退居二线。1995年7月退休。

王友佳1954年8月毕业于东北工学院采矿系，并分配到鹤岗矿务局工作，先后任鹤岗矿务局岭北煤矿总工程师，兴山煤矿总工程师，黑龙江煤管局生产处工程师，七台河矿务局副局长、总工程师。1983年1月，任东煤公司总工程师（正厅局级）。

1990年，被国务院授予国家级有突出贡献中青年科学技术管理专家称号。

董连庆 男，汉族，1932年1月出生。1953年8月参加工作。1954年12月加入中国共产党。高级工程师。1992年2月退休。

董连庆1953年8月毕业于黑龙江省鹤岗煤矿高职学校，并参加工作，先后任蛟河煤矿技术员、井口党总支副书记（革委会副主任）、矿副总工程师。1975年至1984年9月，任霍林河矿区计划处副处长，基建工程兵44支队副参谋长，矿区指挥部副总工程师、副指挥。1984年9月，任珲春矿区指挥部党委书记。

陈宗吉 男，汉族，1933年7月出生，福建省泉州市人。1956年3月参加工作。1955年6月加入中国共产党。大专文化。教授级高级工程师。享受政府特殊津贴。1995年9月退休。

陈宗吉1956年3月合肥矿业学院大专毕业后，分配到北票矿务局工作，先后任北票矿务局革委会计划处副处长、北票矿务局副总工程师、北票矿务局副局长、北票矿务局局长，长春煤炭管理干部学院筹备处主任，东北内蒙古煤矿工会工作委员会主任；1990年12月，任东煤公司安全总工程师（正厅局级）。

赵清雷　男，汉族，1935年10月出生，吉林省临江人。1956年3月参加工作。1958年8月加入中国共产党。高中文化。高级经济师。1996年2月退休。

赵清雷1956年3月参加中国人民志愿军，回国后编入中国人民解放军。1960年3月，转业到中国科学院长春光机所工作。1961年5月，调入通化矿务局，先后任通化矿务局八道江煤矿竖井党支部书记，通化矿务局副局长、党委副书记，东煤公司物资供应公司副经理。1986年12月，任东煤公司副经理。1994年3月，任东煤公司留守处主任（正厅局级）。

王一凡　男，汉族，1935年10月出生，吉林省临江市人。1952年5月参加工作。1959年11月加入中国共产党。大学文化。高级政工师。1994年8月退居二线。1996年2月退休。

王一凡1952年5月参加工作后，先后任通化矿务局松树镇煤矿革委会副主任、党委副书记，铁厂洗煤厂革委会主任、党委书记，通化矿务局政治部副主任，湾沟煤矿党委书记，通化矿务局党委办公室主任，通化矿务局党委副书记。1987年7月，任辽源矿务局党委书记。

曾经当选辽源市第二届、第三届人大代表。

李再清　男，汉族，1937年4月出生，山东省莱芜县人。1954年8月参加工作。1956年11月加入中国共产党。大专文化。高级经济师。1997年6月退休。

李再清1954年8月参加工作后，先后任鹤岗市委办公室行管组组长，鹤岗市办公室副主任，鹤岗矿务局革委会副主任，鹤岗矿务局副局长，鹤岗矿务局多种经营总公司经理、党委副书记。1988年10月，任东煤公司多种经营公司副经理。1991年2月，任东煤公司多种经营公司经理（正厅局级）。1995年7月，任吉林煤管局咨询委主任。

董玉堂　男，汉族，1937年4月出生，河北省武安县人。1952年12月参加工作。1957年11月加入中国共产党。大学文化。高级工程师。1997年7月退休。

董玉堂1957年11月参加工作后，先后任营城煤矿七井、八井技术井长，营城煤矿调度室主任，九台工程处处长，珲春矿区建设指挥部指挥，长春煤炭管理干部学院副院长。1993年5月，任东煤公司房地产开发公司经理（正厅局级）。

徐兆龙　男，汉族，1937年7月出生，吉林省九台县人。1952年9月参加工作。1956年3月加入中国共产党。初中文化。高级经济师。1997年8月退休。

徐兆龙1952年9月至1966年8月任营城煤矿工人、矿党委组织部干事、党委办公室副主任。1966年8月至1983年1月，先后任吉林煤管局政工处干事、仓库党支部书记、人事处副处长。1983年1月，任东煤公司干部处副处长、处长、干部部副主任。1990年1月，任东煤公司干部部主任（副局级）。1993年5月，任中共东煤集团公司纪委书记（正局级）。1994年3月，任吉林煤炭工业管理局筹备组成员。1994年6月，任吉林煤炭工业管理局党组成员、副局长（正厅局级）。

崔敬谦　男，汉族，1937年12月出生，黑龙江省桦南县人。1956年8月参加工作。1972年9月加入中国共产党。

中专学历。教授级高级工程师。享受国务院政府特殊津贴。2003年3月退休。

崔敬谦1951年9月入佳木斯一中学习。1954年9月，考入鸡西煤矿工业学校。1956年7月，毕业于鸡西煤矿工业学校，8月参加工作，先后任鹤岗矿务局新一矿、南山煤矿见习技术员、生产科副科长、矿长、矿党委书记。1973年，任鹤岗矿务局副总工程师。1978年2月，任鹤岗矿务局副局长兼总工程师。1982年3月，任鹤岗矿务局局长。1984年3月，任东煤公司副经理。1993年3月，任中国东北煤炭集团公司总经理、党委书记。1994年3月，任吉林煤炭工业管理局筹备组组长。1994年6月至1997年8月，任吉林煤炭工业管理局局长、党组书记。其间，1996年，任中国煤炭工业协会副会长、中国公关协会煤兴策划中心副董事长。1997年任中国煤炭工业劳保学会副会长；同年8月，被聘为煤炭工业部特约巡视员。

1973年，被授予"黑龙江省劳动模范"称号。1979年1月，出席中共黑龙江省第四届代表大会代表，当选黑龙江省委委员。1983年4月，当选黑龙江省第六届人大代表。1993年，出席中共吉林省第六届代表大会代表，当选吉林省委委员。1998—2002年，当选吉林省政协第八届委员。

刘元盛 男，汉族，1938年1月出生，山东省崂山县人。1956年6月参加工作。1973年5月加入中国共产党。中专文化。高级会计师。享受政府特殊津贴。1998年3月退休。

刘元盛1956年6月山东工业会计学校毕业后，分配到双鸭山矿务局，先后任双鸭山矿务局岭西竖井财务科副科长、双鸭山矿务局财务处副处长，双鸭山矿务局副总会计师、总会计师、东煤公司副总会计师。1990年6月，任东煤公司总会计师。1994年3月，为吉林煤炭工业管理局筹备组成员。1994年6月，任吉林煤炭工业管理局党组成员、副局长（正厅局级）。

刘凤翔 男，汉族，1938年4月出生，吉林省永吉县人。1958年8月参加工作。1960年9月加入中国共产党。教授级高级工程师。

刘凤翔1958年鸡西煤校毕业后，从事教学工作。1969年，调至舒兰矿务局，先后任采煤队指导员、井口党总支书记、生产副矿长、矿党委副书记。1980年9月，任舒矿务局副局长。1984年12月，任舒兰矿务局局长。任局长期间，连续6年完成总承包任务，坚持推行干部制度改革，总结完善"八位一体"管理办法，在东煤公司推广。

曾被评为吉林市劳动模范，被中国煤炭企业协会评为优秀矿务局局长。曾荣获"全国能源工业劳动模范"称号。

武宝山 男，汉族，1941年1月出生，山东省潍坊市人。1961年9月参加工作。1969年11月，加入中国共产党。大学文化。高级经济师。2006年4月退休。

武宝山参加工作后，曾任辽源煤校教师，辽源市二轻局副局长、局长，辽源市政府副秘书长，吉林省二轻工业厅副厅长。1992年11月，任吉林省煤炭工业局局长、党组书记。1994年6月，任吉林煤炭工业管理局副局长、党组副书记。1997年8月，任吉林煤炭工业管理局党组书记。1998年3月，任吉林煤炭工业管理局局长、党组书记。2000年3月，任吉林煤矿安全监察局巡视员。

曾当选辽源市第七届人代会代表，吉林省第七届党代会代表。2001年1月至2005年，当选吉林省第八届、第九届政协委员、常委。1993年，被中共吉林省委、省政府表彰为政绩突出领导干部，晋升一档职务工资。

常玉林 男，汉族，1941年1月出生，山东省莒南县人。1957年9月参加工作。1965年12月加入中国共产党。大专文化。教授级高级工程师。享受国务院政府特殊津贴。1997年6月退居二线。2000年12月退休。

常玉林参加工作后，历任通化矿务局砟子煤矿工人、练习生、技术员、副科长、副井长、井长、副矿长、矿长，通化矿务局副局长。1985年1月至1997年5月，任通化矿务局局长、党委书记职务。

郭进宝 男，汉族，1941年7月出生，河北省昌黎县人。1961年加入中国共产党。1963年参加工作。高级政工师。2001年退休。

郭进宝1963—1975年在舒兰矿务局丰广煤矿四井、吉舒煤矿四井及矿党委办公室工作。1975—1983年，先后任舒兰矿务局党委工作部副部长、丰广煤矿党委书记。1984年3月，任舒兰矿务局党委副书记。1988年10月，任舒兰矿务局党委书记。2000年10月，任调研员。

1992年，被评为吉林市劳动模范。

崔成梁 男，汉族，1942年2月出生，辽宁省辽阳市人。1965年8月参加工作。1980年8月加入中国共产党。大学文化。高级工程师。享受国务院政府特殊津贴。2000年12月退休。

崔成梁参加工作后，历任通化矿务局砟子煤矿技术员、副井长、副矿长、矿长、通化矿务局副局长。1995年7月至1997年5月，任通化矿务局局长。1997年6月，任调研员。

1994年，被吉林省人民政府授予劳动模范称号。

谢福田 男，汉族，1943年6月出生，吉林省东辽县人。1959年10月参加工作。1970年1月加入中国共产党。大专文化。高级政工师。2004年6月退休。

谢福田参加工作后，先后任辽源矿务局富国煤矿、西安煤矿运输工人、团总支书记、工会干事，矿革委会政工组干事、西安煤矿二区政工组副组长、矿干部科干事、西安煤矿开拓区党总支副书记、西安煤矿三区党总支书记、矿党委宣传部部长。1980年3月，任西安煤矿党委副书记。1983年7月，任西安煤矿党委书记。1990年7月，任辽源矿务局党委副书记兼宣传部长。1991年4月，任珲春矿区建设指挥部党委副书记。1992年2月，任珲春矿务局党委书记。2000年9月，任辽源矿务局党委书记。2003年9月，不再担任辽源矿务局党委书记职务。

张吉魁 男，满族，1943年10月出生，辽宁省盖县人。1968年12月参加工作。中国共产党党员。大学文化。高级政工师。

张吉魁参加工作后，历任营城煤矿工人、矿工会秘书、宣传干事、营城煤矿上家一井党总支宣传干事，矿党委宣传部副部长、部长、党委副书记、书记。1985年，任舒兰矿务局党委书记。1987年10月，任通化矿务局党委书记。1993年4月，任东煤公司物资供应公司经理、党委书记。

张 义 男，汉族，1947年3月出生，吉林省辽源市人。1968年9月参加工作。1972年12月加入中国共产党。大学文化。高级经济师。

张义参加工作后，在辽源矿务局泰信煤矿二井当采煤工人，后任泰信煤矿二井、四井政工组干事、团总支书记、泰信煤矿团委副书记、泰信煤矿二井党总支书记。1976年3月，任泰信煤矿党委副书记、书记。1980年9月，进入中国矿业学院企业管理系煤炭企业管理专业学习，1983年7月毕业，同年10月任辽源矿务局党委副书记。1994年8月，任辽源矿务局党委书记。1998年9月，主持辽源矿务局行政工作。1999年2月，任辽源矿务局局长。2000年9月，不再担任局党委书记职务。2005年12月，任辽源矿业公司董事长。2009年9月，不再担任辽源矿业公司董事长。

曾当选辽源市第四届、第五届人大代表和辽源市第五届人大常委会委员。2003年，当选吉林省第十届人大代表。2004年，荣获吉林省最佳经营者和吉林省劳动模范称号。2009年，荣获吉林省特等劳动模范称号。

孙长礼 男，汉族，1947年8月出生，吉林省东辽县人。1972年10月参加工作。中国共产党党员。大学文化。高级经济师。2007年11月退休。

孙长礼1972年10月东北师范大学化学系毕业后，分配至辽源矿务局平岗煤矿白泉学校任教师。1973年8月至1974年10月，组织选派在吉林省党校理论班学习。1979年10月，调吉林煤管局政工处任干事、煤管局纪检组检查员。1983年1月至1994年4月，先后任东煤公司纪检组副处级检查员、纪检组副组长（正处级）、监察处处长。1994年4月，任吉林煤管局纪检组副组长。1995年5月，任吉林煤管局党组成员、纪检组长。2000年3月，任吉林煤矿安全监察局党组成员、纪检组长。2006年7月，任吉林煤矿安全监察局巡视员（正厅局级）。

曾任中国监察学会煤炭分会常务理事。

王延平 男，汉族，1947年11月出生，吉林省通化市人。1968年11月参加工作。1974年12月加入中国共产党。大学文化。高级经济师。2008年退休。

王延平参加工作后，历任通化矿务局五道江煤矿一井工人、团支书、党总支副书记、矿党委副书记、副矿长，砟子煤矿党委副书记，通化矿务局党委副书记、副局长。1997年4月至2005年12月，任通化矿务局党委书记、局长。2005年12月，任通化矿业公司董事长。2007年6月，调吉林省煤炭工业局工作。

2004年，荣获吉林省总工会"五一劳动奖章"。

李凤梧 男，汉族，1948年2月出生，山东省即墨县人。1969年8月参加工作。大学本科学历。中国共产党党员。高级工程师。

李凤梧1969年8月至1989年，一直在蛟河煤矿工作，任矿党委书记等职。1989年8月，任珲春矿区建设指挥部副指挥。1999年2月，任舒兰矿务局局长。2001年7月，调任长春煤矿设计研究院党委书记。

董向阁 男，汉族，1949年1月出生，辽宁省阜新蒙古族自治县人。1968年8月参加工作。中国共产党党员。硕士学位。高级经济师。

董向阁1971年8月招工到铁法矿务局总机修厂，先后任党办调研员、车间党支部书记、厂党委常委。1977年8月，任铁法矿务局团委副书记、书记。1980年10月至1983年5月，组织选派入中国矿业大学企业管理专业学习。1983年5月毕业，任铁法矿务局大隆煤矿副矿长。1985年1月，任铁法矿务局副局长、局党委副书记。1994年11月至2002年1月，任辽宁煤炭工业管理局、辽宁煤矿安全监察局党组成员、副局长（其间，1998年6月至1999年9月在法国南锡矿业大学研究生班学习，获硕士学位）。2002年1月至2009年12月，任吉林煤矿安全监察局局长、党组书记。

2008年1月，当选吉林省第十一届政协委员。曾任中国煤炭工业协会常务理事。

邱金保 男，汉族，1950年4月出生，天津市宝坻县人。1968年11月参加工作。1971年3月加入中国共产党。大学文化。高级政工师。2010年退休。

邱金保参加工作后，先后任解放军3271部队警卫连战士，通化矿务局干部处干事，八道江煤矿团委书记，政治处主任、党委副书记，通化矿务局团委书记，五道江煤矿党委书记，通化矿务局党委副书记。1998年3月至2007年5月，任通化矿务局、矿业集团公司党委书记。2007年6月，任吉林省煤田地质局党委书记。

刘随生 男，汉族，1950年11月出生，山西省大同市人。1968年8月参加工作。中国共产党党员。大学文化。经济师。

刘随生参加工作后，先后在山西大同矿务局雁崖煤矿、云岗煤矿工作。当过采煤工人，采煤队支部书记、采区区长、总支书记、矿工会主席，多种经营公司经理兼书记，历任副矿长、矿长等职务。1995年4月，任珲春矿务局局长，1997年8月，任吉林煤炭工业管理局局长。1998年3月，调回山西工作。

隋世才 男，汉族，1951年1月出生，吉林省蛟河县人。1968年11月参加工作。中国共产党党员。大学学历。高级工程师。

隋世才1968年11月参加工作后，先后任蛟河煤矿矿工、井长、井口党总支书记、矿党委副书记。1982年8月，入北京煤炭管理干部学院学习。1985年7月，任蛟河煤矿副矿长。1989年11月，任珲春矿务局城西煤矿党委书记、矿长。1995年11月，任珲春矿务局安监局局长。1998年10月，任珲春矿务局副局长。2000年8月，任珲春矿务局局长。2005年12月，任珲春矿业公司董事长。2008年8月，不再担任珲春矿业公司董事长。

郑家林 男，汉族，1951年4月出生，辽宁省新民县人。1968年9月参加工作。中国共产党党员。大专文化。高级工程师。

郑家林参加工作后，历任铁法矿务局大明二矿工人、队长、调度室副主任、综采队队长，大明一矿副总工程师、副矿长，小青煤矿矿长，大兴煤矿矿长。1997年5月至1998年3月，任通化矿务局局长。1998年3月，调回辽宁工作。

王运启 男，汉族，1952年2月出生。1969年9月参加工作。中国共产党党员。大专文化。政工师。

王运启参加工作后，先后任辽源矿务局一井运输段团支部书记、梅河煤矿团委副书记、梅河煤矿二井党总支副书记、梅河煤矿四井党总支书记。1982年12月，任梅河煤矿党委副书记。1987年，任梅河煤矿党委书记。1992年7月，任梅河煤矿矿长。1995年，任辽源矿务局副局长。1997年12月，任舒兰矿务局副局长。2000年10月，任舒兰矿务局党委书记。2001年7月，调东北煤炭环境保护研究所任书记。

王宝才 男，汉族，1953年3月出生，山东省安丘县人。1972年10月参加工作。1978年12月加入中国共产党。大学学历。高级经济师。

王宝才参加工作后，先后任舒兰矿务局丰广煤矿二井保卫干部和总支干事、二井一采支部书记、二井总支副书记、运销科总支书记，丰广煤矿四井总支书记，丰广煤矿五井井长。1992年底，任丰广煤矿副矿长，1995年11月，任丰广煤矿矿长。1997年，任舒兰矿务局副局长。2001年7月，任舒兰矿务局局长。2005年12月，任舒兰矿业公司董事长。2006年12月，调吉林省煤炭工业局长春煤炭科技中心工作。

曾当选舒兰市第十四届、第十五届人大代表。2003年,当选吉林省第十届人大代表。

郭绍君 男,汉族,1953年12月出生,吉林省怀德县人。1972年10月参加工作。1975年4月加入中国共产党。大学文化。高级政工师。

郭绍君参加工作后,先后任舒兰矿务局东富煤矿二井副段长、总支干事,矿组织部干事,矿务局团委宣传部长、矿务局纪委副书记,营城煤矿党委书记,矿务局党委组织部长。1996年1月,任舒兰矿务局党委副书记。2003年6月,任舒兰矿务局党委书记。2005年12月,任舒兰矿业公司副董事长、党委书记。2006年12月,调吉林省煤炭工业局工作。

徐晓春 男,汉族,1954年1月出生。1973年8月参加工作。中国共产党党员。大学学历。高级政工师。

徐晓春参加工作后,先后任蛟河煤校教员,蛟河煤矿党委宣传部干事、党办秘书,蛟河煤矿党办副主任、主任,珲春矿区建设指挥部党委办公室副主任。1991年2月,任珲春矿务局城西煤矿党委副书记、珲春矿务局党委宣传部部长。1994年4月,任珲春矿务局党委副书记。2000年9月,任珲春矿务局党委书记。2005年12月,任珲春矿业公司党委书记、副董事长。2008年2月,不再担任珲春矿业公司党委书记。

杨福君 男,汉族,1954年2月出生,吉林省怀德县人。1973年8月参加工作。1986年3月加入中国共产党。大学文化。高级政工师。

杨福君1973年8月辽源煤炭工业学校机电专业毕业后,分配到辽源矿务局工人文化宫工作,先后任编辑,辽源矿区工会办公室调研员、工会办公室副主任、工会办公室主任。1989年6月,任辽源矿区工会副主席,辽源矿务局党委办公室副主任、主任,西安煤矿党委书记。1997年12月,任辽源矿区工会主席。2001年4月,任辽源矿务局党委副书记、纪委书记。2003年9月,任辽源矿务局党委书记。2005年12月,任辽源矿业(集团)有限责任公司党委书记。2009年10月,任珲春矿业(集团)有限责任公司董事长。

1997年10月,当选全国工会第十三次全国代表大会代表。

李建国 男,汉族,1954年4月出生,吉林省蛟河县人。1972年11月参加工作。中国共产党党员。大专文化。高级工程师。

李建国参加工作后,历任通化矿务局湾沟煤矿一井副队长、队长,湾沟煤矿二井副井长、井长,湾沟煤矿副矿长、道清煤矿矿长,松树镇煤矿矿长、党委书记,通化矿务局副矿长、通化矿业公司副总经理。2007年5月至2008年2月,任通化矿业公司党委书记。

方贵祥 男,汉族,1954年6月出生,吉林省辽源市人。1973年2月参加工作。1976年6月加入中国共产党。大专文化。高级工程师。

方贵祥1974年1月招工到辽源矿务局梅河煤矿二井采煤二段当工人,后历任梅河煤矿二井采煤二段副段长、党支部书记,梅河煤矿二井党总支副书记、副井长,梅河煤矿三井副井长,梅河煤矿三井井长。1992年2月,到北京煤炭管理干部学院采矿工程管理专业脱产学习。1994年2月,北京煤炭管理干部学院毕业后任梅河煤矿副矿长。1996年6月,任梅河煤矿矿长。1997年5月,任辽源矿务局局长助理。1997年12月,任辽源矿务局副局长。2005年12月,任辽源矿业公司副董事长、总经理。2009年9月,任辽源矿业公司董事长、总经理。

王永良 1954年9月出生，汉族，吉林省舒兰市人。1973年8月参加工作。1976年加入中国共产党。大学文化。高级政工师。

王永良参加工作后，先后在舒兰矿务局吉舒煤矿任技术员，组织部干事、科长、副部长、部长。1994年8月，任舒兰矿区工会主席。2005年12月，任舒兰矿务局党委副书记、舒兰矿业公司监事会主席等职。2006年12月，任舒兰矿业公司副董事长、党委书记。

曾当选吉林市第十一届、第十二届、第十三届、第十四届和第十五届人大代表，被评为吉林市劳动模范、吉林省国资委和吉煤集团优秀党务工作者。

赵显文 男，汉族，1954年11月出生，内蒙古自治区突泉县人。1973年8月参加工作。中国共产党党员。研究生学历。高级经济师。通化矿业公司董事长。

赵显文参加工作后，历任通化矿务局机电总厂加工车间工人、副主任，生产计划科科长，机电总厂副厂长、厂长；通化矿务局煤炭销售公司经理；通化矿务局副局长。2005年12月至2010年12月，任通化矿业公司董事长。

2008年，获得吉林省总工会颁发的"五一劳动奖章"。2009年9月，被吉林省政府授予"劳动模范"称号。吉林省第十一届人大代表。

陈官礼 男，汉族，1954年出生，吉林省九台市人。1972年毕业于辽源煤校采煤专业。中国共产党党员。高级工程师。

陈官礼1972年辽源煤校毕业分配到舒兰矿务局，先后担任舒兰矿务局吉舒煤矿工人、技术员、助理工程师、四井井长，丰广煤矿五井井长。1986年8月，任丰广煤矿副矿长。1990年6月，任营城煤矿矿长、东富煤矿矿长。1993年10月，任珲春矿务局副局长。1997年9月，任珲春矿务局局长。2000年8月，任长春煤炭科技中心党委书记。

徐殿生 男，满族，1955年3月出生，辽宁省营口县人。1974年8月参加工作。中国共产党党员。研究生学历。高级会计师。

徐殿生参加工作后，历任通化矿务局工程处财务科会计员，土建二队、三队副队长、队长，政企办主任，通化矿务局财务处科长，工程处副总会计师、总会计师、副处长，通化矿务局财务处处长，通化矿区工会主席，通化矿业公司监事会主席。2008年2月，任通化矿业公司党委书记。

袁玉清 男，汉族，1955年4月出生，吉林省通化市人。1974年6月参加工作。1976年9月加入中国共产党。阜新矿业学院企管专业函授本科毕业。高级经济师。

袁玉清1975年7月招工到通化矿务局铁厂洗煤厂，先后任二井工人、采煤队长、党支部书记。1980年12月至1982年12月，在职辽源煤校企管专业学习。1983年1月，任通化矿务局铁厂洗煤厂副井长、井长、副厂长。1993年5月，任通化矿务局驻福州办事处主任、矿务局多种经营总公司经理、松树镇煤矿矿长等职。1999年4月，任通化矿务局副局长。2002年3月，任吉林省煤炭工业局副局长。2009年2月，任吉煤集团董事长。

孙福安 男，汉族，1955年4月出生。1973年12月参加工作。1976年5月加入中国共产党。高级工程师。

孙福安参加工作后，历任辽源矿务局梅河煤矿机电科工会主席，水暖供电公司副主任、主任，审计科副科长，机电科长兼党总支书记，矿机电副总兼机电科长、机电副矿长，金宝屯煤矿矿长，辽源矿务

一、人　　物　559

局机电副总、机电处长等职。2006年2月，任舒兰矿业公司副董事长、总经理。2009年9月，任舒兰矿业公司董事长、总经理。

吉林省第十一届人大代表。先后被评为吉林煤炭系统劳动模范，吉林市特等劳动模范。曾获吉林省总工会颁发的"五一劳动奖章"。

王金力　男，汉族，1958年出生，吉林省通化市人。1976年5月参加工作。中国共产党党员。1982年辽源煤校采矿专业毕业。工作期间先后攻读了东北师范大学政治专业，北京人文函授大学法律专业课程。

王金力1976年5月在霍林河矿区参加工作，后调至辽源矿务局梅河煤矿，先后在团委、工程科工作。1982年，辽源煤校毕业后，任辽源矿务局团委副书记。1983—1989年，任蛟河煤矿党委书记。1989—1992年，任珲春矿务局英安煤矿矿长。1992年初，任珲春矿务局第一副局长。1993年10月，任珲春矿务局局长。1995年6月，任长春煤炭科技中心主任。1997年，调往神华集团工作。

杨文旭　男，汉族，1958年7月出生，吉林省扶余市人。1982年9月参加工作。1991年6月加入中国共产党。1982年8月，辽源煤校大学部采煤专业毕业，大学本科学历。高级工程师。

杨文旭参加工作后，先后任通化矿务局砟子煤矿助理工程师、立井工程师、技术井长、矿副总工程师、副矿长、矿务局安全监察局副局长、洗煤厂厂长、吉林省煤炭工业局处长、吉林省安监局煤炭处、安监处处长等职。2006年12月，任舒兰矿业公司董事长。2009年3月，调回吉林省能源局工作。

2007年，当选吉林省第十一届人大代表。

赵万贵　男，满族，1960年1月出生，吉林省东丰县人。1981年8月参加工作。中国共产党党员。吉林省党校经济管理专业研究生。高级工程师。

赵万贵1981年7月毕业于通化煤校通风专业，分配到辽源矿务局，历任辽源矿务局梅河煤矿四井技术员、段长，通风科主任工程师、副科长、科长，梅河煤矿副矿长、安监处长。2001年12月，任辽源矿务局安监局长。2005年12月，任辽源矿业公司副总经理。2007年4月至2008年9月，任通化矿业公司总经理。2008年9月，任珲春矿业公司董事长。2009年11月，任吉煤集团副总经理。

孙富春　男，汉族，1961年3月出生，吉林省农安市人。1978年12月参加工作。中国共产党党员。研究生学历。高级政工师。

孙富春1978年12月应征入伍，1983年1月退伍。先后任西安煤矿二区掘进二段、采煤三段工人，西安煤矿二区团总支书记，西安煤矿党委组织部干事、矿团委干事、矿团委副书记。1988年12月至2004年4月，任西安煤矿团委书记、西安煤矿二区党总支副书记、西安煤矿三区党总支副书记、书记，西安煤矿二区党总支书记，泰信煤矿党委副书记，泰信煤矿党委书记，西安煤矿党委书记。2001年4月，任辽源矿务局党委常委、辽源矿区工会主席。2005年底，任辽源矿业公司党委常委、工会主席、监事会监事；同年6月，由辽源矿业公司监事改任辽源矿业公司董事。2008年2月，任珲春矿业公司党委书记。2009年10月，任辽源矿业公司党委书记。

2006年，获得吉林省"五一劳动奖章"。

尹昌胜　男，汉族，1961年5月出生。1979年9月参加工作。中国共产党党员。研究生学历。高级工程师。

尹昌胜于1979年9月参加工作,先后任通化矿务局道清煤矿一井工人、党总支书记、工会主席、二井党总支书记。1995年12月至1998年12月,任通化矿务局五道江煤矿党委副书记,道清煤矿党委副书记、书记兼矿长。2006年1月,任通化矿业公司纪委书记。2009年10月,任珲春矿业(集团)有限责任公司董事、党委副书记。2010年3月,任珲春矿业公司党委书记。

贾立明 男,汉族,1962年7月出生,吉林省梨树县人。1981年8月参加工作。1985年4月加入中国共产党。大学文化。高级工程师。

贾立明1981年8月毕业于辽源煤校地质专业,分配到辽源矿务局,历任辽源矿务局梅河煤矿四井采掘技术员、主任工程师,矿技术科主任工程师、科长、矿副总工程师。1997年8月,任辽源矿务局泰信煤矿副矿长、矿长、辽源矿务局副总工程师。2001年4月,任辽源矿务局总工程师兼龙家堡煤矿建设工程总指挥。2005年12月,任珲春矿业公司总经理。2008年9月,任通化矿业公司总经理。2009年5月,任吉煤集团总经理。

张金峰 男,1962年9月出生,吉林省农安县人。1983年8月参加工作。1997年6月加入中国共产党。高级会计师。

张金峰1983年8月蛟河煤校财会专业毕业,分配到珲春矿务局财务处,先后任会计、副科长、科长。1985年4月至1988年8月,吉林省财贸学院会计专业在职学习。1995年10月至2002年4月,历任珲春矿务局政策研究室副主任、财务处主任会计师、财务处副处长兼会计师事务所主任、财务处处长、矿务局副总会计师。2002年5月,任珲春矿务局总会计师、副局长。2005年12月,任珲春矿业公司副总经理兼总会计师。2006年4月,任吉林省煤炭工业局副局长。2009年1月,任吉煤集团党委书记。

王耀刚 男,汉族,1963年11月出生。1983年8月参加工作。中国共产党党员。大学学历。高级工程师。

王耀刚1983年8月参加工作后,先后任珲春矿务局建井工程处英安井计划科副科长、英安煤矿通风科科长、英安煤矿计划科科长,副总工程师(经营)、珲春矿务局计划处副处长、处长、英安煤矿副矿长(经营)、矿长。2008年9月,任珲春矿业公司副董事长、总经理。2009年10月,任舒兰矿业公司常务副总经理、纪委书记。

(三) 人 物 名 录

中共吉林省代表大会代表、委员名录

姓 名	单位、职务	性别	会议、届别、职务	年 份
李云峰	东煤公司经理	男	中共吉林省第四届、第五届代表大会代表及省委委员	1983—1992
崔敬谦	东煤公司经理	男	中共吉林省第六届代表大会代表及省委委员	1993—1997
王文成	蛟河煤机厂党委书记	男	中共吉林省第七次代表大会代表	1998
李连春	通化矿业公司道清煤矿掘进队长	男	中共吉林省第九次代表大会代表	2007

全国人民代表大会代表名录

姓名	单位、职务	性别	会议、届别、称号	年份
李云峰	东煤公司经理	男	全国人民代表大会第七届、第八届代表	1988—1997
蒋兰瑞	辽源矿务局机电总厂副厂长	女	全国人民代表大会第七届、第八届代表	1988—1997
王文富	舒兰矿务局吉舒煤矿副段长	男	全国人民代表大会第八届代表	1993—1997
刘玉林	辽源矿务局泰信煤矿掘进副段长	男	全国人民代表大会第九届代表	1998—2002

吉林省人民代表大会代表名录

姓名	单位、职务	性别	会议、届别、称号	年份
卓力格图	东煤公司副经理	男	吉林省人大第七届、第八届代表、常委	1983—1993
裘永新	辽源矿务局局长	男	吉林省第七届人大代表	1988—1992
周志钦	辽源矿务局总工程师	男	吉林省第七届人大代表	1988—1992
蒋兰瑞	辽源矿务局环保节能处处长	女	吉林省第七届、第八届人大代表	1988—1997
廖向东	辽源矿务局销售处主任工程师	男	吉林省第八届人大代表	1993—1997
李广生	辽源矿务局局长	男	吉林省第八届人大代表	1993—1997
王俊英	舒兰矿务局林业处处长	男	吉林省第八届人大代表	1993—1997
刘玉林	辽源矿务局泰信煤矿掘进段副段长	男	吉林省第九届人大代表	1998—2002
张义	辽源矿业集团公司董事长	男	吉林省第十届人大代表	2003—2007
王延平	通化矿务局局长	男	吉林省第十届人大代表	2003—2007
王宝财	舒兰矿务局局长	男	吉林省第十届人大代表	2003—2007
赵显文	通化矿业公司董事长	男	吉林省第十一届人大代表	2008—2010
杨文旭	舒兰矿业公司董事长	男	吉林省第十一届人大代表	2008—2010
孙福安	舒兰矿业公司董事长	男	吉林省第十一届人大代表	2008—2010
生振东	白山市振东煤业公司董事长	男	吉林省第十一届人大代表	2008—2010

吉林省政治协商会议委员名录

姓名	单位、职务	性别	会议、届别、称号	年份
黄柏南	舒兰矿务局总医院党委书记	男	吉林省政协第七届委员	1993—1997
崔敬谦	吉林煤炭工业管理局局长	男	吉林省政协第九届委员	1998—2002
吴振国	辽源矿务局机电总厂主任工程师	男	吉林省政协第八届、第九届委员	1998—2007
武宝山	吉林煤炭工业管理局局长	男	吉林省政协第九届、第十届委员、常委	2003—2005
石金玉	吉林省煤炭工业局局长	男	吉林省政协第十届委员	2005—2007
董向阁	吉林煤矿监察局局长	男	吉林省政协第十一届委员	2008—2012
赵全洲	吉林省煤炭工业局局长	男	吉林省政协第十一届委员	2008—2012

二、荣　　誉

（一）劳动模范、先进个人

1995—2010年全国劳动模范名录

姓　名	单位、职务	性别	荣誉称号	授予单位	授予年份
王文富	舒兰矿务局吉舒煤矿副段长	男	全国劳动模范	国务院	1995
王玉发	营城煤机厂厂长	男	全国劳动模范	国务院	1995
唐允山	辽源矿务局西安矿采煤值班段长	男	全国劳动模范	国务院	1995
詹恒友	辽源矿务局西安煤矿采煤段长	男	全国劳动模范	国务院	2000
王凤岐	珲春矿务局采煤段长	男	全国劳动模范	国务院	2000
徐玉权	辽源矿务局梅河煤矿采煤工人	男	全国劳动模范	国务院	2004
牛印功	珲春矿务局板石煤矿运销科书记	男	全国劳动模范	国务院	2005
王宝成	通化矿业公司八宝煤矿队长	男	全国劳动模范	国务院	2008
黄孝国	辽源矿业公司梅河煤矿技师	男	全国劳动模范	国务院	2010

1994—2009年吉林省特等劳动模范名录

姓　名	单位、职务	性别	荣誉称号	授予单位	授予年份
唐允山	辽源矿务局西安煤矿采煤段长	男	特等劳动模范	吉林省政府	1994
詹恒友	辽源矿务局采煤段长	男	特等劳动模范	吉林省政府	1994
庞会祥	通化矿务局开拓队班长	男	特等劳动模范	吉林省政府	1994
王文富	舒兰矿务局吉舒煤矿副段长	男	特等劳动模范	吉林省政府	1994
王玉发	营城煤机厂厂长	男	特等劳动模范	吉林省政府	1994
王凤岐	珲春矿务局采煤队长	男	特等劳动模范	吉林省政府	1999
王宝成	通化矿业公司八宝煤矿队长	男	特等劳动模范	吉林省政府	2009
张　义	辽源矿业公司董事长	男	特等劳动模范	吉林省政府	2009

1994—2009年吉林省劳动模范名录

姓　名	单位、职务	性别	荣誉称号	授予单位	授予年份
李鸣晨	辽源矿务局医院科主任	男	劳动模范	吉林省政府	1994
刘玉林	辽源矿务局工人	男	劳动模范	吉林省政府	1994
佟　利	辽源矿务局副井长	男	劳动模范	吉林省政府	1994
迟祥赫	辽源矿务局副总工程师	男	劳动模范	吉林省政府	1994

（续）

姓　名	单位、职务	性别	荣誉称号	授予单位	授予年份
杜长河	辽源煤机厂副总工程师	男	劳动模范	吉林省政府	1994
付忠孝	辽源煤机厂技师	男	劳动模范	吉林省政府	1994
刘兴和	辽源煤机厂工人	男	劳动模范	吉林省政府	1994
韩建国	通化矿务局采区工人	男	劳动模范	吉林省政府	1994
张相林	通化矿务局化工厂工人	男	劳动模范	吉林省政府	1994
王贵平	通化矿务局掘进队长	男	劳动模范	吉林省政府	1994
郭金修	通化矿务局井区段长	男	劳动模范	吉林省政府	1994
崔成梁	通化矿务局副局长	男	劳动模范	吉林省政府	1994
郑贵举	通化矿务局采煤队长	男	劳动模范	吉林省政府	1994
王玉祥	通化矿务局工会主席	男	劳动模范	吉林省政府	1994
皮世凤	舒兰矿务局丰广煤矿矿长	男	劳动模范	吉林省政府	1994
程锁龙	舒兰矿务局舒兰街煤矿副队长	男	劳动模范	吉林省政府	1994
王立强	舒兰矿务局建安公司组长	男	劳动模范	吉林省政府	1994
杨国成	舒兰矿务局副总工程师	男	劳动模范	吉林省政府	1994
王凤君	舒兰矿务局丰广煤矿队长	男	劳动模范	吉林省政府	1994
马文华	珲春矿务局掘进队长	男	劳动模范	吉林省政府	1994
肖国明	珲春矿务局车间主任	男	劳动模范	吉林省政府	1994
王凤岐	珲春矿务局	男	劳动模范	吉林省政府	1994
许家武	白山八道江市宏远公司缸窑煤矿工人	男	劳动模范	吉林省政府	1994
蒋新民	辽源矿务局消火段长	男	劳动模范	吉林省政府	1999
许传生	辽源矿务局党委副书记	男	劳动模范	吉林省政府	1999
李凤华	辽源矿务局中学教师	女	劳动模范	吉林省政府	1999
徐玉权	辽源矿务局采煤工人	男	劳动模范	吉林省政府	1999
郑宝昌	通化矿务局井区队长	男	劳动模范	吉林省政府	1999
李边春	通化矿务局掘进队长	男	劳动模范	吉林省政府	1999
刘坤峰	通化矿务局汽车队司机	男	劳动模范	吉林省政府	1999
白立芳	通化矿务局医院院长	男	劳动模范	吉林省政府	1999
刘俊国	通化矿务局小学校长	男	劳动模范	吉林省政府	1999
庞会祥	通化矿务局值班队长	男	劳动模范	吉林省政府	1999
王玉祥	通化矿务局工会主席	男	劳动模范	吉林省政府	1999
张　义	辽源矿务局局长	男	劳动模范	吉林省政府	2004
朱春华	辽源矿务局梅河煤矿总工程师	男	劳动模范	吉林省政府	2004
万志富	辽源矿务局梅河煤矿采煤工人	男	劳动模范	吉林省政府	2004
刘宝民	辽源矿务局西安煤矿副段长	男	劳动模范	吉林省政府	2004
崔福轩	辽源矿务局辽源煤机厂厂长	男	劳动模范	吉林省政府	2004
李延峰	通化矿务局道清煤矿采煤队长	男	劳动模范	吉林省政府	2004

(续)

姓 名	单位、职务	性别	荣誉称号	授予单位	授予年份
陈丽国	通化矿务局松树煤矿副井长	男	劳动模范	吉林省政府	2004
张福义	通化矿务局生活公司经理	男	劳动模范	吉林省政府	2004
周文新	珲春矿务局柏石煤矿采煤区区长	男	劳动模范	吉林省政府	2004
郑方银	杉松岗矿业公司董事长、总经理	男	劳动模范	吉林省政府	2004
邹籍峰	白山市正集卓越集团公司董事长	男	劳动模范	吉林省政府	2004
侯树军	吉林省煤田地质局基础工程公司	男	劳动模范	吉林省政府	2004
郭延录	辽源矿业公司梅河煤矿采段书记	男	劳动模范	吉林省政府	2009
谷忠武	辽源矿业公司西安公司经理	男	劳动模范	吉林省政府	2009
付宏婕	辽源矿业公司总医院院长	女	劳动模范	吉林省政府	2009
包合西都冷	辽源矿业公司金宝屯煤矿采煤工人	男	劳动模范	吉林省政府	2009
周亚晶	辽源矿业公司泵业公司工人	女	劳动模范	吉林省政府	2009
赵显文	通化矿业公司董事长	男	劳动模范	吉林省政府	2009
王景和	通化矿业公司医院科主任	男	劳动模范	吉林省政府	2009
丛佩君	通化矿业公司道清矿井长	男	劳动模范	吉林省政府	2009

1995—2010年国家部、委级劳动模范、先进个人名录

姓 名	单位、职务	性别	荣誉称号	授予单位	授予年份
池祥赫	辽源矿务局副总工程师	男	劳动模范	煤炭工业部	1995
佟 利	辽源矿务局副井长	男	劳动模范	煤炭工业部	1995
陶化贤	通化矿务局矿长	男	劳动模范	煤炭工业部	1995
郭金修	通化矿务局井区段长	男	劳动模范	煤炭工业部	1995
王凤君	舒兰矿务局采区队长	男	劳动模范	煤炭工业部	1995
曹社生	珲春矿务局掘进队长	男	劳动模范	煤炭工业部	1995
马文华	珲春矿务局掘进队长	男	劳动模范	煤炭工业部	1995
全喜林	东北地质局长春东煤基础公司经理	男	劳动模范	煤炭工业部	1995
郑方银	杉松岗煤矿矿长	男	煤炭工业优秀企业家	中煤协会	2002
郑方国	杉松岗矿业公司正方公司董事长	男	全国农村创业致富带头人	共青团中央	2002
曹永金	吉林煤矿安监局延吉办事处主任	男	全国安全生产先进工作者	人事部、国家安全监管局	2004
刘剑民	吉林煤监局辽源监察分局局长	男	全国安全生产先进工作者	人事部、国家安全监管总局	2006
黄孝国	辽源矿业公司梅河煤矿技师	男	劳动模范	人事部、中煤协会	2007
张 敏	通化矿业公司松树煤矿主任	男	劳动模范	人事部、中煤协会	2007
于钦显	舒兰矿业公司六矿采煤队长	男	全国煤炭系统劳动模范	人社部、中煤协会	2007
贾立明	珲春矿业公司总经理	男	全国煤炭系统劳动模范	人社部、中煤协会	2007
杜喜富	吉林省煤田地质局203勘探公司	男	全国煤炭系统劳动模范	人社部、中煤协会	2007
王 敏	吉林煤监局白山分局副调研员	男	全国防汛抢险先进个人	人事部、民政部	2010

(二)"五一劳动奖章"获得者

1991—2010 年全国"五一劳动奖章"获得者名录

姓名	单位、职务	性别	荣誉称号	授予单位	授予年份
赵宏伟	辽源矿务局梅河煤矿采煤队长	男	"五一劳动奖章"获得者	中华全国总工会	1991
朱作林	舒兰矿务局工会主席	男	"五一劳动奖章"获得者	中华全国总工会	1991
詹恒友	辽源矿务局西安煤矿采煤段长	男	"五一劳动奖章"获得者	中华全国总工会	1999
徐玉权	辽源矿务局梅河煤矿采煤工人	男	"五一劳动奖章"获得者	中华全国总工会	2002
陈丽国	通化矿业公司松树煤矿井长	男	"五一劳动奖章"获得者	中华全国总工会	2008
黄孝国	辽源矿业公司梅河煤矿技师	男	"五一劳动奖章"获得者	中华全国总工会	2009
林秀江	珲春矿业公司英安煤矿副矿长	男	"五一劳动奖章"获得者	中华全国总工会	2009
刘建江	舒兰矿业公司五矿采煤班长	男	"五一劳动奖章"获得者	中华全国总工会	2010

1998—2010 年吉林省"五一劳动奖章"获得者名录

姓名	单位、职务	性别	荣誉称号	授予单位	授予年份
蒋新民	辽源矿务局西安煤矿消火段长	男	"五一劳动奖章"获得者	吉林省总工会	1998
万志富	辽源矿务局梅河煤矿采煤工人	男	"五一劳动奖章"获得者	吉林省总工会	2003
李宝柱	舒兰矿务局东富煤矿采煤队长	男	"五一劳动奖章"获得者	吉林省总工会	2003
王喜绵	蛟河煤矿机械制造厂	男	"五一劳动奖章"获得者	吉林省总工会	2003
王延平	通化矿务局局长	男	"五一劳动奖章"获得者	吉林省总工会	2004
郑方银	杉松岗矿公司董事长、总经理	男	"五一劳动奖章"获得者	中华全国总工会	2004
惠宇雷	吉林煤监局副总工程师	男	"五一劳动奖章"获得者	吉林省总工会	2004
黄孝国	辽源矿务局梅河煤矿技师	男	"五一劳动奖章"获得者	吉林省总工会	2005
常乃明	通化矿务局松树煤矿救护队技术员	男	"五一劳动奖章"获得者	吉林省总工会	2005
李亚文	吉林煤田地质局203勘探公司	男	"五一劳动奖章"获得者	吉林省总工会	2005
孙福春	辽源矿业公司工会主席	男	"五一劳动奖章"获得者	吉林省总工会	2006
吴玉强	通化矿业公司物业公司科长	男	"五一劳动奖章"获得者	吉林省总工会	2006
邹大庆	珲春矿业公司救护副中队长	男	"五一劳动奖章"获得者	吉林省总工会	2006
孔常东	辽源矿业公司西安煤矿采煤段长	男	"五一劳动奖章"获得者	吉林省总工会	2007
郭延录	辽源矿业公司梅河煤矿采煤段书记	男	"五一劳动奖章"获得者	吉林省总工会	2008
刘长仪	辽源矿业公司西安煤矿生产科长	男	"五一劳动奖章"获得者	吉林省总工会	2008
赵显文	通化矿业公司董事长	男	"五一劳动奖章"获得者	吉林省总工会	2008
王升宇	通化矿业公司常务副总经理	男	"五一劳动奖章"获得者	吉林省总工会	2008
王敦宏	舒兰矿业公司五矿总工程师	男	"五一劳动奖章"获得者	吉林省总工会	2008
任俊峰	舒兰矿业公司六矿机电段长	男	"五一劳动奖章"获得者	吉林省总工会	2008
王文志	辽源矿业公司工会主席	男	"五一劳动奖章"获得者	吉林省总工会	2009
迟作山	辽源矿业公司总会计师	男	"五一劳动奖章"获得者	吉林省总工会	2009

（续）

姓　名	单位、职务	性别	荣　誉　称　号	授　予　单　位	授予年份
詹树江	辽源矿业公司梅河煤矿掘进段副段长	男	"五一劳动奖章"获得者	吉林省总工会	2010
刘长仪	辽源矿业西安煤矿总工程师	男	"五一劳动奖章"获得者	吉林省总工会	2010
夏继敏	通化矿业公司工会主席	男	"五一劳动奖章"获得者	吉林省总工会	2010
吴长明	舒兰矿业公司运销公司副经理	男	"五一劳动奖章"获得者	吉林省总工会	2010
刘建江	舒兰矿业公司五矿采煤班长	男	"五一劳动奖章"获得者	吉林省总工会	2010

（三）先　进　集　体

1991—2009年吉林省先进集体名录

先　进　单　位	荣　誉　称　号	授　予　单　位	授予年份
辽源矿务局西安煤矿党委	全省先进基层党组织	中共吉林省委	1991
辽源矿务局铁道器材厂	吉林省文明单位	吉林省政府	1991
舒兰矿务局	拥军优属先进单位	吉林省政府	1992
辽源矿务局总医院	吉林省文明单位	吉林省政府	1994
辽源矿务局生活公司幼儿园	吉林省文明单位	吉林省政府	1994
辽源矿务局西安煤矿	吉林省文明单位	吉林省政府	1994
辽源矿务局机电总厂	吉林省文明单位	吉林省政府	1994
辽源矿务局供水供热处维修科	吉林省文明单位	吉林省政府	1998
辽源矿务局梅河煤矿党委	全省先进基层党组织	中共吉林省委	1998
辽源矿业公司党委	全省先进基层党组织标兵	中共吉林省委	2006
吉林省煤田地质局物探公司	吉林省地质勘查先进单位	吉林省政府	2008
辽源矿业公司西安煤业公司	吉林省模范集体	吉林省委、省政府	2009
通化矿业公司	吉林省模范集体	吉林省委、省政府	2009
吉林东圣焦化有限公司	吉林省模范集体	吉林省委、省政府	2009
吉林省煤田地质局203勘探公司	全省地质勘查行业先进单位	吉林省政府	2009

1994—2009年国家部、委级先进集体名录

先　进　单　位	荣　誉　称　号	授　予　单　位	授予年份
舒兰矿务局	思想政治工作优秀企业	煤炭工业部	1994
通化矿务局湾沟煤矿252采煤队	全国煤炭工业先进集体	煤炭工业部	1995
辽源矿务局	"二五"法制教育先进单位	煤炭工业部	1996
辽源矿务局梅河煤矿	"二五"法制教育先进单位	煤炭工业部	1996
吉林煤监局延吉办事处	全国安全生产先进集体	人事部、国家安全监管局	2004
吉林省煤田地质局203勘探公司	全国煤炭行业功勋单位	中煤企业协会	2005

（续）

先 进 单 位	荣 誉 称 号	授 予 单 位	授予年份
辽源矿业公司党委	全国先进基层党组织	中共中央组织部	2006
吉林煤监局辽源监察分局	全国安全生产先进集体	人事部、国家安全监管总局	2006
辽源矿业公司金宝屯煤矿	全国煤炭工业先进集体	人事部、中煤协会	2007
舒兰矿业公司四矿综采一队	全国工会先锋号	中煤企业协会	2007
吉林省煤田地质局203勘探公司	全国地质勘查行业优秀找矿项目	国土资源部	2007
辽源矿业公司西安公司煤质科手选班	全国巾帼文明岗	全国妇联	2008
辽源矿业公司	全国精神文明建设先进单位	中央精文建设指委办	2009

1991—2007年中华全国总工会、吉林省总工会先进集体名录

先 进 单 位	荣 誉 称 号	授 予 单 位	授予年份
辽源矿务局梅河煤矿三井431采煤队	"五一劳动奖状"获得者	中华全国总工会	1991
通化矿务局大湖煤煤矿	先进单位	中华全国总工会	1992
通化矿务局八道江煤煤矿	先进单位	中华全国总工会	1992
通化矿务局五道江煤煤矿	先进集体	中华全国总工会	1992
通化矿务局苇塘生产经营公司	先进单位	中华全国总工会	1992
通化矿务局湾沟煤矿	先进单位	中华全国总工会	1992
舒兰矿区工会	全国模范职工之家	中华全国总工会	1993
辽源矿区工会	全国模范职工之家	中华全国总工会	1993
辽源矿务局梅河煤矿三井432采煤队	"五一劳动奖状"获得者	中华全国总工会	1998
辽源矿务局梅河煤矿三井采煤一段	"五一劳动奖状"获得者	中华全国总工会	2001
辽源矿业集团公司金宝屯煤矿综采一区	"五一劳动奖状"获得者	吉林省总工会	2007
通化矿业公司	"五一劳动奖状"获得者	吉林省总工会	2007

吉林煤炭工业志

单 位 简 介

一、企业单位简介

（一）吉林省煤业集团有限公司

吉林省煤业集团有限公司（简称吉煤集团）位于长春市高新经济开发区硅谷大街3988号。2009年1月6日，吉林省政府批准设立吉林省煤业集团有限公司。负责经营管理原吉林省煤炭工业局所属的煤炭企业及部分事业单位，按现代企业制度要求理顺产权关系，行使企业经营管理职能。

吉煤集团所属单位：辽源矿业公司（含辽源煤机厂）、通化矿业公司、舒兰矿业公司、珲春矿业公司、杉松岗矿业公司、蛟河煤机公司、长春东北输送设备制造有限公司、长春煤炭设计研究院、东北煤炭环保研究所9个单位。

吉煤集团是在整合辽源、通化、舒兰、珲春、杉松岗5个矿业公司和蛟河煤机公司、长春东北输送设备制造有限公司、东煤环保研究公司、长春煤炭设计院的基础上建立的吉林省唯一一家大型煤炭企业集团。其中，辽源矿业公司、通化矿业公司、舒兰矿业公司均具有百年开采历史，前身都是原煤炭工业部管理的国有重点煤矿企业。杉松岗煤矿原为省属地方煤矿，至今已发展成以煤炭、农副养殖、屠宰加工、经营销售多种经济成分并存的企业集团。

2010年，吉煤集团公司有28处生产矿井，生产原煤2808万吨。

吉煤集团经营范围：煤炭，共28处矿井，可采储量4.3亿吨，煤炭产品普遍高灰分，有1/3焦煤、焦煤、气煤、气肥煤、瘦煤、长焰煤、褐煤7个煤种，其中热值低于3500卡的煤炭占全集团总储量的69.8%；金融类，包括小贷、担保、投资业务；非煤产业，主要有机械制造（煤机、大型锻造）、现代农牧业（禽类养殖加工）、煤化工（焦化和乙二醇产品）及瓦斯发电和火力发电等。

吉煤集团机关管理机构设置有董事长（总经理）办公室、人力资源部、规划发展部、生产技术部、安全监管部、企业管理部、财务部、市场营销部、物资供应部10个管理部门。

2010年底，吉煤集团共有19户权属企业，其中：全资企业14户，控股企业3户，参股企业1户，托管企业1户。注册资金18.5亿元。资产总额215.4亿元，净资产42.7亿元。在册职工51765人，离退休15502人，集体企业53554人，职工及家属近30万人。

（二）辽源矿业（集团）有限责任公司

辽源矿业（集团）有限责任公司（简称辽源矿业公司）前身是辽源矿务局，位于吉林省中南部的辽源市，局机关位于辽源市西安区人民大街7826号，矿区与外界交通便利。四梅铁路与矿区铁路专用线接轨，长辽、长沈高速、国省县三级公路在矿区周边构成出入方便快捷的交通网。

辽源矿区煤炭开采，有100多年的历

史。辽源矿务局是原煤炭工业部所属的大型国有统配煤矿之一。1991年至1994年2月，归东煤公司管理。1994年3月，归吉林煤炭工业管理局（吉林省煤炭工业局）管理。1998年7月，归吉林煤炭工业管理局（吉林省煤炭工业局）管理。2005年12月，辽源矿务局改制为辽源矿业（集团）有限责任公司，仍归吉林省煤炭工业局管理。2009年1月，辽源矿业公司归吉煤集团公司管理，是吉煤集团成员企业之一。

辽源矿务局煤炭品种以长焰煤、气煤和气肥煤为主，煤质优良，平均发热量在5000大卡左右。非煤产业有采掘机械、矿用水泵、煤矿机械配件、汽车配件、民用火药、建筑材料等主打产品。

辽源矿务局的西安煤矿、梅河煤矿两个生产矿，煤炭总储量8584.2万吨，可采储量6004万吨，设计生产能力361万吨/年。金宝屯煤矿煤炭储量10632万吨，可采储量8254.26万吨，设计生产能力90万吨/年。

1991—2010年，辽源矿业公司经历了改革开放和经济体制转轨变型带来的历史机遇，也经历了企业生产经营由低谷到振兴的历史性转变。1993年，煤炭企业全面进入市场后，受全国煤炭市场低迷、企业之间拖欠"三角债"和国家对煤矿企业亏损指标逐年大幅度抽回、企业自身煤炭总量不足、管理粗放落后等因素影响，矿务局生产经营逐步下滑，到20世纪90年代后期（1996—1999年）企业经济运行极度困难，不能维持正常生产，煤炭产量下滑，产品滞销，回款困难，"三角债"居高不下，安全生产不能正常投入，职工工资不能正常发放。1997—1999年，全局累计欠发职工工资22个月，不稳定因素明显增多，矿务局被煤炭行业主管部列为全国煤矿36个特困矿务局之一。

2000年，辽源矿务局经济形势出现转机，初步摆脱了生产经营的困境。当年，辽源矿务局固定资产180481.3万元，净资产137312.5万元；年工业总产值47025.7万元；职工36621人，集体企业职工27436人。干部职务实行聘任（用）制，专业技术人员实行职务评聘制。职工收入由八级工资制、等级工资制向"一酬多挂"为主要内容的效益工资过渡。建立社会统筹养老保险机构，职工参加社会统筹养老保险，离退休人员养老金实行社会发放。2001年6月，泰信煤矿破产关闭，平岗煤矿也以"泰信煤矿平岗片"名义随之破产关闭。为了稳定煤炭产量，矿务局成立红梅煤矿。2002年，辽源矿务局与全国煤矿企业共同步入煤炭企业发展的黄金时期，并一直保持蓬勃向上的发展势头。2003年12月，西安煤矿破产重组为西安煤业公司。2004年6月，金宝屯煤矿建成投产。

2005年7月，按吉林省煤炭工业局的要求，辽源矿务局接收万宝煤矿。同年12月，辽源矿务局资产重组，改制为辽源矿业公司，改制后的辽源矿业公司，坚持安全、精干、高效的宗旨，原煤人员大幅度减少，全员效率不断刷新。2005年煤炭产量完成711.2万吨，比"九五"期末的2000年增产402.2万吨，产量相当于过去两个辽源矿务局的产量。2007年12月，着手筹建云南富源煤业公司。2008年3月，从杉松岗矿业公司收购贵州坪子煤矿，同年12月，龙家堡煤矿试生产，2009年7月正式生产，这座大型现代化矿井为辽源矿业公司的持续发展奠定了坚实基础。西安煤矿、梅河煤矿和红梅煤矿老矿挖潜，实现了衰老矿区的稳产高产。辽源矿业公司普遍采用综采放顶煤技术和综合采掘机械化采煤技术，煤炭产量逐年增加，全公司原煤产量一年一个大跨越。2009 年，辽源矿业公司生产煤炭 1101 万吨，首次跻身千万吨大型煤炭企业行列。

2006 年，辽源矿业公司党委被中组部授予优秀基层党组织称号，被吉林省委授予优秀基层党组织标兵称号。2009 年 1 月，获得全国精神建设工作先进单位称号。

2010 年，辽源矿业公司所属矿井采煤工作面全部实现了机械化开采，掘进工作面机械化程度达到 98%，连续 10 年杜绝了瓦斯、煤尘事故。煤炭产量再创新高，原煤产量达到 1203 万吨，开拓进尺 13593 米；原煤效率 3.10 吨/工；非煤生产经营总额 10.4 亿元；销售收入 41.9 亿元；企业利润 1.799 亿元；上缴税费 6.13 亿元；职工年人均收入 4.1 万元。企业固定资产原值 487438 万元，净资产 331422 万元。

（三）通化矿业（集团）有限责任公司

通化矿业（集团）有限责任公司（简称通化矿业公司）前身是通化矿务局，始建于 1949 年 8 月，地处吉林省东南部长白山西麓，通白线铁路（通化—白河）、201 国道（鹤大线）在通化矿区穿过。通化矿业公司机关位于白山市区建设街 888 号，所辖矿区约 480 平方千米。2010 年末，通化矿区地质储量 23104.1 万吨，工业储量 22975.5 万吨，开采储量 9036.5 万吨。生产矿井地质构造复杂，开采难度大、成本高、售价低，主力生产矿井属高瓦斯矿井。生产的煤炭主要品种有焦煤、1/3 焦煤、气煤、瘦煤、贫煤、无烟煤，是吉林省主要焦煤生产基地。

1991 年，通化矿务局在全面完成煤炭工业部对全国统配煤矿实行的 6 年总承包任务后，又同东煤公司签订了两年延续承包合同。矿务局与所属生产经营单位签订责任状，实行"三包七定"（"三包"：包产量、包盈亏、包后勤，"七定"：定安全、定产品质量、定全员效率、定设备和巷道完好、定机械化程度、定掘进总进尺、定流动资金周转天数），较好地完成了两年延续承包期各项经济指标。其中：1991 年完成煤炭总产量 550.5 万吨，超计划 80.4 万吨，创出"七五"时期以采的最好水平；掘进总进尺超计划 3341 米。两年累计完成基本建设投资 5640 万元，完成计划的 108.8%；取得科研成果 95 项，创造价值 150 万元；各种经营实现利税 664 万元。同时对大湖煤矿玉米糖厂、五道江煤矿电磁线厂进行技术改造，并新上砟子煤矿石英砂厂、铁厂洗煤厂、釉面砖厂项目。住房建设投资是"七五"计划后 4 年的总和。

1993 年，煤炭工业部决定从当年开始，每年抽回 1/3 亏损补贴，三年全部抽回。通化矿务局面临着材料价格大幅度上涨、资金极度紧张、铁路运力严重不足、煤炭资源部分枯竭，矿井产量急剧下降的严峻经济形势，1993 年仅完成原煤总产量 381 万吨，生产经营困难程度一年比一年加重。

1993—1994 年，通化矿务局确定并实施分灶吃饭、减人提效、三线分离、减亏降成、模拟二级法人运转和转换经营机制等举措，对成本高、亏损大、产量低的矿井实行个人承包和集体承包的风险经营机制。矿务局机关处室、矿（厂）科室由 1992 年的 276 个减到 181 个，机关干部减少 788 人。

1995 年，通化矿区遭受百年不遇的特大洪水灾害，直接经济损失上亿元。当年完成煤炭总产量 314 万吨，超亏挂账达 22940 万元。1993—1995 年，通化矿务局共筹措资金155万元，先后建起8个救急粮店，解决4500多户职工缺粮问题，发放救济款70万元，发放给考入大中专特困家庭学生专项救济款1.3万元，建立互助金组1806个，总金额达到70多万元。

1996—2000年，通化矿务局被煤炭行业主管部门列为全国10个特困局之一。1996年，矿务局有5对矿井，生产原煤310.9万吨。1997—1998年，煤炭市场持续疲软，销售资金回笼困难，有限资金只能维持简单再生产，通化矿务局先后制定"分权、分离、分立、抓大放小、一矿一策、一厂一策灵活独立经营"改革措施。1997年采取以煤为主，大力发展多种经营的决策，构建"三条线一个一"（原煤生产线、多种经营线、后勤服务线，多种经营利润翻一番）的格局。1998年开始，采取主辅分离，重组改制，停产关闭资源枯竭、亏损严重的矿井，分流下岗，发放生活费等多项措施，使亏损严重的局面得到遏制，企业生产经营得到基本保证。

2000年11月，国务院关闭破产领导小组正式批准通化矿务局八道江煤矿、五道江煤矿、大湖煤矿关闭破产。同年，通化矿务局围绕产权制度改革和所有制结构调整，对石人水泥厂、机电总厂、基本建设工程处、汽运处、设计院、印刷厂确立和实施了不同的改制方案，成立了公司制企业。

2001—2005年，通化矿务局先后分三批实施资源枯竭矿井关闭破产工作。第一批为八道江煤矿、大湖煤矿、五道江煤矿，第二批为湾沟煤矿（含铁厂洗煤厂、机电总厂、电气设备厂、多种经营总公司）、苇塘煤矿（含石人水泥厂、工程处、汽运处），第三批为砟子煤矿（含勘察设计院、印刷厂）。

实施6个资源枯竭煤矿（含9个地面辅助企业）破产，卸掉企业办社会的沉重包袱，国家工商银行核销各类债务8.5亿元，清偿拖欠职工工资3.14亿元，资产变现3457万元，妥善安置职工26266人，对破产后的地面单位实行改制重组，有2427人实现再就业，对破产单位的教育、公安、环保、房产、水电、供暖等社会职能部门和资产全部移交所在地方政府管理。2005年末，通化矿务局对8个改制公司实行国有股权转让，国有资产全部退出。

2005年12月14日，吉林省国有企业改革领导小组批复，同意通化矿务局改制为国有独资的通化矿业（集团）有限责任公司。同年12月26日，通化矿业公司挂牌成立。

2006—2007年，通化矿业公司大力推进现代企业制度建设，完善公司法人治理结构。制定董事会、监事会和经理层的各项工作规划，建立分工明确、运转流畅、科学高效的运行机制。确立了八宝循环经济工业园区发展模式，企业发展战略迈出新的步伐。确立并实施了年产煤炭180万吨的八宝矿井技术改造、180万吨以上八宝工业园洗煤厂配套、2×330兆瓦矸石发电和免烧粉煤灰砖厂的建设项目。2007年8月，八宝矿井改扩建工程国铁改线（八宝—三岔子车站）开工，解放铁路压煤，增加储量3370万吨；八宝矿井新区新建一对立、副井井筒，包括矿井提升设备安装、井下工程、地面配套辅助工程同时开工建设。竣工投产后，八宝井的生产能力由120万吨/年提高到300万吨/年，新增生产能力180万吨/年。

2008—2009年，通化矿业公司注重发展循环经济，"一体两翼"协调发展战略迈出新步伐。立足煤炭主体地位不动摇，做强做大主业。同时，进一步延伸煤炭产业链条，大力发展相关产业，开发建设焦炭、煤化工新的工业园区。焦化项目于2008年3月建成投产，甲醇项目于2009年下半年投入试生产，两个项目累计完成投资6.85亿元。2010年，项目全部达产后，实现年产值12亿元、销售收入10亿元、利税2.03亿元。新建和改扩建洗煤厂4座，形成"一矿一洗"的生产布局，原煤入洗能力达到465万吨/年。为推进煤炭深加工，打造洗选加工产业优势奠定了基础。"一体两翼"双丰收。2009年，通化矿业公司原煤总产量完成422万吨，实现利润4077万元，比计划利润增加77万元。

2010年，通化矿业公司原煤总产量522万吨，全年实现工业总产值26亿元，同比增加1.9亿元，增幅7.9%；安全生产状况持续好转，杜绝了瓦斯、煤尘等重大事故的发生，矿井质量标准化建设全部达到一级；完成利润考核计划2074万元；资产总值32.6亿元，同比增加4.9亿元，增幅18%；职工收入持续提高，人均年收入38882元，同比增加4761元，增幅14%。

（四）舒兰矿业（集团）有限责任公司

舒兰矿业（集团）有限责任公司前身是舒兰矿务局，建于1958年，位于吉林省舒兰市境内。矿务局机关本部位于舒兰市吉舒镇，有铁路专用线连接矿区，交通便利。

1991—1993年，是舒兰矿务局建局以来最为辉煌的时期。矿务局进入国家大二型企业行列。1991年，原煤产量、企业坑木和原煤坑木消耗、回采率、采掘机械化程度、单产和减亏额等指标创历史最好水平。原煤产量实现420.36万吨，采煤机械化程度70.52%，掘进机械化程度72.36%，单产16851吨。回采效率5.083

吨/工，企业坑木和原煤坑木分别降到60.93立方米和57.45立方米，实现减亏1721.8万元。完成国家基本建设投资1706万元，自筹和上补资金2980万元，房屋竣工面积44379平方米。非煤产业自我完善，不断发展，集体企业的红砖、水泥、防水卷材等产品出现供不应求局面。果葡糖浆获得首届国际"延龄杯"金奖和中国食品工业十年新成就展示会优秀产品奖。东富木雕销往美国、比利时等国家和中国香港地区。内部银行获首届全国煤炭行业管理现代化成果一等奖。

1992年，矿务局机关实行一处一长、一科一长，合并4所学校、两个救护队和勘探、水文、测量队，关闭了成本高、煤质差的5个井口。提前退休1790人。

1995年，舒兰矿区和营城矿区，均被煤炭工业部认定为全国25个衰老矿区之一。矿务局所属各矿井，"八五"期间陆续进入报废期。矿井总量由承包前的17对减少到5对。设计能力由353万吨/年减少到201万吨/年，核定能力由348万吨/年减少到225万吨/年，1998年，全局煤炭产量减少到200多万吨。

1998年8月，舒兰矿务局下放到吉林省政府管理，为省属煤炭企业。矿务局加快机构改革和"三条线"管理的实施步伐，1999年1月，营城矿区划归吉林省煤炭工业局直接管理。同年4月，矿务局把学校、总医院、水电处、行政处等服务性单位划入后勤服务中心。2000年1月，撤销东富煤矿、吉舒煤矿、丰广煤矿、舒兰街煤矿机关，成立煤炭生产经营总公司，将各井口和销售公司纳入煤炭生产经营总公司统一管理，从而形成全矿务局"三条线"管理的框架格局。

2000年，取消矿，由生产公司统一管理11处矿井。2005年12月，舒兰矿务局改制为舒兰矿业（集团）有限责任公司。公司下设6个分公司，4个全资子公司，2个控股公司，3个直属单位，职工3800多人。公司有3处生产矿井，核定能力291万吨/年。全公司资产总额10亿多元。

2006—2010年，舒兰矿业公司加快矿井改扩建，强化成本管控，推进企业文化建设，各项改革和现代化建设取得重大成绩，开辟了历史发展的新时期。5年间，舒兰矿业公司提前两年实现300万吨规划目标，有10项工作取得突破性成果。一是通过支护改革，全部采用U钢、锚喷、锚网等支护，非木支护达到100%，彻底改变了矿井落后面貌；二是通过采煤方法改革，成功在软岩条件下引入综采技术，创造了单井年产150万吨的历史纪录；三是通过5年近5亿元企业升级改造投入，有效地解决了产量低、规模小、效率低问题，生产能力实现翻番，核定能力达到480万吨/年；四是在防治水领域取得重大科研成果，实现了二矿深部煤层安全回采，奠定了二矿未来发展基础；五是通过组织对地面塌陷区和水体进行有效治理，提出防治水、"一通三防"两个重点，机电运输和顶板控制两个关键环节，积极淘汰落后设备，落实"亮、平、齐、直、全、严、净"七字标准，实现了巷道环境街道化、硐室环境客厅化、地面环境花园化、员工着装整洁化目标，创造了具有舒矿特色的质量标准化新模式；六是通过开展管理效益年、查摆提堵建、"六清理""八公开"等项活动，企业效益稳步增长，成为舒兰地区上缴税费大户；七是以物资超市、招投标为代表的管理方式，拓展了物资管理新领域；八是独立自主建设现代化洗煤厂，实现了舒兰矿区50年发展史上的重大跨越，闯出褐煤提质增收的新途径；九是产业结构调整实现重大突破，建成全省第一个煤炭储备基地；十是企业文化步步推进，矿区面貌全面改善，员工收入水平大幅增长，被评为国家煤炭行业AA级信用企业。

2010年，舒兰矿业公司加快转变发展方式，及时调整经营战略，实施强有力的"五个结合"宏观调控措施，以科技、创新、和谐为主题，坚持狠抓安全、发展、管理、民生四大工程，从6个方面突出抓好落实，取得积极成果。煤炭产量完成408万吨，同比增长15.96%。全员效率3.74吨/工，同比提高11.64%。单产50732吨，同比提高15%。单进167米，同比提高31%。采煤机械化74%，同比提高18.6%；掘进机械化88.6%，同比提高73.6%。非煤产值1.5亿元，同比增加7800万元。企业盈亏补前亏损4710万元，补后利润205万元，同比增盈58万元。

（五）珲春矿业（集团）有限责任公司

珲春矿业（集团）有限责任公司前身是珲春矿区建设指挥部，成立于1983年3月。1992年9月，珲春矿区建设指挥部更名为珲春矿务局。2005年12月，珲春矿务局改制为珲春矿业（集团）有限责任公司。珲春矿业公司位于珲春市河南西街1110号。

珲春矿区煤田处于吉林省东部的延边州珲春市境内。珲春煤田构造简单，倾斜较缓，煤层多。矿区煤田总面积460平方千米，区域内有珲春煤田、凉水煤田、春化煤田、敬信煤田、庙岭煤田、五家子及骆驼河子煤田。2005年，探明储量7.8亿吨，工业储量5.91亿吨，煤种为长焰煤和褐煤。

1990年7月1日，城西煤矿移交生产。1992年9月15日，八连城煤矿立井正式开工建设。由于煤炭行业政策调整，

1994年5月，经国家批准停缓建。1993年11月，珲春矿务局成立珲煤工贸企业集团总公司，下设八大公司，至1996年底，八大公司相继解体。

1995年，由于受国家逐年削减亏损指标和煤炭市场疲软等方面因素影响，企业亏损越来越严重，经济运行十分困难。全局职工坚守工作岗位，团结一致，顾全大局，坚持煤矿生产，维护矿区稳定。

2000年9月，珲春矿务局领导班子决定实现"两个确保"（一是确保从2001年1月起，不再欠发职工工资；二是确保安全生产投入，保证生产后劲）。2003年4月16日，城西煤矿、三道岭煤矿与其相关的单位相继破产。

2003年，英安煤矿生产原煤82万多吨。2004年，生产原煤91万多吨；2005年，生产原煤100多万吨；2007年，生产原煤150万吨，实现了"一矿变两矿"的目标。同年，英安煤矿101采煤队被评为全国煤炭工业先进集体。

2004年6月，国家振兴东北老工业基地发展战略的实施，停建10年的八连城煤矿正式恢复建设。2005年计划工作量8565.02万元，实际完成9700.87万元，超计划1135.85万元，超13%。

2005年10月28日，板石一矿破土动工。

2006年，珲春矿业公司确定了"新矿尽快投产，老矿争作大贡献"总体思路。年末，八连城煤矿通过竣工验收，2007年8月8日，八连城煤矿正式投产。同年，八连城矿被确定为全国煤炭行业45个本质安全型管理矿井试点之一。2007年12月21日，板石煤矿项目建设顺利通过验收，建设工期19个月，提前15个月竣工，创出了全国同类型矿井建设速度的最好水平。2008年，板石煤矿正式移交生产，同年7月8日，正式投入生产。上半年生产原煤100多万吨，投产即达产，为实现年产240万吨奠定了坚实的基础。形成了八连城煤矿、板石煤矿与英安煤矿并驾齐驱的大生产格局。经过一年的努力，珲春矿业公司原煤产量500万吨，提前两年实现"十一五"规划目标，销售收入11.6亿元，实现产值12亿元，职工收入3.2万元/年，各项工作取得丰硕成果，实现了历史性突破。

在吉煤集团领导下，珲春矿业公司在吉林省开辟了首家下水煤市场。2009年7月1日，在辽宁省营口市鲅鱼港举行了首航仪式，珲春矿业公司生产的煤炭陆续通过港口发往上海、安徽、山东等地，实现了北煤下海南运的格局，当年，珲春矿业公司生产原煤600万吨。

2010年，珲春矿业公司各项工作有了长足的发展，公司煤炭产业成为支撑延边地区经济发展的重要支柱产业。当年，按照吉煤集团实现"管理效益年"的要求，公司开展了"1318"工程（"1个降低"：降低成本；"3个提高"：提高煤质，提高商品煤产量，提高售价；"18个压缩"：从18个方面节支降耗），使全公司节支降成工作收到显著成效。当年，改革U型钢支护为锚网索支护，节约支护费11406万元，物资采购招标节约成本1975万元，工作面回撤零丢失，减少配衬浪费330万元，各类材料在产量增加情况下减少投入2912万元。"1318"工程的开展，在解决了安全生产投入压力的同时提高了员工参与企业管理，提高了企业管理水平的意识。

（六）杉松岗矿业（集团）有限责任公司

杉松岗矿业（集团）有限责任公司前身是杉松岗煤矿，位于辉南县杉松岗镇。2002年12月，改制为杉松岗矿业

（集团）有限责任公司。2005年5月，杉松岗矿业公司总部机关迁往辉南县朝阳镇西朝阳大街60号。

1990年开始，杉松岗煤矿筹集资金重点抓小井开采、挖掘劣煤和组织矸石回收工作，合理利用低质尾煤和高灰分劣煤，兴建一座6000千瓦的矸石热电厂。并投资200万元扩建洗煤厂，进行工艺改造，提高洗煤能力和精煤回收率。并从20世纪80年代中期开始，在发展煤炭主业的同时，大力兴办非煤产业。

1994年5月，杉松岗煤矿隶属吉林省煤炭工业局。1995年底，全矿区非煤产业项目安排1000余人，产值2000万元，年利润150万元。1996年，矿区形成以养鸡业、选矿业和第三产业为主的多种经营项目。肉鸡饲养、铁矿开采和加工及种鸡养殖等3个项目成为杉松岗煤矿发展非煤产业的3个支柱产业。1997年，经过配套扩建的冷库，冷冻和冷藏量分别达200吨和1500吨，库容量达到与肉鸡加工能力相适应。实行种鸡、饲料加工、放养回收、屠宰加工、冷藏一条龙生产线，30多种肉鸡产品销往兰州、北京、哈尔滨、昆明等全国市场。

1999年，杉松岗煤矿非煤产业完成总产值6409万元，非煤产业产值超过了煤炭生产产值。实现销售收入6743万元，利润371万元，分流安置1330人。百名矿工子女和外来大中专毕业生在非煤产业的岗位上得到安置。1997年、1999年和2000年分别对种鸡场、选矿业、海绵铁、型煤和矿建筑安装工程队进行产权制度改革。

2000年，杉松岗煤矿生产原煤26.86万吨，比上年增加4.13万吨。非煤产业生产经营总额8020万元，较上年提高130.45%，实现销售收入7140万元，比1999年增加397万元，实现利润222.5万元。非煤产业职工1388人，职工平均工资4943元/年，较上年提高389元/年。

2002年12月，经吉林省政府批准，杉松岗煤矿改制为国有独资的杉松岗矿业公司，隶属吉林省煤炭工业局。2009年1月，吉林省煤炭工业局撤销，杉松岗矿业公司隶属吉煤集团，为吉煤集团成员企业。

2009年，杉松岗矿业公司发展成拥有1个核心企业、3个煤炭生产矿区、6个非煤工业园区的煤与非煤综合性企业集团公司。全年，实现总产值5.9亿元，销售收入5亿元，利润100万元，煤炭产业全年实现了零死亡目标，创造了连续718天无重伤以上事故的历史最好水平；原煤产量70.06万吨，同比增加10.06万吨，增幅16.8%；产值1.2亿元，销售收入1.1亿元，煤矿掘进进尺10536米，煤矿采掘机械化程度63%。

2010年，杉松岗矿业公司实现总产值55136.5万元，其中非煤产业总产值42868.2万元；实现营业收入5.4亿元，同比增幅8%；实现利润1619万元。全年投入安全资金4339万元，对各矿安全生产系统全面升级改造，龙马煤矿质量标准化水平达到了吉煤集团一级标准，杉松一矿达到了吉煤集团二级标准；龙马煤矿、新胜煤矿和杉松一矿分别实现连续安全生产1773天、1084天和2117天；全集团实现了零死亡奋斗目标；煤炭产量70万吨，同比增加6万吨，增幅9.4%；营业收入1.5亿元，掘进进尺11051米，利润2609万元。营业总收入54683.24万元，其中非煤产业总收入39761.19万元。

杉松岗矿业公司先后获得了中国企业联合会和企业家协会授予的"中国知名企业"称号和中国煤炭工业协会授予的"全国煤炭工业综合利用与多种经营先进企业"的称号。

（七）辽源煤矿机械制造有限责任公司

辽源煤矿机械制造有限责任公司（简称辽源煤机公司）前身为辽源煤矿机械厂（简称辽源煤机厂），位于吉林省辽源市西安区东育路1号。占地面积121080平方米，其中工业建筑面积60165平方米。有专用铁路线与国铁四梅线相通，厂区与市外环线高速公路及市区交通网相连，交通便利。

辽源煤机厂是生产采煤机的专业厂家，中国三个采煤机制造基地之一，也是与采煤机配套的液压元件研制中心。1991年8月生产的MG360型采煤机样机，各项技术指标优于国外同类采煤机。当年，辽源煤机厂完成总产值6032万元，上缴税金361.5万元。1992年起，辽源煤机厂开始采煤机自主研发的道路，设计开发了适用于中厚煤层综采工作面和高档普采的MG200(250)－WX型系列采煤机。在阳泉矿务局完成井下工业性试验并通过专家技术鉴定。该机型采高范围为1.8～3.5米，是我国自行制造的首台截割电机横向布置的采煤机，为中国电机横向布置式采煤机的研制奠定了基础。1993年5月，被东煤公司评为科技进步一等奖。

1993年，辽源煤机厂、煤炭科学研究总院上海分院与波兰合作，研制MG344－PWD型采煤机。该机为机外载交流变频调速爬底板式薄煤层采煤机，在大同矿务局通过了井下工业性试验，采高范围0.8～1.3米，后经增容改造定型为MG350－PWD型采煤机。

1995年末，辽源煤机厂从煤炭科学研究总院上海分院引进无链牵引传统布置方式的MG375－W型采煤机。该机型采高范围为1.8～3.5米，在当时的煤机产品中，属大功率采煤机。具有牵引力大、截割功率高等优点，后经多次改进设计形成多种机型的系列产品，行销全国各矿务局，成为辽源煤机厂20世纪90年代末的主导产品之一。MG360M－W型采煤机于1995年末完成所有技术准备，1996年1月，正式投产，4月生产出中国自主研制的首台多电机横向布置采煤机。同年5月，在潞安矿务局进行3个月井下工业性试验，获得成功。

1997年，辽源煤机厂自主研发MG200－B(W)型系列薄煤层采煤机，同年9月，在峰峰矿务局顺利通过井下工业性试验，成为辽源煤机厂薄煤层采煤机的主导机型。采高范围1.15～2.0米，可按用户需要按液压无链或有链牵引供货，行销全国各矿务局近百台（套）。

2000年，辽源煤机厂自主研发MG300/675－W型系列、MG150/380－WD型系列采煤机。与中国科学院太原分院共同研发EBJ120型半煤岩掘进机，成为该厂主导产品之一。

2000年底，辽源煤机厂有职工2356人，工厂资产总值1.9亿元，其中固定资产原值1.24亿元，净值5510万元。有各种设备1270台，其中，金属切削设备291台，包括从德国、美国、意大利进口的高、精类设备36台（套）。主要产品是为煤矿提供适用于薄煤层、中厚煤层的普采、高档普采和综采采煤机，以及与之配套的液压泵、马达、社会产品及少量掘进机和刮板输送机。全年完成产值5221万元，上缴税金370.3万元。全员劳动生产率21891元，年人均收入3710元。年生产能力为采掘机械百余台，液压泵、马达1000余台（套），产品行销全国19个省（市、自治区）的105个煤矿企业。

辽源煤机厂具有微机自动测试系统液压泵、马达实验台，可进行液压元件型式试验和寿命试验。2000年底,辽源煤机厂生产的各种液压泵、马达有44个品种,其中主要产品125系列和107系列液压泵、马达均为省部级优质产品。

1991—2010年,辽源煤机公司共生产采煤机784台,掘进机156台,各种液压泵、马达15392台。完成工业总产值200695万元,上缴税金14909.70万元,销售收入170727万元。产品畅销全国25个省(市、自治区)的218个煤矿。

2010年末,辽源煤机公司有职工1784人。其中:工人887人,工程技术人员113人,管理人员150人,服务人员204人,其他人员430人。资产总值28924万元,固定资产原值18991万元,净值9151万元。有各种主要设备567台,其中:金属切削设备218台(含自德国、美国等进口高、精类设备57台)。形成年产采掘机械设备100余台,液压泵、马达1000余台(套),配件1000余吨的生产能力。当年完成工业总产值18008万元,销售收入17167万元,全员效率164474元/工,人均年收入20856元。

(八)长春东北输送设备制造有限公司

长春东北输送设备制造有限公司(简称东输公司)是由营城煤矿机械厂(营城煤机厂)改制成立的。东输公司新厂区占地53000平方米,建筑面积31497平方米。2006年8月,东输公司由九台市营城矿区迁址到长春市净月经济开发区擎天树街1760号。

改革开放后,营城煤机厂先后与美国、加拿大、日本等国家公司合作,生产公英制系列模锻可拆链条、矿用水泥链条等产品。经美国国家链条检测中心和日本"大福机工"检测,质量达到美国、德国等国同类产品水平。产品出口到美国、加拿大、日本、德国及澳大利亚等国。

20世纪90年代,营城煤机厂产品产量、质量不断提升,1991年,实现总产值3869万元。1994年开始,企业受煤炭市场疲软、原材料涨价等影响,一度出现亏损。为扭转亏损局面,营城煤机厂组织人员面向市场进行新产品开发,提高社会产品比例,加快扭亏为盈步伐,1996年,经过全厂职工共同努力奋斗,产值闯过亿元大关,全年完成产值10288万元,其中社会产品占产值50%左右,实现利润200万元;1997—1999年,该厂继续保持煤机制造业产值、利润领先地位。

2000年,组建了东北输送机械厂,生产汽车的配套产品,同年,成为一汽大众固定供货商,市场份额从几十万元到2000万元。在全国煤炭市场不景气,煤矿企业极度困难的情况下,营城煤机厂实现年产值5270.76万元,成为吉林省煤机制造企业唯一赢利厂家。

生产的系列产品,均获国家安全标志,多次获得省部级优质产品奖、优质管理奖,2001年2月,获得ISO9001质量体系认证。先后研发出 ϕ38毫米、ϕ42毫米、ϕ48毫米矿用大规格高强度紧凑链和配套用平环、立环等产品,质量均达到DIN22255标准中的D级。在铁法矿业公司、淮北矿业公司、西山煤矿、内蒙古不连沟矿业公司、扎赉诺尔煤业公司等多家矿山企业试用,产品的多项性能均达到设计要求及使用要求,具有强度高、寿命长、可靠性强的特点。

2010年,东输公司全面推行ERP及"6S"管理,建立了规范的管理制度,促进文明安全生产,呈现出"人人有事做,事事有人管"的新面貌,通过"关爱员工,感恩企业"为主题的系列教育活动,极大激发了职工的生产劳动热情,当年,实现总产值5270.76万元。

（九）吉林省蛟河煤机制造有限责任公司

吉林省蛟河煤机制造有限责任公司（简称蛟河煤机公司）前身为蛟河煤矿机械厂（简称蛟河煤机厂），始建于1973年，工厂位于吉林省蛟河市中岗街西智路18号，交通便利。2002年5月，蛟河煤矿机械厂改制为吉林省蛟河煤机制造有限责任公司。

1988—1992年，在巩固企业整顿成果的基础上，蛟河煤机厂开展"增效益、上水平"企业升级活动，经济效益、产品质量、管理水平得到提升。5年间，累计完成产值1.56亿元，利税完成360万元，新开发8种新产品并投入市场。1991年，被评为吉林省级先进企业，获吉林市人民政府颁发的"质量管理"奖杯，联结环锻模多重复合强化工艺获煤炭工业部科技成果三等奖，计量达到国家二级计量单位，标准化管理达到国家三级标准化单位，获吉林市颁发的"计量管理经济效益"奖杯。同年，刮板输送机系列产品在蛟河市工商局正式注册"宝狮"牌商标。

1993年，机械制造行业市场疲软，产品滞销，资金周转困难，企业亏损严重。1993—1995年，蛟河煤机厂连续3年产值没有过千万元，1994年仅完成产值600万元。

1998年，蛟河煤机厂领导带队走访调研东北三省、内蒙古自治区各矿务局和地方煤矿60多个企业，销售人员实行多销售、多回款、多报酬政策，解决了生产应急资金和部分职工工资，全年完成产值2138万元。

2004年，蛟河煤机公司被吉林省政府列入全省首批改制并轨试点企业，原蛟河煤矿机械厂被国家纳入17户政策性关闭破产企业之一。2006年，吉林市中级人民法院正式宣布关闭破产。同年，蛟河煤机公司固定资产投入3571万元，其中：新购进设备108台（套），总价值2515万元。购入大型设备TKA6916型数控落地镗铣床、数控车床、数控花键铣床、数控卧式加工中心、机器人焊接机、数控火焰切割机、龙门液压1000千吨压力机、110～525千瓦大型减速器负荷实验台、超声波数字探伤仪等14台（套），保证了生产效率和产品质量的不断提高。投入资金546万元，进行厂房、基础设施建设和道路维修等。

2007年，蛟河煤机公司实行ERP计算机信息化管理，推动了精细化管理、预算管理，使工作效率、产品质量得到大幅度提高。公司产品用户由过去的几十家发展到100多家，销售范围由过去只局限于东北三省煤矿企业，发展到山西煤电、大同煤业、湘煤集团、沈阳煤业、义马矿业、贵州、云南、山东、陕西、内蒙古等十多个省市的国有和地方煤矿企业100多家。公司生产的刮板输送机、转载机、破碎机、减速器、圆环链等50多种系列产品及煤机配件，取得了国家安全标志证书，通过了国家二级安全质量标准化验收。

（十）九台营城矿业分公司

营城煤矿开采历史悠久，已有130多年历史，矿区位于九台市营城镇境内，西起饮马河，东至沐石河，长30千米，宽15千米，面积约450平方千米。1958年6月，营城煤矿隶属吉林煤炭工业管理局。1983年1月，东煤公司成立后，营城煤矿划归舒兰矿务局管理。1999年1月1日，营城煤矿从舒兰矿务局划出，由吉林煤炭工业管理局直接管理。

为解决营城煤矿原有矿井生产能力萎缩和矿区接续问题,1976年7月,开始建设九台立井,年生产能力60万吨,1989年6月,第一期工程基本完成。

1991年,营城煤矿在积极发展煤炭主业同时,大力发展多种经营和第三产业。2000年,基本形成工业生产、建筑安装、小井开采、建材生产、工业包装、机加配件修理、种植养殖、商贸服务等多门类产业发展格局。集体企业先后建起针织厂、饮料厂、鹌鹑养殖场等。针织厂生产的针织服装获吉林省商检局、吉林省纺织厅和省外贸颁发的出口产品质量合格证和生产许可证。

1996年开始,充分利用国家三产贷款,陆续建起预应力SP大板厂和医用胶囊厂,非煤产业逐步形成产业化。

1999年,营城煤矿发挥自身优势,加强企业全面管理,使产销率达97%,回款率达100%。销售收入同比增加400多万元。补发职工拖欠工资800多万元。2000年,营城煤矿实现补后不亏损,同比减亏510万元,非煤产业实现盈利。

2002年,营城煤矿在册职工11586人,其中:原煤人员2350人,非煤人员443人,服务及其他人员8793人;离退休5600人,工亡抚恤供养户436户,特困常年救济468户;待业青年10080人,煤炭年产量平均不足30万吨,全员效率不足0.6吨/工;计划亏损4500万元/年,实际亏损7800万元/年以上;全矿吨煤平均售价91.60元,吨煤成本高达222.30元;全矿有10所中小学校,在校生7123人,教职员工568人;职工医院医护人员401人;加上离退休人员和直系供养人员的工资,全矿仅营业外支出就达2800万元。同年3月28日,经国家相关部门批准,营城煤矿实施政策性破产;5月,营城煤矿在完成破产程序后,矿教育、卫生、矿区生活等社会职能及有关单位划归九台市地方政府管理。

2003年3月,吉林省龙华热电股份有限公司、吉林省煤矿建设公司对营城煤矿破产后有效资源资产(九台立井)实施改制重组,出资3500万元注册成立吉林省营城矿业有限责任公司(简称营城矿业),九台立井更名为营城矿业华兴煤矿。营城矿业成立后,首次安置原营城煤矿下岗工人769人再就业,2005年11月,公司对改制后所属非煤企业进行资产评估,成立大元公司,资产1600万元,分离出300人,实行自主经营,独立核算,自负盈亏。后因投资股东资产变更,吉林省博维实业有限公司根据相关约定接受股权转让取代吉林省龙华热电股份有限公司。

2006年,华兴煤矿矿井原设计能力60万吨/年,核定生产能力100万吨/年。全矿职工1600人。先后投入12000多万元进行技术改造,推广应用新技术、新工艺40多项,矿井安全生产环境全面改观,煤炭年均产量由破产前的22.7万吨上升到65万吨,实现扭亏为盈,成为九台市纳税大户。

2007年7月,吉林省博维实业有限公司将营城矿业全部资产与吉林省吉恩镍业股份有限公司长春高新电厂等企业再次重组,成立吉林省宇光能源有限责任公司,当年12月,完成增资扩股。2008年4月,在九台市注册成立吉林省宇光能源股份有限公司。

吉林省宇光能源股份有限公司股东由吉林省博维实业有限公司、舒兰矿业(集团)有限责任公司、吉林吉恩镍业股份有限公司、吉林省英才投资有限公司四家组成。吉林省营城矿业有限责任公司参与再次重组后,更名为吉林省宇光能源股份有限公司九台营城矿业分公司。

2010年5月，九台营城矿业分公司二水平扩储工程打钻勘探，建井工程设计能力100万吨/年，投产后该井与现有井口生产能力合计可达到150万吨/年以上。

（十一）蛟河煤矿

蛟河煤矿是一座具有100多年开采历史的老矿。矿区位于蛟河市城东北部，中心距蛟河市9千米，为丘陵地区。全区呈长带条状，东西宽约5千米，南北长约8千米，总面积40平方千米。蛟河煤田属中生代侏罗纪沉积形式，煤种为长焰煤，发热量平均在4500大卡左右。

蛟河煤矿兴盛时期，有矿井10对，最高年产量近200万吨。煤矿原为吉林煤炭工业管理局直属矿。1983年3月，东煤公司将蛟河煤矿划归珲春矿区建设指挥部管理。1999年1月，蛟河煤矿与珲春矿务局分离，实行独立经营，由吉林煤炭工业管理局直接管理。

1991年，蛟河煤矿有生产矿井2对，设计能力32万吨/年，实际生产原煤38.32万吨，全矿职工10179人。为振兴老矿、延长矿井服务年限，蛟河煤矿先后对三井七层采区、下盘井三采区、七小井西部采区、奶子山上采区、乌林井六层采区进行技术改造，收到一定效益。矿区还先后开发大兴、粮食沟、南大坝等粮食副业基地，富余职工从事农牧业生产。先后建立化工厂、成立劳动服务公司。20世纪90年代，矿区非煤产业逐步发展，形成了线材、机械加工、建材、建筑、化工、服务等6个行业。

1993年，蛟河煤矿在原有服务公司和工业公司基础上，建立机电、工业、生活服务、物资供销、煤炭销售、汽车运输、供水供热、建筑安装、经贸和劳动服务10个公司，为自主经营、自负盈亏的经济实体。先后办起林场、农场、砖厂、服装厂、水泥厂、小煤井等生产服务网点30多个。蛟河煤矿渔具厂、环保设备厂等单位，在非煤生产经营过程中以市场为依托、以质量求生存，遵循市场规律，使产品适销对路，一度取得了较好的经济效益。

20世纪90年代中期，蛟河煤矿作为资源枯竭的衰老矿区，产量逐年减少，离退休职工多于在岗职工，职工工资不能正常发放，企业负担沉重，严重影响职工生活和矿区稳定。

截至1998年末，蛟河煤矿只有3对矿井，工业储量100万吨，可采储量30万吨。当年煤炭产量28万吨。全矿区有5万人口，全民职工5643人，在岗职工3408人；待岗职工2235人，企业离退休职工7067人，病保人员107人，工伤体疗169人，集体企业职工4576人，未安置工作的待业人员5000人。全矿固定资产原值9043.6万元，净值2366.6万元，实际存贷1119万元。

1999年，蛟河煤矿被列入国家第二批破产项目。

2000年，蛟河煤矿生产原煤21.9万吨，煤炭生产实现补后不亏损，同比减亏478万元。非煤产业实现盈利。

2001年，蛟河煤矿生产原煤3.15万吨。

2002年，经吉林省政府同意，吉林省煤炭工业局对蛟河煤矿依法组织并完成破产程序。

（十二）洮南市万宝矿业电力有限公司

洮南市万宝矿业电力有限公司前身是万宝煤矿，位于吉林省西北部洮南市境内，矿区地处大兴安岭中段东麓，低山丘陵及冲积平原形成的半山区，地势西高东低。矿区占地面积750万平方米，建筑面积13.33万平方米。万宝煤矿于1958年建矿,隶属白城地区,名称为白城地区万宝煤矿,1986年10月,归吉林省煤炭工业局直属。

20世纪90年代,万宝煤矿开展全面企业整顿,建立健全以经济责任制、工种岗位责任制为中心的各项规章制度,实行矿长负责制;改革分配制度和管理制度,扩大基层单位自主权;实行分级核算,分级管理,打破"大锅饭",经济效益明显提高。坚持"一业为主,多种经营,搞活企业,提高效益"的发展方针,发展地毯、柳编、铁合金、养鸡、制钉等多种经营项目,全矿工业总产值不断提高,1991年生产原煤31.6万吨。

1993年,万宝煤矿在企业生产经营方面遇到困难。为早日走出困境,矿领导班子带领全矿广大干部、职工进行一系列改革。

1996年,吉林省计委批复万宝煤矿团结二井建设立项,吉林省煤矿设计院编制矿井初步设计。同年6月,吉林省煤炭工业局组织专家对初步设计审查,同意矿井初步设计。1997年10月,团结二井开工建设,因建设资金不足延长了矿井建设工期。

1999年,万宝煤矿为增加经济总量,充分挖掘企业内部潜力,重新对新德井(原万宝五井)的地质条件、煤层赋存及市场销售状况进行调查论证,提出对原无能力小井进行技术改造。吉林省煤炭工业局批复,将矿井改造为年生产能力3万吨的矿井。该井采煤方法为后退式长壁采煤法,采煤工作面1个,平均单产2000吨/月,年回采产量2.4万吨。

2000年,万宝煤矿有矿井3对,职工1096人,生产原煤37.74万吨,工业总产值5891.40万元;多种经营销售收入3282万元,利润279.5万元。2000年是万宝煤矿有史以来安全生产、经济效益、职工生活最好的年份。

2005年7月,吉林省煤炭工业局决定,万宝煤矿划归辽源矿务局所属。2006年6月,吉林省政府决定,万宝煤矿依法进入破产程序,由自然人刘宝玉通过竞拍方式获得该矿的采矿权。原辽源矿业公司万宝煤矿更名为洮南市万宝矿业电力有限公司,为自然人出资的私营企业,行业管理隶属洮南市安全生产监督管理局。洮南市万宝矿业电力有限公司成立以后,一直在进行井下巷道维护、完善和改造井下五大系统的整改工作。截至2010年末,尚未达到安全生产标准,仍处于停产整顿状态。

(十三)长春羊草煤业股份有限公司

长春羊草煤业股份有限公司(简称羊草煤业公司)前身为羊草沟煤矿,坐落在九台市东湖镇(原放牛沟镇)境内,矿区面积约27平方千米。矿区煤田埋藏浅、储量大、煤质好,煤种为长焰煤,发热量为3600~5500大卡/千克,是良好的工业动力用煤和民用燃料。1995年,矿区已查明煤炭储量约为2.6亿吨,同时伴有可开发利用的膨润土、沸石、煤层气等。

羊草沟煤矿有2个生产矿井,设计能力各15万吨/年。该矿为国有地方煤矿,隶属长春市煤炭工业局。1990年,被中国地方煤矿总公司列为全国地方煤矿15个重点开发建设矿区之一。

1991年,羊草沟煤矿被列为长春市"八五"期间"十大工程"之一。从建矿开始,不断深化改革、加强管理,按照煤炭工业部颁布的标准矿井要求,形成标准化作业管理体系。全年生产原煤27万多吨，接近达到矿井设计能力。煤炭的增产幅度，全员效率居吉林省地方煤矿前列。1992年，羊草沟煤矿生产煤炭30万吨，达到设计能力，利税583万元；1993年，生产煤炭50.3万吨，超过设计能力，利税1260万元；1994年，生产煤炭43.2万吨，利税606万元。1994年底企业总资产9406万元，累计创利税2950万元，固定资产净值4530万元，企业职工人均收入7000元/年。

1995年，羊草沟煤矿有职工1723人，其中：大中专毕业生208人，专业技术人员174人。当年生产原煤52.79万吨，原煤全员效率2.101吨/工。两个生产矿井基本实现钢铁化，井下支护全部采用单体液压支柱，重轨棚子、锚喷支护，装载运输实现机械化，采煤与掘进平衡。

1996年初，羊草沟煤矿完成技术改造工程。同年，羊草沟煤矿按照国有独资公司体制运行，生产原煤54.57万吨，原煤全员效率2.12吨/工，在大多数煤矿企业亏损的情况下，羊草沟煤矿实现利润。1997年，生产原煤51.01万吨，同比减少3.56万吨。

1998年7月，羊草沟煤矿改制为国有独资的长春羊草矿业有限责任公司，设立董事会、监事会、经理领导层，隶属长春市煤炭工业局。1999年3月，长春市政府机构改革，撤销长春市煤炭工业局，长春羊草矿业有限责任公司隶属长春星宇集团。2000年，长春羊草矿业有限责任公司生产原煤47万吨，销售收入实现5504.7万元，实现利税576万元，百万吨死亡率1.26，在国家控制指标之内。2001年3月，以长春羊草矿业有限责任公司为母公司，以长春市煤田地质勘探队、长春市黄金公司为子公司，组建长春煤炭集团有限责任公司，隶属长春市国有资产监督管理委员会。同年底，矿办学校全部移交九台市政府。

2004年9月，长春煤炭集团有限责任公司羊草沟煤矿按照《中共长春市委、长春市政府进一步深化国有企业改革的若干规定》文件精神改制重组，羊草沟煤矿国有资本退出，改制为国有参股（长春市国资委持股7.94%）的股份制企业。企业更名为长春羊草煤业股份有限公司，为无上级主管部门的股份制企业。

2004年，羊草煤业公司获吉林煤矿安全监察局首批颁发的安全生产许可证。2005年，羊草煤业公司实现了"六个突破、四个加强、第一步跨越"，原煤产量73.58万吨，突破上年60.2万吨；煤炭销售70.68万吨，突破上年62.53万吨；销售收入20053万元，突破上年11812万元；吨煤平均售价283.71元，突破上年188.9元；全年利税实现9167万元，突破上年3108万元；员工收入人均增加18384元，突破上年增加的13513元。加强安全管理，百万吨死亡率控制在1.28；加强各项管理，吨煤成本下降8%；加强企业发展后劲，二井采掘机械化已启动、皮带井工程完工，两个矿井生产接续有了保障；加强企业三个文明建设，企业整体素质和员工个人素质不断提高。实现第一步跨越，生产能力达到75万吨/年，销售收入20050万元，产量跨过70万吨/年，销售跨过2亿元。

1992—2002年，羊草煤业公司进行了两次技术改造。2006年，经吉林省煤炭工业局核定，羊草煤业公司生产能力提高到100万吨/年。

1993—2010年，羊草煤业公司多次被长春市、吉林省政府及煤炭行业主管部门评为先进企业、明星企业、长春市"百强民营企业"、长春市安全生产先进单位。被中国煤炭工业协会命名为质量标准化矿井。

2004—2010年，羊草煤业公司平均每年投入资金3000万元左右，引入先进装备、完善各大系统建设、改善井下安全生产条件，煤矿装备水平在全省煤矿处于前列。

2010年，羊草煤业公司掘进进尺11119米，原煤产量112.8万吨，煤炭销售112.4万吨，销售收入4.48亿元，平均售价398.86元，实现利税1.29亿元，股本收益超200%。全年安全生产零死亡，并消灭重伤以上事故，一矿连续4年零75天、二矿连续6年零110天无人员死亡事故，创造羊草煤业公司安全生产历史最好水平。

（十四）四平市刘房子矿业有限公司

四平市刘房子矿业有限公司原为地方国有刘房子煤矿，始建于1973年，坐落于公主岭市陶家屯镇境内。矿区有一条6千米铁路专用线与陶家屯铁路正线接轨。20世纪90年代初，刘房子煤矿是吉林省一座中型规模国有地方煤矿，有2对生产矿井，设计生产能力42万吨/年。其中，一井生产能力12万吨/年；二井生产能力30万吨/年，主产优质褐煤。刘房子煤矿各项工作达标准、上水平，是吉林省首批被煤炭工业部授予地方煤矿标准化矿井、吉林省地方煤矿"明星企业"。2005年以前，矿办附属多种经营单位11处，全矿就业职工最多时近3000人，矿区居住人口7000人左右。矿区内社会服务功能齐全，建有中小学校、邮电、银行、医院、工人文化宫、商店等。

2006年1月9日，刘房子煤矿被吉林省列为重点政策性破产企业，资产重组，改制民营企业，更名为四平市刘房子矿业有限公司。公司下属爱思克膨润土科技开发有限公司和刘房子科技有限公司。爱思克膨润土科技开发有限公司年生产加工膨润土5万吨，刘房子科技有限公司年产防水毯150万平方米。

2010年末，四平市刘房子矿业有限公司煤炭储量1062万吨，膨润土资源储量2100万吨。

二、事业单位简介

（一）吉林省煤田地质局

吉林省煤田地质局位于长春市经济开发区东南湖大路2109号。

吉林省煤田地质勘探队伍始建于20世纪50年代。原吉林省煤田地质勘探公司业务归口中国煤田地质总局，干部管理权限在吉林煤炭工业管理局。1983年，成立东北内蒙古煤炭工业联合公司；同年，组建东煤公司煤田地质局。1984年，吉林省煤田地质勘探公司撤销，吉林省煤田地质系统单位划归东煤公司煤田地质局管理。1994年3月，东煤公司撤销，东煤公司煤田地质局更名东北煤田地质局，隶属中国煤田地质总局，原所属单位隶属关系不变。

1998年7月，国务院决定吉林省内国有重点煤矿及与煤炭相关事业单位下放吉林省政府管理。吉林省内11个煤田地质勘探单位随同4个矿务局、3个煤机厂等单位一起下放到吉林省政府管理。1998年12月21日，吉林省编委印发《关于东北煤田地质局驻长春办事处更名的批复》，长春办事处更名组建吉林省煤田地质局，隶属吉林省煤炭工业局。2006年12月21日，吉林省编办《关于明确吉林省煤田地质局机构规格等事宜的批复》同意吉林省煤田地质局相当于按副厅级规格待遇。2009年1月，吉林省煤炭工业局撤销，吉林省煤田地质局划归吉林省能源局管理，是省财政一级预算单位。

1991年，东煤公司煤田地质局统一管理的吉林省境内煤田地质单位有102勘探队、112勘探队、203勘探队、十二勘探公司、第二物测队、长春煤田地质研究所、公主岭干校、公主岭钻探机械厂、长春房屋建设开发公司、长春基础工程公司、长春办事处等。

1998年，吉林省煤田地质系统下放吉林省地方管理的有102勘探队、112勘探队、203勘探队、十二勘探公司、第二物测队、长春煤田地质研究所、公主岭干校、公主岭钻探机械厂、长春房屋建设开发公司、长春基础工程公司、长春办事处等单位，共4632人。其中：在职职工2592人，离退休人员2040人。吉林省煤田地质局所属单位在职职工全部在吉林省编办落编。

2010年末，吉林省煤田地质局及所属单位职工4570人，其中：离退休人员2486人，在职职工2084人。在职职工中：管理人员298人，专业技术人员480人，工人1306人。

吉林省煤田地质局是一支具有9个甲级、10个乙级、7个丙级勘查资质等级的地质专业化队伍，同时具有非开挖和建筑基础2个一级资质等级。共有11个所属县处级单位，分别位于长春、通化、四平、延边4个市州。分别是102勘探公司、112勘探公司、203勘探公司、物探公司、勘察研究院、钻探机械厂、基础公司、房屋公司、岩土公司、地质调查总院、地质大厦管理中心。

2010年，吉林省煤田地质勘探系统勘探设备：各类勘探钻机36台、各类桩机34台、各型号地震仪4台（套）、各类机加车床8台（套）。

1991—2010年，全省煤田地质系统共完成地质报告钻探484个钻孔，累计进尺396297.39米；完成地质项目钻探近百个钻孔，进尺近60000米。2003年，开始部分采用金刚石钻进技术，截至2010年，全面使用金刚石（及复合片）钻头钻进、绳索取芯钻探技术，至年底，吉林省探获煤炭资源储量37.76亿吨，探获保有资源储量26.11亿吨。探获的煤炭资源储量中，生产矿井占用资源储量24.09亿吨，探获保有资源储量中，生产矿井保有资源储量18.87亿吨，勘查区保有资源储量6.32亿吨。找矿成果26项，完成科研（生产）项目43项。

1991—2010年，吉林省煤田地质勘探系统累计施工桩基础32.4万根，完成工程量367万延米，实现产值3.54亿元。经济增长总体呈上升趋势，累计完成产值273148.49万元。

2001—2010年，吉林省煤田地质局多种经营累计完成产值13亿元，占全局总产值的68%。非煤产业涉及地基与基础、机械加工、煤油联勘、水文勘察、非开挖、房地产等产业。

地基与基础。吉林省煤田地质局具有地基基础工程承包一级资质，主要从事的施工内容有：风电基础施工工程、基坑施工工程、静压桩基础施工工程、大孔径桩基础施工工程、地下连续墙施工工程。先后参与了大亚湾输电站、长江三峡电站、洛阳黄河大桥、徐州跨河大桥、沈阳浑河大桥、吉林绕城公路兰旗松花江大桥等桥梁项目的基础施工和吉化60万吨乙烯改扩建、双辽电厂基础、京哈高速公路通道桥基础等重大项目的桩基础施工。

煤油联勘。与松原市石油开发总公司建立合作关系，累计钻探井尺4295.84米，油套管总长3528.54米。凭借过硬的技术及良好的信誉在大庆的石油市场勘探中争得了一席之地，20年间利用老千米钻机及一台GZ2000型大孔径石油钻机为大庆施工石油钻孔23口，完成了2万多米的钻探工程量，实现利润500多万元。

房地产开发。"十五"和"十一五"期间，全局房地产开发累计完成建筑面积9.7万平方米，创产值1.9亿元，实现内部利润3530万元。

非开挖。2001年，吉林省煤田地质局开始从事联通、移动、电信、广电的光缆，城市供水、供热供电管道的铺设，使用的设备主要有气动潜孔锤、空气压缩机、回桩绞车水平钻机、随车吊及定向顶管钻机等。

2009年，随着非开挖市场不断扩大，使得山西和河南的市场份额显著提高。2010年，非开挖完成产值1885万元，利润突破百万元大关，各项经营指标均创历史新高。

水处理。2001年开始进行水处理试验研究，研制出适合中国特点的纵横分水出气式非溢流冷水滤池。2002年走向市场，开始对外承接净水处理工程。同年，自主研制的纵横分水出气式非溢流冷水滤池技术获得国家专利。

截至2010年，吉林省煤田地质局共承接各类水处理项目62项，创产值2600万元，其水处理类型为河水净化、地下水降铁锰、RO反渗透纯净水和超滤矿物质水、医院污水处理、矿井水净化处理等。

地源热泵项目。2009年5月，开始开发应用地源热泵技术，注册成立吉林省恒有源高科技开发有限公司。先后完成了怡园、吉林市五星国际城两个样板工程，创造产值350万元。

2010年底，吉林省煤田地质局多种经营产值超过5亿元，是建局之初1999年的24倍，内部利润超过3000万元。

（二）长春煤炭科技中心

长春煤炭科技中心前身是东煤公司科技中心，位于长春市朝阳区卫星路42号。

1988年10月，东煤公司批准成立由长春煤炭科学研究所、东煤公司情报所、东煤公司科技处组成东煤公司科技中心。科技中心为东煤公司的直属单位，同时行使公司部门职能，是东煤公司紧密层单位之一，按局级单位配备干部及进行管理。

科技中心负责组织管理东北三省及内蒙古自治区东部地区煤炭行业科研开发、技术监督、新技术推广、情报调研及自身的科学研究等工作。下辖长春煤炭科学研究所、东煤公司科学技术情报研究所、沈阳煤炭科学研究所、东煤公司环境保护研究所，其中长春煤炭科学研究所侧重软岩支护和微机自控方面的科学技术研究，沈阳煤炭科学研究所侧重综采放顶支架和矿井大型设备方面的科学技术研究，各所分别设置相应的研究室。截至1993年末，全中心职工总数441人。

1992年，经东煤公司鉴定，吕琦研发的DM-1型矿井安全监控系统荣获科技进步一等奖；同年8月25日，长春市科学技术委员会、长春高新技术产业开发区管委会授予长春煤炭科学研究所长春科技成果暨高新技术展览会优秀科技成果一等奖。1993年，经能源部鉴定，孙忠国研发的ZF20型矿用通风机转换式反风装置荣获科技进步一等奖;李明哲研发的国家"七五"软岩巷道支护攻关项目荣获省三等奖。

1992年至1994年1月,进行高效工作面瓦斯涌出规律研究和煤炭与瓦斯混合物爆炸限量两项联合国科研项目的研究;在吉林省和东北地区矿务局开展软岩巷道锚喷支护、单体支柱工作面顶板动态预报、KJ19型煤矿安全监控系统和原生煤体综放开采氮气防火等项技术推广。

2001年1月21日,长春煤炭科技中心获得"省级技术中心"称号。

2002年12月2日,KJ19型煤矿安全监控系统荣获国家安全生产监督管理局安全生产科技成果三等奖。同年8月17日,国家煤炭工业安全标志办公室,对所属企业长春东煤高技术开发公司的矿用安全产品MA标志进行认证。对BFDZ-2型风电瓦斯闭锁装置、KYJ-2000型遥控甲烷传感器的生产条件进行检查,认为该公司已基本具备发证条件。

长春煤炭科技中心强调研发和推广精密结合,拳头产品KJ19型煤矿安全监控系统已在东北三省及山西、河北、陕西、内蒙古等省、自治区多个煤矿推广使用,累计销售1000多套。KJ241型煤矿人员管理系统在吉林、陕西、黑龙江等多个省推广使用,经济效益和社会效益可观。KJ241型煤矿人员管理系统进行客户反馈意见调查,满意度达到99%以上,在全国近百家同类产品的对比中,此项技术处于行业领先位置,系统稳定性名列前茅。

2010年,长春煤炭科技中心有职工372人。其中:研究生6人,本科生68人,大专生69人;研究员2人,高级职称35人,中级职称53人,初级职称50人。科技中心由机关(设三处一室,即科技发展处、财务处、人事处、办公室)及所属7个企业单位〔长春东煤高技术股份有限公司、长春市东煤实验工厂、吉林省东煤安全技术有限责任公司、长春龙威电子有限责任公司、长春龙威消防工程有限公司、长春广厦物业管理有限公司、吉林省东煤机械制造有限责任公司(参股企业)〕组成。当年实现收入2950万元,利润180万元。

(三)吉林东北煤炭工业环保研究有限公司

吉林东北煤炭工业环保研究有限公司原名东北煤炭工业环境保护研究所,位于长春市绿园区皓月大街2641号。

1983年,东煤公司成立,设环保质量小组,筹建环境保护监测中心站。同年,煤炭工业部以《关于建立东北内蒙古煤炭工业联合公司环境保护监测中心站的批复》批准建立东煤公司环境保护监测中心站,编制50人。

1986年,环境保护监测中心站成建制划归长春煤炭科学研究所。1988年,东煤公司科技中心成立后,隶属东煤公司科技中心。1990年3月,东煤公司将环境保护监测中心站更名为东煤公司环境保护研究所,有工作人员61人。

1995年,煤炭工业部将东煤公司环境保护研究所更名为东北煤炭工业环境保护研究所。1998年,东北煤炭工业环境保护研究所与吉林省国有重点煤矿一起下放到吉林省管理。1999年,吉林省机构编制委员会办公室核定该所事业编制50人。东北煤炭环境保护研究所成立后,在煤矿环境保护、污染防治、指导煤炭企业各环境监测站工作方面做了大量工作,先后完成多项国家及省级科研项目,荣获科技进步奖。1998年,完成煤炭工业部"稳定性二氧化氯的研制"科研项目,并推广使用。2000年,先后研制了3个系列（水、气、声）21种环保产品，受到关注和推广使用，全年产值实现880万元。

1998年，东北煤炭工业环境保护研究所由事业单位管理机制转为企业化经营模式。2007年7月，东北煤炭工业环境保护研究所转制为经营性企业，更名为吉林东北煤炭工业环保研究有限公司，主要从事环境科学技术研究，工程咨询，节能评估服务，环保工程设计与总承包，河流生态综合整治项目设计施工，湿地治理项目设计施工，环境影响评价，消防设计及电气防火监测，工程施工及环保设备制造，土地复垦方案编制，土地整治项目可行性研究报告编制，土地整治项目规划设计及预算编制，企业清洁生产技术审核，安全评价、煤质检验、煤层自燃倾向性和煤尘爆炸指数检测，煤层气开发利用、煤炭经销等项目，是集科工贸一体化的经济实体，业务开展面向全社会各个领域。

2010年，公司实现产值1788万元，与2000年相比翻了一番。

2010年末，公司有资产5000余万元，拥有占地30000平方米（建筑面积5000平方米）的生产、科研及制造基地，有装备加工设备及试验仪器120台（套）。公司员工98人，其中：教授级高工2人，高级工程师26人，国家注册工程师39人，工程师45人。专业涵盖环境工程、机械设计与制造、电器及自动化、热动、地质、采矿、工民建、给排水、水工、暖通和计算机应用等领域。

截至2010年，吉林东北煤炭工业环保研究有限公司完成11项国家级及省级科研项目，荣获9项科技进步奖。在工程方面，先后完成了百余项大中型水处理工程，燃煤锅炉除尘脱硫、脱硝工程、噪声控制工程，城市垃圾处理工程，湿地建设及整治工程的设计与施工、调试，在技术咨询、环评、安评等方面取得良好效益。

（四）长春煤炭设计研究院

长春煤炭设计研究院是一所多专业、多门类的综合设计单位。建筑面积4412平方米，场地面积7622平方米。前身是吉林煤矿设计研究院，位于长春市朝阳区长安路13号。

1995年，受煤炭市场逐渐萧条的制约和影响，长春煤炭设计研究院专业人才严重流失，进入建院以来的低谷时期。长春煤炭设计研究院坚持改革方针，积极开拓非煤市场，并进入建筑市场。经过努力，把工程监理由煤炭行业乙级晋升为甲级；并增加市政热力工程乙级单项设计资质，扩大了工程设计和监理任务的范围，增强了市场竞争能力。通过改革，逐渐完善分配制度、各项内部经营管理制度和财务制度，完成了后勤管理模式向物业管理模式的过渡。落实职工参加养老统筹和解决离退休职工的养老保障等问题。

2000年末，长春煤炭设计研究院有职工156人，其中：工程技术人员136人，高级工程师90人，工程师35人。设计院具有采矿、地下工程、岩土工程、市政、建材、环保、监控、消防、工程咨询、工程总承包等多种资质。当年，全院完成总产值332万元。设计院完成的阜新矿务局艾友立井设计于2000年9月和11月分别获煤炭行业优秀设计二等奖和全国第九届优秀工程设计铜奖。

1991—2010年，长春煤炭设计研究院完成煤矿矿区总体规划设计9部；完成新建和改扩建设计的煤矿64个；完成工程项目的方案设计223项，可行性研究报告229项，初步设计313项，施工图设计3269项。

长春煤炭设计研究院完成的工程设

计，获得省部级以上奖励28次。其中：优秀设计软件奖国家级1项、部级奖2项，优秀设计获国家铜奖2项、部级奖5项、省级奖15项，获技术进步奖部级1项、省级2项。

2010年，长春煤炭设计研究院有职工113人，其中工程技术人员91人。生产经营业务及业务范围涉及工程技术咨询、工程设计、工程监理和工程勘测等四方面。具有工程咨询甲级、煤炭行业矿井和选煤厂工程设计甲级、建筑行业建筑工程设计乙级等设计资质。当年，全院完成总产值2156万元。

（五）吉林省煤炭工业协会

2005年，吉林省民政厅印发《关于同意成立吉林省煤炭工业协会的批复》，吉林煤炭工业协会开始筹建工作。2005年7月28日，吉林省煤炭工业协会成立大会暨第一届理事会议召开，会议讨论了相关事宜。

吉林省煤炭工业协会的性质为全省煤炭行业性协会。由全省煤炭行业的企事业单位、社会团体及个人自愿联合组成，会员不受部门、地区、所有制限制，是全省性、非营利性社会组织。协会的宗旨是遵守宪法、法律法规和国家政策，遵守社会道德风尚，参与贯彻煤炭产业政策和煤炭行业管理，维护会员的合法权益，为全省煤炭企事业单位及经营管理者服务。

2005—2010年，吉林省煤炭工业协会开展了以下工作，并取得一定成果。

（1）编辑出版了《吉林省煤矿矿井基础资料汇编》（简称《汇编》）一书。在各级煤炭行业管理部门的大力支持和协助下，用一年多的时间，完成了基础资料搜集、整理、编辑、修改和审校工作。2007年7月《汇编》正式出版。《汇编》涉及吉林省各类煤炭生产企业采煤、掘进、机电、运输、通风五大系统配备及从业人员结构组成情况，供全省煤炭行业有关人员在煤炭生产和安全管理中参考。

（2）协助吉林省煤炭工业局做好煤矿从业人员安全培训工作。协会成立后，受吉林省煤炭工业局的委托，按照"管理、装备、培训"并重的原则要求，协助吉林省煤炭工业局安全监管二处组织开展了各类、各级煤矿从业人员的安全培训工作。组织编写《煤矿安全技术与管理》一书，作为培训教材；组织煤矿各学科专家为学员授课。2006—2010年，共组织培训班25期，培训煤矿各类人员2000人次。

（3）充分发挥吉林省煤炭生产安全技术小组作用。协会依托自身煤矿专业技术优势，成立了生产安全技术专家小组，开展工作。2006年5月，技术小组组织有关专家对吉林省属杉松岗矿业（集团）有限责任公司龙马煤矿采煤方法进行论证评估，确定了适合该矿的采煤方法，加快了该矿技术改造进程。2008年，组织专家对白山市靖宇县鼎元煤矿技术改造项目进行论证。2009年，组织专家对白山市东晋煤矿及通明井系统改造方案进行论证，并对东晋煤矿受水害威胁问题提出改造方案。技术小组还参与了审查桦甸油页岩开发论证和矿井开采设计审批，参加了全省煤矿生产能力核定的审核工作。

（4）做好吉林省国债（中央投资）煤矿安全改造项目审核工作。2008年8月，组织有关专家会同吉林省煤炭工业局有关处室对吉林省辽源、通化、舒兰、珲春和杉松岗5个矿业公司，长春市、通化市国有地方煤矿2009年国债安全改造项目进行综合评估和审查。使全省20个煤矿安全改造申报项目顺利通过吉林省发展改革委的备案和国家发展改革委的审查。

2009年，全省国有重点煤矿和地方国有煤矿共争取国债专项资金10234万元，项目总投资37352万元。

（5）开展煤矿调研工作。每年对全省煤矿开展一次调研。对全省煤矿经济运行状况，产、运、销情况，煤矿中长期发展趋势及企业存在问题，结合国家煤炭产业政策，提出意见和建议，形成调研报告，为中国煤炭工业协会向国家报告煤炭企业情况提供依据。

（6）积极参与和开展东北三省煤炭协会联谊活动。每年东北三省煤炭协会均举行联谊会，交流沟通各省的自然情况、煤炭产量变化、经营成果，安全生产，新技术、新工艺推广情况。吉林省煤炭工业协会积极参与交流沟通，增进省际协会间的交流。

（7）完成中国煤炭工业协会和上级有关单位（部门）交办的各项工作任务。认真完成中国煤炭工业协会、吉林省煤炭工业局和吉林省民政厅等有关上级单位（部门）交办的各项工作任务。积极参加中国煤炭工业协会及各分会举办的培训班和年会。每年根据中国煤炭工业协会的要求，协助行业主管部门参与行业评比等活动。

附 录

国务院办公厅关于印发煤矿安全监察管理体制改革实施方案的通知

自治区、直辖市人民政府、国务院各部委、各直属机构：

中央机构编制委员会办公室、国家经济贸易委员会、国家煤炭工业局拟定的《煤矿安全监察管理体制改革实施方案》已经国务院批准，现印发给你们，请认真贯彻执行。

一九九九年十二月三十日

煤矿安全监察管理体制改革实施方案

国家经济贸易委员会
国家煤炭工业局
（1999年12月21日）

为适应煤炭工业管理体制改革需要，进一步加强煤矿安全监察工作，根据国务院关于改革煤矿安全监察管理体制的有关要求，拟定本实施方案。

一、煤矿安全监察管理体制改革的指导思想

根据党的十五大关于加强执法监管部门的精神，从我国煤矿安全监察工作实际出发，借鉴国外的成功经验，在实行政企分开的基础上，按照精简、统一、效能的原则，改革现行煤矿安全监察体制，实行垂直管理。这项改革要突出重点、先易后难、分步实施，逐步建立起与社会主义市场经济体制相适应的煤矿安全监察管理体制。

二、煤矿安全监察管理体制的调整与机构设置

（一）设立国家煤矿安全监察局，与国家煤炭工业局一个机构、两块牌子。国家煤矿安全监察局是国家经济贸易委员会（以下简称国家经贸委）管理的负责煤矿安全监察的行政执法机构，承担现由国家经贸委负责的煤矿安全监察职能。国家煤炭工业局的有关内设机构，加挂国家煤矿安全监察局内设机构牌子。

（二）将原煤炭部直属的河北、山西、内蒙古、辽宁、吉林、黑龙江、山东、江西、河南、湖南、重庆、四川、贵州、云南、陕西、新疆16个省（自治区、直辖市）煤炭工业管理局，以及安徽省、甘肃省、宁夏回族自治区煤炭工业管理局，改组为煤矿安全监察局（详见附表）。省（自治区、直辖市）煤矿安全监察局均为国家煤矿安全监察局的直属机构，实行国家煤矿安全监察局与所在省（自治区、直辖市）政府双重领导、以国家煤矿安全监察局为主的管理体制。现由劳动等部门负责的煤矿安全监察职能，均由煤矿安全监察局承担。

省（自治区、直辖市）煤矿安监

察局为正厅级机构，名称统一为"××（省、自治区、直辖市名）煤矿安全监察局"一般设4~6个处室。

（三）煤炭行业管理任务比较重的省（自治区、直辖市），可暂在煤矿安全监察局加挂"××省（自治区、直辖市）煤炭工业局"牌子，履行煤炭行业管理职能。这些地区的煤矿安全监察局，既是国家煤矿安全监察局的直属机构，又是所在省（自治区、直辖市）政府的工作机构，其煤矿安全监察业务以国家煤矿安全监察局管理为主，煤炭行业管理业务以所在省（自治区、直辖市）政府管理为主。具体事宜，由国家煤矿安全监察局与有关省（自治区、直辖市）政府商定。

（四）省（自治区、直辖市）煤矿安全监察局可在大中型矿区设立安全监察办事处，作为其派出机构。安全监察办事处为处级机构，名称统一为"××（地名）煤矿安全监察办事处"。具体的设置方案，由中央机构编制委员会办公室会同国家煤矿安全监察局另行下达。

（五）省（自治区、直辖市）煤矿安全监察局及安全监察办事处的设立、变更，由国家煤矿安全监察局商有关地方政府提出意见，经中央机构编制委员会办公室审核后，报国务院审批。

三、煤矿安全监察机构的主要职责

（一）国家煤矿安全监察局的主要职责：

1. 研究拟定煤矿安全生产工作的方针、政策，组织起草有关煤矿安全生产的法律、法规草案，制定煤矿安全生产规章、规程，拟定煤炭工业安全标准，提出保障煤矿安全的规划和目标。

2. 贯彻执行国家关于煤矿安全生产的方针、政策和法律、法规及有关规章，履行国家煤矿安全监察职责。

3. 组织调查和处理煤矿重大、特大事故，负责全国煤矿事故与职业危害的统计分析，发布全国煤矿安全生产信息。

4. 指导有关煤矿安全生产的科研工作，组织煤矿使用的设备、材料、仪器仪表的安全监察管理工作。

5. 拟定开办煤矿的安全标准，组织煤矿建设工程安全设施的设计审查和竣工验收，组织对不符合安全生产标准的煤炭企业的查处工作。

6. 组织、指导煤炭企业安全生产技术培训工作，负责煤炭企业主要经营管理者安全资格认证工作。

7. 监督检查煤矿职业危害的防治工作。

8. 组织、指导和协调煤矿救护队及其应急救援工作。

9. 按照干部管理权限负责直属煤矿安全监察机构的干部管理工作，组织煤矿安全监察人员的培训、考核工作。

10. 开展煤矿安全生产方面的国际交流与合作。

11. 承办国务院和国家经贸委交办的其他事项。

（二）省（自治区、直辖市）煤矿安全监察局的主要职责：

1. 贯彻落实国家关于煤矿安全生产的方针、政策和法律、法规及规章、规程。

2. 按照分级管理的原则和上级授权，组织查处煤矿伤亡事故。

3. 组织、指导煤矿安全生产技术培训、职业危害防治、煤矿救护队及其应急救援工作。

4. 负责煤矿使用的设备、材料、仪器仪表的安全监察管理工作。

5. 查处不符合安全生产标准的煤炭企业。

6. 承办国家煤矿安全监察局交办的其他事项。

（三）煤矿安全监察办事处的主要职责：

在省（自治区、直辖市）煤矿安全监察局的领导下负责划定区域内煤矿的安全监察和执法工作。

四、煤矿安全监察机构的人员编制

（一）国家煤炭工业局与国家煤矿安全监察局实行一个机构、两块牌子后，其机关行政编制不变。

（二）按照精干机关、充实一线的原则，以划定区域煤矿的产量及煤矿职工人数作为标准，省（自治区、直辖市）煤矿安全监察局一般核定编制40名左右，业务量较大的可核定60名左右；煤矿安全监察办事处的编制一般为20名左右，业务量较大的可核定25名左右。按此标准，全国省（自治区、直辖市）煤矿安全监察局以及煤矿安全监察办事处（拟设68个）共核定行政编制2800名，属中央垂直管理，不计入地方行政编制总数。各省（自治区、直辖市）煤矿安全监察局及其安全监察办事处行政编制的具体数额，由中央机构编制委员会办公室会同国家煤矿安全监察局另行下达。

（三）省（自治区、直辖市）煤矿安全监察局领导职数一般为1正2副，加挂"省（自治区、直辖市）煤炭工业局"牌子的，可相应增加1名领导职数。煤矿安全监察办事处领导职数一般为1正1副。

各地煤矿安全监察局及其监察办事处的人员，除主要从原煤炭工业管理部门选调外，要选调劳动部门原从事煤矿安全监察的人员。有关考试录用及建立国家煤矿安全监察员制度等工作，由国家煤矿安全监察局商有关部门另行研究。

五、改革中应注意的几个问题

（一）改革煤矿安全监察管理体制，是深化我国煤炭工业管理体制改革的重要举措，涉及体制、机构、人员编制等方面的调整，影响面较大。因此，必须坚持积极稳妥的方针，切实加强组织领导。要注意掌握干部职工的思想动态，做耐心细致的思想工作，确保思想不散、秩序不乱、人员妥善安排、国有资产不流失、各项工作正常运转。这项改革的组织实施，由国家煤矿安全监察局负责。

（二）要以煤矿安全监察管理体制改革为契机，把人员分流与优化队伍结构、提高干部队伍素质结合起来，建设一支思想过硬、作风优良、技术精湛、秉公执法的煤矿安全监察队伍。同时，要采取有效措施，切实做好分流人员的安置工作。

（三）各地煤矿安全监察管理体制改革，原则上与省级政府机构改革同步进行。

附表

省（自治区、直辖市）煤矿安全监察局机构序列

（共19个局）

1. 河北煤矿安全监察局
2. 山西煤矿安全监察局
3. 内蒙古煤矿安全监察局
4. 辽宁煤矿安全监察局
5. 吉林煤矿安全监察局
6. 黑龙江煤矿安全监察局
7. 山东煤矿安全监察局
8. 安徽煤矿安全监察局
9. 江西煤矿安全监察局
10. 河南煤矿安全监察局
11. 湖南煤矿安全监察局

12. 四川煤矿安全监察局
13. 重庆煤矿安全监察局
14. 云南煤矿安全监察局
15. 贵州煤矿安全监察局
16. 陕西煤矿安全监察局
17. 甘肃煤矿安全监察局
18. 宁夏煤矿安全监察局
19. 新疆煤矿安全监察局

关于印发吉林煤矿安全监察局职能配置内设机构和人员编制方案的通知

(煤安司办字〔2000〕第15号)

吉林煤矿安全监察局：

《吉林煤矿安全监察局职能配置、内设机构和人员编制方案》已经国家煤矿安全监察局批准，现印发给你们，请认真贯彻执行。

二〇〇〇年六月二十日

吉林煤矿安全监察局职能配置、内设机构和人员编制方案

根据国务院批准的煤矿安全监察局管理体制改革实施方案，将吉林煤炭工业管理局改组为吉林煤矿安全监察局，由国家煤矿安全监察局垂直管理。吉林煤矿安全监察局为国家煤矿安全监察局的直属机构，实行国家煤矿安全监察局与吉林省人民政府双重领导，以国家煤矿安全监察局为主的管理体制。

按照政企分开、安全监察与安全管理分开和精简、统一、效能的原则，转变职能、理顺关系，调整内部结构和优化干部队伍，依法行政，认真履行安全监察职能，结合吉林省煤炭工业实际，制定吉林煤矿安全监察局的职能配置、内设机构和人员编制方案，逐步建立起与社会主义市场经济体制相适应的煤矿安全监察管理体制。

一、主要职责

1. 贯彻落实国家关于煤矿安全生产的方针、政策和法律、法规及规章、规程。

2. 按照分级管理的原则和上级授权，组织查处煤矿伤亡事故。

3. 组织、指导煤矿安全生产技术培训、职业危害防治、煤矿救护队及其应急救援工作。

4. 负责煤矿使用的设备、材料、仪器仪表的安全监察管理工作。

5. 查处不符合安全生产标准的煤炭企业。

6. 承办国家煤矿安全监察局交办的其他事项。

二、内设机构

根据上述主要职责，吉林煤矿安全监察局设5个职能处室。

1. 办公室（财务办公室）

负责机关文秘、档案、保密、信访、

财务、外事和其他行政事务管理等工作。

2. 安全监察一处（事故调查和行政复议处）

负责监督检查省内国有重点煤矿企业贯彻执行国家有关煤矿安全生产的方针政策、法律法规、规章规程和标准的情况；查处国有重点煤矿安全违法行为；按照分级管理的原则和国家煤矿安全监察局授权，组织查处煤矿伤亡事故；负责煤矿安全执法监督和行政复议工作；负责全省煤矿安全事故信息报送，发布煤矿安全信息；负责煤矿事故的统计分析；指导和协调煤矿救护队及其应急救灾、救援工作。

3. 安全监察二处

负责监督检查省内地方乡镇煤矿企业贯彻执行国家有关煤矿安全生产的方针政策、法律法规、规章规程和标准的情况；查处地方乡镇煤矿安全违法行为。

4. 安全技术装备保障处（职业危害防治处）

负责煤矿使用的设备、材料、仪器仪表标准、认证、安全标志的管理及安全监察工作；组织煤矿建设工程安全设施的设计审查和验收；负责煤矿安全技术检测和职业危害防治技术保障工作；监督指导全省煤矿职业危害的防治工作，负责职业危害的统计分析。

5. 人事培训处

负责机关及煤矿安全监察办事处的人事管理；组织指导煤炭企业安全生产技术培训；负责煤炭企业主要经营管理者安全资格认证工作。

根据有关规定，吉林煤矿安全监察局设纪检组（监察室）和机关党委，合署办公。其主要职责是：负责机关和办事处纪检监察工作及机关党群工作。

三、人员编制

吉林煤矿安全监察局机关行政编制为45名。其中：局长1名，副局长2名，纪检组长1名。中层干部职数18名。

巡视员、助理巡视员、调研员、助理调研员等非领导职务的职数按有关规定核定。

离退休干部工作机构、后勤服务机构及编制，按有关规定另行核定。

经国家煤矿安全监察局同意，并报中央机构编制委员会办公室批准，吉林煤矿安全监察局加挂吉林省煤炭工业局牌子，增加1名局级领导职数。国家煤矿安全监察局与吉林省人民政府协商一致，加挂吉林省煤炭工业局牌子后，其内设机构增加规划发展处、行业管理处、企事业改革处，编制20名，中层干部职数7名，人员编制及经费由吉林省人民政府解决。

四、煤矿安全监察办事处职责及机构编制

煤矿安全监察办事处为吉林煤矿安全监察局的派出机构，其主要职责是：在吉林煤矿安全监察局的领导下，负责划定区域内煤矿的安全监察和执法工作。

吉林煤矿安全监察局设辽源、白山、延吉3个煤矿安全监察办事处。辽源煤矿安全监察办事处主要负责辽源、长春、四平、白城市所辖行政区域内各类煤矿的安全监察和执法工作；白山煤矿安全监察办事处主要负责白山、通化市所辖行政区域内各类煤矿的安全监察和执法工作；延吉煤矿安全监察办事处主要负责延边州、吉林市所辖行政区域内各类煤矿的安全监察和执法工作。

办事处总编制为75名。每个办事处设主任1名，副主任1名。

关于省级煤矿安全监察局与煤炭工业局机构分离有关问题的通知

河北、内蒙古、辽宁、吉林、黑龙江、江苏、安徽、山东、湖南、重庆、四川、贵州、云南、陕西、甘肃、宁夏、新疆等省、自治区、直辖市人民政府：

  为进一步加强省级煤矿安全监察工作，理顺煤炭行业管理体制，经国务院领导同志同意，决定撤销挂在省级煤矿安全监察局的省（区、市）煤炭工业局牌子，省级煤炭行业管理职能交由省级经贸部门承担。各地要高度重视省级煤矿安全监察局与煤炭工业局机构分离工作，条件比较成熟的省（区、市）应尽快实施机构分离；个别条件暂不成熟的地方也要做好工作，为煤矿安全监察与地方煤炭行业管理职能彻底分离创造条件。省级煤炭工业局牌子撤销后，各省（区、市）经贸部门可设置专门处级机构承担所移交的煤炭行业管理职能，任务特别重的，可采取干部高配的办法。各地煤矿安全监察局与煤炭工业局机构分离的工作安排，由省（区、市）党委、政府结合本地实际情况确定。

  省级煤矿安全监察局与煤炭工业局机构分离，是一项政策性强、涉及面广的工作。各地机构编制部门要会同经贸、煤矿安全监察等部门，在省（区、市）党委、政府的领导下，相互配合，密切协调，按照积极稳妥的方针，妥善处理好各方面的问题，维护正常工作秩序，确保国有资产不流失，保证煤矿安全监察局与煤炭工业局机构分离工作顺利进行。

2001 年 7 月 16 日

吉林省人民政府办公厅关于组建吉煤矿业集团有限责任公司的通知

（吉政办函〔2009〕3 号）

各市（州）人民政府，长白山管委会，省政府各厅委、各直属机构：

  按省政府机构改革方案，为促进煤炭产业发展和国有经济机构调整，省政府决定设立吉煤矿业集团有限责任公司（暂定名），负责经营管理原省煤炭工业局所属的煤炭企业及部分事业单位，按现代企业制度要求理顺产权关系，行使企业经营管理职能。

  新设立的吉煤矿业集团有限责任公司由吉林省国资委代省政府履行出资人职责。有关部门根据本通知抓紧制定吉煤矿业集团有限责任公司组建方案，报省政府批准后实施。

二○○九年一月六日

2010年吉林省煤矿基本情况统计表

局矿名称	年实际产量（万吨）	年末职工人数（人）	煤种	开拓方式	投产日期	设计生产能力（万吨/年）	核定生产能力（万吨/年）	矿井可采储量（万吨）	生产水平可采储量（万吨）
辽源矿业公司	1203.00	24081				529	1189	—	—
1. 西安煤业	228.50	4723	气煤	斜井	1955年12月	154	230	1067.20	611.90
2. 梅河煤矿	395.90	8418	长烟煤	斜井	1970年1月	165	397	2737.20	2257.90
3. 金宝屯煤矿	218.10	2316	长烟煤	立井	2004年6月	90	220	7622.70	3169.80
4. 龙家堡煤矿	293.60	2356	气煤	立井	2009年7月	90	300	14212.90	5674.20
通化矿业公司	522.00	14389				171	526	9531.10	3550.60
1. 八宝煤矿	176.00	2993	焦煤	立井+斜井	1958年8月	45	180	5658.20	899.70
2. 松树镇煤矿	150.00	2925	1/3焦煤	斜井	1965年12月	45	150	1607.40	1607.40
3. 道清煤矿	75.00	2608	焦煤	斜井	1967年6月	15	75	1188.30	160.90
4. 永安煤矿	100.00	1188	焦煤	平硐+斜井	2005年6月	45	100	843.40	648.8
5 育安煤业	21.00	1308	焦煤	斜井	2010年12月	21	21	233.80	233.80
舒兰矿业公司	408.00	2986				123	480	743.70	743.70
1. 二矿	175.46	4471	褐煤	斜井	1968年9月	21	210	443.50	443.50
2. 三矿	—	—	褐煤	斜井	1973年11月	21	21	1.8	1.80
3. 四矿	82.74	742	褐煤	斜井	1959年11月	15	150	181.5	181.50
4. 五矿	50.88	660	褐煤	斜井	1962年9月	45	51	94.1	94.10
5. 六矿	37.01	333	褐煤	斜井	1983年5月	3	39	15	15.00
6. 七矿	6.51	186	褐煤	斜井	1992年3月	18	9	7.8	7.80
珲春矿业公司	605.00	4471				605	605	25576.7	—
1. 英安煤矿	185.00	1377	褐煤	斜井	1986年	75	185	4227.4	4227.4
2. 八连城煤矿	163.99	1511	褐煤	立井	2007年1月	90	180	13541.6	13541.60
3. 板石煤矿	202.74	1583	褐煤	斜井	2008年1月	90	240	7345	37345.30
杉松岗矿业公司	70.00	1299				56	77	905.96	166.97
1. 龙马煤矿	28.30	572	气煤	斜井	1999年	30	42	510.9	58.94
2. 新盛煤矿	0.00	377	长烟煤	斜井	1986年	21	21	320.9	37.07
3. 杉松岗一井	6.4	350	焦煤	斜井	1960年	15	14	74.16	70.96

编 纂 始 末

经过近三年的艰苦努力、辛勤工作，这部承载了厚重历史的《吉林煤炭工业志》（1991—2010）付梓出版了。这部志书的编写工作是按《中国煤炭工业志》编纂委员会的要求，于2014年5月27日启动的。时任吉林煤矿安全监察局局长商登莹主持召开《吉林煤炭工业志》第二轮编纂工作筹备会，研究编纂工作有关问题，成立了《吉林煤炭工业志》编纂委员会和编委会办公室。2014年7月4日，吉林煤矿安全监察局、吉林省安全生产监督管理局、吉林省能源局联合下发《关于编纂〈吉林煤炭工业志〉有关问题的通知》，明确了《吉林煤炭工业志》编纂工作的指导思想、编写原则。设在吉林煤矿安全监察局的编委会办公室负责《吉林煤炭工业志》的具体编写工作。有关事宜由吉林煤矿安全监察局牵头负责协调。

编委会办公室组建后，首先拟定《吉林煤炭工业志》（1991—2010）编写大纲，于2014年9月2日报请《中国煤炭工业志》编纂委员会，经《中国煤炭工业志》编纂委员会专家审定批复同意。

2015年5月27日，《中国煤炭工业志》编纂委员会在沈阳召开《辽宁煤炭工业志》终审会，邀请《吉林煤炭工业志》编纂委员会有关领导和编委会办公室负责人参加会议，观摩学习。

《中国煤炭工业志》编纂委员会沈阳会议后，吉林煤矿安全监察局局长李峰高度重视《吉林煤炭工业志》编纂工作，委托吉林煤矿安全监察局党组成员、巡视员、《吉林煤炭工业志》编纂委员会副主任马和平具体负责协调煤炭工业志编纂工作。2015年6月，《吉林煤炭工业志》编纂工作进入新阶段。《吉林煤炭工业志》编委会办公室召开会议，充实编写人员力量，全面开始《吉林煤炭工业志》编写工作。6月23日，吉林煤矿安全监察局印发《关于编纂〈吉林煤炭工业志〉有关问题的补充通知》，调整编纂委员会。

《吉林煤炭工业志》上限为1991年1月1日，下限至2010年12月31日。编委会办公室对原《吉林煤炭工业志》编写大纲进行了修改、完善，除序、凡例、概述、大事记、人物与荣誉、单位简介、附录、编纂始末外，设体制与机构，煤田地质与勘测，煤矿建设，煤炭生产，企业改革，煤矿安全，环境保护，非煤产业，经营管理，科研与教育，矿区文化与职工生活，中共党组织、工会、共青团共12篇。同时，编委会办公室对编纂篇目撰写进行了人员分工。

2015年7月7—30日，《吉林煤炭工业志》编委会办公室人员分别到白山、辽源、吉林、延边、长春5个地区，召开区域内监察分局、国有重点煤矿、有关煤炭企事业单位和涉煤市（州）及产煤县（市、区）相关部门负责人参加的《吉林煤炭工业志》编纂工作座谈会，会议强调《吉林煤炭工业志》编纂工作的重要意义，并将《吉林煤炭工业志》编写大纲的内容及有关要求分解落实到有关单位。区域座谈会为顺利开展

《吉林煤炭工业志》编纂工作奠定了基础。

在各单位按要求落实任务的同时,编委会办公室人员抓紧时间搜集查阅有关档案资料。先后查阅吉林煤矿安全监察局档案馆档案目录60本、677卷,人事处档案50本,吉林省档案馆档案148卷。

2015年10月开始,各有关单位陆续报送基础资料近600万字,编写人员开始初稿的编纂工作。经过认真、细致、紧张的工作,2016年3月底,形成了近90万字的《吉林煤炭工业志》(1991—2010)初稿。初稿形成后,首先在编写办公室内部编写人员相互交换阅读志稿,进行初审,之后,编纂委员会聘请有关专家和老领导对志稿进行复审。

《吉林煤炭工业志》在编写过程中,吉林煤矿安全监察局对编纂工作高度重视,局长李峰担任编委会主任、主持编写工作,并安排和协调解决编写过程中的具体问题,检查督促编写工作。《中国煤炭工业志》编纂委员会副主任吴晓煜多次通过电话对编纂工作进行指导。吉林省安全生产监督管理局、吉林省煤矿安全生产监督管理局、吉煤集团所属辽源矿业公司、通化矿业公司、舒兰矿业公司、珲春矿业公司、杉松岗矿业公司、吉林煤矿安全监察局及各监察分局(站)、吉林煤监局档案馆及各事业单位、机关各处室对《吉林煤炭工业志》编写工作给予了极大的帮助与支持。各煤炭有关单位,涉煤各市(州)、县(市、区)工作人员积极编写、反复修改报送的基础资料,付出了辛勤劳动和汗水。多位老领导、老专家、老同志对《吉林煤炭工业志》的编写工作非常关心,给予了指导和认真审阅,提出了宝贵的修改意见。

2016年7月26日,《吉林煤炭工业志》终审会在长春举行。《中国煤炭工业志》编纂委员会与吉林省地方志编纂委员会共同举办。由《中国煤炭工业志》编纂委员会副主任吴晓煜任组长,吉林省地方志编纂委员会省直处副处长张成训为副组长组成《吉林煤炭工业志》专家评审组,对《吉林煤炭工业志》进行了终审。终审组认为《吉林煤炭工业志》客观、全面地记述了1991—2010年吉林煤炭工业适应社会主义市场经济需要,不断深化改革,曲折发展的历程。志稿架构合理,资料翔实、准确。语言流畅,文风朴实,图表等体裁运用充分合理。评审专家一致同意《吉林煤炭工业志》通过终审。同时也对志稿提出了具体的修改意见。

终审后经过认真、精准修改,《吉林煤炭工业志》(1991—2010)终于付梓印刷。

值此,对《吉林煤炭工业志》编写工作给予关心、帮助、支持、付出辛勤劳动的单位、个人一并致谢!

由于《吉林煤炭工业志》(1991—2010)内容涉及面广、时间跨度大、编写时间紧、任务重和编写人员学识水平有限,志书尚有疏漏、错误、不当之处,敬请各位专家、学者和读者批评指正。

《吉林煤炭工业志》编委会办公室
2017年3月

图书在版编目（CIP）数据

中国煤炭工业志. 吉林煤炭工业志：1991—2010 /《吉林煤炭工业志》编纂委员会编． --北京：煤炭工业出版社，2023

（《中国煤炭工业志》省级志系列）

ISBN 978-7-5020-7252-0

Ⅰ. ①中… Ⅱ. ①吉… Ⅲ. ①煤炭工业—工业史—吉林—1991-2010 Ⅳ. ①F426.21

中国版本图书馆 CIP 数据核字（2019）第 027871 号

中国煤炭工业志·吉林煤炭工业志（1991—2010）

（《中国煤炭工业志》省级志系列）

编　　者	《吉林煤炭工业志》编纂委员会
责任编辑	尹忠昌　曲光宇
编　　辑	梁晓平
责任校对	孔青青　赵　盼
封面设计	王　滨　于春颖　安德馨
出版发行	煤炭工业出版社（北京市朝阳区芍药居 35 号　100029）
电　　话	010-84657898（总编室）　010-84657880（读者服务部）
网　　址	www.cciph.com.cn
印　　刷	北京盛通印刷股份有限公司
经　　销	全国新华书店
开　　本	787mm×1092mm $^1/_{16}$　印张 $38^1/_2$　插页 20　字数 917 千字
版　　次	2023 年 3 月第 1 版　2023 年 3 月第 1 次印刷
社内编号	20191936　　　　　　　　定价 268.00 元

版权所有　违者必究

本书如有缺页、倒页、脱页等质量问题，本社负责调换，电话：010-84657880